한국기독교회사

– 한국 민족교회 형성 과정사 –

한국기독교회사

– 한국 민족교회 형성 과정사 –

민경배 지음

연세대학교 대학출판문화원

저자약력

민 경 배

연희대학교, 영국 애버딘대학교, 런던대학교, 일본 동지사대학 등에서 수학.
동지사대학 신학박사. 연세대학교(1964-1999)교수. 서울장신대학교 총장 역임.
중앙신학대학원대학교 초대총장.
현 연세대학교 명예교수, 백석대학교 석좌교수.

저서

한국기독교회사, 교회와 민족, 한국민족교회형성사론, 한국크리스천 아카데미십년사, 새문안교회팔십년사, 경동교회사, 대한예수교장로회백년사, 순교자 주기철 목사, 한국기독교사회운동사, 알렌의 선교와 근대한미외교, 일제하 한국기독교 민족·신앙운동사, 서울YMCA운동100년사, 한국교회찬송가사, 역사와 신앙. 韓国キリスト教会史, *アジアキリスト教史*, 神の栄光のみ, *A History of Christian Churches in Korea*. 글로벌시대와 한국, 한국교회 등.

역서

존 녹스의 생애와 사상(J. 맥큐엔), 에큐메닉스(존 맥케이), 세속도시(H. 콕스), 목회신학원론(S. 힐트너), 세계의 종교들(H. 스미스), 세계의 기독교회사(W. 워카)[공역]

한국기독교회사

－한국 민족교회 형성 과정사－

저자 민 경 배

펴낸곳 **연세대학교 대학출판문화원**

등 록 1955년 10월 13일 제9-60호
주 소 서울특별시 서대문구 연세로 50
전 화 02) 2123-3380~2
팩 스 02) 2123-8673
E-mail ysup@yonsei.ac.kr
홈페이지 http://www.yonsei.ac.kr/press
인 쇄 (주)화신문화

2007년 4월 20일 초판 발행 2015년 6월 30일 1판 7쇄
2017년 3월 30일 증보판 1쇄 2021년 9월 10일 증보판 2쇄
ISBN 978-89-7141-772-0(03230)

값 35,000원

머리말

이 책은 한국의 기독교회가 걸어온 길을 그 처음부터 통틀어 훑어보는 것이 그 내용으로 되어 있다. 한국 기독교회가 우리 근대사에서 차지하는 비중을 의심할 사람은 아무도 없을 것이다. 한국 근대화의 실현 과정에서 보여준 줄기찬 공헌이라든가, 민족의식 형성의 촉매작용을 하는 데 있어서, 교회가 우리 겨레의 얼과 삶에서 떠날 수 없는 밀접한 인연을 맺고 살아왔다고 보아도 틀림이 없을 것이다.

그러나 교회는 본래 이러한 민족사적인 국면에서만, 다시 말하면 정치적이요 사회문화적인 구조나 의식의 생성이나 변혁을 초래한 의미에서만 연구될 대상이 아니다. 그것은 우선 복음과 종교적인 신앙의 넘치는 창조력과 하나님 섭리의 궁극적 역사 방향 결정의 차원 높은 면을 살피고, 따라서 서서히 진행되는 이 놀라운 교회 신앙의 변모하는 모습들을 영감과 감격으로 받아들이는 경건을 전제로 한다. 따라서 이 글은 항상 교회신앙의 역사적 변모에 우선 관심을 두고, 다만 그것이 외연(外延)해서 미친 영향과 그 함수에 대해서 사필(史筆)을 연장하려고 한다.

한국교회는 아주 독특한 역사의 길을 걸어왔다고 할 수 있다. 우선 그것은 기독교가 전해 준 복음의 기질과는 전혀 다른 심성의 터인 한국, 그 이질의 토양에 전파되고 성장한 내력을 가진다. 문명과 정신의 오랜 유산을 긍지로 아는 아세아 굴지의 어진 한국인들에게 체질이 전혀 맞지 아니하는 종교가 세기적인 기적이라고 불리어질 만큼의 발전과 확장을 이루었다는 것은 자랑임에 틀림이 없다. 하지만 이런 성취에는 어떤 특별한 변수가 작용하였을 것이라는 것 역시 틀림없는 사실이다. 더구나 현재 재래 종교나 심지어 무속 같은 것도 부흥되고, 그 문화적 가치마저 민족 전통이라 하여 부흥되고 있는 마당에 그것은 더욱 그렇다.

기독교는 한국 근대사에서 실로 무시하지 못할 역사적 공헌을 남겨왔다. 19세기 아세아의 긴박한 국제적 긴장 속에서 한국은 워낙 힘 없었고, 아무도 도울 이 없었다. 그런 비운과 좌절감이 엄습할 때 이 겨레가 돌아가서 기대어 손 붙잡을 곳은 교회의 벽밖에 없다고 느꼈던 때가 있었다. 우리는 그 손이 따뜻한 것을 느꼈다. 우리를 품어 주는 손길이 넓고도 단단한 것을 알았다. 교회가 민족의 단심에 맥을 대고 있었던 것을 알았다. 교회는 그래서 차고 넘쳤다. 추운겨울 교회 밖 마당에 거죽을 깔고 앉아 예배하는 무리의 수가 예배당 안의 사람들 수보다 많았다. 그리고 그들 얼굴에는 활기가 넘치고 있었다. 그리고 이들이 근대 한국의 새로운 기백의 집단으로 등장하고 있었다. 그들이 민족의 얼, 그 틀을 잡아 형질을 갖추어 주고, 그리고는 시련과 압제의 쓰라림을 가슴 펴고 이겨나가게 하여 주었던 것이다. 겨레의 비통에 함께 서되 항상 앞장서서 헌신과 대속(代贖)의 감동으로 하였고, 그래서 숱한 선망과 존경의 대상으로 현존해 온 것이 사실이다.

기독교는 이처럼 한국에서 인간을 변화시키고 있었다. 한 민족을 만들어내고 있었다. 그 체질들을 책임인간으로 형성해 가고 있었다. 전국적인 유기적 공동체로 그 골격과 통로가 되고 위기에 힘을 발휘할 수 있는 것이 교회밖에 없었다면, 그런 소임은 어차피 불가피하였다.

교회가 한 일이 또 따로 있었다. 교회는 공동체로서는 예수 그리스도와의 성례적 결합 때문에 그 결속이 가장 견고하고 힘이 넘쳤다. 거기에 고립과 소외는 있을 리가 없었다. 우리에게는 기독교의 역사가 일제의 한국 침탈의 역사와 겹친다는 내력이 있었다. 우리는 민족의 전위대로 굳은 결속을 자랑하고 있었다. 개화기 이전, 곧 기독교가 들어오기 이전, 우리들은 세계에서 소외되어 있었다. 우리를 위해 힘써줄 나라나 사람은 눈에 보이지 않았다. 역사상 한 번도 세계와의 혈연의식을 가져보지 못하고 불우한 약소민족의 서러움을 쇄국으로 겪어오던 우리 겨레였다. 그런데 바로 이웃에 세계 열강으로 진입한 신흥 일본이 호시탐탐 먹이를 노리고 있었다. 그때 기독교는 이미 한발자국 이 나라에 발을 내딛고 있었다. 그리고 곧 그때 무시 못할 조직이 하나 생성되고 있었다. 교회가 전국적으로 확장되고 또 확고하게 조직되어 가고 있었다. 그리고 우리 외로운 겨레는 그 교회를 통하여서 비로소 세계와 소매를 맞잡고 머리를 들 수 있었다. 그리고 고립되어 있지 않고 있다는 확신을 가질 수 있었다. 범인류적인 세계 공동체의 일원이라는, 넘치는 감격을 폐부에 삭일 수 있었다.

이런 것이 없었던들 세계의 기운에 예민하게 반응하였던 민족사적인 대업에 감히 나서지도 못하고, 소신과 열정으로 매진하였던 민족운동의 헌신과 투쟁은 쉽게 착수되지도 못하였을 것이다. 사실 세계의 교회들은 우리가 겪어 온 수많은 거친 격변과 참화에 함께 서러워했고, 기회 있을 때마다 유형무형의 관여와 접촉을 통하여서 손을 내밀어 동행한다는 표식을 보여주었다. 그리고는 겨레의 미래에 소망을 잃지 않도록 북돋아 주고 있었다. 이렇게 우리가 세계의식을 가지게 되고, 세계와의 동행의지를 가슴 깊이 품게 된 것은 순전히 기독교의 영향 때문이었다.

그러나 역사가 많이 지나서 그랬을까. 반드시 현대에만 그런 것은 아니겠지만, 우리 한국교회는 때로 치욕에 시달리기도 한다는 인상이다. 우리의 신앙 열기나 깊이가 복음을 처음 받아드렸을 때나 일제의 시련으로 날카로웠던 때와는 많이 달라졌다는 것을 더러 느끼고 있었다. 우리는 일제 폭정과 6·25사변으로 인한 장기간의 고달프고도 힘들었던 환경에서 벗어나고 있었다. 그리고는 돌연 우리 살림이 안이함과 풍족함으로 바뀌고 세계 안의 손꼽히는 나라로 부상하고 있었다.

그러면서 신앙의 강도가 무디어진 것이 아닌가 하는 생각이 들기도 하였다. 젖과 꿀이 흐르는 땅에 이르러서는 시내광야를 헤맬 때와 다른 형태의 신앙이 형성되어야 한다고 해서 역사적 신앙의 검토를 외치는 소리도 들렸다. 하지만 신앙은 내적인 동기가 우선 있어야 하고 복음적 경건의 내연(內燃)이 선행해야 한다는 의식이 퍼져가고 있었다. 종교적 차원의 그 깊이가 도대체 교회신앙을 우선 살아 있게 하여야 한다는 소리가 높았다. 한국교회는 그 넘치던 신앙, 민족의 역사를 담당하고 세계 역사에 조명하던 그 폭발적인 신앙을 불타게 하는, 새로운 시대적 정진이 있어야 한다는 소리가 도처에 울려 퍼져갔다.

세상의 변화가 교회에 준 충격도 만만치 않았다. 교회에 대한 이미지 변화가 커서 교회를 놀라게 하고 있었다. 교회를 대놓고 공격하는 것이 이상할 것이 없는 흐름이 감지되었다. 인터넷에는 의외의 방향에서 안티-기독교 사이트가 버젓이 운영되고 있었다. 수천 년을 거쳐 온 역사적 종교에 대한 냉소까지 제약을 받지 않고 있었다. 이런 현상은 한국 사회의 전반적인 위기와 따로 떼어놓고 생각할 수 없는 현상이었다. 종교를 비웃거나 비판을 하는 것은 사회의 건강이 그만큼 깨지고 있다는 증상이었다. 사회가 급격하게 뒤집혀지고 있다는 증거였다. 어엿한 과거가 수용 거부되는 사회는 기반이 동요되는 사회임에 틀림이 없다.

이럴 때일수록 교회는 역사적 전통의 수호를 다짐여야 했던 것이다. 우리는 시비에 앞서 이런 모든 현상들을 교회사가 경과하여야 하는 어쩔 수 없는 변모의 과정으로 보고, 건설적인 자세로 우리의 역사를 껴안은 채 다루고 싶었다. 역사에는 선과 악이, 자랑과 수치가, 어떤 정량(定量)의 원칙에 따라서 함께 있고 또 서로 교섭하게 되어 있다. 때로 그것은 그 판단이 어려울 만큼 서로 입장이 엇섞이기도 한다. 한데 중요한 것은 그런 역사가 바로 우리들 스스로가 걸어온 발자국이고 그 피 자국이라는 사실이다.

더구나 역사에는 획기(劃期)라는 것이 있다. 각 시대는 각 시대마다 따로 그 주체성을 가진다. 그때 그때마다 그 독자의 문제를 부등켜 안고 그 상황 안에서 가진 풍파와 고난을 겪으면서 그들 나름대로 혼신을 다해 해결하고 그 의미를 남긴 기록이 역사이다. 따라서 한 시대가 다른 시기의 심판자가 될 수 없다. 그것은 하나님의 최후 심판에 의해서만이 결판이 나도록 되어 있는 것이다. 여기 "최후"라는 말이 그런 뜻이다. 우리는 과거를 심판할 위치에 놓여 있지 않다. 우리도 그 미래가 심판하지 않을 것이다. 그것은 하나님만이 하신다. 우리는 해석하고 그 의미를 시대에 따라 꿰뚫어 보면 된다.

이 교회사는 사전류(辭典類)의 자료집이 아님을 우선 밝혀두고자 한다. 미국적인 교회 전통에 의해서 전개된 한국교회는 교파의 다양성이 당연시되어 왔다. 더구나 교파들이 그 이후에도 여럿이 도입되고 또 기존 교파가 해체되거나 분열하고 혹은 규합되는 과정에서, 그 교파 수는 엄청나게 늘어났다. 따라서 그들 하나하나에 대한 역사의 양적 서술은 실제 불가능한 것이다. 그러나 그렇다손 치더라도, 그런 여러 교단들의 자료사적 서술이 교회사 본연의 사명이라고 보지도 않는다. 다만 우리는 한국교회사의 전체적 흐름을 한 도식으로 포착하여서 거기 연관된 구체적인 사실들의 연결과 정리에 진력할 것이다. 그 도식에 관련되어 있는 단면에 한해서 각 교단의 연계 사실(史實)들을 찾아내어 묶어서 체계화할 생각이다. 이러한 의미에서라면 각 교단의 자료들이 따로따로 곧 정리되어서, 한국교회사 총괄 구성에 일역을 담당하고 또 그 이해에 도움이 되는 기회가 되어야 할 것으로 믿는다.

본서는 저자가 "현대 신서총서" 속에 1968년 간행하였던 『한국의 기독교회사』가

원형이 되어 있다. 그 이후 연세대학교 도서관 고서실을 비롯하여, 영국 런던의 대영박물관, 윌리암스 도서관, 바이블 하우스, 그리고 미국의 프린스턴신학교 도서관, 일본 동경(東京)의 국회도서관 헌정연구실과 경도(京都) 동지사대학교 도서관, 이런 여러 곳에서 수집한 자료들을 정리하고 다듬어서 1972년 대한기독교서회에서 『한국기독교회사』로 출간하였던 것이다. 그것이 중판을 거듭하다가 1982년에는 개정판으로 나오고, 다시 1993년에는 연세대학교 출판부에서 신개정판으로 간행되었다.

본서는 한국에 기독교가 접촉하기 시작한 먼 7세기로부터 시작하여 로마 가톨릭교회의 한국전교와 프로테스탄트교회의 선교를 망라하는 시기 전체를 그 내용으로 하였다. 그리고 교회사를 우리 민족의 교회사라는 입장에서 써 나갔다. 선교사적(宣教史的)인 입장을 지양하려고 하였다. 그러한 시도는 자료가 많지 아니하여서 어려움이 많았다. 그러나 자료가 한국말로 씌워졌다고 해서 반드시 민족교회사 체계가 수립되는 것은 아니다. 외국의 자료라고 할지라도 그 해석에 주체성 여지를 확보하면 민족교회사가 되는 것이다.

이제 본서는 여기 신정판으로 다시 개정하여 간행하게 되었다. 본서는 1970년 초에 집필되어서 구문상(構文上) 한문이 많았고, 또 역사서이기 때문에 고문(古文)의 인용 과정에서 한문이 그대로 옮겨져서 국한문 구조의 문장 형태로 집필되고 있었다. 이제 시대가 많이 변하였다. 문장에서 한문 사용이 지극히 제한되어 독서층이 대개 한글 문장의 글들을 보게 된 것이 현실이다. 따라서 이제 본서는 한문을 될수록 쓰지 않고, 읽기 편한 우리말로 고쳐 써서 간행하기로 하였다. 설사 인용문의 경우라고 할지라도 현대문장으로 고쳐서 이해하기 쉽도록 하였다. 내용의 수정이나 증보는 극소화하였다.

이런 신정(新訂) 작업을 하도록 격려하여 주시고 쾌히 간행을 허락하여 주신 연세대학교 출판문화원 부원장 이인구 선생님께 여기 심심한 감사의 말씀을 드린다. 편집에 정성을 다하여 주신 출판문화원의 최호선 부장님과 거듭되는 교정에 땀 흘려주신 김성수 선생님과 신유경 선생님께 여기 다함 없는 감사의 정을 전해드리고 싶다. 그리고 언제나 동행하여 주는 한국교회사학연구원의 동료들, 그리고 늘 기도로 힘이 되어 주는 아내에게 깊은 감사의 뜻을 전해 드리고 싶다.

2006년 8월 연희동에서

쓴 이 민 경 배

차 례

▌서론 : 한국교회사의 여러 문제

한국교회사는 선교역사의 입장에서 쓸 수 있을 것이다. 이 방면에서 획기적인 업적을 남기고 "우리 개신교사 연구에 길이 남을 한 기념비"[1]가 된 것이 백낙준(白樂濬, 1895-1985) 박사의 『*The History of Protestant Missions in Korea 1832-1919*』이다. 세계 선교역사의 대가이며 백낙준의 지도교수였던 라투레트(K. S. Latourette, 1884-1968)는 이 책의 서문에 "서구적인 역사학도로서의 방법론의 수련, 자료의 수집과 분석, 그리고 비판에 고심 연마한 백 박사의 한국개신교 선교사와 같은 학문적인 저서는 다시 얻기 어려운 우수한 저서요, 한국에서 앞으로 한국 개신교에 관해 저술하려든가, 연구를 할 사람들은, 반드시 백 박사의 저서를 우선 이해해야 할 것이다"[2]라는 칭찬을 아끼지 않았던 것이다.

하지만 이런 선교역사는 저자 자신이 시인하고 있는 바와 마찬가지로, 순전히 구미(歐美)교회 선교의 역사이며, 따라서 관심의 범위는 선교하는 교회의 활동사요, 그 사료는 대부분이 선교사를 파송한 나라의 교회와 인사들에게서 수집되고 있었다. 자료상으로나 정서적으로 한국교회 쪽의 고백과 증언이 고려되기가 어려울 수밖에 없었다.

교회사를 한국교회를 주제로 해서 취급하는, 한국민족교회사의 서술 방법이 따로 확립될 수 있을 것이다. 이런 사관에서 비로소 한국교회의 체험과 삶의 현상이 혈맥처럼 파동쳐 올 것이며, 우리들 자신의 생과 신앙의 약동이 역력히

---

1) 홍이섭(洪以燮), 『한국사의 방법』, 서울: 탐구당, 1968, p. 433.

2) L. G. Paik, *The History of Protestant Missions in Korea 1832-1910,* Pyeng Yang, 1929, p. 11.

그리고 뭉클하게 호소해 올 수 있을 것이다.

이러한 민족교회사의 서술에서 봉착하는 최초의, 그리고 최대의 난관은 우리 쪽의 자료의 궁핍이다. 이광수(李光洙, 1892-1950)는 이미 1918년에 이렇게 탄식하고 있었다.

> 전도사(傳道史), 교회발전사의 재료는 그것도 외국 사람들의 기록에 불완전하나마 얻을 수가 있으되, 신앙의 교리(우리 딴의)의 사료는 전무한 것을 한탄하며 … 조선 예수교사의 사료가 될 만한 형적조차 없다고 하는 것은 실로 이를 다른 사람을 통해서 들을 필요조차 없다.[3)]

한국인에 의해서 쓰여진 몇 가지 교회사류가 있었다. 1930년에 남감리교회 양주삼(梁柱三, 1879-1950)의 『*Southern Methodism in Korea, The Thirtieth Anniversary*』가 발간되었다. 이것은 일종의 선교 일지 비슷한 것으로, 연대기적 개요와 내외신자의 사진, 이력서 등을 합쳐 모은 인물자료집이라 할 수 있다.

그러나 역시 한국교회사의 독특한 방법론적인 시도는 1928년 이능화(李能和)의 『조선기독교 급 외교사』에서 실질적으로 처음 착수된 것으로 보인다. 그는 서학과 예수교의 한국 도입을 한국이라는 배경에서 시종일관 관찰하고, 거기서 파생된 복잡한 국제관계나 외교문제들을 한국 조정의 문서나 왕조실록들, 심지어 한국관계 영어자료들도 대거 인용하고 있었다. 아마 이러한 시각에서 천주교의 수난을 벽위(闢衛), 곧 진리를 지키고 거짓을 물리친다는, 그런 관점에서 보았던 것이 이만채(李晩采) 편찬의 『벽위편』일 것이다.

한국교회가 공식적인 문서로서 사기(史記)를 발행한 일도 있었다. 가령 장로교회의 『조선예수교장로회사기』 상권(서울, 1928) 및 그 하권(서울, 1930: 출판은 1968년 한국교회사학회)이 그런 것이다.

통속적인 것으로는 장로교회 채필근(蔡弼近, 1885-1973)의 『조선기독교발달사』

3) 이광수, "신생활론", 『이광수전집』, 제17권, 서울: 삼중당, 1962, p. 550.

와 정인과(鄭仁果, 1890-1972)의 『조선야소교회사』(1940), 감리교회 장정심(張貞心, 1898-?)의 『조선기독교50년사화』(서울, 1934), 그리고 성결교회 이명직(李明稙, 1890-1973)의 『조선야소교동양선교회 성결교회약사』(서울, 1927) 등이 있다.

1945년 이후의 한국교회사 연구는 꽤 활발한 움직임을 보여주었다. 우선 김양선(金良善 1907-1970)의 『한국기독교해방10년사』[4](1956)가 교회사학의 면모를 갖추고 출간되었다. 이 역사는 한국교회 해방 10년에 겪었던, 교회 재건에 얽힌 교회 및 신학적인 문제들과 6·25사변 중의 교회 수난을 일괄 정리한 공적을 남겼다.

각 교단사의 정리가 수행된 것도 이때부터의 일이다. 1962년에는 유홍렬(柳洪烈)의 『한국천주교회사』라는 대작이 출간되었다. 저자는 실로 방대한 자료의 수집과 그 철저한 분석 및 체계화로 그 전 역사를 일사분란하게 조직하는데, 종교와 정치, 사상, 문화를 망라한 총체적 상관관계의 해명을 통해서 그렇게 하였던 것이다.[5] 개신교 학자로 가톨릭 교회사를 쓴 경우가 있다. 최재건의 『*Early Catholicism in Korea*』(2005)가 그것이다. 그는 조정이 그렇게 가혹한 박해를 가하게 된 원인, 그리고 그런 핍박을 받으면서도 거대 교회로 성장한 가톨릭 교회의 배경을 해석하는 데 주안을 두고 이 책을 썼다.

침례교회에서는 1964년에 총회역사편찬위원회가 김용해에게 집필 의뢰하여 『대한기독교침례교회사』를 간행하였다. 그것은 130 페이지 내외의 소규모의 저술이었다. 교회 관계 사료가 1941년 원산사건 때에 일제 헌병대에 압수되어 소각되어 그 역사 구성이 아주 힘들었기 때문이다. 하지만 김용해는 침례교회가 걸어 온 가시밭과 같은 고난의 길을 애틋한 심정으로 목이 메듯 글을 써 나갔다. 1999년에 이르러는 허긴의 『한국침례교회사』가 마침내 간행된다. 그는 교회의 역사가 있는 그대로의 역사가 아니라, 하나님의 경륜과 이에 신앙으로 응답하

4) 대한예수교장로회총회 종교교육부, 1956.

5) 이 저서는 천주교 사가 주재용(朱在用) 신부의 비판을 받고 대대적인 수정을 가하여 1976년 정정 간행하였다.

면서 이루어 온 신앙공동체의 행위와 의미를 담고 있다고 보고, 교단사의 기본 골격과 틀을 올바로 잡기 위하여 이 책을 썼다고 밝혔다.

감리교회에는 이성삼(李成森)의 『한국감리교회사』(1975), 그리고 김광우(金光祐, 1906-?)의 『한국감리교회백년: 제도변천기』(1990)가 있다. 김광우는 한국 감리교회 중진으로서 "감리교 백 년을 회고해 볼 때, 현재까지 나타난 감리교사를 바르게 기록해 놓은 것이 없다"고 보고, "그것은 왜정 말기에 교권을 잡았던 친일혁신파가 자신들의 죄악상을 후세에 남기지 않기 위해 모두 은폐시켰기 때문"이라고 비판하였던 것이다. 그래서 "당시의 자료들을 통해서 실종된 역사를 발굴하고 증언함으로써, 학생들이 깨닫고 반성하는 계기가 되도록 바른 역사, 진실된 역사로 남겨 두고 싶은 뜻에서"[6] 이 책을 쓰게 된 것이라고 피력하였다.

1994년 간행의 『한국감리교회의 역사 1884-1992』 I. II 권은 유동식의 저작이다. 이 저서는 역사연구에서 새로운 호흡을 들어마시게 하는 신선한 저술로 평가된다. 그는 교회사를 쓰는 일은 즐거운 일이라고 전제하고, 무미건조한 이론이나 조직을 다루는 것이 아니라, "살아계신 그리스도의 몸 된 교회의 활동과 그 역사를 다루는 것이어서 그 즐거움은 각별한 것이라"[7]고 감격하며 이 글을 쓴 것이다.

장로교회 교단사로는 장희근의 『한국장로교회사』(1970), 채기은(蔡基恩, 1908-?)의 『한국교회사』(1980)가 있었다. 그러나 장로교총회에서는 그 교회 창립100년을 기념하여 민경배에게 의탁하여 『대한예수교장로회백년사』(1984)를 장로교백주년 준비위원회 사료분과위원회가 간행하여, 교단사로서는 한국교회 첫 공간(公刊)이 되었던 것이다.

그런데 1992년 기독교장로회에서 『한국기독교100년사』라는 국판 1005 페이지에 달하는 방대한 역사서를 간행하였다. 이 저서는 한국 기독교 역사가 "우

6) 김광우, 『한국감리교회백년사』, 서울: 전망사, 1990, p. 1.
7) 유동식, 『한국감리교회의 역사』, I, 머리말.

리에게 민족사 가운데 민중과 더불어 이루어가시는 하나님의 해방 사건을 바로 보고 이에 실천적으로 참여하는 소명적 삶을 불러일으키지 못하였다"고 반성하였다. 그리고 "이제까지의 한국기독교 역사 서술이 가지는 방법적 오류와 반민중적 역사 편집"을 비판하고, "구체적으로 현실의 계급 모순을 안고 지배의 역사로 임해 소외당하고 억눌리며 기만당하는 민중을 그러한 질곡으로부터 해방시키고 그들을 해방 역사의 주체로 내세우는"[8] 역사서를 간행하였다고 자부하였다.

1990년 성공회에서는 선교 백주년의 때에 맞추어 이재정의 『대한성공회백년사』가 간행되었다. 이 훌륭한 역사서는 "적어도 우리의 역사, 우리의 생명, 우리의 존재를 밝히려는 시도"로서 결실된 교회사였다.

성결교회에서는 이천영의 『성결교회사』(1970) 그리고 안수훈의 『성결교회 성장사』(1981) 간행이 있었다. 그런데 1977년부터 교단역사편찬위원회가 그 활동을 서둘러 마침내 홍용표, 임용회, 류대하의 도움을 받아 김성호가 집필한 『한국성결교회사』를 1992년에 교단 공간으로 출판하였던 것이다. "교단 차원의 역사를 기록함으로써 후손들에게 성결교회의 신앙 전통과 업적을 알리고, 그 역사적 유산을 남기고자"[9] 발행하였던 것이다. 2004년에 이르러서는 박명수의 『한국성결교회의 역사와 신학』이 간행되었다. 저자는 지금까지의 한국성결교회가 역사를 기록하는 일보다 역사를 만드는 일에 집중하여 왔다고 성찰하고, 창립 100주년을 앞둔 시점에서 과거를 뒤돌아보고 정리해야 할 시점에 이르러 이런 저술을 내놓게 되었다고 자술하였다. 하지만 이 책은 하나의 역사서가 아니라, 수년에 걸쳐 연구 발표한 논문들을 모아 간행한 것이었다. 흥미로운 것은 필자가 성결교회의 전통에 현대사회의 특징인 대중성과 감성, 곧 부흥운동으로서의 대중성과 성령체험의 경험 중시가 자리 잡고 있어서, 현대사회에 만족시켜

8) 『한국기독교 100년사』, 한국기독교장로회 역사편찬위원회, 1992, pp. 12, 21.
9) 『한국성결교회사』, 기독교대한성결교회, 1992, p. 17.

줄 수 있는 교회로서의 성결교회를 부각시킨 점이다.

이 밖에도 이영린의 『한국재림교회사』(1965), 장형일(張亨一, 1911-2002)의 『한국구세군사』(1975) 등이 있었다. 이런 것들이 교단사의 대표적 저작들이다.

시대별로 저술한 것으로 이호운(李浩雲, 1911-1969)의 『한국교회초기사』(1970)가 있다. 백낙준의 『한국개신교사』(1973) 역시 선교 초기부터 1910년 때까지의 역사로 초기사에 속한다.

한국교회의 역사가 근대사의 비극과 함께 출발해서 그 성격을 구성한 시기가 일제의 한국 침탈과 통치의 시기와 겹친다는 것을 생각하면 1968년 오윤태(吳允台) 저술의 『日韓キリスト教交流史』[10](일한기독교교류사)가 제시한 한국인의 주체적 주제나 명석한 해석, 그리고 자료의 체계적 분석과 그 구성을 경탄으로 평가하지 않을 수 없다. 이 밖에도 오윤태는 그가 남달리 발굴한 방대한 고금의 자료들을 망라하여 전 5권에 걸친 『한국기독교사』를 간행하고 있었는데, 그 첫째 권이 『한국경교사』로 1973년에 간행되었다. "타 종교 속에 감추인 기독교적 산 신앙의 산 실마리를 풀어 오늘의 역사에 연결해보려는 욕심이 과"[11]했다고 스스로 고백한 이 저서는 기독교나 불교의 본질 교섭이라는 가제를 대담하게 제시하고 착수한 모험적 시도의 결실이었다. 1989년에는 김수진이 『한일교회의 역사』를 간행하였다. "그리스도의 사랑으로 아세아를 복음화할 때가 이때이기 때문에 일본에 대해서 더 많이 알아야" 한다는 사명으로 이 저서를 내놓았다.

근래의 교회사 연구로 이영헌의 『한국기독교회사』(1978)는 자료를 많이 동원하여 깊이 있게 구성한 것이 그 특징이다. "제도적인 교회가 그 처해 있는 정치적·사회적·사상적 환경에 대처하는 움직임"을, "하나하나의 크리스챤들이 생의 여로에서 방황하다가 그리스도를 발견하고 구원의 기쁨에 감격하는 내면적 신

10) 일본 東京, 新教出版社, 1968. 한글 번역은 서울: 혜선문화사, 1980.
11) 오윤태, 『한국기독교사』, 한국경교사 편, 서울: 혜선문화사, 1973, p. 19.

앙의 신비" 못지않게 중요시한 이 저서는 특히 해방 이후의 교회사 정리에서 정확하고 방대한 자료의 재편성이라는 대업 때문에 높이 평가되어 마땅한 업적이다.[12)]

김인수의 『한국기독교회사』(1994)나 『한국기독교회의 역사』(1997)는 한국교회 통사의 일종이다. 재치와 간략으로 통사를 정리한 흔적이 역력하다. 그는 방대한 『장로교신학대학교 100년사』(2002)의 공저자이기도 하다. 그의 『사료 한국신학사상사』(2003)는 그 제목이 말하듯이 자료집이라고 할 수 있다. 교회사 연구에 필수적인 자료들을 이렇게 선별하여 일괄함으로써, 그 행방을 몰라 처음부터 사방 수소문하는 노고를 덜어 준, 훌륭한 문서자료집이다.

1999년 개정 간행된 김해연의 『한국기독교회사』는 '새 시대를 향한 교재'로 읽히도록 쓰여졌고, 또 교역자나 평신도들의 참고도서가 되도록 염두에 둔 저작으로, 민족사에 근거한 논의를 새로운 사관으로 서술한, 짜임새 있는 훌륭한 연구서이다. 특히 기독교 문화사와 사상사의 역할도 할 수 있게 한 저술로는 우리나라에서 처음 시도된 저작이다. 역사 서술도 시대별로 하는 것을 지양하고 주제별로 전개하는 참신한 역사 방법론을 원용하고 있다.

최근 2004년에는 박용규의 『한국기독교회사』 I 이 간행되었다. 이 역사서는 실로 방대한 것으로 III 권까지 간행될 계획인데, 그 첫째 권만 하여도 국판에 1039 페이지에 이른다. 저자는 본서 저술에서 여섯 가지 점에 유의하였다고 한다. 곧 한국교회사를 복음주의적 입장에서 기술하는 것, 복음을 전해준 선교사들과 그 신앙을 물려받은 한국교회의 신앙적 신학적 전통을 소중하게 다루는 것, 한국교회의 부흥운동들을 비교적 소상하게 다루는 것, 복음주의적 역사 해석을 시도하면서도 균형 있는 역사 해석을 기하는 것, 그리고 중요한 원 자료들은 가능한 그대로 소개하려고 한 것, 이런 것들이다. 거작이지만 글자 하나 문장 하나하나가 다 땀과 기도로 수놓아진 감동의 역사서이다.

---

12) 개신교의 경우 해방 이전의 페이지 수가 163, 그 이후가 161 페이지이다.

지역교회사로서의 인상적인 연구는 김수진과 한인수 공저의 『한국기독교회사, 호남편』(1979)이다. 대한 예수교장로회총회 교육부 발행인데, 총회가 지방교회사 연구에 힘을 실어 준다는 뜻일 것이다. 이 저서는 기왕의 한국교회사가 황해도와 평안도 그리고 미국 북장로교 선교부 활동 일변도의 일방적인 역사라고 보고, "고생하고 선교하던 남장로교 선교사들의 노고는 물론, 선배 목사와 이름 없는 조사(助師) 전도사들의 활동으로 이루어진 호남교회를 활자화하고자 한 뜻"[13]으로 집필한 것이다. 김수진은 1998년에 다시 『호남기독교100년사, 전북편』을 간행하였다.

『한국영남교회사』의 간행이 같은 지역사 형태로 1987년에 있었다. "영남지역에 교세가 크게 발전되어 전국적으로 살펴볼 때 손색이 없는 발전"이 역사적으로 구성되어 간행된 것이 없어서, 이를 아쉬워하여 영남출신 인사들의 한 위원회가 그 간행을 추진하였던 것이다. 집필자는 전성천(全聖天)이었다. 『대구지방교회사』(1994)는 박정규가 30여 년에 걸쳐 수집한 자료들로 구성한 지역교회사로, "한국교회 통사(通史)의 작업 밑거름이 되리라는 자부심으로"[14] 쓴 글이었다. 지역교회 역사가 전국적인 교회사에로 전개된다는 소신이 거기 있었다. 2001년에는 이상규의 『부산지방 기독교전래사』가 출간되었다. "이 책은 이 지방의 하나님의 교회에 대한 사랑과, 이 지역에 사는 교회사학도로서, 이 지역에서의 기독교의 연원과 역사를 밝혀야 한다는 책임감"[15]으로 쓰여진 저서이다.

2002년 발간의 『충북기독교100년사』는 전순동의 저술인데, 선교 100년에 "충북의 많은 기독교인들이 충북지역사 및 한국사의 주역이 되었고, 기독교 복음이 사회에 외연되어 지역사회 발전의 커다란 견인차 역할을 하고 있었음을 발견하게 되어"[16] 저술한 것이었다.

---

13) 김수진, 한인수, 『한국기독교회사』, 1979, p. 61.

14) 박정규, 『대구지방교회사』, 증보 1쇄, 2003, p. 13.

15) 이상규, 『부산지방 기독교전래사』, 2001, p. 6.

1987년에는 대한기독교서회 발행의 『한국기독교백년사 대계』 전 4권이 발행되었다. 이 대업은 한국기독교 백년을 기념하여 "한국 개신교가 선교한 이래 각 분야에 끼친 영향의 발자취를 발굴하여 전체적으로 오늘의 한국기독교를 새로 조명"[17]한다는 취지로 간행된 것이었다. 이 간행사업은 기독교서회 성갑식 총무의 오랜 비전과 노력 끝에 결실을 보았는데, 제1권은 전택부의 『한국교회발전사』, 제2권은 송길섭의 『한국신학사상사』, 제3권은 이만열의 『한국기독교문화운동사』, 그리고 제4권은 민경배의 『한국기독교사회운동사』였다.

1980년에 들어서면서 이만열(李萬烈)은 "기독교사를 민족사와의 관계 하에서 연구하는" 저작들을 여럿 내놓았다. 그는 본래 한국사를 전공한 교수로 1980년에 『한국기독교와 민족운동』이란 연구서를 간행하였고 1987년에는 『한국기독교사 특강』, 1991년에는 『한국기독교와 민족의식』 등 회심의 저작들을 내놓았다. 신앙과 민족의 역사가 그의 연구의 기본 구도였다.[18]

그런데 1989년에 스스로 한국기독교사의 제3세대로 자처하는 한국기독교사연구회(회장 이만열)[19]에서 『한국기독교의 역사』 제1권을 간행하였다. 그 저자들은 한국기독교사 연구의 폐쇄성 극복, 그 연구 폭의 확대, 사료 취급의 실증성과 과학성, 그리고 민족의 현실 문제나 장래에 대한 책임성을 그 명제로 제시하고, 그런 정신 위에 이 방대한 작업을 착수하였던 것이다. 그 제2권이 그 다음 이어서 간행되었고, 제3권도 곧 출간될 예정이다.

1980년대는 소위 "민중사관"이 민중신학과 함께 대두되던 때로서 주재용(朱在鏞)이 그 대표적 교회사학자로 활동하였다. 그는 「한국기독교백년사: 민중사관의 입장에서의 분석과 비판」(1979)이라는 논문을 내놓아 그 사관의 체계를 대

16) 전순동, 『충북기독교100년사』, 2002, p. 38.
17) 간행사, 전택부, 『한국교회발전사』, 1987, p. 5.
18) 『한국기독교와 민족의식』, 서울: 지식산업사, 1991, p. 5.
19) 1990년에 한국기독교역사연구소로 개칭.

성하였다. 다만 우리는 그런 사관을 가지고 쓰여진 한국민중교회사의 실질적인 모습이 저서로 간행되는 것을 기다릴 따름이다.

1992년 간행된 김홍수의 『해방 후 북한교회사』는 그 어간의 연구, 증언 및 기타 자료들을 편집한 형태의 글이었으나, "북한 교회에 대한 기존의 부분적 이해와 편파적 시각을 교정해 주는데 기여할 것이며, 연구자들에게는 최근까지 연구 수집된 새로운 자료들을 제공해 주고 있다는 점에서"[20] 특별한 의미가 있었다. 김진형의 『한국감리교회 북한교회사』는 1887-1910년간의 초기 북한감리교회사와 1910-1950년간의 수난기 북한감리교회사로 나누어 두 권으로 간행되었는데, 1997년과 1999년 각각 간행되었다. 그러나 우리가 북한교회라고 하였을 때에는 대개 해방 이후의 북한교회의 수난사를 생각하기 마련이고, 따라서 이 저서는 계속해서 그 이후의 역사 정리를 하였으면 하는 바람이다.

이 밖에 우리는 1990년대부터 등장한 한국교회사학자들의 눈부신 연구에 주의를 기울이게 된다. 이덕주(李德周)는 1988년에 『나라의 독립, 교회의 독립』, 1990년의 『한국그리스도인들의 개종 이야기』, 1990년에 『한국감리교여선교회의 역사』, 1995년에는 『초기 한국기독교사연구』를 각각 저술 간행하였고, 그 이후에도 실로 놀랄 만한 정력과 정확성으로 연구에 몰두하여 대작들을 출간하고 있다. 더구나 그는 기독교문사의 편찬실장으로 있을 때에 애써 자료 수집에 헌신하여 방대한 자료들을 갖추어 한국교회사 자료실로 발전시키는 데에 결정적인 역할을 다하였던 것이다.

서정민 역시 이덕주와 함께 일하면서 역사 자료 수집과 체계화의 능력을 키워 한국교회사 연구에 공헌하고 있다. 그는 1990년 『교회와 민족을 사랑한 사람들』을 저술한 바 이것이 일본에서 번역 간행되었다. 그는 2002년에 『하루 밤에 읽는 한국교회사 이야기』라는 재치 있는 책을 간행하였다. 이 책은 역사 이

20) 김홍수, 『해방 후 북한교회사』, 서울: 단산글방, 1990, pp. 4-5.

야기의 대중화 과제라는 목전의 현안을 풀기 위하여 정리된 간략과 명쾌로 찬 훌륭한 저술이다. 지금까지의 역사서가 "난해방만 때문에 독자들을 소외시켰던 과거를 안타까워하면서 그 책임을 일부나마 극복하려고" 시도해서 출간한 것이 바로 이 저술이라고 자부하였다.

이러한 교회사학의 발전에 일익을 담당한 것이 각 교회의 총회나 노회 및 개 교회, 지역교회, 기독교학교, 그리고 YMCA나 YWCA, 성서공회와 같은 기독교 기관 및 교회 인물, 이런 여러 영역에 걸친 기관역사 편찬이다. 한 가지 특기할 것은 2005년에 이찬영 편저의 『장연군 기독교120년사』가 간행되었는데, 군(郡) 단위의 교회사로서는 최초의 것으로 보인다. 장연(長淵)이 로버트 토마스 목사나 서상륜 그리고 윌리암 맥켄지, 한국교회 최초의 교회당을 세운 솔내, 이런 역사적 내력이 특별하고 또 역사도 가장 오래된 곳이어서, 그 역사 서술이 남다른 의미가 있다고 할 수 있었다. 그 발간은 실로 한국교회 첫 페이지의 기록이라 해도 과언이 아니다.

우리는 이들 연구자들이 이 책들을 쓸 때에 치솟는 감격과 감동 그리고 넘치는 환희와 보람으로 하였다는 글귀들을 눈여겨 살펴보았다. 우리들의 교회, 나의 교회, 그 걸어온 발자취들을, 그것이 비록 그늘과 아픔으로 차 있다손 치더라도, 우리들 스스로의 모습으로 그 숨결이 따사한 내 몸의 행적, 그것으로써 나가는 데에, 그만한 감동이 휘어잡지 않을 수 없었을 것이다.

우리는 이 어간에 등장한 여러 쟁쟁한 학자들, 김승태, 장규식, 연규홍, 허명섭, 신광철, 한규무, 옥성득, 탁지일, 김명구, 김경빈, 박종현, 백종구, 류금주, 권평, 김은섭, 양현혜, 한정열, 또 이 밖에도 수많은 젊은 학자들의 연구 성과에서 실로 엄청난 도전을 받고 있는 것이 사실이다. 우리는 우리 한국교회 사학계에 등장하고 있는 이러한 유능하고도 발랄하고 신선하고도 예리한 여러 학자들의 연구 성과에 대하여 경탄을 금할 수 없다.

더구나 이들이 각각 차지하는 위치가 워낙 독자적이고도 현저하여서, 한국교회 분류사를 피차 조정하여 구역을 달리해서 진행하면, 미구에 그야말로 완벽한 한국기독교회사 대계(Summa)가 성립되리라 믿어 의심하지 않는다. 이제 한국교회사학의 실력이 국제적 수준으로까지 드높여지고 있다는 확신은 그 다음의 일이다.

우리는 한국교회사 연구에서 그 자료 발굴에서나 그 복사 영인(影印)에서 실로 희생적인 노역을 다하고 있는 한국교회사문헌연구원의 심한보(沈漢輔)의 공헌을 특기하지 않을 수 없다. 그는 선교 초기의 선교사 문헌들과 귀중도서들을 그의 사재를 털어가면서까지 영인 발행하여 보급하는, 한국교회 사고(史庫)의 파수꾼이요 전파자 역할을 다하였던 것이다.

또 하나 언급할 것은, 개인 차원에서 교회사 간행물 수집가로 알려진 장로교사학회의 장영학(張永學)은 한국교회사, 지방교회사, 개교회사 및 기독교기관사 등의 저서들을 3,000여 권 수집, 소장하여, 한국교회사 연구의 양과 그 전개과정을 일목요연하게 살펴볼 수 있는 자료로 제공하고 있다는 사실이다.

위에서 말한 여러 저술들의 공은 훌륭하다. 이제 우리는 기본적인 자료의 궁핍이라는 커다란 약점을 안고서, 한국교회사를 민족사와의 교섭이라는 상관관계에서 파악하려는, 주체적인 서술을 시도하고자 한다. 선교의 역사로서의 교회사는 선교사를 파송한 나라 교회의 연장으로서 그 성장을 통계표에서 측정하는 부피로서 이해하는 데에 커다란 공헌을 한다. 거기서 한국교회는 대상이고, 거기 가서 피와 땀을 흘린 선교사 파송 교회 사역의 충실한 역사가 된다. 우리는 이제 돌이켜서, 주체로서의 민족교회사를 쓴다고 하는 대임(大任)을 가지고 우리들의 한국교회 그 역사를 써나갈 생각이다.

제 1 편

근대 이전의 기독교와의 접촉

1. 당(唐)을 통하여 접촉된 경교
2. 몽고를 통하여 접촉된 가톨릭 교회
3. 일본을 통하여 접촉된 기독교

1 당(唐)을 통하여 접촉된 경교

한국인은 기독교를 받아들여서, 그들의 가장 유력한 종교로 만드는 데 실로 장구하고도 먼 길을 걸어 왔습니다.

Robert T. Oliver

묘하게도 기독교는 한국 역사의 비극적인 위기마다 언제나 한 번씩 접촉을 한다. 그러나 그것은 접촉으로 끝났을 뿐, 역사적인 중요성을 남긴 체계적이요 지속적인 선교의 진행은 실현을 보지 못한 채 지나가곤 했다. 그 실현은 18세기까지 기다려야 했다. 따라서 여기서 취급하는 사실들은 낭만적인 의미밖에는 가지는 것이 없는 일련의 사건들이다.

로마제국에서 이단자로 낙인이 찍힌, 경건한 신학자 네스토리우스(Nestorius)는 그가 파문을 당하던 431년에 벌써 눈길을 멀리 동방에 돌리고 있었다.

추방당한 네스토리우스와 그 일파는 페르시아에 있는 에데사 시(市)에서 선교사 양성을 위한 작은 신학교를 설립하고, 동방선교의 설계도를 그렸다. 숱한 신학도들이 여기서 훈련을 받고, 인도나 중국의 아득한 먼 나라들을 향해 복음의 소식을 소리쳐 전파하였던 것이다.[1)]

1) P. Schaff, *History of the Christian Church*, III, Grand Rapid: Wm. B. Eerdman, 1953, p. 731.

635년 중국에 들어와서 이 기독교는 이름을 경교(景教)라고 불리었다. 광명의 종교라고 해서 그렇게 하였다. 당시 당 제국의 황제는 태종(太宗)이었고, 아라본(阿羅本: 아브라함의 중국명)이라는 네스토리우스파 선교사를 처음 맞아 그의 설교를 경청하고, 신하 여럿과 함께 이 신앙에 열의 넘치는 반응을 보였다고 한다. 파사사(波斯寺)라고 하는 교회당을 세워 신민(臣民)의 개종에도 기여한 것을 보아도 그의 열의를 짐작할 수 있다. 정하상(丁夏祥, 1795-1839)이 1839년에 남긴 글에 경교의 당나라 때 치성에 대하여 이렇게 쓰고 있었다.

> 손오(孫吳) 적오(赤烏) 년대에 이르러 철로 만든 십자가를 하나 발견하였는데, 당나라 정관(貞觀) 9년의 일입니다. 그때 경교는 대단히 치성하였는데, 위로는 조정과 저명한 인사들에서 아래로는 초야에 있는 이들까지 일제히 이를 숭상하였습니다. 그리고는 커다란 교회당도 세우고 경교의 비석까지 세웠던 것입니다. 위징(魏徵)이나 방현령(房玄齡)과 같은 대학자들도 이를 독실하게 믿어 의심하지 아니하였습니다.[2)]

그런데 태종 치세의 시기라고 하면 신라가 삼국통일의 대업을 수행하려고 당과의 외교를 공고히 하던 때이다. 김춘추(金春秋)가 당나라에 부산하게 드나들던 때의 일이다. 그렇다면 당에서 그렇게까지 치성하고 있었던 경교에 대하여 관심이 전혀 가지 않았으리라고 보기는 힘들다. 이것은 한낱 희망적 가상에 불과하지만, 이제 우리는 신라와 경교의 접촉 가능성을 시사하는 사건들을 몇 가지 살펴보기로 한다.

우선 1625년 중국의 서안부(西安府-당의 옛 고도) 근처에서 이른바 '대진경교유행중국비(大秦景教流行中國碑)'[3)]라는 것이 발견되었다. 거기에는 중국말과 시리아말로 경교의 선교 내력과 당시의 선교 현황이 736자 정도로 잘 소개되어 있었다. 그런데 이 경교비와 꼭 같은 비석이 1917년 한국 금강산의 장안사에서

---

2) 정하상, 『상재상서(上宰相書)』, 1839.

3) J. Stewart, *Nestorian Missionary Enterprise*, Edinburgh: T. & T. Clark, 1928, p.182.

발견되었던 것이다.[4)]

다음, 한 가지 흥미로운 사실은 불국사 경내에서 발견되었다고 하는 묘한 형태의 돌 십자가이다. 그것이 김양선에 의해서 숭실대학교 기독교박물관에 소장되어 있다. 하지만 이 돌의 십자가상 여부도 아직 학계의 결론을 얻지 못하고 있기 때문에 여기서 뭐라 한 마디로 단정해 말하기가 어렵다.

그러나 긍정적인 가상도 전혀 할 수 없는 것은 아니다. 경교가 당대 황금기에 적지 아니한 공헌을 남겼다면, 그 꼭 같은 영향이 당을 통해서 동진하여 신라와 일본에까지 전파되었으리라는 점을 가정할 수 있다. 일본의 사에기(佐伯好郎) 교수는 "의식적으로나 무의식적으로, 또 직접적으로나 간접적으로, 일본이 당을 통해서 경교 내지는 중국의 옷을 입은 기독교에 상당한 영향을 받았으리라는 것을 부정하기 어렵다"[5)]고 보았다. 선교역사의 대가인 로빈슨(C. H. Robinson)도 "조심성 있는 역사가가 이 같은 증거를 소홀히 다룰 수는 없을 것"[6)]이라는 말을 서슴치 않고 했던 것이다.

눈을 돌이켜서, 이러한 접촉 가능성을 신라의 당과의 빈번한 교섭을 통해서 찾아볼 수 있으리라. 신라인의 당 왕래라든가, 그 해외진출 활약상을 검토해서 그 가능성을 과장 없이 찾아보자.

신라의 위대성은 그 해상 상역의 전개에서 나타나고 있었다. 7세기나 8세기에 이르러 세계의 해상권은 대개 지중해와 인도양, 그리고 극동, 이 셋으로 나누어져 있었다. 한데 놀라운 것은 인도양과 극동의 바다 항로를 맺는 해상세력을 신라인이 주관하고 있었다는 사실이 입증된 것이다.[7)] 이런 의미에서 신라인의 발길이 인도양 해안에까지 미치었으리라는 사실은 의심할 여지가 없다.

---

4) E. A. Gordon, *Asian Christology and the Mahayana*, Tokyo: Maruzen 1921, pp. 47-48. 일설에는 고든 여사가 비밀리에 세워놓았다는 말도 있다.

5) P. Y. Saeki, *The Nestorian Monument in China*, Tokyo: 1918, p. 87.

6) C. H. Robinson, *History of Christian Missions*, Edinburgh : T. &. T. Clark, 1915, p. 163.

7) E. O. Reischauer, *Ennin's Travels in Tang China*, New York: Ronald Press, 1955, p. 276.

신라 상품이 이즈음에 시리아 등의 회회교국에서 매매되고 있었다는 말도 있다.[8] 경교는 시리아에서 왕실의 대대적인 환영을 받으며 크게 성황을 이루고 있었다. 그렇다면 신라인과 경교와의 접촉이 전혀 없을 수는 없었을 것이다.

그러나 마지막으로 접촉 가능성을 결정적으로 입증하는 한 가지 사실이 있다. 팔라디우스(Paladius)는 19세기 초에 청(淸)나라에 처음 발을 들여놓았을 때, 여기저기 흩어져 있는 기독교회의 역사적 흔적을 두루 살피며 찾아다녔다. 그런데 그는 한 가지 묘한 책자에서 당나라 때에 경교가 성행하였다는 구절을 발견하게 되었다. 그 책자가 다름 아닌 한국의 책이었다는 것이다.[9] 그리고 분명히 쓰기를 "이 한국 책이 언제 씌워졌는지, 또 어디서 이와 같은 종교에 관한 지식을 수집하였는지 불행하게도 알 수가 없다"고까지 설명을 덧붙이고 있었다.

---

8) W. E. Griffis, Japan's Debt to Korea, in C. S. Kim ed., *The Culture of Korea,* The Korea-America Cultural Association, 1945, p. 182.

9) A. C. Moule, *Christians in China before 1550,* London, S. P. C. K., 1930, pp. 65, 72.
Paladius(1817-1878). 원명은 Piotre Ivanovitch Kafarof로서 명(明)나라에는 1840, 1865, 1878년에 각각 다녀간 당시 중국학의 최고권위자.
Cf. K. S. Latourette, *A History of Christian Missions in China,* New York: MacMillan Co., 1929, p. 487.

2 몽고를 통하여 접촉된 가톨릭 교회

> 윌리암 부커아 사(師)는 자신이 카울레(高麗)라고 하는 나라의 사신 일행을 본 일이 있다고 나에게 말하였습니다.
>
> Fr. Guillaume de Rubruc, 1253

칭기즈칸(成吉思汗, 1162-1227)이 몽고를 세우고 세계 재패의 여세를 몰아 근동과 중동의 모슬렘 국가들을 침공할 때, 서구의 로마 가톨릭 교회와 기독교 국가들은 몽고에 대해서 한편 고마운 마음을 금할 길이 없었다. 물론 서구의 군사적 주력이던 폴란드 민족과 게르만 족을 몽고의 역장 바르투(拔都, 1207-1255)가 대파했을 때에는 서유럽까지 몽고군의 말발굽 아래 짓밟힐 것이라는 불안감이 뒤덮고 있었다.

> 우리들의 죄로 해서, 알지 못할 부족이 침공해 왔도다. 그들이 어디서 왔는지, 그들의 말이 무엇인지, 종족은 무엇이고 신앙은 무엇인지 아무도 아는 이 없도다. 하나님만이 저들이 누구인지, 어디서 왔는지, 아실 따름이로다.[1)]

여기 새겨진 위협과 불안의 가락은 심판 전야를 방불케 하였다.

그러나 실낱같은 소망의 틈이 있었다. 몽고가 세계제국의 건설을 목표로 전

---

1) *The Chronicle of Novgrod*, 1914, p. 64. C. Dawson, *The Mongol Mission*, 1955, p. xii에서 인용.

진하는데 방해가 되는 것은 군사적으로나 지리적으로 우선 모슬렘 국가라는 사실을 몽고 자체가 알고 있는 이상, 서구의 기독교회는 오히려 몽고와의 제휴를 바라게 되었고, 또 거기에 대한 선교의 가능성까지 찾아 타진하게 되었던 것이다. 하지만 직접적으로 기독교를 몽고 쪽에 끌어드리게 한 동기는 십자군을 십여 차례 파견하고도 회복의 염을 내지 못한 성지 팔레스티나를 몽고군이 쉽게 점령하고 기독교인의 순례를 자유롭게 해 준, 그 종교정책 때문이었다. 칭기즈칸 자신은 문명인이라고 볼 수는 없었고, 종교적으로는 원시적인 샤머니즘 신앙밖에 가진 것이 없는 인물이었다. 그러나 종교의 중요성에 대해서는 남다른 인식을 가지고 있었다. 그는 모든 종교가 다 존경의 대상이 되어야 한다고 천명하고 있었으며, 이 원칙을 신실하게 준행하고 있었다.

서구의 기독교회는 여기서 신의 섭리를 보았고, 따라서 때를 놓치지 않고 사절단을 파견하기에 이르렀던 것이다. 교황 인노센트 IV세가 제1차로 파송한 사람이 카르피니(Fr. Plano Carpini)였다. 1246년의 일이다. 교황의 의도는 결국 기육 칸(Guyuk Khan: 칭기즈칸의 후계자)을 개종시키자는 데 있었다. 대담한 착상이었다. 그러나 결실은 바라는 대로 나타나지 않았다. 그래서 그 이후 여러 차례 사절과 선교사를 파송하였는데, 그 중에서 우리의 눈길을 끄는 사람이 바로 루부르크(Guillaume de Rubruc)[2]이다.

루브르크는 1253년 5월 7일, 콘스탄티노플을 떠나 몽고의 수도였던 칸바리크(和林)에 와서 바투의 아들 사르탁(薩答克, Sartak) 을 만났다. 서구에서는 이 사르탁이 기독교인일 것이라는 소문이 널리 퍼져 있었다. 그래서 프랑스의 성 루이(St. Louis)나 교황 인노센트 IV세가 사절을 보내 순전히 종교적 차원에서 접촉을 가지게 하고, 동시에 중앙아시아나 몽고 안의 기독교인 형제들을 격려하려고 하였던 것이다. 그렇지만 루브르크는 몽고에 닿자마자 깊은 환멸에 빠졌

2) 이능화(李能和), 『조선기독교급외교사(朝鮮基督教及外交史)』, 상권, p. 32에는 나백로(羅柏魯)로 되어 있다.

다. 그러려니 했던 사르탁은 신자가 아니었고, 다만 몽고왕실의 일부 여관(女官)들이 기독교인이었음을 알았기 때문이다. 몽고 왕궁 안에도 서구에서 노예로 잡혀와 그때에는 다 상당한 신분에서 일하고 있는 여러 기독교인들이 꽤 많았다. 그 중 어떤 여인은 칸의 후실이기도 하였다. 루브르크는 "약탈자"라고 불리던 몽케 칸(夢哥汗, 1208-1259)과 여러 번 만나 신학적인 토론도 하였다. 그러나 이렇다 할 인상을 남기지 못한 채, 그의 선교는 수포에 돌아가고 만다.

하지만 루브르크는 한국을 처음 세계에 소개해서 아직도 영어의 우리나라 표기로 되어 있는 'Korea'라는 이름을 남기게 한 사람으로 오래 기억되고 있다. 루브르크는 몽고가 동진해서 일본을 침공하려고 고려에 막대한 군 장비를 강요하고, 또 선박 건립을 출혈로써 재촉하고 있을 때, 압록강까지 다녀갔던 것이다. 그리고 그 보고 들은 바를 교황청에 써 보냈던 것이다. 기행문을 포함한 그 편지 속에 카울레(Caulej: 高麗)라는 말이 들어 있었고, 그것이 후에 'Coree'로 되었다가 영어에 이르러 'Korea'로 고정되기에 이르렀던 것이다. 그의 글을 발췌해서 소개하면 다음과 같다.

> 윌리암 부커어(Wm. Buchier) 사(師)[3]가 저에게 이런 말을 하였습니다. 자기 자신도 카울레(Caulej)와 만주(Mance)라고 불리는 민족들의 사절단을 직접 목격했는데, 이들은 겨울이면 동결해 버리는, 바다에 둘러쌓인 곳에 살고 있습니다. 몽고사람들은 겨울철에 이 얼어붙은 곳을 진격해 그 나라를 침공할 수가 있습니다. 이들은 몽고왕실에 3만 2천 두멘(tumen)을 매해 공납하고, 그 조건으로 침공을 모면하고 있는 것 같습니다.[4]

문학적인 정교함이나 여행문으로서의 사실성(寫實性)으로 해서 마르코 폴로(Marco Polo, 1254-1324)에 버금갈 정도의 명성을 남긴 윌리암 루브르크의 펜을

---

3) 대장장이로 파리 태생. Ruthenian 여인과 결혼해 몽고에 살던 교인.

4) W. Ruburuc, *The Journey of William Rubruc to the Eastern Parts of the World, 1253-1255*, tr. by W. W. Rockhill, London: The Hakluyt Society, 1900, pp. 200-201.

통해서 고려의 이름이 서구에 최초로 알려지게 되었던 것이다. 그것은 실로 선교의 사명을 띄고 먼 길을 왔다가 교황청에 보고한, 한 선교사의 서간문을 통해서였던 것이다. 기독교는 그때 몽고에 와서 별다른 성과를 남긴 것이 없었다. 그러나 고려의 이름을 세계에 알린 그것 하나만으로도 우리 교회사와의 관련이 의미 깊었다고 보지 않을 수 없다.

3 일본을 통하여 접촉된 기독교

> 조선의 추위는 맹렬해서 일본에 비교도 안 됩니다. 종일 내 손가락은 반쯤 감각을 잃고, 아침 미사를 드릴 때에는 손을 움직일 수도 없습니다.
>
> Fr. Gregorio de Cespedes, S.J., 1594

3.1. 일본 안의 기독교와 임진왜란

1517년 독일 비텐베르크에서 마르틴 루터(Martin Luther)가 종교개혁의 횃불을 들었을 때의 일이다. 로마 가톨릭 교회는 그 교회의 오랜 세력 중심 지역들이 프로테스탄트의 교회로 전향되어 가는 모습을 그대로 방관할 수만은 없었다. 반(反)종교개혁 세력을 규합해서 이른바 이 열교(裂敎)의 교세 확장을 봉쇄할 대전략을 꾸미기에 이르렀다. 이때 등장한 것이 바로 1534년 창설의 예수회(The Society of Jesus)이다. 이 예수회는 중세기를 통해서 로마교회에 충성을 바쳐오던 이베리아 반도 사람이 중심이 되어 있었다. 그 주도적 인물이 이그나티우스 로욜라(Ignatius Loyola, 1491-1556)와 프란시스 사비에르(Francis Xavier, 1506-1552)였다. 이들은 가톨릭 신앙의 해외 확장만이 이미 유럽 안에서 그 터전을 굳히고 있는 프로테스탄트에 대항할 길이라 믿고, 당시 해운력을 장악하고 있던 스페인과 포르투갈의 도움으로 세계 도처에 퍼져 나가 선교에 몸 바치고 있었다.

사비에르가 포르투갈 왕의 요청으로 인도와 극동에 파견된 것이 1541년 4월, 그리고 중국 해안에서 망향의 서러운 눈을 감고 영면한 것이 1552년 12월의 일이었다. 그러나 그가 남긴 업적은 역시 일본에 대한 최초의 기독교 선교의 체계적 수행이다.

그가 인도의 고아(Goa)에서 떠나 일본의 규슈(九州)에 상륙한 것은 1549년 7월의 일이다. 그는 놀랄 만한 사회심리학적 통찰과 정치 행태의 구조적 이해를 통해서 선교 전략의 핵심을 이미 구체적으로 구상하고 있었다. 그리고 그는 공교롭게도 지방 봉건주인 다이묘(大名)들과 친숙한 관계를 맺을 수가 있었다. 선교 전략이 실현단계에 들어섰다는 청신호였다. 사비에르가 일본에서 느낀 인상은 경이와 찬탄 그것이었다. 1549년 11월 5일자의 편지에 이런 글이 실려 있다. "내 생각으로는 이제 앞으로 이교인 중에서 일본과 견줄 백성이 다시 나타나리라고는 도저히 생각할 수 없습니다. 이들은 아주 선량한 품위의 인간들이며, 품성이 착하고 악의가 없으며, 놀라운 정도의 의리로 명예에 목숨을 걸며 … 사회성이 넘치고 지식욕에 불타며…"[1] 하는 내용의 장황한 찬사였다. 선교사 보고문에 있어서의 공통한 과장 표현이라는 점을 아무리 감안한다고 할지라도, 그의 인상이 얼마나 압도당한 것이었던가 하는 것은 당장 알아차릴 수 있다.

여기에서 사비에르는 월등한 자질을 가진 지성과 품격의 인물을 통하지 않고는 선교가 불가능하며, 더욱이 본토인 교역자의 훈련과 그 봉사 없이 궁극적인 선교의 목표가 실현될 수 없다고 판단했던 것이다.

이렇게 해서 일본에 입국한 예수회 신부들은 당시의 통치자 오다 노부나가(織田信長, 1534-1582)의 관용 아래에서 상당한 포교의 결실을 거두어들일 수 있었다. 오다가 남달리 종교적 신앙심에 그렇게 한 것은 물론 아니었다. 그때 일본 대교구의 부사(副師)로 있던 사람은 그의 보고문 속에서 "이 사람(織田)은

1) S.C. Neill, *A History of Christian Missions*, A Pelican History of the Church, Vol.VI, 1964, pp.156-157.

자기가 무엇을 하고 있는지 모르고, 다만 하나님이 선택해서 신앙의 길을 열도록 준비하는 데 쓰고 계실 뿐"[2)]이라고 밝힌 일이 있었다. 사실 오다는 신학교의 설립을 위해서 비와(琵琶)호에 있는 아담한 대지를 공여하였을 정도였다. 그의 이러한 관용은 불교에 대한 그의 혐오에서 일부 기인했을 것이다. 그는 불교의 군사적·정치적 세력을 위험시하고 있었던 것이다.

이러한 관용책은 차기의 실력자 도요토미 히데요시(豊臣秀吉, 1536-1598)에게도 처음에는 상당한 정도 그대로 계승되었다. 배불적(排佛的)인 경향도 싱겐파(眞言派)의 불승들을 못 박아 죽인데서 나타났다. 사실 그는 조선을 침공하기에 앞서 오사카(大阪)에 있는 예수회 신부들, 곧 일본 대교구의 부사(副師) 콜호(Coelho)와 여덟 명의 예수회 신부들을 만나, 명나라와 조선을 곧 정복할 터인데, 그 다음에는 "그들 나라 전역에 걸쳐 교회당을 건립하고, 그들 백성으로 하여금 기독교(가톨릭)를 받아들여서 거룩한 길을 따르도록 하겠노라"[3)] 장담했을 정도였다. 그는 이 언질의 진실성을 보이기 위해서 며칠 후 두 통의 서명이 큼직하게 찍힌 문서를 가져다주면서, 한 통은 서구의 기독교 여러 나라의 왕들에게 보내달라고 부탁했던 것이다. 자기가 얼마나 기독교에 대해서 총애를 베풀고 있는가 하는 것을 그들에게 알게 하려던 것이다. 그러나 시간이 얼마 지나고 난 다음의 사태를 관찰하면, 그의 태도는 기독교에 관한 한 내심으로는 깊이 증오했다는 말밖에 못하게 되어 있다.

문제는 이 도요토미의 조선 정략(征略)과 이른바 기독교의 전입과의 관계이다. 임진년의 왜란이 동기야 어쨌든 최초로 기독교가 한국에 들어왔던 경우였다고 한다면, 그의 정략 안팎에 둘러쌓인 구름을 헤쳐 볼 필요는 있는 것이다.

우선 그는 일본 안에 오랫동안 쌓여온 강력한 무사들의 힘을 위협의 요소로 보고 이를 분산시키거나, 아니면 이들이 차지할 땅을 해외에 확보함으로써 일

2) R. Storry, *A History of Modern Japan*, Penguin Books, 1961, p. 47.

3) Otis Cary, *A History of Christianity in Japan*, New York: Fleming H. Revell, 1909, p. 101.

본 안의 통일을 저해할 원인들을 제거시키려고 했음이 확실하다.

그리고 다른 하나의 설명은 그리고 그것이 가장 조리가 서는 이유라고 볼 만한 것인데, 그가 반(反)기독교적인 감정에 끌려서 군대 안에 있는 기독교인 무사들을 전장에서 희생시켜 없애려는 의도가 있었을 것이라 보는 입장이다. 그 이유로서 부산에 상륙했던 군인 15만여 명의 병력 가운데 최소한도 10% 이상의 군인들이 기독교인이었다는 통계를 지적할 수 있겠다.[4]

이러한 추리를 덧붙여주는 사실로서 고니시 유키나가(小西行長, ?-1600) 휘하의 군인 성분을 살펴볼 수 있다. 그 자신 경건한 기독교 신자였던 고니시 군단의 병사들은 "거의 전부가 다 기독교인"[5]이었다는 것이다. 그러나 그 숫적 확실성의 근거가 어디 있는지는 추적하기 어렵다. 프로테스탄트교의 선교사로서 우리나라 해변에 처음으로 나타났던 귀츨라프(K. F. A. Gützlaff, 郭實獵: 1803-1851)도 "임진왜란 당시의 일본 장군들은 대개 전부, 그리고 사병들도 대부분 기독교인이었다"[6]는 기록을 남겨 놓고 있다. 아무튼 『The Edinburgh Review』에 의하면, 1592년 조선해협을 건너왔던 그리스도인 군병들은 7년 이후 마지막으로 다 철퇴할 때, 극소수 아니면 거의 전부가 그들 고국에 귀환하지 못하고 산야 혹은 바다에서 피살되었거나 추위와 굶주림에 죽어갔다는 것이다.[7]

기독교인의 성서적인 이미지, 그 현대적 의미를 알고 있는 우리들로서는 임진왜란과 기독교가 어떠한 형태로든 역사적으로 연결된 사실에 모골이 섬짓해지는 충격을 받지 않을 수 없다. 그 까닭은 아우구스티노(Augustino)라는 세례명의 가톨릭 신자 고니시를 비롯한 몇몇 장군들은 행군하면서 앞세우고 나가는

4) F. Blinkley, *A History of the Japanese People*, London: The Encyclopaedia Britannica Press, 1915, p. 509.

5) J. Murdoch, *A History of Japan*, Kobe: 1903, p. 315.

6) K. F. A. Gützlaff, *Journey of Three Voyages along the Coasts of China in 1831, 1832, & 1833 with Notices of Siam, Corea and Loo-Choo Islands*, London: Frederick Westley & A. H. Danis, 1834, p. 318.

7) *The Edinburgh Review*, Vol. 136, 1872, p. 303.

깃발에 십자가의 형상을 그려놓고, 하늘 높이 휘날리면서, 침략의 거친 발길을 옮겨가고 있었기 때문이다.[8] 이 십자가의 표식 아래서 이들이 남달리 인간적이요 덜 잔인한 살상을 했다는 기록은 하나도 찾아볼 수 없다. 우리 겨레 역사에 한에 사무쳐 뼈에 스며 있는, 악랄한 일본 군인의 만행에 대해서, 이들은 예외가 될 만한 행동 하나 남겨 놓지 못하고 있었다.

이렇게 해서 진행된 일본군의 포악함으로 인해 서울의 길거리에는 아사한 시체가 여기저기 흩어져 떼를 이루었으며, 산 자들은 솔잎과 나무뿌리로 목숨을 겨우 연명해 나갔고, "어린이들은 죽어 있는 엄마의 젖을 빨며 방황하였다."[9] 서울 수구문(水口門) 밖에 내다버리는 시체가 산같이 쌓여 높이가 성보다 더했는데, "술 취하고 배불리 먹은 명나라 군사가 노상에서 구토하자 사람들이 서로 달려들어 다투어 주워 먹고, 약한 자는 그것도 못 얻어서 호곡하였다"[10]는 것이다. 우리는 이 참혹한 역사의 자손들이다.

그런데 기독교회 역시 역사의 환경에 매어 벗어나지 못한다는 실례를 또 하나 목격하게 된다. 조선 정략에 앞서 도요토미가 예수회 신부들을 만났다는 것은 앞서 적어 놓았다. 그는 신부들의 주선으로 포르투갈에서 장비가 훌륭한 군함을 몇 척 획득하는 것밖에 다른 요구가 없다고 말했던 것이다.[11] 확실히 그가 이 자리에서 조선에서의 군사행동에 관한 의견을 교환했으리라는 것을 부정할 수 없다.

그런데 명나라가 조선을 돕는다고 해서 파군을 결정하고 서두를 때, 묘하게도 명군의 총사령관이 마테오 리치(Matteo Ricci, 利瑪竇: 1552-1610)를 방문하고 조선 내에서의 군사 작전을 포괄적으로 진단한 바 있었던 것이다.[12] 조선 반도

---

8) R. Storry, *op. cit.*, p. 56.

9) 吳允台, 『日韓キリスト教交流史』, 東京: 新教出版社, 1968, p. 17.

10) 함석헌, 『성서적 입장에서 본 조선역사』, 서울: 신생관, 1961, pp. 162-163.

11) O. Cary, *op. cit.*, p. 101. 활강총(滑腔銃)도 이때 수입한 것.

12) T. J. Campbell, *The Jesuits 1534-1921*, London: The Encyclopaedia Britannica Press, 1921, p. 249.

의 핍절한 백의 겨레 참담한 운명의 언저리에서, 한 쪽에서는 일본 주재 예수회가, 다른 한 쪽에서는 명나라 주재 예수회가 각각 작전 교사를 하고 있었다.

3.2. 일본 침략군과 함께 스쳐간 기독교

파죽지세로 북상하던 일본군이었지만 도처에서 봉기하는 의병들의 치열한 순국의 반격과, 뒤늦게 참전한 명군의 반격에 쫓겨서 전선을 울산과 곰내(熊川)를 잇는 18개 성으로 퇴거할 도리밖에 없었다. 이때 곰내에 머물고 있던 고니시 휘하 군단의 압도적 다수가 기독교인이었기 때문에, 고니시는 일본 예수회 교구장 코메즈(Pierre Comez)에게 종군 신부를 보내달라는 서간을 발송했다. 코메즈는 이 부탁에 따라 포르투갈 신부 그레고리오 세스페데스(Gregorio de Cespedes)를 일본인 후칸(不干)과 함께 조선에 급파했던 것이다.

역사상 최초로 조선 땅을 밟은 기독교 성직자 세스페데스가 곰내에 도착한 것은 1594년 엄동설한의 12월 28일이었다.[13] 얼마 후 세스페데스는 코메즈 교구장에게 두 통의 편지를 냈는데, 그 친필 서간문이 지금 포르투갈의 아쥬타 고서박물관에 보관되어 있다고 한다.

그들 편지에는 그의 여행 일정이라든가, 조선과 일본 사이에 진행된 화평공작, 고니시와 함께 마련한 영내의 예배 처소, 일본 군졸들이 겪은 굶주림과 추위, 그리고 여러 군사들의 고해성사에 관한 기록들이 있다.

그런데 이 편지에는 그것이 비운에 우는 수많은 한민족의 곤궁 속에서 씌어졌음에도 불구하고, 조선인에 대한 선교의 착상이라든가, 이 겨레가 겪은 차마 눈으로 볼 수 없는 참상, 그리고 그 영혼들의 안부에 대해서는 전혀 관심이 없었다는 사실이 들어난다.[14] 따라서 그를 경로로 해서 기독교가 조선인에게 접촉될 수는 없었다는

13) *Ibid.*, p. 249

14) 山口正之, 『朝鮮西教史』, 東京: 雄山閣, 1967, p. 5. 여기 보면 세스페데스의 선배 비엘라(Gaspel

말이 된다. 다만 일본인 기리시단(キリスタン) 장병 몇 사람이 기아에 지친 조선 소년에게 의식(衣食)을 나누어 주면서, 성수병(聖水瓶)을 한 병졸에게 들리고, 그래서 세례를 베풀어 승천하게 한 어린이의 수가 200명에 이른다고 하는, 확인할 수 없는 이야기가 전해 내려올 뿐이다.[15]

그렇지만 세스페데스가 아무리 선의의 동기로 조선인과의 접촉을 시도했다고 할지라도, 침략군의 깃발에 십자가까지 그려 놓고 미증유의 잔학행위를 감행한 일본군 종군 사제로서는 상황이 이를 허락지 아니하였을 것이고, 더욱이 오늘의 입장에서는 그렇게 되지 아니한 것을 천만 다행으로 여기지 않을 수 없다. 달레(Ch. Dallet, 1829-1878)라는 저명한 예수회 사학자의 『조선성교회사』에 보면 세스페데스가 조선인과 접촉할 수 없었던 이유를 다음과 같이 술회하고 있다.

> 왜냐하면 결국 조선 사람들이 취할 정략이라는 것은 일본군이 점령하고 있는 성의 주변을 완전히 무인지경으로 청야화(淸野化)함으로써 이들 일본군을 고립시키는 데 있었기 때문입니다. 주민의 대부분이 북쪽 지방으로 피난가고, 침략자가 미치지 못할 먼 곳으로 흩어져 갔습니다.[16]

조선인은 요컨대 일본군의 손이 닿을 곳에 있지 않았다는 말이요, 동시에 이 말은 세스페데스가 조선인과 접촉할 기회가 없었다는 말이 된다. 이때 만일 기독교와 조선이 접촉되었다면, 조선에서의 기독교 역사도 훨씬 다른 양상을 띠고 나타났거나, 그렇지 않으면 영영 복음의 빛에 인도되지 못하고 말았을 것이다. 가령 이조시대의 불교가 결정적인 와해에 직면하고, 서울 경내에 절간 하나 가지지 못하였던 것은, 이조의 건국이념이 배불숭유였다는 데도 있었겠지만, 동시에 왜란 때에 일본군 안에 있던 불교도들의 농간과 이적행위가 워낙 악명 높았다는 데 그 이유가 있었던 것이다.[17]

Viela)는 1571년 2월 4일과 10월 6일의 서간에서 조선 포교의 의사를 비치고 있었다.

15) 『史學雜誌』, 제49편, 제2호, p. 176.

16) Ch. Dallet, *Historie de l'Eglise de Coree,* Paris: I, pp. 3-4.

세스페데스는 조선에 오래 잔류해 있지 못했다. 고니시와 함께 조선에 원정 왔던 군단의 악명 높은 장군 가토 기요마사(加藤清正, 1562-1611)는 불교도였고, 그래서 늘 고니시를 적수로 생각하고 있었다. 그는 도요토미에게 고니시를 모함하면서 세스페데스라는 신부를 진중에 초치해서 모반의 음모를 꾸미고 있다고 비난한 일이 있었다. 이런 곤궁에서도 계속 조선에 머물러 있을 수는 없었다. 세스페데스는 불가불 곰내를 떠나 일본으로 되돌아갈 수밖에 없었다.[18]

3.3. 일본 속의 조선인 기독교인들

세스페데스의 조선 체재가 반년 정도밖에 이르지 못했고, 또 조선인과의 접촉도 전무하였지만, 선교역사상에는 한 심원한 전환점이 찍혀지고 있었다.

그는 장기간의 일본군 조선 원정을 통해서 수많은 조선 비전투원이 노예로 잡혀 일본에 끌려와서는 군비를 조달하는 방편으로 포르투갈 상인들에게 팔려가는 참상을 목격하였다. 포르투갈 상인들은 이들 노예를 다시 막대한 금액으로 전매해서 남양 각지에 팔아넘기고 있었다. 같은 포르투갈 사람이라 할지라도 상인과 선교사와의 사이는 이 노예 문제를 둘러싸고 시종 불화가 끊이지 않았다.

선교사들은 이러한 비인도적 만행을 방관만 할 수 없었다. 이 인신매매 행위를 대놓고 '불의'로 저주했다.[19] 그리고 1598년 7월 4일, 나가사기(長崎)에서 협의회를 열고, 인신매매에 종사하는 상인에게는 벌금을 과하게 하고, 그 중 악질적인 상인에게는 파문의 종교적 형벌을 내리기로 의결하였던 것이다.

---

17) F. A. McKenzie, *Korea's Fight for Freedom*, New York: Fleming H. Revell, 1920, p. 206.

18) 세스페데스의 체한 기간에 대해서 J. Murdoch나 O. Cary에서는 2개월, 달레의 교회사에는 1년간으로 되어 있으나, 그의 서간문 날짜를 보아서, 곧 1593년 부활절 이후까지 체재했다는 기록을 본다면, 반년은 있었다고 볼 수 있다.

19) J. Mourdoch, *op. cit.*, p. 359.

그러나 이러한 처리가 종교상의 벌칙에 불과하였기 때문에 실질적인 효과는 별로 없었던 것으로 보인다. 한낱 조소거리로 끝나고 말았던 것 같다. 그래서 선교사들은 선후책에 치중하는 방편을 썼다. 종교적 사회 행동에 제한이 여기 있었다.

우선 선교사들은 다이묘들을 설득해서 그런 만행을 가능하게 하는 노예 전출을 삼가게 하고, 또 노예 매매의 반복을 금해 줄 것을 종용하고, 몰인정한 포르투갈 상인들에게 힘닿는 데까지 손을 써서 노예 구출을 모색했다. 그래서 일본으로 붙잡혀 오는 조선 노예들을 상인과 군인들의 손아귀에서 탈출시켜 이들의 신변을 안전하게 해주고, 한 걸음 더 나아가 조선어로 번역된 각종 교리서를 가르쳐서 이들을 복음의 길로 인도하려고 애썼다.[20]

육체의 부자유와 극단의 공포 불안에 싸여 나라 잃은 포로의 몸으로 서러운 하루하루를 덧없이 보내던 조선인들은 이 복음의 벅찬 소식 속에서 사람다운 삶의 보람을 찾았으며, 깊은 영혼의 안주와 가이없는 위로를 찾을 수 있었다. 더욱이 도요토미 이후 천하의 패권을 잡은 도쿠가와 이에야스(德川家康, 1542-1616)가 엄격한 기독교 박멸정책을 쓸 때 고귀한 신앙의 꽃을 피웠던 수많은 조선인 포로 신도, 혹은 귀화 신도들은 장엄한 순교의 향기를 이국 땅 하늘 아래 널리 퍼뜨렸던 것이다. 일본 기독교사상(史上) 그 이름이 남아 있는 수백 명 중에서 조선인으로서 정배, 투옥의 형고를 겪은 사람이 25명 있었고, 신앙을 지키다가 순교한 이가 21명, 그들 중에서 9명이 1867년 7월 2일자로 로마 교황 비오 9세가 순교 복자로 시복(諡福)한 이가 205인 일본인 속에 포함되어 있었다.[21]

임진왜란의 쓰라린 민족적 비극은 근대 초기의 조선으로 하여금 철저한 대

---

20) 1598년 7월 4일, 『耶蘇會報』, 吳允台, *op. cit.*, p. 48.

21) C. H. Robinson, *History of Christian Missions*, Edinburgh: T. & T. Clark, 1915, p. 248.

외 불신임의 국책을 쓰지 않을 수 없게 하였다. 더욱이 일본에 대해서는 그 도가 심했다. 그러나 우리는 여기서 비록 국외에서 진행되었다는 조건이 붙기는 하겠지만, 어느 모로 보든지 떳떳한 기독교와의 접촉, 그 순교의 행렬, 그래서 교회 역사 첫 페이지가 기록되었다는, 그런 사실을 긍지로 내세우고 지나가고 싶다. 이때로부터 조선과 기독교와의 접촉은 한 시도 실질적으로 단절된 일이 없었다. 예수회를 비롯한 가톨릭 교회의 여러 선교회 및 교단에서도 조선에 대한 체계적인 선교의 비전을 흐려본 적이 없었다. 이때에는 벌써 명나라, 그리고 얼마 후의 청나라에 가톨릭 교회의 세력이 어느 정도 뿌리를 내리기 시작하던 때였음으로, 조선에 대한 적극적인 선교의 여명은 밝기만 했다. 이때를 계기로 해서 기독교는 조선에 끈질긴 접촉을 시도해 온 것이다. 일본에서부터 시작한 선교는 조선에 접수, 수용될 확률이 역사상으로나 심리상으로 거의 없었지만, 명과 청에서부터 뻗쳐진 선교의 길에는, 청나라 초기의 조청(朝淸) 관계 수립 명분이 어려웠음에도 불구하고, 그 반응이 훨씬 달가웠다. 친중(親中)의 대의명분이 있었기 때문이다. 중국에 향하던 눈길은 확실히 일본에 대한 것보다 우호적일 수밖에 없었다. 강요된 것이었는지는 모르나 기독교의 수용은 여하간 그쪽 방향이 훨씬 쉬웠다.

제 2 편

한국의 로마 가톨릭 교회

4 선교 이전의 구도(求道)

> 복음의 씨앗이 순전히 조선 사람들 그 자신의 손에 의해서 소개되었습니다. 그리고 그 씨앗은 장차 온갖 시련을 겪으면서도 말라 없어지지 아니하고 계속 움을 트고 다시 토양 속에 싹을 내는 그런 일을 시작하였습니다.
>
> The Edinburgh Review, 1872

4.1. 병자호란과 소현세자

1636년 국호를 청(淸)이라고 고친 만주의 여진족은 자기들의 요청을 듣지 않는다는 핑계로 그 해 10여만의 대군을 몰고 조선에 쳐들어왔다. 왜군이 마지막으로 철수한 지 겨우 40년, 그 핍절과 병환이 채 아물기도 전에 휩쓸고 몰아닥친 것이다. 그 살기등등한 말발굽 아래 우리 겨레는 다만 도움 없는 국운에 통곡하며 불모의 땅을 방황할 수밖에 없었다. 인조(仁祖) 14년의 일이다. 1637년 정월에 남한산성의 삼전도(三田渡)에서 이때까지 북쪽 오랑캐라 깔보던 청나라의 태종(太宗) 앞에 세 번 절하고 땅에 이마를 깨도록 대기 아홉 번 하여 종사의 면목을 욕되이 하고도, 세자 소현(昭顯)을 비롯해, 끝내 화친을 거부했던 충신들을 볼모로 청에 보냈던 인조였다. 이 모진 겨레의 곤고 속에서 앞으로 계속 진행될 기독교와의 접촉이 시작되고, 그것이 오늘에 이른다.

1644년 명나라의 서울 북경을 빼앗은 청은 여기에 수도를 옮기게 되었다. 그리고 그때까지 심양관(瀋陽館)에 갇혀 있던 소현세자도 함께 북경으로 이주하게 되었다. 그런데 이렇게 옮겨 간 것이 복음과 만나는 기회를 만들어준 것이다. 소현세자는 거기에서 북경 주교이던 독일인 예수회 신부 아담 샬(Johann Adam Schall von Bell, 湯若望: 1591-1666)과 친교를 맺게 되고, 또 다른 선교사들의 저작에도 손 댈 기회를 맞게 되었던 것이다. 아담 샬은 당시 청의 세조에게 신임을 받아 서양력을 본 따 대청시헌력(大淸時憲曆)을 편찬했고, 후에는 통광목사(通光牧師)라는 높은 직위에까지 올랐던, 학식 높은 천문학의 권위자였다.[1)]

아담 샬은 세자와 친근할 수 있는 기회를 무척 고맙게 생각하고 있었다. 예수회에서는 본래 그 선교 방법이 당시에 동양의 다른 지역에 와 있던 프란시스파나 도미니쿠스 파와는 전혀 달랐다. 예수회에서는 언제나 한 나라의 상류계급이나 혹은 왕궁에 접근해서 그들에게 문화적이고 종교적인 영향을 끼쳐 줌으로써 쉽게 온 나라의 개종을 꾀하는, 그런 선교전략을 전통적으로 써 왔다. 그렇기 때문에 왕자와의 교섭을 높은 희망을 가지고 계속해 갔다. 그는 청나라 안에서 발행된 기독교 관계의 서적이나 서양문물을 널리 구해서 그것들을 세자에게 증여하여, 그의 심각한 반응을 눈여겨 살피고 있었다.

세자가 오랜 볼모의 생활을 끝내고 귀국한다는 소식을 듣자 아담 샬은 그가 지은 천문, 산학(算學)『성교정도(聖教正道)』 등 여러 서적과 천주상(天主像) 한 장을 선물로 싸드렸다. 이 석별의 정에 감격한 세자는 곧 편지를 띄웠다.

> 내가 우리나라에 돌아가면 책을 많이 만들어서 글 보는 사람들에게 펴려고 생각합니다. 그런데 서양의 종교서적과 천주상을 우리나라에 가져가고 싶은 생각은 태산 같지만, 우리나라에는 아직 천주교를 아는 사람이 없기 때문에 혹시나 잘못하여 천주상을 더럽힐까 두려운 바가 있습니다. 그러므로 천주상은 다시 돌려보냅니다.[2)]

---

1) 아담 샬은 1664년 포르투갈의 식민지 확장의 앞잡이라는 혐의로 사형을 언도 받았으나, 그의 옛 공로로 연금 상태에 있다가 세상을 떠났다. 그때 그의 나이 75세였다.

2) 山口正之, "昭顯世子と湯若望", 『青丘學叢』, 제5호, 1931. 유홍렬, 한국천주교회사, 서울: 가톨릭출판사, 1962, p. 44

세자의 관심과 반응은 여기 분명히 나타난 셈이었다. 서양과학에 대한 열망과 천주교에 대한 조심, 이것은 비단 소현세자만의 마음이 아니었다. 조선 천주학의 초기에도 형태상으로는 무척 뿌리 깊게, 그리고 오래 지속되어 온 생리였다.

세자는 1644년 11월 26일 북경을 떠나서 다음 해 2월 18일에 서울에 도착했다. 그러나 뜻밖에도 귀국 70일 만에 세자는 학질로 갑자기 세상을 떠나게 된다. 그래서 서교는 말할 것도 없고 서양과학의 전달까지도 일단은 수포로 돌아가고 말았다.

4.2. 조선학자들의 서학 접촉

4.2.1. 서학과의 접촉

소현과 아담 샬과의 조그마한 사건이 외국에서 진행되는 동안에 수모 받은 우리 역사의 격류 안에서는 큼직한 변화가 배태되고 있었다. 그것은 첫째 두 차례의 전란을 겪어나가면서 뼈아프게 체험한 서양 이기와 문물, 곧 서양에서 도입된 문명의 위력, 서양의 힘에 대한 통절한 각성이 썰물처럼 갑자기 터져나온 것이다. 조선에도 제 딴에는 자랑할 만한 슬기와 학문의 유산이 전혀 없는 것은 아니었다. 우리의 자랑할 만한 세계적 발명을 대서특필한 외국의 문헌을 보고 우리는 숨김없는 자랑을 느낀다.[3] 그러나 서양의 '힘'은 체질적으로 동양과 전혀 다른 전제에서 출발하고 있었다. 그것은 자연과 정신, 역사와 계시의 창조적 질서에서 그 시작을 잡는 독특한 신앙의 세계관을 전제하고 있었다.[4] 이 '힘'의 문명과 그 전제에 대한 조선 학자들의 관심은 병자호란 이후 변

3) H. B. Hulbert, Korean Invention, *Harpers Monthly*, Vol. 38, New York: pp. 101-108.

4) C. Dawson, *Progress and Religion*, New York: A Double Day Image Book, 1960, Chap. VII.

질의 과정을 경과하던 조선 유교의 변천과 동시에 진행되었다. 그래서 문무공맹(文武孔孟)과 주자학의 명분만을 외우던 조선 유교가 "조선의 실지연구"와 "조선 경제의 개조책을 베풀며" 실증, 실용의 학풍을 외치고, 이 학풍을 널리 퍼뜨리기에 이르게 된 것이다.[5)]

그러나 이에 못지않게 중요한 것이 조선과 서구문명과의 접촉이다. 외국의 풍물에 관한 새로운 정보라든지, 가령 1653년 제주도에 표류해서 13년간 여기 체류했던 네덜란드 선원 하멜(Hendrik Hamel, 哈海兒: 1630-1692)[6)]과의 접촉은 조선을 문예부흥 이후 근대화의 물결에 따라 변모해 가는 세계 대세에 눈을 돌리지 않을 수 없게 만들었다. 이와 같은 태도 확립은 자연히 내 것을 찾아보자는 운동으로 각성되고, 여기 통틀어서 실사구시로 묶어 놓은 새 학문 실학이 대두되기에 이르렀던 것이다.

그런데 서구 학술의 수입은 자연 그것을 동양에 몰고 온 선교사의 문화적·종교적 노작들을 통해서 밖에는 이루어질 길이 없었다. 기독교와 서양문명은 본질상 피차 끊을 수 없는 일면을 가지고 있었기 때문이다. 따라서 서학에의 관심은 자연히 기독교를 통하거나 거기에 대한 관심을 동반하지 않을 수 없었다.

가령 실학파 선구자 중의 한 사람인 이수광(李睟光, 1563-1628)은 그의 저서『지봉유설(芝峯類說)』(1614) 속에서 우리나라 처음으로 마테오 리치의『텬쥬실의(天主實義), *De Deo Verax Disputatio*』[7)]를 논평하고 있다. 거기에 의하면, 이 책의 내용은 대개 다음과 같이 소개되고 있다. 우선 그 서두에 천주께서 하늘과 땅을 창조하였으며, 평안과 양육의 도로 세상을 주관하심을 논했다고 밝히고, 다음

5) 최남선(崔南善),『조선역사』, 경성: 동명사, 1936, p. 72.

6) J. Churchill, *A Collection of Voyages and Travels, Some now First Printed from the Oriental Manuscripts, Others now First Published in English,* in 6 vols., 1732, 우리나라에는 Gari Ledyard 편 박윤희 역의,『하멜 표류기: 조선왕국 견문록』, 삼중당문고, 1975가 있다.

7) 1959년 초판 이후 1601, 1603, 1629년 판까지 나왔다. 한글 본『텬쥬실의』는 정약용(1760-1801)에 의해 처음 번역 간행되었을 것이라고 이원순 교수는 보고 있다. 天主實義 附 텬쥬실의, 한국교회사연구소, 1972, p. 334.

에는 사람의 혼이 불멸한 것을 보더라도 그것이 짐승과 크게 다르다고 하는 것을 알 수 있다 하였고, 다음에는 불교의 교설이 잘못되었다고 변론했음을 밝히고, 마지막으로 인성이 본래 착함을 말했다고 하면서, 교화황(敎化皇: 교황의 뜻)에 언급했음을 소개했다.[8] 우리는 이 『텬쥬실의』가 기독교적인 세계관과 창조설을 주되게 논증함으로써 동양에 획기적인 사상적 혁신을 일으켰으리라는 점을 살필 수 있다. 게다가 세계사는 섭리가 주재하는 장소이지 우연과 윤회의 요행이나 인과의 보응이 뒤섞인 장소가 아니라는 주장은, 자연과 우주 및 인간의 일원성, 더욱이 하나님과 사람의 일원성마저 전통으로 알아 와서 창조의 교리가 성립할 수 없었던, 동양의 사고에 심각한 도전을 해왔음이 분명하다.

그러나 우리는 여기에 기독론과 성서의 문제가, 교화황의 언급이 있는데도 불구하고, 전혀 논급되어 있지 아니한 점을 주목한다. 그것은 역시 로마 가톨릭의 기본적인 교리다운 면모와 선교 유형을 여실히 반영하고 있음을 알 수 있다.

이익(李瀷, 1681-1763)은 청을 통해 받아드린 서학의 과학 지식과 천주교의 윤리사상을 핵으로 삼아, 주자학적 전통에서 중국 것만을 절대시하고 있던 당시 학풍과 생리에 반발을 느끼고, 중국적인 것을 대담하게 비판하는 데 주저하지 아니하였다. 더욱이 그는 그의 『성호사설(星湖僿說)』에서 기독교의 윤리에 반한 바 있어, 그 교훈 중에 "유교에 없는 것이 있다"[9]라고 분석하면서, 유학적 가치관을 객관적으로 비판까지 하고 있었다. 그는 서학의 학설이 극히 타당한 논리를 가지고 있으며 "허탕한 데가 없다"고 단언하고, 그것은 "불변의 진리", "지극히 올바른 진리"라고 하면서, "중국학자들이 미치지 못한 데가 있다"고 소리를 높였던 것이다.[10]

이익도 『텬주실의』에 대해 논평을 했는데, 그것이 지봉(芝峯)의 것과 약간 다르기 때문에 여기 잠깐 소개한다. 곧 그는 마테오 리치가 말하는 천주가 유

8) 이수광(李睟光), 『지봉유설(芝峯類說)』, 서울: 경인문화사, 1970 영인본, p. 36.

9) 『성호사설(星湖僿說)』, 상, 인사문, 칠극 항 (서울: 경인문화사, 1970 영인본, p. 368)

10) *Ibid.*, 천지문, 역상(曆象) 항. (p. 50)

가에서 말하는 상제(上帝)와 같으나, 경건과 신앙의 입장에서 볼 때에는 불교에서 말하는 석가와 같다고 추정하였다. 하지만 성호는 지봉과는 달리 예수에 대해서 상당한 발췌를 하고 있었다. 곧 처녀 탄생의 경위, 그의 선교, 십자가의 죽으심, 부활, 그리고 그의 가르침이 유럽 여러 나라에 두루 퍼져 있음이 기록되어 있다고 평했다.[11] 책과 그 책을 읽는 자의 차이가 그만큼 크다는 것이 여기서 들어난 셈이다. 그러나 책은 그 자체보다도 책을 읽는 사람의 마음에 비친 내용이 더 문제가 된다. 성호의 평에는 오히려 가톨릭 교회의 교권적인 교리가 제쳐지고, 순수한 서학의 기본적인 가르침이 부상되고 있었다. 확실히 이익은 "이론적으로 추상화하는" 학자형의 인물이었다.[12]

그렇지만 그의 천주학 이해는 종교적 회심에서보다는, 역시 유학적 학문의 차원에서 멀리 나가지 않았다는 사실을 보여준다. 좋게 말해서 비교종교학적인 명제에 서 있었다는 말이다. 가령 청나라에 와 있던 서양인 선교사 판토하(Didacus de Pantoja) 저작의 『칠극(七克)』을 논하면서, 그것이 곧 "우리 유가의 극기설"이라고 분석한 일이 있었다. 앞서 말한 "유가의 상제" 운운한 것과 더불어 더듬어 보면, 그의 방법론의 한계를 느끼게 되며, 차라리 그것이 그가 신앙에 깊이 들어갈 수 없었던 한 원인이었다고 보아도 좋을 것이다. 오죽하면 이능화도 이익의 처지를 가리켜 "기독교와 유교를 동일시한 것"[13]이라 하였으랴.

이 이외에도 안정복(安鼎福, 1712-1791, 『천학고』 『천학문답』의 저자), 신후담(愼後聃, 1702-1761), 이헌경(李獻慶, 1719-1791), 이이명(李頤命), 홍양호(洪良浩)와 같은 당대의 석학들이 한결같이 이 새로운 학풍에 대오를 같이하면서 서학을 탐색하고 때로는 흠모하던 사람들이다. 이러한 학자들이 서학, 곧 천주학에 대한 관계에 대해서 고종(高宗) 때의 박제형(朴齊炯)은 이런 말을 남겼다.

---

11) 『성호선생전집』, 卷五, 拔 천주실의(天主實義), 이능화, *op. cit.*, p. 24.

12) 홍이섭, 『한국사의 방법』, 서울: 탐구당, 1968, p. 219

13) 이능화, *op. cit.*, 상권, p. 25.

재간 있고 박식한 사람들은 그 교에 먼저 들어갔습니다. 가령 정유산(丁酉山)은 의학으로, 이강환(李康寶)은 수학으로, 남우촌(南牛村)은 농학으로, 다 그 정묘함을 얻었습니다. 그리고 마침내 그것이 가지고 있는 여러 학예가 천주교의 책들 안에 있음을 알고, 그 기이함을 보고는 이를 믿어 의심하지 아니하였습니다.[14)]

4.3. 서교의 종교성 문제

박제형의 글은 다른 경우에서와 마찬가지로 여기서도 과장 내지 오판했음이 들어난다. 왜냐하면 서학을 서양문명과 함께 공부한 사람들이 다 종교적 신앙에 이르렀던 것은 아니기 때문이다. 박지원은 천주교를 가리켜 사학(邪學)이라고 했을 정도였다.[15)] 안정복도 그의 사위인 권철신(權哲身, 1736-1801)에게 "그대도 서양인의 학문에 경솔히 따라 들어가 떠들어 댐을 면치 못한다 하니…"[16)]라는 힐난조의 말을 불사했던 것이다.

천주학을 학구적으로 연구하는 석학들 틈에서 그래도 이를 신앙의 대상으로 여기고 복음의 가르침대로 살려고 했던 사람은 극히 드물었으리라고 추측된다. 그 중에서 우리는 문학에 재주가 있었던 허균(許筠, 1569-1618)을 우선 들 수 있겠다. 그는 1610년 중국에 가서 『게(偈)』 12장을 얻어 가지고 돌아와서 당시의 유학자들과 논쟁을 벌였다는 기록이 남아 있다. 이 『게』라는 것은 가톨릭 교회의 기도문이었다. 그런 의미에서 학술적인 면에서도 그렇지만, 허균은 조선 사람으로서 처음으로 서교, 곧 천주교의 신앙에 인도되었던 사람이라고 말할 수 있겠다.[17)] 그가 기독교에 회심한 시기는 북경에 가서 『게』를 얻어온 1610년에

14) 박제형, 『근대조선정감(近代朝鮮政鑑)』, 제2권.
15) 박지원, 『연암집(燕巖集)』, 제2권.
16) 안정복, 『순암집(順菴集)』, 제6권.
17) 이능화 *op. cit.*, 상권, p. 23.
"허균이라는 자는 곧 우리나라 서교사상의 효시라 할 수 있다." 허균은 1618년 반역죄로 참형을 받는다.

서 사형을 받은 1618년 사이라고 보면 정확하다.

또 다른 한 사람으로 우리는 홍유한(洪有漢)이라는, 이익의 제자를 들 수 있겠다. 그는 1770년대부터 복음에 관계된 책들을 여러 곳에서 수집하여, 그 가르침대로 살려고 애썼던 것이다. 그는 그리스도교의 축일이 7일마다 있다는 것을 알고, 매달 7일마다 모든 생업을 쉬고 안식하였으며, 묵상 속에서 보냈고, 또 모든 욕망은 사악한 것이라고 여겨 백산(白山) 기슭에 숨어 살면서 도를 닦는 생활을 계속하였다.[18)] 한국인 최초의 신앙인의 생활은 주일을 지키고 삶을 금욕적으로 하는 데 집약하고 있었던 셈이다.

그러나 그때부터 벌써 조선 서교, 곧 천주교가 운명적으로 겪게 되는 수난의 비극이 그 단서로 가진 제사 문제가 신앙 전파와 함께 제기되고 있었다. 정조(正祖) 15년 곧 1791년 성균관의 유생 송도정(宋道鼎)의 상소문을 보면 다음과 같은 비판과 경계가 몰아치고 있다. 곧,

> 돌아가신 임금(영조) 무인년(戊寅年, 1758)에 해서지방에 사학이 퍼져 집집마다, 그리고 모든 사람들이 사당을 부수고 제사를 지내지 아니하였습니다. 해서지방과 관동지방에 이르기까지 사학을 따르는 무리들이 많아, 온 나라 백성들이 사뭇 황황하고 미혹되어 있는 실정입니다.[19)]

이 기록이 믿을 만한 것이라면 1758년대에 벌써 해서와 관동 곧 황해도 평안도지방과 강원도지방에 상당한 수의 사람들이 서교에 인도되어 있었던 것이 된다. 이 지역 사람들이 조선조에 계속 서러움을 받아왔던 사람들이라는 점과, 비교적 어리석고 무식한 사람들 틈에 이 종교가 만연되어 있었다는 점을 고려한다면, 본래적인 역사적 기독교의 신앙 형태가 정상적으로 그리고 순수하게 수용되었었겠는가 하는 문제가 제기될 수 있다. 이런 것은 사실 석학들의 경우

---

18) Ch. Dallet, *op. cit.*, I, p. 12.

19) 『정조실록』, 정조 15년 신해년(辛亥年 - 1791) 11월 정축조(丁丑條).

라고 할지라도 예외가 될 수 없었을 것이라는 생각이 든다. 가령 박지원은 기독교의 중국 이름인 야소교(耶蘇教)와 예수회(Jesuits)를 분간하지 못했을 정도였던 것이다.

이렇게 경건과 진실로 신앙생활을 하기로 한 사람들의 수를 알 길이 없는 18세기 초의 조선 천주교인들은 세례를 받지 못한 채, 교회와 사목(司牧)의 지도 없이 다만 책에서 얻은 복음의 단편적인 지식만을 가지고 그들이 처한 상황에서 스스로 버티어 나갔던 것이다. 이런 상황에서 교인들이 왜 하필이면 조선 정신생활의 기조를 이루어 온 제사 문제를 공격적으로 대하게 되었는지, 선교신학의 한 검토 내용으로 남겨두지 않을 수 없다.

그러나 어쨌든 때가 다가왔다. 조선에도 세례를 받은 사람이 하나 생겼다. 이승훈(李承薰, 1756-1801)이 그 사람이다.

4.4. 이승훈의 입신과 조선 천주교의 터

남인(南人)에 속해 있었던 여러 학자들은 기독교에 관한 확실한 연구를 진행시킬 서적과 자료의 결핍을 아쉬워하다가, 마침내 사은사(謝恩使)로 북경에 가게 된 황인점(黃仁點)의 서장관(書狀官) 이동욱(李東郁)의 아들 이승훈(李承薰, 1756-1801)을 북경에 동행시키기로 했다. 1783년(정조 7년) 북경에 도착한 이승훈은 그 곳에서 천문학과 수학 및 과학의 견문을 넓히고, 그곳 예수회 신부들과 만나 여러 차례 학문을 가지고 토론하는 과정에서 기독교의 가르침이 신묘하고, 그 도덕적 교훈이 순결하고 우수함에 끌렸다. 그래서 마침내 신앙을 고백하고, 북경의 북당(北堂)에서 공개적으로 세례를 받았다. 이것은 조선인 최초의 세례로서 뜻 깊은 일이었기 때문에, 그 신앙 위에 한국교회의 주춧돌을 놓는다는 의미에서 베드로(Pierre, Peter) 곧 '반석'이라는 세례명을 지어 주었다. 1784년 2월의 일이었다.

당시 북경에 있던 서양의 선교사들은, 선교사가 가서 찾아보지도 아니한 나라에서 한 청년이 먼저 도를 찾아 이렇게 수세까지 한 사실에 선교역사상 기적이라 경탄하고, 여기저기 글을 보내 이 기적을 보고하였다. 그 중에서 벤타본(Ventavon: 汪達洪)이 쓴 글에 이런 내용이 들어 있다.

> 작년 말에 입경한 사절의 일행 중… 27세 되는 이로서 남달리 학식이 깊고 쾌활한 청년이 있었는데, 세례에 앞서서 우리들은 그가 만족할 때까지 여러 가지 의문에 대해서 가르쳐 주었습니다. 또 우리들은 조선 국왕이 그의 행위를 불법으로 보고 국법에 저촉되는 것으로 간주되었을 경우를 생각해서 그 결심을 물었더니, 그는 결연히 진리라고 확신하는 종교를 위해서는 어떠한 고통도, 죽음도, 달게 받겠노라는 대답을 했습니다. … 그가 귀국하기 얼마 전 교부(教父)의 허락을 받아 그라몽 신부가 그에게 세례를 베풀고, 베드로라는 영세명을 주었습니다.[20]

한국 최초의 세례교인으로서, 선교에 의해서가 아니라 스스로 찾아가서 입신하고 세례까지 받은 이승훈은 거듭난 사람으로 발걸음도 당당히 그 해 3월, 여러 권의 교리서와 십자가상, 성화, 묵주(默珠) 및 기하학의 책들을 품고 본국에 돌아왔던 것이다. 사도적 열의에 불탄 그는 피곤하지 않은 정성으로 이 백성들의 마음을 깨우쳐 복음의 빛에 이르도록 애써 왔다. 그래서 그가 서울 근교에서 선교한 지 5년이 지났을 때(1789)에는 신도들의 수가 4천을 헤아리고 있을 정도였다.[21]

그런데 우리는 여기에서 이승훈과 관련이 깊었고, 조선 교회 창설의 공로자로 그 영광을 함께 받아야 할 이벽(李蘗, 1754-1786)의 이야기를 빼놓을 수 없다. 사실 이승훈으로 하여금 북경에 가서 세례를 받게 한 사람이 바로 이벽이었다.[22] 자신이 직접 수세하려고 하였으나 여의치 못했던 까닭이다. 이벽은 이승훈이

20) 1784년 11월 25일자. 山口正之, 『朝鮮西教史』, pp. 7, 73-74.

21) *The Edinburgh Review*, Vol. 136, p. 304.

22) 홍이섭, *op. cit.*, p. 230. Cf. 유홍렬, *op. cit.*, p. 86.

귀국한 뒤에도 앞장서서 주로 중인계층을 상대로 전교에 힘썼던 것이다. 성직자도 아닌 이승훈이 이벽에게 세례를 베풀고 영세명을 요한(John)이라고 한 때도 이때인데, 전교의 큰 사업을 시작하는 데 그 높은 슬기와 학식으로 차분히 정도를 열어 놓는다는 뜻에서 그렇게 하였을 것이다. 그는 이익의 증손인데, 유학의 대가 이가환(李家煥, 1742-1801)이 문책하러 달려왔을 때에도, 정연한 이론과 명확한 변증으로 그를 굴복시켰던, 요한다운 인물이었다.

이벽의 전도에 따라서 입교한 이들은 권일신(權日身)과 권철신(權哲身)과 정약용(丁若鏞, 1762-1836), 정약전(丁若銓, 1758-1856), 정약종(丁若鍾, 1760-1801)의 세 형제였다. 이들은 1785년 봄부터 서울 진고개에 있는 김범우(金範禹)의 집에서 주일마다, 그리고 때 따라 회집하여 예배도 드리고 교리도 강습하였다. 이벽이 청건(靑巾)을 머리에 쓰고 앉아서 가르쳐 인도(敎誨)했는데 그것이 "우리 유교의 사제(師弟)의 례(禮)와 같았다"[23]고 하였다. 이것이 조선 초기 교회의 한 모습이다. 다시 말하면 이벽이 안수 받지 아니한 채로 신부의 역할을 해 나간 셈이다. 선교역사의 대가인 스티븐 니일(Steven C. Neill)은 이벽을 주교로까지 불렀고, 그 아래 여러 사제(司祭)가 있었던 것으로 보인다고 추정했다.

> (그래서 이들을 중심으로) 교회를 스스로 조직하고 미사를 집행하며, 고해성사에 임하고, 가톨릭 교회의 여러 다른 실천 사항들을 지켜 나갔는데, 이는 실로 (교회의 손이 닿지 아니한) 멀고도 요원한 지역에서 스스로 세우고 꾸며 나간, 성직 없는 교회의 놀라운 한 실례입니다.[24]

하지만 교권과 성례 규례에 철저한 가톨릭 교회의 입장에서 볼 때에는 그 당시 조선 교회의 예배와 의식은 확실히 공식적인 교회, 사도적 전승이 없는 미조직 교회에 불과했다. 따라서 교인 일부에서도, 거기 악의가 전혀 없었지만, 그

23) 이만채 편, 『벽위편(闢衛編)』, 제2권 (서울: 열화당, 1972 영인본, p. 106)

24) S. C. Neill, *A History of Christian Missions*, A Pelican History of the Church 6, Penguin Books, Baltimore, 1964, 414.

사역의 합법성에 대한 논란이 일어나기 시작했다. 북경에 있는 교회에 연락해서 안수 받은 성직자의 파송을 요청하게 된 까닭이 여기 있었다. 이미 세워진 교회에 선교의 손이 뻗친다는 전례 없는 역사가 기록된 것이다.

이렇게 해서 시작한 교회, 거기에 박해는 벌써 그 마수를 내려 덮기 시작했다. 선교와 박해 그리고 순교는 교회 신앙의 떨어질 수 없는 삶의 모습이다. 1785년 형조(刑曹)에서는 진고개 예배처소를 급습하여 여러 신도들을 체포한 뒤, 양반들은 대개 견책하여 훈방하고 다만 중인인 김범우만을 잡아 옥에 가두고 모진 고역을 치르게 했다.[25] 그는 마침내 충청도 산골에 정배 간 채, 수주일 만에 세상을 떠나고 말았다. 한국교회 최초의 순교자의 피가 그에게서 흘려졌다.

하지만 이 고초는 신앙의 불같은 확장을 자극하였으며, 또 김범우의 집이 있던 바로 그 자리 주변에 명동 대성당이 장차 건축되어 우뚝 솟아, 그 피의 결실을 장엄하게 시위하고 있다.

이상이 한국 기독교 역사의 첫걸음의 모습이다. 신앙의 미숙이 거기 있었을 것이다. 정묘한 교리의 바른 이해가 없었을 것이다. 사실 최초의 교회의 두 기둥이었던 이승훈과 이벽은 다 배교(背教)의 수치를 안고 세상을 떠났던 것이다. 한국의 베드로도 1700여 년 이전의 베드로와 마찬가지로 배교를 공언하고 척사문(斥邪文)까지 작성했던 것이다. 이른바 이승훈 구서(購書) 사건에 걸려 서학 서적을 활자로 찍어 내었다는 죄목으로 문초를 받을 때 그 답변 속에서 기독교가 "사설(邪說)인 까닭에 가족들 회의에서 북경에서 가져 온 책들과 의식에 쓰는 여러 기구들을 다 불 살라버리고, 끝내는 이단을 물리친다는 벽이문(闢異文)을 작성하여 서교를 여지없이 배척한다"[26]고 말했던 것이다. 이벽은

25) 이만채, *loc. cit.*

26) 『벽위편』, 제2권, p. 199. 평택 현감(縣監)의 이승훈 공사(供辭), 이승훈은 1795년 청국인 신부 주문모(周文謨)가 입국할 때 다시 성사(聖事)를 받으려 했으나 이루지 못하고 1801년 2월 26일

이보다 훨씬 앞서 곧 이승훈이 배교하던 1791년보다 4년 앞서 배교의 번민을 안고 33세의 젊은 나이로 세상을 떠났던 것이다.

직접 전도가 없이 창시된 우리 한국교회! "이는 오직 조선사람이 자기의 처지가 지푸라기라도 붙잡아야 할 만큼 빠져가는 상태에 있음이 눈에 띄었기 때문"이었다.[27] 역사적으로 처절한 시련을 겪었던 우리 안에서 찾아서 갖추어야 할 구원의 힘과 극복의 능력이 우리들 자신 안에서는 발굴해 낼 수 없다는, 뼈아픈 자각이 거기 있었다. 천 년의 전통 속에서 우리가 갱신해서 확립해야 할 방향의 조정 가능한 힘과 바탕이 우리 안에는 없다는 긴박한 종말의식이 거기 있었다. 한국교회의 시작은 상징적으로, 우리의 역사가 쌓아 올린 정통의 바탕 바깥에서 뚫고 들어오는, 계시와 같은 광명과 진리, 그리고 섭리의 손길을 필요로 했다는 말이 된다.

그러나 이러한 복음의 압도가 조선 건국 이후 국시(國是)로 되어온 유학은 물론, 삼가 보수(保守)하여 국제 교섭을 기피하던 쇄국의 기본 정책에도 최초의 큰 파문을 던지게 되었던 것이다. 우리의 겨레와 나라에게서 당시로서는 견디기 힘든 의심과 눈총도 받았던 것이다. 조선 붕괴의 근세 정치사와 이와 같은 파문은 한 오리로써밖에는 설명이 안 될 것이다.

신유교난의 희생으로 배교한 채 세상을 떠났다.

27) 함석헌, 『성서적 입장에서 본 조선역사』, p. 190.

5 체제와 전통에 이질로 경험된 기독교

– 신해(辛亥)와 신유(辛酉)의 교난 –

사학은 무부무군(無父無君)해서 윤리를 멸시하고 기강을 흐려서 그 폐해가 깊습니다. 이런 혼란은 각하가 이미 아시는 바인데, 앉아서 오랑캐가 되고 금수가 되는 것을 그대로 바라볼 수 없습니다. 어찌 그대로 둘 수 있겠습니까.

홍낙안, 1791

5.1. 신해교난 (1791)

조선의 가톨릭 교회는 인조(仁祖) 이후 싹을 내기 시작하여 영조 정조 때에는 해서와 관동의 민간인들 사이에서 상당히 넓게 보급되고 있었다.[1] 심지어 사당을 폐하는 사람들까지 있었다. 그러나 그때 조정에서는 그것이 시골 사람들과 노인네들의 무지한 소행으로 보고 그다지 대수롭게 여기지 아니하였던 것이다. 그 이후 정조 때에 와서도 정학(正學)이 바로 서기만 하면 서교와 같은 사학은 저절로 자멸하리라 보아 그 파급 현상을 중요시하지 않았던 것이다.[2]

그러던 것이 정조 신해년에 와서는 전라도 진산(珍山)에서 유생 윤지충(尹持忠, 1759-1791)과 권상연(權尙然, 1751-1791)이 그들 기독교 신앙을 묵수한다고 하

1) 『국조보감(國朝寶鑑)』, 영조 34년, 무인(戊寅)조(1758).

2) 『정조실록』, 제26권, 정조 12년, 6월 임진(壬辰)조: "우리 도가 크게 밝으면 사학은 스스로 일어났다가 스스로 멸한다."

여 제사를 폐하고 신주를 불사르는 사건이 터졌다. 이에 조야는 충격을 받아 큰 물의가 일어났다. 이런 패륜은 나라의 양식을 깨고 백성을 혹하며, 그 변란의 피해는 이를 반역의 백배에 해당된다고 하여 그 분노가 격앙하였다.[3] 그래서 기강을 어지럽히고 혹세무민(惑世誣民)한다는 죄목으로 참형하는 최초의 교난이 발생하게 되었다.

그런데 여기서 우리의 주목을 끄는 것이 하나 있다. 해서나 관동 지방 사람들이 서교에 기울어졌다고 했을 때에는 별로 관심을 보이지 않았던 조정이 호남의 선비들이 신교한다고 해서 갑작스럽게 이를 중대시하고 엄벌한 점이다. 그것은 해서나 관동 지방에서는 다만 일반 민중이 신앙했으나, 호남에서는 나라의 제도나 정치 및 정학(正學)의 중추를 지켜야 할 처지에 있는 선비들, 곧 조선 이념의 집행군들에게서 신앙되었다는 데 그 이유가 있다고 할 것이다. 기독교가 정통과 체제에 대한 정면 도전으로 경험된 것이다.

> 지금에 이르러 유교의 유력한 독서층에서 이를 바꾸어 광란이 일고 있다. 밝음이 흩어지고야 어리석음이 어찌 이르지 아니하랴. 해서(海西)의 사건을 보면 이 어찌 뒷날이 걱정이 아니랴.[4]

이렇게 해서 이 선비들이 버젓이 천도와 인륜의 법을 진멸하고 있다는 것이었다. 그런데 이 체제 정통에서의 변란 지탄과 함께 이 신해옥사(獄事)가 당쟁적인 요소와 엇섞였다는 흔적이 역력하다. 해서지방이 비사색(非四色)인데 반해서 호남이 당시 정치나 이론 무대에서 기복했던 남인이 속해 있었다는 데, 문제의 파급 범위가 확대될 요인이 들어 있었다. 본래 조선사회에서는 정치나 종교는 일반 민중을 위한 것이라기보다는 특권계급이던 양반들의 소관이었으니만큼, 자연 문제는 조선 정치 판도의 지형(地形) 안에서 피차 엇갈릴 수밖에 없었다.

---

3) 홍낙안, 진산 군수에게 보낸 편지, 『벽위편』, 제2권.

4) 『정조실록』, 제23권, 정조 15년(1791), 11월 기묘(己卯)조.

자세하게 말하면 이렇다. 호남의 선비들은 대개 남인(南人)이었다. 그런데 이 남인 중에는 당시의 정승 채제공(蔡濟恭, 1720-1799)을 중심으로 해서 서교를 믿는 신서파(信西派)와, 이에 반대하는 홍낙안을 중심으로 한 공서파(攻西派)가 있었다. 채제공이 정조 17년(1793)에 영의정에 임명되자, 남인 사이에 반목이 표면화해서, 마침내 홍낙안은 벽사위정(闢邪衛正) 곧 사학을 물리치고 정학을 지킨다는 대의를 내세워 권상연과 윤지충의 폐사 문제를 크게 다루어 조정에 커다란 격론을 일으켰던 것이다.

이때 정조가 다행히도 채제공에게 문제의 선처를 맡겨 여기저기 문제의 소지를 차단하였던 것이다. 그러나 공서파에서는 더욱 소리 높여 채제공이 사학을 두둔한다고 지탄해 마지않았던 것이다. 홍낙안의 논조가 하도 표독하고 강퍅했기 때문에 이미 수습할 단계가 지난 것으로 보고, 정조도 이것이 사사로운 감정에서 나온 것이라고 탐지하고 있었다.[5] 밖으로는 척사한다면서 사실은 파쟁을 일삼고 있다는 것이었다.[6]

이 신해교난의 여파로 이승훈도 예산(禮山) 쪽으로 정배를 떠나게 되었고, 또 홍문관(弘文館) 소장의 방대한 수의 서양 서적들이 그 안에서 불태워 없어지게 되었다. 그리고 서울 도성 밖 여러 집에 숨겨져 있었던 서양서적들도 지체 없이 그 소유한 자가 자수해서 불태워 버리도록 엄명을 내렸다.[7]

5.2. 신유교난(1801)

체제와 정통에 대한 도전으로 경험된 천주교에 대한 박해로서 당쟁적 요인

---

5) 정조가 한 말이 있다. "홍낙안은 나이가 어린 데도 말 잘하는 것이 병인데, 이제 진정되지 않았어야 되겠느냐.", 『벽위편』, 제2권, 신해진산의 변.

6) 『정조실록』, 정조 16년(1792), 제34권, 2월 을사(乙巳)조.

7) *Ibid.*, 제33권 11월 계미(癸未)조.

과 엇섞여 터졌던 것으로 역시 그 처절했던 신유교난을 들 수 있겠다. 채제공이 세상을 떠나고(1799), 그 뒤를 이어 어진 임금 정조가 1800년 서거하자, 천하는 역전되어 전율할 만한 박해의 격류가 터져 전국에 흐르기 시작했다.

문제의 발단은 나이 11세로 등극한 순조(純祖)의 섭정으로 들어간 순조의 증조대비 정순왕후가 발을 내리고 정사에 간섭하면서부터였다. 정순왕후는 영조의 계비(繼妃)로서 김구주(金龜柱, 1740-1786)의 누이동생이다. 따라서 조선조 붕당이 사도세자 문제로 시파(時派)와 벽파(辟派)로 나뉘어 가늠 못할 혼란을 겪을 때 언제나 벽파 편에 서 있었다. 그런데 남인의 신서파 대부분은 시파 곧 사도세자에게 동정한 파벌에 가담되어 있었다. 정조가 그의 친 아버지 사도세자를 흠모하여 시파에게 인정상 끌려 서교인들에게 관대하였던 까닭이 여기 있었다. 정순왕후가 이렇게 복잡한 붕당의 복합현상을 교묘하게 이용해서 가장 악랄한 수법으로 서교 탄압에 나선 것은 명분상으로는 더할 나위 없이 당당하였다.

정조가 서거하고 반년이 되던 날, 곧 순조 원년(1801 1월 11일) 경주 김씨의 세도와 서인(西人)의 힘을 배경에 가진 대왕대비는 채제공의 관직을 사후 박탈하고 곧 이어 사학 박멸의 교서를 내린다.

그런데 신유교난의 서교 박멸 근거는 기독교의 비인간성과 비국민성, 그리고 체제 도전이란 두 죄목이었다. 우선 체제 도전이란, 서교인들이 예교(禮敎) 질서를 거부하는 행동, 비밀조직을 가지고 나라의 안전을 위협하는 지하활동, 내세지향적인 신앙이 현실적으로 사회변혁의 의지로 현상화된다는 혐의, 그리고 신도들의 수평 이동이 조선조의 신분제를 위협한다는 그런 판단들 때문이었다. 그래서 서교인들은 '나라에 원한을 품은 자들'[8], '세상을 바꾸고자 하는 자들'[9]로 규탄을 받아 극형에 처해졌던 것이다. 임금의 패륜아들이요 나라의 찌꺼기

8) 『신유사학죄인 김종순 등에 대한 심문서』, 신해 4월 2일자.

9) 『사학징의(邪學懲義)』, 김달순 밀계(密啓).

들이라 정죄되었던 것이다. 이것이 바로 백련황건(白蓮黃巾)의 무리들이라 치죄되었던 것이다.[10)]

다음은 기독교인들이 비인간적이라는 단죄이다. 대왕대비의 '금사교서(禁邪教書)'에 다음과 같은 글귀가 들어 있다.

> 사람이 사람됨은 인륜 때문이고 나라가 나라 됨은 교화 때문이다. 그런데 요새 사학은 무부무군(無父無君)하고 인륜을 파하며 교화를 어겨 금수로 돌아가려 한다. 이 어찌 통탄할 일이 아니리오. 이제 각 고을의 수령들은 그 경내에 오가(五家)의 법을 시행하여 그 영역 내 사학도들을 찾아내어 엄히 벌하여 그 씨를 남기지 않도록 하라.[11)]

무서운 글이었다. 여기 동양적인 의미의 가장 높은 휴머니즘이 주창되고, 가톨릭교는 거기에 대한 훼손과 반역으로 정죄되어 있었다. 사람됨이 없고 백성다운 데가 없다는 것이었다. 우리는 여기서 로마제국 시대 최초의 기독교회가 모진 수난을 당할 때에도 로마제국이 한결같이 기독교인들을 사람됨이 없다고 해서 '인류의 적'(odium humani generis)이라고 힐난했던 사실,[12)] 그리고 철인황제로 우아한 『명상록』까지 저술했던 마르크스 아우렐리우스(Marcus Aurelius) 때에 교회가 어느 황제 때보다도 가혹한 핍박에 신음했다는 점을 상기하지 않으면 안된다.

정순왕후와 벽파 그리고 남인 공서파에서는 갖은 수단을 다 써서 가톨릭 교인에게 무자비한 박해와 살상을 가하였다. 오가작통법을 실시하여 백성 상호간의 사찰제도까지 써 가면서 사학의 진멸을 도모했다. 이렇게 해서 이가환과 권철신이 옥사하고, 이승훈, 최필공(崔必恭), 정약종이 참수당했으며, 정약용은 강진에 유배당했다. 그리고 청국인 신부 주문모(周文謨: Jacques Vellozo)[13)]도 자수

10) 『신유죄인 이기경 등 심문서』, 신유 3월 15일.

11) 신유치사(辛酉治邪), 『벽위편』, 제 5 권. Cf. 『순조실록』, 제 2 권, 순조원년, 2월 정해(丁亥)조.

12) J. Stevenson, ed., *A New Eusebius*, London, S. P. C. K, 1960, pp. 3, 58.

13) 주신부는 일찍이 포르투갈 국왕이 조선국왕에게 사절을 보내 수호조약을 맺게 하고 마침내 종

하여 국법으로 처단을 당했다. 그는 윤유일(尹有一)이 성직자 없는 교회에서의 성사와 설법의 합법성 여부로 북경에 문의한 결과 파송되어 서울에 잠입해서 화동(花洞)의 강완숙(姜完淑) 댁에 명도회(明道會)[14]라는 교회 강습소를 마련, 포교하고 있었다. 청국인이었기 때문에 변장 밀입국한 사실로 처단되었다. 주문모의 처단으로 조선교회는 향후 30년간 신부 없는 교회로 고군분투할 수밖에 없었다.

때를 같이 해서 주문모에게 세례를 받았던 은언군(恩彦君)의 부인 송씨와 그의 자부 신씨도 사약(賜藥)에 처하여져서 희생당했으며, 얼마 후에는 은언군 자신도 사약을 받아야 했다.

'천주 주재 만물' 이 신앙 때문에, 다시 말하면 천주라는 변수로서 왕권에 도전한다 했을 때, 천주교도들은 "차라리 그렇게 죄를 지을지언정 천주에게 죄 지을 수 없다"[15]고 해서 모진 극형의 길을 걸었으며, 국법에 따라 처단된 교도들을 대의를 지킨 절사(節死)로 흠모한 변칙 때문에 천주교도들은 형언 못할 고난의 길을 오래 오래 걸어가야 했다. 신앙과 나라, 그 관련에 대해서 어떤 형태로든 바른 구도 설정을 서둘렀지만, 조정이나 신도들 어느 한편에서도 상대방에게 이롭도록 수행할 마음이 없었던 것 같았다. 길은 악화 일로에 있었다.

교의 자유를 획득할 수 있게 했으면 하는 의견을 피력한 일이 있었다. W. E. Griffis, *Corea the Hermit Nation*, New York: 1889, p. 355.

14) 회장은 정약용. 그 아래 5-8명 정도 구성의 여러 분회(分會)가 있었다.

15) 『정조실록』, 신해년, 11월 무인(戊寅)조.

6 황사영백서(黃嗣永帛書) 사건

> 우리나라 백성은 병(兵)을 모르고 위에는 어진 임금이 없고, 아래에는 충신이 없습니다. 만일 불행 있으면 흙덩이처럼 무너져 내릴 것입니다. 이에 군선 수 백 척에 정병 5, 6만을 얻어 많은 대포들을 가득 싣고 조선의 해안으로 바로 와 글을 왕에게 보내어 이런 말을 하게 하십시오. 곧 천주의 사자를 받아들이지 않는다면 곧 천주를 대신해서 징계와 벌을 줄 것이오. 왕은 1인을 받아들여 전국의 변을 면코자 하는가, 아니면 전국을 잃고 1인을 용납하지 않을 것인가. 청컨대 왕은 둘 중의 하나를 택하라고.
>
> 황사영, 1801

6.1. 힘의 신앙 형태

조선조 후기의 유학이, 임진과 병자의 외환을 뼈저리게 체험하면서 서양문명의 월등한 힘에 압도되어, 실학과 북학의 학풍에서 '힘'에 대한 학문으로 전향한 점은 이미 살펴보았다. 그런데 이 남인들을 중심으로 수용된 가톨릭의 종교적 신앙도 역시 불가피하게 그 심층에서는 서양 교회가 그 문명과 함께 체질적으로 가지고 있는 힘에 대한 기대가 나타나지 않을 수가 없었다. 역사에는 대세가 있다. 그런데 서양문명의 저 '힘'의 조선적 전개과정에서 천주교는 그 차원의 해석을 다양하게 하게 하는 데 실패하고, 정치적 평면에서만 직역하려고 하다가 조정과의 심각한 충돌을 야기하게 되었던 것이다.

이 '힘'의 신앙이 로마 가톨릭 최초의 한국적 신앙 형태로 규정된다. 조선의 천주교회가 근대사에 남긴 인상 가운데 가장 강하고 오래된 것으로서, 민지(民智)의 개발이나, 한글운동의 빛나는 전통, 신앙을 위한 순교적 헌신의 가치 지향적 생의 수립 그런 것이 있겠지만, 불명예에 해당한 것으로 이 '힘' 추구의 신앙 형태가 있었던 것이다. 이것이 황사영에게서 구체적으로 그 모습을 드러냈던 것이다.

6.2. 황사영의 백서

황사영(黃嗣永, 1775-1801)은 정약현의 사위로 주문모 신부를 남달리 사사하고, 그에게서 세례를 받았던 열렬한 신도였다. 그는 본래 경상도 창원이 고향인데, 1801년 신유박해가 터지자 난을 피해서 충북 제천의 배론(舟論)으로 피신하여 거기서 지냈다. 그때 그는 그를 찾아온 벗 황심(黃沁)과 비밀리에 모의해서 조선교회를 이 교난의 참화에서 구해낼 일대 계책을 꾸미게 되었던 것이다. 그는 하루 빨리 북경 주교에게 국내의 참혹한 박해 상황을 보고하고, 이어 몇 가지 중요한 대책을 건의하기로 하고, 그 내용을 길이 62 cm, 폭 38 cm의 흰 비단에 아주 가는 글씨로 1만 3천여 자를 써서 청국에 밀송할 계획이었다. 그런데 그것이 황해도 앞바다에서 뜨기 직전에 포졸에게 발각되어 심부름 역할의 황심을 비롯한 여러 명의 교도가 서울로 압송되었다. 그리고 황사영도 그 해 9월에 제천의 피신처에서 붙잡혔다. 그래서 그 밀서의 내용과 함께 사건의 진상 전모가 전국에 폭로되기에 이르렀던 것이다. 조야가 이 백서의 내용을 알고는 온통 뒤집혀 가톨릭 교회에 대한 기왕의 탄압이 정당하였다는 명분을 찾게 되었으며, 백성들도 천주교를 대역모반의 매국 종교로 불신하게 되었던 것이다.

벼슬도 있고 지식도 높은 것으로 알려진 사람이 그렇게 사특한 음모를 했다는 것이 온 나라를 어지럽고 통분하게 만들었던 것이다. 그 백서의 내용은 다음과 같았다.

곧 첫째 부분에서는 당시의 정치적 기상도와 가톨릭교 탄압의 과정과 현황을 자세하게 제보하고, 순교자들의 이력을 설명했으며, 둘째 부분에서는 당시 박해의 동인으로서의 당쟁의 분석과 상관관계를 역사적으로 서술하면서, 조선의 경제적 궁핍상을 내보이고, 이를 구제할 경제 원조를 요청하고 있었다. 그리고 셋째 부분에서는 청국인 교우 중에서 열의 있고 근실한 자 하나를 택해서 국경 지대에 점포를 개설하게 하여 장차 청과 조선 사이의 통신연락 기관으로 삼으며, 넷째 청국 황제를 움직여 그 명령으로 조선이 천주교를 용납하도록 압력을 가하되, 청의 종녀(宗女)를 조선의 공주로 삼아 조선 국왕과 결혼하게 해서, 국왕을 청의 뜻에 순종하도록 할 것을 건의하였다. 그리고 마지막 부분에 가서 "가장 사악하고",[1] "천고에 그런 흉한 일이 없는 그런"[2] 건의를 하였는데, 그것은 곧 천주교 국가들을 움직여 군함 수백 척에 정병 5, 6만, 그리고 대포 등 병기들을 가득 싣고 우리나라를 쳐 선교의 승인을 강력히 요구해 줄 것을 건의하고 있었다. 그리고 맨 마지막에 가서는 우리나라가 망하여 그 모양이 없어져도 성교(聖敎)의 표식은 남아 있어야 할 것이라 해서,[3] 한 백성된 자로서 차마 하기 어려운 말까지 기어이 하고 말았던 것이다.

이 백서는 의금부(義禁府)에 보관되었다가 갑오년(1894)에 당시 서울교구 주교였던 뮤텔 주교(閔德孝: G. C. Mutel)에게 입수되어 지금은 로마 교황청에 보존되어 있다고 한다.[4] 하지만 뮤텔 주교도 이 밀서의 불어 번역본을 내면서 그 서문에, 음모의 대부분이 환상적이며 위험천만한 것이었다고 시인하고, 그로 말미암아 제기된 박해도 이해할 수 있다고 평할 정도였다.

공포와 전율 속에서 지샌 오랜 지하생활이 그의 건전한 양식을 흩으려서 그

1) 『순조실록』, 순조 원년(1801) 신유, 겨울 무신(戊申)조.

2) 신유치사(辛酉治邪), 『벽위편』 제5권.

3) 雖殄滅此邦, 亦無害於聖教之表樣.

4) 유홍렬, 『한국천주교교회사』, 1962, p. 167.

랬던가. 나이 겨우 17세에 진사에 급제하여 정조로부터 칭찬과 하사금까지 받았던 총명한 선비요 신앙인이 그랬다면, 이런 시련에 심신이 겪어야 했던 그 고난이 끼친 해독을 그때 신앙인들은 다 상처로 가지고 있었을 것이다.

이렇게 해서 알렉산더 황사영은 1801년 11월, 27세라는 젊은 나이에 대역모반죄로 몰려 능지처참의 흉변에 처해졌다.[5] 그 가산은 몰수되고, 그 모친은 거제도에, 처는 제주도에 그리고 자녀들은 추자도에 각각 유배의 형을 받았다. 실로 그의 혈족의 말로는 처절하여 말로는 형언하기 어려웠다. 이때의 옥사로 순교의 피를 흘린 교인의 수는 3백을 넘었다.

6.3. 토사교문의 핵심

이러한 옥사를 치룬 정순왕후는 이 박해의 희생으로 순교당한 청국인 주문모에 대한 처형의 경위를 설명해야 하리라고 보았다. 그래서 그 해 북경에 파견되는 동지사 일행에게 진주사(陳奏使)의 역할까지 겸하도록 하였다. 그리고 토사주문(討邪奏文)을 작성해서 청의 인종(仁宗)에게 바치게 하였다. 그리고 국내에서는 토사교문(討邪敎文), 곧 토역반교문(討逆頒敎文)[6]을 내려 다시는 사악한 무리들의 난행이 없도록 경고하였다. 그런데 신유년 겨울 음력 10월에 사학의 뿌리를 진멸한 줄로 생각하고 인정전(仁政殿)에서 조정 대신들이 이를 축하하는 축배를 드는 자리에서 반포된 이 교문은 조선조 이래 서교배척의 이론이 결정(結晶)된 명문이라고 할 수 있었다.

우선 이 교문은 사농공상과 시서예악(詩書禮樂) 및 요순우탕 문무공맹 정주지훈(堯舜禹湯 文武孔孟 程朱之訓)과 군신(君臣), 부자(父子), 부부, 장유(長幼), 붕우(朋友)의 윤리가 전통적인 조선조의 기강과 법질서를 지탱한다고 밝히고, 이로

5) 신유치사, 『벽위편』, 제5권.
6) 대제학 이만수(李晩秀) 작성.

써 중국을 떠받들고 오랑캐를 물리친다고 확인하였다. 그것이 우리나라 전통의 중추라고 밝힌다. 그리고는 근래에 와서 서양의 힘이 비밀리에 우리나라에 수입된 실정을 통탄하면서, 한 마디로 서양의 종교는 사악하고도 못된 귀신의 사교라고 맹타하였다. 게다가 이 사교에 입교한 사람들은 나라를 원망하고 나라에 뜻을 잃은 무리들이라고 단정함으로써, 반역의 요소가 신앙으로 둔갑할 가능성을 미리 밝히고 있었다. 더욱이 이들 사교배들이 비밀 집단을 만들고 이를 만연시키며, 음험한 계략을 짜고 있다고 매섭게 비난하였다. 이것은 밖에서 사류(邪類)들을 끌어들여 나라를 무너뜨릴 궁리를 하는 것이 아니겠는가 질타한다.

이 교문은 한 걸음 더 나아가 서교와 불교 및 무교가 다 비슷하다고 단죄하였다. 곧

> 허공과 신령을 말함은 불교의 찌꺼기를 끌어 왔고, 귀신을 꾸미고 변화시킴은 무당패와 방불하도다.[7)]

따라서 이제 할 일은 성학(聖學: 유학)을 천명함으로써 왕의 기강을 존숭하게 하는 것이고, 그렇게 함으로써 하늘의 이치를 밝히고, 인심을 바로 잡는 데 있다고 하였다. 결국 무슨 가르침이나 종교라고 하는 것은 종사의 안녕에 거역하지 않는 한도 안에서 정론(正論)이 될 수 있다는 입장을 천명한 것이다.

이 옥사(獄事)의 참화 이후 조선은 서학의 가능한 창궐을 경계하고 세계 어떤 나라와도 상관하기를 꺼려, 마침내 엄격한 쇄국 정책을 쓰게 되고, 북경 왕래를 제외한 모든 외교관계는 삼엄한 통제 아래 단절되었던 것이다. 그리고 북경 왕래의 사은사(謝恩使) 일행에까지 조심해서 일행의 수를 2백을 넘지 못하게 하고, 체재 기간도 40일 이내로 제한하는 등, 쇄국의 범위는 사실상 청국에

7) 토사반교문(討逆頒教文), 『벽위편』, 제5권.

까지 미쳤다고 해도 과언이 아니었다.

참고로 신유교난 때의 신도의 신분을 분석하면 다음과 같았다.

신도들의 신분별 분석[8)]

신분 / 수와 백분율 / 성별	양반		중인		양인		천민		미상		계	
	수	%	수	%	수	%	수	%	수	%	수	%
남	108	18.24	36	6.08	18	3.04	24	4.05	294	49.66	480	81.08
여	14	2.37	1	0.17	6	1.01	17	2.88	74	12.95	112	18.92
계	122	20.61	37	6.25	24	4.05	41	6.93	368	62.61	592	100

8) 조광(趙珖), "신유박해의 분석적 고찰", 『교회사연구』, 제1집, 한국교회사연구소, 1977, p. 51.

7 정하상(丁夏祥)의 『상재상서(上宰相書)』
– 조선인의 신앙 –

아비를 업신여기고 임금을 업신여긴다 하니 성교(聖教)의 뜻을 모르는 낭설입니다. 십계명의 제4계가 부모를 효도로 공경하라는 것입니다. 대저 충효의 두 글자는 만대에 변할 수 없는 도리입니다.
충성을 임금님께 바칩니다. 그리고 몸을 다하여 그 목숨을 바치고, 끓는 물속에 들어가고, 타는 불을 밟기도 하며, 감히 피하지 않습니다. 이대로 아니하면 계명을 어기는 것입니다. 이래도 무부무군(無父無君)의 가르침이라 하겠습니까.

정하상, 1839

7.1. 조선 교구의 설정

앞서 말한 신유의 대박해와 살상에도 불구하고 한국의 교인들은 순교정신을 발휘하여 교세의 만회에 힘을 쓰면서, 아울러 북경 주교와 연락하여 목자를 보내 줄 것을 호소하고 있었다. 1811년 12월에 벌써 권요한의 탄원서가 교황청에 전달되어, '병선(兵船)과 사절단'[1]을 보내달라는 글이 알려졌으며, 특히 정약종의 둘째 아들인 정하상(丁夏祥, 1759-1839)은 1816년 북경에 제 발로 걸어가서 주교를 만나 조선의 딱한 사정을 피력하고 선교 사목의 실현을 약속받고 싶어 했다. 하지만 매사 여의치가 않았다.

1) W. E. Griffis, *Corea the Hermit Nation*, New York: Charles Scribners, 1889, p. 358.

그런데 이러한 호소를 담은 그의 편지가 1827년 라틴어로 번역되어서 당시 로마 교황 레오 XII세에게 전달되고, 교황은 이러한 사실을 파리외방전교회(巴里外邦傳敎會, La Société des Missions Etrnagères de Paris)에 알려, 선교 사목의 가능성을 타진하게 하였던 것이다. 이때 조선 선교에 가장 많은 열의를 보였던 분이 교황청의 선교성(宣敎省) 장관 카펠랄리 추기경(Cardinal Capelali)이었다. 그러던 중 교황 레오가 서거하고, 공교롭게도 카펠랄리가 교황으로 피선되어 그레고리(Gregory) XVI세로 등극하게 되었던 것이다. 그레고리는 즉위한 뒤 1년도 못 되어 교서를 발표하여 조선 교구를 설치하고 이를 북경 교구에서 독립시켰다. 그리고 초대 주교로는 프랑스인 브뤼기에르(Barthélèmy Bruguière: 蘇) 신부를 임명하였던 것이다. 1831년 9월 9일의 일이다. 이는 우리나라에 처음 교회가 창시된 지 실로 46년이 지난 다음의 일이었다.

그런데 그 교서 가운데에는 로마 가톨릭 교회의 근본적인 입장을 밝히는 몇 가지 인상적인 글들이 들어 있었다. 그것은 첫째, 교회를 양떼로 보지 않고 목장으로 보았다는 사실이요, 둘째 성직자는 조선에서 공교의 교리와 성사(聖事) 집행을 위해 파송된다는 사실이었다.[2] 가톨릭 교회는 성서보다는 교리와 성사, 그리고 양떼라는 인격적 개념보다는 목장이란 객관적 · 지역적 개념이 짙은 교회상에 더 깊은 관심을 쏟고 있었다는 것이 드러난 것이다. 이것은 확실히 얼마 후 소개되어 들어오는 프로테스탄트교의 신앙과는 현격한 대조를 이루는 것이었다.

그런데 그 교서 가운데 교황 자신이 강조해서 반복하고 있는 조선 교구의 독립성은 주목할 필요가 있다. 교황의 이 교서는 거의 반에 해당하는 분량을 완전히 조선 교구의 독립, 북경 교구로부터의 완전 독립을 설파하는 글로 시종되고 있다.[3] 그리고 "이에 대해서 이의를 내세우는 것은 모두 무효하고, 또한

---

2) *Ibid.*, pp. 248-249.

3) 교황의 교서는 1831년 9월 9일 발표한 두 교서를 다 포함한다.

무익한 것임을 알지어다"라는 강경한 어조로 글을 맺고 있다. 이 예외적인 교황의 의식된 강조에는 두어 가지 배후가 있었다.

우선 이것은 조선과 청국과의 피차 간섭 못할 교권적 독립을 확립한다는 말이요, 확실히 조선의 독립성을 교회적으로나마 청국의 종주권에서 분리시킴으로써 긍지와 책임으로 제 나라를 의식하는, 한 민족국가의 독립의식을 불어넣어 주었다고 볼 수 있다. 아닌게 아니라 청국의 가톨릭 교회에서는, 비록 그 주교가 외국인이기는 했으나 이 독립을 막으려고 갖은 애를 다 쓰고 있었으며, 정치에서와 마찬가지로 종교적인 면에서도 청의 속주로 보고자 하는 경향이 나타나 있었다. 그 대표적인 인물이 유방제(劉方濟)라는 청국인 신부였다.

둘째로 문제된 것이 이른바 전교권(傳教權)에 얽힌 문제였다. 역사를 거슬러 올라가면, 1493년 5월 교황 알렉산더(Alexander) VI세는 신흥 해운국 스페인과 포르투갈이 해외에서의 불필요한 경쟁을 지양하게 할 목적으로 교령(教令)을 내려, 대서양 서쪽을 스페인에게, 그리고 그 동쪽을 포르투갈에게 각각 분할 부여해서 무역과 전교의 책임을 다하게 한 일이 있었다. 교황은 신대륙의 발견과 지리상의 여러 발견이 실상 선교적인 의미가 있다고 역설하고, 이 두 해운국으로 하여금 반드시 선교사들을 개척 지역에 가게 해서 선교하게 하고, 아울러 재정적인 원조도 아끼지 말아야 한다고 규정했던 것이다.[4] 이것은 후에 와서 이 두 나라의 국왕이 주교까지 임면(任免)할 권리를 시인하는 권한까지 인정하였다.

하지만 이 조치는 아주 현명한 것은 못되었다는 사실이 드러났다. 조선의 경우가 바로 그것이다. 지금까지 청국에서의 전교는 대부분 포르투갈계의 신부들에 의해서 진행되었었다. 당시의 북경 주교 구베아(Gouvea: 프란시스칸파)도 역시

---

4) J. L. Mecham, *Church and State in Latine America*, University of North Carolina Press, 1935, pp. 6-11.

Cf. L. Pastor, *The History of the Popes form the Close of the Middle Ages*, St. Louis: B. Herder, Vol. XVI, pp. 354-356.

포르투갈인이었다.

그런데 이러한 교회 전교권의 문제를 알 리가 없는 조선 교인들이 손닿는 한, 아무데나 사목의 파견을 요청했던 것이다. 여기서 문제가 얽히게 된 것이다. 정하상의 편지가 교황청에까지 이르고, 그것이 파리외방전교회(불란서인 중심)에 알려지게 되었다는 것은 다 피차 감정을 예민하게 자극했다는 말이 된다. 구베아 주교가 조선 전교의 문제를 북경 주교 주재 아래에서밖에는 용납하지 않겠다고 말한 것이 바로 이때였다.[5)]

그런데 교황청이 조선 교구를 북경에서 독립시키고 더욱이 포르투갈 사람도 아닌 불란서 사람을 초대 주교로 임명한 것은 북경 주교의 입장에서 본다면 확실히 시말이 뒤집힌 처사가 아닐 수 없었다. 이 때문에 사실상 브뤼기에르는 성직자들의 노여움을 사고, 모진 시련까지 겪었다. 여기 청국인 신부 유방제가 청의 종주권 의식을 가지고 개입하여, 교구 독립을 방해하려 한 것이 사실이다. 이것이 바로 교황이 조선 교구 독립을 재삼 재사 선언하고, 그 확고함을 천명한 배경이었다.

이렇게 하여 여러 모로 방해 받고, 또 조선 교우들로부터도 유방제의 간교에 끌려 작성하게 된, 주교 입국 거절 편지를 받고 난 브뤼기에르 주교의 심란한 마음은 헤아리기 어려웠다. 그러나 그는 페낭을 떠나 조선으로 향했고, 길 떠난 지 4년 만에 만주에까지 도착하였다. 하지만 이 나라에 들어오지 못하고, 만주 벌판 한 모퉁이에서 세상을 떠났던 것이다.[6)] 조선교회가 그의 입국을 꺼려하였기 때문이다. 선교사의 입국을 무척 갈망하면서도, 특정 선교사의 입국을 거절한 묘한 사건이 터진 것이다. 교회는 이런 비밀을 수없이 품고 있다.

브뤼기에르가 압록강을 건너지 못한 채 세상을 떠나자, 1837년 겨울에 이 나라에 최초의 서양인 선교사로 불란서인 신부 모방(Pierre Philibert Maubant: 羅伯多

---

5) 유홍렬, *op. cit.*, p. 214.

6) 그의 유해는 1931년 서울 명동성당에 옮겨져서 그 지하실에 안장되었다.

祿)이 방갓에 상복 차림으로 압록강을 건너 서울에 잠입했다. 그리고 그 뒤를 이어 조선교회 제2대 주교로 임명된 앙베르(Laurent Mariè Imbert: 范世亨)[7] 신부와 불란서인 신부 샤스땅(Jacques Honorè Chastan: 鄭牙各伯)이 서울에 각각 잠입함으로써 위축되었던 교세는 신도 9천여를 헤아릴 만큼 크게 발전하였다.

그런데 이 무렵, 충청도 연해안에 프로테스탄트의 선교사 귀츨라프(Karl Friedrich Augustus Gützlaff, 郭實獵: 1803-1851)가 다녀갔다. 그는 당시의 조선 교회 형편을 언급하면서 "서울에는 아무 서양인도 없으며, 기독교는 그 이름조차도 모르고 있다"[8]고 말한 바 있다. 이것은 프로테스탄트교회를 두고 한 말이라고 생각할 수도 있을 것이다. 그러나 그는 조선에 오기 전에 확실히 참혹한 박해와 그 유혈에 대해서 상당한 소문을 듣고 있었는데, 교회가 최소한도 '제 딴의 신앙고백'이나 신조조차 흔적으로 남기지 아니한 점을 주목했고, 그래서 조선교회의 현존마저 의심하면서 떠났던 것이다. 우리는 귀츨라프를 곧 다시 만나게 된다.

7.2. 『상재상서』 저작의 동기: 기해(己亥) 대교난

앙베르를 비롯한 세 명의 서양 선교사의 활약에 힘입어 교세를 만회하고 신앙의 기틀을 잡아가는 형세를 못마땅하게 여긴 조정은 다시 한 번 사학을 철저하게 뿌리 뽑는다는 결의를 다졌다. 1839년 기해년, 헌종(憲宗) 5년의 일이었다.

그 까닭은 서교인들이 "그렇게 먼 곳에서도 서로 의기상응해서 몰래 잠입하여, 하나로써 열 가지를 전파하고, 이 사람이 저 사람을 물들게 하니, 이제 그 끝을 보아야 한다"[9]고 다짐했기 때문이다. 그런데 여기 세도 간의 알력이 또

---

7) 1873년 5월 주교로 임명. 같은 해 12월 18일 정하상의 안내로 얼음이 언 압록강을 건너 입국.

8) K. F. A. Gützlaff, *The Journal of Three Voyages along the Coast of China, with Notices of Siam Corea, and the Loo-Choo Islands*, London: 1834, p. 323.

뒤섞이게 되었던 것이다. 순조비(純祖妃) 곧 순원왕후(純元王后)는 안동 김씨로서, 헌종이 어린 나이로 등극했을 때 대왕대비로 섭정을 맡아 보고 있었다. 그는 천주교에 대하여 비교적 온건한 정책을 써 왔는데, 그 까닭은 순조의 아들 효명세자(孝明世子)를 정약용이 의술로 치료해 준 일이 있었으며, 더욱이 효명이 세상을 떠나자, 그것이 천주교에 대한 박해 때문이었는지 모른다는 어떤 죄책감을 가지고 있었기 때문이다. 그런데 효명의 부인은 풍양(豊壤) 조씨였고, 이 조씨 일파에서는 김씨 가문의 대(對) 천주교 온건책을 비판하며 교회를 박해함으로써 그 기세로 필경 김씨 세도의 구축까지 획책하였던 것이다.

교난은 1839년 3월부터 그 불길을 당겼다. 이때의 우의정 이지연(李止淵, 1771-1841)이 사학박멸을 주장하고, 섭정이던 순원왕후는 본의는 아니었지만 이를 허락하여, 여기 박해의 공포가 전국을 휩쓸게 되었다. 79세의 노파 정(鄭) 아가타에서 14세 소년 유(劉)베드로 그리고 심지어 5세의 어린 계집아이까지 신도들은 형리의 고문에 굴하지 않았고, 몸이 찢겨도 아픔을 나타내지 아니하였다. 『포청초기(捕廳草記)』에 따르면 선교사나 교인들은 "전혀 겁 없었고, 죽음을 낙으로 보며, 참기를 목석같이 하고, 그 독함은 양이 죽음을 무서워하지 않음과 같았다"고 했다. 이런 고초 끝에 이들은 영광의 순교자 반열에 손잡고 참여했던 것이다. 이 교난이 1840년 12월에 막을 내렸을 때에는 순교자의 수는 113명에 이르고 있었다.

앙베르 주교의 거룩한 모습은 순교의 찬란한 기록에 남아 있어 사라질 날이 없을 것이다. 이미 더 피할 곳이 없다고 본 그는 몸을 관헌에게 맡기기로 하고, 다른 두 서양 신부에게도 서간을 띄워 함께 순교의 길에 나서자고 일렀다. 이 글을 받은 두 선교사도 주교의 글 속에 하나님의 말씀이 있다고 믿고, 손에 손을 잡고 한강 새남터 형장에서 군문효수(軍門梟首)로 극형을 받았다.[10] 1839

9) 이능화, *op. cit.*, 상편, p. 170.

10) 이 세 성직자의 유해는 그 후 노고산에 안장되었다.

년 9월 21일의 일이었다. 이들은 서양 사람으로서는 최초로 이 나라에서 순교한 영예를 가진다. 그들 고향에서 이들 순교의 소식을 들은 것은 1년이 지나서의 일이다.

그 해 11월 23일 유혈의 와중에서 국왕 헌종은 『척사윤음(斥邪綸音)』이라는 국한문 병용의 교서를 발표한다. 천주교가 망국의 사교임을 가르치기 위해서였다. 이는 우리나라 최초로 임금의 이름으로 공표된 한글 사용의 문서였다. 그런데 이 윤음은 독특한 입장에서 서교가 사교임을 다루고 있었다.

우선 그 내용을 언급하기 전에 한 마디 하고 지나갈 일이 있다. 이 윤음을 한문과 이른바 언문(諺文)을 합해서 썼다고 하는 사실이다. 교서로서는 이례적인 것으로, 이것은 이제 서교의 신앙이 하류층 곧 부서층(婦庶層)에까지 광범위하게 전파되고 있었다는 사실을 입증하는 것이다. 이들에게 읽히도록 한글로 쓴 것이 분명하기 때문이다.[11)]

이제 그 내용을 살펴보면 다음과 같다. 첫째로, 그것은 정학의 근원을 밝히고, 아울러 천주교의 죄목이라고 할 만한 것들을 역사적으로 열거해서 그 오류를 조목조목 지적했다. 둘째로는 예수가 듣건대 가장 흉악한 죄인으로 죽었다고 하는데, 이를 보아도 그 종교가 잘못되었다는 것이 밝혀질 뿐만 아니라, 이를 따르는 자들이 어리석은 자들임에 틀림없다고 단언했다. 셋째로는 천주교가 일종의 파나티시즘(fanaticism)이라고 공박한다. 혹세무민의 길이라 진단한 것이다. 그리고 그들 신앙이 하류층에 특히 흥성한 것은 그들의 불만과 원한의 보상심리라고 본 것이다. 넷째로 이 윤음은 기독론의 문제를 언급하고 있다. 곧 '예수라고 하는 자'는 그것이 사람인지 도깨비인지, 가짜인지 진짜인지, 분간할 수 없다는 것이다. 왜냐하면 예수가 하늘에서 내려와서 사람이 되고, 다시 죽은 후 부활하여 하늘에 올랐다고 하는데, "하늘의 존재는 소리도 없고 냄새도

11) 그러나 조정은 서교인의 지식을 높이 평가하고 있었다. 가령, 서교인들이 "무식하고 아랫것들이라 해도 그 영혜(靈慧)는 홀연히 나타나곤 했다." 이능화, *op. cit.*, 상편, p. 173.

없고, 사람된 자는 몸과 살이 있어서, 이 둘은 결단코 서로 혼돈되지 않는다"는 것이었다.[12] 그런데 예수가 사람도 되고 하나님도 된다니, 이는 실로 극단의 혹설(惑說)이라고 지탄한 것이다. 성육신과 부활의 비밀은 역사상 시비가 되지 아니한 적이 없었다. 다섯째로, 부부의 이치는 만고불변의 것인데, 교인들이 순결을 빙자해서 장가나 시집을 가지 아니하는 것은 인륜을 폐하고 종족의 계승을 위협하며, 더구나 효(孝)의 질서를 심각하게 동요시키는 악이라고 힐책하고 있었다. 게다가 하급교인층에 내려오면 남녀가 혼처(混處)한다고 하니, 이런 기강과 풍교(風敎)의 문란이야 말로 서교가 기본적으로 악습임을 스스로 나타내는 것이라고 고발하고 있었다. 이 윤음은 천주교인이 죄를 뉘우치고 조선 본래의 전통에 돌아오기를 호소한다.

> 저들인들 어찌 이 나라에서 태어나지 아니하였으며, 이 나라에서 숨쉬고 살고 있음이 아니던가. 어찌하여 이 나라 공통의 바른 길을 버리고 수만 리 밖의 다른 나라 가르침을 앙달하며 달가워하는가.[13]

결론에 가서 이 척사윤음은, 백성이 삼가 성현의 교훈을 애써 지키고, 옷깃을 가다듬으며, 하늘의 도와 덕과 자연의 법을 바로 순종하기만 한다면, 바른 길은 인위적 노력 없이도 땅에 충만하고, 이단은 반드시 공들여 배척하지 아니하여도, 스스로 자취를 감출 것이라고, 그렇게 글을 맺고 있었다.

7.3. 정하상의 『상재상서』

기해의 교난이 한참 진행되고 있을 때, 우리나라 최초의 호교론(護教論)이라 볼 수 있는 『상재상서』가 나타났다. 이것은 천주교의 교리가 참되고 공명정대

12) 척사윤음, 『헌종실록』, 헌종 5년 기해 10월 정묘(丁卯)조.

13) *Ibid.*, 경진(庚辰)조.

하다는 것을 우의정 조인영(趙寅永, 1782-1850)에게 알리고자 해서 정하상이 상서(上書) 형식으로 지은 것이다. 이 책은 부피로 보아서 3천 4백 자 정도의 분량밖에 되지 않는다. 그런데 이것은 그 글 쓰임새의 미려함이라든가, 그 논리의 명쾌 정확함으로 해서, 과연 조선 최초의 신학적 저작으로 손색이 없는 탁월한 호교론이었다. 그것은 이 책자가 1887년에 이르러 홍콩의 고약망(高若望) 주교에 의해서 출판 간행되어 중국 선교에서나 신학교육에 널리 이용된 것만 보아도 곧 입증된다.[14]

이『상서』는 기독교의 교리를 풀어 밝히는 부분과, 호교 변증하는 부분, 그리고 국왕에 대한 호소, 이렇게 대개 세 부분으로 구분되어 있는데, 저술의 방법과 순서가 헌종의『척사윤음』과 유사한 곳이 많고, 더욱이 문제의 제기 자체가 동일한 것으로 비추어 볼 때, 이 양자 간의 관계가 어떠한 형태로든 존재하지 않았는가 생각된다. 조인영 저작의『척사윤음』이 11월 말 반포되었는데, 정하상의 순교가 9월 22일이니까 조인영이 정하상의 글을 읽었을 가능성이 크다.

정하상의 글은 한 마디로 '조선인'의 얼과 그 바탕에서 움튼 겨레의 충심에 맺어진 신앙의 고백으로 연연하였다. 그것은 그런 뜻에서 황사영의 가톨릭 신앙과 상극을 이룬다. 박해의 시련에 울 때, 한 사람은 눈을 밖에 돌려 외지인의 구원을 찾았고, 한 사람은 이럴수록 더욱 제 나라에 눈을 돌려 임금과 겨레에게 혈연으로 호소하고, 다 같은 인류 법도에서 어울려 골육으로 맺어진 적자(赤子)임을 눈물로 아뢰었던 것이다. 그는 지성으로 "아! 저들 성교를 믿는 사람들만이 어찌 홀로 왕의 적자가 아니리까"[15] 눈물로 호소하고, 조선 사람으로서의 마땅한 본분과 충효의 규범에서 한 거름도 빗나가지 않고 어엿이 천주교의 신자가 될 수 있음을 밝혀 마지않았던 것이다.

---

14) 서울: 아세아문화사, 영인 간행, 1976.

15) 정하상,『상재상서』, 아세아문화사 영인본, p. 25.

정하상의 이런 민족신앙은 황사영사건 40년이 지나서 나타난다. 그럴 만한 시간이 필요하였던가.

7.3.1. 조선에서의 척불론(斥佛論)과 척서론(斥西論) 문제

이 『상재상서』의 주제와 그 핵심을 찔러 보기 위해서는 그의 후반부에 나타난, 불교에 대한 그의 비판적 분석을 검토하는 것이 좋겠다. 왜냐하면 치열한 논증으로 서학을 서둘러 변증해야할 형편에 엉뚱하게 불교를 공박할 이유가 없을 것 같은데도 불구하고, 불교에 대해서 매서운 화살을 퍼붓고 있기 때문이다. 따라서 이 곡절을 더듬어 찾아가서 그 배후를 살피면, 조선조 종교생활의 풍토와, 거기 토착해야 하는 천주교의 방향 모색의 특징이 발견될 수 있을 것이다.

멀리 거슬러 올라가자. 조선 건국의 이념을 보면 국시처럼 내세워진 명분이 숭유사대(崇儒事大)였다. 유교를 숭상하고 불교를 억제하며, 대국 곧 명나라를 존중하고 섬긴다는 것이었다. 숭유의 정책에서 척불(斥佛)을 논리적으로 정착시키려 할 때 내세운 조건이 불교는 무부무군(無父無君)이요, 또 이적(夷狄) 곧 오랑캐라는 것이었다. 불교가 출가하여 입산해서 견성성불(見性成佛)에 치중하는 것이 현실적 덕치이념에 배치된다는 것이었다. 그것이 고려 말 최승로(崔承老) 때부터의 입장이었다. 출가하니 아비 없고, 입산하여 현실 도피하니 임금이 없다는 그런 논박이었다. 그 반면에 명나라를 존숭하고 오랑캐를 무찌른다는 명분에서 볼 때에 불교가 명나라에서 오지 아니하였으니 오랑캐라는 것이었다.

이처럼 최승로에게서 비롯한 이념 곧 "불교를 행하는 자는 수신(修身)을 본으로 삼고, 유교를 행하는 자는 나라를 다스리는데 근본을 둔다"는, 그런 전제는 고려 말 이색(李穡, 1328-1396)에게서 구체화하고 있었다. 곧 "유교를 하는 자는 올바름을 가지고 수신하여 그로써 집을 가지런히 하고, 나라를 다스리며 천하를 바로 잡는데, 불교를 하는 자는 일신 수행(修行)에 전념하고 마침내 성품을 다하여 불(佛)이 된다"[16]는 것이었다. 그래서 불교를 내세 혹은 둔세의 종교로 단정하고, 반면 유교는 왕도적인 현실적 덕치이념으로 구별하였던 것이다.

그런데 이 고려 말 유신(儒臣)들과 조선 건국 공로의 유학자들이 가졌던 척불론이 이퇴계(李退溪, 1501-1570)에게 이르러 정통이념으로 경화하고, 그리고 장차 가톨릭 교회가 도입될 때 그 배척의 논리적 근거로 사용된 것이다. 다시 말하면 척불의 이론이나 척서의 이론이 방법론상 꼭 같았다는 말이다. 가령 채제공에게 공개로 보낸 유생의 글에는 서양학문이 양자나 묵자(墨子)보다도 백배나 무부무군의 해를 가지고 있다고 공격하여, 정주(程朱)[17]의 입장을 외골수 정통으로 밀고 나갔는가 하면, 헌종의 『척사윤음』에는 "천주교의 천당지옥설이 불교의 가장 진부한 교설과 다를 바 없다"고 폄잔하고, "사단오륜(四端五倫)을 범하고 기강을 흐트러뜨리며 불변의 도를 어지럽힘"[18]으로써 다 오랑캐와 짐승이 되었다고 혹평하고 있었다. 이처럼 척불의 근거인 무부무군과 오랑캐 됨을 서교배척의 경우에도 똑같이 들고 나와, 이단 타도의 칼을 휘둘렀던 것이다.

이런 교리에 확고하게 서 있었던 사람이 안정복(安鼎福)이었다. 그는 74세에 천주교를 공박하기 위해 서교 계통의 서적들을 두루 정독하고, 기독교의 역사와 문학을 정성 다해 연구한, 열정의 이단 검문 학자였다. 그런 탐색 연구 후에 그는 『천학고(天學考)』와 『천학문답(天學問答)』을 집필하게 되었던 것이다. 이 저서들이 조선 유학자들의 기독교 배척 텍스트 노릇을 해오게 된 것이다.

그는 이 저서들 속에서 기독교의 천당지옥설이나 신관(神觀), 영혼불멸, 장생이나 영생의 사실은 역시 불교의 교리와 같다고 몰아, 그것이 유교의 도리에 벗어난다고 못을 박았으며, 특히 영혼불멸의 문제는, 기(氣)의 성리학에 근거

---

16) 『가정집(稼亭集)』, 신작(新作), 심원루기(心遠樓記).

17) 여기 정주(程朱)는 정이(程頤)와 주자(朱子)를 뜻한다. 정이를 계승 해석한 것이 왕양명(王陽明: 守仁)인데, 그 학문이 우리나라 유학의 정통을 이루고 있었다.

18) 윤리의 기본을 폐하고 기강을 어지럽히며 불변의 도에 난리를 피움.

하여 정밀하게 분석하여, 유교의 교훈에 위배됨을 입증함으로써, 기독교와 불교의 교리적 동일성을 억지로라도 드러내 보이려고 했다.[19]

7.3.2. 가톨릭의 조선적 신앙 전개

정하상의 밝은 통찰력이 이 척서론의 방법론적 구도에 착안했던 것이다. 우선 그는 서교 쪽에서 불교를 먼저 공격함으로써, 자동적으로 가톨릭 신앙이 불교에 유사하지도 않거니와 오히려 해로움이 전혀 없는 정도라는 것을 밝히고자 하였다. 그래서 그는 이 변증서에서 두 가지 점에 관심을 집중시켰다. 그리고 이들을 불교를 공격한 이론적 근거, 바로 그 위에서 전개해 나갔던 것이다.

첫째, 그는 기독교가 현실적이요, 따라서 나라 살림을 일구어 나가는 근거가 될 수 있을 정도의 현실적 윤리성이 깊다고 강조했다. 그 근거로서 정하상은 십계명을 들었다. 그리고 이 십계명이 충서효제(忠恕孝悌)와 인의예지(仁義禮智)를 다 포함한 가장 선한 법도이며, 제가치국(齊家治國)[20]의 이념에서 보아도 부족한 것이 하나도 없다고 변증하였다.

다음 그는 교회사를 폭 넓게 제시해서 안정복의 방법론에 반론을 제기했다. 곧 그는 기독교가 중국 오(吳)의 적오(赤烏) 연대에 벌써 전파되어 있었고, 238(A.D.)년에는 철 십자가가 발견되었다고 고증했다. 더욱이 그는 당 나라에 들어왔던 경교가 상하 조야(朝野)에 널리 보급되고 있었음을 중요시하고, 특히 당 황제의 보호 아래 교회의 광범위한 중흥이 있었다는 점을 지적했다. 위징(魏徵)이나 방현령(房玄齡) 같은 석학들도 서교를 믿고 있었다고 증명했다. 그리고 명이나 청에서의 선교사들의 업적과 그 조정에서의 총애를 빠뜨리지 않고 고증해

---

19) 여기 대해서는 홍이섭, "조선유가의 척불론에 대하여", 『白性郁박사 기념 불교학 논문집』, 1959, pp. 9-13 참조.

20) 忠恕孝悌: 충성, 용서, 효도, 공경. 仁義禮智: 어짐, 옳음, 예의, 슬기.
齊家治國: 집을 가지런히 하고 나라를 다스림.

가며 논박했다.

여기 정하상의 이론은 괄목할 만한 탁월성을 보이고 있다. 역사적으로 이렇게 중국에 오래 퍼져 수용되고 있었던 기독교가 허망할 리가 없다는 것이었고, 동시에 중국에서 때에 따라 황제의 보호 아래 중흥까지 하였던 것을 강조함으로써 기독교가 오랑캐라는 말의 부당성을 드러내려 하였던 것이다.

정하상은 여기에서 한 걸음 더 나아갔다. 그는 천주교가 지극히 거룩하고 참됨을 변증하면서도 공맹정주(孔孟程朱)의[21] 정학에 거슬리는 것이 없으며, 서교의 성서는 시서예악(詩書禮樂)의 전통 고전과 빗나가는 것이 없음을 논증하였던 것이다.

여기 그의 조선인다운 신앙의 극치가 보인다. 동방예의지국의 명분에 함께 조심하여 참여하는 기독자의 모습, 변함없이 제 나라 조국에 기대고 정학의 정통에 충실하며, 조선사회 윤리에서 빗나가지 않는 미덕이 기독교의 정신 속에 있음을 변증하려 했던 것이다. 그의 이러한 자세는 민족교회사 최초의 호소로서 어엿한 자리를 차지한다.

더욱이 그는 왕의 애호에 호소하면서 충성스러운 신민(臣民)의 관계를 충성으로 피력하되, "나라가 어려울 때에 다만 우리 임금님께서는 옷 제대로 챙겨입지 못하시고 식사를 때로 건느시며, 어지신 마음으로 정사를 돌보아, 덕을 일으키시고 민심을 다스리고 계십니다"[22]라고 고백하였던 것이다. 순교를 각오하고, 죄를 사대부에게 지을망정 하늘에는 지을 수 없다고 하는 신앙의 열의를 고백하면서도, 이 혈맥처럼 흐르는 한 백성의 순정, 조선의 모습 속에 살아온 한 겨레로서의 그리스도인의 이미지, 그것을 그는 여기 담담하게 아로새겨 놓고 간 것이다.

"오호라, 저들 성교를 믿는 자들만이 홀로 우리 임금님의 적자(赤子)가 아니

21) 공자, 맹자, 정이, 주자.

22) 『상재상서』, p. 25.

오리까!" 조선조 천주교인의 신앙이 이처럼 민족의 얼에 접속되기를 바라고, 그리고 실제 그렇다고 천명했던 것이다. 황사영과는 매부의 친척관계에 있었던 정하상, 그는 1839년 9월 22일 저녁 서소문 밖 형장에서 목이 잘려 순교의 길을 떠났다. 그때 그의 나이 마흔 다섯이었다.

7.4. 서교와 조선 서민문학

정하상이 『상재상서』를 쓰고 순교의 길을 떠날 때, 이 기해의 교난 속에서도 헌신적으로 순교자들의 자료를 수집하면서 기록을 남긴 사람이 있었다. 그는 현석문(玄錫文, 1799-1846)이라는 사람이요, 그 피 묻은 자료들을 묶어서 낸 것이 후에 『기해일기』로 알려지게 된, 정밀한 조선 천주교의 수난사이다. 3년 동안이나 힘들여 상해까지 왕래하며 자료를 수집하여 1842년 탈고하였던 이 귀중한 자료집은 한글로 된 최초의 서교역사 관계 문헌이다. 이런 의미에서 이것은 비단 종교문학으로서뿐만 아니라, 당시 별로 많지 않았던 조선 서민문학으로서도 불후의 가치를 가진 것으로 인정하지 않을 수 없다.

『기해일기』의 원본은 아직도 발견되지 못하고 있다.[23] 현재 우리가 알고 있는 사본은 뮤텔(閔德孝) 주교가 1904년 어떤 신도의 집에서 우연히 발견한 첫 부분과 뒷부분이 몹시 훼손된, 그것뿐이다. 이것을 뮤텔 주교가 불완전하나마 1905년 서울에서 출간했던 것이다.

이런 것은 작은 하나의 출발에 불과했지만, 조선의 천주교회는 일찍부터 한글로 된 교리서와 문학의 저술 간행에 전심해 왔다. 서민층에 대한 선교의 노력이 그것을 불가피하게 했던 것이다. 1801년에 처형된 정약종은 벌써 『주교요지(主敎要旨)』 두 권을 저술한 바 있었다. 1855년에 입국했던 베르누 주교는 이

23) 1866년 병인교난 때 행방불명.

러한 사역의 필요성을 누구보다도 절감하고 있었으나 계속된 박해 때문에 그 실현을 연기해 오다가, 청국에서의 아편전쟁(1839-1842; 1856-1860)으로 우리의 전통적인 모화사상이 동요되기 시작하던 무렵, 그 뜸해진 핍박의 틈을 타서 그 대업에 착수했던 것이다. 1864년 그는 동료들과 함께 두 대의 인쇄기를 차려놓았다. 그리고 한국말 교리책들을 출판하였던 것이다. 곧 『셩교요리문답』, 『텬쥬셩교공과』, 『텬쥬셩교례규』, 『성찰긔략』, 『령세대의』, 『회죄직지』, 『신명초힝』, 『텬당직로』, 그리고 『셩교절요』 등이다.

그런데 1866년 병인교난 때 사서(邪書)의 일소를 결의한 조정은 최형(崔炯)의 자백에 따라, 태평동이 있었던 주교관을 급습하고 서적과 판목류(板木類) 및 인쇄기를 몰수하여, 의금부 앞뜰에서 이것들을 다 소각해 버리고 말았다[24]. 뮤텔 주교는 후에 백방으로 수소문해서 요행 파손을 면한 서적들을 훑어 모았다고 하지만, 이 책들과 교회에 들어 닥친 형극의 길은 실로 참담하기 그지 없었다.

본래 한문판이지만 한글로 번역된 책들도 적지 않았다. 가령 『언문 텬쥬실의』, 『언문 칠극(七克)』, 『언문 성년광익』 등이 그것이다. 황사영백서에는 "교중의 어리석은 자들을 위해서 우리나라 언문으로 교과서를 저술" 했다는 말이 들어 있다. 가톨릭 교회가 이러한 저술과 출판을 통해서 서민문학의 보급, 한글 보급에 길이 남을 공헌을 한 것은 실로 특기할 만한 일이다.

다른 한편, 가톨릭 교회는 조선 어학의 진흥을 꾀하기도 했다. 1891년 다블뤼(A. N. Daveluy) 신부는 우리말과 라틴말의 대역(對譯) 사전을 편찬하였고, 후일 저 유명한 달레의 『교회사』에 기본 사료로 사용된 여러 자료들을 수집하여, 이를 파리의 외방전교회에 발송하기도 했던 것이다.[25] 이보다 앞서 푸르티에

---

24) 1865년 9월 한국에 왔던 영국인 토마스(R. J. Thomas)는 그때 이들 간행물 한 묶음을 구해서 지푸(芝罘)로 가져 간 일이 있다. 그의 서간 1866년 8월 1일자. (London: Livingstone House Library) 참조.

25) Ch. Dallet, 『조선교회사 서설』, 정기수 역, 서울: 탐구당, 1966, p. 9, 11.

(Pourthie) 신부는 1866년 병인교난 때 그의 목숨을 빼앗겼으나, 아울러 10년의 각고를 거치면서 저술했던 『조선문법』과 『라틴-조선-중국어 사전』을 함께 압수당해, 그것 역시 소실되고 말았던 것이다.[26)]

1866년의 난을 피해서 중국 요동반도에 가 있던 리델(F. C. Ridel, 1830-1884) 신부도 거기서 다시 조선에 돌아올 날을 기약하면서, 10여 년에 걸쳐 조선 문법책과 한불사전을 편찬했는데 후자의 한불사전은 1880년 일본의 요꼬하마(橫濱)에서 *Dictionnaire Coreen-Francais*로 발간되었었다.[27)] 이 책의 한글 필체는 리델과 동행했던 최지혁(崔智爀)의 것이었다.

---

26) H. B. Hulbert, *The Passing of Korea*, New York: Double-Day, 1906, p. 116.

27) 山口正之, *op. cit.*, p. 156.

8 근대조선의 대외 접촉과 여러 교난

초대 로마제국의 어떤 기독교인들이 19세기 초반 70년간에 조선 교인들이 겪은 것과 같은 시련과 고난을 겪었는지, 잘라 말하기는 어려운 것 같습니다.

C. H. Robinson, 1915

8.1. 김대건의 순교

기해의 교난이 지난 지 6년째 되던 1845년 9월에 앙베르 주교의 대를 이을 제3대 주교 페레올(Jean Joseph Ferreol: 高) 신부가 그 해 8월에, 조선 사람으로는 최초의 신부 서품을 받은 김대건(金大建, 1822-1846)과 함께 강경(江景)을 거쳐 서울에 잠입하였다. 그런데 그때 동행했던 김대건 신부의 순교가 실질적으로 근대 조선과 서양 여러 나라들과의 접촉을 표면화하다가, 그 추이에 따라서 결국 쇄국배외(鎖國排外)를 굳히는, 그런 사건이 되었던 것이다.

김대건은 1821년 8월 21일, 충청남도의 내포(內浦: 지금의 당진군 우강면 신종리)에서 태어나, 모방 신부에게 발탁되어 16세 때에 유방제와 함께 청국에 갔다가 마카오에 유학하게 되었던 사람이다. 그가 한국인 최초의 신부로 서품을 받은 것은 입국 1개월 전인 1845년 8월 17일이었다.

김대건(안드레)은 페레올과 함께 서울에서 한 반년쯤 지낸 다음 외국인 신부의 입국 안내라는 사명을 띄고, 물길 따라 마포를 떠나 황해도 연안을 답사하러 떠났다. 그러나 아깝게도 연평도에서 군인에게 붙잡혀 서울로 압송되었다. 하지만 그를 국문하던 관헌들이 그의 인물됨이 총명하고, 또 지도를 만드는 일에서나,[1] 또 다른 재간이나 총명 그리고 서양과학에 대한 지식이 비범한 것을 보고, 그에게 관대한 태도를 보이면서 엄벌을 늦추고 개전(改悛)할 것을 종용하고 있었다.

그런데 공교롭게도 이 무렵, 곧 병오(1846)에 불란서 함정 세 척이 충청도 앞 바다에 닻을 내리고, 기해년에 불란서 신부 셋을 처형한데 대하여 이를 질책하고, 그 이유를 질문하는 서한을 영의정에게 발송하는 일이 터진 것이다. 그리고 그 이듬해에 다시 당도할 터이니, 그때 책임 있는 회답을 받겠노라 위협하는 내용이었다. 그리고는 물러갔다. 조정의 논의가 악화된 것은 당연했다.

이 소식을 들은 김대건의 반응은 착잡했다. 기대보다는 불안을 느끼고, 공포에 휩싸였다. 페레올 주교에게 밀송한 서간문 속에 그것이 여실히 드러나 있다. 곧 "오늘 나는 불란서 군함이 조선에 내침했다는 소식을 들었습니다. 그들은 쉽게 우리를 구해 줄 수 있습니다만, 만일 위협만 하고 그냥 물러가면 교회에 큰 손해가 미치게 될 것이고, 나도 죽기 전에 무서운 형벌을 받게 될 것입니다."[2]

그의 예측은 적중했다. 그때의 영의정 권돈인(權敦仁)이 주장하여 마침내 헌종(憲宗)이 1846년 9월 15일 김 신부에게 사형을 선고하는 영을 내렸다.[3] 다음날 그는 새남터에서 칼을 여러 번 맞고 목이 떨어져 순교의 길을 떠났다. 그의 나이 스물다섯이었다.

김대건은 근대 조선이 서양과 접촉하던 쇄국 조선의 비극 첫 페이지에 피를

---

1) 그때 그가 그린 지도 한 장이 국왕에게 바쳐졌다. 앙드레 로레, 『한국 79위순교복자전』, 안응렬 역, 서울: 경향신문사, p. 270.

2) *Ibid.*, pp. 271-271.

3) 『헌종실록』, 헌종 11년 을사(乙巳), 6월 무술(戊戌)조.

흘린, 우리나라 최초의 순교 성직자이다. "그렇게도 두려움 없고 착실한"[4] 사람, 김대건의 머리 유해는 현재 가톨릭대학교 신학부 성당에 모셔져 있다.

8.2. 병인교난

8.2.1. 교난의 배경

병인교난의 원인은 두 군데서 살펴볼 수 있다.

하나는 가톨릭교의 수적 부흥이다. 이 수적 증가에는 몇 가지 이유가 있었다. 우선 병오년(1846)에 내침했던 불란서 함대의 재침과 그 인상적인 퇴각이다.[5] 그때에 불우하게 지내던 강화도령 철종(哲宗)이 헌종 승하 이후 1850년에 즉위하게 된 것이다. 철종은 신유교난 때 사교의 신자로 몰려 내외가 사사(賜死)당한 은언군(恩彦君)의 직손이었다.

이러한 사태의 변천들은 다 천주교의 앞날에 밝은 전망을 보여주는 길조였다. 더욱이 페레올 주교의 병사 이후 제4대 주교로 임명된 베르누(Simon Francis Berneux: 張敬一) 신부가 1855년, 철종 6년에 젊은 서양 선교사 네 사람을 대동하고 입국 전교하여, 교세의 확장은 눈에 띌 만큼 빨랐다. 그래서 1857년에는 교세 1만 천여를 확보하는 급성장이 있었다. 이런 추세로 줄달음 친 교세는 1865년, 곧 고종(高宗) 2년에는 2만 3천여의 신도들을 포섭할 수 있었고, 국내에 잠입한 외국 선교사만도 12명을 헤아렸다. 이 수적 확장이 박해의 실마리가 된 것은 두말할 것 없다. 교회에 있어서 이런 외적인 교세는 이처럼 무시 못할 위력을 가진다.

다른 또 하나의 원인은 좀 더 직접적인 것이었다. 안으로 동학 소요의 시련

---

4) W. E. Griffis, *Corea the Hermit Nation*, p. 366.

5) 『헌종실록』, 헌종 13년 7월 8일조.

을 겪고 있을 때, 동북쪽 국경의 건너편까지 뻗쳐온 제정 러시아는 함경도에 여러 번 침공해서 통상을 요구하며 국경 주변을 몹시 시끄럽게 하고 있었다. 이때 그 대책을 강구해서, 종래의 수난의 처지에서 헤어 나와 신앙의 자유를 획득하고자 고심 노력한 사람들이 있었다. 이들이 바로 홍봉주(洪鳳周, ?-1866), 김긔호, 및 남종삼(南種三, 1817-1866)을 비롯한 천주교인들이었다. 이들은 제정 러시아의 남하정책을 봉쇄하는 방도로, 신부들을 여럿 파송해서 희생까지 낸 불란서와 또 대영제국의 협조를 얻어 '조 · 영 · 불(朝 · 英 · 佛)'간의 삼국동맹을 결성함으로써 목적을 달성하고, 그 대신 그 공로로 신교의 자유를 획득할 길이 있으리라고 믿었던 것이다.

여기 대해서 희망적인 계획을 하게 된 가톨릭 교인들에게도 그럴 만한 근거가 있었던 것이다. 그것은 당시의 섭정 대원군(大院君, 興宣, 李昰應: 1820-1898)과 그 측근이 천주교에 대해서 보통 이상의 밀접한 관계를 유지해 오고 있었기 때문이다. 가령 당시 베르누 주교는 다음과 같은 글을 써서 로마에 보낸 일이 있다.

> 이 분(大院君)은 종교에 대해서나 선교사에 대해서 적대감을 가지고 있지 않습니다. 또 이 분의 부인 민씨(閔氏, 고종의 모친)는 기독교에 대해서 상당한 지식을 가지고 있습니다. 이 섭정의 부인은 교리문답의 일부를 학습하였고, 매일 기도문을 암송하며, 또 그 아들이 왕위에 등극하자 감사의 미사를 드려 달라고 나에게 부탁한 일까지 있습니다.[6]

이 편지의 날짜는 1863년이었다. 그뿐만 아니라, 고종의 어릴 적 유모인 박씨도 착실한 신도로서 마르다(Martha)라고 하는 영세명까지 받고 있었다.[7] 대원군이 이러한 주변의 사실들을 모르고 있었을 리가 없었다.

처지가 이러했기 때문에 홍봉주 같은 사람들이 앞서 말한 바 있는 방아책(防

6) *The Edinburgh Review*, 1872, p. 327. 그러나 민씨는 끝내 세례는 받지 않았다.

7) 이능화, *op. cit.*, 하권, p. 32.

俄策)을 대원군에게 건의하였을 정도로, 민 부인도 비밀리에 교도들을 시켜 베르누 주교에게 불란서와 교섭해서 일의 성사를 꽤해 보라고 암시한 일까지 있었다고 한다. 그리고 대원군 자신도 이 일에 대해서 비상한 관심을 보였고, 선교사의 힘으로 러시아를 방어할 수 있을는지를 다짐하며, 교회 중심인물인 남종삼을 접견 의논하기도 했던 것이다. 대원군은 운현궁(雲峴宮)에서 남종삼을 접견하고, "천주교는 가위 진실한 종교"라고 하는 말을 꺼내면서 정색을 하고 "주교가 확실히 그리고 능히 러시아를 막아낼 책략이 있겠는가. 빨리 주교에게 글을 써서 내 만나보고 싶다고 전하라"고 일렀던 것이다.

그러나 당시의 조선 교회는 이러한 '때의 기운'의 성숙에 기민하게 대응하지 못했다. 하도 오랜 박해에 시달려 온지라, 조정과의 접근에 의구와 미숙이 앞섰고, 따라서 일단 경원의 자세였다. 그런데 대원군 주변의 인물들이 기독자들이었음에도 불구하고, 학식과 판단력이 결여되어 있어서 결단력 있는 행동과 자문을 해내지 못한 것이 흠이었다. 베르누 주교는 민 부인의 인품이 "무기력한 성품", "겁이 많은 기질"이라 평하면서, 이러한 기질로는 교회에 덕을 끼칠 만한 데까지 가 있지 못했다고 안타까워하고 있었다.[8)] 교회사가 달레는 민 부인이 여성적이고 언제나 의구심을 버리지 못했다고 했으며, 유모 박씨에 대해서는 소심한 데다가 일의 대응 능력이 전혀 없었다고 보고, 심지어 무용지물이라는 평까지 하고 있었다.[9)] 고종이 장차 신교할 뜻을 밝히고 주교를 만나게 해달라고 부탁했을 때도 박씨는 이 말을 믿지 않고 방치함으로써, 결국 왕궁에서의 선교기회를 놓쳐버리고 만 것이었다.

베르누 주교가 긍지 높은 대원군의 초조한 요청에도 불구하고, 정치문제에의 개입을 꺼려하여 만족할 만한 회답을 주지 못하게 된 까닭은 다 이러한 상황에서밖에는 이해할 도리가 없다. 더욱이 천주교인들의 건의문 내용이 비속하고 논

---

8) *The Edinburgh Review*, p. 318.

9) 이능화, *op. cit.*, 하권, p. 32.

지가 거칠기 때문에 대원군의 비위를 상하게 한 듯한 사건이 또 발생했다. 이 건의문은 대원군의 사돈뻘 되는 조기진(趙基晉)의 소개로 제출되었었는데, "대원군이 그 글을 받고는 한 번 훑어 보고, 좀 생각하더니 그 글을 앉은 자리 무릎 아래 집어 넣더라"[10]는 것이었다. 이 광경에 당황한 김긔호는 불안에 떨면서 이것이 길조인지 흉조인지 알지 못한 채 물러 나와 시골에 피신해 갔을 정도였다.

여기서 우리는 가톨릭 성직자들이 조선 궁정 안의 고위 신앙인들 특히 여인들 인물에 대하여 내린 혹평에 당황한다. 그들의 성품과 인격을 그렇게까지 혹독하게 경멸할 수가 있었을까 하는 것이 우리들의 판단이다. 그들의 주저나 조심은 조선 궁정의 사정을 알면 이해가 안 되는 것도 아니다. 특히 여인들의 경우는 더욱 그러했다. 그날의 실패를 질 사람이 지지 않고, 이들 여인들에게 돌리는 것은 부당하다.

어쨌든 여기 가톨릭 박해의 기운이 압축된 셈이었다. 대원군 자신의 심적 변화는 불문에 부치고라도, 섭정 왕후나 조야가 치열한 배외사상과 서교 금지의 열의에 젖어 있었던 때인지라, 사교를 금하고 나라를 안보하며 오랑캐를 막아내야 한다는 상소의 글발이 사방에서 쉴 새 없이 날아들고 있었다. 더욱이 국경 변방에 넘나들던 러시아인의 발길도 어느새 멈칫하고, 청국에서도 모진 서학 강타로 정책이 기울어져 수많은 서양인들이 처단되었다는 소문이 들리고 있었다. 서교박해의 불길이 당겨지고 그것이 격화일로를 치닫게 된 배경이 이런 것이었다. 대원군은 기왕에 불란서 신부들에게 걸었던 기대를 완전히 포기하고, 스스로 거기에 반발하면서 목전의 여론에 호응하여 질풍과 같은 탄압에 나선 것이었다. 1866년 이른 봄의 일이었다. 병인교난의 서막은 이렇게 열리고 있었다.

남종삼이 친족들의 고발로 고향에서 잡혔다. 그리고 2월 23일에는 베르누 주교가, 3월 8일에는 브뤼티니에르(Breteniers)와 보류(Beaulieu), 도리(Dorie)가, 그

---

10) *Ibid.*, p. 33.

리고 3월 11일에는 프티니콜라(Petinicolas)와 푸르티에(Pourthie)가 각각 체포되었다. 그리고 의금부에서 대원군의 친국(親鞫)을 받으며, 개종하고 국외로 물러가도록 강요받았다. 하지만 이들은 끝끝내 이를 거절했다. 이 와중에서 조선인 교도들은 서소문밖 형장에서 3월 2일 순교의 피를 흘렸고, 5명의 선교사들은 한강 새남터에서 참형을 당했다.[11)] 대원군 집정하의 가톨릭교도 대학살은 이 날부터 치열한 양상으로 전개되었던 것이다.[12)] 계층의 구별이나 지방의 차별 없이 이 참상은 전국에 퍼져갔다.

이 교난에 피 흘린 가톨릭 교도의 희생자 수는 막대했다. 『한국통사(韓國痛史)』에는 모두가 12만 명이 목숨을 잃었다고 했으나 이는 확실히 과장된 수이리라. 그러나 여러 문헌을 살펴보면 가장 신빙할 만한 수는 3년간에 8천여 명인 것으로 보인다.[13)] 여기 산과 들로 난을 피해 방황하다가 추위와 굶주림에 쫓겨 종적 없이 죽어간 신도의 수를 합하면 그 수는 배가 훨씬 넘었을 것이 틀림없다.

8.2.2. 불란서 함대의 내침과 그에 따른 박해

이 이른 봄의 병인교난은 단순한 국내 문제로 끝나지 않고, 마침내 불란서와의 충돌이라는 대사건을 초래했다. 그 해 늦여름부터의 박해는 거기 그 까닭이 있었던 것이다. 사건의 경위는 대개 다음과 같았다.

교묘하게 포교(捕校)들의 눈을 피해 숨어 다니던 불란서의 리델(F. C. Ridel: 李

---

11) 『한국사』, 최근세편, 진단학회 간, p. 242에는 4명으로 되어 있다.

12) 가령 이런 보고가 있다. 곧 "포청에는 사람들이 가득했는데, 거기에는 어리석은 백성들, 부녀자들, 어린아이들까지 있었다. 취조관들이 이를 불쌍히 여겨 돌이키라고 회유했지만 신도들은 듣지 않고, … 혹독한 고문을 받았는데, 심지어 어린아이들까지도 그 부모를 따라 하늘로 갔다. 대원군이 이를 듣고 아이들이라도 다 진멸하라 하였다. 그 시체들을 수구문에 버리니 산더미처럼 쌓였더라."

13) 『한국사』, 최근세 편, p. 274. Cf. 유홍열, 『한국천주교회사』, p. 624.
S. C. Neill, *A History of Christian Missions*, p. 415.
J. H. Kane, *The Progress of World-Wide Missions*, New York: Harper & Brothers, 1960, p. 193.

德兒) 신부가 동료 신부 두 사람과 함께 충청도 해안으로 빠져나가 두 신부는 거기 남고, 리델만이 조선교도 11명과 함께 신창(新昌) 용당포리(龍唐浦里: 지금의 아산)에서 어선 한 척을 얻어 몸을 싣고 중국 산동성에 있는 지푸(芝罘)를 향해 출발했다. 한 주일 가량의 항해 끝에 목적지 항구에 도착했을 때 조선인 교도들은 그곳의 큼직한 불란서 군함을 보고는, "당신 나라의 군함입니까. 이 군함이 우리나라에 가게 되면 모든 사람은 다 도망칠 것이며, 이것으로라면 우리나라를 차지하고 임금에게 신앙의 자유를 강요할 수 있을 것입니다" 하는 말을 리델에게 했다고 전해진다.[14)]

이 일행 중 네 사람은 천진(天津)에 있는 불란서공사관을 찾아가 공사와 제독(불란서 인도지나 함대사령관) 로즈(P. C. Roze: 魯勢)를 만나 조선에 있었던 처참한 박해의 실상을 자세하게 보고하게 되었다. 서양인들이 이 보고를 듣고 대거 눈을 부릅뜨고 흥분하여 격분한 것은 말할 것도 없었다. 그러나 가장 분개한 것은 대리공사 벨로네(M. de Bellonet: 白羅呢)였다. 그는 즉각 청의 총리아문(總理衙門)에 한 장의 글을 급송하여, 자신의 권한으로 조선에 함대를 보내 침공할 뜻을 밝혔다. 그리고는 1866년 7월 13일에 이런 글까지 송치하고 있었다.

> 황제의 불란서는 그런 참혹한 유혈을 처벌하지 않고 지나갈 수 없다. 조선국왕이 내 불행한 국민에게 손을 대는 바로 그 날이 그의 통치 마지막 날이다. 이는 그 자신이 그 종말을 선언하는 것이라고 나는 엄숙하게 경고한다. 머지않아 조선의 침공을 위해 군사력을 파견할 것인데 우리의 황제 나폴레옹 3세만이 그 선의에 따라 그 나라를 뒤바꾸고, 그 빈 왕좌를 차지할 권리를 누리게 될 것이다.[15)]

이 악필은 대담하고도 황망한 것이었다. 그는 11월 11일 두 번째 각서를 보냈는데 거기에는 더욱 발악적이고 야만적인 문구가 들어 있었다.

---

14) 리델의 편지. 유홍렬, *op. cit.*, p. 674.

15) F. A. McKenzie, *The Tragedy of Korea*, London: Hodder & Stoughton, 1908, p. 5.

이제 조선의 왕은 그 운명이 나의 지존의 황제에게 매달려 있다. 전쟁은 우리에게 즐거움이다. 불란서 사람은 이런 싸움을 열정적으로 추구한다. 조선인들도 우리를 해방자라고 환영할 것이다.[16)]

이 무례는 고발할 사람이 우리 말고 따로 있었다. 청의 공(恭)친왕(Prince Kung)이었다. 그는 이 각서를 받아 들고는 "그 사람 한동안 가서 외교관으로 있던, 그 아프리카 인종의 거칠고도 세련되지 못한 야만적 언사를 그대로 쓰고 있는 것"[17)]이라고 내려쳤던 것이다.

청국의 총리아문은 곧 이 실정을 조선 조정에 알리기 위해서 그해 7월 7일 예부(禮部)를 통해서 조회문을 발송했다. 이에 대해서 우리 조정은 다음과 같은 회답을 보냈다.

우리나라에 지난 겨울 이래로 흉한 비류(非類)들이 있어서 작당하여 숨어서 음모를 꾸며 왔다. 그래서 마침내 이들을 잡고 보니 외국인이 8명이나 되는지라. 이들은 어떻게 국경을 넘었는지, 옷이나 말씨가 우리나라와는 다른 데가 없고, 심지어 여인네들과도 통하면서 모습을 숨기고 횡행하고 있다. 우리나라에 외국 사람들이 혹시나 표류하게 되면 우리는 할 일을 다 해, 이들을 잘 보호하여 돌려보낸다. 그러나 만일 숨어 몰래 잠입하면 이를 잡아 엄단하는 것이 우리의 할 일이다.[18)]

우리 조선의 진실과 성의는 이를 나무랄 것이 하나도 없다는 뜻이었다.

사실 그랬다. 1816년 충청도 마량진에 영국 선박 두 척이 표류해 왔을 때나, 1865년 연일(延日)에 외국 선박 곧 이양선(異樣船)이 표류해 왔을 때, 그리고 병인교난의 막바지 5월에 평안도 철산에 미국 선박 서프라이즈 호가 조난당해 밀려왔을 때, 그 어느 때나 한결같이 양식과 반찬, 그리고 마실 물을 넉넉하게

16) W. E. Griffis, *op. cit.*, p. 378.

17) *Ibid.*, p. 377.

18) 『승정원일기』, 병인 7년, 7월 초 6일조.

공급하고 의약품을 조달하면서 정성껏 돌보고, 그리고는 돌려보냈던 것인데, 그것이 조선의 인정이었던 것이다.

그러나 청국의 조정과 조선의 성의 있는 석명에도 불구하고 로즈 제독은 조선 침공을 계획하고, 제1차로 한강변 서강(西江)에, 그리고 제2차로 병인년 10월 일본에 주둔했던 병력까지 다 동원해서 군함 7척으로 고요한 황해의 강화도 앞바다에 들이닥쳤던 것이다. 이 함대에는 가톨릭 교회의 신부 리델이 통역 겸 수로 향도로 탑승하고 있었다. 침략과 포악의 이양선에 십자가가 구슬피 가리워져 있었다.

이들의 강화도 상륙과 살상, 귀중한 사고(史庫)의 소각과 그 일부의 약탈은 서양 제국들의 악랄한 근대사의 죄악을 웅변적으로 들어내 보여주었다. 향도 리델의 일기에도 그 일부가 다시 엿보인다. "조선 병사를 다량 쏘아 죽였다"느니, "몰살시켰다"고 하는 말의 반복은 예사이고, 강화도에서 불란서군이 퇴각한 것은 "분하고 슬픈 일"이라는 글을 남겼는데, 이는 우리의 양식을 한없이 비통으로 젖게 한다.

병인양요(丙寅洋擾)의 이양선 사건과 강화도 정족성(鼎足城)의 전투는 이렇게 끝이 났다. 불란서군은 아세아의 소국 조선과 싸워 승리의 명분을 찾지 못한 채 퇴각하고 말았다.[19] 어떤 의미에서 불란서군은 완전히 참패하고 돌아갔다고 말함이 옳다는 생각을 한 사람도 있다.[20]

불행하게도 이 강화도 사건은 불란서 신부들이 불란서 제국주의 침략의 앞잡이었다는 비난을 면할 수 없게 만들었다. 그리피스(W. E. Griffis, 1843-1928)는 "불란서 선교사들이 그 나라 침략군의 주구였으며, 포함(砲艦)의 수로 안내인 및 스파이로 활약했다는 것은 상상만의 일이 아니라 실제로 입증되었다"[21]고 거침없이 써 놓았다.

---

19) 달레는 그 『교회사』에서 "그 군대의 잃어버린 영예"를 애석하게 여겼다. *Op. cit.*, II. p. 586.

20) W. E. Griffis, *op. cit.*, p. 325.

21) *Ibid.*, p. 360.

1908년의 『가톨릭사전(*The Catholic Encyclopaedia*)』만 보아도 불란서군의 강화도 침공을 언급하면서 "강화도 침공은 적절하고 충분한 세력으로 수행되지 못했다"[22]고 분석하고 있었다. 더 억세게 쳤어야 마땅했다는, 그런 아쉬움의 표현이 아니던가.

대원군은 이제 천주교인이면 "어린아이들에 이르기까지 모든 사악한 종교의 신자들을 다 죽이기로 굳게 다짐하고", 불란서 함대가 깊숙이 침입했던 양화진 강가에서, 서양 오랑캐가 더럽혔던 땅을 다시 서학인의 피로 씻음이 당연하다고 하면서 숱한 신도들을 절두산(切頭山)에서 계속 처형했다.[23] 그때 유행하던 노래 중에 이런 것이 있었다.

> 괴씸ᄒᆞ다 서양되놈 무부무군 천쥬학을 네 나라나 ᄒᆞᆯ 것이지
> 단군 기자 동방국의 충효 윤리 발가ᄂᆞᆫ의 어히 감히 여어 보자
> 여병가해(與兵加海) 나왔다가 방수성(防水城) 불에 타고
> 정족산성 총에 죽고, 나문 목숨 도ᄆᆡᆼ하자 밧쎄 밧쎄 도망ᄒᆞᆫ다.[24]

조선의 강산은 이로써 순교의 피로 물들여지는 듯했다. 세계에 흩어진 기독교인들은 한편 충격과 한편 감동으로 이 고난의 행렬에 눈길을 돌리며 기도로써 피차 연락을 했다. 더욱이 이 당시의 교황 비오 9세는 1866년 12월 19일 교서를 조선교도들을 향해 내리고 그 서러움을 위로해 주었다. 교황은 수난의 소식 들으니 눈물 흘러 마음이 무너진다 하면서, 우리 다 십자가 지고 세상을 이기신 우리 주 예수 그리스도의 자녀들이요, 거룩한 교회를 피로써 증거한 이의 자녀들인 즉, 순교의 피에서 많은 열매가 맺어지기 바란다고 강복하였던 것이다.

---

22) *The Catholic Encyclopaedia*, ed .by C. G. Hebermann, London: Caxton Publishing Co., 1908, Vol. IV, p. 362.

23) 이 순교지에 지금 절두산(切頭山) 기념순교성당 및 박물관이 서 있다.

24) 강한영 편, 『신재효 판소리 전집』, 연세대학교 인문과학연구소, 1966, p. 가-2.

8.3. 신미교난과 미국

8.3.1. 제너럴 셔먼 호 사건

병인년(1866) 8월, 평양의 대동강에서 미국 국적의 상선 제너럴 셔먼(General Sherman) 호가 나타나 항해의 목적을 모호하게 하면서 무장한 채, 27일 간을 버티다가 조선 군졸의 반격을 받아 가라앉아 버린 사건이 터졌다. 한참 불란서 군함의 침범 약탈로 온 나라가 격앙되어 있을 때여서 그 충격의 파장은 엄청났다.

천진에 체류하던 미국인 프레스톤(W. B. Preston: 普來敦)은 그의 제너럴 셔만 호에 짐을 만재하고, 덴마크인 선장 페이지(Page: 巴使)와 영국인 선원 호가트(G. Hogarth: 何噶特) 및 웨일즈계 영국인 목사 토마스(Robert Jermain Thomas, 崔蘭軒: 1840-1866)[25] 미국인 윌슨(Wilson)과 함께, 말레이 및 청국인 선원 19명을 태우고 황해도의 황주(黃州)를 거쳐 대동강에 깊숙이 들어왔던 것이다.

하지만 이 제너럴 셔만 호의 항해 목적은 처음부터 의심을 받았다. 상선으로서는 어울리지 않게 무장을 하고 있었기 때문이다. 그래서 상해 주재 런던선교회(London Missionary Society) 파송 선교사 에드킨스(J. Edkins)는 이 상선의 그러한 무장을 음흉한 것이라고 보았고,[26] 또 다른 동양전문가 그리피스는 추정하기를 심지어 평양의 왕능을 도굴할 모종의 음모가 있었을 것이라는, 당시의 소문을 주목했다.[27] 이들은 실제로 용강(龍岡)에 다다랐을 때 그곳 현령(縣令)에게 평양산성의 보물 소식을 문의한 바 있는 것으로 되어 있다.[28] 어쨌든 이 선박의 소속회사인 메도우 상사(Messrs. Meadows & Co.)는 북경주재 미국공사 벌린게임(Hon. A. Burlingame)에게 보낸 공문에서 "단순한 상역"[29]이 그 항해의 목적이라고

---

25) 崔蘭軒이라고 한문으로 표기 된 곳이 있는데, 여기 대해서는 이 책 제3편 제10장 1절 ii항 참조.

26) *The Letter* of J. Edkins to J. Mullens, 1866. 9. 10일자. 북경 발신. London: The Livingstone House Library 소장.

27) W. E. Griffis, *op. cit.*, 1889, p. 392.

28) 『일성록』, 병인년 7월 15일자.

29) *The Letter*, Messrs. Meadows & Co. to Mr. A. Burlingame, 1866. 10. 27일자.

밝히고 있었다.

그런데 여기 편승한 로버트 토마스라는 개신교 선교사가 우리의 관심을 끈다. 그의 우리말 실력은 대개 "벼(禾)의 줄기 정도로 더러는 말하고 더러는 못했는데, 대개는 알아들었고 몇 글자는 모호하게 쓰기도 했으며,"[30] 능히 우리말을 해냈다는 것이다.[31]

그의 행위는 무장하고 있어서 얼핏 보기에 선교사답지 않았다. 1865년 6월 20일에 황해도 옹진에 다녀갈 때에도 허리에 총을 차고, 손에는 쇠방망이를 들고 있었다.[32] 그런데 1866년 이번에도 서양총을 들고 환도(還刀)를 차고 있었다고 한다.[33] 무직(武職) 사품(四品) 정도의 군인으로까지 비치고 있었다는 것이 실록의 기록이다.

하지만 그는 역시 선교사였다. 그는 조선에서의 가톨릭 핍박 배경을 이미 알고 있었다. 중국 지푸(芝罘)에서 리델 신부를 만났기 때문이다.[34] 그는 만나는 조선 사람마다 예수교와 천주교의 차이를 역설했다.

> 이제 우리 예수교는 정도(正道)를 몸에 익히고 인심을 바로 잡는 것입니다. 잘못된 사악을 고치는 것입니다. 인의충효가 거기 다 있습니다. 천하의 사람들이 따를 만한 양선(良善)의 교입니다. 천주교와는 다릅니다.[35]

그러면서 배 모양이 혹 병선 같을지 모르지만 통상이 목적이고, 따라서 상해할 뜻은 전혀 없다고 천명했던 것이다. 하지만 평양의 관리들은 교역이든 종교이든 다 금지되어 있다고 하면서, 조속한 퇴거를 명했던 것이다.

---

30) 『고종태황제실록』, 제3권, 병인년 7월 15일조.

31) 이능화, *op. cit.*, 하편, p. 143.

32) 『고종태황제실록』, 고종 2년 8월 20일자.

33) *Ibid.*, 병인년 7월 15일자.

34) *Thomas' Letter*, 1866. 4. 4일자. London: The Livingstone House Library 소장.

35) 『고종실록』, 병인년 9월 18일자.

그런데 제너럴 셔먼 호의 선장은 이를 거절하고 상류로 거슬러 올라갔다. 그리고는 수심을 측량하면서 더 올라가 한사정(閑似亭) 부근에 닻을 내리고는, 이를 말리는 중군(中軍) 이현익을 오히려 나포하여 본선에 감금하는 무모를 저질렀다. 그리고 이를 목격한 성민들이 아우성을 치자 이번에는 총을 쏘대기도 했다. 살상자도 났다. 큰 실수를 한 것이다.

제너럴 셔먼 호의 운명이 시간을 세기 시작했다. 대동강의 수위가 갑자기 줄어들었다. 그러더니 배가 양각도(羊角島)에 좌초된다. 이에 평양의 수비군이 시탄 운반선 서너 척에 화약과 인화물을 가득 실은 다음, 연환계식(連環計式)으로 피차 배를 얽어매어 상류로부터 불질러 제너럴 셔먼 호 쪽으로 내려 띄웠다. 제너럴 셔먼 호도 어찌할 도리가 없었다. 화염에 싸이고, 마침내 토마스와 청국인 조준봉이 뱃머리에 나와 목숨을 애원했다. 하지만 흥분한 군중의 분노는 돌이킬 수가 없었다. 가련한 이들은 포박되어 강 언덕에 끌려 나와 군민(軍民)에 의해 모두 타살되고 말았다. 그리고 그 선박도 불타 가라앉고 말았다. 1866년 9월 5일(음력 7월 27일)의 일이었다.[36)]

이 제너럴 셔먼 호의 소실 소식은 그것이 미국 선적이었기 때문에 미국을 자극시켰다. 그때 청 주재 미국 대리공사 윌리암스(S. W. Williams: 衛廉士)는 곧 청국 정부에 조사를 의뢰했다. 그러나 조선은 영국선박 하나를 불근신 때문에 불 태워 가라앉게 한 일은 있으나 미국 선박에 관한 말은 무슨 소리인지 모르겠노라 회답한다.[37)] 미국은 여기 만족하지 않고, 1866년 12월에 해군 슈펠트(R. W. Schufeldt) 함장의 군함 워츄세트(Waschusett) 호, 그리고 1868년 3월에 페버거(J. C Febiger) 함장의 군함 셰난도(Shenandoah) 호를 각각 황해 연안과 대동강 어구에 파견해서 관헌들과 만나 그 경위를 조사하려 하였다. 그러나 소득이 없었다. 그런데 1868년 4월에 그야말로 해괴한 사건이 하나 터져, 온 나라에

36) 『승정원일기』와 『고종태황제실록』은 병인년 7월 17일 계미(癸未)로 되어 있다.

37) 조선측의 토마스나 제너럴 셔먼 호에 대한 국적 혼란은 심각했다. 박제형은 이 선박이 불란서의 것이라고 했고, 토마스도 불란서 전교사로 보고 있었다. 이능화는 토마스를 미국인이라고 보았다.

검은 구름을 몰고 온다. 대원군 생부의 묘소가 천주교인들에 의해서 도굴된 것이다.

8.3.2. 남연군(南延君) 묘소 도굴사건

청에 피난 가 있던 불란서 선교사 페론(Feron: 權)은 유태계 독일인 오페르트(E. Oppert, 1832-?)라는 모험적 상인에게 조선에서의 선교 자유 획득과 조선의 개방을 목적으로 한다는 일대 음모를 알리고, 그의 협조를 구하게 된다.[38] 이 기상천외한 발상이란 대원군의 생부 묘소를 도굴하여 그 유품을 차지하고, 대원군과 거래해서 신교의 자유를 획득한다는 것이었다. 본래 이 음흉한 계략은 페론과 함께 피난 갔던 두 세 조선인 교도의 착상이었다.

오페르트가 차이나(China) 호에 조선교도 약간 명과 페론을 향도, 통역, 참모로 탑승시키고 떠나 홍주(洪州)의 행섬도(行蟾島)에 닿은 것은 1868년 4월 18일이었다. 이들은 도굴에 필요한 특수한 장비를 갖추고 무장까지 하고 있었다. 이들은 도착하자 곧 그날 새벽 구만포(九萬浦)에 상륙하여 그 길로 덕산 가야산(德山 伽倻山: 지금의 예산군 덕산면 상가리 가야산)으로 향했다. 그리고는 야음을 타서 남연군의 묘소까지 행군하고 곧 도굴에 착수했다. 그리고 관곽(棺槨)까지 더듬어갔다. 그러나 12시간이 걸려도 작업이 끝나지 않았고 동네사람들이 떼지어 모여들기 시작했다. 더구나 바다의 썰물시간도 박두했다. 이들은 더 이상 지체할 수가 없었고, 그래서 19일 새벽 일을 중단하고 퇴각할 수밖에 없었다.

이 음흉한 국제적 음모가 대원군에게 알려졌을 때의 그의 불같은 화와 낭패는 하늘에 치솟고 있었다. 모욕감에 치를 떨던 대원군과 조정은 이런 괴변에 천주교인이 연루된 데에 더 없이 충격을 받았다.

---

38) E. Oppert, *A Forbidden Land Voyages to Corea*, London: 1880, p. 297.

> 다른 나라 사람들이 어찌 그 길을 알며 그렇게 몰래 기어 들어올 수 있었겠는가. 여기 반드시 나라 안의 패역한 부류가 있어서 나아가 길을 안내하였으니, 생각이 이에 미치매 침통함이 극에 이르는구나.[39)]

이렇게 해서 그 해 4월과 9월 사이에 24명의 교도가 경향 각지에서 순교를 당하게 되었다. 그 중, 조철증(趙喆增)은 이 양괴(洋魁)들과 내통했다는 죄명으로 검거당해 감옥에서 자결한 사람인데, 그에 대한 조정의 정죄가 곧 조선조에서의 천주교인에 대한 한 전형적 단죄여서 여기 그 판결을 옮긴다.

> 이들이 사설(邪說)을 그렇게 흠모하여 이설(異說)을 따라, 윤리와 강령을 멸절하고, 몰래 숨어 정도에서 벗어난 일을 꾀하고, 하늘의 뜻까지 감히 거슬려 마침내 바다를 건너 우리 땅을 범했구나.[40)]

이교(異教)와 그 모반 그리고 하늘에의 패역, 이 세 가지 흉측한 악의 연결 표현 양식, 거기 조선 천주교가 겪은 모든 환난의 근거가 있었다.

8.3.3. 최초의 한 · 미 · 일 관계

한편 전술한 제너럴 셔먼 호 사건은 엉뚱한 외교문제 하나를 파생시켰다. 대원군은 평양의 난리가 평정된 데 득의양양해서 일본 바꾸후(幕府)[41)]에 통보하여 쇄국의 방침을 다시 천명하는 글을 띄웠다. 1866년 가을의 일이다. 그러나 일본은 벌써 개국을 강력하게 밀고 나가면서 구미 여러 나라들과 수호조약을 체결하던 처지에 있었기 때문에, 이러한 첩보에 냉담할 수밖에 없었다. 그래서 도쿠가와 바꾸후(德川幕府)의 제15대 장군 도쿠가와 요시노부(德川慶喜)는 조선

---

39) 『승정원일기』, 고종 5년 4월 19일자.

40) 양사(兩司: 사헌부 사간부) 합계(合啓), 고종 5년 4월 27일자.

41) 德川將軍 일가가 국정을 총괄하던 기구.
이능화, *op. cit.*, 하편, p. 179.

에 대하여 종래의 보수적인 쇄국정책을 지양하고, 뒤로 물러서는 어리석음을 버리고, 오히려 적극 외교에 나서라고 권면한다.[42)]

그런데 당시 일본은 왕정을 복고하려는 기운이 치닫고 있어서 실질상의 국정은 거의가 조정에 소위 봉환(奉還)된 상태에 있었다. 그 사이에 도쿠가와는 제너럴 셔먼 호 문제로 긴장되고 있는 미국에게 다음과 같은 서한을 발송했던 것이다.

> 조선국, 최근 불란서와 싸우고, 또 귀국의 무고(無辜)한 선박을 잔해했다는 소식을 들었소. 그 나라는 우리와 근접하여서 예부터 교제를 나눈 터인데, 그런 의롭지 못한 거사를 저질러, 우리와는 동맹친교의 국민을 참해하였음을 듣고, 우리 대군(大君) 통탄해 마지 않고 있소.… 이제 조선 국왕에게 국서(國書)를 띄워, 굽은 것을 펴고 만사 밝히고자 하오. 그러니 이들이 그 잘못을 뉘우치고 강화를 하고자 하면 귀국은 세상을 밝히는 높은 뜻으로 옛 원한을 버리고, 우정의 길을 열기 바라오.[43)]

이 서한을 받은 당시의 일본주재 미국공사 볼켄바라(R. B. von Volkenbourgh)는 곧 이를 본국 정부에 통보하여 그 지시를 기다렸더니, 당시 미국 국무장관 피시(H. Fish)는 평양에서의 미국 선박 소각 및 그 선원의 살해사건에 대해서 만사 일본 정부의 호의 있는 조정에 일임할 것을 훈령했다. 이러한 미국의 태도를 볼켄바라는 일본의 외국사무집정에게 알리면서 한미강화 조건 및 배상문제에 대해 이런 글을 덧붙였다.

> 합중국의 대통령은 귀국의 간절한 친절에 대해서 저에게 그것이 만족할 만한 것이라는 것을 알려 드리라 전해 왔소.… 조선이 충분한 사과를 하는 경우에는 합중국이 어떻게 해서 그 정당한 배상을 받으며, 또 위신을 잃지 않을는지, 이를 생각해 주기 바라오.
>
> 1867년 12월 17일.[44)]

---

42) 山口正之, 『朝鮮西教史』, 1967, pp. 176ff.

43) 『近代日鮮關係の研究』, 조선총독부, 京城: 朝鮮中樞院, 1938, p. 108.

이러한 야심적인 외교 절충의 시도도 왕정복고의 실현, 그리고 부국강병책 일환으로 사들인 포함 및 그 밖의 병기가 조선 침공에 사용될 것이라는 소문이 나돌고 해서 결국 실패하고 말았다.

8.3.4. 신미교난(辛未敎難, 1871)

대동강에서 미국 상선이 소실된 지 5년이 지나서 1871년 3월 북경주재 미국 공사 로우(Frederick F. Low)가 청국을 경유해서 다시 조선 조정에 대하여 그 해명을 물어왔다. 이에 대해서 조선은 4월 10일에 회답을 보내어, 이양선에 대한 조선의 입장을 분명하게 밝혔다. 거기서 우리 조정은 병인년의 변란은 그 책임이 전적으로 그 상선에 있음을 거듭 천명하고, 그런 정황을 여러 차례 진술했으니 다시 변명할 이유가 없다고 단호하게 대처했다.[45]

그렇지만 여기 만족할 만한 해명이 되어 있지 않다고 본 미국은 그 극동함대 사령관 로저스(John Rodgers) 제독에 명하여 군함 5척을 이끌고 조선에 당도하도록 했다. 그들은 5월 26일 영종도를 거쳐 광성진(廣城鎭)에 진출했다. 이 함대의 기함 콜로라도 호에는 리델 신부가 역시 수로 향도로 탑승하고 있었다. 날이 어두워지면 천주교인들이 군함을 찾아가 연락을 취하려고 했다는 소문이 퍼지고 있었다.[46] 그 소문에 우리 겨레의 억장이 무너지고 있었다.

이 전투의 상술은 이 책의 영역 밖에 속하기 때문에 더 부연을 하지 않는다. 다만 미군도 이 전투를 가리켜 "미군 전사상(戰史上) 최초의 작은 전쟁"[47]이라고 할 만큼 여러모로 의미가 적지 않았던 싸움이다.

---

44) 山口正之, *op. cit.*, p. 109.

45) 『일성록』, 고종 8년 2월 21일자.

46) 유홍열, *op. cit.*, p. 763.

47) B. W. von Black, America's 48 Hour War, *Stag*, October 1956.
『한국사』, 최근세편, p. 305.

미국은 제너럴 셔만 호의 비극 때문에 두 차례에 걸친 출동이 있었지만 이렇다 할 명분을 세우지 못하고 물러가고 말았다. 일부 미국 외교관과 군인들은 제너럴 셔먼 호의 종말이 결국은 그 자체의 불근신으로 초래된 불가피한 결과였다고 시인함에 이르렀던 것이다. 1866년 12월 문책차 황해 연안을 위협했던 슈펠트 제독이나, 1871년의 침공에 직접 참여했던 슐레이(Schley), 그리고 미국 대리공사 윌리암스가 그러했다. 1878년 캘리포니아 출신 의원(議員) 서젠트(Arson A. Sergent)도 의회에서의 연설에서 그러한 입장을 표명하고 있었다.[48)]

이렇게 불란서와 미국의 공략에 시달리면서 마침내 대원군은 종로 네거리를 비롯하여 전국 도처에 척화비를 세웠다.

> 양이(洋夷)가 침범했으니 싸우지 않은 즉 화(和)이고, 화를 주장하는 것은 나라를 파는 것이다. 이로써 우리 자손만대에 경계하도록 할지라.

우리나라 사람들은 사학의 무리들이 이처럼 적과 밀통하고 있음을 가장 비통하게 생각했다. "사학도들은 금수만큼도 못하느니! 금수라도 제 아비 어미는 알건만, 이들은 어찌 오히려 제 부모의 나라를 쳐들어와 어지럽히려 하는가" 통탄히 여겼다.[49)] 이렇게 해서 조정은 소위 "사악하고도 못된 비류들"의 진멸에 다시 나섰던 것이다. 그 씨 하나 남기지 않게 한다는 무서운 칼날이 도처 순교자들의 피를 낭자하게 흐르게 하기를 대원군 치정 말기까지 계속하게 했던 것이다. 조선 천주교의 역사는 배외척사(排外斥邪)에서 배외쇄국(排外鎖國)의 길목으로 가는 변동기에 처해서 그 원인도 되고 또 거기서 오는 참화도 그 결과로 겪는, 그런 이중의 격난을 함께 거쳤던 것이다.

---

48) The Opening of Korea: Admiral Schufeldt's Account of It, *The Korea Repository*, February 1982, p. 61.
Rear Admiral Schley on the Little War of 1871, *The Korea Review*, March 1905, p. 482.
W. E. Griffis, *op. cit.*, pp. 394f, 482.

49) 延生經筵討論洋情, 신미 5년 5월 15일자. 이능화, *op. cit*, 하편, p. 167.

8.4. 조선 천주교회의 신앙 형태

조선에서의 가톨릭 교회의 선교의 역사는 이처럼 처절한 순교와 수난의 긴 연속이었다. 끊임없이 대 교난을 겪어오는 동안 교인들은 피맺힌 헌신과 형극의 길을 더듬었다. 하지만 받은 상처가 워낙 컸기 때문에 처음 일으켰던 불꽃을 간직하지 못한 채, 두고두고 그 피해의 흔적을 아직도 품고 있다는 인상이다. 선교역사의 대가인 로빈손은 "고대 로마제국의 교인들이 19세기 초 70여 년간 조선 교인들이 겪은 만큼의 수난을 겪었을까 잘라 말하기는 어려울 것"[50] 이라고 했으며, 또 니일 교수 역시 조선에서의 가톨릭교의 역사는 "요컨대 가장 로맨틱하고도 믿기지 않을 정도의 수난사"[51]라고 감격한 일이 있다. 이광수(李光洙)도 1935년 다음과 같은 글을 남기고 가슴을 편다.

> 나는 천주교도 수만 명의 순교자를 존경합니다. 그 역사를 잘 알 수 없음이 한이어니와 조선인이 수만의 순교자를 내었다는 것이 불후(不朽)의 자랑으로 알며, 내 혈관에도 이러한 순교자의 피가 흐르거니 하면 마음이 든든하고 큰 긍지를 느낍니다.[52]

이 순교의 피가 한국 근대화나 교회 신앙 형성에 미친 차원 높은 공헌은 여기서 다시 더 언급할 필요가 없다. "순교의 숭고한 행군",[53] 그것이 한국 천주교회 영광의 길이었다.

이제 그 교회의 신앙 형태를 살펴보자.

한국인 자신의 손에 의해서 교회가 세워졌다는 선교 역사상 미증유의 사건,

---

50) C. H. Robinson, *History of Christian Missions*, Edinburgh: T. & T. Clark, 1915, p. 249.

51) S. C. Neill, *op. cit.*, p. 414.

52) 이광수, "천주교도의 순교를 보고", 『삼천리(三千里)』, 1935년 11월호, 이광수전집, 제17권, 서울: 삼중당, 1662, p. 463.

53) I. B. Bishop, *Korea and Her Neighbours*, London: John Murray, 1898, Vol. I, p. 33.

그리고 근 백 십여 년을 거친 단절 없는 박해와 진멸의 위협에서 생존했다는 고난의 체험, 이 두 가지 상황 아래에서 한국의 천주교회는 그 신앙의 형태가 모양을 갖추게 되었던 것이다.

첫째, 이 교회는 오랜 환난의 과정을 경과하면서, 상류에서 중류로, 그리고 거기서 다시 서민층의 하류로 그 신앙의 사회 계층적 구조가 하향 이동해 갔다. 처음에 그것은 왕세자나 이름 높은 석학들의 반열에 소개되었고, 자연히 서교로서의 천주교는 서학으로서의 학구적 흥미와 상류적 취향에 엇섞이는 면모를 갖추면서 발전했다. 궁정 주변의 정치적 갈등에도 휘말리면서 붕당의 역학 관계 속에 불가피하게 끌려들어가는 불의의 피해도 입었다. 따라서 그때의 신앙 형태는 '힘'의 신앙으로 규정될 수 있었다. 그것이 하필이면 황사영의 백서와 연결되어서, 뜻하지 않게 기독교 본래의 이미지를 왜곡하는, 그런 변도 당했다.

둘째로, 조선 천주교회는 그 시련 속에서 중류적인 사회심리에 호소하고 아울러 그 의식이 항상 연결되도록 되어 있는 민족적인 주체의식, 그래서 그 고유의 민족 전통에 접속함으로써 '조선적'인 기독교의 형체화에 힘을 기울였던 일이 있다. 정하상의 노력에 그 일단이 보였다. 이때를 전후해서 언문 곧 한글로 씌워진 숱한 종교서적과 문집들이 간행되었다. 그것은 확실히 민족종교로서의 강력한 방향 설정이었다.

셋째로, 1850년대에 와서는 이 천주교회의 신앙이 하류와 서민층으로 파고들어, 격정적이고 종말론적인 위기의식의 신앙 형태로 변천한다. 병인교난 때 유죄 판결을 받았던 교도들을 사회계층에 따라 분석해 보면 지식층과 무학층의 대비가 1:1이었다. 이것은 천주교가 이제 민중종교 내지는 서민종교로 구조가 전환되어 가는 것을 의미했다. 그 까닭은 여럿 있을 것이다. 가령 숱한 교난으로 인한 교회 신앙의 음성화(陰性化), 교권 교회를 성립시킬 수 없었던 지하성(地下性)이 그 하나일 것이고, 거듭되는 박해로 인한 종교의식의 내면화와 예민한 감수성이 다른 하나의 이유일 것이다.

그 정서 주도의 하류층 신앙은 사회 심리적으로는 혁명적인 아이코노클라스(iconoclastic: 성상파괴적) 기질로 발전하든가, 아니면 신비주의적인 정관(靜觀)과 둔세로 기울어지든가 둘 중의 하나의 길을 간다. 조선의 경우는 그것이 신비주의적인 정관으로 기울어지지 않았던가 생각된다. 병인년이나 신미년에 남자와 여자의 순교자 비율이 3:1이기 때문에 그 당시 교회의 정서적 성격을 살펴볼 수 있으리라 생각한다. 하지만 그것은 김대건 이후의 구미 각국과의 대외 접촉이라는 사건에 교회가 말려들어갔기 때문에 야기되었던 결과라고 보는 것이 옳을 것이다. 황사영과 같은 경우는 오히려 과격한 발상으로 치우쳤던 것이 아닌가.

이제 조선 천주교의 형태적 특징을 가톨릭 교회라는 관점에서 살펴본다면 이를 세 가지로 나누어 정리할 수 있을 것이다. 우선 그것은 그 형성기에 가톨릭교회의 바탕인 교회적(ecclesiastical)인 교권교회로 성립시키지 못했다는 사실이다. 성직과 성례의 외형적인 교권 핵심의 정통적 교회 구성이 지속되는 핍박과 환난 그리고 지하에서의 도피적 신앙생활, 이런 것 때문에 실현될 가능성이 없었던 것이다.

둘째로는, 이 교회가 성사(聖事)와 교리의 기독교로 소개되고 이식되었기 때문에, 성서적이고 복음적인 신앙에 낯설어지거나 약화될 여지가 많았다. 따라서 은총의 신앙, 종교로서의 계시의 신비, 이런 경지에 이르지 못하고 있었다는 사실이다.

셋째로, 이러한 탈 세상적인 신앙 경건이 불가피한 것이었다고 할지라도, 세상 안에서의 적극적인 삶을 도외시하거나 죄악시하는 데까지 갔다는 사실이다. 이것은 필경 참여와 비판의 기독교 차원을 전혀 무시하거나 망각하는 데 기울어지게 한 원인이 되고 있었다. 그리스도의 고난과 그 보혈을 미사의 중심으로 하는 가톨릭 교회 본래 모습은 여기에 물론 있었다. 그리고 그것이 조선 천주교의 밑바탕에 성육신의 신비로 샘처럼 깔려 있었다. 하지만 그리스도가 역사 안에 오신 성육신의 신학에는 조선교회가 인도되고 감격할 기회가 없었던 것이다.

넷째로, 천주교가 남긴 불행한 몰민족의 인상이다. 관변의 자료만 넘치고, 수난을 겪은 신도들 자신의 기록이나 그들의 고백과 호교(護敎)의 자료들이 아주 최소한 상태이기 때문에, 불리한 증언만이 후세에 전해진 불행이 물론 있었다. 이런 상황은 역사인식에서 심각한 왜곡을 가져오기 마련이다. 천주교인들이 외국과 밀통해서 제 나라까지 침범하게 하고, 그 침탈의 군함에 안내역을 맡고, 나라는 혹 사라지더라도 거룩한 천주교는 끝까지 살아 있어야 한다는 말들, 이런 일들은 인륜 파괴는 차치하고라도 한 나라 백성으로서는 차마 못할 일인데, 그런 엄청난 정죄에 대한 직접적 대응의 자료들이 우리들 손에 많이 남겨지고 있지 않다는 사실을 꼭 확인해야 한다. 우리 천주교인들의 진실과 눈물이 담긴 그들 상처 받은 영혼들의 절규나 호소, 그런 글들의 소재, 아니면 그런 것이 발굴되었을 경우의 해석학적 작업이 다른 각도에서 진지하게 진행되지 않으면 안 될 것이다.

여기 우리들은 내연-외연(內燃-外延)의 원리를 다시금 가슴 아프게 확인하게 된다. 밖에 나타나는 현상은 반드시 안에서 진행되는 역학이 밖으로 터져 나오는 과정과 그 결과이다. 신앙이 진실하면 밖의 행태도 진실해진다. 다만 우리는 그 외연이 그 외연되는 환경의 변수에 따라 여러 형태로 현상화한다는 점은 꼭 함께 생각해야 한다.

마지막으로, 우리는 조선 조야가 천주교에 그렇게 매섭게 대응한 사실에 대하여 한번 짚고 넘어갈 것이 있다고 믿는다. 우리 조선이 우리 백성들 일부가 외국과 내통하여 나라를 침공하는 데 몰래 도왔다는 사실을 알고 받은 충격이 얼마나 엄청났던가 하는 것을 인정하여야 한다. 우리나라, 우리들 자신의 나라 일이었다. 우리나라 그 생존에 관계되는 일이었다. 그것이 그런 정도의 신경 격앙과 아픔과 분노 없이 지나갈 수 있었다고 보는 사람들은 없을 것이다. 신앙은 지켜져야 한다. 그러나 우리나라, 내 조국, 그것은 지켜지고, 또 체통도 서고, 최소한의 명예는 보존되어야 하는 것이다. 그래서 그러는 것인데, 우리는 다 기독교인의 입장에서 근대 조선 후기의 조야가 그렇게 격분하고 아파하고 신경증적인 행동에 나섰던 일을 남의 일처럼 보기는 힘들다는 점을 꼭 밝히고 지나가고자 한다.

이 조선의 천주교는 그 다음 시기에 도입되는 프로테스탄트교회와 아무런 역사적 유기적 연결 고리가 없다. 그것은 어떤 의미에서 한국교회사의 서술을 신·구교로 단절할 수밖에 없게 만드는 요인이 되기도 한다. 그런 의미에서라면 그것은 불행했다. 하지만 그 단절을 프로테스탄트 선교의 약진을 위한 기회로 받아드릴 수 있다고 보는 이들이 없지 않을 것이다.

그러나 로마 가톨릭이나 프로테스탄트는 다 같이 기독교의 한 통속이다. 그 역사의 연결을 찾는 것이 우리들의 도리이다. 그렇게 보았을 때, 역사적으로 그 연결이 더듬어지지 아니한다고 할지라도, 신앙 형태상으로는 최소한도의 공약수가 거기 손 잡히는 것을 알 수 있다. 하류층의 신앙 심리와 신비적 경건 그리고 고난의 신학이 그것이다. 이 다듬어진 하나의 골을 타고 우리는 한국교회사의 사실상의 연결점을 찾고자 한다.

제 3 편

한국의 프로테스탄트 교회

9 그 배경의 일반적 서술

한국 사람은 매우 비종교적인 성품을 가진 것 같습니다. 더욱이 이들은 생사에 대해서 위로를 줄 구원의 교리에 접할 생각을 전혀 하지 않고 있습니다. 이러한 냉담이야말로 이들의 정신적 무감각(apathy)이 얼마나 큰가 하는 것을 웅변적으로 시사하고 있는 것입니다. 그러나 한 가지 확실한 것이 있습니다. 그것은 이들에게 기독교가 전혀 근접할 수 없는 것은 아니라는 것입니다.

K. F. A. Gützlaff, 1833

이제야말로 복음을 한국인에게 전할 특별한 시간이라고 봅니다. 이들 역사 속에 괄목할 만한 변화가 진행되고 있기 때문입니다. 이들의 전통과 그들 삶의 파괴에서 비롯된 공백을 메꿀 것이 아직은 무엇 하나 제대로 제공되지 못하고 있기 때문입니다.

James S. Gale, 1898

9.1. 선교지로서의 한국

역사적으로 보아서 오랫동안 민족의식(national-identity)을 철저하게 지속시켜 온 것이 한국이었지만, 근대에 이르러서는 온갖 시련의 고비를 겪지 않을 수가 없었다. 그 전형적인 위기가 가톨릭 교회의 선교와 토착의 과정에서 노출되었었다. 이 서학은 복음의 전달이라고 하는 기독교 본래의 사명을 수행하는 과정에서, 근대 한국의 여러 위기에 직접 말려들어갔던 것이고, 한 걸음 더 나아가서, 절대로 의도된 것이 아닌데, 결과적으로 대역모반의 외탁세력으로 간주될 만한 행태를 보여주고 말았던 것이다. 동학과 유림(儒林)들의 거센 보수적 국수세력은 좋은 의미에서는 약소한 제 나라의 주권과 위신의 보루 노릇을 하노라고 애써 왔던 터이다. 나라 지키기를 한 셈이었다. 그런데 근대 한국이 세계조류에 눈이 멀어 고립을 쇄국으로 표방한 것이 우리 스스로의 비극을 재촉한, 어리석기가 짝이 없는 그런 일이었다고 탓한다고 할지라도, 가톨릭 교인 일부의 반민족적 발상이나 거동은 피해야 마땅했을 그런 일이었다.

그러나 또 한편으로, 근대 한국은 종교적 생활에 있어서 심각한 허탈감을 경험하고 있었다. 오래 전에 전성했던 선도(仙道)나 불교 및 유교의 내적 역량과 정신이 고갈하고, 다만 그 형식과 명분만으로 활기 없는 의례를 반복하던 근대 한국은 종교적 신앙과 정신생활에서 전례 없는 진공기를 경과하고 있었다.

한국인의 전통적인 종교적 심성이 어떤 것이냐 하는 데 대해서는 논란의 여지가 많을 것이다. 하지만 역사적으로 유교의 종교적 국면이 제거된 근대 한국에서는 새 종교에 대한 일종의 갈망이 현상적으로 널리 퍼져 있었다고 보는 것이 옳을 것이다.

근대 한국에서는 종교적이요 신학적인 언어들이 극히 드물게 사용되고 있었다. 그것은 유교가 현실적인 윤리 기강의 범위에서 벗어나지 못하고 있었기 때문이다. 그런 의미에서 내외의 관찰자들에게 한국인은 종교가 없는 사람들이라는 인상을 주기에 넉넉하였다. 1653년 하멜(Hendrik Hamel)은 한국인이 아무런 종교도 가지고 있지 않다고 하면서, "이들은 종교에 관해서는 전혀 논의하지 않고 있다"[1]고 평한 일이 있었다.

가톨릭교의 달레(Ch. Dallet)도 한국인의 종교란 결국 조상숭배의 저속한 형태밖에 없다는 판단이었다.[2] 근대 한·미·일 관계에서 결정적인 정책적 영향을 미쳤던 미국무부의 유일한 동양통이던 로크힐(W. W. Rockhill, 1854-1914)도 "한국

1) J. Churchill, *A Collection of Voyages and Travels, Some Now First Printed form Oriental Manuscripts, Others Now First Printed in English*, Vol. IV, London: 1732, p. 590.

2) 샤를르 달레, 『한국천주교회사』, 안응렬, 최석우 역, 상권, 서울: 분도출판사, 1979, p. 212.

인은 종교적 감정을 가지고 있지 않다"[3]고 하면서, 그러나 신령숭배의 형태는 있는 것 같다고 말한 일이 있다.

런던 *Daily Mail*의 맥켄지(F. A. McKenzie, 1869-1931)도 당시의 서울 (1905)에는 종교적 의식을 집행하는 예배처소가 하나도 없다고 보고하고 있었다.[4] 영국의 저명한 여행가요 민비(閔妃)와 절친했던 비숍(I. B. Bishop, 1831-1904) 여사도 그 당시 조선 여기저기를 여행하고 나서, 한국 사람들은 종교가 없는 백성인 것 같다고 말하고, 다만 저급한 신령숭배인 샤머니즘의 형태밖에는 눈에 띄는 것이 없다고 보고했던 것이다.[5]

그러나 한국인이 비종교적이라고 하는 말은 한국인의 역사를 알고 나서는 할 수 없는 말이다. 영적 실체에 대한 의식은 한국 역사의 기저에 맥박처럼 흘러오고 있었기 때문이다. 따라서 종교 현상이 눈에 띄지 아니한 것은 본질적인 것보다는 일시적인 잠적 상태로 보는 것이 옳을 것이다.

한국인의 종교적 심성은 사크라멘탈(sacramental)하다고 볼 수 있을 것이다. 이 용어를 초월의 반대 개념으로 이해하고, 이질적인 두 차원의 연결과 교섭 내지는 합일을 뜻하는 것으로 규정한다면 이 정의는 무리가 없을 것이다. 혼합(syncretism)이라든가 복합이라든가 하는 말들은 다 잘 알고 있는 한국인의 종교적 유형의 심성일 터인데, 그것은 다만 이 사크라멘트적인 것을 일반적인 토속적 종교학으로 개념화시킨 말의 일종일 수 있다. 왜냐하면 이 사크라멘트라고 하는 말은 물론 여러 종교 신앙을 혼합하는 것과는 다르기 때문이다. 사크라멘트는 두 이질의 실체가 교섭할 때 화학적으로 변화되는 것이 아니고, 두 실체가 각각 그 핵심을 어떤 형태로든 보존하는 것이 특징이다. 여기서 사크라멘트라고 하는 것은 한국인의 경우 한 '총화(whole)'를 바탕으로 한 폭을 가진 것으

3) W. W. Rockhill, *China's Intercourse with Korea from XVth Century to 1895*, London: Luzac & Co., 1905, pp. 54-55.

4) F. A. McKenzie, *The Tragedy of Korea*, 1908, p. 27.

5) I. B. Bishop, *Korea and Her Neighbours*, Vol. I, p. 68. Cf. C. H. Robinson, *op. cit.*, p. 248.

로 보아야 할 것이다. 이것이 바로 한국인의 종교에 합리성과 정서감이 무리 없이 화합해 피차 넘나들며 도는 이유인 것이다. 한국어에서 몸과 맘은 같은 어원이다. 여기에 귀츨라프가 말한 '냉담'과 웰치 감독(Bishop H. Welch, 1862-1969)이 말한 '신비적 정서'가 묘하게 뒤엉켜 반죽이 되어 있는 것이다.[6)]

우리나라에서 불교는 너무 신비주의에 흘러 한국인의 정신에서 소외되었고, 반면에 유교는 신비주의적이고 정서적인 요소를 빼놓았기 때문에, 종교적 갈망에 손 뻗는 한국인에게 만족을 줄 수가 없었다. 이 총화의 비밀과 조화가 우리네 종교나 더 나아가 우리 마음의 실체였기 때문이다. 블랜드(J. O. P. Bland)는 이 점을 가리켜서, "한국인은 찬란한 이론과 엄격한 현실 사이를 가로지르고 있는 넓은 골짜기를 인정하지 못하거나 인정하기를 거부한다"[7)]고 하는 말로 표현하고 있었다.

이러한 마음의 바탕에 호소할 수 있는 종교는 일방성을 가진, 유교나 불교가 아닌 사크라멘트적인 신앙이 아니면 안 될 것이었다. "가장 합리적이면서도 신비적인 종교인 기독교밖에 이 백성에게 호소할 종교가 따로 없었다."[8)] 헐버트(H. B. Hulbert, 訖法: 1863-1949)는 단언하는데 주저함이 없었다.

이런 외형적인 종교의 부재와 함께 국내외 정세의 혼란과 급변이 여기 곁들여 있었다. 일본의 마수는 벌써 가시적인 압력을 가하고 있었다. 또 황해와 남해에 왕래하는 서구 군함들의 무력시위도 민심을 극도로 어지럽히고 있었다. 그렇게 원치 않던 개국도 불가피하게 한 단계 두 단계 전개되고 있었다. 군함 운양호(雲揚號)를 몰고 온 일본과 별 수 없이 강화도조약을 체결한 것은 1876년 2월 26일이었다. 그 이후 계속해서 미국, 불란서, 영국, 독일, 러시아와 같은 구미 각국과 수호조약을 맺어, 실질적으로 은둔국 한국의 고립은 세계 무대

---

6) H. Welch, The Missionary Significance of the Last Ten Years: A Survey in Korea, *The International Review of Missions*, Edinburgh: Vol. XI, p. 357.

7) J. O. P. Bland, *China, Japan and Korea*, London: Wm. Heinemann, 1921, p. 193.

8) H. B. Hulbert, *The Passing of Korea*, 1906, pp. 33. 403, 405.

앞에서 그렇게 힘 없이 깨어져 나가고 있었다. 준비 없는 미약한 국력의 한국은 개국과 함께 밀어닥치는 힘 넘치는 외국의 경제력, 군사력, 정치력의 난무에 허우적거리고 있었다.

황망한 새 국면의 전개에 기댈 곳 없이, 서러움을 안은 모습, 그것이 프로테스탄트교가 선교되기 바로 이전 우리나라의 적나라한 모습이었다. 프로테스탄트교회가 들어와서 할 일의 폭은 그만큼 넓고 크고, 그리고 헤아릴 수 없이 중대한 것이었다. 여기 그러한 사정을 분명하게 보여주는 한 사실이 있다. 1884년 12월 갑신정변(甲申政變) 곧 우정국 사건을 계기로 해서 일본에 망명해 있었던 박영효(朴泳孝, 1861-1939)가 1885년 3월 일본 요꼬하마(橫濱)에서 한국 도상(途上)의 스크랜톤(W. B. Scranton, 施蘭敦: 1856-1922)[9] 목사를 만났다. 그리고 그때 그는 이런 말을 서둘러 한다.

> 선교사들이 이 나라 조선에서 할 일은 얼마든지 있습니다. 우리 백성이 지금 필요로 하고 있는 것은 교육과 기독교입니다. 선교사들과 또 선교사들이 세운 학교를 통해서 우리 백성을 교육하고 향상시킬 수 있습니다. 우리의 재래 종교는 지금 그 기운이 쇠진했습니다. 이 백성이 기독교로 돌아오게 할 수 있는 길은 지금 환히 열려 있습니다. 기독교 교사들과 사업인들의 일군(一軍)은 우리나라 어느 모퉁이에도 화급하게 필요합니다. 우리가 합헌적인 개혁을 하기 이전에 반드시 우리는 교육과 기독교화를 서둘러야 하겠습니다.[10]

박영효는 1888년 3월에도 고종에게 상소를 올려, 종교가 성하면 나라가 성한다고 전제하고, 당시 천주교와 예수교를 신봉하는 구미 여러 나라가 제일 강성

---

9) 스크랜톤은 의학박사였으나 1884년 12월 4일 뉴욕에서 감리교 목사로 안수 받았다. *The Journal of the Annual Meeting of the Korea Mission of the Methodist Episcopal Church for 1895*, pp. 16~17.

10) F. A. McKenzie, *The Tragedy of Korea*, pp. 54-55.
김옥균도 1889년 고종에게 올린 상소에서 기독교의 수용을 건의하고 있었다.
민태원, 『김옥균전기』, 서울: 을유문화사, 1974, p. 125.

한 나라들이 되었다는 사실을 증거로 내우고 있었다.[11]

9.2. 선교의 실현 과정

9.2.1. 개국과 선교 문제

이렇게 어차피 개국은 하였지만 그것이 곧 종교 신앙의 전도까지 개방한다는 조건이 동시에 인정된 것은 아니었다. 사실 일본이나 서양 각국과 체결한 수호 항목 속에 외국 종교 전파를 언급한 문구는 하나도 없었다. 그것은 그 배후에 파란곡절, 논란과 격론이 있었다는 증거가 되기도 한다. 그렇다면 그런 문구조차 없다는 것이 오히려 희망을 주는 대목이 아닌가 하는 생각을 할 수도 있다. 막는 조항이 없다는 뜻에서 그렇다.

근대 조선이 개항을 밀고 나갈 때, 이 미증유의 국가적 시책의 정당성을 밝히고 이를 현실적으로 수행하는 관인 집단에 대해서 재야의 유림들은 정면 도전하는 격렬한 자세를 취하였다. 이들 유림들은 정학의 묵수를 계속 다짐하고 외국 종교의 이단성을 지속적으로 단죄함으로써 척사위정의 깃발을 휘날리고, 개항 지향의 근대 정치를 무섭게 질타하고 있었다.

가령 최익현(崔益鉉, 1833-1906)은 당장 왜양일체(倭洋一體)라고 하여 서양이나 일본이 결국 한 통속이라 단죄하고는, 그 상소문에서 일본이 사실은 서양 도적이라 매도하고, 화약(和約)을 맺으면 사학(邪學)이 일거에 전국에 편만하리라 경고했던 것이다.[12] 1876년 한일강화조약 때의 일이다.

그 후 1880년 청국 참찬관 황준헌(黃遵憲)이 그해 9월 6일 일본에서 수신사 김홍집(金弘集, 1842-1896)을 만나 미국과의 수호 추진을 하는 과정에서 그 자신이 쓴 『조선책략』이란 책자를 넘겨 준 일이 있었다. 그 책의 골자는 조선이

---

11) 상소문, 개국 497년 정월 13일자. (1888. 3. 12), 일본외교문서 21권.

12) 『승정원일기』, 고종 13년 1월 23일자.

"러시아(남하정책)를 막는 길은 중국과 친하고, 일본과 연결하고, 미국과는 연합해서 자강(自强)을 도모하는데 있다"[13]는 것이었다. 그런데 여기 황준헌이 하나 덧붙인 것이 문제를 회오리치게 했다. 한국에서의 오랜 사학 박해의 역사를 알고 있는 황준헌은 한미수호 조약이 또 다른 척사론을 야기시킬 것을 우려하여 다음과 같은 사실을 밝힌다. 곧,

> 예수교라고 하는 것이 있는데, 이는 천주교와는 근원이 비록 같다고 할지라도 그 파가 다릅니다. 그것은 마치 우리 교 중에 주자(朱子)와 육상산(陸象山)이 따로 있는 것과 마찬가지입니다. 예수교의 교리는 어떤 정치적 일에도 간여하지 않는 것입니다. 더구나 그 교 하는 사람들은 다 선량합니다. 중국에서도 교난이 수없이 있었으나 예수교인은 하나도 당한 사람이 없습니다. 이는 그들의 충성됨을 증명하는 것입니다.[14]

프로테스탄트 곧 예수교는 천주교와 다르고, 또 정교분리의 원칙 때문에 정치에 관여하는 일이 없다는 것이었다. 천주교와 예수교와의 차이점 논증이 교리상의 규명이 아니라, 다만 국가 차이로만 본, 역사적 실증적 판단이었다.[15]

위정척사파에서는 이 황준헌의 발상과 조정의 개화지향 정책에 막바로 저항했다. 1880년 10월 1일 병조(兵曹) 정랑(正郎) 유원식은 신·구교 차이를 주자와 육상산의 차이에 비교 구분한 데에 격분을 감추지 못했다. 마음이 얼어붙고 뼈가 솟아난다고[16] 이를 갈았다. 또 영남 유생 이만손(李萬孫)등의 '만인소(萬人疏)'가 상소되어 역시 주육(朱陸) 문제를 가지고 성현을 모독했다고 반발하였다.[17]

---

13) 중국외교부, 조선당안(檔案), 제1책 광서(光緖) 6년 10월 6일. 박일근, 『근대한미외교사』, 서울: 박우사, 1968, p. 198.

14) 『수신사기록』, 국사편찬위원회, 1958, p. 166.

15) 신·구교의 차이에 대한 논의는 황준헌이 처음이 아니었다. 1836년에 이미 최한기(崔漢綺)의 글에도 나타나 있었다. 그리고 1845년, 1866년에도 각각 그런 논의가 있었다. 여기 대해서는 이광린, "개화기의 개신교관", 『역사학보』, 제66집(1975년 6월) 참조.

16) 『고종순종실록』, 고종 17년 10월 21일 병신(丙申)조. 이때 의정부는 오히려 유원식을 표리부동한 자로서 다른 나라 글을 가지고 조정을 비방한다고 단죄.

그해 4월 21일에는 황재현(黃載顯)과 홍시중(洪時中)이 예수교를 아편이라 하여 그 만연을 경계하는가 하면,[18] 7월 30일에는 강원 유생 홍재학(洪在鶴)이 김홍집이 사실상 예수의 심복이라 하면서, 어떻게 이런 인물이 정사에 참여하고 있는지 딱하다고 말한다. 그리고는 차마 못할 말을 하고 만 것이다. 곧 금상(今上) 전하가 이런 인물을 제재하지 못하는 것은 금상이 공부를 하지 않아서 아는 것이 없어 그렇다고 망발한 것이다.[19] 홍재학이 이런 망발을 하고도 능지처참을 받지 않았다면 그것이 오히려 이상할 것이다. 이것은 고종이 개국을 밀고 나갈 방침을 확인하고, 그래서 오히려 위정척사파들을 다스렸다는, 한 획기적 전환점을 보여주는 사건이다. 다시 말하면 고종은 개국과 종교문제를 분리시키려 하고 있었다. 세상이 이렇게 달라지고 있었다.

재야 유림들은 이러한 분리가 가능하다고 보지 않았다. 가령 경기 유생 신섭(申欆)은 개국으로 사람의 왕래가 잦으면 나라가 사교(邪教)에 점점 물들게 마련이고, 이는 마치 뜰에서 호랑이를 키우는 것과 다를 바 없다고 했다. 김홍집이 바로 그런 외교의 죄를 범하고 있다고 대갈(大喝)했던 것이다.[20] 고종이 나설 때가 된 것이다. 고종은 그 해 6월 12일에 『척사윤음(斥邪綸音)』을 반포한다. 고종은 개국이 종교의 수용을 의미하는 것이 결코 아니라고 분명히 밝히고 이렇게 말한다.

> 텬지간에 비로소 보는 바 일종 샤교가 이셔 태셔로붓터 와 세샹을 혹ᄒᆞ고 ᄇᆡᆨ셩을 속이ᄆᆡ ᄇᆡᆨ셩이 혹 물드러 더러운 재우 금ᄇᆡᆨ허년이라.
>
> 명묘죠젼 셩ᄒᆞ오실 즈음에 이셔 그 긔미를 방비ᄒᆞ시고 그 졈을 막으시ᄆᆡ 진실노 이믜 그 ᄲᅮ리를 버히고 그 너츌을 ᄭᅳᆫ허ᄡᅳ나… 그 ᄉᆞ이 크게 증챵ᄒᆞᄆᆡ… 슬푸다. 저의 교

17) *Ibid.*, 중권, 고종 18년 2월 26일

18) *Ibid.*, 3월 23일자.

19) *Ibid.*, 7월 6일자. 홍재학은 이 상소를 중암(重菴) 김평묵(金平默)의 사수로 올렸었다. 현상윤, 『조선유학사』, 민중서관, 1960, p. 447.

20) *Ibid.*, 7월 6일자.

> 라 ᄒᆞᄂᆞᆫ 거시 스ᄉᆞ로 쌔 하ᄂᆞᆯ을 공경ᄒᆞᆫ다 ᄒᆞ되 맛ᄎᆞᆷᄂᆡ 신령을 셜만ᄒᆞ오미오 스ᄉᆞ로 쌔 착ᄒᆞᆫ 거슬 권ᄒᆞᆫ다 ᄒᆞ되 맛ᄎᆞᆷᄂᆡ 악ᄒᆞᆫ 거슬 펴지니 엇지 ᄒᆞᆫ심치 아니ᄒᆞ랴.
>
> 덧덧ᄒᆞᆫ 법이 바른 즉 모든 ᄇᆡᆨ셩이 흥ᄒᆞ고 모든 ᄉᆡᆨ셩이 흥ᄒᆞ면 이 샤특ᄒᆞ미 업다 ᄒᆞ시니 맛 잇다 이 말ᄉᆞ이여.[21)]

척사의 정책으로서는 헌종의 글이나 다름이 없었다.

9.2.2. 선교의 윤허 과정

이러한 조선의 금교 조짐은 1876년 한일 간의 수호조약이 맺어질 때부터 민감하게 나타나기 시작했었다. 조약문 마무리가 한창일 때 조선은 여섯 개의 조목을 추가해 줄 것을 일본측에 요청했었는데, 그 다섯 번째 항목이 기독교에 관한 것이었다.

> 아편은 나라가 못 피우게 막고 있는 것이오. 서교는 나라가 엄금하고 있는 것이오. 아편과 기독교 책은 만일 그것을 휴대했을 경우 화약(和約)은 깨지는 것이니 이를 명문화해야 하오.[22)]

이런 것이 그때로서는 그대로 지나치고 말았지만, 1883년 통상장정(章程) 체결 때에는 아편 문제만 명문화하고, 기독교 문제는 규정 안에 삽입되지 않고 그대로 지나쳤다.

이렇게 기독교 문제가 금지 조항에 껴들지 않았던 것만으로도 기독교로서는 커다란 수확이 아닐 수 없었다. 1882년에 체결된 한미수호조약이 영향을 미쳤음이 확실하다. 한미의 경우에도 조선측이 두말할 것 없이 금교 조항을 삽입하려 하였다. 슈펠트가 미국 정부를 대표해서 한국과 교섭하려 하였을 때, 청의 이홍

---

21) 고종 척사윤음, 광서(光緖) 7년 5월 16일자.

22) 『왜사일기(倭使日記)』, 제2권, 1876년 2월 26일자.

장(李鴻章, 1823-1901)과 조선의 김윤식(金允植, 1841-1920)이 여러 차례 예비회담을 가졌었는데, 1882년 2월 14일 그 4차 예비회담에서 이들은 그 제10관(款)에 있는 '불립교당(不立教堂)'의 글귀를 가지고 장시간 치열한 논의를 한 것으로 되어 있다. 곧 교회당을 세울 수 없다는 항목 확인의 문제였다. 그 해 5월 17일 제물포에서 김홍집이 청의 마건충(馬建忠)을 만나 의논하는 중에도 이 문제가 다시 논의되었지만 마건충은 서교의 문제 하나를 가지고 항목 삽입 문제를 계속 고집하면 구미 각국과의 수호는 결렬되고 만다는 점을 재삼 확인하였던 것이다.[23)]

1882년 5월 22일 제물포의 산양(山陽)의 천막에서 미국의 슈펠트와 조선의 김홍집 및 신헌(申櫶, 1801-?) 사이에 한미수호조약이 마침내 체결되었다.[24)] 거기에는 금교가 명시되어 있지 않았다. 기독교로서는 실로 소중한 소득이었다. 이 조약 문화 항목에는 다만 문화교류를 통한 양국의 우호증진이 명문화되고 있었을 뿐이었다.[25)]

1883년 11월 영국이나 독일과 수호조약을 맺을 때에는 서양인들이 그들 사이에서는, 그 지정된 주거지 안에서 저들이 신봉하는 종교의 예식 집행을 가능하게 하는 글이 실렸다.[26)] 그러나 구미인들 사이의 예배조차도 1886년 7월 23일에 가서야 비로소 실현 가능한 단계에 올라섰던 것이다. 그 날짜로 주(駐)조선 미국 대리공사 파커(W. H. Parker: 巴巨)는 "이제부터 서울에 있는 외국인들이 이 사무실(공사관) 안에서 매 주일(主日) 아침 11시에 예배를 목적으로 회집할 것인데, 이 예배의식은 매우 정숙하게 드려질 것이며, 아울러 서울에 있는 병들고 가난한 자들을 위해서 기원할 것입니다"[27)]라고 통보한 바 있었기 때문이다.

---

23) 박일근, 『근대한미외교사』, 서울: 박우사, 1968, p. 293.

24) 이 조약에서 가장 중요한 사건은 미국이 공사관을 서울에 설치할 때에 서울과 북경의 공사관 위상을 동격으로 한 것이다. 한국이 청국과 동일한 국제적 위치를 차지한 날이 그 날이다.

25) 『증보문헌비고』, 제128권, 교빙고(交聘考).

26) 한영조약 제4관. The shall be allowed the free exercise of their religion.

27) 『구한국외교문서』, 제10권, 미안(美案), I, p. 234.

이렇게 구미 각국과 조약을 체결하면서도 고종은 이런 통상 개방이 기독교 전파를 허용하는 것은 아니라는 점을 거듭 천명하고, 만일 이런 조약을 기화로 다른 나라 종교를 배우게 되면 그런 사람은 반드시 형별을 받는다고 경고하였던 것이다.[28]

9.2.3. 한불조약에서의 '교회(敎誨)' 문제

그런데 1886년 6월 4일에 체결된 한불수호조약에는 엉뚱한 글귀 하나가 삽입되어 있었다. 불란서는 그 관심이, 수많은 그 나라 신부들이 피 흘려 얻고자 한 가톨릭 선교의 자유의 획득에 있었다. 사실 불란서 정부는 조약 체결 한 달 전에 청나라의 원세개(袁世凱, 1860-1916)를 통해, 천주교의 전교와 교민의 보호에 관한 조항을 반드시 명문화해 줄 것을 조선에 요청한 바 있었다. 그러나 중개를 맡았던 마건충은 한불조약도 한미조약 그대로 "덜하지도 않고, 늘리지도 않고, 바꾸지도 않는다"[29]는 원칙을 재확인했다. 그리고는 오히려 조선이 불란서에 대해서 가진 적개심을 고려해서 불란서가 사전에 선교사 입국이나 포교의 금지를 성명하라고까지 강권하였다. 고종이 이런 사실을 전해 듣고는 통상교섭을 맡았던 김윤식을 좌천시키면서까지, 이런 종교 문제가 조약문 안에 끼어들지 않도록 빈틈없는 경계를 다하고 있었다.

그러나 일이 완결되고 난 다음에 엉뚱하게도 전교의 자유를 용납한 것이라고 해석될 가능성이 있는 한 글귀가 삽입되고 있었다. '교회(敎誨)'라는 문구가 바로 그것이다.

우리 조선의 뜻과는 전혀 배치되는 이런 문구가 어떻게 삽입되었는지 그 경위를 자세히 규명할 길은 없다. 하지만 우리나라 천주교 역사의 대가인 유홍렬(柳洪烈)의 글을 여기 옮겨서 그 곡절을 짐작해 보고자 한다.

---

28) F. A. McKenzie, *The Tragedy of Korea*, pp. 20-22.

29) 광서(光緖) 8년 4월 17일자. 박일근, *op. cit.*, pp. 330.

불국 정부는 이 '교회'라는 문구를 넣음으로써 이제까지 극비리에 천주교를 조선인에게 가르치던 사실을 정당화하게 되었던 것이다. 외교라는 것을 처음 행하여 보던 조선 관원들은 이 '교회'라는 문구의 뜻하는 바를 올바르게 이해하지 못하고 조인하게 되었던 것이다.[30)]

그래서 뒤늦게야 조선 정부도 '교회'라는 글귀가 내포하고 있는 뜻을 깨닫게 되었다는 것이다.[31)]

그렇지만 '교회'라는 문구가 삽입되었고, 그것이 실질적으로 어떤 의미를 가진 것인가 하는 사실이 드러난 것은 1888년 4월 하순의 일이었다. 그런데 그때 문제가 발단된 것은 가톨릭 때문이 아니라 프로테스탄트교 때문이었다. 미국의 프로테스탄트교 선교사들이 선교 활동을 체계적으로 착수해서 손을 뻗칠 무렵에, 조정의 교섭통상사무아문(交涉通商事務衙門)의 조병식(趙秉式)이 미국 공사 딘스모어(H. A. Dinsmore: 丹時謨)에게 이런 조회문을 발송한 것이다.

본 정부도 밝히 알거니와 예수교의 포교인이나 전도인이 경성에 있어서 서로 계속해서 '회(誨)'를 하고 이교(異教)의 도를 가르치는데 … 조약 중에도 그런 항목이 없은즉 어떤 새로운 교를 불문하고 조선 정부가 권한을 주어 지령한 이외에는 반드시 이를 엄단하게 되어 있소. 귀 공사는 아메리카 전도인배를 훈계하여 정부의 뜻에 따라 주기 바라오.[32)]

이러한 요지의 항의를 받고 미국 공사는 즉시로 회답하여 다짐하기를 "내 권한을 다하여 미국 재(在)조선 거주자들이 조선 정부의 법례들을 준수하도록 훈계할 것이며, 조약에 명시된 특권과 혜택 이외에는 아무 일도 관여하거나 행하지 못하도록 제한하겠습니다"[33)]라고 하였던 것이다.

---

30) 유홍렬, 『고종치하 서학수난의 연구』, 서울: 을유문화사, 1962, p. 366.

31) *Ibid.*, p. 370.

32) 『구한국외교문서』, 제10권 미안(美案) I, (1888년 4월 22일자), p. 353.

이러한 일련의 사건들은 유홍렬의 주장과는 달리 한불조약 체결 이후에도 종교의 자유, 다시 말하면 한국인에 대한 외국인의 전교 자유가 부여되지 않았다는 사실을 단적으로 입증해 준다.[34] 설사 한국의 기독교회가 이런 일종의 속임수로 전교의 윤허(允許)를 얻어냈다고 하더라도, 이를 난처하게 여길 사람이 많으리라는 것을 생각하지 않을 수 없다. 엄격하게 말해서 프로테스탄트 선교의 시작이 시간적으로 한불조약 체결을 전후로 한다는 우연을 가지지만, 그러나 이 '교회(教誨)'라는 문구 때문이 아니라는 사실을 우리는 뒤에 가서 분명하게 알게 된다. 다만 우리는 여기에서 종교적 열정도 이성(理性)이나 예의를 벗어나서는 안 된다는 소박한 원칙 하나만은 한번 확인하고 지나가지 않을 수가 없다고 본다.

9.2.4. 선교의 윤허

한국에서의 선교의 실현은 실로 오래고도 험준한 길을 통해서 비로소 가능했다. 불란서의 공사 플랑시(Collin de Plancy: 葛林德)는 1889년 3월 20일에도, 조선의 서리독판교섭통상사무(署理督辦交涉通商事務) 조병직(趙秉稷)에게 서간을 보내어, "귀국에 살고 있는 전교사들이 다만 간절히 바라는 것이 있는데, 가까운 장래에 귀국 대군주께서 뜻을 넓히사 천주교가 광명한 정교(正教)로 전해지게 하여 주시기를"[35] 요청했던 것이다. 이에 대해서 독판은 그 해 4월 16일에 회답을 보내어 "동서 각국의 교가 다르니 그 전교를 허락하지 않는다"고 통첩하고, "우리나라와 귀국과 맺은 조약에는 전교에 관한 것이 항목으로 들어간 것

---

33) *Ibid.*, (1884년 4월 25일자), p. 354.

34) 유홍렬도 사실 그의 저서 후반에 가서는 입장을 바꾼다. 곧 "상기한 조문 (교회)는 한일합방 때까지에 이르는 사이에 외국인의 거주 및 신교자유에 대한 국제간의 조약문이었을 뿐이고, 아직 조선인에 대하여서는 어떠한 신교의 자유도 허용되지 않았었다." *op. cit.*, pp. 494, 500.

35) 『구한국외교문서』, 제19권, 법안(法案) I, p. 53.

이 없음"[36]을 상기시켰던 것이다.

그런데 이런 일이 있기 전, 1884년 7월에 일본에 머물고 있었던 미국 감리교 선교사 맥레이(Robert S. MacLay, 1824-1907)가 김옥균(金玉均, 1851-1893)을 통하여 고종으로부터 "한국에 병원과 학교 사업을 시작해도 좋다"[37]는 사사로운 허락을 받은 일이 있다. 기독교의 종교적 요소보다는 그 서구 문명적인 요소에 더 빨리 끌렸던 황실의 조치였을 것이다. 따라서 프로테스탄트교는 한국에서 이 선을 따라 우선 손을 대기 시작하는 것이 현명하다고 판단한 것이 분명했다. 박영효와 김옥균의 생각은 대개 같은 방향으로 흐르고 있었고, 고종 역시 이들의 권유에 귀를 기울인 것이 확실했다.

그러나 1889년 9월 언더우드(Horace Grant Underwood, 元杜尤: 1859-1916)와 헤론(John W. Heron, 惠論: 1856-1890) 두 미국인 선교사가 서울에 학교를 설립하겠다고 한 데 대해서 조정은 한 마디로 그 거절을 통보해버리고 만다.[38] 영어와 기하 등 서양과학을 가르침으로써 왕의 신민(臣民)들에게 커다란 이익을 주겠다고 학교 설립의 목적을 밝혔는 데도 그랬다. 조정은 교육도 나라마다 그 목적이 다른 만큼 미국인이 교육을 한다는 것이 마땅한 것이 아니라고 해서 역시 거절했던 것이다.[39] 의료 선교사 알렌(Horace N. Allen, 安連: 1858-1932)이 언더우드와 가끔 논쟁을 하였다는 것은[40] 알렌이 조선 조정의 금법에 되도록 충실하고자 하는 의도에서 나온 조심성 때문에 생겼던 것으로 볼 수 있다.

한데 1896년 10월 5일에 알렌이 조선의 외무대신 고영희(高永喜)에게 『'유교 경위의 예수교 배척'에 대한 항의』문을 전달하는 일이 터졌다. 그 학부(學部)에서 대신이 예수교를 "저속, 천박, 오류가 넘친 야만적 사학으로 단정하고 불교

---

36) *Ibid.*, 법안(法案), I, pp. 60-61.

37) *The Missionary Review of the World*, April, 1896, p. 289.

38) 사실 이 청원은 1888년 9월 8일, 1889년 9월 18일, 1889년 7월 22일 및 27일에 걸쳐서 여러 번 제시되었었다.

39) 『구한국외교문서』, 제10권, 미안(美案) I, 1889년 9월 18일자. pp. 456-457.

40) 본서 제10장 10.2 및 10.3절 참조.

와 동일시한 점"[41])을 유감천만이라 반박하는 글이었다. 그리고 그것으로 끝나지 않았다. 그런 비속한 말투는 그것이 수호의 조약국 사이에 쓸 수 있는 언어가 아니라고 대갈하면서, 즉시 그 악의 넘친 책을 다 모아 폐기할 것을 요청한 것이다.[42]) 이것은 실로 상상도 할 수 없는 엄청난 변화가 어딘가에서 일어나고 있었다는 증거가 된다.

그렇지만 1900년대를 전후해서도 몇 차례에 걸친 혹독한 교회 핍박이 끊이지 않았다는 사실은 다 그 전교가 법적으로 인준되기까지는 숱한 험로를 거쳐와야 했다는 것을 의미한다. 사실 조선 정부가 선교의 명목으로, 다시 말하면 인전교사(因傳敎事)로 호조(護照: 당시 개시(開市)한 곳 이외의 지역으로 외국인이 여행할 때 휴대해야 했던 여권)를 발행한 것은 1898년 6월 10일, 스왈런(W. L. Swallen, 蘇安論: 1859-1954)선교사 곧 "미국 선교사(An American Missionary Teacher)"가 처음이었다.[43]) 언더우드나 아펜젤러가 입국한 지 실로 13년만의 일이었다.

어렵게 어렵게 얻어낸 선교 윤허였다. 그런데 이러한 실현의 원인은 어디에 있었을까.

1895년과 1907년에서의 급격한 교세의 수적 증가를 살펴보는 과정에서 그 해답이 일부 밝혀지리라 믿는다. 그렇지만 이 시점에서는 두 가지가 눈에 띄인다. 하나는 천주교가 중국에서 오지 않았다 하여 오랑캐라 공격 받을 때 정하상이 기독교가 동양 전통과 일맥상통한다고 변증했던 것과 마찬가지로, 위정척사파에서 왜양일체(倭洋一體)로 예수교의 도입이 위험하다 했을 때, 예수교는 왜양이체(倭洋異體)를 구현할 절실한 상황에 놓여 있었고, 실상 그것이 구체적

---

41) 『구한국외교문서』, 제11권, 미안(美案) II, pp. 188-189. 여기 대해서 조정은 그것이 전임 대신 신기선(申箕善)이 한 일이라 변명하고, 그 책자를 곧 산폐(刪廢)한다고 했다. 1896년 10월 8일자 회신.

42) 『儒敎經緯의 耶穌敎 排斥』에 대해서는 Editorial Department, The Memorial of the Minister of Education, *The Korea Repository*, June 1896, pp. 248-259.
I. B. Bishop, *op.* cit., p. 438 등 참조.

43) 『구한국외교문서』, 제11권, 미안(美案) II, p. 364.

으로 실현, 전개되는 추이를 조선이 보았기 때문이었다. 왜양이체 정도가 아니라 척왜(斥倭) 곧 일본의 조선 침탈을 막아서는데 그 신명을 걸고, 필경 오랜 일제치하에서 항일 에너지 동원 체제가 예수교회였다고 할 만큼, 그 행동이 조선 주체적이었고, 따라서 오랜 민족적 정통을 실질상으로 걸머지고 가는 그 소임을 충실하게 다해 오는 것을 보았기 때문이다.

다른 하나는 기독교의 성육신적 현존의 선교가 그 원인이었다. 여기 비숍 여사의 글로, 그 첫날의 선교 행보 그 웅장한 영상을 조명해 보고자 한다.

> 기독교가 어떤 발전을 하였든지 그것은 의료와 교육을 통한 종교의 행동 표현 때문이었습니다. 기독교적 교훈과 훈련이 첫째 목적이기는 하였습니다. 그러나 선교하는 이들의 따사하고 위엄 있으며, 사랑에 넘치는 고귀한 영향이, 하루의 매 시간 매 시간, 조선 동포들에게는 감동으로 느껴져 남아, 사라지지 아니하였습니다.[44)]

기독교는 근대 조선에서 선교 자유를 우선 찾지 아니하였다. 함께 살고 사랑해서 뭔가 남겨져, 그 선교 자유가 부여된 것이었다. 인간적 헌신과 조국애와 사회정의의 구현, 갱생한 하나 하나의 성실한 민족 성원으로 새로운 인간상을 확립하고 보여준 행적들, 이러한 발걸음과 그 자국들에, 저절로 선교 자유의 윤허를 촉진하는 소리들이 높아갔고, 그것이 마침내 이 땅에 복음의 깃발을 드높이게 한 원천이 되었던 것이다.

---

44) I. B. Bishop, *op. cit.*, Vol. I, p. 68.

10 한국에 들어온 프로테스탄트의 유형

1882년에 가서야 한국은 비로소 미국 해군의 슈펠트 제독에 의하여 서방에 문호를 개방하였습니다. 이것은 확실히 서양 교회가 여기 들어와서 기독교의 신앙을 전파하라는 신호였습니다.… 이태가 지나서 미국의 장로교와 감리교가 사실상 똑 같은 날짜에 한국에 도착한 것입니다.

Horace G. Underwood, 1908

한국 문호 개방 이후 처음 찾아온 전형적인 선교사는 청교도형의 사람이었습니다. 그는 주일을 거룩하게 지키고 우리 조상들(미국인)이 뉴잉글랜드에서 1세기 전에 하듯 합니다. 그는 댄스나 흡연이나 카드놀이를 그리스도인들이 할 수 없는 죄로 간주합니다. 신학과 성서 비판에서는 굉장히 보수적이며, 그리스도의 전천년(前千年) 왕국 재림설을 핵심적인 진리로 믿고 있습니다. 고등비판이나 자유신학은 위험한 이단으로 단죄되고 있습니다.

Arthur J. Brown, 1919

10.1. 이루지 못한 서구 교회의 선교

한국의 종교사는 중국과의 교섭을 통해서 밖에는 그 시작이 설명될 수 없다. 유교나 불교의 경우도 다 중국을 거쳐 도입되었고, 가톨릭의 경우도 예외가 아니었다. 그리고 사실 처음에 시작되어 여러 번 기도했으면서도 내내 장구하고도 체계적인 선교의 사업에 손을 대지 못한 서구형의 프로테스탄트 선교의 경우도 마찬가지였다. 서구형의 프로테스탄트교회는 교파형의 미국적 기독교[1)]와는 달리, 국가적인 범위로 확립되어 있어서 교회의 유기적인 연결과 결속 면이 강조되고, 따라서 공동체의 신학과 교회론적인 신앙의식이 훨씬 강했다.[2)]

그런데 서구형의 프로테스탄트교회는, 그것이 선교되었을 때의 긍정적인 공헌의 가능성에도 불구하고, 한국 선교를 시도했지만 언제나 바닷가를 스쳐 지나갔을 뿐이었다. 연속적인 선교에 임하지 못하고 만다. 이제 그 경과를 잠시 살펴보자.

처음 우리나라에 발을 들여놓았던 프로테스탄트교인은 1627년 표류해 제주도에 닿았던 네덜란드의 벨트브레(John J. Weltvree, 朴燕: 1595-?)이다.[3)] 그러나 그는 우리나라에 오래 사는 동안에 자국어도 잊어버리고 동화해서 살았기 때문에, 전교 같은 것은 관심의 끝에도 와 있지 않았다.[4)]

같은 네덜란드 사람으로 저 유명한 하멜은 좀 달랐다. 앞서 말한 대로 한국인의 종교생활에 대해서도 깊은 관심을 가지고 접촉했으며, 그 나름대로 분석을 가해서, 한국에서 종교인은 노예보다도 못한 대접을 받고 있다고 보고한 바도 있었다.[5)] 하지만 그가 남긴 기독교적인 영향이란 실질적으로 아무 것도 없었다.

10.1.1. 칼 귀츨라프

다음에 우리들의 관심을 크게 끄는 것은 우리가 이미 만났던 칼 프리드리히 아우구스트 귀츨라프이다. 그는 네덜란드선교회(The Netherlands Missionary Society)

1) J. H. Nichols, *History of Christianity 1650-1950*, New York: Ronald Press, 1956, p. 422.

2) H. Richard Niebuhr, *The Social Sources of Denominationalism*, Cleveland, Living Age Books, 1962, pp. 135-164.

3) 1627년 표착(漂着).

4) J. Churchill, *A Collection of Voyages and Travels, Some Now First Printed From Original Manuscripts, Others Now First Published in English*, Vol.IV, *An Account of the Shipwreck of a Dutch Vessel on the Coast of the Isle of Quelpart Together with the Description of the Kingdom of Corea, translated out of French*, London: 1732, p. 587

5) *Ibid.*, p. 590.

소속의 서구적 교회의 선교사였다. 1832년 7월 브르기에르 주교가 조선에 입국하려고 엿보던 때에, 안남(安南-월남)의 사이암을 떠나서 충청도의 고대도(古代島) 뒤에 당도했던 로드 암헤르스트(Lord Amherst)에 그는 탑승하고 있었다. 이 선박은 네덜란드 동인도회사 소속의 상선으로 상로 탐색차 황해 연안을 답사하러 왔던 것이다. 그가 한국에 당도했을 때에는 이 선박의 통역, 의사, 선목(船牧)의 자격이었다.[6] 여기 벌써 그의 자질이 얼마나 다양했는가 하는 사실이 드러나 있다. 그가 동양에 눈길을 돌리게 된 것은, 이미 중국에 와서 빛나는 업적을 남기고 있었던 모리손(Robert Morrison)을 영국에서 만나고 나서의 일이다.

이렇게 해서 동양에 오게 된 귀츨라프는 1826년에 네덜란드선교회 파송으로 사이암에서 선교에 종사했고, 거기서 중국인과 어울려 그 말을 익혀 놀라운 정도의 실력을 닦았다. 실로 그는 어학의 귀재였다. 사이암어로 성경을 번역하는가 하면, 난파한 일본 선원과 얼마 친숙하더니 1838년에는 요한복음을 일본어로 번역한 것이다.[7]

이러한 동양어의 지식과 "상당한 의술까지 겸비한"[8] 귀츨라프가 한국 해안을 찾은 것은 1832년 태풍이 몰아치던 어느 날 아침이었다. 그는 "침통하고도 무표정한 한국인을 만나 성서를 주면서 '이 가난한 나라, 부끄럽게도 그 자연을 가꾸고 있지 못하는 나라', 그것이 복음과 진리의 말씀에 의해서 부해지기를" 간절히 빌었다. 여기 그가 우리나라를 찾아온 탐색의 이유가 밝혀지는 단서가 있다고 믿는다. 저 유명한 영국의 선교사 데이비드 리빙스톤(David Livingstone, 1813-1873)이 케임브리지대학교 학생들에게 가슴을 울렁거리게 한

---

6) *The Encyclopaedia of Missions*, 2nd ed. by H. O. Dwight & H. A. Typper & E. M. Bliss, New York: Funk & Wagnalls Co., 1904, 해당 항목. Cf. W. E. Griffis, *op. cit.*, p. 359. 및 『한국사』, 최근세편, p. 747에는 자비로 여정에 올랐다 했으나, 아마도 선내에서의 취업, 곧 의사, 선목(船牧)의 사실을 의미했을 것이다.

7) M. Broomhill (ed), *The Chinese Empire: A General and Missionary Survey*. London: Morgan & Scott, p. 380. 귀츨라프는 1828년 네덜란드선교회와 관계를 끊고 단독 선교를 하고 있었다.

8) W. E. Griffis, *op. cit.*, p. 359.

권고가 있었다.

> 내 다시 아프리카로 돌아갑니다. 거기서 상업과 기독교(Commerce and Christianity)를 위해 문을 열겠습니다. 내 이미 시작한 일을 당신들이 계속해 주시기 바랍니다. 당신들에게 이 일을 맡깁니다.[9)]

귀츨라프의 선교 열의에도 이런 인류의 보편적인 문명에 대한 간절한 소원이 자리 잡고 있었다.

> 조선의 최남단은 제주도(위도 32°51', 경도 126°23'), 그야말로 매혹적인 섬입니다. 그 곳은 잘 경작되어 있고 또 아주 편리한 지점에 위치하고 있기 때문에, 거기 무슨 공장을 세운다면 '아주 쉽게' 일본이나 조선 본토 및 중국과 같은 여러 나라와 교역할 수 있을 것입니다. 그러나 만일에 이런 교역이 안 된다고 하더라도, 그 곳을 선교 거점으로 써서 안 된다는 법은 없습니다.[10)]

물론 그는 동인도회사의 선박에 탑승하고 왔던 점을 고려하지 않을 수 없다. 그는 이 탐색 여행의 결과를 서면으로 보고해야 할 처지에 있었고, 따라서 그것이 그의 『항해기』로 출판되었기 때문에, 선교 신학이나 한국 종교에 대한 정밀한 관찰을 그 주제로 삼아 문서화할 수는 없었을 것이다. 그러나 여기 서구 기독교의 광활한 성육신 신앙의 진수가 보이는 듯하다. 그것이 그의 다음 행동에도 엿보인다.

곧 종교에 관한 말이라면 기겁을 하는 한국인과의 대면에서 그는 서양문물과 지식에 관한 유기적 관련을 말하기 시작하였고, 여러 종류의 책과 옷감, 그

---

9) S. C. Neill, *A History of Christian Missions*, Penguin Books, Baltimore, 1964, p. 315.

10) K. F. A. Gutzlaff, *Journal of Three Voyages along the Coast of China in 1831, 1832, & 1833 with Notices of Siam, Corea and the Loo-Choo Islands*, London: Frederick Westley & A. H. Danis, 1834, p. 356.

리고 감자(potato) 재배와 포도주 만드는 법 등을 가르치게 되었다.[11] 그는 복음의 전수에 관해서 훨씬 칼빈주의적인 여유를 기지고 있었다. 서두르고 초조해 하는 데가 없었다. "주님께서 작정해서 짚어 주시는 날에는 반드시 열매가 맺힐 것입니다."[12] 이것이 그의 선교 신학이었다. 그는 그 선박의 사정으로 오래 머물지 못하고 떠났다. 그러나 언젠가는 이 나라가 복음의 빛에 인도되는 날이 있으리라고 확신하면서 떠났던 것이다.

그는 이렇게 해서 가고, 그리고 다시 오지 않았다. 하지만 그는 이양선 곧 외국 선박 문제에 대해서 근대사에서 잊혀질 수 없는 커다란 공헌을 하나 남기고 떠났다. 그는 떠나기에 앞서 조선 관리들을 만나, 외국의 선박이 이 나라에 표류해 왔을 경우 그 곤경에 합당한 보호를 해주고 필수품을 공급하며, 그러고 나서는 안전한 귀환을 보장해 줄 것을 간절하게 부탁한 일이 있었다. 여기 대해서 조선 관리들은 진지한 얼굴로 화답을 했던 것이다. 그런 대우를 꼭 하겠노라는 대답을 한다. 그리고는 한 가지 조건이 있다고 나선다. 그런 보호와 안전 귀환을 하고 난 다음에는 어떤 형태의 보상이나 치하가 있어서는 안 된다는 것이었다. 한국인의 인정이 그런 것이었다. 귀츨라프가 떠날 때 "눈물을 흘린"[13] 이 선량한 백성의 모습이 그의 가슴 속에서 떠난 적은 한 번도 없었을 것이다. 이 자그마한 "협정"이 우리 근대사에서는 최초의 외교교섭으로 기록된다. 귀츨라프는 후에 중국에 가서 모리손의 후임으로 영국대사관의 통역관과 상무관(商務官)으로 봉직하였으며, 한영조약을 비준 교환한 그의 처 4촌 해리 파크스 경(Sir Harry Parkes: 巴夏禮)[14]을 도와 영국의 아시아 정책 수립에 무시 못할 기여를 했다.

---

11) "I described the mode in which we cultivated this excellent plant and the pleasant beverage made of the juice of grape", *op. cit.*, p. 345.

12) *Ibid.*, p. 340.

13) *Ibid.*, p. 353.

14) H. H. Underwood, *Occidental Literature on Korea: The Transactions of the Korean Branch of Royal Asiatic Society*, Vol. XX, Seoul: 1931, p. 10.

"성자이며 괴짜이고, 몽상가이며 성실한 개척자, 그리고 하나의 열광자"[15] 칼 귀츨라프는 사실상 그리스도의 다함 없는 풍요함, 그 한없는 폭, 그런 것을 서구적인 교회의 형태로서 차례로 소통해 줄 수 있었던 인물이다. 그러나 그의 발길은 "격한 바람이 부는 어떤 날 아침" 이 나라 해변에서 멀리 떠나고 말았다.

10.1.2. 로버트 토마스

서구형 선교사로서 우리나라에 들렀던 사람으로, 우리는 로버트 저메인 토마스(Robert Jermain Thomas, B.A. 崔蘭軒: 1840-1866)[16]를 들지 않을 수 없다. 우리는 이미 그에 대해서 많을 것을 보고 지나왔다.[17] 그는 병인교난의 불길이 충천할 때에 평양의 대동강에서 달려드는 조선 병사에게 성서를 내어 주면서 세상을 떠난, 우리나라 최초의 프로테스탄트 순교자이다.

> 나의 날이 다 지났고, 내 경영, 내 마음의 사모하는 바가 다 끊어졌구나.(욥기 17:11)

이것이 그의 어릴 적에 다니던 영국 웨일즈 하노바(Llanover)교회[18] 안 바람벽에 걸려 있는 기념비의 글귀이다. 이루지 못한 선교의 애처로움이 이 글귀 하나

---

15) S. C. Neill, *A History of Christian Missions*, p. 285.

16) 1840년 9월 7일 웨일즈의 Radno-Shire의 Rhayader에서 회중교회 목사 아들로 태어나 1863년 University of London New College에서 B.A. 학위. 1863년 6월 4일 목사 안수. 그 해 7월 21일 신혼한 Caroline Godfery와 중국 향발. 1865년 9월 4일 조선 자라리(紫羅里)로 항해, 두 달 동안 머물다가 서울로 향해하던 중 폭풍우로 만주 패자우(貔子窩)에 구사일생 표도. 1866년 8월 다시 미국 상선 General Sherman호로 대동강에 이르렀고, 마침내 1866년 9월 5일 순교.
The Dictionary of Welsh Biography, down to 1940, ed. by Sir John Edward Lloyd & T. J. Jenkins, Oxford: B. H. Blackwell, 1959, q.v. 참조.

17) 필자 역시 New College에서 연구하던 중(1969-1970), 우연히 그 곳 도서관장 Dr. G. F. Nuttal를 만나, 토마스가 이 대학교 학생이었음을 알고 곧 그곳 교수회의록을 열람할 수가 있었다. 그에 관한 사항은 뜻밖에도 많았다. 문제가 많았던 것 같다. *Minutes of Council, London: New College*, Vol.III, 1863년 1월 5일, 6월 1일, 6월 22일. 항목: 478, 587, 600.

18) Llanover Chapel, Llanover, Abergavenny, Monmouth-Shire, Wales.

하나에 가슴 메이게 메아리치고 있다. 그는 스코틀랜드 성서공회의 위탁을 받아 조선에 오기를 여러 번 넘겨다보던, 본래는 런던선교회 파송의 선교사였다.

그는 철저한 신앙과 선교의 사명감으로 1863년 초여름 고향 교회에서 목사 안수를 받고, 신혼한 부인과 함께 7월 21일 폴메이스(Polmaise)호로 중국에 선교사로 파송된다.[19)]

> 나는 훌륭한 교육을 받고, 강력한 체질과 품격을 갖추며 외국어를 숙달할 수 있는 능력을 구비한, 그러한 인물을 선교지에서는 요청한다고 확신하기 때문에, 무엇보다도 자기 부정의 정신을 가지고 이 선교에 오르기로 하였습니다. … 나는 이교(異敎)의 잔멸과 이교도의 회심을 향한 선교사로서 하나님께서 직접 나를 임명하셨다고 확신합니다.[20)]

그런데 그가 중국에 도착하여 사방을 여행하던 중 북경에서 조선인 동지사 일행을 만나, 그들을 통해서 조선 안에서 가톨릭 교인들이 받는 수난에 대해서 알게 되었다. 이때부터 그의 눈길이 조선을 향해 떠나지 않았다. 그는 곧 잠시 일하던 세관에 사직원을 내고, 선교회의 복직을 타진하고는 그 회답을 기다릴 겨를도 없이 스코틀랜드성서공회의 만주 주재원 알렉산더 윌리암손(A. Williamson)의 주선으로 1865년 9월 지푸(芝罘)를 떠나 조선을 향해 떠나 자라리(紫羅里)에 도착했다.

그는 여기서 두 달 반을 보내면서[21)] 주로 가톨릭 교인과의 접촉을 통해 "충분한 한국말 지식"[22)]을 습득하였다. 그리고는 성서를 나누어 주는 일을 계속한다.[23)] 그는 서울에 가서 전도할 생각으로 작은 범선을 타고 한강을 향했지만,

---

19) *The Evangelical Magazine and Missionary Chronicle*, Vol. V(1863), London: Jackson, Welford and Hodder, pp. 569-570.

20) The Candidate's Answer to the Questions, R. J. Thomas. *The Record of the Rev. Robert Jermain Thomas, London Missionary Society.* Livingstone House Library 소장(所藏).

21) M. W. Oh, *The Two Visits of 'Rev. R. J. Tomas to Korea,* A Transaction of the Royal Asiatic Society, Korea Branch, Vol. XXII, 1933, Seoul: p. 104.

22) *Thomas' Letter* to Tidman, London Livingstone House Library, 1866년 1월 12일자.

그날 심한 폭풍을 만나 구사일생으로 만주의 피즈우에 표류하여 결국 북경으로 되돌아갈 수밖에 없었다.

그가 마지막으로 조선을 방문하여 그의 아내와 마찬가지로 아시아의 한 모퉁이에 한 줌의 흙으로 사라져 간 것은 1866년 7월, 지푸에서 리델 신부를 만나고 난 다음의 일이었다.[24]

리델 신부의 보고로 극도로 흥분한 불란서 공관은 문책차 함대를 조선에 급파하려고 했다. 그때 사령관 로즈는 토마스가 통역으로 동승해 줄 것을 부탁했고, 토마스는 이런 기회를 놓칠 리가 없었다.

토마스가 조선에 대해서 가지고 있는 선교열은 한국인이 남달리 기독교를 수용할 가능성이 많다고 본 사실과, "조선에 처음 방문해서 선교한 최초의 프로테스탄트 선교사로서의 명예"에 대한 의식,[25] 그리고 그렇게 사랑하던 아내 캐롤라인의 비수(悲愁)어린 추억에 깔려 있는 중국에서 떠나고 싶은 마음, 이런 것들이 그의 발길을 재촉하고 있었다.[26] 그뿐만 아니다. 그는 자기야 말로 서양 사람으로는 "유일한 조선통"[27]이라 자처하고 있었다.

그러나 불란서 함대가 인도-지나 방면에서 발생한 소요 진압차 긴급 출동하는 바람에 토마스의 조선행 목적은 일단 좌절되고 말았다. 토마스는 이 실망을 오래 참지 못했다. 그는 윌리암손의 뜻에 따라서 성서공회의 파견원 자격으로[28]

---

23) 『고종실록』, 고종 2년 8월 20일조. "稱云 英吉利人 一 塊紙束 擲下沙場…"

24) 더 자세한 것은 졸문(拙文), "로버트 토마스: 한국 최초 선교사의 한 유형과 동서교섭의 문제", 『연세논총』, 제15집, 연세대학교 대학원, 1978 참조.
그의 아내는 도착하자 얼마 후 유산하고 그로 인해 병을 얻어 세상을 떠났다.

25) *R. J. Thomas' Letter*, 1866년 8월 1일자, Livingstone House Library, 문서 B. 5. 1.

26) 1866년 1월 북경에 온 조선 동지사 일행 중 한 사람이 토마스 목사의 포켓 속에 한문으로 된 쪽지 하나를 집어넣었다. 거기에는 "어느 외국인이 서해안에서 배포한 것과 같은 마태복음 책 하나를 구해 달라"는 글이 들어있었다. 토마스 자신이 뿌린 씨앗의 결실이었다. 토마스는 여기서 용기를 얻어 조선을 찾게 되었던 것이다.

27) *Loc. cit.* J. Edkins도 이 사실을 시인.

28) *The Annual Report of the National Bible Society of Scotland for the Year of 1866*, Glasgow: p. 41.

조선으로 향하는 제너럴 셔먼 호에 편승하여 황해도를 향해 떠났던 것이다.

> 나는 상당한 분량의 책들과 성서를 가지고 떠납니다. 조선 사람들에게서 받을 환영을 생각하니 얼굴이 달아올라 희망에 부풉니다. … (런던선교회) 이사들이 성서의 교리를 전하기 위해, 아무 인간적 과오와 혼합되지 아니한 심정으로 미지의 나라로 떠나는 나의 결정을 언젠가는 반드시 이해해 주리라고 믿으면서 나는 갑니다.[29]

이것이 그가 세상에 남긴 마지막 글이다. 그는 가고, 그리고 다시 돌아오지 못했다. 최란헌(崔蘭軒),[30] 그는 제너럴 셔먼 호의 당돌한 행동으로, 한 발자국도 이 땅에 올려놓지 못하고, 선교의 꿈을 안은 채 순교의 길을 떠났던 것이다.

10.1.3. 알렉산더 윌리암손

1866년은 우리나라 교회 역사상 가장 복잡했던 해였으리라. 병인교난과 토마스의 순교, 그리고 불란서 함대의 침공이 안팎으로 어수선했던 나라 정세를 스산하게 어지럽히고 있었다. 하지만 그 해는 중국과 만주(滿洲)에 가 있던 스코틀랜드 장로교 선교사들과 한국인이 의미 있는 접촉을 시작한 해이기도 하다. 스코틀랜드 국립성서공회의 파견을 받아 북쪽 중국과 만주 지방 주재원으로 일하던 알렉산더 윌리암손(Alexander Williamson)은 그 해 4월 이 지역을 여행하다가 요동(遼東) 지방의 잉체크(영어표기: Ying-tze-kow)에서 한국인 여행자들과 상인들을 만날 수 있었다. 그 기회에 그는 "진리의 말씀과 서적들을 주면서, 더불어 말할 수 있는 기회를 가졌던"[31] 것이다. 더구나 그 달 19일에는 진촹대(天莊臺: Tien-

---

29) *R. J. Thomas' Letter*, 1866년 8월 1일자, Livingstone House Library, C. 5. 1.

30) 제너럴 셔먼의 음역(音譯)인 듯한데, 『조선왕조실록』에는 계속 토마스의 이름으로 쓰여져 있다. Cf. 이능화, *op. cit.*, 하, p. 143.

31) A. Williamson, *Journeys in North China, Manchuria, and Eastern Mongolia: with Some Account of Corea*, London: Smith, Elder & Co., 1870, Vol. ii, p. 131.

chwang-tai)에서 귀국 도상의 조선 동지사 일행을 만난다. 그리고 그들이 기독교에 관하여 상당한 지식을 가지고 있음을 알고 놀랐다. 만다린 중국어를 유창하게 구사하는 동지사는 북경에서 여러 선교사를 만났으며, 심지어 런던선교회를 방문한 사실까지 일러주고 있었다. 동지사가 만난 사람은 확실히 로버트 토마스 일 것이다. 1866년 4월 4일 날짜의 토마스 편지에 이런 말이 있기 때문이다.

> 동지사 일행이 방금 귀국 길에 올랐습니다. 북경에서 다른 외국인들보다 이들과 훨씬 친숙할 수 있었다는 것이 나에게는 더할 나위없는 큰 기쁨입니다. 조선에 관한 지식 그리고 조선말을 할 수 있다는 조건 때문에 나는 저들이 묵고 있는 공관에 아주 쉽게, 환영을 받으면서 왕래할 수 있었습니다.[32]

동지사 일행들은 자기들이 서교에 관한 상당한 분량의 책들을 가지고 있으며, 그 교리에 대해서도 상당한 수준의 지식을 가지고 있음을 시사했다. 한국교회의 수난을 익히 알고 있었던 윌리암손은 이들 고급 관리들이 서교에 대하여 거침없이 말하는 것을 듣고 놀라지 않을 수 없었다. 기독교 수용의 가능성이 엿보였기 때문이다. "서울에 영어를 배우는 선택된 소수의 청년들이 있는데 그 중 하나가 가톨릭 교인이며, 그가 북경에 오게 되면 으레 런던선교회 지부 인사들과 친근하게 지낸다"[33]는 사실을 알고 나서는, 다시 한 번 조선에 대한 선교 가능성을 확인한 것이다.

그는 이미 상당한 정도, 한국에 관한 지식을 가지고 있었다. 1866년 보고서에 "작년 조선에서의 종교적 상황에 관하여 흥미 있는 정보를 전해 들었다"[34]고 한 것을 보아 이를 살필 수 있다. 이것은 대부분 토마스를 통해서 얻어진 것이었지만, 그 자신도 1865년에 "두 사람의 조선 로마 가톨릭 교인을 지푸에서 만나 장장 담론한 일"[35]이 있었다. "분명히 조선은 위대한 가능성의 나라"[36]

---

32) *R. J. Thomas' Letter* to Tidman, Livingstone House Library, 문서 B. 5. 1.

33) A. Williamson, *op. cit.*, Vol. II, p. 134.

34) *Annual Report of the National Bible Society of Scotland*, 1866, p. 39.

라고 갈파한 그의 판단은 이러한 대화 자료에서 얻어진 것이었다.

그런데 그는 조선 사람의 지성과 그 성품 그리고 윤리적 생활의 우수한 점, 그 명민함과 담 큰 결단력, 그 지리와 역사, 그 지하자원의 풍부함과 수운(水運)의 편리함, 이런 것들을 다 서술하고는, "그러나 이 나라에 없는 것은 다만 서양의 종교와 그 문명의 박차와 지도"[37]라고 갈파했던 것이다. 기독교가 이 나라에 끼칠 엄청난 영향력을 확신하고 있었다는 증거이다.

문제는 조선의 쇄국에 있었을 것이다. 하지만 윌리암손은 그 불타는 선교의 열의로 해서, 조선에 대한 서구 여러 기독교 국가들의 관여를 외친다. 무력을 써서라도 그 개국을 재촉하여야 한다는 것이었다. 가령 그는 "대영제국과 같은 나라들이 조선과 같이 어리석고도 무모하게 스스로 문을 닫고 있는 나라들을 개방하도록, 하나님이 주신 군사력(power)을 사용하는 것은 의무요 특권이라고 믿는다"고 서슴치 않고 공언하고 있었다.

> 전쟁이라는 것이 비록 악이기는 하지만, 진실한 문명의 불빛에 완전히 접촉하게 하기 위해서 하는 것은 결국에 가서 선의 상쇄로 끝날 것이라 믿습니다.[38]

이러한 강경한 선교이념은 그 자체가 벌써 서구적인 기독교국의 교회론을 전제하고 있었다. 그의 이런 제안은 그것 나름대로는 당당한 근거가 있었던 것이다. 인류는 피차 공동의 이해관계에 얽혀 있어서 동행하지 않을 수 없고, 따라서 피차 피할 수 없는 운명적인 의무감 속에 살아야 한다는 것이었다. 지구촌 의식의 발로는 이처럼 기독교의 광활한 세계론에 근거하고 있었다. 인류의 보편적 가치와 세계의식, 그것을 말한 것이 기독교였다. 그래서 강자가 약자를 돕고, 지식 있는 사람이 어리석은 사람을 북돋아주며, 문명인이 후진인을 돕고

---

35) *Ibid.*, Report for 1865, pp. 35-36.

36) A. Williamson, *op. cit.*, Vol. II, p. 310.

37) *Ibid.*, p. 310

38) *Ibid.*, p. 311.

인도하는 것이 당연하다는 신념을 가지고 있었다. 이처럼 선의의 동기와 평화적인 내일의 세계에 대한 갈망밖에는 이 무력행사의 의도가 따로 없다는 것을 조선 백성들이 알아줄 날은 그 이후에 얼마든지 있다고 말한 그는, 선교의 역사 구획에 의하면 한국 프로테스탄트교회의 역사 그 이전에 속해 있었다고 보는 것이 옳을 것이다.

우리는 불란서의 대리공사 벨로네의 모욕적인 황당한 글이 조선 조정에 도달했을 때와, 윌리암손의 이와 같은 발언을 한 때가 공교롭게도 같은 해였다는 것을 흥미롭게 생각하지 않을 수 없다. 국가 범위로 확대된 서구형의 기독교회는, 국가와 교회의 철저한 분리를 전제한 교파형의 미국교회에 비해서 이러한 판단에 나갈 가능성이 훨씬 많았던 것이다.

10.1.4. 서구교회 선교의 의의

우리는 여기서 성서를 한국말로 번역하는 데 지대한 공헌을 남긴, 만주 목단(牧丹) 주재 스코틀랜드 선교사 존 로스(John Ross, 羅約翰: 1842-1915)와 존 매킨타이어(John MacIntyre, 1837-1905)를 언급하지 않을 수 없다. 그러나 그들에 대해서는 다른 항목에 가서 상술할 예정이기 때문에 여기서 중복을 피하고, 다만 이들 역시 항구적인 선교에 임하지 못한 채 간접적인 접촉을 하는 데 그쳤다는 사실만을 밝히고 지나가고자 한다. 한 가지 명기할 것은, 이 두 사람의 선교에서 비로소 한국 민족교회사의 첫 틀이 멀리 잡혀지기 시작했다는 것이다. 그들의 한국말 성서 번역 착수와, 또 그들이 관련되었던 한국인 전도자들이야말로, 앞으로 계속될 한국교회사의 최초의 페이지를 기록한 것이고, 따라서 길이 남을 빛나는 공헌을 남겼던 것이다.

이처럼 한국에 대한 서구의 선교는 영구하게 지속될 선교의 길을 트지 못하고 문 만 두드리다가 지나가고 말았다. 역사적으로 기운이 그렇지 못했던 탓도 있었을 것이다. 그리고 서구적인 교회는 그 생리가 기독교국(Christendom)의 관념에 서 있었기 때문에, 그것이 관련되는 한 로마 가톨릭과의 형태적 동일성이 눈에 띄었고, 따라서 시대적으로나 교회론적으로 조선 풍토에 도입될 가능성이 지극히 희박했던 것이 아닌가 한다. 다시 말하면 기독교의 조선 도입은 그 관련이 여러모로 단절된 순수한 형태의 복음, 소위 복음주의적인(evangelical), 부흥회적(revival) 타입의 교파적 교회에서 그 가능성이 그래도 몇 열릴 수밖에 없다는 필연을 가지고 있었다. 어쨌든 한국에 처음 발을 드려놓고 프로테스탄트교회의 보루를 닦아놓아, 한국 기독교회 선교 역사의 첫 장을 찬란하게 장식한 선교사들은 모름지기 다 미국 사람들이었다. 이 말은 동시에 한국에 소개된 교회의 형태와 신앙의 내용이 미국적인 교파교회의 형태와 내용에 연결된다는 말이 될 것이다.

10.2. 경건주의 및 복음주의와 근대 선교

한국에 프로테스탄트교가 성공한 직접적인 동기와, 그리고 한국 개신교의 초기 형태, 이 이중의 근거 노릇을 한 것이 경건주의와 복음주의이다.

이 경건주의는 서구의 기독교 문명에서 과학이나 정치, 그리고 문화적 우월성이라는 생리를 제거하고, 또 다른 한편 종교적 열정도 제거해서, 다만 순수한 복음의 삶만을 중추로 삼는 신앙 형태이다. 그래서 세속과 종교의 분리를 당연하게 보거나, 아니면 세속에 무관하게 되는, 그런 생태를 가진다. 이 계통의 선교사들이야말로 서양의 기독교가 식민 제국주의적인 확장의 앞잡이거나 동맹이라는 오해를 사실상 해소할 수 있었던 유일한 부류의 사람들이었다.

우리나라에 들어오게 되었던 최초의 미국 선교사들의 배경이 바로 이런 것이었다.[39] 이런 의미에서 한국에 들어온 선교사들은 한 마디로 복음주의적이라

할 수 있었다.[40] 부흥회적인 형태의, 감리교적 형태의, 그런 선교사들이라 할 수 있었다. 이 말은 긍정적인 공헌을 말하는 데도 할 수 있는 말이지만, 동시에 부정적인 면을 말할 때에도 꼭 같이 할 수 있는 말이 된다. 신학의 빈곤, 교회론의 약화, 사회 부재의 영혼 구제, 정치 무관의 정숙주의, 합리성의 상대적 결여, 그리고 이원적인 신앙이 그것이다. 우리는 오랜 기복을 통해서 이것이 한국교회사의 저류에 도도히 흐르는 모습을 볼 수 있게 된다. 그런데 이상하게도 이 복음주의적인, 경건주의적인 신앙은, 한국인 본래의 정신적 유형에 상통하는 데가 많았다. 신학이 아닌 생활과 체험의 단순한 복음이라는 것이 원래 신비주의적인[41] 정서에 상통했고, 세상에 어울릴 수 없었던 정신적 귀족성의 형이상학적인 한국인 기질에[42] 신통하게도 호소한 것이다. 더욱이 그 신앙의 비사회적인 공동체 부재의 경건이 기구를 만들고 조직을 꾸미는 데에 냉소적 무관으로 일관해 온 한국인의 정신에[43] 적어도 심리적으로는 호소될 면적이 넓었던 것이다.

10.3. 미국적 교파교회의 선교

10.3.1. 선교사 입국 이전의 여러 과정

미국 개신교의 한국 선교 착수는 감리교회에서 처음 기도되었다. 미국의 고우

39) K. S. Latourette, *A History of the Expansion of Christianity*, Vol. VI, New York: Haper & Brothers, p. 336.

40) J. Edwin Orr, *The Light of the Nation, Evangelical Renewal and Advance in the Nineteenth Century*, Grand Rapid: Wm. B. Eerdmans, 1965, p. 213.

41) H. Welch, The Missionary Significance of the Last Ten Years: A Survey in Korea, *The International Review of Missions*, Edinburgh: Vol. XI, 1922, p. 357.

42) J. S. Gale, *Korea Sketches*, Edinburgh: Oliphant Anderson & Ferrior, 1898, p. 193, 그는 한국인의 기질을 "Unfitness for the world he lives in"이라 했다.

43) Robertson Scott, Warring Mentalities in the Far East, *Culture of Korea*, ed. by C.C. Kim 1945, p. 268.

처(J. F. Goucher, 1845-1922)는 1884년 1월, 재일 감리교 선교사 맥레이(R. S. MacLay, 1824-1907)에게 선교 가능성 타진을 위해 조선 왕래를 부탁한 일이 있었다.[44]

맥레이를 통한 선교 실현의 노력에 대해서는 이미 약술한 바가 있다. 그는 그 해 6월 27일 부인과 함께 서울에 도착하여, 1882년 일본에서 만나 친숙하게 지내왔던, 김옥균(金玉均)을 찾아가게 되었다. 그를 통해 맥레이의 간곡한 선교 윤허 요청 서한이 고종에게 전달된 것은 7월 2일의 일이다. 그런데 다음날 김옥균은 고종이 "조선에서 선교부가 병원과 학교 사업을 시작할 수 있다"는 허락을 내린 사실을 전해 준 것이다.[45] 이 사실을 윤치호(尹致昊)도 7월 4일에 이미 알고 있었다.

> 전하께서 미국 상선의 항해와 미국인의 병원 및 학교 설립을 허가하셨습니다.[46]

고종이 허락을 내리면서 한 말은 그것이 "천주교"가 아닌 개신교여야 한다는 다짐이 있었다.[47] 맥레이는 이 감격을 안고 7월 8일 서울을 떠났다. 그러나 그 해 12월 갑신정변(甲申政變)이 일어나 김옥균이 피신해 다니게 되고, 따라서 맥레이를 경유한 한국 선교는 그 정변에 연루될 뻔한 위기를 넘기면서 뒤로 미루어질 수밖에 없었다.

그런데 김옥균 주도의 정변이 미국 북장로교 선교사 알렌(H. N. Allen, 1858-1932) 등장의 한 결정적인 계기가 된 것이다. 거기 경륜의 비밀이 있었던 것이다. 그리고 실제로 그가 한국에 들어와 체재하면서 계속 일한 최초의 개신교 선교사가 되게 하는 계기가 된 것이다.

그 내력은 이렇다. 그는 한국에 오기 전에 중국에서 한 일년 간 선교활동을 한 일이 있다.[48] 그런데 한국에 부임해서 선교하라는 미국선교본부의 지시를

44) *Annual Report of the Missionary Society of the Methodist Episcopal Church*, 1884, pp. 287-288.

45) R. S. MacLay, Korea's Permit of Christianity, *The Missionary Review of the World*, April 1896, p. 287.

46) 『윤치호일기』, 1, 국사편찬위원회, 1973, (1884년 7월 4일자), p. 81.

47) Miscellany, Korea, *The Missionary Herald*, November 1884, p. 464; December p. 523.

48) 알렌에 대해서는 졸저, 『알렌의 선교와 근대한미외교』, 연세대학교 출판부, 1991 참조.

따라 1884년 9월 20일 제물포 도착해, 22일 서울에 들어온다. 그리고는 영국 및 미국 공사관과 그 이외 여러 서양 공사관의 의사 신분으로 짐을 풀었다. 그는 당분간 자기가 선교사라는 직책과 그 사실을 외부에 밝힐 생각을 하지 않았다. 묄렌도르프(P. G. von Möllendorf, 穆麟德: 1848-1901)의 입국 방해가 심했기 때문에[49] 그랬는지는 모르나, 어쨌든 조선 주재 미국공사 푸트 장군(Gen. Lucius H. Foote: 福德)이 고종 알현 때, 고종이 알렌을 향해서 혹 선교사가 아닌가 질문했을 때, "그는 미국공사관의 부속 의사에 불과하옵니다"[50]라고 대답했던 것이다. 언더우드가 "사실상 언제부터 한국에서 선교가 시작되었는지 정확하게 날짜를 말하기는 어렵다"[51]고 했을 때, 다분히 그는 알렌의 불투명한 태도를 맘에 두고 이런 말을 한 것이 확실했다.

그런데 알렌에게는 얼마 되지 않아서 누가 보거나 기독교의 선교에 보탬을 줄 만한 일련의 사건이 일어나, 장차 복음 선교에 튼튼한 기반을 확보할 수가 있었다. 우선 기회가 좋았다. 이때만 해도 다른 형태의 서구문명이 한국인의 주위에 들어와 있지 않았기 때문에, 기독교는 그 세속화된 물질문명이나 상업 확장의 제국주의의 탁류와 병행해서 제시되지는 않았다. 사실 서구, 특히 미국의 자본주의자들은 조선의 시장적 가치에 대해서는 아직 별로 깊은 흥미를 느끼고 있지 않았다. 따라서 미국의 선교사들은 조선에서 자기들 나라의 제국주의와 손잡을 아무 근거나 구속이 없었다. 이 점은 한국에서 프로테스탄트 선교사가 충분히 의식하고 장차 경계와 근신으로 변함없이 태도 결정의 원칙으로 삼았던 조건이다. 실로 이것은 하나님의 섭리가 아닐 수 없었다. 선교사들도 이 점 하나님께 감사하고 있었다. "상업인이 아니고 관리가 아닌 선교사, 목사로서의 서

49) A. J. Brown, *The Mastery of the Far East*, 1919, p. 501. 묄렌도르프는 전 중국 청진 주재 독일 영사였으나 이홍장의 추천으로 1882년 11월 17일에 조선 통리아문의 협판(協辦)에 임명된 자. Cf. R. von Möllendorf, *P. G. von Möllendorf, Einlebensbild*, Leipzig, Otto, Harrassowitz, n.d.

50) O. R. Avison, In Memoriam－Dr. Horace N. Allen, *The Korea Mission Field*, May 1933, p. 104.

51) H. G, Underwood, *The Call of Korea*, New York: Fleming H. Revell, 1908, p. 134.

양인이 개국 초기 부터 놀라운 눈초리로 바라보는 백성들 속에서 이 나라의 길이와 폭을 넓게 다듬어 가고 있습니다"[52]고 한 것은 비단 한 선교사만의 판단은 아니었다.

그런데 직접적으로 이 알렌의 위치에 유리하게 전개된 사건은 1884년 12월 4일의 갑신정변 곧 우정국 사건이다. 이때 개화 세력의 칼에 맞았던 보수계의 중추 민영익(閔泳翊, 芸楣: 1860-1914)이 알렌의 탁월한 서양의술에 의해서 위기를 모면하게 되자 고종과 민비(閔妃)를 비롯한 왕실의 총애를 받게 되었던 것이다. 마침내 이 일이 계기가 되어서 알렌은 왕실의 시의(侍醫)로까지 진출하기에 이른다.[53] 이렇게 해서 알렌으로 말미암아 미국인에 대한 이미지가 우호적인 것으로 바뀐 것은 두말 할 것 없고, 그래서 미국 선교사에 의한 선교의 앞날에 밝은 전망을 보여주게 된 것이 사실이다.

한국 선교의 시작을 민영익과 연결시켜서 살피면 흥미로운 사실 몇 가지가 들어난다. 민영익의 자상(刺傷)으로 알렌의 활동에 기초가 놓여져서, 1885년 4월 14일에 광혜원(廣惠院)이라는 병원의 설립 허가를 받는 획기적 사건이 일어난다.[54] 기독교의 조직체가 하나 조선에 가시적으로 등장하는 순간이었다. 하지만 멀리 1883년 7월, 민영익이 조선 조정의 전권대사로 미국을 순방할 때에 우연히 열차 안에서 볼티모아의 고우쳐 대학 학장인 고우쳐 박사를 만나 조선 사정에 대하여 장장 담론을 나눈 적이 있었다.[55] 그때 고우쳐의 마음에 조선 전도의 확신이 서게 되었던 것이다. 이런 것이 구체화하여서 우리가 앞서 본 바와 마찬가지로 맥레이의 조선행이 있었고, 그리고 감리교 아펜젤러(H. G.

---

52) J. S. Gale, *Korea in Transition*, New York: Young People's Missionary Movement of the United States and Canada, 1909, p. 130.

53) S. J. Palmer, *Korea and Christianity*, Seoul: Hollim Co., 1967, p. 56.
알렌은 1886년 고종에게서 가선대부(嘉善大夫)로 특별히 임명을 받는다.
『승정원일기』, 고종 23년 5월 13일조.

54) 『고종실록』, 고종 22년 2월 19일자(음력). 양력 4월 14일자.

55) 일본 동경의 아오야마가꾸잉(青山學院) 설립자.

Appenzeller, 亞扁薛羅: 1858-1902) 선교사 부부가 한국에 나오게 되었던 것이다.[56] 그 뿐 아니라 동경대학교의 동양학 교수로 오래 봉직하던 한국통 그리피스(W. E. Griffis) 교수와도 같은 해 뉴욕의 빅토리아 호텔에서 회동하여 조선에서의 기독교 문제와 화란인 하멜에 대하여 장시간 간담한 일도 있었다.[57] 민영익은 또 캐나다 선교사 게일(J. S. Gale, 奇一: 1863-1937)을 만나서도 이런 말을 서슴없이 하고 있었다. 곧,

> 조선을 위해 기도해 주십시오. 다른 아무 것도 우리를 도울 수 없습니다. 하지만 하나님, 그 분은 도와주실 수 있습니다.[58]

나라 형편이 워낙 확실하지 않아서 그랬겠지만, 민영익의 충심은 이처럼 기독교 조선 도입에 더할 나위없는 심혈을 기울이고 있었음이 들어난다. 더구나 언더우드가 한국 입국 전 일본에서 만나 한국말을 배웠던 이수정 역시, 민영익이 그 친분으로 일본에 보내 결국 기독교 신앙에 이르게 한 일이 있는데, 이 또한 눈부신 내력이다.[59] 이처럼 민영익, 그가 기독교 조선 선교 착수에 끼친 공로는 이를 실로 대서특필하지 않을 수 없다.

이렇게 해서 여러모로 한국 선교에 대한 기운이 양성되자 미국은 장로교회나 감리교회가 때를 놓치지 않고, 곧 젊은 선교사들을 파송했던 것이다.

> 오늘이야말로 한국에서는 (선교)기회의 황금시간이라 할 수 있습니다.[60]

---

56) W. C. Swearer, The Founding of the Methodist Episcopal Missions in Korea, *The Korea Mission Field,* January 1914, p. 14.

57) W. E. Griffis, *Corea the Hermit Nation,* pp. 460-461.

58) J. S. Gale, *Korea in Transition,* p. 37.
민영익은 1909년 안중근의 재판 변호사 비용을 대주고 있었다.
황현, 『매천야록(梅泉野錄)』, 국사편찬위원회, p. 517.

59) 佐波亘 編, 『植村正久とその時代』, 東京: 教文館, 1938, 제2권 p. 578.

60) Arthur J. Pierson, Introduction to H. G. Underwood, *The Call of Korea,* p. 11.

이 소리가 미국의 하늘 아래 창창히 울려 퍼져가고 있었다.

10.3.2. 초기에 입국한 미국 선교사들

1885년 4월 5일, 이 날은 알렌이 제물포에 상륙한 1884년 9월 20일과 더불어 한국 프로테스탄트 역대기에 길이 남을 선교 역사의 기점이 되었다. 이 날 미국의 선교사들이 선교사 직함으로 제물포에 상륙했던 것이다. 그때 내한한 이들은 장로교의 언더우드, 감리교의 아펜젤러 부부 세 사람이었다. 한 달 후인 5월 3일에는 감리교의 윌리암 스크랜톤(W. B. Scranton, 施蘭敦: 1856-1922)이 그의 모친 매리 스크랜톤(M. F. Scranton, 1832-1909)과 함께 입국하였다.

언더우드는 1859년 7월 19일, 영국 런던에서 태어났으나 13세 되던 해에 미국에 이주하여 귀화한 영국계 미국인이다. 그는 뉴욕대학교와 화란개혁교회 계 뉴부런스위크 신학교에서 각각 문학과 신학을 연수하고, 1884년 7월 28일에 북미 장로교회의 외지 선교사로 임명되었던 것이다.[61] 1885년 1월 일본에 도착한 언더우드 목사는 2개월간 거기 체재하는 동안에, 임오군란(1882) 후 수신사 일행을 수행하여 일본에 와서 계속 잔류하고 있었던 한국인 이수정(李樹廷, 1842-1886)을 만나 우정을 깊이 할 수 있었다. 그리고 그에게서 한국말을 배우기도 하다가, 한국을 향해 떠날 때에는 이수정이 번역한 『마가복음』을 끼고 들어 왔던 것이다.[62] 최초로 입국하는 선교사가 한국인 스스로 이미 번역한 성서를 손에 들고 들어온 것이다.

언더우드는 한국에 도착하자마자, 제중원(濟衆院)[63]의 학생들에게 물리와 화학을 가르치기 시작하면서 알렌을 돕고, 동시에 정성을 기울여 한국어를 학습해서, 곧 거리나 골목, 서울 변두리 시골에 가서 한국인들과 직접 만나 전도의

61) 백낙준, 『원두우소전』, 서울: 연세대학교, 1959, p. 4.

62) *Ibid.*, pp. 37, 38.

63) 광혜원이 그 설립 12일 후에 제중원으로 이름을 바꿨다.

기회를 찾고 있었다. 어학, 여행, 문학 및 교육을 통해서 한국 선교 역사 그 청사에 빛나는 언더우드의 선교는 그의 나이 26세에 시작되고 있었다.

아펜젤러 부부는 제물포에 상륙하기는 했지만, 국내 정세가 한참 어수선한 때였고 또 미국공사의 만류도 있고 해서, 다시 일본에 되돌아가 2개월을 보내지 않으면 안 되었다. 하지만 아펜젤러는 우리나라에 들어와 일하다가 1902년 작은 배를 타고 목포를 행해 가던 중 난파되어 아깝게도 세상을 떠났던 것이다. 한참 일할 44세 때의 일이었다. 그때까지 그는 배재학당의 설립과 순회 목회 및 성서 번역에 견줄 수 없는 공헌을 남기고 갔던 것이다. 그는 미국 유수의 교회사가 필립 샤프(Philip Schaff)가 졸업한 프랭크린 마샬대학(Franklin Marshall College)을 1882년에 졸업하였으며, 신학은 드루신학교(Drew Theological Seminary)에서 수학했다.

그는 신앙의 먼 길을 편력한 바 있었다. 그것이 오히려 에큐메니칼 정신 구현에 실질적인 바탕의 역할을 하게 되었던 것이다. 그는 본래 장로교인으로 세례를 받았으며, 그의 깊은 종교적 결단의 경험이 그의 영혼을 휩쓸고 지나간 것 역시 장로교회에서였다.[64] 하지만 그는 결국 1879년 4월 21일 감리교회로 이적한다. 그 날짜의 그의 일기에 이런 글이 있다.

> 오늘 나는 지금껏, 장로교에서 감리교로 옮겨가는 문제에 대해서 오래 생각해 왔는데 이제 이를 끝내기로 하였습니다. 그리고 내 영혼의 결정에 따라 감리교회에 이적하기로 결정을 내렸습니다. … 나는 장로교에 있을 때보다 훨씬 마음이 안정된 것 같고, 또 나는 실제로 언제나, 그리고 완전히 감리교인이었었다고 생각합니다.[65]

이런 아펜젤러가 처음 언더우드를 만난 것은 코네티커트 주의 하트포드

---

64) W. E. Griffis, *A Modern Pioneer in Korea, The Life Story of Henry G. Appenzeller*, New York: Fleming H. Revell, 1912, pp. 57-69.

65) *Ibid.*, p. 71.

(Hartford)에서 1883년 10월 24일부터 나흘 동안 개최되었던 신학교협의회(Inter-Seminary Alliance) 회집 때의 일이다. 그는 이 회의에서 눈에 띄게 활약하는 총명하고 진지한 청년 언더우드를 만나 이심전심 우정을 키우고, 그리고 장차 그들 생애 끝 날까지 선교의 동려(同侶)로 운명을 같이하게 된 것이다. "사자처럼 당돌하고, 여인처럼 우아한가 하면, 주님 위해 물불을 가리지 않고 덤비는, 열정의 이 감리교인은 남을 위해 섬기다가 세상을 떠났던"[66] 것이다.

이렇게 시작한 선교의 행렬은 앞 다투어 계속된다. 새로운 교파교회가 뒤를 이어 줄을 이었다. 보수적인 미국 남장로교회는 언더우드의 안식년으로 귀국해서 한국 선교를 호소하는데 자극을 받아 한국에서의 선교 사업을 결정하게 된다. 언더우드가 내쉬빌(Nashville)에서 개최되었던 신학교협의회에서 그 열정적인 설교와 선교 보고를 통하여 젊은 신학생들의 한국 선교 의욕을 불태웠기 때문이었다. 남장로교 해외선교부 실행위원회는 1891년 12월에 테이트(Lewis B. Tate, 崔義德: 1862-1925), 정킨(Wm. McCleery Junckin, 全緯廉: 1865-1908) 그리고 레이놀즈(Wm. D. Reynolds, 李訥瑞: 1867-1951) 등 세 청년의 한국 파송을 승인하게 되었다.[67] 이때 데이비스(L. F. Davis, ?-1903) 등 네 여자도 한국에 나갈 선교사로 함께 임명 받았다.[68] 이들은 다 함께 동시에 한국에 항해할 예정이었으나 건강 때문에 나뉘어져, 결국 데이비스 여사가 한국의 이부인과 함께 1892년 10월 20일에 알렌의 환영을 받으며 서울에 들어왔다. 그 나머지 일행이 제물포에 뒤쫓아 온 것은 그 해 11월 3일, 온 시가 일본 천황의 생일을 축하하던 날이었다.

이들은 서울에 도착하여 미국 북장로교 선교부의 사무엘 모페트(Samuel A. Moffett, 馬布三悅: 1864-1939) 목사의 영접을 받은 날로부터, 곧장 1년 계획으로

66) *Ibid.*, p. 7.

67) W. D. Reynolds, Genesis of the Southern Presbyterian Mission, *The Korea Mission Field*, January 1914, pp. 16-17.

68) Miss Mattie Tate, Miss Linnie Davis, Miss Potsy Bolling, Miss Mary Leyburn. G. T. Brown, *Mission to Korea*, Board of Foreign Missions Presbyterian Church in U.S., 1962, p. 23.

한국어 습득을 위해 정진했다. 그러나 언어의 장벽은 심각했다. 선교사 중의 한 사람은 한국말을 가리켜서 "목이 곧고 하이드라 머리를 가진 괴물"[69]이라고 평하고 있었으니, 그 고충을 이해하고도 남는다.

남장로교 선교부는 1895년에 이르러 그 선교 지역을 전라도 지방으로 작정했다. 로마 가톨릭의 세력이 가장 집중적으로 떨쳤던 고장에 선교의 방향과 정력을 집중시키기로 한 것이었다.

10.3.3. 한국인 선도의 선교 요청

미국 선교사가 입국하는데 한국인이 선도하여 결정적인 소임을 다한 경우가 하나 있었다. "그 현명한 한국 정치인 윤치호(尹致昊, 佐翁: 1865-1945)"[70]가 그 장본인이다. 그는 한 때 학부협판(協辦)으로 일한 적도 있으며,[71] 1896년에는 충정공(忠正公) 민영환(閔泳煥, 1861-1905)과 함께 러시아 황제 니콜라이 2세 대관식에 참석한 일도 있었다.[72]

그런데 그의 역경이 선교 도입 추진의 한 계기가 되었다. 그는 1884년 12월의 갑신정변 때, 김옥균과의 친분 때문에 친일로 몰려 할 수 없이 국외로 도피할 수밖에 없었다. 그는 통역으로 섬기던 미국공사 푸트와 동행하여[73] 일본을 거쳐 무사히 중국 상해로 갈 수 있었다. 거기서 미국영사의 주선으로 남감리교 경영의 중서학당(中西學堂)에 입학하여 면학의 길에 오른다. 그때 그 곳의 남감리교 선교사 알렌(Young Allen, 林樂知: 1860-1918)과 친분이 두터워져 기독교 신앙

---

69) G. T. Brown, *op. cit.*, p. 25. 하이드라는 희랍신화에 나오는 아홉 머리를 가진 괴물. 머리를 하나 짤라도 또 새 머리가 솟는 괴물.

70) Hans-Ruedi Weber, *Asia and the Ecumenical Movement 1895-1961*, London: S.C.M. Press, 1966, p. 120.

71) 관보, 개국 504년 5월 8일부의 서임(敍任) 및 사령(辭令) 참조.

72) 『윤치호일기』, 4, 국사편찬위원회, 1975, pp. 2165ff.

73) 양주삼, 『조선남감리교회 三十년 기념보』, 서울: 조선남감리교회 전도국, 1926, p. 73.

에 인도되어, 1887년 4월 3일 오전 10시 한국인 최초로 남감리교인으로 세례를 받았던 것이다. 그때의 감격은 "가위(可謂) 일생일대의 날"로 기록된다.[74)]

그는 여기서 얼마 지내다가 1888년 9월에 미국을 향해 떠난다. 그리고 11월에는 밴드빌트대학교에 입학한 것이다. 26세 때의 일이다. 그리고는 1891년에 이를 졸업하고 그 해 에모리대학교에 입학, 1893년에 졸업하였던 것이다. 영문학과 신학이 전공이었다. 한국인으로서는 당시 제대로 미국 대학교를 졸업한 최초의 인사가 된 것이다. 그는 또 가장 유창한, 매혹적인 영어를 할 수 있었던 최초의 한국인이었다.

하지만 그의 공헌은 역시 한국에 대한 복음의 선교 실현에 대한 그의 열의와 헌신이었다. 그는 1893년 3월 에모리대학교의 총장 캔들러 박사(W. A. Candler)에게 2백 달러의 기금을 보내면서 한국 선교의 착수를 간청했던 것이다.[75)] 이 간청이 주효해서 북청(北淸)에 주재하던 남감리교 선교사 헨드릭스 감독(Bishop E. R. Hendrix, 1847-1927)과 리드(C. F. Reid, 李德: 1849-1915) 목사가 1895년 10월에 내한하여 사정을 살피고, 1896년 8월에 정식으로 리드 목사의 착경을 계기로 체계적 선교에 임하게 되었던 것이다. 이것은 선교사(宣敎史)의 첫 페이지라기보다는 한국감리교회사의 첫 페이지로 보는 것이 당연할 것이다. 남감리교회는 "1897년 5월 2일에 경기도 고양에서 장년 24명과 유년 3명에게 세례식을 거행하고 조선에서 처음으로 교회를 조직하였는데, 그때에 윤치호 씨는 집 한 채를 기부하여 예배당으로 사용케"[76)] 했던 것이다. 그리고 그 해 6월 20일에는 리드 목사의 사택 구내에서 처음으로 공동예배를 드렸고, 윤치호가 강론을 하였던 것이다. 이것이 후에 광희문교회가 된 것이다.[77)]

---

74) 『윤치호일기』, 1, p. 256.

75) 양주삼, *op. cit.*, p. 75. 『윤치호일기』, 3, p. 43.

76) *Ibid.*, p. 21.

77) *Loc. cit.* 『윤치호일기』, 5, p. 68.

10.4. 그 외 교파형 교회의 선교

10.4.1. 성공회

한국 선교에서 비록 미국계의 교파는 아니라 할지라도, 교회론에 있어서 교파적 형태의 신학을 취하는 교파의 선교가 여럿 있었다.

그 하나가 영국 성공회이다. 성공회는 코르프(C. J. Corfe, 高要翰: 1865-1921)가 여섯 사람의 성직자와 랜디스(E. B. Landis, 1865-1898) 등 두 명의 의사와 함께 1890년 9월 26일 부산에 도착했다. 선교는 주로 제물포와 서울을 중심으로 시작하였다.[78] 코르프는 영국을 떠나기에 앞서 선교사 주교(Missionary Bishop)의 서품을 받았다.[79] 서울 정동에서 기존 건물을 강림성당(The Church of Advent)이라 부르고 코르프 주교가 첫 미사를 집전한 것은 1890년 12월 2일의 일이었다. 그리고 그 즈음에 제물포에 '성 미카엘과 모든 천사' 성당이 건립된다. 1892년 11월 27일에는 서울에 '교회다운 모습과 크기로' 성당을 신축하고 축성하였다.[80] 성공회는 처음에는 주로 의료 활동과 외국인 상대의 선교를 하였지만, 한국인으로 첫 영세를 받은 사람은 1897년 10월 30일의 한동막(韓東莫)이었으며, 다음 달 7일에는 김희준과 김군명이 각각 영세를 받았다.[81]

10.4.2. 호주장로교의 선교

호주장로교회는 1889년 10월에 데이비스(J. H. Davis, 1858-1890)와 그의 누이동생 데이비스(Miss M. T. Davies)는 경상남도 일대를 무대로 삼아 선교하면서 한국 전교에 체계적으로 임했다.[82] 그러나 데이비스 목사는 너무 먼 거리를 도보로

---

78) 이재정, 『대한성공회 100년사』, 서울: 대한성서공회 출판부, 1990, p. 35.
Cf. J. Corfe, *The Anglican Church in Korea*, Seoul: Soul Press-Hodge Co., 1905, p. 7.

79) A. J. Brown, *The Mastery of the Far East*, p. 504.

80) 이재정, *op. cit.*, p. 39.

81) *Ibid.*, p. 40. 김희준은 1915년 한국인 최초의 사제(司祭)가 되었다.

여행한 것이 무리가 되어서 병약에 시달리던 중, 안타깝게고 천연두에 희생되어 세상을 떠났다. 입국한 지 겨우 1년이 지난 다음의 일이었다. 이렇게 해서 "한국에 찾아 온 가장 훌륭한 선교사 가운데 하나요, 열성 있고 재간이 많은 이 거룩한 사람"[83]은 이 겨레를 위해, 낯선 길을 가다가 그의 소중한 생명을 바쳤던 것이다. 그러나 1900년도가 지나서 호주에서는 계속 선교사들을 증원 파송하여, 경상남도 일원에서 농촌교회와 부녀자 교육을 위해 남다른 공헌을 남기게 되었던 것이다.

10.4.3. 캐나다장로교의 선교

캐나다 한국 선교의 시작은 특수한 데가 있었다. 캐나다인으로 처음 한국에 온 선교사는 매켄지(Wm. J. McKenzie, 梅見施: 1861-1895)였으나 그는 그 나라 교회의 파송선교사가 아니고, 개인 자격으로 내한했던 열정의 청년이었다. 그는 캐나다 동해안의 라브라도(Labrador)에서 개척 전도를 하다가, 졸지에 한국에 선교를 시작하기로 결심하고, 친구들에게서 기여 받은 제한된 전도비만 가지고, 멀리 조선을 찾아왔던 것이다. 1893년 12월의 모진 엄동설한이 이 벽안의 서양 사람을 맞았다. 그는 "조선을 제2의 고향으로 삼아서 그들과 함께 살다가 마지막 나팔 소리를 들을 때까지 그들과 떨어지지 아니하리라"[84]는 숭고한 결의로 가슴을 불태우고 있었다.

그는 서울에서 몇 달을 지낸 뒤 1894년 2월 벽촌 황해도 장연(長淵)의 솔내(松川)에 가서, 한복을 입고 한식을 먹으며, 이 겨레와 함께 밤낮을 같이 했다. 그런데 그 돌변한 생활양식과 고독은 마침내 그를 죽음에까지 몰고 갔던 것이

---

82) E. A. Kerr and G. Anderson, *The Australian Presbyterian Missions in Korea 1889-1941*, Australian Presbyterian Board of Missions, 1970. p. 9.

83) H. G. Underwood, *The Call of Korea*, p. 140.

84) 이호운, 『한국교회 초기사』, 서울: 대한기독교서회, 1970, p. 191.

다. "익숙하지 아니한 기후, 견디기 힘든 외로움, 극단의 빈약한 먹을거리, 열병, 이런 것들이 그의 마지막 의지를 꺾고 그의 몸을 뒤흔들어"[85] 마침내 1895년 6월 23일 그는 낯선 솔내 초가집에서 쓸쓸히 세상을 떠났던 것이다. 그는 힘 다해 어머니에게 편지를, 아주 힘들게 쓰고 있었다. 글이 몇 번씩 흩어지고 멈추고 깨지고 하더니 문맥도 황망했다. "어머니!" 그것이 처음과 나중에 가슴 메이듯 꼬친 글이다.

> 내 마음은 더할 나위 없이 평화스럽습니다. 예수님은 나의 단 하나의 희망입니다. 하나님은 모든 것을 선하게 하십니다.
>
> 어머니… 이제 더 이상 쓸 수 없습니다. 너무 아픕니다.[86]

그는 이렇게 기를 써 마지막 글을 쓰고 간 것이다.[87] 하지만 그의 죽음의 문은 수백 수만의 영혼들에게 생명을 열어주는 문이었다. 그가 한국의 저 거친 뜰에 드높이 들었던 예수 그리스도의 깃발은 솔내에서처럼 그 복음의 메시지에 굶주려 손 뻗는 수없는 마을 마을에 또 다른 하나님의 종들에 의해서 계속 들리워지고 있었다. 그는 그렇게 "계속 푸르도록 남아 있었다."[88]

그는 한국에서 1년 반을 넘겨 살지 못했다. 하지만 동네 사람들은 더 이상의 설교가 필요 없었다. 사랑과 헌신, 이 겨레와 함께 가난에 시달린 이 서양사람, 그 까닭이 무엇이었을까 묻지 아니한 사람이 없었다. 사실 솔내는 이 지역에서 동학군의 침공을 받지 아니한 유일한 곳이었는데, 그것은 매킨지가 혈혈단신 그들과 맞선 용기와 그의 설득 때문이었다.[89]

---

85) E. A. McCully, *A Corn of Wheat, or the Life of Rev. W. J. McKenzie of Korea*, Toronto: The Westminster Co., 1903, p. 222.

86) *Loc. cit.*

87) 자살했다는 설이 있다.

88) Roll of the Missions Dead, *Quarto-Centennial Papers, The Korea Mission of the Presbyterian Church in the U. S. A.*, 1896, p. 165.

89) L. H. Underwood, *Fifteen Years among the Top-Knots*, American Tract Society, 1904, p. 129. 매

그러나 그의 외로운 죽음은 불길처럼 여럿의 가슴을 태웠다. 더욱이 솔내교회의 한 늙은 신자[90]는 캐나다에 편지 한 장을 띄웠다. "바람과 바다가 잔잔해져서 이 편지가 그곳에 닿으면, 여러분의 눈을 뜨게 하여, 이 나라의 간절한 소망이 무엇인지 보게 해주기를" 기도하는 내용의 글이었다.[91] 그래서 그랬다. 마침내 캐나다의 장로교총회는 1897년 한국 선교를 결의하고, 1898년 9월 8일에 푸트(W. R. Foote, 富斗一: 1869-1930), 맥레(D. M. McRae, 馬具禮: 1868-1949) 그리고 그리에슨(R. G. Grierson, 具禮善: 1868-1965) 등 세 사람을 파송하게 되었던 것이다. 이것이 함경도를 중심해서 선교하게 된 캐나다장로교회 선교의 시작이 된 것이다.

그런데 1898년 캐나다장로교회가 한국 선교를 시작했을 때, 캐나다 토론토대학교에서는 이때까지 도와주던 한 사람의 재한선교사에 대한 후원을 중지한 일이 있었다. 제임스 게일(James S. Gale)이 바로 그 선교사였다. 토론토대학교의 YMCA가 게일을 한국에 파송했던 것은 1888년 12월의 일이었다. 그는 1892년 봄까지 서울, 솔내, 부산을 거쳐 광범위한 순회전도에 종사하고, 곧 미국 북장로교 선교부로 적을 옮겼지만, 토론토의 후원은 1898년까지 계속되고 있었다.

여기 다른 한 캐나다 출신 선교사가 내한하여 선교한 우여곡절의 편력이 있다. 말콤 펜위크(Malcom C. Fenwick, 片爲益: 1865-1935)는 토론토의 코리언유니온미션(Corean Union Mission)에서 파송한 독립선교사의 행적이 그것이다.[92] 1889년 12월 8일에 그는 한국에 첫발을 내딛었다.[93] 그는 서울에 머물면서 한 10개월 동안 우리말을 익히고는 솔내에 가서 작은 집을 하나 마련했다. 그리고는 농사를 지으면서 우리 겨레와 함께 살아갔다.

켄지와 만났던 동학군 사령 몇 명은 기독교에 입신.

90) 서상륜(徐相崙)임이 확실.

91) I. B. Bishop, *Korea and Her Neighbours*, Vol. II, pp. 159-160.

92) Yoo Young Sik, *Earlier Canadian Missionaries in Korea*, Toronto: Society for Korean and Related Studies, 1987, pp. 39, 42.

93) 김용해, 『대한기독교침례회사』, 서울: 대한기독교침례회, 1964, p. 11.

그러나 그의 마음에 흡족한, 선교의 결과는 찾아오지 않았다. 전도의 음성은 허공을 치는듯 하였고, 호소력은 그 대상을 찾지 못해 되돌아오고 있었다. 그는 낙담한 나머지 결국 1893년 미국에 갔다.[94] 하지만 1894년에는 저 유명한 허드슨 테일러(J. Hudson Taylor)의 중국내지선교회(China Inland Mission)의 본을 따라서 조선순회선교회(Corean Itinerant Mission)[95]를 조직하고는 곧 그 선교사로 다시 한국에 되돌아왔던 것이다.

독립선교는 그 고귀성이 돋보인다. 하지만 그만큼 힘들고 그리고 시련이 심한 것임이 이렇게 들어나고 있었다.

10.4.4. 침례교 선교의 시작

그런데 때마침 미국 침례교계의 '엘라 딩 기념선교회'(Ella Thing Memorial Mission)[96]에서 한국에 파송했던 선교사들(E. C. Pauling 부처, F. W. Steadman 부처,[97] S. Ackles, A. Ellmer, A. Gardeline)이 충청도의 강경, 홍성, 공주 방면에서 애쓴 보람이 무너지고, 아울러 재정난이 겹쳐, 1900년에는 그 철거가 불가피하게 된 일이 있었다.[98] 한국 프로테스탄트교회, 오늘의 기적적 발전 첫날에 이 땅에 묻힌 숱한 실패의 피와 땀과 눈물이 이렇게 간 데마다 흠뻑 적셔져 있었다.

이때 스테드만은 펜위크에게 강경, 공주 지방교회와 그 소유권 전부를 이양[99]하였던 것이다. 따라서 1889년 12월에 시작된 펜위크의 독립선교는 1895년

94) 1894년 체미 중에 침례교회의 A. J. Gordon 목사와 장로교회의 A. T. Pierson 목사에게서 안수를 받았다.

95) 이 선교회의 규칙에 대해서는 The Declaration of Principle and Motto of the Corean Itinerant Mission, Appendix B. L. G. Paik, *The History of Protestant Missions in Korea 1832-1910*, Pyeng Yang: Union Christian College Press, 1929, pp. 431-433. 참조

96) 보스톤의 클라랜돈 침례교회(목사 A. J. Gordon)의 집사 S. B. Thing이 그의 딸을 기념하여 창설한 선교회.

97) 스테드만의 한국어 교사는 오긍선(吳兢善)이었다. 김용해, *op. cit.*, p. 14.

98) F. W. Steadman, Korea: Her People and Mission, *The Baptist Missionary Magazine*, October 1901, p. 674.

에 시작된 침례교 선교를 1900년에 흡수해서, 침례교 선교로 전환한 독특한 곡절을 가지고 있었다.

이러한 여러 경험을 통해서 펜위크는 한 가지 중요한 사실을 발견하였다. 곧 전도는 외국 선교사들에 의해서보다는 본토인 한국 사람 자신들의 증언에 의해서 진행되어야 그 수확이 크다는 것을 깨닫게 되었던 것이다.[100] 신명균(申明均)과 황상필(黃相弼)이 교사직을 받은 것은 1903년의 일이다.

10.4.5. 안식교의 선교 시작

이제 일본을 통해서도 기독교가 전해 들어오는 일이 몇 있었다. 안식교(安息教, The Seventh-day Adventist)는 1904년 하와이 이민으로 떠났던 손흥조(孫興祚)와 하와이 개발공사의 계몽원이었던 임기반(林基盤)에 의해서 한국에 도입되었다. 손흥조는 하와이에 가는 도중 일본의 고베(神戶)에서 일본 '제7일 안식일 기독재림교회'의 구니야(國谷秀)에게서 한국인 최초로 침례를 받아 안식교인이 되었던 것이다. 그때 함께 침례 받은 사람은 유은형이었다.[101]

거기서 수속 서류 불비로 다시 한국에 되돌아오게 된 손흥조와 임기반은 평안도의 용강을 중심으로 선교에 나서서 교회의 기초를 마련했으나, 그들이 믿는 종교의 교리나 치리(治理)의 내용을 통달하지는 못하고 있었다. 그래서 할 수 없이 구니야와 미국인 선교사 필드(F. W. Field)를 초청할 수밖에 없었다. 이들이 진남포에 상륙하고 나서 처음 가르친 것이 "물론 성경 교리였지만 『만국통감』이라는 역사책을 펴가지고 서기 321년에 콘스탄티누스 로마 황제가 일요일 휴업령을 내려, 주일을 안식일에서 일요일로 변경한 사실을 특히 힘을 주어

99) 김용해, *op. cit.*, p. 14.

100) M.C. Fenwick, *The Church of Christ in Korea*, New York: Hodder & Stoughton, 1911, pp. 58, 61. 그 책 제 X장의 타이틀이 "The Splendid Success of the Native Pastor Where I Had So Helplessly Failed"이다.

101) 이영린, 『한국재림교회사』, 서울: 시조사, 1965, p. 15.

설명"하였던 것이다.[102] 여기에서 이미 안식교의 본연의 모습이 들어났다고 할 수 있다. 한국 초대교회가 대개 성서 중심의 복음주의적 선교였음에 반해서 안식교에서는 그 교회의 교리적 특수성을 강조하면서 일종의 배타적 선교를 한 것이 눈에 띄인다.

이들은 때를 놓치지 않고 교회 조직에 나섰다. 그래서 용강의 선돌과 용동(九龍里), 강서(江西)의 강대모루 및 중화(中和)의 바매기(間谷里) 등 네 교회를 설립하고는, 그 해 9월 27일에는 진남포에서 총회를 개최했던 것이다. 그때 이들은 성만찬식을 거행하고, 장래 사업에 대한 토의를 장황히 한 후에 임기반을 총회장으로 선택하고 의욕에 넘친 첫발을 내딛었던 것이다.

이 교회는 한국 재림교회의 열망에 응해서 미국에서 정식으로 보내게 된 스미스(W. R. Smith, 偲美瑞: 1876-?) 선교사의 입국으로 그 교회 확장이 빨랐는데, 그의 활동에 대해서 언더우드는 인간적으로 베풀 수 있는 최대한도의 호의와 친절을 보여주었던 것이다.

10.4.6. 성결교의 선교 시작

성결교회는 단일한 하나의 교파로 시작한 교회가 아니었다. 다만 동양 선교를 위한 초교파적인 단체에서 출발했다가 자리 잡은 교회라고 할 수 있다. 미국의 감리교 교인이었던 카우만(C. E. Cowman, 1868-1924) 목사와 그의 친구 킬보른(E. A. Kilbourne, 吉寶崙: 1865-1928) 목사 이 두 사람은 하나님의 은혜를 뜨겁게 체험하고 성서적인 순복음을 동양 여러 나라에 전도하겠다는 열정 하나만 가지고, 후원의 약속과 그 전망이 전혀 없는 소명의 길을 떠나 왔던 것이다. 1901년 일본 동경에서 이들은 동양선교회복음전도관이라는 간판을 달고, 노방전도와 개인의 구령을 중심으로 선교 사업을 시작했다. 이들은 본래 교파 형성의

---

102) *Ibid.*, p. 20

의도 없이 출발하여, 감리교 본래의 방향인 성결의 복음을 만인에게 선포할 생각이었다. 그러나 기구의 조직이 불가피할 정도로 신도수가 증가하는 바람에 결국 동양선교회 성결교회라는 교단을 세워 출범하기에 이른다. 신앙은 필경 기구와 조직 안에서 보존되고 계승되고 훈련되는 것이다.

한국에 성결교회가 정식으로 창설된 것은 1907년, 일본에서 동양선교회 경영의 성서학원을 졸업한 김상준(金相濬, 1881-1933)과 정빈(鄭彬), 두 사람이 귀국하여 서울 무교동에 집을 한 채 매입해서 '복음전도관'을 개설함으로써 비롯되었다.[103] 이들 역시 처음 교파의식을 전혀 가지고 있지 않았다. 그래서 악대를 동원한다든가 호별 방문에서 얻은 결신자들을 인근 교파교회에 인도하곤 했다.[104] 이런 선교 양식이 변모해서 하나의 '교회'로 자리 잡은 것은 1911년 3월 무교동에 성서학원을 설립할 때부터의 일이다. 하지만 이 교회가 정식으로 '조선예수교 동양선교회 성결교회'라고 부르게 된 것은 1921년의 일이었다.[105]

10.4.7. 구세군의 한국 개전(開戰)

구세군의 한국 개전은 1908년 10월 본영(本營) 런던에서 호가드(R. Hoggard, 許嘉斗: 1861-1935) 정령(正領)이 서울에서 구세군 영(營)을 창설하면서 시작되었다.[106] 이들은 본래 사회악 박멸과 죄악과의 전투적 대결이라는 군대식 의식(儀式) 및 조직 때문에 군복을 착용하는데, 한·일 관계가 험악했던 1908년대에, 그 군복 차림으로 해서 때로 변을 당하고 어려움을 겪기도 했다. 이들은 1909년 구세군사관학교를 설립하여 사관 양성에 힘쓰고, 1910년에는 구세군 한국 본영을 설치해서 빈곤과 사회악에의 대결, 그리고 순수한 복음의 선포라는 기치

---

103) 이천영, 『성결교회사』, 서울: 기독교대한성결교회, 1970, pp. 25-26.

104) *Ibid.*, p. 26.

105) *Ibid.*, p. 239. 그 교단의 이름은 1940년에 '기독교조선성결교회', 1949년에 '기독교대한성결교회'로 변천한다.

106) 장형일, 『한국구세군사』, 서울: 구세군 대한본영, 1975, pp. 22, 32.

아래, 잊혀 질 수 없는 공헌을 이 사회에 남기기 시작했다.

안식교나 성결교 및 구세군은 한국이 일제에 침탈되는 1905년대를 전후하여 도입되었다는 독특한 배경을 가지고 있다. 그것도 안식교나 성결교의 경우는 그 일본에서 도입되었다는, 아주 불편한 상황 속에서 진행되었던 것이다. 구세군의 군복 차림도 한국이나 일본 모두에게 역시 당돌한 현상이었음을 부인하기 힘들다. 기독교 한국 도입의 통로는 이처럼 처음부터 순수한 신앙만의 전파라는 대의가 아무 방해 없이 실현되는, 그런 편안한 상황은 아니었다.

10.4.8. 국외에서의 한국인의 입교

멀리 눈을 돌려 시베리아 쪽을 바라보자. 거기에는 가난 때문에 이주해 간 숱한 조선 사람들이 러시아 동방정교회(希臘正教會)에 입교하고 있었다. 양치허(Yantchihe)라는 마을에는 4백여 가구가 이 동방정교회 교인으로 세례를 받고 있었고,[107] 사례치어(Saretchje)란 마을에서는 조선인 600가구 중에서 450가구가 교회에 등록하고 있었다.[108] 그리고 크라스노에(Krasnoye)와 노우 키에스크(Nowo Kiewsk) 사이에 있는 조선인 정착촌에서는 "대단히 많은 가구마다" 그리스도 상(像)을 비롯하여 희랍 성자들과 순교자들의 그림을 걸어 놓고 있었다. 희랍 사제들은 이들의 신앙상태를 달갑게 보고 있지 않았다. 그러나 우리네 가난한 이주민들이 제정 러시아의 국교인 동방정교회에 입교함으로써 그 국민으로서의 권리를 누리고자 한 동기는 비탄해 마지 아니할 것이었을지라도, 혐오할 만한 것은 아니었다.[109]

---

107) I. B. Bishop, *Korea and Her Neighbours* (1898년 런던 판으로 두 권으로 발행되었으나, 1970년 연세대학교 출판부에서 단권으로 영인 간행), p. 227.

108) *Ibid.*, p. 229.

109) *Ibid.*, pp. 227, 229.

10.4.9. 기독교 한국 선교에서의 문제들

이상에서 살핀 모든 교파교회 신앙의 한국 정착에 대해서 처음부터 몇 가지 생각해야할 것이 있었던 것으로 여겨진다.

기독교의 교파교회라는 특수한 조직과 제도가 신앙보다 중요시될 위험성이 있었다. 서양 특히 미국 교회의 배경에서 생성된 특수한 교파의 이식(移植) 때문에 자립적인 민족 주체의 신앙 형성이 더디어지고, 이질적 사회 배경의 요소들이 생소한 토착 교회에서 한국인의 신앙 형태를 구속할 그런 위험이 있었다. 따라서 기독교의 한국 선교는 비단 교파교회만이 아니라 기독교의 선교에서 그 선교지와의 관계에 있어서 중요한 문제 하나를 제기한다고 볼 수 있다.

가령 윤치호는 1893년 감리교 신앙의 우월성에 긍지를 가지면서도, 그것은 감리교라는 기관에 생명을 주는 정신이 위대해서이지, 그 기관과 조직이 위대해서가 아니라고 본 일이 있었다. 따라서 교회의 위험은 생명이 성립되기 이전에 기구 조직부터 설립하게 된다는 데 있다고 갈파한 일이 있다.[110] 다시 말하면 "그 토착교회가 교파를 생동하게 하는 그 정신과 생명을 갖추어 가지지 못한 채, 다만 조직과 기구를 가지게 된다"[111]는데 문제가 있다고 보았던 것이다. 따라서 최선의 길은 우선 토착교회가 그 강력하고 위대한 지도력을 키우게 해서 그들로 하여금 스스로에게 알맞은 신앙과 교회 형태를 개발 발전시키게 하는 데 있다고 확신하였던 것이다.[112]

이러한 토착교회의 우선적인 형성 문제는 미국 장로교 본부의 해외선교 총무였던 로버트 스피어(Robert E. Speer)에게서 다시 명백하게 지적되고 제시되고 있었다.

> 외국 선교의 목적은 나라마다의 삶 속에 토착적으로 기독교를 세우고, 거기에 알맞

---

110)『윤치호일기』, 3, 국사편찬위원회, 1974, p. 55.

111) *Ibid.*, p. 56.

112) *Loc. cit.*

> 게 순화(馴化)시켜 그 땅에 적합한 생의 형태로 성장시키는 데 있습니다. … 다시 말하면, 선교란 사회적으로 그 겨레의 전통에 뿌리박고 그 전통적 문화의 관례에 적합하며 민족의 생활의 기저에 연결되는 민족의 교회를 성립시키는 데 그 이상이 있습니다. 어떤 외국의 속박과 영향도 받지 않는 진실한 민족 교회의 성립 말입니다. 이것은 구미의 교파적 교회의 어떤 교권 조직도 그 이식을 정당화시키지 못하는 것입니다.[113)]

스피어는 이런 자립 주체적 교회의 형성은 한국의 경우 민족의 정신이나 비전 및 의무라는 민족의 주체의식과 나라의 의식에로 발전하는 원동력이 되어야 한다고 보았기 때문에, 그 토착적 교회 형태의 독자적 확립은 반드시 수행되어야 한다고 확신했던 것이다.

---

113) R. E. Speer, *Christianity and the Nation*, New York: Fleming H. Revell, 1919, pp. 119-121.

11 한국교회 초창기와 그 신앙 형태

한국에서 지금 종교는, 성서의 지식, 하나님의 말씀, 바로 그것이 백성들을 죽음에서 생명으로 이끄는 힘이라고 하는, 그런 소망과 확신을 주는 방향으로 발전하고 있습니다.

John Ross, 1884

한국교회의 실정은 초대교회와 사도시대를 방불케 하고 있습니다. 백성 모두가 이제 눈을 떠 복음을 찾아 창백한 손을 뻗고 있습니다. 그 신앙은 소박하고 경건하여, 봉사에 몸을 던집니다. 고난을 피하지 않습니다. 차별 없는 사랑과 자기부정적인 헌신, 이것은 그렇게도 빠르고 계속적인 복음의 정복에 의해서 초래된 열매들입니다. 이제 이교(異敎)는 패주하고 있습니다.

Horace G. Underwood, 1908

미국인에 의해서 시작된 선교는 당시의 국제적인 정세로 보아서 무시 못할 의미를 가지고 있었다. 그러나 한국의 교회는 한국인의 손에 의해서 그때는 벌써 괄목할 만한 단계로까지 발전하고 있었다는 사실을 간과해서는 안 될 것이다. 로마 가톨릭의 경우와 마찬가지로 프로테스탄트의 경우 역시 한국은 그 교회 창설의 대업에 스스로 착수하고 그리고 수행해 나갔던 것이다.

11.1. 중국에서 입교한 '이름 없는 사람들'

한국 사람이 프로테스탄트교에 입교한 최초의 경우에 대해서 흥미 있는 사실이 하나 전해지고 있다.

1864년 상해(上海)에 체재하고 있었던 '런던선교회'의 조셉 에드킨스(Joseph Edkins)[1]의 서간에 의하면 "다젼(Dr Dugeon) 박사가 도착하는 날, 교회가 회집되었을 때에 세례 받고자 하는 사람들을 심사하여, 그 중에서 네 사람이 적당하다고 생각해서 세례를 베풀었다. 그런데, 그 중 세 사람은 만주에 체재하던 조선 공자(公子)의 관가에서 일하는 사람들"[2]이라는 글이 들어 있다.

이 사람들의 성명이나 활동에 대해서 안타깝게도 더 이상의 자세한 기록이 없다. 그러나 이들이 한국인들이었음에는 틀림없다. 이것이 사실이라면 한국 최초의 프로테스탄트의 세례는 1864년 4월의 어느 날이 될 것이다. 미국 선교사 입국 20년 전의 일이요, 토마스 순교 2년 반 전의 일이다. 하지만 아쉽게도 이 '이름 없는 사람들'과 그 이후의 역사와의 연결은 찾기가 힘들다. 저 망망대해의 고도로 아득하게 보일 뿐이다. 그래서 우리는 이 나라 최초의 성서 번역자들에게서 민족 교회사 그 첫 장을 살펴보는 것이 마땅하다고 본다.

11.2. 이수정의 일본에서의 입교

이수정(李樹廷, 1842-1886)은 1882년 임오군란 이후 파견되었던 수신사 박영효의 사절단 비공식 수행원으로 일본에 건너갔던 사람이다.[3] 그는 잠시 동경외국

---

1) 에드킨스는 로버트 토마스와 친숙했던 선교사.
A Register of Missionaries and Deputations from 1786 to 1877, by J.O. Whitehouse, London: Yates & Alexander, 1877, list No. 492.

2) R. Lovett, *History of London Missionary Society*, Vol. II, 1899, p. 568.
(1864년 4월 15일자)

어학교 교수로 일한 바 있는 전직 통리외무아문(統理外務衙門)의 협판(協辦)이었다.[4] 그는 일본에 오자마자 당시 기독교계의 거물인 쯔다 센(津田仙, 1837-1908)[5]을 만나 친교를 돈독히 하면서, 그로부터 한문 성서와 기독교 교리에 관해서 경청하게 되었다. 그의 관심은 단순한 학자적 관심을 지나서 감동과 신앙으로 기독교에 기울어지게 되었고, 마침내 1883년 4월 29일 주일날에 동경의 로게츠조(露月町)교회에서 야스가와 가다치(安川亨) 목사에게서 세례를 받게 된 것이다.[6] 기독교에 대한 그의 열의는 여기에 그치지 않았다. 일본 주재 장로교 선교사 조지 녹스(G. W. Knox, 1853-1912) 및 감리교 선교사 맥레이 목사와 접근해서 성서 연구에 전력하였다. 그러니까 맥레이가 한국에 올 때에는 이미 이수정을 알고 있었던 때이다.

"유창한 일본어와 정확한 설교, 그리고 감탄할 만한 그의 예술적 시(詩)"[7]로 기왕에 명성이 높던 이 한국인의 기독교 전향은 선교사와 일본 기독교인들 사이에서 적지 않은 관심을 불러 일으켰다. 1883년 동경 유수의 교회 신사까에(新榮)교회에서, 전국 기독교인 간담회가 회집되었을 때, 한국말로 당당하게 기도 순서를 맡았던 그의 감격은 이 교회 첫날의 감격 바로 그것이었다.[8]

그 해 5월 이수정은 한문으로 그 자신의 신앙을 고백하는 글을 하나 발표했다.[9] 여기서 그는 우선 성령의 인도하심으로 성서의 가르침에 이르게 된 점을 밝히고, 그 성서의 참뜻을 이해하는데 만분의 일도 못 미친 점을 시인하면서, 자신의 신앙의 핵심이 요한복음 14장에 근거하고 있음을 고백한다. 이 글은 예

---

3) 『일본외교문서』, 제15권, (1882년 1월-12월) 사항 11. "조선사절의 내항 및 수호조약 속약(續約) 비준 교환의 건, 문서번호 162.

4) 吳允台, "日韓キリスト教交流史", 6, 『福音と世界』, 東京, 1968, 2월호. p. 84.

5) 쯔다 센은 일본 농학계의 대표적 존재였으며, 이수정은 이것이 계기가 되어서 귀국한 후 『농정신편』을 저술한 바 있다. 이 『농정신편』에 대해서는 『역사학보』 37집, 1968년 6월호 참조.

6) 佐波亘 編, 『植村正久とその時代』, 東京, 教文館, 1938, 제 2권, p. 528.

7) H. Loomis, The First Korean Protestant in Japan, *The Korea Mission Field,* July 1937, p. 140.

8) 그때 전체 사진을 찍었는데, 이수정은 한복 차림으로 맨 앞줄 중앙에 자리.

9) 佐波亘, *op. cit.,* 제 2권, pp. 577-578.

수님께서 세상을 떠나기에 앞서 제자들을 한 자리에 불러 앉혀 놓고 이별의 아픔을 위로해 주는 글로서, 감격과 사랑과 인정의 연결이 그렇게 아름다운 글이다. "내가 아버지 안에 있고, 아버지는 내 안에 계시다"는 말씀과 "너희가 내 안에, 내가 너희 안에 있다"는 말씀 속에서 한말의 비운에 눈물 마를 날이 없었던 우리 겨레가 느낀 엄청난 감동과 위로를 흠뻑 느낀 것이 분명했다. '신인상감지리(神人相感之理)' 곧 하나님과 사람이 그 깊이에서 통하는 감격이 그의 심령에 호소했던 것이다.

더욱이 그는 믿음과 사죄의 차원에 깊이 이르러, 은총과 성령의 지도 없이 성도는 아무 일도 할 수 없다고 보고, 이것이 바로 불교의 교훈과 다른 점이라고 갈파했던 것이다. "그가 또 다른 보혜사를 너희에게 주사 영원토록 너희와 함께 있게 하리라" 하신 예수님의 말씀 속에서 그는 '치감명험(致感明驗)' 곧 감동으로 느끼고 분명히 체험한 깊은 사랑과 감격으로 손 뻗어 하늘을 향해 솟구치는 환성을 외칠 수가 있었다. 이 겨레의 미래와 그 희망을 거기서 보았기 때문이다.

그런데 그가 이 즈음에 지은 것이 확실한 신앙고백시에 이런 말이 들어 있다.

> 사람에게 하나님을 믿는 마음이 있는 것은 나무에 뿌리가 있는 것과 같고, 사랑함과 축은함이 없으면 그 나무뿌리가 마름과 같도다. …
>
> 하나님을 공경하고 말씀을 믿으면 꽃이 피고 얽히고 설킨 가지마다 열매가 가득하니 그 깊음이 있고 심히 달도다.
>
> 그 몸통은 소나무와 잣나무 같아서 눈과 서리가 와도 가히 시들지 아니하느니라.[10)]

그는 여기에서 신앙을 생존의 몸통 곧 그 본체로 보고 있다. 이것은 일본의 개화 속도에 뒤진 한국을 보고, 신앙으로 열매를 맺고 시련을 이겨내는, 그런

---

10) 西京公會 諸愛兄娣, 圓心 李樹廷. 이 귀중한 자료는 김수진(金守珍) 박사가 2002년 8월 일본 京都 同志社大學에서 그 대학 창립자 니이지마(新島襄) 생가에서 발굴, 사진을 찍어 가져온 것.

일을 지금 곧 착수해야 한다는 애타는 심정으로 띄운 말임이 확실하다.

이 촉박감과 감격으로써 그는 선뜻 성서 번역에 착수하였다. 녹스 목사의 친구이며 당시 일본성서공회 총무이던 헨리 루미스(Henry Loomis)[11] 목사가 그를 방문하여 복음서를 한글로 번역하는 일을 맡아 달라고 간청한 일이 있었다. 이수정은 이 간청을 고맙게 받아드려 번역에 착수했던 것이다. 이렇게 해서 마침내 1884년 한문에 토를 단 『현토 한한 신약성서』(懸吐漢韓新約聖書)를 요꼬하마의 '대영 및 외국성서공회'를 통해서 출간했던 것이다. 이것은 복음서와 사도행전만을 포함하고 있었다.[12]

이어서 1885년에는 『신약 마가젼 복음셔 언히』가 요꼬하마에서 미국성서공회를 통해 1천 부 간행되었다.[13] 이것이 바로 언더우드가 조선에 들어올 때에 품에 끼고 들어온 성서였는데,[14] 언더우드는 이것을 1894년 서울에서 수정, 간행한 일이 있다.

이수정은 민영익과 같은 보수계 인사와 친숙했던 것이 사실이지만, 일본에서 너무 공공연하게 활동한 것이 친일의 혐의를 낳아, 그래서 1886년 5월 귀국하자 곧 관헌에 체포되어 처형되었다.[15] 백낙준 박사는 이수정이 배교했다는 사료를 공개한 바 있다.[16]

이수정은 프로테스탄트교회에 최초로 입교한 상류층 출신의 신앙인이었다. 그래서 그의 신앙이 영감에 넘친 것이기도 하였지만, 동시에 신앙을 고백적으

11) 의화군(義和君)이 한때 루미스와 친해서 영어를 배우려 하자, 일본이 "조선은 기독교를 믿으면 망한다"고 하면서 이를 저지시켰다. 『윤치호일기』, 4, p. 176.

12) *Historical Catalogue of Printed Editions of the Holy Scriptures*, Library of British and Foreign Bible Society, London: The Bible House, com. by T. H. Darlow & H. F. Mouls, 1903, Vol. II, Ser. No. 5988. p. 886.

13) *Ibid.*, Ser. No. 5991, p. 887.

14) W. D. Reynolds, Translation of the Scriptures into Korean, *The Korea Review*, May, 1906, p. 171.

15) 이광린, 『한국개화사 연구』, p. 235.

16) Ellen C. Person, *Fifteen Years in the Korean Mission*, New York: n.d., p. 7.

로 서술한 기록을 남길 수 있었다. 만주에서 처음 신앙하게 된 중하류층의 서상륜이 별다른 고백서를 남기지 못한 사실과 대조되는 사건이다.

이수정의 신앙이 조선 선교로 직접 연결되지는 못했다. 그러나 그는 미국을 향해 한국 선교의 실현을 호소했고, 기회 있을 때마다 글로 그러한 일을 반복하고 있었다. 이수정이 비록 조선 안에서는 활약하지 못했지만, 그의 성서번역과, 최초의 한국인으로서의 신앙 공개 고백은 자각적 신앙고백이 뜨음한 한국교회에 자극과 공로로 빛나고 있었다.

11.3. 서상륜의 권서 행로(勸書行路)

영국의 대영 및 외국성서공회(The British and Foreign Bible Society)의 연례보고서에 의하면 1880년에 이미 만주의 목단(牧丹)에 주재하고 있었던 스코틀랜드 연합장로교의 선교사 존 매킨타이어와 존 로스가 두 사람의 조선인과 함께 성서번역에 종사하고 있다는 기록이 나온다.[17] 1873년에 된 일을 그때 가서야 보고한 것이다.[18] 존 로스[19]는 만주의 통화현(通化縣) 고려문(高麗門)에서 복음의 진리에 귀를 기울인 서상륜(徐相崙, 1848-1926)[20]과 이응찬(李應贊)을 만날 수 있었다. 그리고 이들을 집에 데리고 가서 한편으로는 성서의 교리를 가르치면서, 한편으로는 이 방대한 전인미답의 대업에 함께 힘을 기울이고 있었던 것이다. 그것은 실질적으로는 1875년에 가서야 비로소 체계적으로 착수되기 시작했던 것이다.[21]

17) *The Annual Report of the British and Foreign Bible Society*, Vol. 76-77 (1880-1881), p. 173. (이 이후로는 B. F. B. S.로 약기)

18) M. O. Beach, *A Geography and Atlas of Protestant Missions*, Student Volunteer Movement for Foreign Missions, 1901, p. 248.

19) 존 로스는 "The father of Korea Missions"이라 불려졌다. *The Minutes of the Korea Mission, Presbyterian Church in the U. S. A.*, 1916, p. 60.

20) 그의 친동생이 한국 최초의 목사 7인 중의 한사람인 서경조(徐景祚). 서상륜의 4대 손(孫)이 새문안교회 장로 서원석과 서울 조선족교회 목사 서경석.

서상륜은 우리말로 성서를 옮기는 일을 하면서, 이 두 선교사에게 한국어의 묘한 점을 교수하였으며, 이로 해서 존 로스는 1883년 1월 "한국의 글자는 현존하는 문자 가운데서는 가장 완전한 문자"라고 경탄해 마지않았던 것이다.[22)]

서상륜의 정력과 명석, 그리고 그의 헌신은 그의 깊은 신앙 때문에 더욱 빛나고 있었다. 그는 번역과 함께 목판을 일일이 깎아내어서 그것으로 인쇄하는 일까지 도맡아서 해내고 있었다. 이렇게 해서 1882년 가을에 심양(瀋陽) 문광서원 간행으로 『예수셩교 누가복음젼셔』와 『예수셩교 요안닉복음젼셔』라는 쪽복음서를 세상에 내놓을 수 있었다.[23)] 그런데 1882년 가을에 존 로스가 상해의 대영성서공회에 쓴 편지에는 다음과 같은 글이 있어서, 서상륜이 하는 일이 무엇인가를 밝혀주고 있다.

> 이 권서인(勸書人)[24)] 서상륜은 개혁교회 신앙에 입교한 최초의 한국인 개종자입니다. 그는 나와 함께 몇 년 전에 누가복음을 한국말로 번역하였고, 번역이 끝나자마자 나에게 세례를 받겠노라고 말했습니다.
>
> 상해에 있는 귀(貴) 성서공회의 주재원을 통해서 서씨는 3개월간 권서행로에 나섰습니다. 그는 조선 전역을 여행할 수 있지만 우선은 압록강 연안부터 시작하려고 하고 있습니다.[25)]

존 로스와 존 매킨타이어는 계속해서 서상륜, 이응찬, 김진기(金鎭基), 백홍준(白鴻俊, 1848-1893)의 도움을 받아가며[26)] 1883년에는 『뎨자힝젹』과 『예수셩교

21) H. Miller, The Genesis of Agencies and Mission in Korea: The British Bible Society in Korea, *The Korea Mission Field*, January 1914, pp. 10-12.

22) *Quarterly Review*, Vol. 155, January 1883, London: p. 187.
Cf. *The Encyclopaedia of Missions*, 2nd. ed., by H. O. Dwight, New York: 1904, q.v.

23) *Historical Catalogue*, *op. cit.*, 5984, 5985, p. 886. 여기에는 타이프 활자를 일본에서 언어와 찍은 것으로 되어있다.

24) 성서를 팔려고 다니는 일종의 전도사. 한국교회 초기에는 성서를 거저 주는 일을 하지 않았다. *The Report of the British and Foreign Bible Society*, Vol. 94-95, 1898-1899, p. 266.

25) 1882년 가을에 대영성서공회에 보낸 편지. *B. F. B. S.*, Vol. 110 (1914), p. 230.

젼셔 말코복음』을 간행하였으며, 이를 다시 기호(畿湖)의 말로 정정 간행하고, 1884년에는 『예수셩교젼셔 마뒤복음』을 역시 심양에서 발간하였던 것이다. 이때까지 성서를 판 권수는 1만 5천 부를 넘고 있었다. 그 전파 범위가 실로 놀라울 뿐이다. 그리고 1887년에는 마침내 『예수셩교젼셔』라 하여 신약성서 전부를 번역 간행함에 이르렀던 것이다.[27] 성서는 이처럼 프로테스탄트교의 경우 제일 먼저 착수된 선교 사업이었다.

조선이 1882년에 가서야 서서히 개국하기 시작하였다는 사실을 감안할 때, 이 성서의 번역이 얼마나 세계와 복음의 접촉에 앞장 서 왔는가 하는 점을 눈여겨보지 않을 수 없다. 우리말 성서는 선교사 입국 이전부터 존재해 왔고, 한국인은 이 성서에 의해서 진리에 인도되고, 다만 선교사들의 세례 집행만을 기다리고 있는 실정이었다고 해도 과언이 아니다.[28] 우리 교회생활의 중심에 성서가 이렇게 장중하게 놓여 있었다.

서상륜은 이 성서를 직접 가지고 다니면서 원근을 가리지 않고 매서행각에 임했다. 남만주 지역에 흩어져 사는 동포들에게 발이 부르트도록 다니며 힘 다해 반포하였으며, 계속해서 서울을 왕래하면서 피곤한 줄 모르는 신앙으로 이 구원의 책을 널리 멀리 펼쳤던 것이다. 위험이 뒤따랐던 그의 행로 여기저기에 모험도 많았다. 1883년 처음 압록강을 건너 입국하려 할 때에, 그 국경에서 두 포교(捕校)에 붙잡혀 심문을 받는 과정에서 그 성서 책이 발견되어 생명의 위

---

26) 『조선예수교장로회사기』, 상, 차재명(車載明) 편, 경성: 신문내교회, 1928, p. 26.

27) *Historical Catalogue*, *op. cit.*, Vol. II, Ser. No. 5993. 1888년에 이 예수셩교젼셔는 6천 부가 팔리고 있었다. 쪽복음까지 합하면 5만 여 부의 성서가 전파되고 있었다.

28) *The Cambridge History of the Bible*, ed. by S. L. Greensdale, Cambridge University Press, 1963, Vol. I, p. 394.

『조선예수교장로회사기』, 상, p. 26에는 다음과 같은 글이 있다. 곧 "서상륜이 가장 먼저 서울에 전도할 수 있는 길을 예비하였기 때문에 선교사들이 입국하기 이전에 이미 수십 명이 세례를 받았으니 …"

C. A. Clark, Fifty Years of Mission Organization Principle and Practices, *The Fifteen Years of Protestant Missions in Korea*, 1934, p. 66. "첫 선교사 입국 이전의 성서 간행."

험에까지 간 일이 있었다.[29] 비록 그가 한 형리(刑吏)의 묵인으로 거기서 탈출할 수 있었지만, 철도 부설 이전의 이 황량한 먼 길, 무법지대의 노변들, 그리고 언제나 뒤따르는 박해의 위험 그늘 뒤에서, 이 행로가 얼마나 용기와 지략 그리고 사명감을 필요로 했었겠는가 하는 것은 실로 짐작하고도 남는다.[30]

그런데도 서상륜의 발걸음이 지나간 곳마다 한국교회 그 싹이 움트고 있었다. 한국 산천에 복음의 씨앗이 파종되고 있었다. 그가 걸어간 길이 몇 만 리가 되었을까. 그때만 해도 그런 기록을 남기는 일이 상식이 아니었던지라, 가다가 날이 저물었어야 오늘은 하루가 지났구나 하고 밤잠이 달았던, 그런 길을 간 것이다. 한국교회 사도행전의 시작이 이런 것이었다. 언더우드는 이수정의 성서를 끼고 입국할 때, 그것이 한국 최초의 성서인 줄 알고 있었을 것이다. 그러나 얼마 되지 않아서 서상륜이 벌써 시골에도 로스 판 성서를 전파하고 다닌 것을 알고서는 다시 한 번 깜짝 놀라지 않을 수 없었다.[31] 초대교회에서 이런 발걸음들이 얼마나 큰일을 해냈는가 하는 것은 여기 다시 말할 필요도 없다.

이런 기동성은 신앙의 불길 때문에 재촉되고 있었다. 하지만 한국인들은 워낙 길에 나서 원근을 가리지 않고 휘젓고 다니는 품이 있었다. 비숍 여사는 그런 것이 한국인 전체의 어떤 특성이라고 진단하고 있었다. 그래서 "한국인들은 굉장히 넓게 그리고 멀리 여행을 하는데, 무슨 조상 제사에 참여한다든가, 구경하러 나선다든가, 과거를 본다든가 하는 그런 이유들로 여기저기 엄청나게 돌아다닌다"[32]고 평한 일이 있다. 여기 더하여 외적의 침입이라든가, 천재지변의 화, 가난으로 호구지책을 찾아 나서지 않을 수 없어 떠다닌 길, 이런 것으로 해서 우리 겨레들은 나가다니는 것이 몸에 배인 듯하였다.

---

29) E. Wagner, Through the Hermit's Gate with Suh Sang Yun, *The Korea Mission Field*, May 1938, pp. 93-96.

30) F. A. McKenzie, *Korea's Fight for Freedom*, 1920, p. 205.

31) H. G. Underwood, *The Call of Korea*, p. 136f.

32) I. B. Bishop, *op. cit.*, Vol. I, p. 145

11.3.1. 서상륜과 솔내

서상륜은 마침내 고향인 장연의 솔내(松川: 九美浦)에 가서 가족들과 함께 정착하고 계속 복음을 전했다. 1884년 봄에는 로스 목사가 선편으로 부친 성서 6천여 권을 받게 되었다. 이것은 당시 세관 고문이던 묄렌도르프의 예외적인[33] 호의로 인수받았던 것이다. 그리고는 만주에서 돌아온 이성하(李盛夏)와 함께 다시 쉬지 않고 복음 전도행각을 계속했던 것이다.

그리고 바로 그 해에 우리 역사의 한 깃발이 휘날린다. 그 솔내에 우리 한국인들 손에 의해서 우리나라 최초로 교회당이 세워진 것이다. 백낙준 박사가 이 솔내를 가리켜서 "한국 프로테스탄트교회의 잊을 수 없는 요람"[34]이라고 할 만큼, 솔내는 우리 교회 역사의 발상지요, 따라서 세계적인 주목을 끌었던 곳이다. 이 교회는 그 지방 사람들의 재정적 뒷받침만으로써 설립되고 운영되었으며, 불과 몇 해 안 되어서 이 마을 58세대 중에서 50세대가 기독교가 베푸는 구원의 도리에 입교하는, 감동의 대변화가 찾아왔던 것이다.[35] 가족과 이웃끼리의 관계가 밀접했던 한국의 사회 구조가 선교의 진행에 방해를 준 것도 사실이다. 하지만 그와는 반대로 솔내의 경우처럼 상상하기 힘든 성공을 가져온 역할을 한 경우도 많았다.

11.3.2. 선교와 목회: 그 한 작은 출발

이미 우리 주 예수 그리스도를 믿기로 작정한 마을 사람들은 또 자발적으로 나서서 복음 전파의 역군으로 나서게 되었고,[36] 한편으로는 교회를 자립적으로

---

33) 알렌은 묄렌도르프가 "한국인보다 더 선교 사업에 방해한 사람"이라 비난. *Allen's Letter* to E. F. Ellinwood, 1884년 10월 8일자. Allen's Papers in the New York Library.
이호운, 『한국교회초기사』, 서울: 대한기독교서회, 1970, p. 86에서 인용.

34) L. G. Paik, *The History of Protestant Mission in Korea 1832-1910*, 1929, p. 131.

35) S. M. Zaener & A. J. Brown, *The Nearer and Farther Era*, New York: MacMillan, 1908, p. 288.

36) M. P. Beach, *A Geography and Atlas of Protestant Missions*, 1910, p. 250.

지탱해 나가기 위해 전력을 다하기도 하였다.

사실 미국의 선교사 언더우드가 들어와서 얼마 되지 아니하여서 세례를 베풀었다고 하는 것은, 이미 이처럼 한국인들을 통해서 스스로 회심한 사람들의 신앙을 확인하고, 성직자로서 성도들의 공동체를 참여시키는 공식적인 성례의 식을 집행한 형태이었음을 의미하는 것이다. 언더우드 목사는 그가 세례를 준 사람들 전부가 벌써 성서의 교훈을 받아 신앙생활을 하던 사람들이라는, 뜻 깊은 사실을 솔직하게 시인하고 있었다.[37] 초대 선교사들이 지방을 광범위하게 순회하면서 전도했다는 것은 이들의 활동 범위를 시사하는 말도 되고, 또 그들의 교파적 신앙 형태가 부흥회적인 복음 전도의 전략에 있었다는 말도 되지만, 동시에 이렇게 우리 겨레 스스로의 전도로 믿고 또 전도하는, 그런 교인들을 찾아다니면서 신앙의 순도를 확인하고 지탱시켜주는 목회적 심방 형태도 있었다는, 그런 중대한 의미가 있는 것이다.[38]

11.4. 성서와 성례

11.4.1. 성서

한국 프로테스탄트교의 시작은 압도적으로 성서의 전파와 밀접하게 연결되어 있었다. 최초의 선교사가 제물포에 상륙할 때, 벌써 한국어로 번역된 성서를 끼고 들어 왔다고 하는 사실이라든가, 거슬려 올라가 칼 귀츨라프나 로버트 토마스가 기회 있을 때마다 성서를 나누어 퍼트렸다고 하는 사실들은 다같이,

"만일 한국의 기독교자가 복음 전도의 정성을 가진 것이 입증되지 아니하면 수세(受洗)의 적격성이 완전히 의심을 받았다."

37) *The Annual Report of B. F. B. S.*, Vol. 84-85, 1888-1889, p. 287.

38) 서울에서는 1887년 9월, 최초의 한국인 교회 곧 새문안교회를 세웠는데 그때, 교인 수가 14명이었다. 그런데 그 중에서 13명이 벌써 서상륜의 전도로 신도가 되어 있었던 사람들이다. *Annual Report of the Board of Foreign Missions of the Presbyterian Church U. S. A.*, 1890, p. 124.

한국 프로테스탄트교회가 그 선교 방법에 있어서 로마 가톨릭과 근본적으로 다른 길을 가고 있었다는 것을 시사한다. 알렉산더 윌리암손이 지푸에서 1865년 우연히 만났던 한국인 천주교인은 "신구약성서와 복음서를 보더니 그것이 자기들 종교에서 쓰는 책과 같더라"[39]고 하면서 이들을 알아보더라는 기록이 있기는 하지만, 그들 선교가 성사(聖事)와 교리에 치중되어 있었다는 것은 이미 살펴본 바와 같다.

그런데 서상륜을 비롯한 한국 최초의 신도들은 성서의 보급과 권서(勸書), 그리고 신앙의 성서적 기초 형성에, 의식된 노력을 경주하고 있었던 것이다. 이처럼 예수를 믿기로 작정한 사람들은 성서를 탐독하고, 그 말씀 그대로 살려고 애썼던 것이다. 그만한 감격을 느꼈기 때문이다. 성서를 함께 읽어 가는 사경회가 우리나라에서처럼 성대하게 운집되어 진행된 곳이 세상에 그리 많지 아니하였다.[40] 『국제 선교리뷰』는 초대 한국교회의 특징 가운데 첫째로 성서에 대한 강조를 들고 있었다. "성서의 권위와 그 가치에 대한 깊은 확신이 널리 펴져 있으며, 한국 사람들은 성서를 그들 생활 최심장부에 가져다 놓고 있다"[41]고 기록하였던 것이다. 한국교회가, '성서의 교회'라는 말은 그 견줄 수 없는 자랑이요 특징이었다. 성서를 이렇게 가슴에 품듯 소중하게 받아 드리고, 감격과 열의 다해 성서를 연구하는 것이야 말로, "한국교회 전체에 넘쳐 흐르는 영력의 참된 근원"[42]이었다. 1890년대에 와서 한국에서의 성서 보급량은 "중국에서 50년에 걸쳐 보급했던 것을 한국에서는 10년 안에 보급했을"[43] 정도의

39) *Annual Report of the National Bible Society of Scotland*, Glasgow: 1865, p. 36.

40) *The Annual Report of the Board of Foreign Missions, Presbyterian Church in the U.S.A.*, 1810, p. 279.

41) G. H. Jones, The Growth of the Church in the Mission Field, *The International Review of Missions*, Edinburgh: 1912, Vol. I, No. 3, p. 417. Cf. J. S. Dennis, *Christian Missions and the Social Progress*, Edinburgh: Oliphant Anderson & Ferrior, 1899, Vol. III, p. 137.
Cf. *The Cambridge History of the Bible*, Cambridge: 1963, Vol. I, p. 461.

42) A. M. Chirgwin, *The Bible in the World Evangelism*, London: S.C.M. Press, 1954, p. 86.

43) *The Report of the B. F. B. S.*, Vol. 92-93 p. 242.

것이었다.

성서 번역 사업의 계보(系譜)를 간단하게 정리해 보면 다음과 같다.

성서 번역 사업 계보

- 국외
  - 만주: 존 로스의 번역, 1875-1889
  - 일본: 이수정의 번역, 1883-1885
- 국내
  - 준비 단계: 개인과 각 위원회의 번역, 1887-1893
  - 번역연합위원회
    - 번역 사업을 위한 조직, 1893-1896
    - 사업의 간소화, 1897-1902
    - 사업의 재조직, 1902-1906

11.4.2. 성례

하지만 이 말씀과 함께 기독교회의 두 큰 기둥을 이루는 성례(聖禮: Communion)는 한국에서는 지극히 미약한 무게밖에는 가지고 있지를 못했다. 세례는 국외에서 1885년 이전에도 여러 차례 집행된 것이 사실이다.[44] 그리고 국내에서도 세례는 비교적 성실하게 이행되었다. 기록에 의하면 한국 내에서는 가장 처음으로 노도사(魯道士: 노춘경)[45]가 1886년 7월 11일에 비밀리에 언더우드에게서 세례를 받았으며, 감리교의 아펜젤러 목사 역시 같은 해 6월 24일에 배재학당에서 두 사람의 한국 학생에게 세례를 베푼 것으로 되어 있다.[46] 당시 이와 같은 의식은 국법을 거스르는 것으로서 실로 생명을 걸고서야 가능한 그런 모험적인 것이었다. 따라서 선교사들은 이런 모험이 얼마나 위험한가를 설명하면서 세례 받겠다는 사람들을 오히려 만류하는 입장에 서 있었다. 그래서 1887년 봄

44) 1876년의 세례 기록이 있다. T. S. Soltau, *Korea the Hermit Nation and it's Response to Christianity*, New York: the Dominion Press, 1932, p. 18.

45) L. H. Underwood, *Underwood of Korea*, New York: Fleming H. Revell, 1918, p. 55

46) S. H. Moffett, *The Christians of Korea*, New York: 1962, p. 38.

에 서상륜이 솔내에서 동행한 사람 중에서 세 사람을 문답하여 가하다고 여겨 세례를 베풀 때에는 건장한 감리교 선교사 헐버트를 문밖에 세워 망을 보게 하면서 예식을 거행했을 정도였다.[47)]

1889년 4월 27일은 이른바 한국의 '요단강세례'가 베풀어진 날이다. 언더우드가 의주(義州)에 갔을 때 33명의 교인이 세례를 받겠노라고 나섰는데, 국법이 막고 있어서 여의치 못해, 결국은 배를 내어 압록강을 건너서 중국 땅 안동(安東: 현 丹東)에서 세례의식을 거행했기 때문이다.

하지만 성찬예식은 그 본분에 마땅한 대접을 받아오지 못한 것으로 나타나 있다. 언더우드와 아펜젤러는 1885년 4월에 우리나라에 입국했다. 그리고 그 해 6월 28일에 헤론과 스크랜톤이 알렌 내외와 함께 처음 예배를 드리고, 그리고 1886년 7월 23일에는 공식으로 한국 조정에 통보하고[48)] 공관 안에서 영국, 미국 사람들이 모여 예배를 드렸다.

그런데 성찬예식이 선교사들만의 회집에서 최초로 거행된 것은 1885년 10월 11일[49)]의 일이다. 그러나 "(미국)해군 세 사람을 포함한 참석자 12명의 명단에는 한국인의 이름이 하나도 없었다"는 것이다. 그리고 나서 1887년 9월에 새문안장로교회,[50)] 그리고 10월 9일에 '한국인을 위한 공예배(公禮拜)를 위해서 모인 베델 예배소(후의 정동교회)'가 북감리교에 의해서 세워지게 된 것이다. 남감리교는 전술한 바도 있지만, 세례식만 집행한 후 1897년 5월에 경기도 고양에서 "조선 처음으로 교회를 조직"하였던 것이다.[51)]

---

47) F. A. McKenzie, *Korea's Fight for Freedom*, p. 205.
Cf. H.G. Underwood, *The Call of Korea*, pp. 137-138. 그 중의 한 사람이 서상륜의 친동생 서경조(徐景祚)이다.

48) 『구한국외교문서』, 제10권, 미안(美案),I, p. 234.

49) 1885년 10월 11일자의 알렌의 일기. Cf. A. J. Brown, *The Mastery of the Far East*, p. 505.

50) 이날 창립예배에는 존 로스 목사가 참석하고 있었다. 전부 23명 참석.

51) 양주삼, 『조선남감리교회 30주년사』, 1976, p. 21.

성찬예식을 모르거나 아니면 그 성례의 견고한 짜임새 위에 세워지지 아니한 그런 한국교회가 세워진 셈이다. 성례는 교회의 행동 바로 그것이요, 교회 그 자체인 것이다. 그리스도의 몸으로서의 행동이 없었던 교회가 유기적인 공동체의 통일성을 세계적으로, 더욱이 민족적으로 의식하고 확립하기는 어려웠을 것이다. 우리나라 사람이 처음으로 성찬예식에 참여한 것은 1887년 크리스마스 날 언더우드 목사의 사택에서였다.[52] 이 뜻 깊은 역사적인 날의 예식에는 선교사들을 포함해서 다만 7명의 한국인 신자들이 참석하였을 뿐이었다. 복음의 말씀이 이 땅에 떨어진 지 실로 3년 8개월만의 일이요, 성서가 우리말로 번역된 5년이 지나고 나서의 일이었다.

그런데 언더우드는 그 당시로서는 놀라운 교회론의 신학을 가지고 있었다. 세례는 일찍부터 언더우드가 베풀어 왔지만, 이 세례의식이 한국 조정의 종교박해를 촉발할 근거가 될지 모른다고 알렌이 반박했을 때, 그는 이런 말로 대답했던 것이다. 즉 세례는 선교사들의 사업이나 증언이 아니고, 바로 기독교 그것의 바탕이요, 따라서 기독교회는 성례가 그 본질이 되어 있다고 명석한 주장을 하였던 것이다.[53]

이렇게 보면 그 오랫동안 우리 초대 기독교는 참된 의미의 성도의 사귐, 그리스도와의 교제의 공동성, 따라서 교회가 없는 그런 종교생활을 해왔다고 보지 않을 수 없다. 그리고 이 공동체 부재의 신학이, 좋든 나쁘든 한국교회 행태의 일면이 되어온 점을 간과하기 어려울 것이다. 이것이 한국의 초대 기독교가 성령의 직접적인 역사(役事)와 부흥회의 효과에 대한 열정을 체질로 가지게 된 또 하나의 이유일 것이다.

---

52) A. J. Brown, *The Mastery of the Far East*, p. 506.
Cf. L. H. Underwood, *Underwood of Korea*, 1918, p. 55. "A Positive Record of a Communion Service."

53) *Underwood's letter* to Dr Allen, Seoul: 1887년 1월 27일자.

11.5. 한국 초대교회의 수난

11.5.1. 조선 사회전통과 기독교 박해

왕실의 총애를 받으면서 출발한 프로테스탄트교의 선교였지만 척사위정의 거센 상소가 줄을 이으면서, 조선 초대교회는 혹독한 수난의 길을 피해 나가기가 어려웠다. 개신교로서 처음 당한 수난은 1888년 4월의 전도 금지령 발표 때의 일이다.[54] 그 원인은 멀리 서교 배척의 전통적 척사 감정에서 나온 것이지만, 직접적인 원인에 대해서는 명백한 단언을 내릴 만한 것이 사실상 별로 없었다. 다만 짐작할 수 있는 것은 1887년에 가톨릭 교회측에서 서울 장안에서는 비교적 높은 지역인 지금의 명동 지대에 대지[55]를 비밀리에 하나 큼직하게 사들여서 왕궁을 내려다 볼 정도로 웅장한 대성당을 건축하는 데에서 발단이 된 것으로 보인다.[56] 유홍렬 교수는 이 문제에 대해서 "조선 정부의 말썽"과 건축 과정에서의 "조선 정부의 강력한 반대와 물자의 결핍"[57] 정도로 그때 상황을 정리하고 있지만, 사실 여기 고종이 직접 관여하였던 것으로 보인다. 고종은 우리나라의 금상(今上)이었다. 그가 그 교당의 건축이 왕궁보다 높아서 쳐다 보아야할 정도라면 왕실의 존엄이 깎인다고 본 것이 당연하다. 그래서 그 건축의 중단을 요구했다. 하지만 여기 천주교가 불응한 것이다. 그리고 그 불손이 궁정뿐만 아니라 우리 백성들의 지탄을 받게 되고, 그것이 바로 그때 핍박의 직접적인 동기가 되었던 것으로 보인다.[58] 이래서 전교 금지령의 포고에 접한 미국

---

54) 야소교 전도 금지의 건, 『구한국외교문서』, 제10권, 미안(美案) I, (1888년 4월 22일자), p. 353.

55) 조선 최초의 서교인으로 순교한 김범우의 집터가 있었던 부근으로 보인다.

56) G. W. Gilmore, *Korea from its Capital with a Chapter on Missions*, Philadelphia: Presbyterian Board of Publication and Sabbath-School Work, 1892, p. 310.
Cf: 황현(黃玹)의 『매천야록(梅泉野錄)』 제3권, p. 235.

57) 유홍렬, 『고종치하 서학 수난의 연구』, pp. 371, 501.

58) L. H. Underwood, *Fifteen Years among Top-Knots or Life in Korea*, Boston: American Tract Society, 1904, p. 13.

공사는 벽지를 여행하면서 전도하고 있었던 언더우드를 급히 상경하도록 하고, 그 전도여행의 중단을 명령했던 것이다. 이때 선교사들은 선교 사업이 끝장에 이른 줄 알고 있을 정도로 사태는 심각하였다.

더욱이 1888년 여름에는 이른바 '어린이 소동(Baby Riot)'이라는 것이 터졌다. 서양 사람들이 어린이들을 잡아다가 눈알을 빼어 이를 약에다 쓰기도 하며,[59] 육식도 한다는 음흉한 유언비어가 퍼져 선교에 큰 위협을 주었던 것이다. 이 때문에 선교사들과 상종하던 관원까지 9명이나 처형 받은 일이 있었다.[60]

이런 험악한 공기 속에서 처참한 교회 박해가 평양에서 터졌다. 평양은 일찍이 그 부와 부도덕으로 악명 높았던 도시요,[61] 한때 이곳에서 선교하던 감리교 선교사들이 보따리를 챙기지 않을 수 없었던 고약한 고장이었다.

그 불행은 청일전쟁 직전에 터졌다. 부호의 자제들이 다수 입교하였기 때문에 한번 일을 일으켜서 이득을 볼 것을 노려, 유교 전통의 숭앙과 외인 협잡배의 방지라는 명분을 내세운 덕천부사(德川府使) 신덕균의 무고가 그 도화선이 되었다. 평안도 관찰사 민병석(閔丙奭, 1858-1940)이 엄명을 내려 그 해 4월 6일 장로교의 한석진(韓錫晉, 1868-1939), 송인서(宋麟瑞, 1867-1929), 최치량(崔致良, 1854-1930), 그리고 감리교의 김창식(金昌植, 1857-1929)이 잡혀, 가늠 못할 난타를 당해서 "정신을 추스르지 못하고 혼미해져서 죽을 지경"[62]에까지 이르는 폭행을 당했다. 이런 난경을 안 감리교의 선교사 홀(William J. Hall, 胡乙: 1860-1894)[63]과 장

---

59) O. R. Avison, History of Medical Work in Korea, *Quarto-Centennial Papers, 1909*, p. 32. 카메라의 렌즈로 쓴다는 악성 소문도 난무. *Annual Report of the Missionary Society of the Methodist Episcopal Church*, 1888, p. 340.

60) 『윤치호일기』, 1, pp. 318-319.
Cf. L. H. Underwood, *Fifteen Years among the Top-Knots*, 14-16

61) I. B. Bishop, *Korea and Her Neighbours*, Yonsei University 영인본, p. 346.

62) 『조선예수교장로회사기』, 상, 차재명 편, 조선예수교장로회 총회 발행, 1976, pp. 75-76. 백홍준(白鴻俊)이 이때 의주(義州)에서 순교.
S. A. Moffett, The Work of the Spirit in North Korea, *The Missionary Review of the World*, November 1895, pp. 823ff.

로교의 모페트 목사가 서울에 있는 영국 공사관과 미국 공사에게 이 사실을 화급히 알려서 왕실에 교섭하도록 하였던 것이다. 수습의 경과가 늦어지자 이에 당황한 영·미 양국 공사는 서울 주재의 청국 공사 원세개(袁世凱, 1860-1916)에게 통고하여 "영미 양국은 부득이 군함을 평양에 파견해서 자국인과 그 동업인의 생명을 구출할 수밖에 없다"[64]고 강경하게 항의하였다. 그래서 원세개가 국왕에게 주청하여 어명으로 평양 교인의 석방을 가능하게 했던 것이다.

황해도와 한국 교회의 수난은 묘한 인연을 가지고 있다. 여기에서 가톨릭은 심한 박해에 시달렸고, 그리고 프로테스탄트교회 역시 그러했다. 1899년 1월 중순경, 황주에서는 그래함 리(G. Lee, 李吉咸: 1861-1917) 목사의 순회전도를 계기로 해서 무서운 환란이 일어나, 관가에서 나온 관리가 '교리 박멸'을 구실로 교회당을 때려 부수고 교인들을 무수히 난타하며, 이 목사의 책들을 불태우고 현금 56달러를 강탈하는 사태가 벌어졌다.[65] 알렌은 항의각서 속에서 이 변란이 서울에서 발생한 만민공동회와 황국협회 사이의 충돌 사건 때문에 생긴 감정의 연장으로 보고, 이 관리의 범법을 처단해 줄 것을 요청하였던 것이다.

실제로 1898년 11월 6일에는 보부상의 두목 길영수(吉永洙)가 서울에서 독립협회를 위협, 탄압하는 과정에서 그 주도 인물 윤치호와 남궁억(南宮檍, 1863-1939) 등 기독교인들을 학살하려는 난동을 부렸고, 심지어 정동예배당까지 훼파하려는 패악스러운 거사에 나서기도 했던 것이다.[66]

그런데 1900년 가을에는 뜻밖의 불상사가 발생했다. 거슬러 그 전 해 5월에 서울에서 전차 부설이 한참일 때 경무사(警務使) 김영준(金永俊)과 내장원경(內藏院卿) 이용익(李容翊)이 전차를 부설해서 운영하면 나라의 재원이 반드시 마

63) 1860년 캐나다 출생. 토론토의 Queen's College와 New York의 Bellevue Medical College 졸업. 1892년 9월 서울에 도착. 1893년 3월에 평양에 가서 병원선교에 봉사.

64) 『조선예수교장로회사기』, 하권, 한국교회사학회 편, 1968, p. 138.

65) 『구한국외교문서』, 제11권, 미안(美案) II, pp. 502-503, 587, 655, 665.

66) 정교(鄭喬), 『대한계년사』, 상권, 국사편찬위원회, 1957, pp. 350-371.

를 것이라고 건의도 하고, 또 부설 완료 후에도 장안 사람들을 충동해서 전차 탑승을 막은 일이 있었다. 이 때문에 미국인의 전차부설회사가 이를 고종에게 상주(上奏)해서 전차 이용의 금지를 말렸더니, 이에 깊은 원한을 품고 이 두 사람이 내심 의기 상통해서 기독교 박멸을 계획했던 것이다. 그래서 고종에게 기독교로 인한 피해 사실들을 조작하고 과장 열거해서 국내에 있는 서양선교사들과 신도들을 한꺼번에 살육할 밀령을 받아 내어 12월 1일에 이를 전국에 발송할 예정이었다.[67] 이 절박한 소식을 처음 탐지해 낸 것은 잠시 해주(海州)에 머물고 있던 언더우드이다. 그는 일각을 놓치지 않고 에비슨(O. R. Avison, 魚丕信: 1860-1956)에게 라틴어로 전보를 쳤고, 알렌이 곧 이를 고종을 알현하여 알리고, 동시에 외교 통로를 통해서 선교사와 교민 보호를 요청하였던 것이다.[68] 이에 국왕의 준엄한 왕명의 전보가 각도에 발송되어, 풍전등화격의 전율할 만한 파괴와 살육의 위협에서 겨우 헤어나올 수 있었다.[69] 김홍륙(金鴻陸)의 국왕 진독(進毒) 사건이 있었을 때에, 황제와 황태자가 요행 그 화를 면할 수 있었던 것을, 장로교 선교사 대표 밀러(Frederick S. Miller, 閔老雅: 1866-1937)와 감리교 선교사 대표 스크랜톤과 리드가 축하하는 글을 고종에게 보냈던 일로, 고종이 선교사들과 한국교회의 '충성심'[70]을 가찬하였던 일이 있다. 그런 일이 공교롭게도 2년 전의 일이었기 때문에 이 일은 이처럼 쉽게 성사될 수 있었다. 한국에서 기독교는 충성의 종교였다.

---

67) 『조선예수교장로회사기』, 상권, p. 80.

68) 선교사 및 교민 보호 요청, 『구한국외교문서』, 제12권, 미안(美案) III, (1900년 9월 14일자), p. 12.

69) 서북지방에서도 1900년 9월과 10월 사이에 본토 기독교인과 서양 선교사들을 학살하라는 동학도와 보부상의 준동이 잦았다. 이것은 중국의 의화단(義和團) 사건의 영향 때문이었다. 가톨릭도 보부상의 위협을 받고 있었다. 『구한국외교문서』, 제12권, 미안(美案) III, p. 14. *Ibid.*, 법안(法案) II, p. 84.

70) 『구한국외교문서』, 제11권, 미안(美案) II, p. 84.

11.5.2. 천주교의 박해

여기 한국에서의 천주교와 개신교와의 불행한 관계를 말하지 않을 수 없다. 개신교는 이 가톨릭교에게서도 억울한 수난을 여러 차례 받아야 했기 때문이다. 거슬러 올라가 로버트 토마스는 1866년, 한국 사람들에게 프로테스탄트교가 로마 가톨릭과 절대로 같은 것이 아니라고 누차 설명한 바 있었고,[71] 존 로스 역시 조선 조정의 반(反)기독교적인 태도의 근원이 한국에서의 로마주의자들의 방자한 행실에 있었다고 밝히고, "우리 (개신교) 신도들은 평화를 사랑하고, 로마 가톨릭과는 이런 점에서 완전히 다르다"[72]고 밝힌 바 있었다. 1887년에 알렌은 한불조약 체결에서 신교 자유의 특권을 획득하려는 눈치가 보이자 고종에게 로마 가톨릭의 접근을 경계하라고 진언하면서, 외국에서의 가톨릭 교회의 현황을 분석 보고하고, 저들의 우상숭배 특히 마리아 숭배, 인간 사제(司祭)의 속죄권, 남자로서 환관도 아닌 신부에게 부녀자들이 가서 죄를 고백하게 하는 몰염치 등을 일러 드린 일이 있다.[73] 언더우드 역시 1892년 캐나다의 토론토에서 개최되었던 세계장로교연맹 국제회의에서 "로마 가톨릭과 그들의 선교"라는 강연을 통해서 "이들은 한국에서 그리스도를 전하지 아니하고 '로마'를 전하고 있다"[74]고 비판한 일이 있었다. 개화기 초기의 위대한 선각자 유길준(兪吉濬, 1856-1914)도 1895년 천주교를 비판하여 다음과 같이 쓰고 있었다.

> 그 교종(教宗)은 육류를 먹되 아내를 취하지 않는 것과 같은 것은 승려와 같으니 … 그 교를 복종하는 자는 교황을 상천(上天)같이 믿고 두려워하기를 자기의 정부에 지나치게 하고, 애모하기를 부모보다 더하며, 또 그 교를 숭상하는 나라는 다른 나라의 인

---

71) 『고종태황제실록』, 권 3, 병인 7월 18일조.

72) *The Report of B. F. B. S.*, Vol. 80-81, 1884-1885, p. 250.

73) *Allen's Diary*, 1886년 5월 9일자. 『구한말격동기비사, 알렌의 일기』, 김원모 완역, 서울: 단국대학교 출판부, 1991, p. 121.

74) *The Report, Alliance of the Reformed Churches holding the Presbyterian System*, 5th Meeting, Toronto, 1892, published in London, 1892, p. 410.

> 민과 땅을 그 종교의 형세에 따라 침탈하는 음흉한 도모를 행하나니 … 천주학을 복종하는 자는 불란서의 보호를 감수하여 추호의 수치를 느끼는 모습이 없으니, 가히 두려워할 자가 저들이라. 야소교(프로테스탄트교)에 이르러서는 그러한 화와 해는 없다더라.[75)]

이러한 것들은, 한국에서 프로테스탄트교가 처음부터 의식적으로 반(反) 가톨릭적인 입장을 천명함으로써, 그들과의 역사적 접속을 부인하려는 의도에서 추진했던 일이라 볼 수 있었다.

가톨릭 교회는 여기 적의를 품고 프로테스탄트 교인들에게 박해를 가해 왔다. 우선 1898년 황해도의 재령 원내동(垣內洞)의 프로테스탄트 교인들이 예배당을 건축할 때에, 백여 명의 천주교인들이 달려들어 집단폭행을 가하면서, 그 예배당의 공동 사용을 느닷없이 강요하였다. 이 신·구교의 불행한 대결은 결국 재판으로 일단은 마무리 되었지만, 여기서 프로테스탄트 교인들은 천주교인들이 품고 있는 투기와 질시를 의심하지 않을 수 없었다. 그것은 같은 기독교 전통을 가진 두 교회가 이교(異敎)의 선교지역에서 협조는 못할망정, 서로 투기하는 그런 가슴 아픈 일에 나서고 있었기 때문이다. 더구나 1900년에는 재령 신환포(新煥浦)의 천주교인들이 그들 성당의 건축에 프로테스탄트 교인들을 강제 동원하는가 하면, 심지어 헌금까지 와서 착취하고, 여기 불응하면 "남녀를 불문하고 그 교당에 잡아와서는 그 대들보에 거꾸로 매달기도 하고, 더러는 태형까지 함부로 자행"[76)]하고 있었다. 가톨릭교회에서도 훗날에는 이들을 "철없이 날뛰고 그릇된 열성을 보인 거짓 교우였다"[77)]고 단정하고 있었다. 하지만 양교

---

75) 유길준, 『서유견문(西遊見聞)』, 전(全), 東京: 交詢社, 1895, pp. 346-347.

76) 『조선예수교장로회사기』, 상, p. 79.
이때 천주교의 빌헤름 신부(Fr. Wilhelm)는 '테러 상습자'로서, 심지어 조선 관리들까지 감금하며 구타를 자행하고 있었다. F. H. Harrington, God, *Mammon and the Japanese-Dr. H. N. Allen and the Korea-American Relations 1884-1905,* University of Wisconsin Press, 1944, p. 116.

77) 유홍렬, 『한국천주교회사』, pp. 912, 913.
Cf. J. S. Gale, *The Vanguard*, pp. 293-294.

회의 적대감은 쉽게 사라지지 않고 있었다.

이 천주교인들의 불법과 만행은 심각한 사회적 문제를 야기시키고 있었다. 1897년 3월 4일에 『독립신문』은 다음과 같은 기사를 싣고 있었다.

> 근일 향촌 ᄇᆡᆨ셩들이 텬쥬교에 닙교ᄒᆞ야 ᄌᆞ칭 셩교라 ᄒᆞ고 관장을 멸시ᄒᆞ며 혹 남의 분묘를 늑굴ᄒᆞ며 셩군작당ᄒᆞ야 협잡ᄒᆞ는 폐가 죵죵 잇다 ᄒᆞ니 분탄ᄒᆞᆯ 일이 여러 가지라. … 닙교ᄒᆞᄂᆞᆫ 아국 사람들은 ᄯᅳᆺ시 업시 탐관 혹 토에 못견ᄃᆡ거나 ᄯᅩ 범법ᄒᆞ기를 위ᄒᆞ야 일흠을 교즁에 걸고 외국인의 보호만 밋고 겁업시 작란ᄒᆞᄂᆞᆫ 자 만흔고로 교를 아니 ᄒᆞᄂᆞᆫ 사ᄅᆞᆷ들은 그러한 잡류를 보고 비방ᄒᆞ니 …
>
> 비록 텬쥬교 예수교 혹 유교 혹 불교 무ᄉᆞᆷ 교에 드럿던지 죠선 사ᄅᆞᆷ이면 죠선 대군쥬 폐하의 신민인 즉 죠선 관쟝이 법을 발키ᄒᆞ야 상벌에 사가 업시 ᄒᆞᆯ 일이어ᄂᆞᆯ 셩교에 탁명ᄒᆞ고 외국사ᄅᆞᆷ의 세력만 빙자ᄒᆞ면 협잡ᄒᆞ야도 디방관이 감히 엇지 못ᄒᆞ야 … 졈졈 문란케 ᄒᆞ니 분ᄒᆞ고 붓그럽도다.[78]

윤치호는 이들 만행에 분격해서 이들을 '사회의 찌꺼기'[79]라고 격분한 일이 있었다.[80] 이들은 살상도 불사하고 있었기 때문이다.[81]

이 밖에도 황해도 신천(信川), 안악(安岳), 봉산(鳳山), 황주, 서흥(瑞興), 장연(長淵) 등지에서 자행된 천주교인들의 예수교인 박해는 실로 대경실색할 정도에까지 이르고 있었다. 그들의 만행으로 인해서 조정이 해주(海州)에 재판소를 설치하면서까지 사태를 판정하려 하였다. 그런데 황망하게도 신부들과 교인들은 오히려 법원 관리들을 구타하고 사형(私刑)까지 감행하며 감금하는 변까지 부리고 있을 정도였다. 그 대담함에는 실로 벌어진 입이 닫혀지지를 않는다. 이 같은 공권력의 경멸은 2000년대의 데모에서도 보기 힘들었다. 황해 관찰사 이

---

78) 잡보, 『독립신문』, 1897년 3월 4일자. 같은 달 18일자에도 천주교인의 비행이 보도되고 있다.

79) 『윤치호일기』, 5, 국사편찬위원회, 1975, p. 346.

80) 당시 천주교인의 사회적 비행에 대해서는 『윤치호일기』, 4, pp. 31, 85; 五, pp. 143, 183, 346, 367 등 참조.

81) Editorial Comment, *The Korea Review,* March 1903, p. 120.

용직(李容稙, 1852-?)이 저 악명의 빌헤름 신부를 사사로이 만나, 그런 차원에서 사건을 처리하려 했지만 그것 역시 여의치 않았다.[82)]

이 험악한 사태를 용기와 재치로 처결한 인물이 하나 있었다. 법부(法部)의 이응익(李應翼)이 그 사람이다.[83)] 그는 1902년 2일부터 황해도에 가서 프로테스탄트 교인들의 피해를 기민함과 끈기로 샅샅이 조사하고, 천주교인들의 악랄한 비행과 만행을 골고루 수집해서, 이를 보고서로 작성하여 고종에게 상주(上奏)하였던 패기와 정의감 넘친 관리였다. 1903년 9월 1일의 일이었다. 고종은 곧 이 불량배들을 검속해서 서울에 구치하여 재판을 받도록 명령했다. 15명의 중범자들이 10월에 재판을 받아 실형이 선고 되었다.[84)] 강대국을 배경에 가진 신부 빌헤름과 돌체(Fr. Dolcet), 이들의 비호 아래서 종교를 빙자하여 사사로운 형벌, 늑탈, 심지어 살상까지 감행했던 천주교인들, 그들은 초기 기독교의 입교 동기에 대한 심각한 질문을 묻지 않을 수 없게 만들었다.[85)]

11.5.3. 동학계의 기독교 핍박

기독교에 대한 동학계의 실질적인 반발은 1893년 3월 16일, 이들 동학도들이 광화문에서 그들 교조의 신원(伸寃)을 위해 궁중의 작은 문 앞에서 엎드려 호곡할 때부터의 일이다. 그때 미국 선교사 기포드(D. L. Gifford, 奇布: ?-1900)의 학당 문 앞에 내외 민심을 자극하는 괘서(掛書)가 하나 붙었다. '야소교 배척 방문(榜文)'이 그것이다. 거기 이런 혹독한 글이 들어 있었다.

---

82) News Calendar, *Ibid.*, April 1903, p. 171.

83) 한때 군국기무처(軍國機務處)의 회의원, 외부(外部)의 교섭국장 등 역임.

84) News Calendar, *The Korea Review*, November 1903, p. 506. 이들에 대한 형량(刑量)은 김형남 외 3인이 태형(笞刑) 100대와 3년의 칼 형(刑), 김병희 외 11인 태형 80-100대와 1년 반의 칼 형(刑).

85) 천주교인들의 야소교(耶穌教) 교인들 박해에 대한 방대하고도 자세한 자료가 *The Korea Review*, March 1903, pp. 115-128, 171, 411, 506 등에 실려 있다.

> 그들이 언필칭 하늘을 공경한다고 하지만 실은 하늘을 이그러지게 하고, 사람을 사랑한다고 하나 실상은 사람을 혹하고 해치는 것이다. 성현들은 이들을 가리켜서 무부무군이라 비판한 바 있다. … 그런데 지금 이 이단이 종횡무진하여 창생(蒼生)을 미혹하고 업신여겨, 세상을 어지럽히고 있다. … 이 얼마나 아쉽고 통탄할 일이랴.[86)]

그런데 4월초에는 선교사 존스(G. H. Jones, 1867-1919: 趙元時)의 집 대문에 '목사 퇴거 방문'을 또 붙여 놓았다.

> 너희들이 교회를 세워 전도하고 있으나, 조약문 중에는 이를 허락한 글이 없다. 그런데도 너희들은 줄줄이 입국하고, 입으로는 경천(敬天)하며 기도하고 예수를 믿고 찬미로 법을 삼는다고 하나, 성심의 바른 마음 없고, 말을 실천하거나 행실을 돈독히 하는 그런 결실이 없다. … 너희들은 본래 빌어먹는 거지들이요, 무얼 팔아먹으며, 금은을 탐하고, 거처 음식을 호사스럽게 하는 데 마음 쓰고, 처음에는 영어를 배우게 하고 한문을 가르친다고 하면서 양반 자식들을 유혹하고는 필경 너희들 종교에 끌어드리려고 하고 있다. … 어찌 비루하기가 이렇듯 한가. 이에 밝히 경고하는데 너희들은 속히 행구를 싸서 너희들 나라로 퇴거하라. 그렇지 아니하면 우리들 충신의 갑주(甲冑)와 인의(仁義)의 방패가 너희들 죄를 징벌하여 갈 것이다. 3월 초 7일. 이로써 알리노라.[87)]

미국공사 허드(A. Heard: 何德)는 좌시하지 않았다. 4월 1일 항의문을 독판 교섭 통상아문 조병직에게 송치해서 "신속하게 법을 따라 조사해서, 그 범죄자를 잡아, 법의 단호함을 반드시 보이라"고 요구하였던 것이다.[88)] 여기에 대해서 조병직이 외국인 보호에 완전을 기한다는 다짐을 하고 난 지 석 달, 1894년 7월에 동학의 재기포(再起包)가 있었던 것이다.

동학이 예수교를 직접 습격한 흔적은, 천주교의 경우와는 달리 거의 찾아볼

---

86) 『일본외교문서』, 제26권, 일본 외무성, 1906, p. 417.
『구한국외교문서』, 제10권, 미안(美案) I, pp. 718-719. 1893년 3월 11일자 첨부.
87) 『일본외교문서』, 제26권, PP. 416-417.
88) 『구한국외교문서』, 제10권, 미안(美案) I, p. 719.

수 없었다. 하지만 예수교회가 동학의 싸움으로 피해를 크게 입고 있었던 것만은 확실하다.

그런데 묘한 변화가 하나 찾아왔다. 1894년 7월의 재기포 때에는 동학의 투쟁 목표가 왜이(倭夷)를 진멸한다는 데에 가 있었다. 그때껏 외치던 척양(斥洋)의 기치가 빠진 것이다.[89] 이것은 전봉준이 스스로 다짐해 밝히고 있었다. 왜양일체(倭洋一體)에서 왜양이체(倭洋異體)로의 경험 전환, 투쟁 목표의 전환이 여기 있었다. 더욱이 그 해 12월 8일에 '고시여영병이교시민'(告示與營兵而教示民) 곧 영에 있는 군인들과 백성들에 일러주는 글에는 다음과 같은 내용의 격문이 들어 있었다.

> 팔방이 흉흉ᄒᆞᆫᄃᆡ 편벽도이 상전(相戰)만 ᄒᆞ면 가위 골육상젼이라. 일변 ᄉᆡᆼ각컨ᄃᆡ 됴선ᄉᆞ람기리라도 도ᄂᆞᆫ 다르ᄂᆞ 척왜(斥倭)와 척화(斥和)ᄂᆞᆫ 그 의(義)가 일반이라.… 상의ᄒᆞ야 ᄀᆞᆺ치 척왜척화ᄒᆞ야 됴선으로 왜국이 되지 안이케 ᄒᆞ고 동심합력ᄒᆞ야 ᄃᆡᄉᆞ를 이루게 ᄒᆞ올세라.

"도는 다르나" 하는 말의 뜻이 무엇인지를 정확히 판명하기는 힘들다. 하지만 척왜(斥倭), 곧 일본을 배척하는 일이라면 종교는 비록 다르다고 할지라도 합심하여 그 성업(聖業)에 함께 전진하자는 뜻이었음에 틀림없다. 예수교의 척왜성이 이미 눈에 띌 만큼 현저하게 표면화한 까닭이었다.[90]

그렇지만 동학란으로 해서 오히려 기독교가 찾게 된 적극적인 발전의 기회도 있었다.

---

89) 동도(東徒) 죄인 전봉준(全琫準) 초초문목(初招問目), 개국 504(서기 1895)년 2월 초 9일. 『동학란기록』, 하, 국사편찬위원회, 1959, p. 529.

90) 천도교주 손병희(孫秉熙)는1907년 6월 28일 이런 말을 하고 있었다. 곧 "아국(我國) 종교가 필경 야소교가 될 터이니 오제(吾儕)도 불가불 야소교를 신종(信從)연후에 마침내 진취의 희망이 있다." 잡보, 자동향서(自東向西), 『대한매일신보』, 1907년 6월 28일자.

> 그 해(1894)에 동학의 동란을 인하여 청일 양국이 교전하게 되니, 3백여 년 아무 탈 없이 지나며, 공상 이론에 미혹되어 거기 취해서, 외세가 어떻게 돌아가는지 살펴보지도 아니하던 우리 민족이 병화(兵火)를 만나매, 어리석은 자나 어진 자를 막론하고 어찌할 바를 몰라, 노인네들을 끌고 어린아이들을 둘러메고는 이리저리 흩어져 피란을 가니, 서울을 비롯해 저 바닷가까지 온 땅이 황량해 비 오듯 하는 눈물을 억제하지 못하였었다.
>
> 그러나 화를 변하여 복을 이루시는 하나님의 경영은 전능하시고 지대(至大)하셔서, 우리 민족의 완고한 꿈이 포성(砲聲) 중에서 깨닫기 시작하고, 허튼 생각이 검광(劍光) 중에서 사라지게 하심으로, 자아의 사상을 포기하고, 참 진리의 근원을 탐구하게 됨에, 복음이 이르는 곳마다 여러 사람들의 혼이 소생하기 시작하고, 교회가 여기 따라 발전하니라.[91)]

다음은 기독교가 동학의 민족사적 대업 수행이 가능했던 통로를 꿰뚫어보고, 강력한 동원력으로 이를 차원 높게 활용한 공헌이다. 미국 북장로교회 해외선교부 총무 스피어(Robert E. Speer)의 말이 이를 뒷받침한다.

> 동학도들은 기독교를 박멸하거나 서양 선교사들을 추방하려 하지 않고, 오히려 기독교에 강력한 자극을 주고, 복음전파의 새 길을 열어 주었다고 할 수 있습니다. 우선, 동학이 봉기하였던 바로 그 불만과 불안의 상황이 기독교의 메시지 전파에는 비옥한 토양이요, … 동학 봉기가 실패했을 때, 그것은 수많은 군중들로 하여금 더 절실하게 기독교에 귀를 기우리도록 만들었습니다.[92)]

박해와 시련 속에서 더 발전할 틈을 오히려 찾아내어 이를 확대할 수 있었던 기독교, 그것이 우리가 받은 처음 기독교의 힘이요 그 유산이었다.[93)]

---

91) 『조선예수교장로회사기』, 상 p. 29.

92) R. E. Speer, *Missions and Modern History*, Vol. II, p. 387.
실상 동학 때문에 선교사업이 방해를 받은 일은 없었다. Women's Work in Korea, *The Korean Repository*, January 1896, p. 8.

93) 동학과 기독교와의 접촉에 대해서는 다음의 글을 참조.

프로테스탄트 예수교회 수난의 동기나 근거는 이밖에도 여럿 있었다. 동네사람들의 반발, 가족들에게서 받은 오해, 천주교인으로 오인된 무고, 예수 믿기로 작정한 이후의 근면으로 저축한 재산에 대한 질투, 일신상의 시기나 적대감,[94] 이런 것들이 복잡하게 엇갈려 그 수난은 어렵고도 지루하였다. 관리들이 서양종교를 물리치고 우리나라 전통의 성학(聖學)을 지킨다는 말은 다만 그 내세운 구실인 경우가 적지 아니하였다. 초대교회 수난의 모습을 『조선예수교장로회사기』는 이렇게 표현하고 있었다.

> 복음을 전파하난 자난 그 집을 허물고 그 지경에서 쫓아내어 다시는 전파하지 못하게 박해한 일도 잇스며,
>
> 엇던 전도인은 타향에 이주하야 예배하난 중에 이웃사람들이 작당하야 쳐들어가 난타함에 사경을 헤매는 것을 주인의 애걸로 간신히 면한 일도 잇스며,
>
> 엇더한 교회셔난 동민의 핍박으로 출입할 길을 얻지 못하야 농사 짓던 일을 장차 폐하려고 하더니, 군수의 설득과 도지사의 지령으로 요행 경작케 된 일도 잇스며,
>
> 엇더한 교인은 믿은 지 얼마 안 되어 그 형이 엄금하되 오히려 듣지 아니하고 일향(一向) 돈독히 믿음에 그 형이 마침내 대노해서 신교자(信教者)난 내 동생이 아니라 하고 그 족보에서 제명하야 문밖에 쫓아낸 일도 잇고,
>
> 엇더한 부녀난 혼자 살면서 독실하게 믿더니 시집 가문이 번잡하게 모여들어 때려서 죽을 지경에까지 이르러도 끝까지 신종(信從)하거늘 종내 가산을 삭탈하고 축출해서 걸식케 한 일도 잇스며,
>
> 엇더한 여신도난 독신으로 심신(深信)함으로, 시가집 전체가 매일 구타하야 전신에

Seven Months among the Tong Haks, *The Korean Repository*, June 1895, pp. 201ff.
L. H. Underwood, *Fifteen Years among the Top-Knots*, pp. 127ff.
C. A. Clark, *Religions of Old Korea*, (1921년 강연 원고), 서울: Christian Literature Society, 1921, pp. 151ff.
E. A. McCully, *The Corn of Wheat or the Life of the Rev. W. J. McKenzie of Korea*, Toronto: Westminster Co., 1903, Chap. XI.

94) 어떤 기독교인은 일본군인에게 전도하다가 현장에서 목이 잘려 죽는 참사도 있었다. *The Annal Report of the Board of Foreign Missions of the Presbyterian Church in the U. S. A.*, (향후 *N. P. Report*로 약기), 1908, p. 29.

완전한 살갗이 업스며, 머리에 남은 머리털이 업스되 오히려 신종하얏다더라.[95)]

이광수의 말이 다시 생각난다. "내 혈관에도 이러한 순교자의 피가 흐르거니."

11.6. 제주도 신축 민란(辛丑民亂)

한국 초대교회에서 지방 관리와 그 지방민이 손을 잡고 일제의 진출 세력의 사주를 받아 중앙 관리와 천주교도들의 결탁을 배격하다가 엄청난 민란으로까지 번졌던 사건이 있었다. 1901년 5월 제주도에서 터진 신축 민란 혹은 '이재수(李在守)의 난'이 바로 그것이다.

제주도민들은 고립된 생활 조건 때문에 대개 보수적이며 배타적인 성격이 강했고, 또 강력한 토속신앙에 물들어져 있어서 삶의 리듬이 대단히 경직되어 있었다. 여기에 1900년을 전후하여 천주교 신앙이 전파되면서, 유배당해 이곳에서 살던 전직 고관들이 여기 입교하게 된 것이다.[96)] 그러나 이런 신실한 입교자 이외에 아울러 "부랑 패륜배들과 동학의 잔당들이 가톨릭교에 밀고 들어온 것"도 사실이었다.[97)] 따라서 기왕의 반정부적 불평행위의 자행과 심지어 "사람을 묶고 무덤을 파헤치고, 타인의 재산을 강탈하는 것으로 능사로 삼는"[98)] 그런 변란이 있게 되었던 것이다.

도민의 원한과 비탄이 쌓이게 된 것은 당연한데, 설상가상으로 천주교인들이 신앙의 명분으로 토속신앙에 대하여 모멸하는 일을 능사로 알아서 감행하는 일들이 벌어진 것이다. 이에 도민들의 분노는 불을 당긴 듯하였다.

---

95) 『조선예수교장로회사기』, 상, pp. 14-15.

96) 황현, 『매천야록』, 권 3, 1901년 신축 4월조, p. 271.

97) 잡보, "보집폐민(報戢弊民)", 『황성신문』, 1901년 11월 19일자.
김태능, "성교란(聖敎亂)", 『제주도사 논고』, 서울: 세기문화사, 1982, pp. 320-321.

98) 잡보, 제민수뢰(濟民誰賴), 『황성신문』, 1900년 12월 12일자.

그때 마침 중앙의 봉세관(捧稅官) 강봉헌(姜鳳憲)이 제주도에 내려와 가진 잡세를 다 거두며 행패를 부린 것이다. 그런데 그 세금 징수 과정에서 천주교인들이 집세감색(執稅監色)이나 마름(舍音) 곧 집달리들로 채용되어 그 불법 징세에 협조한 것이다. 이 협잡에다가 외래 종교 추종인의 방자 때문에 민원(民怨)이 극에 달한 것이다.[99)]

이제 한쪽에는 중앙의 봉세관, 동학잔당이나 난류 출신의 천주교인, 유배당해 있던 전직 고위관리들의 천주교 입교인들이 있고, 그리고 피해와 원한에 사무친 도민들과 지방관리, 그리고 그 틈을 이용한 일본 상인들의 간교가 다른 한쪽에 있었다. 이때 대정군(大靜郡)의 군수 채구석(蔡龜錫)이 상무사(商務社)를 조직하여 "천주교인들의 폐단을 방지한다"는 기치를 들어 행동개시를 서두르고 있었을 무렵, 5월 6일에는 수백 명의 도민이 천주교인들을 집단폭행하는 사건이 터진 것이다.[100)] 봉세관이 위험을 알아차리고 서울로 도망하자 그에 대한 도민의 울분이 천주교인들에게 돌려진 것이다. 이때 새 목사(牧使)로 이재호(李在護)가 부임하였고,[101)] 천주교인이 온 지경에 걸쳐서 선동하고 떠드는 데 흥분한 도민이 큰 무리를 이루어 일어나 저들을 공격하여 교민 죽이기를 250여 명 하였던 것이다.[102)] 채구석과 오대현(吳大鉉), 강우백(姜遇伯), 그리고 상무사의 집사이던 이재수가 이 민란을 끝까지 이끈 사람들이다. 채구석은 본도 출신이요, 강봉헌은 서북 출신이었다.

이 민란 소식은 제주에 있던 불란서 신부 구마슬(具瑪瑟)의 제보로 불란서 공사관을 통하여 서울 조정에 전달되었다. 그래서 조정에서는 황기연(黃耆淵)을

---

99) 유홍렬, 『고종치하 서학수난의 연구』, 서울: 을유문화사, 1962, p. 385.
News Calendar, *The Korea Review*, June 1901, p. 265.

100) 김윤식(金允植), 『속음청사(續陰晴史)』, 권 10, 상, 광무 5년 (1901) 5월 6일자.
이때 김윤식은 제주도 유배 중이어서 자세한 목격 기록을 남길 수 있었다.

101) News Calendar, *The Korea Review*, June 1901, pp. 263ff. 이 제주도에 관한 보도는 이재호의 보고에 따른 것임. Cf. 제요사보(濟擾査報), 『황성신문』, 1901년 6월 17일자.

102) 황현, 『매천야록』, 광무 5년(1901) 신축, 3월조, p. 571.

찰리사(察理使)로 파견하였다. 강화 병력 100, 수원과 전주에서 각각 200, 광주에서 100, 이렇게 동원되어 파견되었던 것이다. 그래서 더러는 치고 더러는 어루만지고 해서 그 난을 평정하고, 5월에 귀환하였던 것이다.[103] 이 민란 진압 과정에서는 궁내부 고문이던 미국인 샌즈(Wm. Sands: 山島)가 파송되어 이미 제주에 가 있던 불란서 함정과 조정하게 하였고,[104] 내박 중이던 일본 병함(兵艦)에 대하여서도 만약의 사태에 대비하도록 하였던 것이다. 이 민란은 한 달 후인 6월 15일까지는 대개 그 무리가 해산하여 종막을 고했던 것이다.[105]

그러나 앙금이 쉬 없어지지는 아니하였다. 그래서 '후일 천주교뿐만이 아니라 신교의 선교 사업에 크게 지장'[106]을 주었던 것이 사실이다. 전도는 힘으로 할 수 없다는 것, 신앙은 현실적인 구체적 동기가 계기가 되었을 때 불순하고, 더구나 무슨 한을 풀기 위해 그 수단으로 입교하거나, 힘과 특권의 획득이 그 목표일 때에는 이런 불행한 사태가 야기된다는 것,[107] 이런 것을 이 제주 민란은 밝히 보여주었던 것이다.

파견되었던 궁내부 고문 샌즈의 보고에 의하면, 지방에서 외국인 성직자가 다만 '현존하고 있는 것' 자체가 탐관오리 등의 가렴주구(苛斂誅求)를 봉쇄하는 효과적인 역할을 다한 것이 사실이다. 그러나 이 외국인 선교사와의 밀착이 제주도의 경우처럼 오도되어 오히려 민폐를 끼치는 난동으로 나타나는 경우가 있었다. 이 점을 샌즈는 이렇게 분석하였던 것이다.

---

103) *Loc. cit.* Cf. News Calendar, *The Korea Review,* July 1901, p. 312.

104) 주동자 오대현, 강우백, 이재수는 서울로 압송되어 10월 9일 사형을 언도 받고, 그날 저녁으로 처형.
News Calendar, *The Korea Review,* October 1901, p. 463.

105) 『비서원기(秘書院記)』, 광부 5년(1901)신축 4월 29일자 (양력6월 15일자).
유홍렬, *op. cit.*, p. 403.

106) 강문호, 문태선 편, 『제주선교 70년사』, 대한예수교장로회 제주노회, 1978, p. 26.

107) News Calendar, *The Korea Review,* June 1901, pp. 266-267.

> 소극적인 수세적 저항과 적극적인 공세적 저항 사이에는 근본적인 차이가 있습니다. 전자는 다만 도덕적 영향력의 발휘이지만, 후자의 경우는 정치적 문제에 대한 적극적 위협이요 현실적 권력 행사의 한 형태가 되기 때문입니다.[108)]

현실적인 악정과 폐습을 피하기 위한 입교도 문제가 있었다는 뜻이다. 순수한 신앙적 동기가 없었기 때문이다. 그러나 더 중요한 문제는 동기야 어찌 되었건, 권력 행사나 불법 행사의 목적을 가졌거나, 아니면 그런 것을 의식한 교회 출입의 죄악성이었다. 초대교회가 이런 협잡에서 종교의 순수성을 보존하기 위해 기울여야 했던 노력은 결코 적지 아니하였다.

11.7. 초기 교회의 신앙 형태

초기 한국교회의 신앙고백이 개인 기독자의 글로 남아 자료로 전승된 것은 극히 드물다. 내적 회심의 기록이나, 이교(異教)에서 복음으로 인도되었을 때의 갈등과 환희의 경로를 밝힌 것은 더욱 그렇다. 하지만 여기 서너 사람의 고백이 직접 간접으로 우리 손에 들어오게 되었고, 따라서 그들의 경우를 들어서 그 신앙 형태의 실체를 가능한 한 밝혀 보았으면 한다.

우선 그 하나가 1887년 3월 22일, 윤치호가 세례를 받기 열흘 전에 남긴 고백의 기록이다.[109)] 이에 의하면, 인간의 심각한 죄악성, 내세를 위한 깨끗한 영적 생활의 필요성, 성서의 궁극적 진리, 하나님의 영원하신 사랑, 그리스도의 구세주 되심, 그리고 예언의 성취, 이런 것들에 대한 감격과 신뢰가 참신한 경험의 실체로 피력되고 있다. 물론 그는 1889년 4월, 개화 구국의 동기로 기독교 신앙 수용을 벌써 역설한 일이 있었다. 그리고 그러한 현실적 동기는 그의

---

108) Editorial Department, *ibid.*, August 1901, p. 357.

109) 상해 체재 시 그 곳 중서학원(中西學院) 본넬(W. B. Bonnel) 교수에게 보낸 "원봉진교서(願奉眞教書)"이다. 『윤치호일기』, 1, p. 255.

회심, 특히 감리교적 도덕 신앙의 구체성에서는 제거되어 본 적이 없었다.

> 아국 교육을 도와주면 인민의 긔상을 회복ᄒᆞᆯ 긔세ᄂᆞᆫ 야소교 박긔 읍스니 ᄂᆡ ᄂᆞ라를 위ᄒᆞᄂᆞ 일신 ᄉᆞ업을 위ᄒᆞ나 승교(聖教)의 일신심녁을 ᄃᆞ 드려 우흐로넌 구셰주의 공덕을 갑고 아ᄅᆡ로넌 ᄂᆡ 영혼 힝복을 온전히 ᄒᆞ미 ᄂᆡ ᄃᆡ망이로라.[110]

하지만 여기에도 그의 깊은 내면적이며 도덕적인 경건주의 신앙의 기조가 짙게 깔린 것을 간과할 수 없다. 외적인 개화 동기와 내적인 신령한 동기가 복합된 것을 볼 수 있다. 안팎의 이러한 신앙 국면 연속은 성숙한 신앙의 실상이기도 했지만, 아울러 근대 조선에서의 입신이라는 역사적 신앙의 특수성을 보여주는 것이기도 하였다. 그는 기독교가 이 겨레의 구원과 그 영광된 발전의 원동력이라 확신하였고, 따라서 그 소식을 전파하고자 해서 한때(1884. 4. 14) 성서 번역을 시험해 본 일도 있었다.[111]

다른 한 사람은 이영민이라는 사람인데, 그의 내력과 생애는 알려진 것이 전혀 없다. 그는 그의 신앙고백이 선교본부에 보관되어 있어서 알려진 데 불과한 인물이다. 그의 신앙 역시, 성서적 진리에 대한 전적인 신뢰에서 출발하고 있었다. 그리고 죄의 무서움과 그 결과, 신앙 이후 찾아지는 다함 없는 마음의 평화, 그리스도의 십자가 희생에 대한 사무치는 감격, 그래서 품게 된 사랑, 그리고 기도와 전도, 명상에 대한 의무 수행, 이런 것들이 그 신앙고백의 골자였다.[112]

또 다른 한 사람은 송인서(宋麟瑞, 1867-1929)[113]이다. 그는 성서를 읽음으로써 신앙에 인도되었는데, 인간의 깊은 죄의식, 다른 사람에 대한 전도의 긴급함,

---

110) 『윤치호일기』, 1, p. 370.

111) *Ibid.*, pp. 305, 306.

112) R. E. Speer, *Missionary Principle and Practice*, New York: Fleming H. Revell, 1902, pp. 388-390.

113) 평양 장로회신학교 제1회 졸업. 『마포삼열(馬布三悅)박사 전기』, 마포삼열박사전기편찬위원회, 대한예수교장로회총회 교육부, 1973, pp. 234-235.

기도의 능력, 예수 그리스도의 현실적 현존, 이런 것들을 그 신앙의 내용으로 기록해서 남기고 있었다.[114] 평양의 모페트(S. A. Moffett)는 이러한 신앙의 내용들을 보고, 그것이 조선교회의 참된 신앙상이라 여겨 "소박하고 간결한 복음의 진리", 그리고 "복음만이 하나님의 구원에 이르게 하는 하나님의 능력이라는 신앙"[115]이라고 평가하고 있었다.

초기 신앙 형태의 규명에는 그때 불리어지던 찬송가, 그리고 한국 사람이나 선교사들이 지은 찬송가를 살펴보는 것이 도움이 될 것이다. 1894년 예수셩교서회[116] 간행의 『찬양가』 전 117장의 찬송가 중에는 7개 장, 곧 4, 29, 38, 61, 93, 113, 115장이 조선인 작사의 찬송가들이었다. 그런데 그 중 제61장은 감리교 1895년 발행의 『찬미가』에 제53장으로 그대로 실려 있어서 장로교, 감리교 양 교회에 걸쳐 애창된 것이 확실하고, 따라서 당시 교인들의 신앙적 동질성이 거기서 어느 정도 추출되리라고 믿는다. 그 작사자는 아직 그 이름이 밝혀지지 아니한 여인의 것이다. 한국교회에서의 여자의 등장이 이처럼 빨랐다는 것도 눈에 띄는 대목이다.

예수의 놉흔 일흠이 내 귀에 드러온 후로
전 죄악을 소명하니 ᄉᆞ후 텬당 내 거실세

사ᄅᆞᆷ 육신 ᄉᆡᆼ긴 근본 ᄉᆡᆼ어토귀어토ᄒᆞ네
가련ᄒᆞ다 텬ᄒᆞᆫ 몸을 조곰도 ᄉᆡᆼ각치 말세

귀ᄒᆞᆫ 령혼 예수 싸라 텬당에 곳 올나가세
거긔가 내 본향일세 착ᄒᆞᆫ 령혼 모혓고나

114) R. E. Speer, *op. cit.*, pp. 390-392. 한국 장로교 제1대 목사 7인 중 한 분.

115) *Ibid.*, p. 66.

116) 오늘의 대한 기독교서회(Christian Literature Society in Korea).

> 지성으로 밋던 덕이 됴흔 줄을 ᄭᅢ닷겟네
> 여호와와 동락ᄒᆞ니 무궁무진 즐겁도다.[117]

그리스도를 통한 구원의 확실성, 육신에 대한 무관과 경시, 역사에서의 격리, 천국 고향에의 향수, 무궁한 영생의 축복과 신비적 환희, 이런 것들이 그 신앙의 가락이었다. 제115장의 "배단씨(培端氏) 십신가(十信歌)"도 대개 그런 경향의 것으로서, 더 분명한 경건주의 신앙의 열 가지 축복이 치솟는 감격으로 펼쳐지고 있었다.

이러한 몇 가지 초기 교회의 신앙을 감리교의 선교사 존스는 다음과 같이 열 가지로 분류, 정리하고 있었다. 곧 성서의 압도적 권위에 대한 부동(不動)의 신앙, 예민한 죄의식과 회개, 개인의 인격적 신앙, 부흥회적인 열정, 교리문답식 성서교육, 기독자로서의 헌신과 봉사, 십일조 헌금, 강렬한 주체적 신앙 때문에 겪는 환난, 그리고 선교의 열정, 이런 열 가지 신앙 유형이었다.[118]

이러한 내적이요 종교적인 차원의 신앙 유형이 우리 초대교회에 두루 퍼져 있었던 것이 사실이지만, 반면에 개화 지향을 동기로 해서 입교했던 사람들의 수 역시 적지 아니하였다. 이 사실은 장차 한국교회사 이해에 있어서 간과해서는 안 될 중대한 요소로 등장하게 된다. 가령 최병헌(崔炳憲, 1858-1927)의 "종교와 정치의 관계"(宗敎與政治之關係)란 논문이 그러한 측면을 잘 보여주고 있다. 곧

> 종교와 정치의 관계가 가장 중요해서 가히 설명을 다하기가 어렵습니다. 그러나 그 핵심을 가지고 논할진대, 종교의 도와 정치의 사상이 상합(相合)하는 데가 있고, 상분(相分)할 수 없는 데가 있어서, 서로 이루어지되 서로 어그러지지 아니합니다. 적어심자발어사(積於心者發於事)[119]라는 것이 바로 그런 것입니다. 이 역시 하늘이 정한 자

---

117) 『찬양가』, 제61장, 예수셩교서회, 1894, p. 58.

118) G. H. Jones, The Growth of the Church in the Mission Field, *The International Review of Missions*, Edinburgh: Vol. I, No. 3, 1912, pp. 416-421.

119) 마음에 가득 쌓이면 밖으로 표출된다는 뜻. 곧 종교가 내적으로 충만하게 해주면 그것이 정치

> 연의 이치라 할 수 있습니다.
>
> 종교의 도가 실제로 국가의 명맥이라 할 수 있습니다. 그렇다면 종교와 정치가 서로 표리의 관계에 있다고 할 수 있으며, 그 나라의 종교의 도가 어떠한가에 따라서 그 나라의 정치도 어떠한가를 알 수 있습니다. 그러니 종교와 정치가 실상 처음과 나중과 같아서, 종교가 제 구실을 못하면 정치 역시 여기 따라 흐트러지게 되는 것입니다.[120)]

이러한 내적 신앙과 외적 신앙, 그리고 종교적 동기의 신앙과 개화 지향적 동기의 신앙, 이 사이를 정확하게 줄을 그어서 획별하기는 결코 쉬운 일이 아니다. 종교의 넓이 때문에 그렇다. 우리는 윤치호의 경우에서 그 한 사례를 본 바 있다. 다만 이런 두 유형의 신앙을 건전하게 접속하려고 시도했던 일이 1907년 대부흥회 때에 있었다. 그러나 그런 관계의 규명과 해결이 미진한 채 오늘에 이른다고 봄이 옳을 것이다.

로 나타나 표출된다는 것. 내연이외연(內燃而外延)의 원리.

120) 최병헌, "종교여정치지관계", 잡보, 『대한매일신보』, 1906년 10월 7일자.

12 외국 선교사의 선교정책

우리는 한국에서 일을 시작할 때에 이 백성에게, 믿으면 무엇을 얻게 되는 유도(誘導)로서의 기독교가 아니라, 복음 그것을 주겠노라는, 이 한 가지 결의만을 가지고 있었습니다. 복음의 메시지만을 가지고 직접 이 백성들을 찾아 가는 것 말입니다.

William Newton Blair

12.1. 네비우스 방법의 설정과 지역 분할

12.1.1. 네비우스 선교정책

개국이 되자 미국의 감리교와 장로교를 비롯해서 캐나다, 호주, 영국, 그리고 간접으로 일본을 통해서 새 선교지 한국에 여러 나라와 교단의 선교사들이 몰려들고 있었다. 그러나 선교의 자유는 계속 시험되고, 또 한국교회 내의 간헐적인 수난도 끊이지 않고 있었다. 따라서 선교사들은 뚜렷한 선교 방법의 설정을 서두르고, 피차 경쟁하는 잘못을 피하는 대책을 강구하며, 더 나아가 한국교회 수난에 대응할 그들 입장을 천명하는, 그런 정책의 수립을 뒤로 미룰 수가 없었다. 더구나 문자화된 정책은 선교사 개인의 행동, 혹시 그 방만을 규제하고, 일치된 목표 수행을 가능하게 하는 방편이 되기도 했다.

그래서 이들은 1890년 중국 지푸(芝罘)에서 선교활동을 하던 존 네비우스(J. Nevius, 1854-1893) 목사 부처를 초빙하여 2주 동안 함께 지내면서 한국 선교사들이 앞으로 명심하고 실천할 선교 방법의 원칙을 제공 받았다.[1] 그 원칙은 대개 다음과 같았다.

(1) 선교사들 하나하나의 복음 전도와 광범위한 순회전도.
(2) 자립 선교. 곧 신자 한 사람 한 사람이 다른 사람에게 성서의 교사가 된다.
(3) 자립 행정. 모든 신자들은 그들이 선택한, 봉급을 받지 않는 지도자 아래에서 전도와 교회 경영을 한다.
(4) 자립 보급. 모든 교회 건물은 그 교회의 교인들만에 의해서 마련되고, 교회가 조직되자마자 전도인의 봉급을 지급하기 시작한다.
(5) 체계적인 성서연구와 모든 활동에서의 성서의 중심성을 관철한다. 성서연구는 반드시 여럿이 함께 모여 한다.
(6) 성서의 교훈에 따라서 엄격한 생활 훈련과 치리(治理)를 한다.
(7) 다른 교회나 기관과 협력 및 일치의 노력을 계속하며, 최소한도 다른 기관과는 지역을 피차 뜻에 맞게 분할하여 전도한다.
(8) 지역과 프로그램의 분할 이후에는 절대 피차 간섭을 하지 않는다.
(9) 그러나 경제나 그 이외의 문제에 있어서는 항상 폭넓게 피차 돕는 정신을 가진다.[2]

이것이 대개 요약된 그 원칙이다. 강력한 자립 정신과 광범위한 순회선교, 성서에 대한 압도적 강조가 그 기조였다. 그러나 또 한 가지 이 원칙의 핵심에는 이 세상의 생활과 의무에서 떠나는 것이 종교의 본분이 아니라, 일상생활에서 평범한 통상의 생활을 하면서 교리를 구체적으로 실천하는 것이 기독교의

---

1) H. S. Nevius, *The Life of John Livingstone Nevius*, New York: Fleming H. Revell, 1895, pp. 446-450.

2) C. A. Clark, *The Korean Church and the Nevius Method*, New York: Fleming H. Revell, 1930, pp. 446-450.

참 모습이라는 정신이 짙게 깔려 있었다.[3)]

그런데 이 원칙을 자세하게 연구해서 한국교회에 적응할 가능성을 확인한 것이 바로 한 해 전(1889)에 조직된 '미국 장로회 미션 및 빅토리어(호주) 미션 연합공의회'이다. 향후 이러한 형태의 연합 사업은 그런 사업에 약간은 거리를 두었던 남감리교,[4)] 성공회 및 침례회[5)]의 불참 때문에, 장로교 주도로 선교 연합 사업을 추진하게 된다. 이것이 교회 연합 기관으로는 우리나라 최초의 것이었다. 호주 선교사 데이비스가 서거한 뒤에는 다시 1893년에 '장로회정치를 쓰는 미션공의회'(The Council of Missions holding the Presbyterian Form of Government)를 조직하였다. 이 공의회의 목적은 궁극에 가서는 한국에서 프로테스탄트 신경(信經)과 장로회 정치를 쓰는 연합교회를 설립한다는 것이었는데, 이 공의회는 그 소속 선교회에 대하여 권고만 할 수 있었다. 하지만 한국에 장로교회가 완전히 설립되기까지는 한국의 전 교회에 대하여 전권으로 치리(治理)할 수 있는 유일한 상회(上會) 구실을 하였다.[6)]

이 공의회가 남긴 중요한 업적이 둘 있다. 그 하나가 선교 지역의 분할 정책이다. 소위 '교계예양(Comity Arrangement)'이라는 것이 그것이다. 이것은 선교 사업을 하는 기관이 여럿이기 때문에 노력을 중복하거나 필요 없는 경쟁을 하지 않도록 "연합적으로 분할하는" 프로그램이다. 연합해서 피차 협력하려면, 하는 일과 지역을 분할해야만 할 때가 있다. 사역과 지역의 분담이 있어서 극대치를 가져 올 수 있기 때문이다. 이것은 일종의 모자이크 이론이다. 얼마 후 에큐메니칼 운동은 이 원리를 그 기본적인 원칙으로 삼았던 것이다.[7)] 이렇게 해서 남

---

3) 선교사들이 한국교회의 발전에 대하여 자신감을 가지기 시작한 것이 1889년부터의 일이다. *The Minutes of the General Assembly of the Presbyterian Church in the U. S. A.*, 1889, p. 211.

4) R. E. Speer, *Report on the Missions in Korea of the Presbyterian Board of Foreign Missions*, 1897, p. 42.

5) 이호운, 『한국교회 초기사』, P. 203.

6) 『조선야소교장로회사전휘집(朝鮮耶穌教長老會史典彙集)』, 곽안련(郭安連) 편, 서울: 조선야소교서회, 1918, pp. 15-16.

7) H. P. van Dusen, *One Great Ground of Hope*, London: Lutterworth Press, 1961, p. 25.

장로교는 전라도와 충청도, 호주장로교는 경상남도, 캐나다장로교는 함경도와 간도, 북장로교는 평안도, 황해도 및 경상북도를 대략 분할하여 선교 구역으로 각각 맡았던 것이다.

그런데 1892년 6월 11일에는 북장로교와 북감리교가 그 신앙과 교리의 경계선을 헤치고 합의를 거쳐서, 한국의 전 지역을 지리적으로 분할 책정하여 선교하게 되었던 것이다. 원칙적으로 5천 명 이상의 읍(邑) 정도 이상의 지역에서는 두 교파가 함께 선교하지만, 그 이하의 지역에서는 기득권을 피차 인정한다는 선에서 지역 분할을 실시했던 것이다.[8)]

이 조정 사항을 한국을 방문한 미국 감리교회의 포스터(R. S. Foster) 감독이 시인하지 않아서 당분간 어려움이 따랐으나 결국 이 안이 추후의 사업에 골격 노릇을 한 것은 사실이다. 이것으로 장로교와 감리교는 "호상 조력ᄒᆞ며 호상 물조(勿阻-방해하지 않음)ᄒᆞ기로 처음 계약"[9)]하였던 것이다.

우리는 이 분담이 본래 선의의 분할이었다는 점을 강조하고 싶다. 현대에 와서 이 지역 구획선이 뜻밖에도 한국교회 분열의 지방적 배경과 대체로 중복된다는 비극적인 사실을 숨길 수 없겠다. 하지만 연합이 프로그램의 특징 있는 다양성의 개별적 분할에서 더 실효 있게 초래된다는 사실도 고려해서, 차라리 신앙 형태와 신학 방법의 특징 있는 개별성이 따로 따로 발전하면 그것 그대로 연합의 참 요소라는 것을 알고 지나가는 것도 득이 된다고 믿는다.

다른 하나, 이 공의회는 저 유명한 네비우스 방법을 바탕으로 하면서도 핵심적인 몇 가지 원칙을 첨가 확대해서, 한국에서의 독자적인 선교정책을 마침내 정식으로 채택하게 된다. 그것을 여기 옮기면 다음과 같다.

(1) 상류계급보다는 근로계급을 상대로 해서 전도하는 것이 좋다.

(2) 부녀자에게 전도하고 크리스천 소녀들을 교육하는 데 특별히 힘을 쓴다.

---

8) C. A. Cark, *The Korean Church and the Nevius Method*, p. 90.

9) 『조선야소교사전휘집(朝鮮耶穌教史典彙集)』, p. 13. 이 분할은 1909년 최종 합의.

가정주부들, 곧 여성들이 후대의 교육에 중요한 영향을 끼치기 때문이다.

(3) 기독교 교육은 시골에서 초등 정도의 학교를 경영함으로써 크게 효력을 낼 수 있다. 그러므로 이런 학교에서 젊은이들을 훈련하여 장차 교사로 보내도록 한다.

(4) 장차 한국인 교역자도 결국 이런 곳에서 배출될 것이다. 이 점을 유의한다.

(5) 사람의 힘만이 사람을 개종시키는 것이 아니다. 하나님의 말씀이 하신다. 따라서 될수록 빨리 완전하고도 명료하게 번역된 성서를 이들에게 주도록 한다.

(6) 모든 종교서적은 외국말을 조금도 쓰지 않고, 순 한국말로 쓰여지도록 한다.

(7) 진취적인 교회는 자급(自給)하는 교회가 되어야 한다. 선교사의 도움을 받는 사람의 수는 될수록 곧 줄이고, 자급하여 세상에 봉사하는, 그러한 개인을 늘린다.

(8) 한국의 대중들은 동족의 전도에 의해서 신앙하게 되어야한다. 따라서 전도를 우리 자신 나서서 하는 것보다는 전도자의 교육에 전력한다.

(9) 의료선교사들은 환자들과 오래 친숙하게 지냄으로써 가르칠 기회를 가지게 되고, 또 깊은 마음의 문제에 골몰하는 모범을 보여주어야 한다. 투약(投藥)만 가지고서는 별 효과를 낼 수 없다.

(10) 병원에서 치료를 받는 사람은 고향의 마을에 자주 왕래하게 해서, 의료선교사들의 인애에 넘치는 간호의 경험을 본받아 전도의 문을 열도록 한다.[10)]

---

10) C. C. Vinton, Presbyterian Mission Work in Korea, *The Missionary Review of the World*, September 1893, p. 671.

이 방법은 한국교회의 발전뿐만 아니라, 그 신앙의 형태라든가 교역자의 지적인 수준, 교회의 조직에 대해서 무시 못할 엄청난 영향을 남겼다. 그리고 이것은 장차 한국교회 일부에서 그 공과(功過)가 문제되기도 한 일이 있다.

12.1.2. 네비우스 정책과 한국 사회변동

그러나 이것은 다른 한편으로 한국 사회구조에 대해서 획기적인 변동도 동시에 가져왔다. 물론 기독교를 통한 것이었으나, 이것 때문에 한국의 근대화는 실질적으로 본 궤도에 오를 수 있었다.

우리는 이 네비우스 선교정책에서, 한편으로는 하류층 상대의 선교 대상 설정, 그리고 다른 한편으로는 자립과 자율 및 자급의 시행 원칙, 이 양자의 연결에 주목이 간다. 그 연결은 언뜻 불가능하기 때문이다. 그런데 그것으로 대성한 선교정책이 한국교회의 자랑이 된 것이다. 그 내력을 찾아보자.

우선 이 방법의 근원은 사실 네비우스보다도 영국의 유명한 선교사가요 교회운동가였던 헨리 벤(Henry Venn)에게서 찾아보는 것이 옳다. 그는 1860년대에 광범위한 연구와 자료 분석을 통해서, 이 자립교회, 자급교회, 자립선교의 원칙을 세계 선교의 기본적인 정책으로 채택할 것을 권고했던 최초의 인물이다. 그런데 그 영향이 심지어 오늘에 이르기까지 미치고 있는 것이다.[11] 그는 사실 19세기 선교사들의 사회적 생태와 심리를 예리하게 분석해서, 결국 선교사들의 선교가 사회적으로는 부르주아 곧 시민적인 중류계급의 운동이라는 점을 밝혔던 것이다. 그리고 서양 선교사 자신들의 생리가 그대로 아시아와 아프리카에 반영되어서 이들 지역 사람들을 근대화하고 시민층으로 형성하거나 상승시키는 동력으로 작용하게 하였다는 결론을 내린 것이었다. 그리고 선교정책은 자연히

11) W. Knight, *The Missionary Secretariat of Henry Venn*, London: 1882, p. 425. Cf. W. Knight, *Memoirs of Henry Venn*, 1880, pp. 285-286.

시민적인 책임과 도덕, 자기의식 형성의 과정을 거친다고 보고, 저 유명한 자급, 자립, 그리고 자립선교의 3대 원칙으로 귀납시켰던 것이다.[12)]

한국에서의 네비우스 방법 확대 정책에도 핵심은 여기 있었다. 그것은 상류가 아닌 근로 농민계급과 하류층에 선교의 목표를 두고 있었다. 여성에 대한 관심의 성격도 같은 맥락에서 나오고 있었다. 이들 부서층(婦庶層)을 교육시켜서 한국적으로 틀을 잡게 한 후, 자립하고 공헌하고 남을 인도하는, 한 당당한 인간으로 발전시킨다고 말할 때, 이제까지는 없었던 근대적인 의미의 시민(*bourgeois*), 곧 자의식과 책임의 주체로 나라와 겨레에 관여하는 창조적 인간상의 중산층을 형성하게 되었다는 말이 된다. 선교의 주체는 말씀을 받아야 할, 그 사람들이 직접 하는 것이 좋다. 그 사람들의 신앙 체험 지수가 소통의 통로가 되기 때문이다. 이렇게 한국인을 앞세워 말씀의 대담한 선포자로 내보낸 것은 근대적인 개인의 발견이요 그 형성이 아닐 수 없었다. 이는 실로 한국사회사의 격변을 일으킨 사건이라 보지 않을 수 없었다.

이렇게 해서 기독교는 한국사회에서 계층의 상향 이동을 가능하게 하였던 것이다. 중산 시민층을 형성하는, 전례 없는 사회계층 상향 추진 동력으로 작용한 업적을 남긴 것이다. 한국 시민사회는 여기에서 비롯되었던 것이다. 곧 기독교를 통해서 형성된 것이다.

12.2. 감리교의 선교정책

앞서 말한 네비우스형의 선교정책은 장로교만의 것이었다. 따라서 감리교는 그 정책이 따로 있었을 것이다. 그러나 장로교의 경우처럼 도식화된 문서상의 일정한 정책 규정은 따로 없었기 때문에 그 윤곽을 우리 손으로 직접 더듬어

---

12) M. Warren, *Social History and Christian Mission*, London: S.C.M. Press, 1967, pp. 26, 45, 57, 87, 101, 127ff.

살펴 볼 수밖에 없다. 감리교가 간접으로 네비우스형의 원칙에 어느 정도 접근해 있었다고 할지라도 마찬가지이다.[13)]

우선 감리교는 탐색순회전도를 원칙으로 했다. 이것은 실제로는 장로교와 별 차이가 없는 정책이었다. 그러나 이러한 방법이 예전의 감리교 전도사들과 부흥사들의 순회 전도와 꼭 같았기 때문에 감리교의 생리에 들어맞았던 것이다.[14)] 이것이 바로 알렌이 가장 꺼려 하고, 따라서 알렌은 이런 방법을 함께 쓰는 장로교 선교사들까지 함께 묶어서 "감리교적"이라고 혹평하였던 그런 선교 방법이다. 평민과 가난한 대중 상대를 표방해서 전도나 의료사업을 지방 곧 개항시가 아닌 내지(內地)로 확대시킨 것이 법의식에 끌리는 알렌의 관리 근성을 자극했던 것이다.[15)] 아펜젤러나 존스 및 리드와 같은 사람들은 다 이 지방순회 전도의 찬란한 본보기들이었다. 이 기동성 넘치는 감리교회의 선교는 한국 감리교의 정신적인 기동성, 곧 진취성을 상징도 하고 또 배양도 하였음이 틀림없다.

다음 감리교는 교육 분야에서 장로교의 경우보다 훨씬 차원 높은 집착을 하였다. 아펜젤러는 한국에 온 지 꼭 넉 달 만에 두 사람의 학생을 모아가지고 학교를 시작했던 것이다.[16)] 장로교가 "젊은이들을 교육해서 후에 각각 출신 교회로 보내서 힘 있는 전도자적 크리스천을 양성함"[17)]을 최후의 목적으로 삼았던 데 반해서, 감리교는 교육 일반에 주력하였던 것이요, 그런 방법으로 복음 전도의 한 유형을 삼는, 폭넓은 교육정책을 원용하고 있었다.[18)] 두 교회는 이

13) 이호운은 1893년 장로교 선교공의회를 '현지 개신교 선교회의'로 기명함으로써 이것이 마치 감리교까지 포함한 정책 결정 기관인 것처럼 인상을 주고 있다. *op. cit.*, p. 194.

14) K. S. Latourette, *A History of Christianity*, Hew York: Harper & Brothers, 1953, pp. 108, 1040. Cf. S. H. Moffett, *The Christians of Korea*, New York: Friendship Press, 1962, p. 42.

15) 알렌은 1890년 7월에 선교사직을 사임하고 주한 미국공사관의 참찬관(參贊官)으로 봉직, 1905년 3월 말, 곧 을사늑약 반 년 전에 미국 공사직에서 떠날 때까지, 미국 외교관으로 한국에 체재하고 있었다.

16) *Historical Sketch of the Korean Methodist Church*, 75주년 기념, 서울: 1969, p. 17.

17) *The Christian Movement in Japan, Korea and Formosa*, 1925, Section on the Presbyterian Church in the U. S. A., p. 506.

교육정책에서 후에 그 간격을 더 넓혀갔다는 인상이다. 이러한 교육에의 치중이, 복음전도에 반응이 눈부신 서북부에서의 감리교 선교사업의 부진을 자초할 수밖에 없었다.

다른 한 가지는, 감리교가 장로교에 비해서 비율적으로 훨씬 많은 수의 여선교사를 가지고 있었고, 아울러 부녀사업에 남다른 공헌을 남긴 점이다.[19] 감리교계의 신문 『대한크리스도인회보』는 "남녀를 ᄀᆞᆺ흔 학문으로 ᄀᆞᄅᆞ치고 동등으로 ᄃᆡ접ᄒᆞᆷ이 가ᄒᆞ다"[20]고 하였으며, "부인의 교육이 제일 급무: 집안이 흥ᄒᆞᆷ과 나라의 부ᄒᆞᆷ과 ᄇᆡᆨ셩의 강ᄒᆞᆷ이 젼국 녀인을 교육시키는 데 ᄃᆞᆯ렷거늘"[21]이라 해서, 종래 건강에 극히 해로운 남녀 간의 폐습(男女七歲不同席)을 없애고 선진국의 활발한 모습을 배워야 한다고 논술하고 있었다.[22] 이것은 한국에서의 여성 지위 향상에도 견줄 수 없는 기여를 하였지만, 아울러 무당이 전성하던 그 당시에 전도부인들(Bible Women)의 전도 행각과 그 영향력으로 해서 무당종교를 당해 내는 데 유능한 전략을 수행할 수 있었다.[23]

그뿐만이 아니다. 감리교는 부녀자들을 위한 병원도 장로교보다 먼저 설립하였다. 1887년 10월 메타 하워드(Meta Howard)양이 정동의 이화학당 구내에 세운 보구여관(普救女館)이 그것이다.[24] 1890년 10월에는 셔우드(Rosetta Sherwood, 許乙: 1865-1951)가 여성을 위한 '의료강습반'(Medical Training Class)을 설치하고 있는

18) 서명원, 『한국교회성장사』, 서울: 기독교서회, 1966, pp. 210-211.

19) 이덕주, 『한국감리교 여선교회의 역사 1897-1990』, 기독교 대한감리회 여선교회 전국연합회, 1991, pp. 54ff.

20) "정동 새 회당에서 생긴 일", 『대한크리스도인회보』, 1897년 12월 29일자.

21) 엡웟청년회, *ibid.*, 1899년 2월 15일자.

22) *Ibid.*, 1899년 5월 10일자.

23) Bible Women, *The Korea Review*, April 1906, p. 142.

24) 민비(閔妃－明成皇后)가 하사(下賜)한 이름.
이 여관은 1892년 동대문 분원을 설치, 1899년 정동에 이사, 결합하였다. 1902년 5월 릴리언 해리스 기념병원이 되었다가 1930년부터 동대문부인병원이 되었다. 지금의 이화여자대학교 의과대학 부속병원.

데,[25] 그는 1898년 평양에 광혜여원(廣惠女院)을 설립하기도 한다. 그리고 거기에서 맹인용 점자 사용법을 우리나라 처음으로 실용화하는 공을 남겼다. 그것이 평양맹인학교로 발전한 것이다. 그는 1920년에는 '여자 의학반'을 설립해서 여자 의사 양성을 시작하기도 하였던 것이다.[26] 간호원 양성소는 1903년에는 에드먼즈(Margaret J. Edmunds)가 설립하였다.

이제 1893년 장로교와 감리교 선교사의 업무별 배당 상황을 보면 다음과 같았다.[27]

장로교 감리교 선교사역 분담표

사업별 / 교파별	복음전도	교육	의료	출판	부녀	합계
감리교남자	1.5	2	3.5	1	8	16
여자	3		2			5
장로교남자	8	1	2		9	20
여자	3					3
합계	15.5	3	7.5	1	17	44

※0.5는 한 사람이 두 가지 일을 한 경우

그런데 감리교의 경우에는, 벌써 그것이 이미 드러났지만, 교육과 여성 사업에서 사실상의 근대화의 첩경을 가는 듯했다. 그럼에도 불구하고 근대화의 선교 상징으로 되어 있는 네비우스 방법은 채택하지 않았던 것이다. 반드시 상반관계에 서 있지 않았다손 치더라도, 장로교와 감리교가 근대 사회를 대결하는

25) 그 첫 졸업생이 우리나라 최초의 의학박사인 박에스더. 셔우드는 그의 남편 William James Hall의 서거 이후 잠시 미국에 가 있는 동안 기금을 모아 보내서 그를 기념하여 1897년 1월 평양에 홀기념병원을 설립하게 하였다.

26) 이것이 1928년에는 경성의학전문학교로 정식 인가를 받았고, 오늘의 고려대하교 의과대학의 모체가 되었다.

27) C. D. Stokes, *History of Methodist Missions in Korea 1885-1930*, Yale University Ph.D. Dissertation, 1947, p. 126 참조.

자세가 다를 수밖에 없었다고 한다면, 장로교의 경우 네비우스 방법에서의 근대화 동력과 그 구체적 영향력은 결과를 보고 평가한 것이지 동기를 보고 평가한 것은 아니라고 할 수 있다. 이러한 문제의 곡절을 풀어 줄 단서가 하나 있다. 그것이 소위 한국교회 비정치화 문제를 둘러싼 장로교와 감리교의 정책 대결이다.

12.3. 한국교회 비정치화의 시작

12.3.1. 선교사들 사이의 이견

한국교회는 한국 국민이나 국가의 정신과 의식의 중추로 비쳐지기 시작하였다. 그때만 하여도 그런 역할을 할 집단이 없었다. 그래서 교회도 자연 대외적으로 한국인의 근대적 정신과 동일시하게 되었던 것이다. 한국의 근대정신과 기독교가 밀착된 모습이 보이기 시작한 것이다. 정치적으로도 그렇게 보이기 시작한 것이다. 그러나 순수 복음과 경건주의의 테두리 안에서 한 발자국도 빗나가기를 바라지 않았던 선교사들은 그 초대교회가 이런 정치적 대세에로 구도가 잡혀지는 것을 수용할 의사가 전혀 없었다.[28] 그 내력은 다음과 같았다.

알렌이 한국 왕실과 그 총애에 연결되어서 필경 한국 안의 수구적인 보수주의 세력과 인연을 맺게 된 것은 참으로 우연한 일이었다. 그런데 그는 전형적인 장로교인이었고, 따라서 칼빈주의적인 경세(經世)와 섭리의 이론에서 국가와 교회의 당연한 유기적인 연결을 전제하고 있었다. 이 말은 그가 전형적인 한국 근대 선교사의 정신인 경건주의와 부흥회 타입의 감리교의 생리와 아예 먼 거리에 있었다는 말이 된다. 따라서 그의 왕실과의 접근과 장로교적 세계 이해의 신학은 아무 문제될 것 없이 서로 연속되어서, 서구의 기독교 형태를

28) 이런 의지가 실현된 것이 1907년이다. 본서의 제14장 참조.

방문하게 하는 데까지 이르고 있었다.

그러나 한국 최초의 선교사들은 달랐다. 감리교계의 선교사들이 그에게 동의할 리는 만무하였다. 언더우드마저도 알렌과는 의견이 상충한 것이다. 언더우드가 거리나 지방에 가서 선교하는 데 대해서 알렌은 때마다 반박하기를 마지않았던 것이다. 조약문에 전교(傳敎)의 허용이 명시되지 않았다는 점, 그리고 설치고 다니면서 아직은 생소한 복음을 소리높이 외치고 다니는 무모, 그것이 알렌의 고민이었다.[29] 감리교 선교사가 그러는 것은 그들 교회의 생리가 그렇기 때문에 불가피했다고 치더라도, 장로교인마저 이런 경로를 밟는다고 하는 것은 이해할 도리가 없었다. 마침 1888년 종교 금령이 내리자 알렌은 순회 전도에 나선 언더우드를 서울에 급히 소환하고, 이 금령의 발표는 "경거망동한 순회전도가 그 원인이 되어 있다"[30]고 대놓고 화풀이를 하였던 것이다. 그리고는 언더우드에게 선교나 전도하는 일에서 손을 떼고 의료사업과 교육에만 당분간 치중할 것을 종용했던 것이다. 이것은 장로교 선교사들의 의견 충돌이 처음 표면화한 사건이었다. 그들은 다 20대 중반의 늠늠한 젊은이들이었다.

언더우드는 본래 감리교적인 기질이 많았다. 그래서 "고래고래 외치는 감리교인"(the roaring Methodist)[31]이라는 별명을 듣고 있었다. 알렌은 언더우드가 장로교인답지 않다고 단정하고 있었다. 그리고 그를 "장로교 선교부의 감리교 전도사"[32]라고 핀잔을 주었던 것이다. 이 말은 그 의미의 폭이 넓은 말이다. 이제 한국 선교사들은 두 진영으로 나누어진 셈이다. 그것은 명분상의 교파적 교리의 경계선까지 관통해서, 한 쪽에는 알렌 유형의 장로교와 다른 한 쪽에는 언더우드, 아펜젤러 그리고 스크랜톤 유형의 감리교적 선교사들, 이렇게 분할된

---

29) H. N. Allen, Medical Work in Korea, 1885. *Allen M.S.S.*, Philadelphia Historical Society, p. 31.

30) L. H. Underwood, *Underwood of Korea*, pp. 70-71

31) *Ibid.*, p. 71.

32) W. B. Scranton, Historical Sketch of the Korean Mission of the Methodist Episcopal Church, *The Korean Repository*, July 1898, p. 257.

것이다.

이 '감리교적' 선교사들은 알렌이 정치에 매혹되어 왕실과의 친숙과 그 의례를 멋으로 여긴다고 해서 아니꼽게 보았고, 궁전에 출입하는 시간에 한국 크리스천과 더불어 시간을 보내야 마땅하다고 훈계조로 타일렀던 것이다. 로마 가톨릭이 옛날에 정치 관여 때문에 겪은 비극의 전철을 알고 있었던 이들의 기우(杞憂)는 당연했을 것이다. 어떤 이는 알렌이 왕실 금고의 돈으로 병원을 경영한다고 비방하고 그것을 스캔들로 삼고 있었다. 게일(J. S. Gale)은 "내 생각에는 이 알렌의 이름을 선교사 명부에서 아예 삭제해야 마땅하다"[33]고 서슴치 않고 불평하고 있었다.

그러나 알렌은 그 나름대로의 신념이 따로 있었다. 그는 직접적인 설교나 복음의 전파는 우선 왕명이 있어서 허락이 날 때까지 유보하는 것이 상책이라고 판단하고 있었다. 오히려 그는 이 한국 조정을 현대문명의 기관으로 우선 가르치고 지도하는 것이 훨씬 폭넓은 공헌을 할 수 있을 것이라고 확신하고 있었다.[34] 절차상의 이견이 거기 있었던 셈이다. 그런데 알렌은 한 걸음 더 나아갔다. 마침내 선교사들에 대한 매서운 인신상의 공격을 불사한다. 곧 "미국의 선교본부는 너무나도 많은, 훈련 받지 못한, 비신사적인 광기의 열광주의자들을 한국에 보냈다"[35]는 험한 말을 하고 만다. 더 이상의 말도 한 것으로 전해지고 있다. 하고 싶은 말을 다한 셈이다. 물론 완벽한 성자들만이 선교사로 온 것은 아니었다. 그리고 그런 기독자는 우리 역사에서는 반드시 보고 싶은 인물도 아니다. 가령 헤론 부인(Mrs Hattie E. G. Heron, ?-1908)은 고종과 아주 친근하였는데도 불구하고 워싱턴의 한 가십 신문에, 한국의 왕은 3백여의 첩이 있다고 하면

---

33) J. S. Gale, *Korea in Transition*, New York: Laymen's Missionary Movement, 1909, p. 163.

34) F. H. Harrington, *God, Mammon and the Japanese*, University of Wisconsin Press, 1944, p. 55. Cf. D. MacKichan, *The Missionary Ideal in the Scottish Church*, London: Hodder & Stoughton, 1926, pp. 80-81.

35) Allen's *letter* to Mr Frank Carpenter, 1899년 10월 10일자. F. H. Harrington, *op. cit.*, p. 92에서 인용.

서, 이런 죄악의 나라를 구원하기 위해서 자기는 한국에 와 있노라고 말한 일이 있다. 장로교 선교사 무어(S. F. Moore, 牟三悅: 1846-1906)는 고종에게 무례한 편지를 써서 회개하라고 다그치고, 왕궁에 가서는 '전능자의 사자'라고 신분을 밝히면서 왕을 만나 회개시켜야 한다고 소란을 피운 일도 있었다고 한다.[36)]

하지만 그들을 이렇게 비판적인 눈으로 보는 사람들은 확실히 반기독교적인 선입관을 가진 사람들이다. 초기 선교사들은 실로 엄청난 결단으로 우리나라를 찾았던 위대한 주의 종들이었다. 선교사 일반에 대하여 반드시 호의만을 가진 것이 아니었던 비숍 여사도 한국 선교사들의 "성실과 헌신, 그들이 하고 있는 일에 대한 열의와 넘치는 희망, 피차 다른 교파 사람들과의 사이에 편만한 조화와 일치의 정신, 한국인에 대한 경애와 동정"[37)]을 한없이 높이 추켜 주고 있었다.

12.3.2. 미국 선교사들과 미국 정부

그렇지만 미국 선교사들과 미국 공관과의 사이는 알렌이 외교관으로 있게 되는 관계로 묘하게 엉켜져서 양자 간의 어색한 대립으로 발전하고 있었다. 이것은 선교사들의 진취적이고 개방적인 자세[38)] 때문에 더욱 예민해졌다고 볼 수 있다. 한때 참사관으로 서울에 주재했던 미국의 동양 전문가 로크힐(W. Rockhill)도 선교사들의 전도여행이 기왕에 유지되어 온 한미관계의 우호를 위협

---

36) F. H. Harrington, *op. cit.*, pp. 91-105에서 대부분 얻은 지식임.
Cf. F. A. McKenzie, *Korea's Fight for Freedom*, p. 209.
무어 선교사는 한국에서의 백정 선교와 그들의 해방을 위한 운동에서 지대한 공헌을 남겼다. S. F. Moore, The Butchers of Korea, *The Korean Repository*, April 1898. 『조선예수교장로회사기』, 상, p. 20.
Notes and Calendar, *The Korean Repository*, July 1895, pp. 279ff.

37) I. B. Bishop, *Korea and Her Neighbours*, Seoul: Yonsei University Press, 1970(원판은 런던, 1898), p. 346.

38) F. H. Harrington, *op. cit.*, pp. 51, 78.

한다고 생각하고 있었다. 언더우드나 스크란톤 같은 사람들이 미국 외교관을 가리켜서 "기독교 사업의 적대자들"[39]이라고 비난한 것도 이때의 일이다.

여기 미국 정부 일반과 그 미국 선교사들 간의 균열의 징조를 살펴볼 수 있다. 1888년의 종교 위기로 해서 미국 해군이 제물포에 닿았을 때 그 지휘관 주엘(Captain Theodore F. Jewell)이 미국 공사 딘스모아(H. A. Dismore: 丹時謨)를 방문한 자리에서, "세상에 이런 망신이 어디 있겠소. 대여섯밖에 안 되는 이 반타(半打) 정도의 선교사들을 보호하노라 미국 해군을 동원했으니 말이오. 만일 내가 한국의 왕이라면 이들의 목을 하나하나 다 잘라 없이 하겠소"[40]라고 했다는 것이다. 이들의 이 불행한 관계는 최근까지 좀처럼 해소되지 못하고 지속해 내려왔다.

그런데 역사는 전혀 의외의 곬으로 흘러갔다. 알렌의 왕실 친근을 눈앞에 보면서 그것이 잘못이라고 서슬이 시퍼렇던 선교사들이 이미 1892년 장로교 감리교 공동으로 "상류계급보다는 근로계급이나 하류층의 개심을 선교 목표"[41]로 다짐하였는데도 불구하고, 그 의도했던 정신과는 달리 왕실과의 친근이 현실화하게 되는 것이다. 그것은 절대로 의도했던 것은 아니다. 장로교의 애니 엘러스(Miss Annie Ellers)는 민비의 시의(侍醫)직을 맡아 보게 되었고, 엘러스의 사임 이후에는 후에 언더우드의 부인이 된 릴리어스 호톤(Miss Lillias S. Horton, 1851-1921)이 민비의 시해 때까지 계속 그 높은 자리에 머물러 있었다.[42]

더구나 감리교의 헐버트(Homer B. Hulbert, 訖法: 1863-1949)는 한말의 비운에 허덕이던 고종의 밀사로 워싱턴과 헤이그(海牙)에 잠행했던 일이 있고,[43] 역시 감리교 선교사 존스(G. H. Jones, 1867-1919: 趙元時)는 을미사변(乙未事變-1895)을

39) *Allen's Diary*, 1885년 4월 6일자.

40) F. H. Harrington, *op. cit.*, p. 99.

41) 1893년에 이 정책이 명문화되지만 1888년에 벌써 그 원칙은 수립되고 있었다.

42) L. H. Underwood, *Underwood of Korea*, p. 146.

43) H. B. Hulbert, *The Passing of Korea*, 연세대학교 영인본 서문에서 백낙준, p. 3.

전후하여 고종 측근으로 그의 통역을 맡아 왔으며,[44] 언더우드 목사 자신도 그 난시에 고종의 부름을 받아 전후 7주일을 동안 입궐하여 숙직한 일이 있었다.[45]

이러한 선교사들의 왕실과의 자연스러운 접근에 대하여 그들 자신이 인간적인 반발이나 혐오를 느낀 사람은 한 사람도 없었을 것이다. 이 총애의 현상이 궁극적으로는 복음 전파에 끼칠 보탬을 생각하지 않았을 리도 없다. 하지만 그들이 그런 요행을 반기기 전에, 일국 왕실의 헤아리기 어려운 비탄과 그 굴욕에 대하여 순수한 인간적인 동정과 의협을 강렬하게 느껴 거기 차라리 생사를 함께 하겠다는 각오가 있었다는 것을 보는 것으로, 기독교 전도자들의 진실한 신앙의 불꽃이 그럴 때 그렇게 나타나는구나 그런 생각을 하게 하는 것도 사실이다.

하지만 이런 상황이 오래 가거나 당연시되는 사태는 결코 바라지 않았을 것이다. 인간적인 면과 정치적인 면의 단층은 항상 그 일치가 이상하게 괴리되곤 한다. 선교의 순수성이 훼손될세라 다들 염려하기 시작한 것이다. 한국교회를 비정치화(非政治化)한다는 선교사들의 의지와 계획은 사실 여기에 그 단서가 있었다.

---

44) F. A. McKenzie, *The Tragedy of Korea*, London: Hodder & Stoughton, 1908, p. 71.

45) 백낙준, 원두우소전, 연세대학교, 1959, pp. 15-16.

13 틀을 잡아간 한국교회

한국은 지금 바야흐로 위대한 시대를 향해 가고 있습니다. 일본과 러시아의 전쟁, 그리고 전국에 걸친 일본인들의 종횡무진으로 한국인의 심정은 갈피를 못 잡고 있으며, 이로 인해 전율과 공포 속에서 시달리고 있습니다. 이런 불안감 때문에 이들은 갈망의 눈을 여기저기 돌리면서 도움과 보호의 손길을 찾고 있습니다.
한국인은 지금 무엇이든지 다 받아드릴 마음의 자세가 되어 있으며, 따라서 긍지와 위신 그리고 보람을 약속하는 복음에 인도될 가장 절박한 순간에 놓여 있습니다.

W. F. Bull, 1905

13.1. 한말의 비운(悲運)과 기독교

13.1.1. 을미사변

근대 한국의 역사에는 아시아의 국제정세 기복(起伏)과 희비가 그대로 축소 반영되고 있었다는 느낌이다. 그런데 한국의 입장에서 볼 때, 그것은 너무나 비극적이었다. 이러한 아픔은 1895년을 고비로 해서 더 처절하게 전개되었고, 마침내 일본의 마수에 말려들어가고 마는 비운의 국운을 피하지 못하고 있었다.

1895년! 이 해는 청일전쟁(淸日戰爭, 1894-1895)[1]이 1년 만에 일본의 대승으로

1) 일본교회는 이 전쟁에 종군 목사 5인을 파송. 『手代木俊一, 讃美歌, 聖歌と日本の近代化』, 東京: 音樂之友社, 1999, p. 340.

끝났던 해요, 민비(閔妃, 1851-1895)가 일본의 폭도들에게 의해서 자신의 침전 안에서 무참하게 시해당해, 나라의 비분이 터질듯 하늘에 사무치고, 겨레의 체면이 온통 유린되었던 해이다. 그 해 10월 8일!

> 일본인들은 방 한 구석에 숨은 몸집이 작은 여인을 발견하자마자 머리채를 휘어잡은 채 왕후가 아니냐고 물었습니다. 그 여인은 이를 부인하면서 몸을 빼 마루로 탈출하려고 하였습니다. 그 찰나 불의의 일격을 받아 그 여인은 비명을 울렸습니다.…
>
> 모살자들은 석유를 날랐습니다. 그리고 아마도 채 절명되지 않았을 왕후를 홑이불로 싸서 얼마 멀지 않은 녹원(鹿苑)의 수림 속으로 운반했습니다. 그리고 거기서 석유를 몸에 계속 부으면서 불을 질렀습니다. 얼마 후 거기에는 재와 뼈 몇 조각 밖에 남은 것이 없었습니다.[2)]

일국의 국모(國母) 최후의 장면이다. 그의 나이 마흔 네 살 때의 일이다. 일본 안에서도 충격은 엄청났다.[3)] "지극히 험난해진 제국주의 열강의 각축 속에서 한 나라의 국모로 왕실주권까지 옹호하려다가 흉독한 외적의 엉터리 없는 보복 대상으로 희생되어 애오라지 국가 패망의 상징이 된 민후(閔后)."[4)]

1895년 10월 8일의 일이었다. 이렇게 해서 "이 총명하고 대망을 품고, 경영에 능하며, 매혹적이고, 어느 모로 보나 사랑 받을 만한 한국의 왕후"[5)], 민비가 비명에 간 것이다.

민비는 사실상 일본의 원흉에 의해서도 대단한 찬사를 들었던 총명한 여걸

---

2) Official Report on Matters Connected with Events of October 8th 1895 and the Death of the Queen, *The Korean Repository*, March 1896, pp. 125-126.
Cf. H. B. Hulbert, *The Passing of Korea*, pp. 138-140.
『王城事變顚末報告書』, 井上馨文書, 第 58卷, 朝鮮關係 II, 20, 明治 28年(1895) 10月 8日, p. 673. 日本國會圖書館 憲政硏究室 所藏.

3) "日本刀携帶の暴漢 朝鮮王宮に侵入して閔妃を殺弑す."『東京日日新報』, 1895年 10月 15日字.

4) 『한국사』, 현대편, 진단학회 간행, 1966, pp. 614-615. 민비시해에 유길준(兪吉濬)이나 김윤식(金允植)은 동의한 것으로 보인다. 『윤치호일기』, 4, pp. 84, 101.

5) I. B. Bishop, *op. cit.*, p. 274.

이었다. 이노우에 가오루(井上馨, 1836-1915)[6]는 민비 시해음모의 수립자인데, 그는 민비가 그 기민성에서나 명석함에 있어서 한국에서 버금할 만한 인물이 전혀 없다는 말을 남기고 있었다.[7]

그런데 그에게서 기독교의 새로운 국면이 전개된 것은 바로 섭리의 비밀이었다. 고종은 이 참혹한 위난을 맞아 견디어낼 기력이 남아 있지 아니하였다. 야만적인 시해의 다음날, 미국의 대리공사 알렌과 러시아공사 웨베르(Karl I. de Waeber: 韋貝)가 왕궁에 급히 달려가서 알현하였을 때, 고종은 "형편없는", "의기소침의 상태"에 있었을 뿐만 아니라, 시독(施毒)될까 해서 애처로울 정도로 떨고 있었으며 "핏기가 하나도 없었다"[8]는 것이다. 그는 체통을 무릅쓰고 왕후의 시해에 한없이 통분하여 울고 있었다고 한다.[9] 고종의 하루하루는 공포와 전율의 계속이었다. 고종은 마침내 외치고 있었다.

> 외국인(선교사들)이 어디 있느냐. 외국인(선교사들)이 어디 있느냐.[10]

우리 종사(宗嗣)는 그날 창백한 손길 쳐들고 뒤돌아서 붙들고 울 기둥을 찾고 있었다. 그때 거기 기독교가 우뚝 서 있는 것을 본 것이다. 그럴 때 곁에서 버티고 선 기둥이 우리의 골수를 후비지 않았겠는가. 그런데 우리 안에는 그런 것이 없음을 본 것이다. 고종 곁에 서 있을 우리나라 사람은 없었다. 경비 서는 사람들, 정승들, 군인들은 다 어디 갔던가. 왕이 그 신변의 위험을 느꼈을 때 외국 사람들을 불러야 했던 그 비통을 우리는 우리 근대사의 비극으로 안고 살

---

6) 일본 최초의 내각(1885)의 외무대신 역임. 伊藤博文과 함께 일본 근대화의 중추 인물. 일본에서는 선교사나 목사들을 환대한 인물로 알려져 있다. 隅谷三喜男, 『近代日本の形成とキリスト教』, 東京, 新教出版社, 1966, p. 87.

7) I. B. Bishop, *Korea and Her Neighbours*, London: John Murray, 1898, p. 274.

8) F. A. McKenzie, *The Tragedy of Korea*, pp. 70, 71.

9) J. S. Gale, *Korean Sketches*, 1898, p. 206.

10) L. H. Underwood, *Underwood of Korea*, p. 150.

아온 격레이다. 선교사들은 매일 밤 당번을 정해서 두 세 사람씩 이 고립된 고종을 지키기를 7주 동안 계속 고종 곁에서 낮밤을 지샜다. "당신들이 나의 유일한 방파제였소."[11] 고종은 울먹이고 있었다고 한다.

바로 그때의 일이다. 선교사 애니 베어드 부인(Mrs William M. (Annie L. A.) Baird, 安愛理: 1864-1916)이 찬송가를 하나 짓는다.

> 멀리멀리 갓더니 처량ᄒᆞ고 곤ᄒᆞ며
> 슬프고 ᄯᅩ 외로와 명쳐업시ᄃᆞ니니
>
> (후렴)
> 예수예수내쥬여 곳갓가히오셔서
> 쉬ᄯᅥ나지맙시고 부형갓치되소서[12]

조선조 통치자가 백척간두에 몰려 외친 것은 기독교(선교사들)의 방어와 보호뿐이었다. 그날 우리는 정처가 없었다. 슬프고도 외로웠다. "예수 예수 내주여!" 그 분만이 우리 눈물 씻겨 줄 수 있다는 것을 본 것이다. 거기 우리는 돌아선 것이었다.

한국 역사의 커다란 전환기가 거기 그어지고 있었다. 누가 이 기회를 바라보면서 기다린 것은 아니었다. 교회는 다만 솟구치는 충애(忠愛)로 여기 몸 던져 함께 울었고, 정의감에 불타는 의의 종으로, 그 시련에 동참, 소매를 굳게 잡았던 것이다.

그래서 교회에 몰리는 격류는 한국교회 전체의 통계를 그때부터 작성한 것을 보아도 알 수 있다. 세례교인은 북장로교 선교 지역의 통계만 보았을 때, 1894년 740명이던 것이 1896년에는 3,232명으로 급증하고, 1898년 4,776명,

---

11) I. B. Bish*op. op. cit.*, p. 279.

12) 현『찬송가』제440장.

1899년 6,056명으로 급성장하고 있었다.[13)]

이 사변 직후, 미국의 대리공사였던 알렌은 남모르는 회한(悔恨)에 깊이 잠기고 있었다. 그 마음의 통렬한 고통은 이루 형언할 수가 없었다. 일본 공사 이노우에가 공식 부임하기도 전에 전례 없이 민비를 뵈올 수 있었던 것도 기왕에 왕실과 친근한 알렌의 주선 때문이었고, 이노우에가 왕실의 안전을 장담할 때, 민비로 하여금 그의 말을 신임하도록 언질을 주었던 장본인이 역시 바로 알렌 자신이었기 때문이다.[14)]

그런데 민비가 시해되었을 때, 일본은 당돌한 변명문을 세계 열방에 내놓았다. 그때 미국 정부는 그 설명이 "지극히 만족스러운 것"[15)]이라 표명하고, 일본을 위해서 자진하여 공개 보도의 알선까지 맡고 있었다. 한국 조야의 낭패는 산이 무너지는 듯했다. 난처해진 것은 선교사들이었다. 그렇지만 선교사들은 이 곤욕 속에서도 끝까지 통한에 허덕이는 우리 백의의 겨레와 와신상담 동행할 것을 다짐한다.

알렌은 침묵할 수가 없었다. 1년 전만 해도 일본의 정책을 찬양하는 글발 쓰기를 불사하던 알렌이었다. 실(J. H. B. Sill) 공사의 부재로 대리공사직을 맡았던 알렌은 민비시해의 음모가 일본공사관 안에서 진행된 점을 워싱턴에 계속 타전하고, 일본의 만행을 울분으로 속속 공개 규탄했다.[16)] 그리고 한 걸음 더 나아가 미국의 대일정책의 수정을 진언했다.[17)] 그는 더구나 한국의 외무대신 김윤식(金允植)에게 "왕후 시해범 치죄(治罪)"를 강력히 요구하고, 중전을 일본 마수

---

13) *The Table of Statistics for the Whole Quarter Century, Korea Mission of the Presbyterian Church in the U. S. A.*, 1910. 다른 지역 통계는 아직 없었다.

14) 美書記官アルレンとの談話(1894. 10. 28)『井上馨文書』, 제54권, 873, 朝鮮關係 II, 4. 日本國會圖書館 憲政硏究室 소장.

15)『한국사』, 현대편, p. 669.

16) H. B. Hulbert, *The Passing of Korea*, p. 345.

17) 韓國駐剳 三浦公使ヨリ西園寺外務大臣 臨時代理宛、京城騷亂ニ關スル各國使臣ノ對坐ニ付報告、電信 (1895. 10. 14) 午後十時四十分 着, 市川正明 編,『日韓外交史料』, 韓國王妃殺害事件, 東京, 原書店, 1981, pp. 87, 133, 134, 220.

의 획책에 따라 비굴하게도 '폐서민'(廢庶民)한 데 대하여 격렬한 통박을 가했다.[18)]

> 본인은 그것이 철저히 조사되어 공개되었고, 또 이 사태 배후의 인물이 만천하에 폭로되어 정당한 재판을 받았다는 귀하의 회신을 받을 것을 고대합니다.[19)]

일본의 공사관 직원들과 군인 및 미우라 고로(三浦梧樓, 1846-1926) 공사를 두고 이런 말을 한 것이 확실했다.

국제정치의 음모 속에서 일본과 친근해진 미국이 알렌의 경고를 경청했을 리는 없다. 오히려 그는 일본측의 압력으로 실 공사가 귀임한 이후로는 공식석상에서의 발언을 제한받고 궁정 출입도 금지되고 있었다. 일본은 배후에서 알렌이 우호적 인물(persona grata)이 못 된다는 점을 미국 정부에 계속 불평하고 있었다.[20)] 한국에서 미국 정부와 미국 선교사와는 다르다는 실체가 서서히 드러나고 있었다.

13.1.2. 춘생문(春生門)사건

이런 모진 상황을 배경에 두고 1895년 11월 28일 공포에 떠는 국왕과 왕족들을 궁궐 밖으로 모셔 이어(移御)하려는, 구미파의 왕실 근신(近臣)과 선교사들의 소위 '범궐(犯闕)' 모의가 있었다. 왕궁의 춘생문을 거쳐서 입궐하려던 것이기 때문에 이를 소위 '춘생문사건'이라 한다. 이것이 완전히 실패로 돌아가면

---

18) "왕비민씨 폐위통보", 『구한국외교문서』, 제3안 일안(日案), III, (1895년 10월 11일자), p. 354. 王妃廢位に對する基督敎徒の非難, 『報知新聞』, 東京: 1895年 10月 2日字.
그러나 민비는 1895년 11월 27일 복위(復位)되고, 1897년에는 명성황후(明成皇后)로 추봉(追封)되었으며, 1897년 11월 22일 인산(因山)의 예로 국장(國葬).

19) 『구한국외교문서』, 제11권 미안(美案) II, (1895. 11. 22일자), pp. 130-132.

20) F .A. McKenzie, *Korea's Fight for Freedom*, London: 1920, p. 87.

서, 전혀 의외의 초점에 문제를 하나 튕기고 말았다. 이 음모에 미국 선교사들이 대거 끼어 있었다는 기사가 당시 신문에 대서특필된 것이다. 당시 서울 주재 일본 영사 우치다(內田定槌)는 동경의 외무대신 서리 사이온지(西園寺公望)에게 기밀통신을 보내면서 "본건에 관하여 외국인 중에 의심할 형적이 있는 자는 언더우드, 에비슨(O. R. Avison, 魚丕信: 1860-1956), 헐버트 그리고 제너럴 다이(Gen. Dye) 등이다"[21]라는 말을 발설한 것이다. 더구나 며칠 후에는 알렌이 이 일단의 선교사들을 지원했다는 기사가 일본인 간행의 『간죠심뽀(漢城新報)』에 실려 나온다. 왕후 민비 시해로 세계 여론의 화살을 받아오던 일본은 이를 호재로 '국왕쟁취사건'이라는 적반하장의 역선전을 자행함에 이른 것이다.[22]

선교사들이 과연 이러한 정도의 큼직한 정치적 행동에 나설 수 있었을 것인가. 이 계획의 주도자 중의 한 사람이었던 윤웅열(尹雄烈) 장군[23]이 몇몇 중신(重臣)들과 언더우드 집에서 모여 모의한 것은 확실하다. 그런데 다음날 에비슨 의사가 찾아와 일단의 왕권파 인사들이 국왕을 옮겨 모시려는 계획이 진행되고 있다고 통고하고,[24] 함께 국왕 주변에 가서 방어태세를 갖춤으로써 국왕의 가능한 위해를 막고자 했다는 것이다. 에비슨은 민비시해 이후 고종의 요청으로 줄곧 그 신변 주위에 머물면서 식사를 검사하여 혹 독이 들어 있나 살펴왔으며, 언더우드 역시 고종이 친히 불러 그 주변에 와 매일 벗이 되어, 그 고독과 공포를 이겨내게 해주고 있었다. 이들이 이 고독한 한 나라의 지존(至尊)이 가졌던 유일한 방파제였다.[25]

---

21) 『일본외교문서』, 제28권, 제1책(冊), p. 593. "王室襲擊事件、共謀者ニツキノ報告ノ件." 제너럴 다이는 을미사변 때 왕실을 지키던 사과나무 재배 취미의 유약한 미국 노인.

22) 韓國駐劄 小松公使ヨリ西園寺 外務大臣臨時代理 宛 二十八日 事變 顚末報告ノ 件, 機密 第一號、韓國王妃殺害事件. 市川正明, *op. cit.*, pp. 291-296.
더구나 일본은 민비 시해자들을 이때를 기회로 1897년 1월 20일 전부 무죄석방. "閔妃謀殺事件の豫審終結す, 三浦梧樓 以下 四十八名 無罪釋放"、『時事日報』, 東京: 1896년 1월 23일자.

23) 윤치호의 친부(親父), 울산병사(蔚山兵使), 경무사(警務使) 역임.

24) 모의자들은 이 계획을 서울 외국 공관에 통고했는데 미국 공사관에는 윤치호가 연락했다. F. H. Harrington, *op. cit.*, p. 284. 『윤치호일기』, 4, p. 94.

에비슨의 말을 듣고 언더우드는 급히 왕궁으로 달려갔고, 곧 이어 헐버트가 뒤따라와 그날 밤을 함께 지새기도 하였다. 고종은 떨고 왕자는 새파랗게 질려 있었다고 한다. 이들은 "선교사가 하라는 대로 하였다"는 것이다. "아무도 날 도와 줄 이 없는고", 고종의 탄식이 무겁게 목에 매달려 있었다. 떨리는 손으로 자기의 손을 꽉 잡는 국왕의 모습을 보면서, 선교사들은 이 비운의 국왕을 위해서는 꼭 무엇이든지 하겠노라는 생각을 굳히지 않을 수 없었을 것이다. 소박한 인정, 연민, 그런 것이 가슴에 당장 치솟는 격정을 억누를 길이 없었을 것이다.

그때 기독교는 세상에 남이라고 하는 것이 없구나 하는 것을 다시금 절감한 것이다. 세상 일은 결국은 다 나 자신의 일이라는 것을 가르친 것이 기독교인 것이다. 이 먼 나라 사람들의 아픔이 내 아픔이라는 것을 안 것이다. 선교정책이 이런 경우 어떠하여야 한다는 생각이 끼어들 틈이 없었다. 다만 압도하는, 우리 다 한 인류의 가족인데 이러고 있구나 하는, 목 메인 인정과 젖은 눈길만이 엉켜지고 있었다.[26]

세상은 넓다. 그러나 우리는 고립되고 있지 않다는, 그런 세계의식이 그때 비로소 싹튼 것이다. 그것이 기독교가 우리 민족사에 안겨다 준 첫 거대한 복음이었다. 실제 우리나라 최초의 찬송가 "내가 한 맘으로 주를 기리고"[27]는 선교사 알렉산더 피에타스(A. A. Pieters, 彼得: 1872-1958)가 지은 것인데, 거기 처음으로 만국이란 말이 나온다. 우리는 만국에 연결되어 있다는 신앙이었다.

선교사들이 국왕을 궁궐 밖 안전한 곳으로 옮기려했든, 혹은 궁궐 안에서 안보하려 했던, 그 근본적 동기가 다만 국왕 보호에 있었던 것만은 확실하다. 여기 벌써 한국 프로테스탄티즘의 국민 감정과 뜨거운 반일의식의 골격이 형성되기 시작했고, 그것은 처음부터 민족 주체의 넋을 기조로 하고 있었다.

---

25) T. Dennet, *Roosevelt and the Russ-Japanese War*, New York: Double-Day Page, 1925, pp. 105-106.

26) 고종은 마침내 1896년 2월 10일 아관파천.

27) 현 『찬송가』 제17장.

하ᄂᆞ님ᄭᅴ 셩심기도 국ᄐᆡ평과 민안락을
님군봉축 졍부ᄉᆞ랑 학도 병정 순검ᄉᆞ랑
ᄉᆞ람마다 ᄋᆡᄌᆞ품어 공평명직 힘을 쓰오
륙신세상 잇슬ᄯᅢ에 국ᄐᆡ평이 뎨일조타
국긔잡고 ᄆᆡᆼ셔ᄒᆞ야 대군쥬의 덕을 돕세.

감리교 달성회당의 교인들이 부른 애국가였다.[28] 이러한 대세는 1905년에 이르러 더한층 뚜렷하게 나타났다.

일본은 이 해에 노일전쟁에 이김으로써 세계 열강의 하나로 갑자기 부상했고, 극동에서는 아무 제재도 받지 않고 조선에 대한 정치적 야욕을 채워갈 수 있었다. 그 직접적인 계기가 소위 을사늑약(1905. 11. 17)이라고 하는 굴욕적인 강압이었다.

13.2. 사회개혁의 기치

13.2.1. 괴질 치유

을미년 여름, 마침 청일전쟁이 일본의 압승으로 끝나면서 의주(義州)로부터 전국에 괴질(호열자)이 삽시간에 만연하여 병사하는 사람이 넘쳐 민심이 흉흉하였다.

이때 교회가 나선 것이다. 새문안교회 교인들을 중심으로 언더우드, 에비슨 그리고 웰즈(J. H. Wells, 禹越時: 1866-1938)가 '프레데리크 언더우드 시료소'를 세워 가슴에 십자가 표를 달고 '구원과 사랑과 자비'를 피와 땀으로 실천해 가고 있었다.[29] 웰즈는 아주 독특한 치료 방법을 찾아내어서 이 난치의 무서운 전염

28) 『독립신문』, 1896년 7월 24일자 기재.

29) 『뉴욕 헤럴드』는 1895년 11월 29일자에 이 사실을 대대적으로 보도.

병 환자들을 90% 이상 치유하고 있었다고 한다.[30] 그래서 이 시료소에서만 173명 중 65%가 완쾌되어 나갈 수 있었다.[31] 동대문 수구문(水口門)에는 서울 장안에 사는 사람들이 그 혈육인데도 무서워 길거리에 버린 시체들이 매일 산더미처럼 쌓여가던 때였다. 그런데 이들 기독교인들은 그렇게 헌신적이었다. 시체는 정중하게 장례가 치루어졌다고 한다. 우리 겨레 반만년 역사에 언제 이런 인류애를 겪어 보았던가. 고종은 포고문을 나붙이게 했다. "그대로 죽어가지 말고, 이제 서둘러 예수병원으로 가시오"[32] 권고하고 있었다. 병마가 이렇게 스치고 난 다음에 고종은 하사금을 언더우드에게 내린다. 그것은 새문안교회 건축에 씌워졌다.

13.2.2. 백정 해방

다른 하나는 1895년으로, 백정 해방의 눈물겨운 소식으로 빛나고 있다. 그해 4월, 서울 관잿골에 사는 백정 일동이 조정 내부(內部)에 진정서를 낸 것이다. "우리는 지난 5백 년을 인종지말로 비참한, 가장 천한 사람들로, 갓이나 망건을 쓰지 못하는 천대를 받아, 이제 그 비통이 뼈에 사무쳐 있습니다. 우리 여기 소청(訴請)하오니, 우리 백정들이 더 이상 구박 받지 않고 사람답게 살도록 해 주십시오."[33] 이 소청은 곧 수락되었고, 1896년 3월(음력)에는 그들도 호적에 올려지도록 하는 윤허가 내렸다.[34] 백정에 대한 신분 해방과 갓 착용에 대한 포스타가 전국에 나붙은 것은 5월 13일의 일이었다.[35]

---

30) *The Annual Report of the Board of Foreign Missions Presbyterian Church in the U.S.A.*, 1896, 0. 165. Notes and Comment, *The Korean Repository*, October 1895, p. 359에는 65%라고 보도.

31) O. R. Avison, History of Medical Work, *The Quarto Centennial Papers, Korea Missions of the Presbyterian Church in the U.S.A.*, 1900, p. 36.

32) D. L. Gifford, *Every-Day Life in Korea*, New York: Fleming H. Revell, 1898, p. 145ff. 조정은 1894년 6월 29일, 문벌, 양반, 상민의 계급 타파, 공사노비지전혁파를 공포한 바 있다.

33) S. F. Moore, The Butchers of Korea, *The Korean Repository*, February 1898, pp. 127-128.

34) *Ibid.*, p. 128, 129.

이 대담한 일에 나섰던 사람은 백정 박(朴)씨와 지(池)씨였는데,[36] 이들에게 이런 엄청난 사회적 변혁의 구체적 제도 혁파를 수행하도록 자극을 준 것이 바로 선교사 무어(S. F. Moore, 牟三悅: 1846-1906)였다.[37] 백정 박씨가 교인이 된 것은 고종의 시의인 에비슨이 그가 장질부사로 사경을 헤맬 때 찾아와 시료할 때부터였다. 시의가 저 같은 천인을 찾아와 만지고 말을 건네고 기도해 주고 하는데 가슴이 메어졌던 것이다.[38] 그의 설교문 하나는 미국 북장로교 총회의 월간지 『*The Church at Home and Abroad*』의 1896년 8월호에 전재되고 있었다.[39] 박씨는 1916년 승동교회에서 장로 장립까지 한다. 그의 아들이 박서양(朴瑞陽)으로 제중원의학교를 제1회로 졸업하고 거기 잠시 교수까지 되었던 인물이다.[40] 한국 최초의 대학교수가 백정의 아들이었다. 기독교가 한국에서 해낸, 이 엄청난 혁신, 그것을 이만큼 깊이 그리고 넓게 보여주는 일이 따로 없을 것이다.

13.2.3. 무당 미신에서의 해방

한국인은 무서운 병에 걸렸을 때에 그것이 사신(邪神)이나 악령의 소치라고 보고 치료보다는 무당을 불러 굿을 하여서 그 악신을 내쫓아야 한다고 믿고 있었다.[41] 실로 한국은 그때 "만신(萬神)의 옥토요 사귀들의 거대한 낙토"[42]였다.

---

35) Notes and Comments, *The Korean Repository*, July 1895, p. 279.

36) *The Annual Report of the Board of Foreign Mission Presbyterian Church in the U.S.A.*, 1896, p. 159.

37) J. E. Adams, Roll of Mission's Death, *Quarto Papers, Korea Missions of the Presbyterian Church in the U. S. A.*, 1909, pp. 118-119.

38) S. F. Moore, *op. cit.*, p. 131.

39) *Ibid.*, September 1896, p. 382.

40) 교수직 사임 후 간도 용정(龍井)에서 개업, 이민자들을 위해 헌신.

41) O. R. Avison, The Mudang and Pansu, *The Korea Review*, April 1903, pp. 145-149.

42) J. Dennis, *Christian Missions and Social Progress, A Sociological Study of Foreign Missions*, Vol. I, New York: Fleming H. Revell, 1897, 9. 257.

한데 그 엄청난 비용이 문제였다. 선교사들은 그것이 1897년의 경우 최소한 1천 2백만 달러에 이른다고 보고 있었다.[43] 조정 세입 $4,527,476의 3배에 해당하는 액수였다.[44] 그런데 전국의 지주들이 가진 농토의 평가액이 $4,005,000이었다.[45] 그렇다면 1년에 전국의 농토가 셋씩 사라지고 마는 결과가 된다. 이러고서도 나라가 빈곤과 허약에 찌들지 않았다면 그것이 기적이라고 해도 기만으로 들린다. 한국인의 삶에 끝없는 신경쇠약적 공포심과 불안감이 생애 어디나 언제나 따라다닌 암흑과 비참의 원인이 거기 있었다.

이런 무모와 무지의 속박에서 우리 겨레를 해방시킨 것이 기독교였다. 우선 교회는 무당을 깊이 연구했다.[46] 한국에 대해서 연구한 모든 선교사들이 그러했다. 그리고 이 비과학적인 축사 치병에 낭비된 엄청난 국가적 손실에 분노하지 않을 수 없었다. 한국의 구원은 이런 낭비와 그 정신적 붕괴를 치유하는 것이 아니면 안 되었다.

1895년! 기독교가 민비시해의 아픔을 함께 당하고, 종사(宗嗣)를 구하고, 역질(疫疾) 치유에서 인간애로 희생과 봉사로 동행하고, 백정과 같은 비탄의 계층을 해방하고, 굿의 횡포에서 나라를 건져냈다면, 확실히 1895년은 한국 근대사의 빛나는 첫날이 아닐 수 없다.

13.3. 합병 전 한일관계와 미국 선교사의 위치

1905년 11월 15일, 서울에서 늑약이 굴욕적으로 체결되기 이틀 전의 일이다. 고종은 헐버트를 인편으로 해서 미국 대통령에게 이런 애처로운 글을 보내려고

---

43) He is the Farmer, Editorial Department, *The Korean Repository*, June 1898, p. 232.

44) The Budget for 1898, *The Korea Review*, February 1898, p. 70.

45) He is the Farmer, *op. cit.*, p. 235.

46) 가령 우샹론, 『죠션그리스도인회보』, 1897년 4월 14일자.

하였다.

> 1883년 이래 미국과 한국은 우호적인 조약관계에 있어 왔소. 한국은 그간 여러 차례에 걸쳐서 미국 정부와 그 국민의 친선 동정을 받아왔소. 미국의 대표자들은 항상 한국의 번영과 발전에 대해서 동정적이었소. 귀국에서 파견된 교사들도 이 백성의 정신의 고양을 위해서 숱한 공헌을 해 온 것이 사실이오.…
>
> 지금껏 보여준 것과 꼭 같은 정도의 마음과 판단으로 이 문제(독립 상실)를 다루어 주시기 바라오. 그리고 이 나라의 위기에 전과 다름없이 베풀 수 있는 모든 도움을 주시기 간절히 바라오.[47)]

외교문서의 진실성에 대해서는 거의 소박할 정도의 신뢰를 하고 있었던 고종은 1882년 체결된 한미수호조약 글귀 하나하나를 그가 알고 있는 선교사의 이미지하고만 연결해서 이해하고 신뢰하고 있었다. 그런데 그 신뢰가 배신당한 것이다.

헐버트가 워싱턴에 도착했을 때 이미 을사늑약은 체결되고 있었다. 1905년 11월 17일의 일이었다. 헐버트의 대통령 면회는 거절되었다. 그리고 워싱턴은 때를 같이해서 서울 미국공사관의 폐쇄를 통지해 왔다. 한미수호조약 제1조의 공신력은 바람과 같았다. 헐버트는 분노에 사무쳤다.

> 한미 간의 오랜 우정에 해당하는 행위가 결국 이런 것이었나 하는 문제는 우리의 관심사가 아닐는지 모릅니다. 하지만 한국인이 이것을 배신과 변절의 명백한 행위로 볼 것이라는 데 대해서는 의심할 여지가 없습니다.… 미국인은 과거 30년간 미국의 성조기는 공의와 진실 때문에 서 있으며, 아무 이기적 이해관계 없이 다만 정의 편에 서서 힘껏 뒤밀어 주겠노라 말해 왔습니다. 그런데 위기가 오니 우리가 먼저 저들을 저버리고 말았습니다![48)]

---

47) F. A. McKenzie, *Korea's Fight for Freedom*, pp. 102-103

48) H. B. Hulbert, *The Passing of Korea*, pp. 222-223. 헐버트는 장차 이러한 사실이 한국민에게 쓰

헐버트는 노일전쟁 전만 해도 일본에 대하여서 적극적이었다. 그리고 이러한 자세는 대다수 선교사들의 경우에도 해당되는 입장이기도 하였다. 한국의 왕실과 우리 민족에의 헌신적 우정이 친일의 명분과 그렇게 상극하지 않은 때가 있었기 때문이다.

> 한국이 현재 필요로 하는 것은 교육입니다. 그리고 그러한 방향으로 보조가 정비되지 않는 한, 참된 의미의 한국 독립이란 바랄 소망이 없습니다. 우리는 상당한 지식층의 한국인들과 일본의 목표가 교육이요 개화라고 하는 것을 인식하고 있었으리라 확신하고 있습니다. 그래서 외국의 세력이 한국을 모욕하고 짓밟는 한이 있더라도 일본만은 한국을 모욕하거나 비굴하게 만들지 않을 것이라 믿고 있습니다. … 한국의 번영과 일본의 발전이 같은 궤도를 따라 성쇠(盛衰)한다고 보기 때문입니다.[49]

헐버트의 솔직한 심정이었다. 그런데 이제 동요가 온 것이다. 그의 기독교적 혜안(慧眼)에 일본의 잔인함과 불의가 비쳐지기 시작하였던 것이다. 한국 교회나 국민을 향해 일본의 불의가 혹시 있더라도 임시적이요, 따라서 곧 종식이 올 터이니 참고 견디라 충고했던 그의 마음에 자책과 울분이 터지기 시작한 것이다.[50] 재한 선교사들 대부분이 이런 충격을 겪고 있었다.

거슬러 올라가 보면, 처음부터 미국의 대한(對韓)정책은 불명료한 데가 많았다. 지리적으로 거리가 먼 탓도 있었으나 도대체 동양전문가가 없었다. 따라서 대한정책은 실로 무관심으로 시종했고, 영국, 러시아 및 중국, 일본의 갈등 사이에서 항상 철저한 중립을 표방하는 편법을 썼다. 그런데 서럽게도 이것이 한국으로 하여금 미국에 등을 기댈 만한 나라로 보게 한, 하나의 이유가 되었던

라리게 경험될 때가 있으리라고 예언한다.

49) Editorial Comment, *The Korea Review*, April, 1904, pp. 74-75.

50) 일본은 헐버트를 이렇게 평하고 있었다. 곧 "을미사변에 영문 민비시해 전말서를 저술하여 한국 궁중(宮中)에 아부하고 … 보호조약체결 날짜에 워싱턴에 가서 미국 국무장관을 만나 한국 독립을 애소(哀訴)한 바 있음." 金正明 編, 日韓外交資料集成, 제6권, 東京: 巖南堂, 1963, p.68. 金正明은 일본에 귀화하여 市川正明으로 개명(改名)함.

것이다. 여기서 논리는 역설적이고 비극적이다. 무관심 때문에 위협이 아닌 것을, 우호의 대상으로서 열려진 공간으로 오인했던 것이다.

미국의 이른바 '한국 무관심'의 까닭은 넓게 세계사의 무대에서 찾아보아야 한다. 러시아의 남진책에 대한 열강의 반응 패턴이 그것이다. 영국은 처음 중국과 교섭해서 그 남진을 저지하려고 하였다. 그러나 청일전쟁에서의 참패를 보고서는 그 기대를 신흥 일본에게 걸게 된다.

선교사 출신 미국공사 알렌은 1903년 9월 30일 워싱턴에 찾아가 루즈벨트(T. Roosevelt, 1858-1919) 대통령과 회담한 바 있었다. 그때 그는 미국의 친일정책을 정면 면박하여 '고함과 흥분'이 오갔던 것이다.[51)]

미국의 루즈벨트 대통령은 일본 진출을 지지함으로써 러시아의 남진을 억제하고, 따라서 한국에 대한 일본의 이권을 시인하고 있었다. 여기에는 일본에 대한 적극적인 신뢰와 한국에 대한 무관심이 동시에 작용하고 있었다. 그는 국무장관 헤이(J. Hay, 1898-1905)에게 다음과 같은 메모를 보낸 일이 있었다. 곧 "우리는 한국 문제로 일본에 간섭할 수 없소. 한국인은 자신의 방어를 위해서 총 한방도 제대로 쏘지 못할 사람들이오."[52)] 한 열흘 후에 그는 알렉산더 메이어(A. Meyer)에게 "한국에 대해서는 일본이 그 보호권을 보유해야 하오"[53)]라고 단언하고 있었다. 노일전쟁이 한창일 때의 일이다.

1년 전부터 이러한 비정의 국제 정치가 진행되고 있었다는 것을 고종이 알았던들, 창백한 손을 뻗쳐서 순진하게 미국의 "합당한 간여"를 "어린이다운 신

51) *Allen's Diary*, 1903년 9월 30일자.

52) 1905년 1월 28일자.

Cf. T. Roosevelt's Article, *Outlook*, New York: 1914, p. 23. "It was out of question to suppose that any other nation with no interest of its own at stake would attempt to do for the Koreans what they were utterly unable to do for themselves. Moreover, the treaty rested on the false assumption that Korea could govern herself well.

53) T. Dennet, *Roosevelt and Russo-Japanese War*, a Ph.D. dissertation, New York: 1925, p. 68. 1905년 2월 6일자. 동년 1월 3일에 벌써 이 글을 러시아 황제에게도 발송하고 있었다.

뢰로"[54] 호소하지는 않았을 것이다. 방성대곡은 일본 때문만이 아니었다.

이러한 변란기에 처해서 한국이 본래 미국을 신뢰하게 되었던 까닭이 선교사들의 헌신적 자세와 그 선교에 바탕을 두고 있었기 때문에 선교사들의 위치 상황에 변동이 올 것은 명백하였다. 한국인이 일거에 미국인이었던 선교사들에게 정서적 적대감을 내보여 준 것은 없었다. 핵심은 그러한 정서적 기류가 형성되기 이전에, 당장 일제의 기독교 박해가 닥쳐왔고, 이 박해는 교회의 민족의식과의 구조적 동일시를 그 근거로 삼았다는 데에 있었다. 그래서 선교사들이 한국교회나 민족에게 대해서 가진 단단한 결속이 당장 필요했기 때문이다.

이로 해서 선교사와 워싱턴과의 관계는 아주 미묘해졌다. 1903년 한국에는 한 250명의 미국인이 있었는데, 그 중에서 반이 선교사들이었고, 이들은 "명목상이 아니라 실질상의 한국 독립의 열렬한 챔피언들"[55]이었다. 워싱턴은 그들 극동정책에서 미국의 입장을 난처하게 만드는 선교사의 위치를 자연히 비판적으로 보지 않을 수 없었다. "극동에 있는 미국 선교사들은 괴벽한 녀석들"[56]이라 혹평도 하고, 한 걸음 더 나아가 미국의 상공업지대 출신의 인물들이 그 선교사들의 신분을 대표한다고 빈정대면서, "신문 기자적인 시사광(時事狂), 직업적인 사진사들, 아마추어적인 문화사학도에 저급한 교양"[57]을 갖춘 데 불과하며, 대개 사치와 나태 속에서 살아간다고 비방하고 있었다.

함몰하고 있는 한국에 대한 끝없는 사랑과 기독교 정신으로 미국의 친일정책에 마지막까지 맞섰던 알렌은 결국 1905년 3월 29일자로 공직에서 해직당하고 만다.[58] 저 음흉한 '타프트-가쯔라(桂) 메모'[59]는 그 넉 달 뒤인 7월 27일에

54) A. Hamilton, *Korea,* London: Wm. Heinemann, 1904, p. 15. Cf. F. A. McKenzie, *Korea's Fight for Freedom,* p. 101.

55) T. Dennet, *op. cit.,* p. 106.

56) A. Hamilton, *Korea,* p. 265.

57) *Ibid.,* p. 266.

58) 미공사 소환국서 진정(進呈) 및 폐견(陛見)요청, 『구한국외교문서』, 제12권, 미안(美案), IV, (1905. 6. 2), p. 753. 부(附) 알렌공사 사임장(1905. 3. 29일자).

교환되고 있었다. 언더우드 2세(H. H. Underwood, 元漢慶: 1890-1951)는 미국의 제국주의적 입장에서 보았을 때 알렌이 너무 한국의 이해관계에 몰두하였기 때문에 그런 '모욕적인 방법으로' 해임되었던 것이라 보았다.[60] 알렌은 기독교 선교사로서 공사관에서도 일하여 왔음이 아니던가.

한편 선교사 자신들의 입장에서 볼 때에는 워싱턴의 정책에 정면으로 대결해서 맞싸울 정서적 오리엔테이션이 되어 있지 않았다.[61] 그들 역시 미국인임에 틀림이 없었다는 것 말고도, 선교사들이 그렇게 엄청난 국제문제에 간여할 만한 능력이나 판단은 고하 간에, 정치 개입의 교리적 근신이 가로 막고 있었기 때문이다. 문제는 실질적으로 선교사들이 어떠한 형태의 신앙 유형에 속해 있었으며, 그것이 한국에서 역사적으로 어떤 전기를 거쳐 갔느냐 하는 데 있었다.

우선 1906년 일본이 결정적으로 한국에 손을 뻗쳤을 때, 상당한 수의 선교사들은 그 통치 실체를 거부할 수 없다는 현실 인식에 끌려갔다.[62] 이토히로부미(伊藤博文, 1841-1909)가 조선통감(統監)으로 취임했을 때에는 그간 일본인의 만행이 있었다는 점을 알고 또 반대도 했었지만, 이토의 선정에 기대하고자 하는 경향이 압도적으로 편만해 있었다. 이토 역시 선교사들에게는 퍽 동정적이었다. 그는 1908년 6월 제1회 세브란스의학교 졸업식에서 선교사들의 공로에 대하여 다음과 같은 칭송을 아끼지 않았다.

> 에비슨 박사와 그의 동료들이 한국의 선익을 위해서 의술면에서 끼친, 유능하고도 양심적인 노고에 대해서, 이 기회에 치사의 말씀을 꼭 올리고 싶습니다.[63]

---

59) W. H. Taft(1857-1930): 당시 미국 국방장관. 桂太郎(Katzura Taro: 1847-1913): 당시 일본 내각수상.

60) H. H. Underwood, Horace N. Allen, *The Korea Mission Field*, March, 1933, p. 46.

61) 서울에 있던 미국 선교사나 실업가들이 "혼연일체"가 되어 알렌을 위해 전신으로 탄원서를 보낸 일이 있다. Editorial Comment, *The Korea Review*, March, 1905, p. 110.

62) F. A. McKenzie, *Korea's Fight for Freedom*, p. 210.

63) Prince Ito's Speech, Graduation Exercises, *The Korea Mission Field*, August 1908, p. 125.

이때를 전후해서 서울에 있는 일본 고위층과 선교사들과의 사교적인 회합도 자주 있었던 것 같다. 일부 선교사들은 주일에도 일본인들이 파티를 열어 초대하는 데에 참석해 샴페인을 마신 것으로 나타나 있다. 경건주의형의 선교사들과 한국인의 실의에 함께 눈물 흘렸던 선교사들은 이런 행태에 대해서 매서운 화살을 퍼부었다.[64] 그리고 한국교회는 아직 비판까지는 하지 아니하였지만, 경이의 눈길로 이 자세의 추이를 주목하고 있었다.

13.4. 애국과 반일(反日)의 민족교회

13.4.1. 충군애국(忠君愛國)의 교회

형성기의 근대 한국교회는 비극과 고난과 위기와 더불어 동행해 왔다. 그래서 그것은 남달리 결연한 고백과 결단이 전제되어 있어야 했다. 민족의식이 그 상징을 왕실의 비극 속에서 찾았던 19세기 말의 정황에서 그것은 더욱 가슴에 사무치는 일이었다. 교회는 이제 어느 나라 교회보다도 강력한 민족교회로서의 틀을 잡게 된 것이다.

19세기 말의 한국교회는 황제에 대한 현저한 충성과 애국의 열정을 그 특징으로 가지기 시작하였다.[65] "기독교에 대한 실질적 집착에서보다 더 강력한 애국과 충성의 성채를 찾기는 어렵다"[66]라는 것이 한국에서 입증되고 있었다. 1898년의 북장로교 선교부 보고서에는 다음과 같은 글이 들어 있었다.

> 한국교회가 지닌 가장 흥미 있는 양상 하나는 애국심입니다. 우리의 연안선(沿岸船)은 어느 주일 아침 늦게 북쪽 땅에 우리를 내려놓았습니다. 강 언덕 마을로 이씨는

---

64) The Editorial, *The Korea Mission Field*, March 1908, p. 41.

65) J. S. Dennis, *Christian Missions and Social Progress*, Edinburgh: Oliphant Anderson & Ferrior, 1899, Vol. III, p. 250.

66) G. H. Jones, The New Century, *The Korea Review*, January 1901, p. 5.

> 우리의 눈을 돌리게 하였습니다. 대나무 끝에서 조그마한 한국 국기가 휘날리고 있었습니다.
>
> 이 깃발은 기독교인들의 집이나 교회 위에 휘날리고 있었습니다. 주일이면 그들의 집이나 교회에 국기를 단다는 것은 선교사들의 아무런 지식도 없이 그들 사이에서 일어난 실천이었습니다. 그들이 이렇게 하는 것은 그날의 성격을 표명하고, 그들의 존경을 표시하기 위한 것입니다.[67)]

이렇게 하여 한국의 교회는 한국을 한 '백성'(people)에서 한 '민족'(nation)으로 형성시켜가고 있었다.[68)] 겨레의 비분이 터졌던 민비시해 참변 속에서 이 교회는 장로교, 감리교의 교인들이 함께 정동교회에 모여 그 서거를 애도하는 합동 추모예배를 올린 일이 있으며, 또 아관파천으로 피하였던 고종이 환어(還御)하자, 이를 환영하기 위하여 배재학당 학생들이 도로 연변에 늘어서서 북받치는 충정을 웅변적으로 시위한 일도 있었다.[69)]

1896년 9월 2일은 고종의 탄신 축하일이었다. 교회는 서울 영천의 모화관(慕華館)에 연합해 모여서, 그 축하식을 성대하게 지켜드렸다. 『독립신문』 기사는 이렇다.

> 셔울 야소교회 교원들이 대군쥬 탄신 경축회를 ᄒᆞ엿ᄂᆞᆫ데 사ᄅᆞᆷ들이 근 쳔 명이[70)] 모혀 ᄋᆡ국가를 ᄒᆞ기를 대군쥬폐하의 셩톄 안강ᄒᆞ심과 죠션 인민의 부강ᄒᆞᆷ을 축수ᄒᆞ고, 젼국 인민이 동심ᄒᆞᆸ력ᄒᆞ야 서로 돕고 서로 ᄉᆞ랑ᄒᆞ야 아모쪼록 죠선이 ᄌᆞ쥬 독립이되고, 인민이 타국 인민과 ᄀᆞᆺ치 셰상에 ᄃᆡ졉을 밧고 학문과 ᄌᆡ능이 늘며, ᄉᆡᆼ히ᄒᆞᄂᆞᆫ 법이 진보ᄒᆞ야 의복 음식과 거쳐 범절이 태셔 각국과 ᄀᆞᆺ치 되며, 서로 ᄉᆞ랑ᄒᆞᄂᆞᆫ ᄆᆞᄋᆞᆷ이 극진ᄒᆞ야 누구던지 죠션 사ᄅᆞᆷ이 외국ᄉᆞ람의게 무리ᄒᆞ게 욕을 보던지 곤경을 당ᄒᆞ던지 ᄒᆞ

67) Notes from the Wide Field, *The Missionary Herald*, March, 1898, p. 112.

68) J. O. P. Bland, *China, Japan and Korea*, London: Wm. Heinemann, 1921, p. 193.

69) 『죠션크리스도인회보』, 1897년 2월 20일자.

70) Editorial Department *The Korean Repository*, September 1896, p. 371에는 2천 명 이상의 참석 추산. 당시 서울 인구는 대개 20만 미만. 통계청, 통계로 본 개화기의 경제 · 사회상, 1994, p. 15 참조.

면 젼국 인민이 ᄌᆞ긔가 당ᄒᆞᆫ 것과 ᄀᆞᆺ치 분히 녁여 그 사ᄅᆞᆷ의 역셩을 ᄒᆞ고, 님군과 국긔를 ᄌᆞ긔 목숨들보다 더 즁히 생각ᄒᆞ며, 셩벽이 ᄌᆡᆼ겨 기여히 죠선도 남의 나라와 ᄀᆞᆺ치 되야 남의 나라히 일년에 십보를 나아갓시면 죠션은 이십보를 갈 ᄉᆡᆼ각들을 ᄒᆞ며, 나라 명예와 영광을 다른 일보다 몬져 ᄉᆡᆼ각ᄒᆞ고, 모도 하ᄂᆞ님ᄭᅴ 츅슈ᄒᆞ되 죠션을 불샹히 녁이셔 태셔 각국과 ᄀᆞᆺ치 복을 밧게 도와 즙쇼사 ᄒᆞ고 여러 ᄇᆡᆨ명이 일심으로 머리를 숙이고 긔도 …[71]

『독립신문』은 이러한 일을 한 기독교가 충군애국의 정신, 그리고 그 정신을 나라 안팎에 시위한 데에 그 의의가 있다고 지적하였다. 그 날 "그 집은 사람이 가득 차, 겹겹이 집 밖에 운집해 큰길에 미쳤으며, … 찬양가를 언더우드가 미리 준비해 프린트해서"[72] 나누어 주어 여럿이 함께 부르게 하였다.

높으신 상주(上主)님 자비론 상주님 긍휼히 보소서.
이 나라 이 땅을 지켜 주옵시고, 오 주여 이 나라 보우하소서.

우리 대군주폐하 만세 만세로다 만만세로다.
복되신 오늘날 은혜를 나리사 만수무강케 하여 주옵소서.

홀로 한분이신 만왕의 왕이여 찬미 받으소서.
상주님 경배하는 나라와 백성들
국태 민안 부귀 영화 틀림없이 받겠네.

언더우드는 말했다.

우리는 한 가지 알았습니다. 곧 기독교가 널리, 그리고 반가이 전국에 알려지게 되었다는 것입니다. 기독교야말로 훌륭하고 충성스러운 교리이며, 숭앙할 만한 길이요,

---

71) 논셜, 『독립신문』, 1896년 9월 3일자.

72) L. H. Underwood, *Underwood of Korea*, pp. 163-167.

가장 선한 사람이 좇는 진리라는, 그런 소식이 전국 방방곡곡에 퍼져 갔습니다.[73]

기독교인만이 반드시 애국적이었다는 말이 아니었다. 전 국민이 다 "뜨겁게 왕실에 충성을 바치고 있었는데"[74] 기독교회가 이 심정의 통로에 대거 그리고 다 함께 몰려왔다는 뜻이다. 민족 일치의 바탕을 조성하고, 그 의사의 표현을 교회가 맡기 시작한 것이 이때부터의 일이다. 교회가 이 정신의 구형(構形)을 가능하게 하였기 때문이다.

13.4.2. 겨레의 교회로서의 구형(構形)

선교 초기의 교회 성장은 지지부진했다. 그러나 1895년부터 1907년에 걸쳐서 교회는 놀랄 만한 성장을 기록했다. 그 사이에 교인의 수는 530명에서 26,057명으로 급증하였던 것이다. 성서의 보급량도 급증하고 있었다. 1904년 현재 성서공회는 144,657부의 갖가지 성서를 발행하고 있었다.[75]

그런데 이 성장이 지역적으로는 서북지방을 중심으로 하고 있었다는 사실이 주목을 끈다. 교회의 세력을 만일에 통계적으로 살펴본다면 장차 한국교회의 비중과 힘은, 해방 이후 평양이 공산화하기 이전까지 압도적으로 이 지방에 편중해 오고 있었다. 전도 10년에 평양에는 교회 135개처, 예배처소 18개소, 미안수(未按手) 교역자 32명, 교인 15,222명, 학교 41개교, 교사 740명, 그리고 한 해의 헌금액이 8,800달러에 이르고 있었다.[76] 1905년의 평양과 서울의 교세 대비는 다음과 같았다.

---

73) *Ibid.*, p. 165.

74) I. B. Bishop, *op. cit.*, p. 256.

75) Report of the Bible Committee of Korea for 1905 by H. Miller, *The Korea Review*, February, 1906, p. 72.

76) Editorial Comment, *The Korea Review*, September 1902, pp. 407-408.

평양과 서울의 교세 대비표[77]

선교부	지역	선교사	세례교인	학습교인	헌금액
북장로교	평양	19	5,468	10,744	14,977.00원
북감리교	평양	12	2,501	3,509	2,184.00원
북장로교	서울	29	1,963	3,915	3,346.00원
북감리교	서울	20	3,120	6,318	2,486.00원

1907년에 평양을 시찰한 바 있는 러트(Rut)[78] 박사는 다음과 같은 보고를 남겼다고 한다.

> 평양에 있어서의 기독교의 성(盛)함은 실로 놀랄 만한 데가 있습니다. 매 일요일에 교회에 참집하는 한인은 약 14,000명에 이릅니다. 평양의 인구는 확실한 통계가 없어서 이를 상지(祥知)하기 어렵지만 대개 40,000 내지 50,000으로 한다면, 기독교도는 실로 그 3분지 1에 이르는 다수의 신도를 유(有)하는 도시도 따로 비류(比類)가 드뭅니다. … 이 추세로 나간다면 금후 10년 내지 15년에 북부 한국에 있어서의 신도 수백만을 얻기는 용이한 일입니다.[79]

평안북도의 정주(定州)와 같은 곳은 당시 한 2만여 명의 신도들이 있었다고 하는데, 이것은 그 곳 인구의 거의 전부를 망라한, 거대한 수의 비율이었다. 이러한 성장의 까닭을 살펴보면 대개 다음과 같다.

첫째, 청일전쟁과 노일전쟁과 같은 참혹한 전란과 그 피해가 이 지역을 집중적으로 강타한 사실을 들 수 있다. 그런데 평양에 와 있었던 사무엘 모페트(S. A. Moffett)와 그래함 리(G. Lee), 이 두 목사는 청일전쟁 후 도시가 폐허로 화하

77) Missionary Work of the General Council, *The Korea Review*, March 1906, p. 100.

78) 이 러트(Rut)라는 인물을 찾기 힘들고, 따라서 일제가 표기할 때 잘못한 것으로 보인다. G. T. Ladd를 그렇게 쓴 것이 아닌가 짐작된다.

79) 『日韓外交資料集成』, 金正明 編, 東京: 제8권, p. 71.

고 설상가상으로 병마가 만연되어 덮치는 거리를 이리 뛰고 저리 뛰어 다니며, 희생적으로 불쌍한 사람들을 돌보고 함께 눈물을 흘려 그 아픔을 어루만지며 다녔던 것이다. 언제 서북사람들이 이러한 사랑과 인정을 이렇듯 받아 본 적이 있었던가. 그 곳 주민들은 이들에게 뜨거운 존경과 사랑을 느끼지 않을 수 없었다.

멀리 거슬러 올라가 보자. 조선의 조정은 본래 서북지방 곧 평안도와 황해도에 대해서 강압적인 처우를 하여 왔고, 관계에의 진출은 한사코 억제해 왔다. 서북인들은 과거에 급제했어도 높은 벼슬에 임명되지 못하고 있었다.[80] 이것은 서북지역에 유교가 비교적 널리 퍼져 있지 못한 데서 온 자연스러운 결과였으리라고 본다. 거기다가 지리적 조건이 거칠고 또 넓기 때문에 남도사람들보다는 훨씬 기동성이 강했고, 따라서 진취적이어서 유교의 정체성과 보수성에 쉽게 영합할 수 없었던 탓도 있었다. 그래서 항상 상민(常民) 대우를 받으며 소외되어 살아 온 것이 서북사람들이었다.

다른 한 가지 중요한 사실은 서북인들이 남도사람들에 비하여서 자작농이나 지주층이 훨씬 많았다는 점이다. 선교사가 본 실정이 그랬다. 곧 중산층이 많았다.

> 서북사람들은 자립적인 중산층이 눈에 띄게 많고 따라서 희망에 넘쳐있습니다. 그들은 스스로 자기들의 생계를 세워나가고 있고, 그래서 결국은 그들 자신의 신체적 능력과 두뇌를 가지게 되어 있습니다.[81]

그것은 기독교 신앙에 인도될 때에 그만큼 사회적 행동 자유가 확보되어 있다는 뜻이 된다. 한국에서 기독교는 확실히 중산층 운동이었다.

셋째로, 한국인이 이때 전국적으로 대거 교회에 전향한 까닭은 좀 더 구체적

80) J. Ross, *History of Korea, Ancient and Modern,* London: Elliot Stock, 1891, p. 301.

81) Northern and Southern Korea, Editorial Department, *The Korean Repository,* May 1897, p. 196.

인 동기를 가지고 있었다. 한국교회 자체의 진단이 증언으로 남아 있지 않기 때문에 단언하기는 어렵지만, 일제 쪽의 기록과 선교사들이 분석한 내용을 검토해서 그 공통점을 찾으면 쉽게 그 원인을 더듬을 수가 있다. "기독교를 찾는 사람들 중에는 그 중요 동기가 보호와 힘의 획득인 경우가 많습니다. 그러나 정신적인 본래의 기독교와 기독교가 가지게 되어 있는 힘, 그 사이에는 커다란 차이가 있는데, 이것을 한국교회는 알지 못할 때가 있습니다."[82] 일부 선교사들은 염려하고 있었다.

그런데 일본도 대개 비슷한 판단을 내리고 있었다.

> 입교의 동기는 대개 그 세력을 빙자해서 권위자에 대항코자 함에 있거나, 혹은 관리들의 주구(誅求)를 모면하고자 함에 있어서, 천차만별이라 하나, 야소교가 성대하게 된 배경은 일로전쟁으로써, 각도 중 가장 성대한 것은 평안도라 하겠다.
>
> 당시 선교사들은 한국은 장래 일본에 병합되리라는 구실로써 그 재위(災危)를 면하고자 하면 야소교에 들어와 그 보호를 받음과 같은 것이 없다 하여, 교묘하게 배일적(排日的) 언동을 하였는데, 이런 말이 통절하게 한국인이 환영하는 바가 되어, 다수의 신도들을 흡수함에 이른 것이라 하겠다.[83]

이것은 선교사들을 공박하려는 의도에서 씌워진 듯하나, 한국교회에 대해서도 그 분석은 꼭 같이 해당된다.

> 서교도는 일본군에 중시됨으로써 점점 교민(教民)으로 하여금 그 세력의 위대한 것 있음을 느끼게 하고, 또 목사들은 아군(我軍) 행동의 엄격함에 반하여 신도 포유(哺乳)하기를 자모가 어린애에게 하듯 하여 그 세력을 기르고 있다. 이제 가두에 바이블을 끼지 않고 다니는 자는 어깨가 좁아지기에 이르렀다.[84]

---

82) C. E. Sharp, Motives for Seeking Christ, *The Korea Mission Field,* August 1906, p. 182.
83) 한국 현시에 있어서의 지방인심 상황, 『한국독립운동사』, 1, 국사편찬위원회, 1970, p. 963.
84) 안창호의 귀국과 평안도 민정(民情)에 관한 우찌다(內田良平)의 조사보고서, 1907년, 자료번호

그런데 선교사들은 일을 뒷받침하면서도 이 비상한 수의 확장을 걱정하고, 한편 경계하고 있었을 정도였다.[85] "선교사들의 수효가 적기 때문에 그들을 다 돌보고 가르칠 수 있을 만한 시간적 여유가 없었기" 때문이다. 더구나 철저한 신앙의 훈련과 교육을 충분하게 시행하지 못할 경우에 중대한 "오류에 빠질 위험"[86]을 염려하고 있었다. 이것은 이 급증하는 교회의 성장 원인에 대한 분석을 불가피하게 했다는 말이 된다.

종교적으로 순수한 동기에서만 이 성장을 설명하기는 물론 어렵다. 선교역사의 대가인 라투레트 교수는, 한국이 이 기간 동안에 경험한 온갖 비운 때문에 받은 정서적 충격이 교회의 급증과 그 확대를 기록하게 된 것이라고 분석하고 있다.[87] 다시 말하면, 한국인이 기독교 안에서 나라의 허약에 대한 대책을 찾고, 국가적 불안정에 대한 해답을 얻고자 한 데 있다고 본 것이다. 합병의 기운이 짙어질수록 서양의 패턴에 따라서 나라를 재조직하고 민심을 결속하려는 촉박감이 거기 작용했다고 본 것이다.[88]

넷째로는 그 당시의 종교적 진공성(眞空性), 다시 말하면, 한국 재래 종교의 사실상의 부재를 들 수 있을 것이다.[89] 또 기독교가 서구화의 운동에서 차지해야할 지도에 대한 갈망이 여기 작용한 것이 사실이다. 청일전쟁을 통해서 한국은 오랫동안 올려 보던 청국이 근대화한 일본에 쫓기는 모습을 목격한 것이다. 따라서 전통적인 보수주의적 사고 유형에서 탈출하면서 서구적인 기독교회에의 전향을 결심하게 된 것이다.[90]

185, 『한국독립운동사』, 1, p. 1015.

85) 서명원, 『한국교회성장사』, 서울, 기독교서회 1966, p. 54.

86) *Annual Report of the Board of Foreign Missions of the Presbyterian Church in the U.S.A.*, New York: 1900.

87) K. S. Latourette, *Christianity in a Revolutionary Age*, Vol. III, London: Eyre & Spottiswoode, 1961, p. 448.

88) K. S. Latourette, *The Great Century: A History of the Expansion of Christianity*, Vol. VI, New York: Harper & Brothers, 1944, p. 426.

89) K. S. Latourette, *Christianity in a Revolutionary Age*, Vol. III, p. 449.

다음은 이 혼란기에 기댈 곳 없어, 교회의 신앙이 베푸는 안전감과 그 방향에 대한 기대가 교회에로의 대거 유입을 결정했다고 볼 수 있다. 다시 말하면, 메시아적인 구출의 대망과 유토피아에의 향수 같은 것이 거기 강하게 작용하였던 것이다. "국내가 물 끓듯하며, 또한 정치문제로 전국인민이 안정을 엇지 못하엿스나 그러할 ᄯᅢ에 부흥이 처처에 니러나매 신(神)을 의존하려고 교회로 들어오는 사람이 만히 잇엇다"[91]는 것이다. 교회를 나라나 개인의 불안의 한 초탈 방법으로 보게 되었다는 말이다.

> 노일전쟁을 겪은 마음의 불안정 때문에 한국인들은 여기저기 무엇을 찾아 지지와 보호를 받고 싶어 합니다. 이것이 물론 복음이 채워주려고 하는, 그런 것은 아닙니다. 그러나 문제는 한국 사람들은 이제 무엇을 주더라도 받아드릴 자세가 되어 있으며, 복음에 대해서 듣고 묻고 싶어 한다는 것입니다.[92]

『대한매일신보(大韓每日申報)』는 이 정경을 절실하게 일러 주었다. "근일 인민들은 나라 일이 하루가 다르게 변하고 외국의 모욕이 날로 심하여 가는 것을 목격하고는, 의뢰할 데 없고, 자연 두렵고 떨리는 마음을 감당하기 힘들어 야소교에 투입"[93]하고, "십자가 깃발을 다 게양"[94]했다는 것이다. 더욱이 입교 동기를 1890년대와 1900년대 초기를 구분해서 "처음에는 하등인민이 관리의 가렴(苛斂)을 감당 못해서 교회를 의뢰하다가, 지금에는 외국인의 학대가 비상함으로 교회에 귀의"[95]한다고 분석하였다.

여섯째로는, 어떤 보편적 가치의 발견 때문이었다. 이런 때의 입교가 한 마

---

90) 서명원, 『한국교회성장사』, p. 140.
91) 양주삼, 『조선남감리교회』, 1926, p. 61.
92) W. F. Bull, Era of Great Things of Korea, *The Missionary*, September 1905, p. 455.
93) 구민입교(驅民入教), 『대한매일신보』, 1905년 8월 30일자.
94) 강민입교(江民入教), *ibid.*, 1905년 8월 18일자.
95) 한국은 장유(將由) 야소신교이립(耶穌信教而立), *ibid.*, 1905년 9월 29일자.

디로 '생명 재산과 자유권'에 대한 심려 때문에 교회에 백성들이 파도처럼 몰렸다는 증언이 그것이다.[96] 이때 우리 겨레들에게도 교회 안에는 신부(神賦) 인권과 자유가 확보되어 있다는, 그런 확신을 가지게 되었다는 증거이다.

> 하ᄂᆞ님이 셰상 만물을 내신 ᄯᅢ에 사ᄅᆞᆷ의게 ᄌᆞ유ᄒᆞᄂᆞᆫ 권리를 주시고 만물을 임의로 다ᄉᆞ리며 일용 산업에 취ᄒᆞ여 쓰게 ᄒᆞ셧으니, 하ᄂᆞ님의 도를 존경ᄒᆞᄂᆞᆫ 사ᄅᆞᆷ이라야 릉히 ᄌᆞ유의 권리를 ᄂᆞᆷ의게 ᄲᅢᆺ기지 아닐 것이오, 사ᄅᆞᆷ마다 ᄌᆞ유의 권을 닐치 아니ᄒᆞ면 나라이 반다시 ᄌᆞ주 권세가 단단ᄒᆞᆯ지라.[97]

이러한 고귀한 각성 때문에 교인들은 "천연적 애국심과 동포 상애와 단체력에 특연 자립해서 타인에게 불복하는 뜻과 생각을 가지게 되니, 실로 여기 무형지강(無形之强)이 은연 성립"[98]하고 있었던 것이다.

> 우리들에게 남겨진 희망은 천주와 그 아들 예수 그리스도에게 있으니, 그런 즉 속히 경성(警醒)해서 머리를 들고 생기를 내어서 일도 하고 희망을 품으며 나라를 위하여 살 것이니라.[99]

겨레의 의식 중추에 이만한 박력을 줄 수 있었던 것, 그것이 기독교회였다. 우리 겨레에게 자신감과 민족적인 어떤 확신을 주었던 것이 한말에 하나 있었다면, 그것은 실로 기독교 그것 밖에 없었다. 그 감격 없이 그때 우리 겨레가 딛고 일어서 살아갈 희망과 용기의 기반은 따로 확립되지 못하였을 것이다.

---

96) 교인혈성(教人血誠), *ibid.*, 1905년 9월 10일자.

97) 나라의 근본, 『독립신문』, 1899년 9월 12일자.

98) 한국은 장유야소신교이립, 『대한매일신보』, 1905년 9월 29일자.
Cf. R. E. Speer, Christian Missions in Korea, *The Missionary Review of the World*, September 1898, p. 680f.

99) 경고 한민, 기서(奇書), *ibid.*, 1905년 12월 9일자.

13.4.3. 반일순국(反日殉國)의 교회

한국교회의 반일 애국의 용단과 행동은 을사늑약 체결을 전후해서 구체화되었다. 소위 보호조약의 음모가 진행되던 1905년 6월 하와이 동포들은 목사 윤병구(尹炳球)와 이승만을 대표로 선출해서 "타프트 · 가쯔라 메모"의 장본인인 미국 국방장관 윌리암 타프트에게서 소개장을 받아 루즈벨트 대통령을 면회하고 일본의 침략 야욕을 폭로하면서, 한국 독립을 위한 미국의 지원을 간청한 바 있었다.[100)]

조약이 강제로 체결되던 날(11월 17일), 전국은 비통에 잠기고, "교회는 울음바다"[101)]가 되었다. 민영환(閔泳煥, 1861-1905)이 자결하자, 김하원(金河苑), 이기범(李基範), 차병수(車炳修) 등은 기독교인으로서 '사수국권'이라 쓴 경고문을 종로 네거리에 계시하고 운집한 시민들에게 통렬한 구국 연설을 하였던 까닭에, 일본경찰(日警)과 헌병의 칼을 받아 치명적인 부상을 입고 감금된 일도 있었다.[102)]

이런 교회의 격분이 1907년의 해아밀사사건, 고종의 양위, 정미조약(丁未條約)의 체결로 그 절정에 이르렀다. 1907년 4월 고종의 신변이 불안하다는 소문이 평양에 날아들자, 교회가 이를 크게 광고하여 학생은 일제히 휴학하고, 교인들은 임시휴업을 하는 사태가 발생했다. 황실의 위태로움이 가까워 조석을 다투었다고 해서, 교인들이 서둘러 떼를 이루어 매일 기도회를 열고, 통곡, 기원을 계속했던 것이다.[103)] 일본군이 황실을 포위했다는 소식을 듣자 결사대를 결성하여 상경시킬 계획까지 세우고 있었다.

기독교청년회의 반응은 격렬하였다. 이들은 자강회(自强會)의 동지들과 함께,

100) 在米國 日置臨時代理公使ヨリ桂臨時兼任外務大臣宛, 米國ニ於ケル韓國人 尹炳球 李承晩等韓國獨立運動ノ件, 明治 三十八(1905) 八月 五日, 機密公第 十八號, 金正明 編, 『日韓外交資料集成』, 第 5卷, 1967, pp. 517, 519.

101) 조지훈, 한국민족운동사, 『민족문화사 대계』, 고려대학교 민족문화연구소, 권 1, 1964, p. 585.

102) 정교(鄭喬), 『대한계년사(大韓季年史)』, 하권, p. 191.
Cf. 『대한매일신보』, 1905년 12월 2일.

103) 『한국독립운동사』, 1, p. 1016.

친일의 일진회(一進會)의 기관 신문사를 습격해서 파괴하고, 다시 대한문(大漢門) 앞에 나가서 거기 끓어 앉아 비분에 통곡하며, 기우는 나라와 사라져야 하는 황제의 비운을 목메어 곡하고 있었다.[104] 사실 청년회는 월례적인 강연회를 할 때마다, 애국가를 봉창하고 기도회를 폐회하곤 했는데, 한번 이를 감시한 일본 경찰(日警) 한 사람이 그 장면을 이렇게 보고하고 있었다. 곧 "애국가 그것은 비애다. 즉 그 뜻은 우리나라 삼천리 강토와 오백년 종사를 천주에 빌어 독립을 빨리 회복해 주십사고 노래하는 것으로서, 듣기에도 눈물이 나도록 … 기도하고 폐회하였다."[105]

교회의 전반적인 반응 역시 처절하였다. "양주군의 예수교 교사 홍태순(洪太順)은 대한문 앞에 와서 약을 먹고 자결하여"[106] 충군애국의 교회상을 핏자국으로 남겼으며, 상동감리교회에서는 엡윗(Epworth)청년회가 중심이 되어 "정복을 입고 군사훈련"[107]을 받고 있었다고 한다. 이동휘(李東輝, 1873-1935)나 한글학자 주시경(周時經, 1876-1914)이 여기 드나든 것도 이때이며, 특히 해아밀사의 파견 밀의도 여기서 진행되었던 것이다.[108] 실로 상동감리교회는 "우리 민족운동의 요람지"[109]였다.

이처럼 이 시기의 항일운동의 한 특징은 "서울을 중심으로 한 기독교도에 의한 조직적인 항일운동과 서북도의 기독교를 기반으로 한 항일운동의 대두"[110]였다. 그런데 평양의 민회(民會), 자강회, 청년회, 서우회(西友會), 상업회의소는

---

104) 在韓國　林(權助)公使ヨリ桂臨時兼任外務大臣宛，　韓國皇帝ノ動向並宮中肅正ノ必要ニ關スル件, 明治 三十八年(1905) 九月二十五日, 金正明 編,『日韓外交資料集成』, 第 5卷, 1967, p. 538.

105) 1907년 기밀서류 갑(甲), 사법계(司法係)에 수록된 일련의 청년회 상황보고,『한국독립운동사』, 1, p. 401.

106)『대한계년사』, 하권, p. 274. Cf. 선교사 자멸(自滅),『대한매일신보』, 1907년 7월 24일자.

107) 전택부,『강아지의 항변』, 서울: 항린사, 1967, p. 210.

108) 최남선(崔南善)의 증언. 전택부, *op. cit.*, p. 211.

109) 홍이섭, 민족운동사에 나타난 신교(新敎),『기독교사상』, 1965년 4월호, p. 103.

110) 최영희, 을사조약 체결을 전후한 한국민의 항일투쟁,『김성식박사화갑기념논집』, 고려대학교 사학회, 1968, p. 618.

다 기독교인에 의한 항일단체들이었는데, 이런 항일운동이 "주로 기독교회를 통하여" 대구나 원산 등 다른 도시와 연결되어 있었던 것이다.[111] 교회가 그 전국적 운동의 연결 고리였던 셈이다.

교인으로 무력을 사용한 이들도 여럿 있었다. 일본의 앞잡이 스티븐스(D. W. Stevens)를 미국 샌프란시스코에서 살해한 장인환(張仁煥, 1877-1930)이나, 이완용 암살 미수의 이재명(李在明, 1890-1910)은 다 열렬한 신자였고, 의병을 지휘하던 사람 중에는 기독교인이 상당수 있었다.[112] 가령 황해도에서 기의(起義)했던 '정동의여대장'(正東義旅大將)으로 그곳 문화(文化) 출신의 우동선(禹東鮮)은 고종의 선유위원(宣諭委員)으로[113] 황조(皇詔)를 가지고 온 서상륜(徐相崙)을 향하여 "슬프다, 교인 동포여, 신앙력이 있는가 없는가, 이제 선유위원의 성질을 보건대 저렇듯이 시들고 무너짐이 막심하니, 위하여 한심함을 지을 수 없노라"[114] 다그친 일이 있었다.

애국과 신앙 사이의 조화를 조금도 의심하지 않았던 이들의 생각은 만주 하얼빈(哈爾濱)으로 안중근(安重根, 1879-1910)을 만나려 가던 우연준(禹連俊)[115]의 시(詩) 속에 역력히 나타나 있다.

> 앉을 때나 섰을 때나
> 앙천(仰天)하고 기도하길
> 살피소서 살피소서
> 주 예수여 살피소서
> 동반도(東半島)의 대제국(大帝國)을

---

111) 통감부(統監府) 『문서잡철』, 1905년 12월-1908년 2월, pp. 66-79.

112) 吳允台, 『日韓キリスト教交流史』, 東京: 新教出版社, 1968, p. 122.

113) 장로교의 길선주(吉善宙)나 감리교의 최병헌(崔炳憲)도 선유위원.
News Note, *The Korean Mission Field,* January 1908, p. 5. *The Annual Report of the Board of Foreign Missions of the Presbyterian Church in the U.S.A.*, 1908, p. 269.

114) 『한국독립운동사』, 1, 서울: 애국동지회, 1956, p.56.

115) 본명 우덕순(禹德淳).

내 원대로 구하소서
오호! 간악한 노적(老賊) (伊藤博文)아
아등(我等) 민족 이천만을
덕 닦으면 덕이 오고
죄범하면 죄가 온다
너뿐인 줄 알지마라
너의 동포 오천만을
오늘부터 시작하여
하나 둘씩 보는 대로
내 손으로 죽이리라.[116]

가톨릭 교인이 된 안중근[117]은 1909년 10월 26일 이토(伊藤博文)를 격살하면서, "천주님이여, 마침내 폭살자는 죽었습니다. 감사합니다"[118] 했다는 것이다. 우연준의 치닫는 격정도 그렇고, 다 이 교회의 정의감에서 비롯된 반응이었다.

13.4.4. 일제의 한국기독교에 대한 적대 자세

1907년부터 일제는 노골적으로 반일 저항의 거점이 한국교회라고 비난하기 시작하였다. 기독교 그것을 잘못된 것이라고 반기독교자가 발설한 일은 역사에 한 번도 없다. 가령 이토는 "문명은 도덕에, 도덕은 종교 곧 기독교에 의존하기 때문에 종교 자유를 위해서 싸워야 한다"고 피력한 일이 있었다.[119] 그런데 다

116) 정교, 『대한계년사』, p. 364.

117) 일본의 일부 신문은 안중근을 이해하는 태도. "伊藤公ヲ殺シタ安重根ノ信仰", 『上毛教界月報』, 明治 四十三年(1910) 8월 15일자. "安重根에 對하여 同情을 拒絶할 權利가 없다고 植村正久씨가 말하였다."

118) 『한국독립운동사』, 1, p. 412.

119) Graduation Exercises, The Korean Mission Field, August 1908, p. 125. 실상 이토는 1888년 일본의 근대 제국헌법 '起案大綱'에서 이런 말을 한다. 곧 "구주(歐洲)에서는 헌법정치에서 종교가 그 기축(機軸)이 되어 있으나, 아국(我國)에서는 그 기축으로 하는 것이 황실 하나뿐이다."

만 항일저항의 운동이 교회를 중심으로 진행되는 데 대한 불쾌감과 적대감이 크다는 말이었다. 최초로 공문서에 교회 항일의 사실이 지적된 것은 1905년의 일이다. 일본공사관의 기록에 기독교인이 "이제까지 여러 차례 귀찮은 일을 야기해 왔는데, 장래에도 각종 귀찮은 일을 저지를 것임에 틀림없다"[120]고 한 글이 보인다. 교회 격증의 원인도 "일본의 압박을 달갑게 여기지 않는 자는 와서 십자가 아래 모여 십자가 보호 밑에 크게 세력을 양성하여 장차 십자군병을 일으켜 일본의 세력을 한국에서 축출하자는 데"[121] 있다고 분석하고 있었다.

13.4.5. 한국교회 정치화에 대한 선교사들의 우려

그런데 한국교회의 항일과 그 무력의 행사에 대한 반발은 먼저 선교사들에게서 터져 나왔다. 장로교의 제임스 게일은 "위조 애국의 미친 듯한 광란이 휩쓸어, 자결, 신체상해, 허황한 맹서, 게릴라 의거, 냉혹 무정의 저항"[122]이 횡행하고 있다고 해서, 비판을 멈추지 않고 있었다.

감리교 선교사들도 이런 입장을 천명하고 있었다. 일본측의 문서에 실린 글에 이런 것이 있다.

> 배일(排日)에 나서는 자 있었으나 명치(明治) 40년(1907) 5월 2일, 서울에 있는 미국 선교사 존스, 스크란톤, 두 박사는 이토 통감을 그 저택으로 방문하고, 재한 야소교 선교사가 통감의 정책을 혐기하는 자 있다고 평판한다는 것은 전혀 재한선교사에의 (잘못된) 감상에 지나지 않음을 확보하고, 말하기를 선교사는 한국민의 계발을 목적으로 하고, 통감의 시정(施政)에 성실한 동정을 품고, 나아가 한국민의 도덕적 및 정신적 개발을 위함에 노력하고, 정치상의 것에 대해서는 초연한 태도를 취하는 것을 상궤

隅谷三喜男, 『近代日本の形成とキリスト教』, pp. 109-110.

120) 日本公使館『記錄』, 1905년 本省往, 基督教青年會ノ動靜ニ關スル件, pp. 69-70.

121) *Ibid.*, 顧問警察事故報告, 耶穌教會 入會 件, pp. 23-24.

122) J. S. Gale, *Korea in Transition*, pp. 38-39.

(常軌)로 한다는 뜻을 변명하다.[123]

감리교의 당시 감독[124] 해리스(M. C. Harris, 1846-1921)는 『*The Japan Times*』에 선교사 비방의 글이 실리자 1907년 5월 8일자의 『요미우리신문(讀賣新聞)』에 이런 변명문을 실린다.

> 우리들 유력한 세 선교사(존스, 스크란톤, 및 해리스 자신)는 한국 보호권 설정의 반대운동을 도울 수 없다고 이들 한국인의 요구를 거절한 까닭에 죽음으로써 위협당한 일이 있으며, 소생은 자기의 직책상 한국 거류의 모든 선교사와 (함께) 일본에 호의를 가지고, 극력 한국민의 안녕을 유지하고, 자국의 이익도 꾀한다는 것을 귀하(이토)에게 단언하고자 합니다. 소생의 생각에는 이토 후작(侯爵)의 통치가 가장 상찬을 받아 마땅하다고 생각하오며, 소생 실로 통감 정략의 가장 열심 있는 지지자임을 고백합니다.[125]

이 해리스가 바로 1906년 6월에 감리교의 엡윗청년회가 "교회의 목적을 왜곡하고 정치 목적으로 이를 이용"한다고 해서 그 청년회를 해산시켰던 선교사였다.[126] 이러한 강경 자세는 구세군에도 나타나고 있었다. 정령(正領) 호가드(Robert Hoggard, 許嘉斗: 1861-1935)는 1908년 10월 통감부를 찾아가서, 정치에 간여하지 않는다는 것을 선서하고 돌아왔던 것이다.[127] 그는 1909년에 가서 광주 구세군이 너무 정치에 간여한다고 해서 그 영문(營門)을 폐쇄한 일도 있었다.

---

123) 『日韓外交資料集成』, 제8권, p. 69.

124) 당시는 한일(韓日) 양국의 감리교 총괄(總括) 감독직이었다.

125) 『日韓外交資料集成』, 제 8 권, p. 70.

126) *The Annual Report of the Missionary Society of the Methodist Episcopal Church*, 1906, p. 322. Cf. S. A. Beck, *Official Minutes of the 4th Annual Session*, Korea Mission Conference, M. E. C., Seoul: 1908, p. 17.

127) 장형일, 『한국구세군사』, pp. 32-33.

우리는 냉정하게 생각할 것이 있다. 우선 선교사들은 제3국인이고 따라서 한국인들이 몹시 격앙되어 있는 을사늑약 정국 와중에서 한일 관계에 막바로 개입한다는 것은 당시의 미일 관계에서 보더라도 불가능하였다는 사실을 인정해야 한다. 더구나 책임 있는 위치에 있는 선교사들로서는 일본의 한국 통치 그 엄연한 실체를 인정하지 않을 수 없었던 현실, 그 현실 안에서의 한국교회의 생존을 먼저 생각하지 않을 수 없었던 사실, 이런 것을 인정하여야 한다. 기독교는 엄연한 현실의 역사적인 종교이기 때문이다.

그러나 이 교회와 선교사 불일치의 곤경은 어느 모로 보든지 비극적이었다. 감리교 선교가 일본 주재의 맥레이(R. S. McLay)에게서 시작했다든가, 또 그가 최초의 한국 감리교회 감독에 임명되었다든가,[128] 그 다음 해리스[129] 역시 한일 두 나라 감리교의 감독으로 동시 취임했다든가 하는, 그런 미묘한 입장이 결국 이 교회로 하여금 일본에 대해서 대담한 입장을 세우지 못하게 했음이 분명하다. 더구나 한 나라 교회의 책임 있는 선교부 관할자로서는 워싱턴의 정책에 정면 도전하기도 쉽지 아니하였던 것이다.

이런 정치적 변수는 선교사들이 속한 기관의 단위가 나라나 지역이나 스테이션에 따라 그 강도가 달라지는 구도(構圖)를 가지게 된다.[130] 그러나 대부분의 선교사들은 결국 한국의 벗으로 남고, 더러는 옥고에 시달리고 더러는 추방까지 당한다.

선교사들이 현실적인 정치 문제에 대하여 깊은 사려로 나이 어린 한국교회

---

128) G. L. Paik, *The History of Protestant Missions in Korea 1832-1919,* Pyeng Yang: Union Christian College, 1929, p. 159.

129) "나는 미국에 태어난 일본인이다"라고 늘 말하고 있었다. 島典英, M. C. ハリス監督をめぐって、『キリスト教史學』, 日本キリスト教史學會, 동경: 2000년 7월호, p. 22.

1884-1886년: 일본 감리교회 감독. 1916년: 일본 황실에서 외국인에게 수여하는 최고의 勳二等瑞寶章 수여, 1921년 일본 동경 青山學院 구내에서 서거.

130) 여기 대해서는 졸저(拙著), 『일제하의 한국 기독교 민족 · 신앙운동사』, 서울: 대한기독교서회, 1991, p. 146 참고.

를 보호하려고 한 진심이, 더러는 오해도 받고, 때로는 강렬한 반선교사의 불만에 시달리기도 하였다. 그러나 누구든지 근대 한국에서 그 민족적 에너지의 형성과 그 체계화 및 동원에 선교사들의 결정적 공헌이 있었다는 사실을 부인할 사람은 하나도 없다.

13.5. 교회와 개화

기독교의 한국 선교는 다양하고도 다변적이어서, 생각하고 관여되지 아니한 것이 하나도 없었고, 정서 가운데에서 자극 받지 아니한 것이 없었다. 이렇게 그것은 처음부터 모든 고상하고 값진 사업을 찾아 생기를 북돋아 주고, 깊은 사색과 결단과 신비감으로 일에 대한 가치와 헌신을 나타내 주었던 것이다. 교회가 민족의 당면한 위기에서 그 폭넓은 참여를 높은 이념으로 값을 매겨 주는 일을 하는데 초탈과 참여로 함께 하였으며, 사상과 행동으로 연결시키게 해 주었다. 감정에 호소해 열의를 분출시켜 장엄한 행동에로 인도하거나, 세련된 교양으로 인품 형성을 멀리 바라보는 지긋한 자세도 아울러 다듬어 주었던 것이다. 이 영광된 다양성을 이 교회 역사 안에서 길이 가꾸어 나갈 의지가 있었느냐 없었느냐 하는 것만이 문제였다.

일본의 한국 진출이 기독교와 달랐던 점이 바로 여기 있었다. 기독교와 그 선교는 가는 곳마다 끝이 없는 계발과 교육에 성심을 다하였다. 그러나 제국주의는 교육을 제한하고, 인지개발을 식민지 통치에 적절할 만큼의 수준, 거기에 한정시키고 있었다.

이렇게 해서 한국의 기독교가 절실한 한국의 근대화나 개화에 막바로 불을 질러 그 성취를 촉진한 에너지 역할을 다한 것이다. 가령 "우리의 교리가 경향에 더욱 흥왕ᄒᆞ야, ᄂᆞ라가 ᄀᆡ화ᄒᆞ기를 ᄀᆞᆫ절히 ᄇᆞ라노라"[131]든가, "ᄎᆞᄎᆞᆷ 우리 교

131) 『대한그리스도인 회보』, 1898년 1월 19일자.

회가 흥왕ᄒᆞ여서 죠션이 속히 ᄀᆡ화에 진보가 되기를 ᄀᆞᆫ절히 ᄇᆞ라노라"[132] 한 것은 다 교회의 진흥이 개화의 길이라는 점을 밝힌 것이다.

하지만 개화라는 말은 정치적인 면과 문화적인 면을, 그 나눌 수 없는 연결성에도 불구하고, 분리해 생각하지 않으면 안 된다.

13.5.1. 정치적 개화와 교회

1904년 한 일본의 기독자가 서북지방을 여행하고 남긴 인상적인 글이 여기 있다.

> 오늘날에도 바람소리, 학의 울음소리에도 무서워서 도망쳐 숨는 자가 많은 한국인 중에서, 이들 기독교신도들은 조금도 당황하는 기색이 없이, 태연히 자기 할 일을 하고 평화로운 가정을 유지하고 있습니다.
>
> 이들 기독자들은 노유(老幼)가 모두 보통 한국인과는 달리, 경건하고 총명하여, 상륙 이래로 비로소 존경할 수 있는 한국인의 얼굴을 본 것 같습니다.[133]

개화기 한국 기독교의 활력과 지성의 힘을 발견한 이런 글에서 우리는 기독교의 역사적 변혁의 동력을 읽을 수 있다. "예슈교가 나라 문명 부강과 독립 ᄌᆞ쥬"[134] 기초였기 때문이다.

> 지금 세계 각국에 문명 ᄀᆡ화ᄒᆞᆫ 나라들은 다 구교(舊敎)나 야소교를 밋ᄂᆞᆫ 나라인직 이걸 보거드면 그리스도교가 문명 ᄀᆡ화ᄒᆞᄂᆞᆫ ᄃᆡᄂᆞᆫ 긴요ᄒᆞᆫ 거시라. 그리스도교 ᄒᆞᄂᆞᆫ ᄇᆡᆨ셩은 언제든지 올코 공번되고 의리 잇ᄂᆞᆫ 일을 ᄒᆞ거드면 하ᄂᆞ님이 보아 주시는 것을 밋는 연고요. …
>
> 우리가 오늘날 대한국을 ᄃᆡᄒᆞ야 축슈ᄒᆞ노니 정치가 더 잘되고 국가가 ᄐᆡ평ᄒᆞ기를 ᄇᆞᆯ

132) 『죠션그리스도인 회보』, 1896년 6월 2일자.

133) 朝鮮の基督信者, 福音新報, 東京: 1904년 4월 21일자.

134) 논셜, ᄆᆡ일신문, 광무(光武) 2년(1898) 5월 28일자.

> 아며, 대한 신민들이 무론 빈부귀쳔ᄒᆞ고 졈졈 나라 ᄉᆞ랑ᄒᆞᄂᆞᆫ ᄆᆞᄋᆞᆷ들이 ᄉᆡᆼ겨 ᄌᆞ긔 목숨보다 국가 명예와 진보ᄒᆞᄂᆞᆫ 거슬 더 즁히 녁여 대한이 더 문명ᄒᆞ며 법률과 긔강이 ᄇᆞᆰ게 서고, 협잡ᄒᆞ고 나라 법률을 억이고 국민의게 ᄒᆡ로운 일을 못하도록 되기ᄅᆞᆯ 축슈ᄒᆞ노라.[135]

기독교가 있어서만이 근대 조선의 구조적 모순을 개파해서 문명과 부강의 새 시대를 열어갈 수 있다는 생각은 복음 전파 첫날부터의 확신이요 기도였다. 정치적 사회적 구원도 이 기독교에서만 그 근거를 찾을 수 있다고 공언하고 있었다.[136] 언더우드 부인(L. H. Underwood, 1851-1921)의 글에 그 현상의 이해가 이렇게 나타나 있었다.

> 조선 사람들은 서양문명에서 최선의 것들, 사람의 내재한 힘을 분발시켜 최선의 결과를 가져오게 하는 동력이 바로 기독교에 있다는 것을 깨닫고 있습니다. 기독교의 원리, 그리고 이 원리가 실천되는 곳, 이 정신이 숨 쉬는 곳, 거기에 문명은 생성되고 발전되는 것을 알고 있습니다.
>
> 이것이 바로 오늘날 한 조선 정치가가 기독교에만이 조선의 민족적 구원의 유일한 희망이 있다고 단언한 까닭입니다.[137]

기독교의 이 거대한 개발력에 대해서 그리피스(W. E. Griffis)는 실로 서사시적인 감격으로 이런 글을 남긴다.

> 새로운 종교(기독교)에 직면한 지각 있는 조선 사람들은 생각과 행동하는 면에서 새로운 용기를 얻게 되었습니다. …
>
> 새로운 교리(기독교)는 악마와 악령에 마비된 노예상태로부터, 조상숭배로부터, 그리고 무덤 안에서 뻗쳐 나온 손에 붙잡힌 왕권으로부터, 그 개종자들을 해방시켜 주었

135) 논셜, 『독립신문』, 광무 6년(1897) 12월 23일자.

136) L. H. Underwood, *Fifteen Years among the Top-Knots, or Life in Korea*, New York: American Tract Society, 1904, p. 297. Cf. 『대한그리스도인 회보』, 1898년 6월 1일자.

137) L. H. Underwood, *Fifteen Years*, p. 298.

습니다.[138)]

기독교는 한국에 천연자원이 축복으로 풍부하다고 보고 있었다. 기독교는 이후 계속되는 한국교회의 국토의식, 그 강토(疆土)의 위치와 자원을 처음부터 눈여겨보고 있었다. 귀츨라프가 그랬고, 윌리암손이 그랬다. 그리고 이제 개신교 선교사들이 그랬다. 몇 해 전 윌리암손이 안타까워했던 것처럼, 다만 없는 것은 세계 변혁의 적극적 자세, 성실한 개발의 의지였다. 그것을 기독교가 준다고 밝힌 것이다. 그리고 그런 것을 저지하는 세력에 정면 도전한다고 한 것이다.

> 평범한 인간이 우주에 대하여 새로운 안목을 가지게 되면, 그는 전제자니 특권층, 지배자들이 가장 두려워하고 혐오하고 압제하는, 바로 그러한 종류의 사람이 되는 것입니다. 조선은 이러한 진리의 가장 대표적인 한 례(例)가 되고 있는 것입니다.[139)]

그런데 이 정치적 개화의 특징은 그 첫째가 정치 변혁에 앞서, 개인의 도덕적 품격의 갱신과 그 고양이라고 본 것이다.

> 나라를 다ᄉᆞ림이 나무를 심으ᄂᆞᆫ 것과 ᄀᆞᆺ흐니 몬져 그 ᄲᅮ리를 ᄇᆡ양ᄒᆞᆯ지라. 나무ᄂᆞᆫ 곳 나라 집이오 ᄲᅮ리ᄂᆞᆫ 곳 교회의 법률이오 가지와 입ᄉᆞ귀ᄂᆞᆫ ᄇᆡᆨ셩의 산업이오 루루ᄒᆞᆫ 열ᄆᆡᄂᆞᆫ 국가의 ᄌᆡ정이오.[140)]

내적 변화의 신앙의 결실이 개인에게서 성취되면, 그것이 스스로 외연(外延)되어 나타나 사회의 개선, 자유의 확보, 나라의 부강이 실현된다는 철저한 확신이었다. 헐버트 역시 꼭 같은 생각이었다.

---

138) W. E. Griffis, *Corea the Hermit Nation*, New York: Charles Scribners, 1907, 신복룡 역, 『은자의 나라 한국』, III, 서울: 탐구당, 1976, pp. 191-192.

139) *Ibid.*, pp. 230-231.

140) 근본을 힘쓸 일, 『대한그스도인회보』, 광무4(1900)년 2월 15일자.

> 이 모든 것은 먼저 도덕적 정신적 변화가 있어서 비로소 자립적인 선교의 힘을 부여하고, 조선의 모든 사회적 구조(the whole social fabric of Korea)를 혁신하는 능력으로 나타난다는 것을 안다면![141]

이것은 일종의 내연-외연(內燃-外延)의 논리이다. 사회의 구조 전체가 이 인격의 변화에 따라 변혁 개선된다는, 그런 신앙의 강력한 역동성에 대해서 초대교회는 이견이 없었다. 한국교회 실정에 정통하였던 미국 북장로교 해외선교부 총무 아서 브라운(Arthur J. Brown)은 이런 말을 남긴다.

> 복음은 항상 시련과 부패의 나라에 내적인 혁명의 동력으로 작용합니다. 일단의 정치가들이 이 기독교의 힘을 그들 (정치적) 목적에 동원하려 하였지만 교회는 단호히 이를 거절한 일이 있습니다. 복음의 혁명은 무혈(無血)입니다. 한국에 지금 필요한 것은 국왕을 옥좌에서 끌어 내리는 것도 아니고 관리들을 해직시키는 것도 아닙니다. 개개인의 심경의 변화가 먼저 추구되어야 합니다. 그리고 여기서 나온 정의와 정직과 도덕성이 나라의 안정을 보장하고 겨레의 안녕을 기약하게 하는 것입니다.[142]

다른 하나의 특징은 그 개화 과정의 반 과격성, 좀 더 구체적으로 말하면 반왕성(反王性) 지양이다. 독립협회와 기독교회와의 관계 과정의 역사가 이를 여실히 입증한다.

"민주주의의 물결이 조선 정치의 암벽 연안에 옮게 두드리기 시작하게 하였던"[143] 독립협회는 1896년 7월 2일에 결성되었다. 그런데 그때 참여하였던 기독교인으로서는 그 주도 역할을 한 서재필(徐載弼, Philip Jaisohn, 畢立 提仙: 1863-1951)과 윤치호(尹致昊)[144] 정기준(鄭沂埈), 홍정후(洪正厚) 등이 있었다. 그 해 4

141) Editorial Comment, *The Korea Review*, June 1901, p. 236.

142) A. J. Brown, Politics and Missions in Korea, *The Missionary Review of the World*, March 1902, pp. 187-188.

143) 『윤치호일기』, 5(1898년 2월 27일자), p. 136.

144) 창설 때는 러시아에 체재 중, 1897년 1월 27일 귀국 참여.

월 7일에 창간된 『독립신문』에는 그 신문이 "한국인을 위한 한국, 청렴한 정치, 외국과의 우의 돈독, 외국인 감독이 있어도 되지만 가능한 한 점진적이고도 지속적인 한국 자본에 의한 한국 자원의 개발, 한국 청년들이 그들의 위대한 역사나 과학, 예술, 종교에 대하여 외국어 습득의 필요 없이 공부할 수 있는 교과서의 번역 간행"이라 하면서, "조선왕전하 만세"를 외치고 있었다. 따라서 교회는 이 협회가 본래 교육적 사회적 기구요, 정치에는 불간섭하는 것으로 이해하고 있었다.[145)]

하지만 1898년 12월에 가서 이 독립협회에는 과격 행위가 돌출하고, 박영효를 대통령으로 추대한다든가 하는 혁명적 발언으로 "민심을 잃기 시작"했던 것이다.[146)] 물론 그 주도자 가운데 하나였던 윤치호는 그 공헌을 결코 폄하하지 않았다.

> 나는 협회와 가졌던 관계를 결코 부끄럽게 여기지 않습니다. 그것은 우리 역사상 처음으로 고위 관리들의 부패와 악덕을 감히 노출시켰으며, 백성 초근(草根)들에게 이르기를 정부는 백성을 위하여 있는 것이지 백성이 정부를 위하여 있는 것이 아니라고 선언할 수 있었습니다.[147)]

그러나 교회와 선교사들은 이 독립협회의 과격성에 대하여 경계를 하기 시작한 것이다. 그들 자세가 "최선의 것이 아니고"[148)] 또 고종의 처음 호의를 배반하였다고 보았기 때문이다.[149)] 그리고 그들의 시대감각 부재를 비판하였던 것이다. 선교사들 특히 알렌이 서재필에게 "혁신의 시기가 아직 이르니 그만 단념하고 미국에 돌아가라"고 권고까지 한 까닭이 여기 있었다.[150)]

---

145) The Seoul Independent, Editorial Department, *The Korean Repository,* April 1896, p. 171.

146) T. H Yun, Popular Movement in Korea, *ibid.*, p. 468. 윤치호는 이 과격분자가 이승만, 최정덕, 이건호라고 보고 있었다. 『윤치호일기』, 5, (1898년 12월 27일자), p. 189.

147) T. H. Yun, The Popular Movement in Korea, *ibid.*, p. 469.

148) Editor, The Independent Club, *The Korean Repository,* August 1898, p. 287.

149) 『윤치호일기』, 5, pp. 169, 170.

교회가 독립협회를 의심한 또 다른 한 이유는 그 과격성의 직접 배경이 결국 일본이라는 판단 때문이었다. "일본의 후원과 지지"[151]가 확실히 있다고 본 것이다. 그 방법상의 과격성이 상통하고 있다고 비판한 것이다.[152] 일본의 언론이 유별나게 서재필을 칭찬하고 그의 개혁 방법에 갈채를 보낸 이유가 따로 있을 수 없었다.[153] "만일 우리 나라히 일본ᄀᆞᆺ치 되어보자면 그 사ᄅᆞᆷ(서재필) 잇ᄂᆞᆫ 거시 ᄆᆡ우 유조"[154]하다는 독립협회계 『ᄆᆡ일신문』의 논조가 다 이를 보여 주는 것이었다.

교회는 독립협회계로 오해받아 시련을 겪기도 하였다. 1898년 11월 25일 보부상(褓負商)의 황국협회가 기독교회를 독립협회의 중추 세력으로 보고 그 괴멸을 기도한 일이 있었다. 그때 윤치호나 정교(鄭喬) 및 남궁억(南宮檍, 1863-1939) 등이 일단 선교사 아펜젤러(H. G. Appenzeller)의 집에 숨었다가 다음 배재학당 안의 송기용(宋綺用) 집에 잠적한 일이 있었다.[155] 이때 보부상의 두목 길영수(吉泳洙)가 배재학당과 이화학당에 격한 글을 띄워 "기독교인들이야말로 독립협회 반역당의 창귀(倀鬼)"라고 지목하면서 교회당 파괴와 교인 도살을 폭언한 일이 있었다.[156]

이에 격분한 교도들이 12월 9일에 달성(達成: 지금의 尙洞)예배당에 집합해서 십자가를 앞세우고,[157] 경무청(警務廳)에 몰려가 길영수 일당의 24시간 내 체포를 강력하게 요구하였던 것이다.[158] 고종이 기독교인들의 강경 대응 소문을 듣고는 알렌이나 아펜젤러 그리고 송기용과 최병헌을 불러 그 시위 자제를 요구

150) 정교, 『대한계년사』, 상, 국사편찬위원회, 1957, pp. 187-190.

151) What Korea owes to Japan, *The Korea Review*, August 1904, p. 353.

152) H. B. Hulbert, *The Passing of Korea*, p. 166.

153) The Japan Mail (May 16, 1896), Editorial Department *The Korean Repository*, June 1896, p. 256.

154) 논셜, 『ᄆᆡ일신문』, 광무(光武) 2년(1898) 4월 16일자.

155) 정교, *op. cit.*, 상, p. 350.

156) 보부 두목 연명서의 배재학당 내도(來到)에 관한 건, 『구한국외교문서』, 제11권, 미안(美案) II, (1898년 12월 7일자), p. 462.

157) ᄂᆡ보, 『대한그리스도인회보』, 1898년 12월 14일자.

158) 정교, *op. cit.*, 상, p. 371.

하여 일단 일이 마무리되었던 것이다. "교회는 정치적 조직체가 아닙니다. 그렇게 되는 날 그 영적 영향력은 없어지고 맙니다."[159] 독립협회의 역사를 야사(野史) 형식으로 구성하였던 게일의 소신이었다.

1898년 12월 25일 독립협회 해산령이 내리면서[160] 관계자들이 대거 검거 구속되었다. 여기에 감리교의 선교사 번커(D. A. Bunker, 房居: 1853-1932) 부부가 감옥에 드나들면서 전도하면서, 신약전서, 존 번연(J. Bunyun)의 『텬로역정(天路歷程)』, 그리고 미국 당대의 부흥사 무디(D. L. Moody)의 저서들을 여럿 차입하여 읽게 하였다.[161] 그래서 그 안에 미구에 신학교가 설립되고, 이승만(李承晩, 1875-1965), 유성준(兪星濬, 1860-1934), 김인(金麟), 이상재(李商在, 1850-1927), 박승봉(朴勝鳳, 1871-1933), 신흥우(申興雨, 1883-1959), 조종만(趙鍾萬) 등이 기독교에 입교하였던 것이다.[162] 이것이 바로 한국에서의 상류층 양반과 관리들의 처음 입교였다.[163]

한데 이들이 1904년 다 석방되었을 때 우선 다 연동교회에 갔다가,[164] 이원긍은 조종만과 함께 묘동교회로 갔고, 이상재는 윤치호, 신흥우와 함께 YMCA에 갔으며, 유성준과 박승봉은 안국동교회로, 그리고 김정식은 YMCA를 거쳐서 일본 동경 한인 YMCA 총무로, 각각 흩어져 종교사업에 앞장 섰던 것이다.[165]

---

159) J. S. Gale, *The Vanguard*, New York: Fleming H. Revell, 1904, p. 226.

160) 관보, 광무(光武) 二(1898) 12월 25일자. 독립협회 해산 이유가 12개조 지적되고 있다. 윤치호는 이때 피신.

161) 구한말 옥중도서대출명부. 광무7년 1월부터 광무 8년 8월까지의 도서 대출 명단이 상세히 기록되어 있다.

162) J. S. Gale, *Korea in Transition*, New York: Young Peoples Missionary Movement in U. S. and Canada, 1909, p. 183.

163) 官紳社會 信敎之始. 이능화, 『조선기독교 급 외교사』, (1928년 간행) 영인본, 서울: 신한서림, 1968, pp. 203-204.

164) 『조선예수교장로회사기』, 상, 서울: 신문로교회당, 1028, p. 122.

165) 이능화, *op.* cit., p. 204.
J. S. Gale, *Korea in Transition*, pp. 183-184.

우리는 이 정치 개화의 추진 과정에서 선교사들과 일부 기독자들 간에 은연중 이념 갈등이 있었다는 사실을 살필 수 있다. 선교사들의 존왕성(尊王性), 그리고 신앙 내연(內燃)이 먼저 있어야 한다는 평화스러운 개혁 의지가 일부 개화 추진 기독자들의 과격 입헌제 개혁과 민주주의 혁신 방법에 저촉되었기 때문이다. 이 문제는 장차 한국교회 발전 과정마다 계속 대두 대립된다.

하지만 기독교의 정치적 개화는 한 마디로 자주 인권, 그 천부(天賦)의 권리, 그리고 독립국의 지속이라는 그런 정신적 각성의 함양을 추구하고 있었다. 그때 기독교는 "나라라고 하는 것은 인민이 쌓여 있어서 되는 것인즉, 인민의 자립권이 먼저 확보되고 나서야, 나라가 역시 자립의 권리를 누릴 수 있는 것"이라고 해서 인간의 존엄성을 나라에 선행시켰던 것이다. 인권이 "높으신 하늘이 내려주신 권리"[166]라고 확신하고 있었기 때문이다. 이런 의미에서 기독교야말로 참된 근대 시민국가의 이념적 기초를 성서적 가르침에서 제공하여 주었던 것이요, 따라서 "대한의 독립 근기(根基)"[167]는 복음에서 찾아야만 한다는 신념이 퍼져 있었다. 인간 존엄의 성서적 보장이 명백하여져서 비로소 "사수독립의 의(義)"[168]가 필연 수반한다고 굳게 믿고 있었다.

13.5.2. 문화적 개화와 교회의 주도

13.5.2.1. 교육

1885년 4월, 언더우드는 한국에 입국한 직후 미국공사 푸트(L. H. Foote: 福德)에게 이런 글을 보냈었다. "우리(선교사)는 교육 사업을 시작하고 어학을 연구하려고 내한하였습니다. 우리는 서울에서 한국어 연수생으로 또는 교육 사업가로

166) 종교개혁이 정치개혁의 원인이 됨이라, 『대한매일신보』, 1905년 10월 11일자.

167) 논설, 신교지강(信教之强), *ibid.*, 1905년 12얼 1일자.

168) 잡보, 경고 야소신도, *ibid.*, 1905년 12월 9일자.

서 일할 터인데, 미국의 국기 아래서 보호를 받을 수 있겠습니까. 지금은 선교 사업이 아니고, 교육 사업을 시작함이 어떻겠습니까."

기독교는 이렇게 처음 교육과 함께 들어왔다. 복음의 전수 이전에 교육으로서 서양의 문명과 그 정신을 전제로 확립해야 한다는 생각이 있어서 그렇게 한 것이 사실이다. 가령 게일은 "한국인들은 서구의 교육과 고등학문을 필요로 하지 않습니다. 복음의 전수를 위한 준비 단계로서의 그것은 더욱 그렇습니다. 그들은 벌써 그만한 준비를 갖추고 있습니다"[169]라고 했는데, 이 말은 교육의 선행을 선교정책으로 쓰고 있었던 근대 선교의 방법을 암시하는 것이었다. 그래서 그 교육의 목적을 요약한다면, "이 교육의 영향을 받은 사람들을 될수록 많이 포섭해서, 기독교야말로 인간생활의 진실하고도 가장 완전, 적절한 지침임을 알게 하여, 그 신앙을 받아드리게 하는데"[170] 있었다.

그래서 그랬는지는 모르지만, 교육과 문화 개진에 대한 기독교의 공헌은 실로 한국 역사상 그 유례를 찾아보기 힘들 정도로 엄청난 것이었다. 종교와 교육의 차원 구분이 한국의 정신사에서 일찍이 수행되지 아니한 점이 선교와 교육의 병행을 더 쉽게 실현시키는 바탕이 된 것이 확실하다. 그렇기 때문에 기독교가 한국인들 틈에 나타나기 시작하였을 때, 그것이 교육을 강조하자 퍽 자연스러운 것으로 받아드려지게 되었으며, 따라서 기독교는 종교로서보다는 위대한 교육자로서 환영 받고 있었던 것이다.[171]

선교사들에 의한 교육의 진전은 다음과 같다. 우선 1885년 8월에 아펜젤러에 의해서 배재학당이 세워지는데, 이것이 우리나라에서는 근대에서의 사립학교의 효시였던 것이다. 이 학교는 1887년 6월 8일, 고종이 친히 배재(培材)라는 이름을 하사하였고, 당대의 명필가 정학교(丁學喬)로 하여금 학교 간판을 쓰게 하고, 외무아문의 김윤식(金允植)을 시켜 사액(賜額) 곧 간판을 하사 하였던 것이

169) J. S. Gale, *Korean Sketches*, Edinburgh: 1898, p. 242.

170) J. E. Fisher, *Democracy and Mission Education in Korea*, New York: Columbia University, 1928, p. 41.

171) *Report of Commission III, Appendix A*, World Missionary Conference, Edinburgh: 1910, p. 385.

다.[172] 같은 감리교 계통의 스크랜톤 여사(M. F. Scranton, 1832-1909)는 1886년 5월 30일에 여자 교육을 위하여 정동에 여학당을 창설하였는데, 당시 이런 여자 교육기관의 설립은 한국 여성의 지위 향상이라는 면에서도 획기적인 계기가 되었던 것이다. 개학했을 때는 단지 한 명의 여학생, 그것도 고관의 첩[173]을 앉혀놓고 교육한 일, 그것은 다 처음의 여성 교육이 거쳐야 했던 시련의 한 상징 같은 것이었다. 이 여학당은 1887년 민비의 사명(賜名)으로 이화학당(梨花學堂)이라 부르게 되었다.

장로교는 이 교육면에서 늦어졌거나 광범위한 열성을 보이지 못했다. 언더우드가 오늘의 경신학교 전신이라 할 수 있는 고아원을 시작하기는 했으나,[174] 선교본부의 몰이해로 일단 휴교 조치를 취할 수밖에 없었다. 1887년 서울 새문안(新門內)에 구세학당(救世學堂)을 설립하여 약간 명으로 교육을 시작한 것이 사실상의 선교사의 교육 창시라고 볼 수 있다.[175] 언더우드는 다음해에 정식으로 조정에 학당 설립을 청원하여 "귀국의 유망한 청년들에게 영어와 타국어와 모든 과학의 분야를 망라해 가르침으로써 커다란 이익을 이 나라에 끼치고자 하며, 거기서 예수교를 전파할 뜻은 없습니다"[176]고 하였으나, 조정은 이미 설치되어 있는 육영공원(育英公院)[177]이 그 수용(需用)을 채워준다는 구실로 설립 허가를 거절하였던 것이다.[178]

우리나라의 근대식 고등교육의 효시는 세브란스의학교이다. 앞서 말한 바 있

172) W. B. Scranton, Historical Sketch of the Korea Mission of the Methodist Episcopal Church, *The Korean Repository*, July 1898, p. 259.

173) M. F. Scranton, Woman's Work in Korea, *The Korean Repository*, January 1896, p. 4.

174) G. W. Gilmore, *Korea from it's Capital*, Presbyterian Board of Publication and Sabbath School Work, 1892, p. 297.

175) 『조선예수교장로회사기』, 상, p. 80.

176) 『구한국외교문서』, 제10권, 미안(美案) I, 1888년 9월 8일자, p. 392.

177) 1886년 9월 23일 개교. G. W. Gilmore, *op. cit.*, p. 229.
헐버트, 길모아, 번커 등 뉴욕 유니온신학교 출신 교사들로 시작.

178) *Ibid.*, p. 456.

는 광혜원(廣惠院) 설립이 1885년 4월 14일의 일이고,[179] 그것이 두 주일 뒤에 제중원(濟衆院)으로 개명되는데, 그 제중원의 의학교육은 1886년 4월 29일에 병원의 의학부로 개설되었던 것이다. 그리고 1889년에는 정식으로 의학교(醫學校)로 설립되어, 초대 교장에 에비슨 박사를 추대하였던 것이다. 1900년에는 구 한국정부에 제중원의학교로 정식 등록되었다.[180] 이것이 우리나라에서는 최초의 의학교인 동시에 최초의 고등교육 기관이다. 평양의 숭실학교(崇實學校)는 본래 그 설립이 1897년 10월이었으나, 고등교육 기관으로서는 1905년 9월부터 발족하고 있었다.

다음에 1885년부터 1909년까지 설립된 중요 기독교계 사립학교를 도표로[181] 적어 참고에 보탬이 될까한다.

기독교계 사립학교 설립 연도표

연 대	교 명	교 파	소 재 지
1885	광혜원	장로교 · 감리교	서울
1885	배재학당	감리교	〃
1886	이화학당	감리교	〃
1886	경신학교	장로교	〃
1887	정신여학교	장로교	〃
1894	광성학교	감리교	평양
1894	숭덕학교	감리교	평양
1894	정의여학교	감리교	〃
1895	일신여학교	장로교	동래
1895	정진학교	감리교	평양

179) 『고종실록』, 고종 22년 2월 29일자. (양력은 4월 14일)

180) 『의학백년 1885-1985』, 연세대학교 의과대학, 1986, pp. 16ff.

181) 손인수, 『한국근대교육사』, 서울: 연세대학교 출판부, 1971, p. 24.

연 대	교 명	교 파	소 재 지
1896	공옥학교	감리교	서울
1897	숭실학교	장로교	평양
1897	신군학교	감리교	서울
1897	영화여학교	감리교	인천
1898	배화여학교	감리교	서울
1898	맹아학교	장로교	평양
1898	명신학교	장로교	재령
1901	평양신학교	장로교	평양
1903	숭의여학교	장로교	〃
1903	루씨여학교(원산여학교)	감리교	원산
1903	정명여학교	장로교	목포
1904	덕명학교	감리교	원산
1904	호수돈여학교	감리교	개성
1904	진성여학교	장로교	원산
1904	의창학교	감리교	해주
1905	영명학교	감리교	공주
1906	계성학교	장로교	대구
1906	신성학교	장로교	선천
1906	보성여학교	장로교	〃
1906	의명학교	안식교	순안
1906	한영학교	감리교	개성
1906	미리흠여학교	감리교	〃
1907	약현학교	천주교	서울
1907	수피아여학교	장로교	광주
1907	신명여학교	장로교	대구
1907	기전여학교	장로교	전주
1908	신흥학교	장로교	〃
1908	창신학교	장로교	마산
1909	의정학교	감리교	해주

그런데 1909년까지 설립된 기독교계 학교의 교파별 통계를 보면, 장로교가 719교, 학생수가 17,231명이고,[182] 감리교가 200교, 학생수가 6,423명[183]에 이르고 있었으며, 성공회나 천주교 및 안식교 등의 것을 합하면 학교 수는 1,000여 교에 달하고 있었다.[184] 이런 교회의 학교 교육 치성에 대하여 일본 헌병사령부는 이렇게 보고하고 있었다.

> (이는 선교사들이) 종교가로서 그 천직을 다함이니, 민인(民人)의 질고를 귀 기울여 듣고 무고(無辜)를 구(救)함으로써, 그 종교 전포(傳布)의 쓰임에 공(供)하고자 함이었다.[185]

그러나 근대교육의 작업은 한국교회 자신의 손에 의해서도 훌륭히 진행되고 있었다.

1895년 새문안교회에서는 영신학당(永信學堂)을 설립하고 정동명(鄭東鳴)과 송순명(宋淳明)이 교사로 근무하였고, 십여 년 후에는 감리교와 연합하여 수창동(需昌洞)에 교실을 신축하고 협성학교(協成學校)라 명명함으로써[186] 한국교회 사학의 출발을 다짐하고 있었다.

1904년에는 상동교회의 전덕기(全德基, 1875-1914)가 청년학원을 설치하였다. 그런데 얼마 후 이 학원은 안창호(安昌浩, 1878-1938)가 조직한 구국운동 비밀단체 신민회(新民會)의 기관 학교로서 독립사상 고취에 임하다가 폐교당하였다. 1906년 선교사들이 세웠지만 곧 윤치호가 맡아 실업교육 중심으로 발전시킨 송도(개성)의 한영학원(韓英學院), 안창호의 평양 대성학교(大成學校), 이승훈(李昇

182) 1909년도 『장로교 독노회 보고』, 별표, p. 31.

183) 1909년 『감리교대회 보고』.

184) 손인수, *op. cit.*, pp. 25, 86, 87에는 1910년 2월 현재 총계가 796교로 되어 있다.

185) 한국답주(劄駐)헌병대사령부에서 개최한 각도 헌병대장(경무부장)회의 석상에서 俵 학부차관의 연설문 중. 1910년 7월 25일자. 『한국독립운동사』, 1. p. 905.

186) 『조선예수교장로회사기』, 상, p. 81.

薰, 1864-1930)의 정주 오산학교(五山學校)를 비롯하여, 황해도의 안악이나 재령, 평안도의 선천은 실로 이 사학교육의 선두를 달리는 듯했다. 일본도 시인하고 있었듯이 기독교야말로 "사실상 금일의 신교육제도의 연원(淵源)"[187]이 되었던 것이다. 이들 사학이 기독교의 확산에는 두말할 것 없지만, 민주주의 정신과 민족의식을 배양함으로써 한국교회의 외연(外延)으로 현상화한 것은 두말할 나위가 없었다. "기독교계 학교는 실로 한국의 희망"[188] 그것이었다. 최남선(崔南善)은 정곡을 찌르고 있었다.

> 학교라 하면 거의 야소교회의 부설인 것에 그치더니.[189]

이 말을 한 때가 1931년! 최소한 1930년대까지 그랬다.

13.5.2.2. 청년운동

한국에서의 청년운동은 이승만과 서재필을 중심으로 1896년 11월 배재학당 안에 협성회(協成會)를 설립한 것이 그 효시일 것이다. 그리고 감리교의 엡윗청년회는 1897년 9월 5일에 창설되고 있었다.[190]

그러나 장구하고도 체계적인 것은 역시 1903년 10월 28일에 창립된 황성기독교청년회(皇城基督教青年會)에서 비롯되었다.[191] 그 초기 이사들은 13명으로 한국, 미국, 영국, 일본, 캐나다 등 다섯 나라 인사들도 구성되고 있었다. 이

187) 경무월보(警務月報), 제1호, 『한국독립운동사』, 1, p. 907.

188) Editorial Department, *The Korean Repository,* January 1898, p. 32.

189) 최남선, 『조선역사』, 서울: 동명사, 1931, p. 138.

190) 청년회, 『죠션크리스도인회보』, 1897년 9월 8일자.

191) 그 설립 과정에 대하여서는 News Calendar, *The Korea Review,* March, p. 122; April, p. 167; October, 1903, pp. 461-462 참조. Cf. 『대한황성종로기독교청년회 사략』, 기독교청년회, 1908. 초대회장에 게일(J. S. Gale), 한 · 미 · 일 · 영 · 중 5개국인이 발기인. 주요회원은 박영효, 민영환, 윤치호, 이상재, 유성준, 이원긍, 남궁억, 조종만, 신흥우 등이었고, 총무는 질레트(P. L. Gillett).

청년회(YMCA)는 그 회원 구성이 상류층 중심의 독립협회계 인사들이었다. 여기 벌써 청년회의 철저한 민주적 정신과 항일충국의 기백이 새겨졌던 것이다. 한편 이 청년회의 본질은 본래 교회가 접촉하기 힘든 층의 청년들을 그 특유한 방법으로 접근하려는 데 있었다. 반드시 종교적인 것이 아니더라도, 폭넓은 프로그램, 곧 체육과 문화, 농촌사업 및 직업교육을 통해서 자기의식을 찾기 시작한 근대 한국의 청년들을 한데 합치는 민족운동을 전개할 수 있었다.

이 청년사업 추진의 박력은 미국 YMCA에서 1901년 9월 "한국 YMCA 총무로 파송 위임한"[192] 질레트(Philip L. Gillett, 吉禮泰: 1874-1939)에게서 나왔다. 그는 한국 YMCA 창립과 그 정착을 위하여 2년 전부터 내한하여 정력적으로 그 준비를 위해 동분서주하고 있었으며, 회관 건립에 온 힘을 기울이고 있었다.[193]

청년회는 1907년 11월 14일 서울 종로의 현 위치에 3층 양옥 회관을 건축하고 당시 황태자 전하(李垠)가 친히 왕림해서 상량식을 거행하였다.[194] 황현(黃玹, 1855-1910)의 『매천야록』에 의하면 그 장관이 이러하였다. 곧,

> 황태자가 역림(歷臨)하여 친서로 상량 연월을 쓰시고, 일만 원을 하사하셨는데, 왜인(倭人) 메가다(目賀田種太郎)[195]가 이만 원을 내놓고, 미국 정부가 일십만 원을 희사하였다. 회관이 다 이루어지매 그 높이가 산 같았다. 종현(鐘峴)의 (천주)교당과 함께 흘연 남북으로 우뚝 버티고 서 있어, 서울 장안의 제일 대옥(大屋)이 되었는데, 고

---

192) News Calendar, *The Korean Review*, November 1901, p. 509. Cf. New Calendar, *Ibid.*, July 1902, p. 319.
거기에는 "미국 YMCA 한국 간사"로 되어 있다. 한국측 기록에는 "길례태씨를 경성(京城) 본회에 총무로 파송 위임"이라고 되어 있다. 『대한황성종로기독교청년회』, n.p., n.d.

193) L. H. Underwood, *Underwood of Korea*, pp. 206-207. 그러나 그는 105인사건에 연루되었다는 일경(日警)의 취체 압박으로 1913년 추방됨.

194) 이 상량식에는 조선통감 이토(伊藤博文)과 조선군사령관 하세가와(長谷川利道) 참석. 논설, 기독교청년회, 『대한매일신보』, 1907년 11월 15일자.

195) 1853-1926. 일본의 근대 찬송가 및 창가 도입의 선구자. 일본의 전수대학(專修大學) 창설, 대장성(大藏省) 관리. 조선조정의 탁지부(度支部) 고문, 후 귀족원의원. 手代木俊一, 『讃美歌, 聖歌と日本の近代化』, 東京: 音樂之友社, 1999, pp. 123, 130, 144.

래로 공사간에 이렇게 큰 묘(廟)나 사람 사는 집은 들어 본 일이 없었다.[196]

이 회관의 낙성식은 1908년 12월 3일에 있었다.[197] 이 회관 건축에 기금을 낸 사람들이 적혀 있지만, 한국 황실을 비롯하여 우리나라의 원흉 이토나 하세가와 그리고 경제침략의 주구 메가다도 들어 있었다. 1913년에는 '황성'이라는 명칭이 '조선'으로 바뀌어서 조선중앙기독교청년회로 개칭되면서, 그 험준한 행보가 시작되었다.[198]

이 청년회의 중요한 사업으로는 종교사업으로 일요강좌, 성서연구, 특별전도 등이 있었고, 공업교육으로는 인쇄, 목공, 철공, 제화(製靴), 사진술이 있었으며, 외국어교육으로는 영어, 독일어, 중국어, 에스페란토어 등이 있었다. 소년부와 체육부에서는 서양식 경기와 체육의 보급과 사회활동을 관장해서 젊음의 기상을 드높이고 있었다.[199] 우리가 오늘 알고 있는 야구, 축구, 농구와 같은 서양식 운동이나 체조는 거의 다 YMCA가 처음 소개한 것들이다. 한국에서 직업이나 실업(實業) 및 운동경기에 대하여 근대적인 가치관을 혁신적으로 가지게 하고, 신체와 건강의 건전과 그 보람을 노래하게 한 것이 바로 이 YMCA였다.

13.5.2.3. 여성운동

여성운동은 여자 선교사 스크랜톤이 처음 입국한 감리교에서 선도역을 담당하였다. 감리교의 여성운동단체인 조이스회가 설립된 것은 1897년 10월 31일이었다.[200] 여기서 하는 일은 "교회 ᄉᆞ무를 동심협력ᄒᆞ야 교회가 흥왕ᄒᆞ기를" 힘쓰는 것이었다. 1900년에는 보호여회(保護女會)가 결성되어 빈궁한 교우를 돕는

196) 황현, 『매천야록』, 전, 한국사료총서, 서울: 국사편찬위원회, 1971, p. 441.

197) 잡보, 청회(靑會)성황, 『대한매일신보』, 1908년 12월 2일자.

198) 朝鮮中央基督教青年會, 『福音新報』, 東京: 1913년 2월 13일자.

199) P. L. Gillett's *letter* to J. R. Mott, 1910년 11월 1일자.

200) 청년회, 『죠션크리스도인회보』, 1897년 11월 10일자.

일을 한 적도 있었다.[201]

헤론(Hattie E. G. Heron, ?-1908) 부인, 엘러스(A. Ellers), 언더우드 부인(L. H. Underwood) 등의 여자 의사 선교사의 활동으로 부녀사업을 시작한 북장로교 선교부는[202] 그 연례보고서에 1899년부터 '부녀사업'란(欄)을 독립된 항목으로 따로 설정하여 보고하고 있었다.[203] 평양에 이신행(李信行), 신반석(申盤石), 박관선(朴寬善) 등이 부인전도회를 창설한 것은 1898년의 일로서, 우리나라 부인전도회의 기원을 이룬다.[204] 언더우드 부인은 서울의 모화관(慕華館)을 일종의 여성회관으로 사용하면서 주례모임을 가지고 성서반을 운영해 나가고 있었다.[205] 이제 우리 여성들도 사회적인 활동에 정기적으로 참석할 수 있게 된 것이다.

기독교가 여성을 '해방'하고 그 사회적 신분과 활동을 신장시킨 추진력은 거대하였다. 그것은 실로 혁신적이었다. 1897년 12월 정동예배당에서 남녀가 그것도 합석하여 남녀동등 문제를 토론한 일이 있는데, 이것은 실로 단군 이래 처음 있는 일이었다.

> 하ᄂᆞ님이 세계 인ᄉᆡᆼ을 나으실 ᄶᅵ에 사나히나 녀편네나 사ᄅᆞᆷ은 다 ᄒᆞᆫ가지라. 녀ᄌᆞ도 남ᄌᆞ의 동등권을 가져 인ᄉᆡᆼ에 당ᄒᆞᆫ ᄉᆞ업을 다 각기 ᄒᆞᄂᆞᆫ 것이 도리어늘… 그러하거더면 나라이 더 부강ᄒᆞ고 집안이 더 태평ᄒᆞᆯ 터이니, 그럴 디경이면 엇지 아름답지 아니ᄒᆞ리오.[206]

교회의 세례교인 명부에는 여자의 성명이 독립된 한 사람으로 따로이 기재되고 있었다.

---

201) 보호녀회의 설립을 말씀함, 『신학월보』, 1901년 8월호, p. 346.

202) L. H. Underwood, Women's Work in Korea, *The Korean Repository,* February 1896, pp. 62-65.

203) Women's Work, *The Annual Report of the Board of Foreign Mission Presbyterian Church in the U.S.A.*, 1899, pp. 164ff.

204) *Ibid.*, 1900, p. 178. Cf. 『조선예수교장로회사기』, 상, p. 74. 그 전도회의 목적은 "교회 내의 빈궁자 구제, 시골 예배당 건립, 지방에 전도나 설교를 위한 부인 파견"이었다.

205) Women's Work, *ibid.*, 1900, p. 173.

206) 논셜, 『독립신문』, 1898년 1월 4일자.

> 기독교는 지금 다른 개혁이 해 낼 수 없는 사회 풍습의 악들을 개화해 나가고 있습니다. 복음 앞에서 오랜 악습과 폐습이 조용히 그러나 근원부터 깨져 나가고 있습니다.[207)]

복음은 남녀의 창조 질서 안에서의 인간의 존엄성을 설교하고, 그 동등성을 필연적인 것이라 선언하고 있었다. 한국 여성에게 "생의 목표를 제시해 주고, 그 마음의 지평선을 확대해주며, 그의 마음과 손에 전에 없었던 책임과 열정을 가득 채워 준 것"[208)] 그것이 바로 기독교였다. 이것은 실로 미증유의 복음이었다.

> 부부가 업스면 부자와 군신과 장유와 붕우가 어듸로 조차 나리오.[209)]

나라나 사회 질서의 기본 바탕이 부부라는 이런 단언은 시대를 뒤흔들기에 넉넉한 선포였다. 국기(國基)마저 여기 따른다 함이 아니던가.

따라서 음담패설의 악덕을 제거하고,[210)] 조혼(早婚)의 폐습을 타파하며,[211)] 수양남매(收養男妹)의 결연을 금지하고,[212)] 데릴사위나 민며느리 삼기를 금기하고,[213)] 가정 경제를 위협하는 미신을 타파하는 일,[214)] 이런 일들을 시대개혁의 기치로 추진하였던 것이다. 여성만이 가진 독자적 잠재력과 역량을 발휘하게 하

---

207) S. W. Swallen, Women's Work in Gensan(원산), Notes and Comments, *The Korean Repository*, June 1896, p. 262.

208) M. Best, Development for Work among Women, *Quarto-Centennial Papers*, Presbyterian Church in the U.S.A., 1909, p. 44

209) 부부론, 『죠션크리스도인회보』, 1897년 8월 4일자.

210) 논셜, 음담패설을 금홀 일, 『그리스도신문』, 1901년 4월 11일자.

211) 샤셜, 조혼의 폐단, 『그리스도회보』, 1911년 3월 30일자.

212) 예수교 장로회 조선총회, 제3회 『회록』(1914), p. 29.

213) *Ibid.*, 제4회 『회록』(1910), 부록, p. 20.

214) 우샹론, 『죠션크리스도인회보』, 1897년, 4월 14일자.

고, 여권의 독립을 확인해 주는 일, 이런 것은 다 교회의 사회 변혁 추진의 지대한 업적들이 아닐 수 없었다.[215)]

여기서 잠시 여성해방과 미신타파의 밀접한 관계를 살펴보아야 한다.[216)] 당시의 교회나 선교사들은 여성의 지위 향상이 그들 무지와 천대에서의 해방과 병행해야 한다고 믿고 있었다.[217)] 여성교육이 미신타파와 직결된다는 확신이었다. 무당 미신이 주로 "ᄆᆞ음이 약ᄒᆞᆫ 녀인네"에 파고 든다고 보았기 때문이다.

일제 한국 침탈의 틈이 여기서 하나 노출된 것이 아닐까. 따라서 여자의 해방과 미신의 추방, 그것은 교회로서는 한시도 미룰 수 없는 화급한 과제가 되었던 것이다.

한글 성서번역의 창시자 존 로스(John Ross, 1842-1915)가 벌써 1891년에 한 말이 있다.

> 기독교만이 조선에 있는 부녀자들을 정당한 사회적 위치에 올려놓을 수가 있습니다.
> 기독교만이 그들에게 그 위상과 위신을 확보해 줄 수 있습니다.
> 기독교만이 그들을 즐겁고 덕스럽게 그 의무를 수행하고, 그 영향력을 발휘할 수 있게 해줄 수 있습니다.[218)]

13.5.2.4. 한글, 문서, 성서, 찬송가

우리는 지금 한국에서 근대적인 의미의 문화 사업이 도대체 기독교에 의해서 시작되었다는 사실을 말하려고 하는 것이다.

문서와 문예 활동을 근대식으로 추진하기 시작한 것은 1889년 10월에 몇몇 선교사가 정동 언더우드의 집에 모여서 한국성교서회(韓國聖教書會, The Korea

215) C. Trollope, *Mark Napier Trollope, Bishop in Korea 1911-1930*, London: S. P. C. K., 1936, p. 12.
216) 여기 대해서는 본서 13.2 참조.
217) 논셜, 『독립신문』, 1896년 5월 7일자.
218) J. Ross, *History of Korea, Ancient and Modern*, London: Elliot Stock, 1891, p. 353.

Religious Tract Society)를 조직하면서부터이다. 이 서회는 1890년 6월 25일에 그 헌장을 통과시키고 오늘의 기독교서회의 모체로 탄생하게 되었다.[219] 이것이 야소교서회(耶穌敎書會)로 개칭한 것은 1915년의 일이다. 이 서회가 "정음(正音)으로써 펴낸 허다한 역서(譯書)가 민중교화에 중대한 공헌을 한 것은"[220] 특기할 만한 사실이다. 1903년까지의 판매 총 부수는 25만 권에 이르고 있었다. 여기서 출판된 최초의 서적은 언더우드 역술의 『성교촬리』(聖敎撮理-*The Salient Doctrine of Christianity*)[221] 였다.

1891년에 시작된 감리교 선교사 올링거(F. Ohlinger, 1845-1919: 茂林吉) 설립의 '삼문출판사'(Trilingual Press)[222] 역시 "막대한 양의 출판사업"을 추진하여 "바람직한 사회변혁의 소임"[223]을 다하고 있었다.

성서공회(聖書公會)의 공헌은 실로 엄청났다. 성서번역의 사역도 그렇지만 한글의 실질적인 상용(常用)을 공회가 감당하였다는 사실에서도 그렇다.

우선 성서번역에 대해서 알아보면, 아펜젤러나 언더우드는 로스번역이 지나치게 서북의 사투리를 많이 쓰고 또 읽기가 힘든 말들을 많이 쓴 것을 알고는 새로운 성서번역의 체계적인 착수를 위해서 1887년 2월 성서번역위원회를 조직하였다. 그러나 번역 사업이 얼마나 어렵다는 것이 점점 알려지게 된 것이다. 아펜젤러는 그 어려움이 마치 "두 나라 사이를 잇는 철도를 부설하는 것과 같다"[224]고 하면서 파나마 운하 건설이 이보다 더 어려웠겠느냐고 회고하고 있었다. 이렇게 해서 밤낮 없는 수고로 13년만인 1900년 9월에 신약성서의 개역 수

---

219) Editorial Department, The Korea Religious Tract Society, *The Korean Repository,* October 1896, p. 413. 1940년에 조선기독교서회로 명칭변경.

220) 최남선, 『조선역사』, 서울: 덕흥서림, 1936, p. 143.

221) 중국 주재의 영국인 선교사 Griffith John의 원저(原著)(1890)이다.

222) The Trilingual Press, *The Annual Report of The Missionary Society of the Methodist Episcopal Church* (M. E. North Report) 1891, p. 272.

223) N. D. Chew, Printing in Korea, *The Kore Mission Field,* January 1906, p. 49.

224) W. E. Griffis, *A Modern Pioneer of Korea: The Life Story of Henry G. Appenzeller,* New York: Fleming H. Revell, 1212, p. 191.

정판이 햇빛을 보게 되었던 것이다. 이 번역 사업에 참여한 사람들은 레이놀즈, 게일, 언더우드, 아펜젤러,[225] 그리고 김정삼, 김명준, 이창식 제씨였다.

그런데 이때 사용한 한글의 글씨체는 두 가지 있었던 것 같다. 우선 언더우드는 "정약용(丁若鏞), 이가환(李家煥), 홍종삼(洪鐘三) 씨가 규정한 국문 수용법(需用法)을 채용"[226]해서 신·구약 성서를 번역한 것으로 되어 있다. 그러나 1906년의 신약성서 제2차 개역 시에는 유성준(兪星濬)의 문체를 사용한 것으로 되어 있다. 곧 게일의 부탁으로 "현금 전 조선교회가 진보(珍寶)로 여기는 언한문(諺漢文) 신약이 동씨의 손을 거쳐 교작(交作)케"[227] 되었던 것이다.

그런데 성서의 번역은 1904년의 성서번역위원회 역본, 1906년의 그 교정본, 1910년의 그 개정판, 그리고 1936년의 그 개역, 그리고 1998년 개역개정판이 나오고 오늘에 이르고 있다.[228]

여기 우리는 새삼 성서와 한글과의 관계를 눈여겨보지 않을 수 없다. 기독교 관계의 서적들이 예외 없이 다 한글로 출판되고, 그 용어도 서민층의 일상어를 택하여 "복음 전도와 민중교화 속도에 그 유례를 찾아볼 수 없는 대성과"를 거두게 하였던 것이다. 실로 한글은 "기독교의 새로운 활동에서 그 자체의 생명 확장을 실현하였고, 이 나라 민중문화를 창달하며 이를 유구하게 전승하는 데" 절대적인 공헌을 남겼다고 할 수 있다. 한글학자 최현배(崔鉉培, 1894-1979)도 "세종대왕의 한글 창제의 거룩한 뜻이 여기서 실현된 것"이라고 보았던 것이다.[229] 더구나 한글의 중흥을 이룬 주시경(周時經, 1876-1914)도 배재학당에서 공부하다

225) 1902년 6월 성서번역위원회 참석차 인천에서 목포로 가던 중 선박 침몰 서거.

226) 『신학세계』, 서울: 협성신학교, Vol. I, No. 3, 1916, p. 157.

227) 『조선예수교장로회사기』, 상, p. 122.
이것을 게리의 철자법이라 한 곳도 있다. *The Minutes of Korea Mission, Presbyterian Church in the U.S.A.*, 1903, p. 29.

228) 여기 대한 자세한 역사나 계보(系譜)는 *The Historical Catalogue of Printed Editions of the Holy Scriptures*, com by T. H. Darlow & H. F. Mouls, London: The Bible House, 1903 참조

229) 최현배, 기독교와 한글, 『신학논단』, 제7집, 연세대학교 신학회, 1962, p. 76.

가 우리말, 한글의 가치를 비로소 알고 그 연구에 평생을 보냈던 것이다.

우리나라 최초의 문법책으로 알려진 『대한문전』(大韓文典)을 간행한 최광옥(崔光玉, 1879-1911)도 기독교 신자로서 신민회나 독립협회 및 대한학회에서 활동한 애국지사였다.[230] 장로교의 강병주(姜炳周, 白南: 1882-1955) 목사 같은 이는 항상 한글운동을 교리 전도와 함께 하였기 때문에 '한글목사'라는 별명까지 듣고 있었다.[231]

한글도 글이라는 생각을 한국인에게 일으켜 준 것이 바로 기독교회였다. 이것은 "혁명적인 불멸의 업적"[232]이었다. 그러나 더 중요한 것은 한글이 세계에서도 얼마나 우수한 글인가 하는 것을 기독교가 보여주었다는 데 있다. 선교사들은 한글의 우수성에 새삼 놀라고 있었다. 그 완벽성 때문에 한국인들은 한글을 쓰게 되면서부터 그들 세계관이 바뀌고 그들 사상의 근본적인 구도가 변하는 기적을 낳았다고 본 것이다.[233]

선교사들은 한글이 완벽하여서, 한국 사람들이 품고 있는 어떤 개념과 생각도 다 표현할 수 있다고 보았다. 그런데도 불구하고 한문에 집착한 몽매를 한탄한 것이다. "두뇌에 과부하를 주며, 시간을 낭비하게 하고, 계층을 고수하게 하며, 선입견을 고집하게 하고, 나태를 부추기는, 그런 한문을 하루빨리 내던지기만 한다면, 그것은 곧 한국에는 헤아릴 수 없는 축복"[234]이라고 단언하고 있었다. 더러는 한문을 배우는 것이 "수치스러운 낭비"[235]라고까지 극언하고 있었다.

이광수(李光洙)는 문인으로서 여기 대하여 남다른 의미로 평할 수 있는 위치

230) 최이권, 최광옥, 『약전과 유저(遺著)문제』, 서울: 동아출판사, 1977, pp. 38f.

231) 최현배, *op. cit.*, p. 79.

232) 김병철, 『근대한국번역문학사연구』, 서울: 을유문화사, 1975, p. 71.

233) *The Annual Report of the Board of Foreign Mission Presbyterian Church in the U.S.A.*, 1910, p. 297.

234) H. B. Hulbert, The Korean Alphabet, *The Korean Repository*, June 1896, pp. 236-237. 헐버트는 글자에서 모음의 중요성을 갈파한 한글은 대단한 천재적 글자라고 극찬.

235) A School for the Native Character, *The Korea Review*, February 1902, p. 65.

에 있었던 사람이다. 그의 글에 이런 것이 있다.

> 아마 조선 글과 조선말이 진정한 의미로 고상한 사상을 담는 그릇이 됨은 성경의 번역이 시초일 것이요, 만일 후일에 조선 문학이 건설된다 하면 그 문학사의 제1면에는 신구약의 번역이 기록될 것이외다.[236)]

그러나 동시에 한글이 교회에 끼쳐준 덕도 적지 아니하였다. 게일의 말을 들어 보자.

> 한글은 세상에서 가장 간소하고 재치 있는 글입니다. 그것은 지금껏 먼지에 뒤덮여서 사람 눈에 띄이지 않은 채, 허구한 세월을 지내왔습니다. … 그런데 그것은 오래 기다리다가 놀라운 섭리에 의해서 신약성서와 그 이외의 기독교 문서를 받아 쓰여지게 되었습니다. 교회는 이 한글을 특별히 사랑하고, 또 완전하게 쓰고 있는 실정입니다. 부녀자들의 허리띠 틈에 일상어로 된 성경책이 꽂혀 있고, 사랑방 책상 위에도 한글 성경이 올려 있습니다.[237)]

실로 한국의 교회는 심령 구원의 기쁜 소식을 전했을 뿐만 아니라, 한글을 깨치어 글눈을 뜨게 하고 지식을 얻게 하는 기쁨도 아울러 가져다 주었던 것이다. 교회가 이러한 긍지를 우리 겨레들에게 줄 수 있었을 때, 그것은 이미 증언의 확실한 기회를 확보했다는 말이 되는 것이다. 기독교회는 우리들에게 있는, 아직은 잠재된, 엄청난 내적 역량을 불러 일으켜 알게 하고, 자랑하게 하는, 힘의 촉발력을 가지고 있는 것이다. 이처럼 한글을 민족의식의 각성과 연결시키고, 천대받아온 한글의 인연들, 곧 한국의 자존심, 자국문화에 대한 자

---

236) 이광수, 야소교의 조선에 준 은혜, 『청춘』, 1917년 7월호. 『이광수전집』 수록. 서울, 삼중당, 1962, 제17집, p. 18. 국문학자 조연현 역시 이런 말을 한다. 곧 "성서의 우리말 번역이 우리의 언어생활과 문학생활에 남긴 공로는 신(神)의 구제사업보다도 결코 적게 평가되어서는 안 된다." 『현대한국문학사』, 1968, p. 29.

237) J. S. Gale, *Korea in Transition*, p. 138.

긍심, 특히 부녀자와 서민층을 불러 일으켜, 바야흐로 밝아오는 새 나라의 역군으로 등장시킬 수 있었던 것이다.

찬송가는 1892년 감리교의 존스(G. H. Jone)와 로드와일러(L. C. Rothweiler, 1853-1921)가 펴낸 『찬미가』가 한국 최초의 것이었다. 당지(唐紙) 19매의 총 30장, 감리교회 전용의 것이었다. 장로교회에서 처음 간행한 것은 1894년 언더우드 편집의 총 154장의 『찬양가』였다. "찬미ᄒᆞ고 노래ᄒᆞᄂᆞᆫ 도ᄂᆞᆫ 참 신 여호와와 예수ᄅᆞᆯ 위ᄒᆞᄂᆞᆫ 도밧긔 업ᄂᆞ니라"[238]한 까닭은 인간의 심각한 죄, 그리고 성자 예수 그리스도의 대속(代贖)의 죽음에서 비롯된 구원 때문이라 하였다. 장로교회의 또 다른 『찬셩시』(1895)를 비롯하여 『친양가』와 감리교회의 『찬미가』가 합쳐져서 『찬송가』가 된 것은 1908년의 일이다.

1896년 4월 11일의 『독립신문』에 '서울 순청골 최돈셩의 글'이라 해서 애국가 류의 노래 하나가 발표되고, 1898년 6월까지 그런 것이 전부 26수(首)의 창가가 발표되었으며, 최남선(崔南善)이 7 · 5조(調)의 '경부철도가'를 발표한 것이 1908년이라면, 개화기 초기의 시가(詩歌) 형태로서의 찬송가가 창가운동과 신(新)문학 특히 신시(新詩) 운동의 모체가 된 것은 의심할 여지가 없다.[239]

한 가지 특기할 것은 1906년 을사늑약의 비통 속에서 윤치호가 애국가 곧 '동해물과 백두산'을 짓고, 그것을 그가 역술 편집한 『찬미가』 속에 넣어서 1907년 발행한 사실이다. 그 『찬미가』는 전부가 15장인데 그 중에 3개 장이 황제송과 애국송이다. 이 세 찬송가에 거듭 노래된 것은 '산고수려 동반도', '비단 갓흔 강산', '무궁화삼천리 화려강산', '오곡풍등 금옥구비' 같은 조국 강토를 칭송한 것들이다. 을사늑약에 황막한 우리들의 국토가 어디 그렇게 빛났으랴. 그러나 우리 기독교인들은 계시를 보고 있었다. 눈물을 머금고 외치고 있었다. "무궁화 삼천리 화려강산!"

---

238) 서문, 『찬양가』, 예수교서회, 1894, p. 2.

239) 이유선, 『한국양악 80년사』, 서울: 중앙대학교 출판부, 1968 참조.

잡지로서는 1889년 5월 아펜젤러가 배재학당 안에 인쇄소를 차리고 『교회』 월보를 창간한 것이 한국 정기 간행물의 효시가 된다. 1892년 창간된 *The Korean Repository*와 1901년 창간의 *The Korea Review*는 선교에 관한 보고와 논설은 말할 것도 없고 한국학 연구 논문을 발표하는 선교사들의 논단이었고, 1905년 창간의 *The Korea Mission Field*는 언더우드 부인이 주간으로 발간한 것인데, 여기에는 한국 선교사와 교회 성장에 관한 자세한 보고와 자료 및 선교일지는 물론이고, 예리한 시론(時論)이 적시에 들어 있는 광범위한 편집 체계로서, 현대사 연구에 빼놓을 수 없는 귀중한 자료들로 높이 평가되고 있다. 이것은 1941년에 가서야 종간된다. 36년간에 걸친 이 방대한 정기 월례간행물은 그 자체로서도 한국 선교의 또 하나의 금자탑으로 길이 빛난다.

신문으로서는 1897년 창간의 『죠션크리스도인회보』[240]라는 주간신문을 들 수 있는데, 그 제호는 그 해 말 국호가 '대한'으로 바뀌면서 『대한크리스도인회보』로 역시 바뀐다. 그 창간호에 이런 말이 있다.

> 셔국 교ᄉᆞ들과 죠션교우들의 륙쥬 세계ᄅᆞᆯ 동포로 보고 젼국 인민ᄋᆞᆯ 일실노 녁여 진리 대도의 근원과 당시 소문의 긔이ᄒᆞᆫ 것ᄉᆞᆯ 긔록ᄒᆞ며, 일홈을 죠션크리스도인회보라 ᄒᆞ노니, 이 뜻ᄉᆞᆫ 죠션에 잇ᄂᆞᆫ 교회에셔 긴요ᄒᆞᆫ ᄉᆞ젹과 특이ᄒᆞᆫ 소문을 각인의게 젼ᄒᆞᆫ다ᄂᆞᆫ 말이라.… ᄎᆞᄎᆞ 변변ᄒᆞᄂᆞᆫ 것ᄉᆞᆫ 하ᄂᆞ님ᄭᅴ셔 ᄒᆞ신ᄂᆞᆫ 일이오, …지금 만국이 교제ᄒᆞᄂᆞᆫ 째를 당ᄒᆞ야 동양사ᄅᆞᆷ은 동양글만 닑고 동양도만 죤슝ᄒᆞ고 동양 소문만 듯고셔 ᄒᆞ지말고 우리 회보를 보시면 세계샹에 유익ᄒᆞᆫ 소문과 각국의 ᄌᆞ미잇ᄂᆞᆫ ᄉᆞ젹을 ᄌᆞ연히 통달ᄒᆞᆯ 거시니 …[241]

이것은 『독립신문』보다 10개월 늦은 창간이었다. 같은 해(1897) 4월에는 언더

240) 건양 2년(1897) 2월 2일 창간, 서울: 종동, 아펜젤러 편집.
241) 창간호, 뎨일권 뎨일호.

우드 편집의 『그리스도신문』이 창간되었다.[242] 그 창간호에서 밝혔듯이 이 신문은 "만물의 니치를 널리 펼거시 책으로 번역도 ᄒᆞ고 학당을 설립도 ᄒᆞ고 각쳐에 연설도 ᄒᆞ고 신문을 널리 펼거시니라" 하는 데에 그 편집 목표를 두고 있었다. 이 신문에는 사설, 농리편설, 공장 편리설, 관보, 성경강론, 주석, 교회통신, 외국교회 통신, 기도회, 그리고 광고 등을 싣고 있었다. 이 신문은 이처럼 한 종합적인 편집으로 그 수요가 넓었다. 교회가 이런 일을 한 것이다. 이 『그리스도신문』은 1905년에 감리교와 장로교의 연합신문으로 발전하였으며, 1907년에는 『예수교신보』로 개제하였다가 1915년 12월 8일에는 『기독신보』로 바뀌어, 1937년까지 예수교서회에서 맡아 간행하였다.[243]

13.5.2.5. 선교사들의 한국학 연구

여기서 우리는 한편으로는 한국문화의 창달과 그 연구, 그리고 다른 한편으로는 서양 학문의 도입에 결정적인 공헌을 남긴 선교사들의 공로를 높이 평가하지 않을 수 없다. 과장을 할 필요가 없는 형편인데, 실질적으로 선교사들이 한국의 근대화를 시작하고 진행시켰던 것이다. 한국적 전통의 부재를 역설하던 일본과 달리 이들은 "극동에서 한국이 기여한 문화적 공헌은 압도적"[244]이라고 단언하는가 하면, "한국인은 서구인 이상으로 자기들의 관습과 전통과 의례들을 순수하게 보전하려고 애쓰고 있다"[245]고 칭송하고 있었다. 이사벨라 비숍의

242) 건양 2년(1897) 창간. 언더우드 개인의 경영이라 해서 선교부의 인정이 없어 1901년에 폐간. 게일이 다음부터 편집을 책임짐. 길선주는 이 신문을 보고 입신. L. H. Underwood, *Underwood of Korea*, p. 171.

243) 역대 사장으로는 크람(W. G. Cram), 김필수(金弼秀), 게일, 하디 등.

244) *Introduction to Courant's Bibliographie Coreene*, tr. by W. M. Royds, a transaction of the Korean Branch, Royal Asiatic Society, Vo. XXV, 1936, p. 98. Cf: "Korea was the possessor of the greatest literatures in the World."

H. A. Rhodes, Fifty Years of Christian Literature in the Korea Missions, Presbyterian Church in the U.S.A., *The 50th Anniversary of Protestant Missions in Korea*, 1934, p. 68.

*Korea and Her Neighbours*라는 저서 서문에 영국의 월터 힐리어 경(卿)(Sir. W. Hillier)은 다음과 같은 말을 남기고 있었다.

> 한국에서 우리가 그 나라 백성에 대하여 아는 것이 있다고 하면 그것은 모름지기 다 선교사들의 작업 때문입니다. 지금 뿌리를 내리기 시작하는 물자적 개발이나 계몽에 대한 열망을 일깨워 준 것도 선교사들입니다. 이 한국의 미래상의 정립에 대하여서도 우리는 선교사들에게 의존할 수밖에 없습니다.[246)]

그런데 선교사들의 한국학 연구를 약술하면 다음과 같다.

우선 한국의 역사 방면에서는 만주에 있었던 존 로스의 *The History of Corea, Ancient and Modern with Description of Manners and Customs, Language and Geography*(London: 1891)가 있고, 헐버트의 *The History of Korea*(II Vols, Seoul: 1905), 그리고 게일의 *History of the Korean People*(Seoul: 1927), 기포드(D. L. Gifford)의 *Every-Day Live in Korea*(New York: 1898) 등이 있다. 1906년에는 헐버트의 *The Passing of Korea*가 뉴욕에서 간행되었는데, 이것은 매켄지(F. A. McKenzie)의 *The Tragedy of Korea*와 더불어 구한국의 기울여져 가는 모습을 애틋하게 서술한 하나의 역사요 서사시이다.

다음은 한국어의 연구로서는 역시 존 로스의 *A Korean Premier*(Shanghai: 1877)를 꼽지 않을 수 없다. 그는 여기에서 1877년인데도 한국말의 어법, 음운(音韻) 그리고 그 창건 내력 등을 연구하였고, 아울러 우리말을 일본어와 몽골어 및 중국어 등과 비교 고찰하였는데, 이것은 내외국인을 막론하고 한국말을 최초로 연구하되, 그렇게 광범위한 연구 테마를 기지고 하였다는 점에서 그 의의가 자못 크다. 그는 이것을 증보하여 1882년에 *Korean Speech with Grammar and Vocabulary*를 간행하였다. 로스의 업적을 계승하여 연구한 사람이 재한 영국 외

245) J. S. Gale, *A History of the Korean People*, Seoul: CLS., 1924, pp. xxv, 5.

246) I. B. Bishop, *op. cit.*, I, p. ix.

교관이었던 제임스 스콧(James Scott)였다. 그 *A Korean Manual, or Phrase Book with Introductory Grammar*(Shanghai: 1887), 곧 『언문 말책』을 저술하여, 한어론(語論)으로서 외국인의 실용에 기여하고자 하였다. 그는 1891년에는 서울에서 *English-Korean Dictionary*를 간행한다. 헐버트는 실로 수많은 논문을 통하여, 우리말 기원 연구에 특별히 심혈을 기울였다. 남태평양 및 인도의 방언과 범어(梵語)들과 비교 연구도 하고, 또 이두(吏讀)를 분석하는 등 실로 길이 남을 업적을 남겼던 것이다.

언더우드(H. G. Underwood) 역시 *Introduction to the Korean Spoken Language* (Yokohama, 1890)란 책을 내고 있었다. 우리나라 문화에 대하여 누구보다도 깊은 조예를 보여주고 있었던 게일은 *Korean Grammatical Forms*(Seoul: 1893)를 내었는데, 이것은 그가 장차 발표 간행할 수많은 업적의 첫 열매에 불과하였다. 평양에서 일하던 안니 베어드(Annie L. Baird, 安愛理: 1864-1916)는 *Fifty Helps for the Beginner in the Use of the Korean Language*(Seoul: 1897)를 간행하여 한글의 요체(要諦) 활용어들을 분류하였다.

문전(文典)과 사서류 계통에서는 언더우드의 *Korean-English Dictionary*(Yokohama, 1890) 곧 『한영문전』(韓英文典)을 들 수 있다. 그것은 사서류로서는 개신교 최초의 것인데, 이를 계속해서 그는 『선영문전』(鮮英文典)을 내기도 하였다. 게일 역시 *Korean-English Dictionary*(Yokohama, 1897) 곧 『한영자전』(韓英字典)을 냈는데, 여기에는 3만 5천 여 자가 수록되고 있었으며, 책의 크기는 국판으로 1,160쪽에 이르고 있었다.

문화와 문학 계통에서의 공적 역시 경탄할 만하였다. 게일은 1895년에 『텬로력졍』(天路歷程, 존 번연 원저, 긔일 부처 역)을 내놓음으로써 최초의 우리나라 영서의 한글 번역을 수행하기도 하였던 것이다. 그리고 역시 한국 문학을 영어로 번역하는 일도 그 선두를 달렸다. 『춘향전』이나 『구운몽』은 다 그의 손에 의해서 수려한 영문으로 번역되었던 것이다. 게일은 신구약성서를 사역(私譯)해서,

윤치호의 도움을 받아 기독교 창문사(彰文社)를 통해서 1925년에 발행한 일이 있다. 또 그는 *Korea Folk Tales*(London: 1931)를 내어 한국의 소설과 전설 등을 소개하였는데, 알렌은 1904년에 벌써 *Korea: Fact and Fancy*를 서울에서 간행하고 있었다. 게일의 근대 한국 문학사에서나 문화사에서의 위치는 실로 비교할 만한 것이 없을 정도로 엄청났다.

영국 성공회의 헌트(C. Hunt)가 지은 *Some Pictures and Painters of Korea*(A Transaction, Korea Branch, Royal Asiatic Society, Vol. XIX, Seoul: 1930)는 소론이로되 한국 미술연구의 한 좋은 문헌이다. 언더우드(H. H. Underwood, 元漢慶: 1890-1951)는 *Korean Boats and Ships* (Seoul: 1934)를 저술하였는데, 이는 실로 한국 주선사(舟船史)에 대한 개척적인 연구서였다.

한국 종교에 관한 연구는 언더우드에게서 역시 그 효시를 볼 수가 있다. 그는 1910년에 *The Religions of Eastern Asia*(New York)를 간행하였다. 그리고 클라크(C. A. Clark, 郭安連: 1878-1961)가 *Religions of Old Korea*를 뉴욕에서 간행한 것은 1932년의 일이다. 불교, 유교, 일본 신도(神道)를 비롯한 여러 군소 종교들, 천도교, 샤머니즘, 그리고 한국에서의 기독교의 첫 접촉 등을 망라하여 섬세한 손길로 쓴 최초의 체계적인 한국 종교 연구 수작(秀作)이다. 저 유명한 세계적인 원시 종교 연구의 대가 프레이저(J. Fraser)의 *Golden Bush*(金枝篇)에 이 선교사들의 한국 연구 자료가 얼마나 많이 인용되었는가 하는 것은, 다시 한 번 이들의 진지한 연구의 자세를 엿보게 한다.

서지학(書誌學)적인 목록 작성에서도 이들 선교사들은 실로 성실하고도 빈틈없는 업적을 남겼다. 성공회의 트롤로프(M. N. Trollope) 주교는 한국 관계 동서문헌 수집에 다함 없는 정성을 기울였으며, 그가 서거한 뒤에는 동교회의 랜디스(E. B. Landis, ?-1898) 한국관계 구문(歐文) 서적들을 일괄 수집하여 『랜디스 문고』를 차려 놓았던 것이다. 하지만 이 방면에서 결정적 업적을 남겨 한국 서지학의 금자탑을 세운 사람은 언더우드 2세 원한경(H. H. Undwerwood)이다. 그는 1931년에 『한국관계 구문서략목』(韓國關係歐文書略目), *A Partial Bibliography of Occidental Literature on Korea*(Seoul)을 발행함으로써, 1594년부터 1930년까지의 구미관계 한국 관련 서적과 논문들이 2,882권에 이른다는 것을 보여주었다. 이를 통하여 비로소 구미인의 한국 연구가 어떤 모습을 가지고 있었는지 밝혀지게 된 것이다. 그들은 벌써 16세기에 극동 한 모퉁이의 작은 나라 한국에 대하여 연구하고, 그리고 기록을 남기고 있었던 것이다.

연희전문학교에서 교육학을 교수하던 제임스 피셔(James E. Fisher)는 *Democracy and Mission Education in Korea*(New York: 1918)를 간행하여, 한국에서의 선교교육이 민주주의 정신 함양에 끼친 영향을 분석하였던 바, 서양인의 한국 연구에서는 가장 정곡을 찌른 비판정신의 제시로 하나의 기념비적 업적을 남겼다.

이렇게 해서 선교사들은 실로 체계적인 한국한 연구의 초석을 훌륭하게 마련해 놓았던 것이다. 그들은 이러한 학문적 활동을 위해 1900년 6월 16일에 왕립아세아학회(Royal Asiatic Society)를 설립하고 여기 예외 없이 다 참여하여 그 진지한 자세를 다시 한 번 확인하여 주었던 것이다. 선교사들의 연구가 한국의 가요, 분묘, 사회, 경제, 화폐, 신분제, 문화, 정치를 비롯하여 종교, 생활, 지력(地歷), 질병, 건축, 인종학, 상역(商易), 항해, 주선(舟船) 등에 이르기까지 폭넓게 다 망라하고 있었기 때문이다. 선교는 다만의 복음전파만이 아니더라는 증언이었다.

14 신앙생활의 형태 구형(構形)

내가 천성 바라보고
가까이 왔으니
아버지의 영광 집에
가 쉴 맘 있도다
나는 부족하여도
영접하실 터이니
영광나라 계신 임금
우리 구주 예수라
W. L. Swallen, 1905

14.1. 1907년의 대부흥

장로교와 감리교의 선교사들은 일찍이 1905년 6월 25일에 서울에서 한 위원회를 조직하고, 남장로교 선교부의 레이놀즈(W. D. Reynolds, 李訥瑞: 1867-1951)의 동의를 만장일치로 가결한 바가 있었다. 그 동의에 의하면 "이제 때가 성숙하였으니, 하나의 한국민족교회를 창설하여 그 이름을 '한국기독교회'로 하리라" 한다는 것이었다.[1] 이런 기운에 밀려서 '선교사연합공의회'(General Council of Evangelical Missions)에서도 복음주의적인 단일한 한국교회의 설립을 기필코 성사

---

1) A. D. Clark, *History of the Korean Church*, Seoul: n.d. p. 139.
Cf: S. H. Moffett, *The Christians of Korea*, New York: Friendship Press, 1962, p. 47.

시킨다는 목표를 세웠던 것이다.[2)]

이러한 계획은 그 과제와 열망이 오래 전부터 나타나고 있었다. 언더우드는 1894년에 그의 『성교촬리』에 이런 말을 남기고 있었던 것이다.

> 예수를 밋는 쟈는 엇던 나랏 사룸이던지 각각 그 나라 님금과 관원을 셤기고 또한 그 나라법을 직히되 홀노 도리에 흡당치 아니혼 법과 착호지 아니혼 규칙을 감히 좃지 못호노, 예수를 좃는 쟈 — 본국 풍쇽울 변호야 외국 풍쇽을 좃고 니나라 어진 법을 브리고 다른 나라 이샹혼 법을 좃치라 홈이 아니니라.[3)]

이것은 교회가 민족적인 체질 속에 살아야 한다는 그의 뜻일 터인데, 그는 버릇처럼 "나의 생존에 장로 감리라 호는 교파의 분별을 타파호고,"[4)] 한 교회의 창설을 하리라는 말을 해 왔던 것이다. 더구나 대한기독교회의 펜위크(M. C. Fenwick, 片爲益: 1863-1935) 선교사는 "내 아무리 눈물을 흘리며 외쳐도, 이들은 내가 서양 사람이어서, 하나님은 사랑이고 어쩌고 하는데, 그 말이 귀에 들어오지 않는다고 하며 웃더라"고 말하고, 그러나 한국인 자신의 설교에는 숱한 사람이 감동과 참회로 몸을 돌려 회개하더라고 증언하고 있었다.

> 나는 내 눈으로 이들 한국인의 증거가 한국인의 가슴을 얼마나 뜨겁게 움켜잡는지 보았습니다. 그런데 나는 그렇게 해 본적이 한번도 없었습니다.[5)]

한국의 자립, 자주적인 민족교회의 형성, 그것도 교파의 구별 없는, 단일한

---

2) 1905년 9월 13일 가결. 두 감리교 선교부와 네 장로교 선교부에서 150여 명의 선교사가 참석했다. A Notable Movement in Korea, *The Korea Review*, July 1905, pp. 249, 342.
S. F. Moore, An Epoch-Making Conference in Korea, The Movement for a United Christian Church, *The Missionary Review of the World*, September 1905, p. 689. (추후 *M. R. W.*로 략기)

3) 원두우(元杜尤), 『성교촬리』, 1897, p. 6.

4) 『신학세계』, 협성신학교, 1916년 8월호, p. 158.

5) M. C. Fenwick, *The Church of Christ in Corea*, New York: Hodder & Stoughton, 1911, pp. 54, 56.

기독교회의 형성에 대한 범주적인 요청은 이렇게 해서 널리 깔려져 있었던 것이다. 여기 한 획기적인 모멘트가 그 형성력에 부여되면 된다고 보았다. 그것이 1907년의 대부흥운동이었다.

14.1.1. 그 원류

이 부흥회를 가능하게 해서 전국을 휩쓸게 한 물결은 두 군데서 흘러들어왔다.

그 한 흐름은 선교사들의 기도회에서 연원했다. 1903년까지 소급해서, 그 해 겨울 한국을 잠시 다녀간 스웨덴의 프란손 목사와 중국 체재의 남감리교 선교사 화이트(Miss M. C. White) 여사와 함께 원산(元山)의 감리교 선교사들이 기도와 성서 연구를 위해 한 주일을 지낸 일이 있었다. 그 후 이들은 장로교와 대한기독교회 그리고 감리교 선교사 그리고 교인들까지 다 합쳐서 연합하여 창전(倉前)교회에서 한 주일간 매일 밤 집회하면서 보냈다. 이때 마침 캐나다인으로 남감리교 선교부에서 일하던 하디(R. A. Hardie, 河鯉泳: 1865-1946)는 강원도 북쪽에서 몇 해 동안 애써도 결실을 얻지 못한 사실을 고민하다가, 선교사로 오게 된 자신의 동기를 다시 생각하면서 깊이 반성하고 자책하던 중, 뜨거운 성령의 임재를 경험하게 되었던 것이다.

한데 그의 죄 고백이 이 성령강림의 가장 뚜렷한 현상으로 나타나기 시작했던 것이다.[6] 그리고 서양 선교사들은 이 죄 고백의 대세에 몰린 듯 다들 그 공개적인 참회에 참여하게 된다. 서양 선교사들, 그들은 천사같이 보이던 사람들이다. 그렇게 흠모의 대상이었다. 한데 이런 죄 고백을 듣게 된 것이다. 기독교에서의 죄의 문제, 그것을 처음 알게 된 것이다. 기독교가 비로소 한국인의 심혼에 깊숙이 호소하기 시작하는 단서가 보인 것이다. 죄의식은 기독교에만 있는 것이다.

---

6) 박용규, 『평양대부흥운동』, 서울: 생명의 말씀사, 2000, pp. 44, 48.

기독교가 이제 내적으로 체험되고 가슴을 파고 들어왔다는 증거이다.

1904년 봄, 원산의 집회는 반복되었다. 이번에는 교파연합의 연합 사경회였는데, 그 도중 캐나다장로교의 로브(A. F. Robb, 鄴亞力: 1872-1935)가 특별한 감화에 젖었고,[7] 한국인으로서 역시 은사를 받은 전계은(全啓恩, 1869-1942)과 함께[8] 원산 거리를 누비며 가슴을 치면서 통회의 눈물로 전도했고, 감리교의 정춘수(鄭春洙, 1875-1951) 역시 그 부근을 왕래하면서 감격과 열의로 이 성령의 은사를 선포하였다.[9]

이 소식을 들은 평양의 선교사들은 마침내 하디 목사를 초청하여 집회인도를 요청했다. 나라 안팎에 시련이 산더미처럼 밀어닥치던 때였다. 그런 때에 혹시 선교사 자신들의 선교 태도에 불명료와 주저의 기색이 띄어 있었지 않았나 자책하면서 진행된 이 회합에 공교롭게도 웨일즈와 인도 지방에서 진행되고 있는 부흥의 소식이 전하여졌다.[10] 복받치는 성령의 은사에 대한 갈망이 평양의 교회들 언저리에 짙게 깔려 있었다. 『대한매일신보』에 그때의 상황이 이렇게 보도되고 있었다.

> 음력 11월 20일 (양력 1904. 12. 26) 경에 평양 야소교회당에서 성경공부를 시작흘 제 황평(黃平) 량도의 일반교인들이 구름ㄱ치 모혓는ᄃᆡ 그 시에 착흔 사업에 경영이 만하 회당 교회는 익익 왕성흔다 ᄒᆞ더라.[11]

다른 한 흐름은 한국교회의 깊은 신앙생활의 경건에서 왔다. 사경회(査經會)의 영향,[12] 국가의 비운에 통회하는 기독교인의 자기 성찰, 그래서 하나님의

---

7) 『조선예수교장로회사기』, 상, p. 179.

8) 조승제, 『목회여화』, 서울: 향린사, 1965, p. 184. Cf. 전택부, 『강아지의 항변』, p. 270. "전계은 목사의 철야 기도와 열광적인 전도 분위기가 아니더면 (그 부흥회도) 불가능했던 것을 알 수 있다."

9) 양주삼, 『조선남감리교회』, 서울: 1926, p. 61.

10) J. E. Orr, *The Light of the Nation*, Grand Rapid: Eerdmans, 1865, p. 248.

11) 잡보, 『대한매일신보』, 1905년 2월 13일자. Cf: *Annual Report of the Board of Foreign Missions Presbyterian Church in the U.S.A.*, 1906, p. 255.

도움밖에는 기댈 곳이 없다는 간곡한 신앙에서 이 부흥의 물결이 도도히 흘러왔던 것이다. 길선주(吉善宙, 1869-1935) 목사가 평양에서 한국 최초로 시작했던 새벽기도회의 뜨거운 열정은 이 대부흥의 직접 동기가 되었다.

이처럼 부흥의 용솟음치는 샘은 원산의 정춘수, 전계은, 그리고 평양의 길선주, 이 세 한국 목사들의 신앙 체험에서 불길을 당겨 치솟았고, 따라서 그 부흥 뒤의 한국교회 신앙도 이들의 높은 신앙 형태가 농도 짙게 그 언저리에 맺혀 있었다.

1907년 1월 12일, 토요일의 일이다. 기왕에 하디의 부흥회 인도로 여물대로 여문 평양의 장로교 감리교 부흥회에서 불레어(W. N. Blair, 裵偉良: 1862-1922) 목사는 고린도 전서 12장 27절을 읽고, 우리는 다 그리스도의 몸이요, 그의 지체들이라고 하는 설교를 하고 난 다음의 일이었다. 곧이어 성령 강림의 불길이 터지듯 타오르기 강림한 것이다.[13)]

교인들의 감동은 놀라웠다. 그 다음 주일 밤, 교회는 '신비스러운 경험'을 하였다.[14)] 교회에는 사람이 가득 차 있었는데, 묘하게 사람들 틈 틈에 힘 있는 영적 압력이 억누르는 것처럼 빽빽이 배어 구속하는 듯하였다. 다음 날 월요일 밤에도 장중하고도 신비한 어떤 힘이 임재한 것을 다들 느꼈다. 사람들은 교회에 들어설 때에 확실히 체감으로 거기서 하나님이 임재한 사실에 압도당하고 있었다. 그날, 우리가 훗날 돌아보아서 전형적인 평양 대부흥의 현상이라고 보게 되는, 그런 분위기가 감격 넘치게 펼쳐졌다.

『런던 타임즈』의 기사를 보면, "나의 아버지여!" 라는 어느 선교사의 기도 첫말이 떨어지자마자 밖에서부터 흠뻑 밀어 닥치는 강대한 힘에 의해서 회중 전체가 압도당했다고 한다. "아버지!" 이 기도의 음성이 떨어지자 온 회중이 불길에 잠긴 듯하였다는 것이다.[15)]

---

12) 사경회는 언더우드가 서울에서 1892년, 그리고 평양에서는 1898년 1월에 각각 처음 열렸다.

13) W. N. Blair, *Gold in Korea*, 3rd. ed., Presbyterian Church U. S. A., 1957, p. 63.

14) *Loc. cit.*

"하나님 나의 아버지!" 그때 우리 겨레는 외로웠다. 힘이 없었다. 사방이 우리를 경멸하는 것 같았다. 그런데 하나님이 우리 "아버지"라는 이 우렁찬 소리가 얼마나 우리 겨레에게 가슴 메이게 그 곬을 타고 후비고 들어왔던가. "우리에는 아버지가 계신다!" 그날 지어지고 불리어진 찬송가 제545장에도 그런 말이 있지 않았던가.

> 내가 천성 바라보고 가까이 왔으니 아버지의 영광 집에 가 쉴 마음 있도다.

이런 경험이 있어서 비로소 우리는 새로운 역사의 지평선 위로 부상할 수 있었다. 우리에게는 그 하나님, 만유의 주재자께서 우리 "아버지"가 되신다는 것이 실로 우리들 역사를 뒤트는 것 같은 엄청난 힘으로 우리들에게 다가서고 있었다. 교인들은 눈물과 감격으로 그 엄청난 체험으로 기도하기 시작하였고, 그리고 그 감동의 격류(激流)는 며칠을 계속되었다. 통성기도의 음성은 신비로운 조화와 여운을 가지고 있었으며, 통회(痛悔)의 울음은 설움의 폭발이라기보다는 성령의 임재에 압도당하는 영혼의 넘치는 찬양의 물결 같았다.[16)]

어느 한 여자 선교사의 코멘트는 이 대부흥의 종교적 현상이 얼마나 파격적이고 심각하였는가 하는 것을 여실히 보여 주고 있다.

> 저런 고백들! 그것은 마치 지옥의 지붕을 열어젖힌 것이나 다름이 없었습니다. 살인, 강도, 강간, 그리고 상상할 수도 없는 모든 종류의 불결과 음욕, 도적, 거짓, 질투… 부끄러움도 없이! 사람의 힘이 무엇이든 이런 고백을 강요할 수는 없을 것입니다. 많은 한국교인들은 공포에 질려 창백해지고, 얼굴을 가리고 마루에 파묻었습니다.[17)]

---

15) *The Baptist Missionary Magazine*, Vol. 88, No. 2(1908)에서 인용.

16) 1907년의 부흥에 관하여서는 방위량, 『그는 이렇게 믿었다』, 서울: 대한기독교서회, 1961 참조. 박용규, 『평양대부흥운동』, 서울: 생명의 말씀사, 2000 참조.

17) W. W. Baird, The Spirit among Pyeng Yang Student, *The Korea Mission Field*, May 1907, pp. 65 ff. Cf. J. S. Gale, *Korea in Transition*, 1909, pp. 207-210.

이 부흥의 물결은 시내의 학교에도 밀려갔다. 김찬성(金燦星, 1869-?)이 인도하는 숭덕학교(崇德學校) 기도회에서 3백여 학생들이 죄를 뉘우치고 통회 자복하였으며, 채정민(蔡廷敏, 1872-1953)이 통회하자 그 불길은 다시 감리교의 학교 학생들과 연결되어 교파의 벽을 헤치고 격류처럼 파급되었다.

이 해 봄에 길선주가 서울에 와서 경기 도사경회(都查經會)를 열어 성령의 도리를 가르침으로 성령의 감동을 받아 서울 지방의 교회가 대부흥을 일으켰고, 교회는 새로 몰려드는 세례교인과 기왕의 교인이 경과한 신령한 중생의 체험으로 전무후무한 일대 발전을 이루어 나갔다.[18]

이 부흥의 횃불은 남한 지역에도 몰아쳤다. 1906년에 벌써 남감리교의 제르딘(J. L. Gerdine, 全約瑟: 1870-1950) 목사가 목포에서 사경회를 인도한 바 있었는데, 거기 이미 성령의 뜨거운 강림이 교회를 뒤덮고 있었던 것이다. 장로교 선교사 한 사람의 기록에 이런 글이 있었다.

> 제르딘 목사가 성경 말씀을 읽고 공의와 절제와 심판, 그리고 죄의 무서움, 그 뉘우침의 필요성을 강설하자, 죽음과 같은 정숙이 여럿 위에 내려 덮었습니다. 그것은 마치 하나님의 말씀이 메스처럼 사람의 마음 속 깊이 잘라 쪼개어서, 감추어진 죄와 악령의 암들을 도려내는 것 같았습니다. 그때 교인들은 모두가 다투어 죄를 통회 자복하였으며, 힘 센 어른이 어린애처럼 방곡(放哭)하는 참회의 물결이 세차게 흘러갔습니다. … 이제 그들의 얼굴은 생명으로 빛났고, 교회는 승리의 찬송 드높이 찬양과 영광의 종소리를 울렸습니다.[19]

이렇게 원산과 평양, 서울, 목포에서 일어나, 교회와 신학교와 학교들을 거쳐 전국 방방곡곡에 파급된 이 부흥회의 정신과 그 열정은 경건주의적 부흥의 원형에서 출발하고 있었다. 하지만 더 중요한 것은 이 부흥운동이 한국교회가

18) J. S. Gale, *Korea in Transition*, p. 214.
『조선예수교 장로회사기』, 상, p. 181.

19) J. F. Preston, A Notable Meeting, *The Missionary*, January 1907, p. 21.

저 먼 초대 한국교회 신앙과 1895년의 사변을 거치면서 실험되어 온 그 어간의 여러 신앙과 선교운동들을 검토 정리하여 우리 교회의 신앙을 정통으로 확립시킨, 참된 한국교회 중생의 날로 만든 그런 사건이었다는 사실이다.

14.1.2. 비정치화(非政治化)[20]의 신앙

일본제국의 득세로 인하여 야기된 정치적 혼란은 전에 없던 좌절과 절망으로 온 백성을 내려 덮고 있었다. 군대의 해산, 외교권과 경비권의 박탈, 그것은 실질상의 망국을 의미하였다. 그래서 전국 도처에서 의분을 이기지 못한 의병의 의거가 휩쓸었다. 하지만 그 기울어가는 국운, 그 지는 해를 막을 길은 없는 것 같았다.

> 여러분은 마음이 깨지고 흩으러진 나라를 본 일이 있습니까. 보지 못하였다면 한국을 보지 못한 것이 확실합니다. 나는 여기 오기 전에 마음이 깨진 남녀를 본 일은 있습니다. 하지만 한국을 보기 전까지는 온 겨레가 온통 그 뿌리에서부터 비통에 사무친 모습을 보지는 못하였었습니다.
>
> 한국은 이제 이 땅위에는 희망이 없는 것 같습니다. 몇 세기를 두고 추구한 일본제국의 야망이 성취되고, 한국은 그 마지막 독립의 희망마저 잃고 말았습니다.[21]

당시 미국 남감리교의 감독이었고 후에 에모리대학교의 총장을 역임한 캔들러(W. A. Candler)가 한국을 방문하고 쓴 글이다.

이때 교회가 직면한 위기는 독특한 것이었다. 사경회와 같은 열정적인 성서연구와, 그것을 통해서 얻은 인간 존엄에 대한 자각, 자립교회의 정신에서 배양된 책임 있는 인간상의 형성, 자립선교의 실천에서 오는 고백적 공동체의 수

20) 비정치화는 비민족화(非民族化)와는 다르다.

21) A Broken Hearted Nation Turning to Christ, Atlanta Journal, An Eminent Opinion, *The Korea Review*, December 1906, p. 457에서 전재(轉載)

호에 대한 강한 의식, 선교사들과 한국교회 연대 활동, 이런 일련의 현상은 한국에서의 교회 현존이 시위하는 유기적 결속과 거기 깔려 있는 흔들리지 않는 신앙의 불길 때문에 좌절 속에 방황하는 한국이 찾아갈 유일한 보루(堡壘)로 보이고 있었다. 여기 교회의 정치적 성분이 드러나기도 하였다. 의식 구성의 핵심이 만국에 흩어져 있는 기독교의 세계성(Universalism)과 그것이 촉발한 근대적 자각을 중추로 해서 진행되었기 때문에 그것은 불가피한 일이었다. 그래서 일부 교회가 반일 저항의 물리적 근거지로 요새화하는 모습도 보였다.[22] 엡윗청년회가 강경한 정치성을 띄우고 있었고,[23] YMCA 역시 정치적 동기 집단의 활용 압력이 거셌다.[24]

이런 데 대한 선교사들의 반발은 의외로 컸다. 교회를 비신앙적인 정치의 비밀 회의실로 사용하려는 인사들이 교회의 본래성을 위협한다고 본 것이다. 한국교회가 근대 한국의 움트는 정치적 동력의 무대로서 작용하는 것을 교회의 어떤 비본질화로 보았기 때문에, 이 대립과 알력은 상상 이상으로 치열했다. 이와 같은 안팎의 시련 속에서 한국교회는 그 신앙 형태의 확립을 촉구하는 한 계기를 마련하지 않을 수 없었다.

부흥의 물결 속에는 한국교회를 현실적인 정치적 동력화에서 비정치화하여 경건한 내적 동기의 신앙으로 틀 잡게 하려고 하는 선교사들의 강렬한 의도가 태동하기 시작한 것이 이때였다. 앞서 본 바와 마찬가지로, 왕실의 비운에 접근되면서 그들 의도와는 상관없이 정치의 회오리 속에 끌려갔다고 반성한 선교사들 머리 속에, 그들 본래적인 신앙 형태로의 회귀가 숙제처럼 남아 있다가, 그것을 구체적으로 실현할 기회를 잡게 되었다는 말도 될 것이다. 이렇게 해서

---

22) A. J. Brown, Politics and Missions in Korea, *The Missionary Review of the World, March* 1902, p. 188.

23) *Annual Report of the Methodist Episcopal Church U.S.A.*, 1906, p. 322.

24) A. J. Brown, *The Mastery of the Far East*, 1919, p. 526.
The Annual Report of the Board of Foreign Missions, Presbyterian Church in the U. S. A., 1907, p. 254.

한국교회를 궤도 수정한 것이 1907년의 대부흥이었다고 볼 수 있다.

하지만 실상 이러한 의도가 간절하게 나타나기 시작한 것은 문서상으로는 1901년의 일이다. 그 해 장로회 선교공의회는 다음과 같은 의결을 하고 있었다.

> 1. 우리목ᄉᆞ들은 대한나라일과 졍부일과 관원일에 ᄃᆡᄒᆞ야 도모지 그 일에 간셥아니ᄒᆞ기ᄅᆞᆯ 쟉뎡ᄒᆞᆯ거시오.
> 2. 대한국과 우리나라들과 서로 약됴가 잇ᄂᆞᆫᄃᆡ 그 약됴ᄃᆡ로 졍ᄉᆞᄅᆞᆯ 다 밧으되 교회일과 나라일은 ᄀᆞᆺᄒᆞᆫ일이 아니라. 우리가 교우ᄅᆞᆯ ᄀᆞ르치기ᄅᆞᆯ 교회가 나라일 보ᄂᆞᆫ 회 아니오 ᄯᅩᄒᆞᆫ 나라일은 간셥ᄒᆞᆯ 것도 아니오
> 3. 대한ᄇᆡᆨ셩들이 예수교회에 드러와서 교인이 될지라도 그젼과 ᄀᆞᆺ치 대한ᄇᆡᆨ셩인ᄃᆡ 우리 ᄀᆞ르치기ᄅᆞᆯ 하ᄂᆞ님의 말ᄉᆞᆷ을 거ᄉᆞ림업시 황뎨ᄅᆞᆯ 츙셩으로 섬기며 관원을 복죵ᄒᆞ야 나라법을 다 슌죵ᄒᆞᆯ거시오.
> 4. 교회가 교인의 ᄉᆞᄉᆞ로히 나라일 편당에 참례ᄒᆞᄂᆞᆫ거ᄉᆞᆯ 식힐 것 아니라 금ᄒᆞᆯ 것도 아니오, ᄯᅩ 만일 교인이 나라일에 실슈ᄒᆞ거나 범죄ᄒᆞ거나 그 가온ᄃᆡ 당ᄒᆞᆫ일은 교회가 담당ᄒᆞᆯ 것 아니오 가리울 것도 아니오.
> 5. 교회ᄂᆞᆫ 셩신의 붓친교회오 나라일 보ᄂᆞᆫ 곳 아닌ᄃᆡ 례ᄇᆡ당이나 회당사랑이나 교회학당이나 교회일을 위ᄒᆞ야 쓸집이오, 나라일 의논ᄒᆞᄂᆞᆫ 집은 아니오, 그집에서 나라일 공론ᄒᆞ러 모힐 것도 아니오, ᄯᅩ한 누구든지 교인이 되어서 다ᄅᆞᆫ ᄃᆡ셔 공론ᄒᆞ지못ᄒᆞᆯ 나라일을 목ᄉᆞ의 사랑에셔 더욱 못ᄒᆞᆯ거시오.[25)]

여기 정교 분리의 정신이 아주 예리하게 부각된 것은 두말할 것 없지만, 목사와 교인의 정치 간여에 대한 선교사들의 끈질긴 불신이 얼마나 컸던가 하는 것을 알 수 있다. 이러한 의구심은 로마 가톨릭의 한국 선교가 정치에 개입되면서 겪었던 비극의 전철을 정죄해 온 심리에서 비롯되기도 하였겠지만, 이들의 신앙이 벌써 미국적인 교파교회의 윤리관에서 결정적인 영향을 받고 있었다는 점이 여실히 눈에 띄인다. 돌이켜 보면, 이보다 앞서 1898년에 게일은 민비 시해 이후 선교사들이 왕실에 부산하게 왕래하게 된 처지를 설명하면서, 거기

25) 쟝로회공의회 일긔, 『그리스도신문』, 1901. 10. 3일자.

어떠한 정치적 동기도 없었다고 하면서, 다만 "보통사람이 가지는 연민의 정에 있었을 뿐"[26]이라고 천명한 일이 있었다. "접근하는 방법에서나 내딛는 한 걸음 한 걸음에 비상한 조심을 게을리할 수가 없었다"[27]고 한 것은 언더우드의 말이었다. 네비우스 방법만 해도, 실상은 왕실과 상류계층, 그래서 정치적 함수관계에서의 단절을 의식적으로 수행한다는, 그러한 동기가 자리 잡고 있었던 것이다.

"기독교의 정치 관여와 그 혼란을 인식하고 교회를 그런 위험에서 격리시키노라"[28] 전력을 다한 선교사들이 일제의 한국 통치가 현실화하였을 때, 지상(地上)의 권위, 곧 일본에 순종하지 않을 수 없다고 권고한 것은 불가피했다. 감리교 선교사 존스는 "한국인에게 지금 필요한 것은 잘 정의된 법의식과 합법적으로 수행되는 권위에 대한 존경"[29]이라고 했으며, 고종에게 신임을 받던 헐버트도 당시 한국인의 민족적 이념은 정치적인 것이 될 수 없다고 천명하고, 다만 "순수한 기독교국이 됨으로써 압제에 도덕적으로 항거하여 인종(忍從)하며, 생활의 순결로 뭉칠 것"을 역설하고 있었다. "모든 압제의 세력은 꾹 참는 고요한 힘에 의해서 정복된다"[30]는 확신 때문이었다. 그의 옛 모습을 생각하면 이런 말의 진의를 당장 이해하기는 쉽지 않을 것이다. 그러나 누구보다도 한국교회 생성기의 역사적 정황을 잘 알고 있었던 이들이 이런 말을 했다는 것은 교회사까지도 '순수'와 '복음적'으로만 설명할 수 없는, 그러한 틀을 가진다는 것을 말해 준다.

어쨌든 선교사들은 한국인의 민족교회를 설립하려고 계획하고, 또 장로교의 경우는 최초의 신학생이 졸업하는 1907년을 기해서 '조선 예수교장로회'[31]를

---

26) J. S. Gale, *Korean Sketches*, Edinburgh: 1898. p. 207.

27) H. G. Underwood, *The Call of Korea*, New York: Fleming H. Revell, 1908, p. 100.

28) A. D. Clark, *History of the Korean Churches*, pp. 129-130.

29) A Symposium on Korea's Greatest Need, *The Korea Mission Field*, November 1907, p. 161.

30) H. B. Hulbert, The Need of a National Ideal for Korea, *The Korea Mission Field*, January 191o, p. 23.

31) 1905년 『영어를 용(用)ᄒᆞ는 회(會)』의 결의(決議) 사항(事項)

조직할 것을 계획하고 발표한 사실을 후회했다.[32] 1895년 이후 진행된 한국교회 안의 민족주의적 자각과 그것이 밀고나갈 애국적인 열의와 행동을 단적으로 위험하게 보았기 때문이다.

> 그 (하ᄂᆞ님의 나라) 병긔ᄂᆞᆫ 창검이 아니오 신령ᄒᆞᆫ 긔계니… 그 나라는 영원ᄒᆞᆷ인뎌.[33]

교회는 정치적 기구가 아니라, 영적 실체라는 사실을 강조하면서 논리는 그렇게 전개된 것이다.

교회는 선교사들을 탐탁하지 않게 여겼다. 그리고 일부 선교사계의 교직자들이 '반역자' 구실을 한다고 몰아치면서 그 생명까지 위협했다.[34] 선교사들이 이 당돌한 언행에 충격을 받았으리라는 것은 더 말할 나위도 없다. 그러나 벌써부터 일부 한국교회의 지사 청년들은 미국 선교사들의 이런 자세에 반감을 품고 있었다. 안창호(安昌浩)도 "처음 평양에서 야소교를 신앙할 때, 선교사가 노예처럼 대접한다고 그를 구타까지 한 일"[35]이 있었던 것이다. 어쨌든 사태는 선교사와 민족 교회와의 대결로 발전할 수밖에 없었다.

선교사들은 아주 난처한 입장에 놓이게 되었다. 두 가지 면에서 그랬다. 하나는 지금까지 선교사들이 선교한 바와는 달리, 이 민족 교회가 국가의 비운에 너무 깊이 정치적으로 개입한다는 사실, 그리고 또 하나는 이 교회에 인종과 중립을 강조한 후에 올 숱한 후유증들을 예견했다는 사실, 이 두 가지였다. 원산에서 하디는 "이러한 정치적 교회적 상황에서의 해결을 하나님께 기도하면서"[36] 사경회에 임했고, 그리고 그때 깨달은 것은 "성령의 세례밖에는 이 어려

---

32) W. N. Blair, *Gold in Korea*, p. 61.

33) 하ᄂᆞ님의 나라, 『그리스도신문』, 1901. 10. 17일자.

34) *The Annual Report of the Stations of Korea Missions, Presbyterian Church in the U.S.A.*, 1908, p. 10.

35) 안중근(安重根)이 1909년 12월 2일 여순(旅順)감옥에서 진술한 저명인사 인물평, 『한국독립운동사』, 1, p. 452.

움을 헤치고 나갈 길이 없다"는 확신이었다.

이 정신의 연장이 1907년의 대부흥회에 직결된 것이다. 불레어 목사는 1906년 9월의 부흥회는 한국교회가 선교사에 대한 적대감을 버리고 "이 (적대감에서 오는) 분열의 죄를 통탄히 여기며," 절망적인 국가의 운명에 대해서는 상처 받은 영혼을 거기서 돌려 하나님과만의 고고한 인격적 교섭에 주안을 두어야 한다는[37] 마음을 가지고 진행시켰다고 고백하고 있다. 그리고 이 궁극의 비전을 실현하기 위해서 성신의 특별한 은사가 있어야 하겠다고 믿어, 그 해 겨울 사경회 개최를 재촉하게 되었다는 것이다. 이것의 연장이 한 달 후의 평양 대부흥회이다. 평양 장대현교회에서 획기적인 성령강림을 체험한 교회와 선교사들의 철저한, 일치된 보고는, 이제 한국교회가 하나님과의 인격적인 영통(靈通)에 신앙의 전력을 기울이게 되었다는 사실이었다. 이제 교회는 "깨끗이 씻겨지고 달고 새로운 것"[37]이 되었다고 본 것이다. 미국 북장로교 총회가 한국교회의 "고귀성에로의 발전"[38]을 주목한 맥락과 일치했다.

선교사들이 이 1907년 대부흥을 지도하고 결실하게 한 원리와 목표는 한국교회의 '비정치화' 그것이었다. 한국교회가 이때를 계기로 해서 "부흥회의 열정"[39]으로 특징짓게 되었다고 한다면, 그것은 이러한 비정치화의 과정과 함께 수반한 필연적인 신앙 형태로 자리매김한 현상이라 할 수 있다. 그렇다면 그 의미는 불가피하게도 한국교회가 이때로부터 정치적 관심과 행동을 극소화하게 되었다는 결론이 된다. 이때로부터 미국 선교사들의 '전천년왕국설(前千年王國說, Pre-millenarianism)' 신학이 교회 안에 깊숙이 정착하기 시작한 것이다.[40]

---

36) W. N. Blair, *op. cit.*, p. 63.

37) *Ibid.*, pp. 63-64.

37) W. N. Blair, *The Korean Pentecost and Other Experiences on the Mission Field*, New York: The Board of Foreign Missions, Presbyterian Church in the U.S.A., n.d., p. 50

38) *The Minutes of the General Assembly*, the Presbyterian Church in the U.S.A., 1907, p. 346.

39) S. H. Moffett, *Christianity in Korea*, p, 52.

정치적인 동기로만 교회에 찾아들었던 사람들, 그래서 종교적 차원에 이르지 아니하였던 사람들의 경우를 생각한다면, 종교적 순화의 운동 뒤에 상당한 수의 인사들이 정리되어 나간 것은 불을 보듯 확실했다. 이래서 교회가 해산되었던 경우가 꽤 많았다고 한다.[41] 더욱 이 교회가 파산되어 기우는 조국의 모습을 보고도 하늘만 쳐다 보는 초월에 산다면, 그것이 나라 사랑하는 겨레의 종교가 될 수 없다는 생각이 퍼져갔고, 그래서 비난과 냉소가 휩쓸었다.[42] 『대한매일신보』가 이 대부흥의 진전에 대한 기사로서 거의 침묵을 지킨 이유는 그 신문 기왕의 애국심에서 판단되어야 할 것이며,[43] 『런던 타임즈』가 몇 주일을 이 부흥회 기사로 대서특필한 까닭도 영국의 친일성에서 찾아보아야 할 것이다.

14.1.3. 역사의 계시를 본 교회

여기서 한 가지 더 주목할 것이 있다. 이미 기울어진 국운에 겨레는 소망 둘 곳이 없었다. 하지만 새로운 차원의 희망의 근거를 찾아내야 했다. 한이 사무친 일제에게 국권은 늑탈되고 있었다. 믿었던 미국정부는 일제를 두둔하고 있었다. 선교사 이미지로서 알게 된 미국정부, 그것은 달랐다. 땅을 치니 하늘이 무너지는 것 같았다.

그때 우리 겨레가 붙들고 울 기둥이 있었다.

> 내가 천성 바라보고 가까이 왔으니
> 아버지의 영광 집에 가 쉴 맘 있도다.
> 나는 부족하여도 영접하실 터이니

40) R. Rutt, *James Gale and his History of the Korean People*, Seoul: Royal Asiatic Society, 1972, p. 64.

41) 日本公使館 記錄, 1905년, 教會加入ノ狀況、PP. 37-38.

42) J. S. Gale, *Korea in Transition*, p. 165.

43) YMCA에 대하여도 "본 기자 차회(此會)의 종교적 목적에는 무관", 『대한매일신보』, 1907년 2월 6일자.

영광 나라 계신 임금 우리 구주예수라.[44]

"그 나라에 마지막 소망을 두고 이 세상을 이기며 살자." 스왈런 선교사가 1905년에 이 비탄의 민족사에 외친 위로와 감격의 메시지가 가서 닿을 영혼은 많았다. 기독교가 한국 역사의 토양에 뿌리를 박아, 오늘 세계 유수의 기독교 교세의 나라가 되었다면, 그것은 바로 그날부터의 일이었다. 손을 불끈 쥐고 살아갈 희망과 의지 그리고 에너지를 부여하였기 때문이다.

이처럼 이런 나라의 비운에서도 우리 겨레가 발 딛고설 곳을 찾은 기독교인들이 있었다. 다 잃은 것 같지만, 그러나 이 역사의 현장에 마지막 그루터기가 남아 있는 것을 감지한 사람들이 있었다. 기독교인들이 있었다. 국토(國土), 그 땅은 남은 것을 안 것이다. 그래서 외쳤다.

동해물과 백두산이 마르고 닳도록
하나님이 보우하사 우리나라 만세
　무궁화 삼천리 화려강산
　대한사람 대한으로 길이 보존하세[45]

이 애국가는 윤치호 작사로 1907년 편찬의 『찬미가』 속에 들어 있는 애국송이다. 동해물과 백두산! 그 산하, 우리 삶의 터, 그것이 눈물 어린 그 눈망울에 비친 것이다. 황폐한 나라, 빼앗긴 나라, 그 어디가 무궁화로 삼천리가 꽃피어 있던가. 그 어디가 꽃피어 아름다운 화려한 강토이던가. 그렇지만 본 것이다. 그것이 저렇게 웅대하게 서 있는 데! 그리고 소리 높여 노래한 것이다. 이 땅이 화려한 땅이기를, 무궁화 꽃송이로 향기 중탁한 강토이기를, 그렇게 소리쳐 노래한 것이다. 이렇게 '줄로 재어준 아름다운 구역'[46] 그것을 우리들이 하나님

44) W. L. Swallen (蘇安論, 1865-1954), 하늘가는 밝은 길이, 『찬송가』, 서울: 한국찬송가공회, 제545장

45) 윤치호 편, 『찬미가』, 서울: 광학서포(書鋪), 1907.

으로 받은 기업으로 믿고 수호하기를 다짐하였던 것이다. 이런 비전과 소망으로 뜨거웠던 사람들이 그때는 기독교인들이었다.

1908년에 그렇게 널리 불리어진 찬송가가 있었다.

내 평생 소원 이것뿐 주의 일하다가
이 세상 이별하는 날 주 앞에 가리라.

금보다 귀한 믿음은 참 보배 되도다
이 진리 믿는 사람들 다 구원 받겠네

살 같이 빠른 광음을 주 위해 아끼세
온 몸과 맘을 바치고 힘써서 일하세[47)]

여기 다시 한 번 사크라멘트의 신앙이 확인되었다. 이 찬송은 역사적인 것으로 보면 그렇고, 반대로 초월적인 것으로 보면 또 그것은 그렇다. 평생의 소원은 이 험산준령과 같은 세상에서 주의 일을 하는 것이다. 온 몸과 맘을 바쳐서 최선을 다하는 것이다. 주님의 권능은 압도적이고 절대적이란 것을 믿고 나갔다. 그러고 나서 세상 떠날 때는, 하늘나라 주님 앞에 반드시 선다는, 그런 감격으로 산 것이다. 기독교 신앙의 참모습이 한국에서 정통화할 때의 경로가 이러했다.

14.1.4. 한국교회 정통 확립: 사크라멘트의 신앙

하지만 중대한 사실을 하나 꼭 염두에 두어야 한다. 그리고 그것을 간과하면 한국교회 주류 이해에 커다란 혼선을 가져오는 아주 중요한 대목 하나가 있다.

46) 시편 16: 6.

47) 『찬송가』, 한국찬송가공회, 제376장.

그것은 대부흥이 정치와 신앙이란 차원의 단순한 병립(竝立), 그리고 이질성으로 간주하는 경건주의적 이원성(二元性)에서, 성례적(Sacramental, Communion) 동량(棟樑) 연결을 신앙적으로 건강하게 정착시킨 대전환기였다는 사실이다. 그것은 초월에의 은둔이나 철수가 아니었다. 초월과 역사의 컴뮤니온이었다.

여기서 주목할 것이 이 사크라멘트적인 신앙이 역사 안에서 이질적인 것, 적대적인 것과 공존할 수 있는 정신을 가지게 하였다는 사실이다. 일제 통치가 이제 현실화하는 과정에서 "가시와 찔레와 함께 처하며 전갈 가운데 거"[48]하는 긍정적 세계관을 가지게 되었다는 사실이다.

14.1.5. 한국교회 정통 확립: 공동체적 교회 형태

이 대부흥이 일어났을 때 한국교회는 이 민족적 시련의 비극에서 헤어 나올 수 있는 힘을 획득했을 뿐만 아니라, 장차 계속해서 겪어야 할 숱한 험로를 지나, 지긋이 발 딛고 전진해 나가는 힘과 예지와 담력을 소유하게 되었던 것이다.

그러나 무엇보다도 이 1907년의 부흥은 한국교회의 신앙 형태를 틀 잡게 한 대전환기로서의 위치에 서 있었다. 에딘버러에 모였던 국제선교협의회는 "이제 한국교회는 강직, 담대, 그래서 신생 한국교회의 독자적인 정신의 역사가 시작되었다"[49]고 하였으며, 감리교의 존스 박사는 "이 위대한 사건으로 해서 한국 민족교회의 참된 정신적인 역사가 출발하였고, 한국교회는 그 나름대로의 남다른 특징을 소유하게 되었다"[50]고 지적했다.

한국의 초대교회는 그 신앙의 유형이 "소박한 신앙", "인격적인 경건의 신앙"이니 해서, 그 특징을 개인의 영혼 구원에 두었다고 세계교회는 보아왔다. 그

---

48) 에스겔 2: 6.

49) *Report of Commission I,* World Missionary Conference, Edinburgh: 1910, p. 77.

50) G. H. Jones, The Growth of Church in the Mission Field, *The International Review of Missions,* Edinburgh: Vol. I, No. 3, 1912, p. 416.

러나 이 대부흥의 불길이 고린도전서 12장과 요한서신[51]을 열독(閱讀)하면서 진행된 점이 중요하다. 고린도전서 12장은 성례의 문제를 클라이막스로 한, 몸으로서의 교회에 대한 전거(典據) 노릇을 하는 구절이다. 교회 안의 부조화와 교회간의 문제를 이렇게 기독론적인 교회관의 입장에서 밝힌 것은 우리 교회 안에서 일찍이 들어본 일이 없었다. 하나님과 개개 영혼의 인격적인 관계의 개념에서 교회의 성례적 개념, 교회의 공동체적 개념으로 변했을 때 우리나라의 대부흥이 왔다는 사실은 특기할 만하다. 하나님과 만날 장소는 신도들의 공동체이지 골방이 아니라는 교훈을 한국교회는 체험하고 있었다. 결여되었던 성례의 의미를 한국교회가 발견한 것이다. 불레어 목사는 당시를 회고하면서 "여럿이 아니고 하나인 교회", "나누어져 있을 때 당하는 그리스도의 몸된 교회의 아픔"을 온 교회인들이 보고 체험하였던 것이라고 쓰고 있다.

대부흥의 특징은 죄의 용서와 형제의 허물을 용서하는 일이며, 그래서 사랑을 무엇보다도 깊이 체험하는 데 있었다. 여기 서구 기독교와 한국 기독교 간의 이해 넘치는 화해의 징조도 나타나 있었다. 한 선교사의 회고담에 이런 말이 있었다.

> 나는 아직까지는 서는 서요 동은 동이라는 생각을 해왔습니다. 그러나 이번 대부흥은 나에게 두 가지 사실을 가르쳐 주었습니다. 하나는 한국인의 종교생활과 그 깊은 정서의 순도는 서양에 못지 않는다는 것, 다른 하나는 한국인의 기도생활, 어린이다운 소박한 신뢰의 경건, 이런 것들은 서양 기독교에 오히려 가르쳐 주어야 할 소중한 재산이라는 사실을 알았습니다.[52]

한국 기독교가 유구한 세계 전통의 기독교 역사에 합류했다는 증언이었다. 한데 한국 기독교의 신앙 형태가 여기서 실질적으로 규정되었다는 것은 누구나

---

51) J. E. Orr, *The Light of the Nation*, Grand Rapid: Wm. B. Eerdmans, p. 248.

52) J. Z. Moore, The Great Revival, *The Korea Mission Field*, August 1908, p. 118.

다 시인한다.

이 대부흥의 여파는 국외로까지 뻗쳐 1908년에는 만주(滿洲)에서 현상적인 종교적 부흥운동을 일으켰고, 1910년에는 중국 본토까지 그 열기가 확장되고 있었다.[53)]

이 역사적인 대부흥을 경과하면서 한국의 교회는 그 정치적 체질의 변화를 두 가지 겪게 된다. 그 하나는 교회의 지향이 이제 나라(State)의 독립이나 구국의 이념에서 겨레(Nation)와의 운명적 공감에로 전환하게 된 것이다. 남궁억(南宮檍)의 글에 그 뜻이 나타나 있다.

> 다만 원하기는, 우리 동포는 모두가 다 구주를 독실하게 믿어서 한 몸의 죄와 한 나라의 죄를 속함 받고 주님의 은혜를 감복하야 능히 살신성인도 하여 능히 창생을 구제도 하리니 동포를 사랑하는 범위가 필경 이것 이외 없나니라.[54)]

이제 한국의 교회는 백의의 겨레와 함께 가장 깊은 단심의 연결에서 손잡고 대속(代贖)의 행렬에 고난의 푯말을 앞서 지고 가는 종으로서 자처하게 된 것이다.

14.1.6. 한국교회 정통 확립: 내연-외연

다른 하나는 신앙은 우선 내연(內燃)의 과정을 거쳐서 그것이 자동적으로 외연(外延) 참여하게 된다는, 그런 신앙 원형의 설정이다.[55)] 이때로부터 한국의 교회는 도덕적 기품을 심화시키는 데에 크게 기여하게 된다. 부흥회 자체가 복

---

53) K. S. Latourette, *A History of Christian Mission in China*, New York: MacMillan, 1929, pp. 574, 619.

54) 서호문답(西湖問答), 『대한매일신보』, 1908년 3월 12일자.

55) 헐버트는 이런 형태의 신앙만이 복음으로서의 정치적 의미와 동력을 가진다고 본다. H.B. Hulbert, Missionary Work in Korea, *The Korea Review*, October 1906, p. 364.

음 전파적 요소보다는 신앙공동체 안에서의 내적 순결과 참회 그리고 영적 단련을 표방했기 때문에, 인품의 정화가 수반되었다는 점에서도 그렇지만, 비정치화의 방향이 결국은 내적 차원의 신앙 구도 설정을 처음부터 그 기조로 하고 있었기 때문이다. 하지만 중요한 것은 일단 내연의 신앙이 있으면 그 동력은 자체의 폭발력에 의해서 밖으로 터져 나가, 그 콘텍스트 안에서의 상관 계수에 따라 현상화한다는 사실이다. 그래서 이것은 또한 신앙현상학이라고도 할 수 있다. 다시 말하면 상황에 따라 필요한 현상으로 실체화한다는 사실이다. 그것이 상황 따라 정치화하였을 경우도 무시할 수 없다. 3·1 독립운동 당시의 보수 복음주의계의 대거 참여가 그런 것이었다.

이때 급증한 교세는 다음과 같았다.

대부흥기의 교세 증가표[56)]

연대	교회수	전도인수	세례 교인수	학습 교인수	헌금(원)
1905	321	470	9,761	130,136	1,352,867
1907	642	1,045	18,964	99,300	5,319,785
증가율(%)	100	111.2	98	155	198

교세 증가는 1905년에 비해서 1907년이 무려 140%라는, 상상을 초월한 성장으로 기록되고 있었다. 비정치화 이후의 이런 급격한 교회 성장은 교회가 그 호소력을 집중해야할 곳이 인간의 내적 영적 세계라는 것을 여실히 입증해 준다. 대부흥을 계기로 교회를 떠난 사람들은 본래 종교적 동기가 전혀 없었던 사람들이었음이 또한 들어났다.

56) H. G. Underwood, *The Call of Korea*, New York: Fleming H. Revell, 1908, pp. 146-148에 의거.

14.1.7. 신생한 한국과 일제의 대결 구도

이 대부흥운동의 민족사적 의의에 대하여 윌리암 엘리스(W. T. Ellis)[57]는 더할 나위없는 격앙된 언사로 이런 글을 만방(萬邦)에 타전한다.

> 지금 기독교가 한국의 성품(Character)을 바꾸어가고 있습니다.[58]

한국에서 기독교는 이제 당연한 일상사(Normal Thing)가 되고 있었다.[59] 그 변화는 실질적이고도 심원하였다. 사람 그것이 바뀐 것이다. 다들 얼굴에 환한 빛이 서리어 있었다. 여기에 사도시대가 열리고 있다고 이구동성 열창이었다. 그때 한국(Korea)이라는 말은 세계 도처에서 '환상처럼 들린 단어'였다.[60] 1892년의 네비우스 방법으로 근대시민 중산층이 형성되고, 1905-7년 대부흥을 통해서는 근대적 인간이 형성되었던 것이다.

이런 변화는 이제 그때로서는 기약할 수 없는 일제의 장구하고도 표독한 식민통치 아래에서 그 형극을 이겨나갈 수 있는, 그런 신앙과 정신의 자세를 확립하였다는 사실이 된다.

> 몇 년 전만 해도 일본의 흉도(凶圖)가 성공하였을 것입니다. 그러나 이제는 아닙니다. 절대 아닙니다. 일본은 한국을 타작할 만한 그런 힘(기독교가 한국을 변화시킨 것과 같은)이 없습니다.[61]

---

57) *New York Tribune*, *Philadelphia Press*의 저명한 극동 특파원.

58) *The Annual Report of the Board of Foreign Mission Presbyterian Church in the U.S.A.*, 1907, p. 283; 1908, p. 312.

59) W. T. Ellis, Korea: The Unique Mission Field, *The Missionary Review of the World*, February 1908, p. 97.

60) J. K. Gerdine, A Great Religious Awakening, *The Korea Mission Field*, August 1908, p. 127.

61) W. T. Ellis, *op. cit.*, p. 98.

일제는 이제 동양의 패권으로 급부상하고 있었다. 반면 한국은 동양에서 가장 두드러진 기독교의 생명력으로 갱신된 신앙적 패권으로 급부상하고 있었다. 이 두 세력은 평행할 수 없었다. 일제는 한국을 병들게 하고 경멸하며 그 멸종을 꾀하고 있었지만, 한국은 정의와 투명성 그리고 공공정신, 타오르는 애국심과 보편적 세계이념으로 그 골격을 삼아 약진하고 있었기 때문이다.

인간의 본성 그리고 그 죄악성에 대하여 진실과 깊이로 통렬하게 알게 되고, 그런 비참과 흑암에서의 구원의 길을 알고 나면, 인간은 달라지는 것이다. 그리고 강해지는 것이다.[62] 개인적으로도 민족적으로도 그렇다.

14.2. 교회의 조직과 연합과 선교

14.2.1. 교회의 조직

이처럼 타오른 신앙의 불길을 보존하고 포괄하고 껴안아서 계속 그 힘을 조절 방출 하되 계속 가꾸어야 할 메카니즘이 필요했다. 조직의 힘이 그것이다. 부흥의 불길이 전국에 파급되기 시작한 1907년은 한국교회사에서 하나의 전환점을 이루고 있다. 우리는 그것을 교회 조직과 연합 및 선교, 이런 각도에서 살펴 볼 수 있다고 생각한다.

우선 침례교회에서는 대부흥과 직접적인 인화(引火) 연결이 없었던 것 같지만, 1906년 강경(江景) 교회에서 첫 대화회(大和會)를 개최하고, 교단 명칭을 '대한기독교회'라 하고 펜위크(M. C. Fenwick) 선교사를 초대 감목(監牧)으로 추대하였다. 그리고 교회본부를 원산에 두고 한국과 남 북 만주, 그리고 러시아의 시베리아를 전도 지역으로 삼을 것을 결정하였다.[63] 한국교회 변두리를 그 선

---

62) J E. Kittridge, Traveller's Impression in Korea, *M.R.W.*, Feb. 1908, p. 111.

63) 김용해 편, 『한국기독교침례회사』, 서울: 1964, p. 15.

교 지역으로 삼은 데에는 이미 전도 구역을 결정하고 있었던 다른 선교회와의 예양(禮讓)을 위해서였고, 더구나 외지 선교에 대한 열의가 충천하고 있었기 때문이다.

성결교회는 1907년 5월에 그 첫 선교를 시작하였기 때문에 이때에는 조직 강화의 단계에는 아직 미치지 못하고 있었다.[64] 하지만 1908년 11월에 '경성성서학교'가 설립되더니 1911년 4월에 공식 개원이 있었고,[65] 1910년 4월에는 최초의 성결대회가 개최되는가 하면,[66] 1910년 12월에는 영국인 존 토마스(J. Thomas)가 복음전도관의 감독(Superintendent)으로 부임하여 교회 발전에 박차를 가해 갔던 것이다.[67] 그러나 그때 성결교회는 아직 미조직 상태였고, "아직 헌법이 업섯고 정치 회의도 업섯고 오직 감독이 만사 결재"[68]하는 형편이었다.[69]

성공회는 1908년에 이르러 전국을 서울, 강화(江華), 수원 및 진천(鎭川) 등 4개 지역으로 나누어 그 지역 관할 사제 아래 두게 하면서 조직 체제로 들어갔다.[70] 그리고 1909년에는 터너(Arthur B. Turner, 端雅德: 1862-1910) 주교의 강력한 주장에 따라 교회 자립의 원칙을 확립하면서,[71] 9월 27일에는 전도사회의, 11월에 각 교회 회장회의, 그리고 1910년 초에는 각 교회 대표와 성직자회의를

64) 그 처음 선교시기에 『대한매일신보』로부터 친일과 시대역행의 오해를 받은 일이 있다. 가령 그 논설, 종교계의 요물(妖物), 1909년 4월 21알자; 소위 동양전도관, 1909년 9월 14일자.

65) 김성호, 『한국성결교회사』, 1992, pp. 153, 188, 189.
Mrs. J. Thomas, Opening of the Oriental Mission Bible Institute, Seoul, *The Korean Mission Field*, December 1912, p. 351.

66) *Ibid.*, p. 789.

67) *Ibid.*, pp. 149, 186.

68) 이명직, 『조선예수교동양종교회 성결교회 약사』, 동양선교회 출판부, 1929, p. 17.

69) 김성호는 1914년에 가서 성결교회에 분명한 규약이 있었던 것이라 본다. 김성호, *op cit.*, p. 198.
그러나 성결교회의 조직은 1921년 9월의 일이다. 이천영, 『성결교회사』, 서울: 기독교대한성결교회 출판부, 1970, p. 36.

70) Our New Map, *Morning Calm*, October 1908, pp. 175-179.
이재정, 『대한성공회100년사』, 1990, p. 86.

71) 주교통신, 『종고성회(宗古聖會)교회월보』, 1909년 6월호, pp. 10-11.

소집하여 의회를 구성하였던 것이다.[72]

이 첫 의회에서는 교회의 명칭을 종래의 '대한종고성교회(宗古聖教會)'에서 '대한성공회'로 개칭하고, 금식 규칙의 준수, 교리 교육의 기본 과정 제정, 3단계 의회 구성의 원칙(교구의회, 지역의회, 전도구의회), 재무위원의 구성 등을 결정하였던 것이다.[73]

감리교는 이 성령강림 부흥회보다 앞서서 교회 조직에 나섰었다. 1901년 북감리교는 김창식(金昌植, 1857-1929), 김기범(金基範, 1868-1920) 두 사람을 집사목사로 장립하여 입교예식과 결혼식 거행권을 부여하였으며, 1904년에 연회(年會)를 조직하여 초대 감독에 해리스가 취임하였던 것이다. 남감리교는 1897년 9월 10일에 벌써 제1회 지방회를 경성(京城, 서울)에서 개최하고, 선교 구역을 경성 구역, 개성 구역, 및 개성 연환(連環)으로 구획한 바 있고, 1897년 12월 8일, 리드(C. F. Reid, 李德: 1849-1915) 박사의 서재에서 남감리교 조선선교연회가 제1회로 회집되고 있었다.[74]

따라서 감리교는 이 부흥과 교회의 기구적인 조직과의 사이에 직접적인 인과관계가 없는 것처럼 보인다. 다만 1904년 조선지방회에서 김흥순(金興順, 1860-1939)에게 전도사 인허장(認許狀)을 주어서 남감리교 최초로 한국인 교직을 인정한 사실이 있었다. 그러나 이로 해서 북감리교는 1907년 미이미(美以美)교회라는 명칭을 바꾸어 남감리교와 마찬가지로 '감리교회'라고 개칭하였으며,[75] 1907년에는 남 북 감리교가 연합하여 "조선인 교역자를 양성하기 위해서" 신학당을 설립하기로 가결했는데, 이것이 감리교 협성신학교의 시작이었다.[76]

---

72) 이재정, *op. cit.*, pp. 89-90.

73) Conference 1910, *Morning Calm*, April 1911, p. 63.

74) 양주삼, 『조선남감리교회 30년 기념보』, 경성: 조선남감리교회 전도국, 1930, pp. 55, 57.

75) *Ibid.*, p. 61.

76) *Ibid.*, pp. 26, 28. 그런데 1910년 서울의 냉동(冷洞)에 기지를 미화 60불로 매수하여 협성신학교를 설립하게 되었다. 1932년에는 이 신학교가 협성여자신학교와 합병해서 감리교신학교가 된다.

장로교의 경우는 이 부흥회가 결정적인 교회 조직의 전기 노릇을 하였다. 돌이켜 보면, 1901년에 장로회선교공의회는 평양에 신학교를 설립하여 장래 한국교회 교역자의 양성을 추진하고 있었는데, 이들의 졸업을 앞두고서 한국교회 독립을 계획하지 않을 수가 없었다. 장로교 헌법에 의하면, 한국 목사는 선교 본국 노회의 한 회원으로 안수하든가, 아니면 한국의 독립된 노회에서 안수를 받게 하든가, 둘 중의 하나를 선택하지 않으면 안 되었다. 본국 교회는 독립 노회의 설립을 여기서 인준하게 되었다.

이러한 배경을 두고 1907년 9월 17일 평양의 장대현교회에서 '대한국 예수교 장로회노회'(獨老會)가 조직된 것이다. 네 장로교 선교회(미국 남·북 장로교, 호주 장로교, 캐나다장로교)와 그 곳 총회의 인준으로 설립된 독노회에서는 신학교 제1회 졸업생 7명 곧 서경조(徐景祚 1852-1938)[77], 한석진(韓錫晉, 1868-1939), 양전백(梁甸伯, 1869-1933), 방기창(邦基昌, 1851-1911), 길선주(吉善宙, 1869-1935), 이기풍(李基豊, 1865-1942), 송인서(宋麟瑞, 1867-?), 이들을 목사로 장립한 것이다. 그리고 세계교회와의 유대를 실현하기 위하여 만국 장로교연합공의회에 대하여 독노회의 조직을 통지하고 그 명부에 기입해 줄 것을 요청하였던 것이다.

교회의 세계성은 벌써 실재가 되고 있었다. 이 독노회의 초대 회장에 선출된 사무엘 모페트 목사는 그의 취임 설교에서 "이 노회는 교회의 머리되시는 주 예수 그리스도를 힘입어, 십자가를 튼튼히 의지하고 견고하여 흔들리지 말고, 세상사람 앞에 영화로운 빛이 되며, 하나님 앞에 거룩하고 정결한 노회를 이루어야 하겠습니다"[78]라고 다짐하고 있었다.

교회의 유기적 통일성에 대한 의식은 대부흥 본래의 주류와 다름이 없었다. 한국교회의 정확한 개념의 정의는 없었어도 공동체적인 사회적 교회, 그리스도의 몸으로서의 교회 신앙에로 획기적인 방향 전환을 한 것이었다. 실로 "한국

77) 최초의 성서 번역자 서상륜의 친동생, 본명 서상우(徐相佑).
78) 『대한예수교장로회노회 회록』, 1907, p. 3.

교회사의 대전환기"[79]였다.

더구나 인상적인 것은 조직 확립에 있어서 실제로 가시적인 교회당 건축도 눈부시게 진행되고 있었다.[80] 기구, 그것은 절대로 비껴놓을 수 없는 기독교 신앙의 필수 기반이었다.

독노회 창설 당시의 교세는 선교사가 32명, 한국인 목사와 장로가 40명, 학습교인이 21,482명, 보통교인이 69,098명, 세례교인이 17,890명이었다. 교회 수는 조직된 것이 38개 처, 미조직 교회 수 984개 처였으며, 각급 학교 수가 402개 교요, 그 학교에 등록된 학생 수는 8,611명에 이르고 있었다. 더구나 이런 정도의 교세를 가진 교회가 1906년도에 낸 헌금 총액은 94,227원으로 미화로는 47,113 달라에 이르는 막대한 수치였다.[81]

14.2.2. 교파 간의 협력

그 뿐만이 아니다. 이 성령의 강림과 함께 진행된 부흥회나 사경회 때마다 장로교와 감리교 및 다른 교파의 교인이 언제나 자리를 함께 하고 있었다. 더욱이 1907년 이후 평양에 있는 병원은 장로교와 감리교가 공동 운영하기로 했으며, 교육 사업에서도 장감(長監) 양 교회의 연합은 훌륭히 진행되었다. 사실 교육에서의 교파 간의 협조는 장차 교회 연합을 가능하게 할 전초적인 역할을 다하고 있었으며,[82] 교회 연합이 훗날 실현되지 못한 단계에서도 그 수치의 일단

---

79) 모페트 목사가 안식년으로 체미(滯美)중이던 언더우드 목사에게 보낸 서한의 첫 구절. H. G. Underwood, *The Call of Korea*, p.172.

80) 1907년-1908년에 교회 전체 결산은 $40, 594.87인데, 그 중 교회 건립과 수리에 $15,421.60이 씌워졌다. 거의 40%에 육박하는 액수다. H. G. Underwood, Korea's Crisis Hour, *The Korea Mission Field*, September 1908, p. 131.

81) H. G. Underwood, *The Call of Korea*, p. 173.
당시 한국인의 하루 일당(日當) 액은 15~25센트였다. H. G. Underwood, Korea's Crisis Hour, *op. cit.*, p. 131.

82) J. S. Dennis, *The Modern Call of Missions*, New York: Fleming H. Revell, 1913, p. 200.

을 씻는 영광된 기록을 작으나마 남긴 일로 기억되었다.

선교회 간의 지역분할이 마지막으로 매듭을 지었던 것도 이때의 일이다. 1905년에 미국 북장로교와 북감리교가 평안도 북쪽의 지역을 나누어 연변, 박천 지역이 북감리교 선교 지역으로 이전되었으며, 1907년에는 남감리교와 북장로교 사이에 협약이 이루어져, 강원도의 3분지 2 가량과 서울 이북의 경기도 지역이 남감리교에 이관되었다. 그리고 1908년에 와서는 남감리교와 캐나다장로교 간의 협정이 이루어져 원산 남쪽의 지역이 남감리교로 옮겨지고, 그 이외의 함경도 지역 전체가 캐나다장로교 구역으로 획정(劃定)된 것이다. 다소의 차이는 있었으나 그 지역의 지역 분할은 1890년대의 선을 유지하고 있었다. 이 전역(轉域) 조정이 한때 혼란을 야기하기도 하였다. 수백 수천의 교인이 하루아침에 난데없이 딴 교파의 교인으로 바뀌는가 하면, 교회의 재산 일체가 한꺼번에 명의 변경되는 이변(異變)이 수반하였다. 그러나 이러한 이변이 "완전히 호의의 감정으로"[83] 수행된 것은 놀라웠다.

14.2.3. 선교의 교회

이러한 교회의 조직과 그 성실한 연합의 줄기를 따라서 한국교회는 훌륭한 선교의 교회임을 만방에 과시했다. 성령의 불길이 이제 조직의 메카니즘으로 보존되고 저장되면서 그 힘이 방출되는 통로가 선교로 나타났던 것이다. 한국교회의 영광은 자립선교에 있었고, 그 개개인의 증언에 있었다. 세계기독학생운동의 대선각자요 근대 에큐메니칼 운동의 개척자 중의 한 사람인 존 모트(J. R. Mott)는 1907년 한국을 방문하고 이런 말을 남긴다.

---

83) A. J. Brown, *The Mastery of the Far East*, 1919, p. 549.
Cf. *The Annual Report of the Board of Foreign Missions Presbyterian Church in the U.S.A.*, 1909, pp. 272, 277.
The Minutes of the Korea Mission Presbyterian Church in the U.S.A., 1909, pp. 48ff.

> 한국을 생각해 보십시오. 그 나라에는 지금 전국적으로 영적인 부흥의 물결이 휩쓸고 있습니다. 만일 오늘날 한국의 기독교가 이만한 속도로 계속 성장하게 된다면, 한국은 근대 선교 역사에서 비기독교국으로서는 완전히 복음화된 유일한 나라가 될 것입니다.[84]

모트는 "이 세기 안에 전 세계를 기독교화!"라는 표어를 외친 사람으로 유명한 분이다. 그런데 그 표어를 세우게 한 확신과 동기는 바로 한국교회의 성장에 있었던 것이다. "이 세기 안에 전 세계를 기독교화 시킬 수 있다는 가능성은 한국에서의 장로교의 성장을 보고서는 누구나 확신할 수 있습니다."[85] 이것이 그의 진실하고도 확신에 찬 고백이었다.

한국교회는 이렇게 선교의 교회로 등장했던 것이다. 불레어 목사는 "새로운 한국교회(장로교회)의 첫 모임(獨老會)은 사실상 선교사를 보내는 모임이었다"[86]고 회고하고 있었다. 선교의 열의는 온 교회를 휩쓸고 있었다. 사실 이 첫 노회에서 안수 받은 일곱 사람 중의 한 사람인 이기풍 목사[87]는 제주도로 선교하러 떠났던 것이며, 또 이 첫 독노회는 제일 중요한 안건으로 선교부를 심의 설치했던 것이다. 1909년의 노회에서는 최관흘(崔寬屹, 1877-?) 목사를 해삼위(海蔘威: 露領)의 유리하는 동포에게 선교사로 파송하였으며, 평양 여전도회는 이관선(李寬善)을 제주에 파견하여 전도하게 했고,[88] 한석진 목사를 일본 동경에

84) J. R. Mott, *Addresses and Papers*, Vol. II, Student Volunteer Movement for Foreign Missions, New York: Association Press, 1946, pp. 326-327.

85) *Ibid.*, p. 310.

86) W. N. Blair, *Gold in Korea*, p. 71.

87) S. A. Moffett(마포삼열) 목사는 "16년 전 평양 거리에서 나에게 돌을 던졌던 그 사람이 바로 한국장로회의 최초의 선교사"라고 회고. H. G. Underwood, *The Call of Korea*, p. 173.

88) 평양에 4개 교회를 중심으로 1909년 한국여전도회 조직하고 선교사를 파송.
The Annual Report of the Board of Foreign Missions Presbyterian Church in the U.S.A., 1909, p. 286.

파송하여 그곳 한국 유학생들에게 석 달 동안 전도하게 하였으며, 후에 계속 만주의 간도(間道) 등지에도 선교사들을 파송했던 것이다.[89]

감리교의 경우도 그랬다. 북감리교는 1907년에 국내선교회를 조직하여 아직 복음이 미치지 못한 곳에 있는 한국인들을 상대로 전도활동을 전개했으며, 3년 후에는 그 명칭을 '한국감리교 내외선교회'라 개칭하고 손정도(孫貞道, 1882-1931)[90] 목사를 중국에 파송, 선교하게 했던 것이다. 남감리교에서 북간도에 이주하는 한국인들을 위해서 선교사업을 시작하기로 하고, 이화춘(李和春, 1871-1956) 전도사와 매서인(賣書人) 두 사람을 파송한 것은 1908년의 일이었다.[91] 영국 애버딘의 엘리자베스 키이스(E. Keith) 여사는 한국이야말로 기독교로 전향하고 외국에 선교사를 보내어 전도한 최초의 이교국(異教國)이라 주장하면서, "중국 사람들은 서구 선교사들보다는 오히려 한국에서 온 기독교인들에게 복음을 더 듣고 싶어했다"[92]고 밝혔다. 여기 다른 한 선교사의 말을 들어 보자.

> 한국이 아세아 세계의 발전에 대해서 차지할 중대한 위치를 현재로서는 알고 있는 사람이 별로 없습니다. 역사에는 한 백성이 비록 나라의 독립을 상실하면서도 세계의 삶에 심원한 영향을 준다는 사실을 보여 주는 경우가 많습니다. 한국은 결정적인 기회에 놀라운 영향을 미칠 날이 있을 것을 분명히 보여 주고 있습니다. 한국이야말로 아세아 복음화에 절대적인 공헌을 남길 날이 멀지 아니합니다.[93]

---

89) 이 밖에도 해외선교의 단편적인 기록들이 많다. 가령 방화춘이라는 사람은 1910년대에 캘리포니아에서 한국인 상대의 전도를 하다가 멕시코에까지 가서 선교한 기록이 있다.
The Annual Report of the Board of Foreign Missions Presbyterian Church in the U.S.A., 1910, p. 280.

90) 협성신학교 제5회(1917) 졸업, 동대문교회, 정동교회 목사를 거쳐 1920년에 상해임시정부의 교통총장 역임. 그 아들이 6·25사변 중 해군참모총장 손원일 제독.

91) 이태산, 『이화춘 목사의 생애』, 서울: 성결교회 인쇄실, 1958, p. 34.
그러나 이 사업은 1909년 캐나다장로교 선교부에 이관. 양주삼, *op. cit.*, p. 27.

92) E. Keith, *Old Korea*, London: Hutchson, 1946, p. 22.

93) *The Report of the British and Foreign Bible Society*, London: Vol. 104-105, 1908-1909, p. 328.
Cf. *The Korea Mission Field*, March 1908, p. 33.

아세아 여러 나라에 대한 한국 기독교의 사명은 이때 이렇게 절박하게 확인되고 있었던 것이다. 그것이 지금에는 세계를 지향하게 된 그 광활한 비전의 첫날의 불꽃이었다.

14.3. 한국 민족교회 형성의 좌절

사방 어디를 둘러보아도 한참 줄기차게 뻗어가던 교회 일치의 기운이 맥없이 꺾이는 듯한 환멸이 찾아들 곳이라고는 아예 없는 것같이 느껴졌던 때가 있었다. 그런데 교회일치위원회 의장이었던 스왈런(W. L. Swallen) 목사가 "한국에서 감리교와 장로교가 그 교리의 조화를 찾는 데 어려움이 개재한다고 보지는 않는다"[94]고 했을 때, 거기 무언가 이 꿈이 흩어지는 듯한 여운이 흐르고 있었다. 이 나라에서 선교가 "협조해서 궁극적인 일치를 가져올 때 비로소 도덕적이요 지적이요 사회적인 활동의 결실"[95]이 나타날 것이라고 하는 기대는 그 투철한 관찰의 정묘에도 불구하고 퇴락해가고 있었다는 인상이다. 결국 통일된 한국 기독교회의 단일한 형성은 세상에 태어나지 못하고 말았다. 그 실현을 막는 조건이 셋 있었다.

그 하나는 한국에 나와 있는 선교사들 본국 교회들의 주저였다.[96] 이 때문에 선교사들은 이 일을 적극적으로 추진할 수가 없었고, 결국 교파의 다양성을 그대로 한국에 이식하고 말게 된 것이다. 감리교의 경우는 그래도 교파 이식의 아쉬움을 모면할 일말의 정황이 가로 놓여 있었다. 왜냐하면 이 교회는 한국에서 장로교회의 경우처럼, 선교회가 연합하여 단일한 한국 감리교회를 설립하지

94) *The Annual Minutes*, The General Council of Protestant Evangelical Missions in Korea, 1907, p. 25.

95) H. B. Hulbert, *The Passing of Korea*, 1906, p. 460.

96) 그러나 장로교가 네 선교부의 병립(북장로교, 남장로교, 호주장로교, 캐나다장로교)에도 불구하고 단일한 한국 장로교회를 세운 것만이라도 커다란 성과이다. *The Korean Mission Field*, March 1908, p. 33.

않고 있었기 때문에, 각각 본국의 교회의 한 연대적 부분으로 교권상 해석되고 있었기 때문이다. 따라서 한국 기독교회의 단일 형성에 적극 동의한다 해도 이 연합 일치 이전에 모교회와의 단절 수속을 선행시켜야 한다는 전제가 있었다. 그런데 열렬한 일치의 추진자 레이놀즈가 속한 남장로교가, 여기에 대한 반응으로서는 가장 부정적인 강경 자세를 보이고 있었다.

> 이들이 하나의 단일 교회를 세우겠다는 생각이 엉뚱한 데에 놀랐습니다. 그래 그 '한국 기독교회'의 정체(政體)는 무엇이 될 것이고, 그 새 교회 신조는 어떤 것이 된다는 말입니까. 미국에서 현재 피차 가지고 있는 감리교와 장로교의 교리적 차이점을 어떻게 하고, 교리의 일치를 말하는 것입니까.[97]

미국 남장로교회는 한국선교공의회에 대해서도 공식적으로 공한을 보내어, "후일에 여차히 타 교회와 연합ᄒᆞ야 쟈유교회를 설립ᄒᆞᄂᆞᆫ 것이 가ᄒᆞ나, 지금은 유안(留案)ᄒᆞᄂᆞᆫ 것이 위호(爲好)"[98]하다는 뜻을 전달해왔다.

이것이 바로 두 번째의 조건과 연계된다. 세계 교회는 그 당시 보편적으로 기구적인 교회 일치에 별로 관심이 없었던 것이다. 선교 정책과 방법에서의 불일치는 심각할 정도였다.

셋째로는 선교사들의 입장이었다. 이들은 교회 일치라고 하는 것은 외부의 강요에 의해서 수행될 성질의 것이 아니고, 앞으로 설립될 민족적인 독립 한국교회는 한국교회 스스로의 자유로운 결단에 의해서 구체화되어야 한다고 말하고 있었다. 더구나 이들은 한 걸음 더 나아가서 한국인 자신들이 이 교회 연합에 별로 관심이 없다고 보았다. 1906년 북장로교 선교회에서는 이 기구적 통합은 "1907년 한국 장로교회가 독립 설립될 때까지 기다린다"고 의결했던 것이다. 선교회가 아닌, 민족의 교회가 결정할 성질의 것을, 그때 현재로서는 문제

97) S. H. Chester, Church Union in Korea, *The Missionary*, March 1906, p. 207.

98) 1904년 『공의회 영문회록』, pp. 31-33.

로 제기할 수 없다는 정책적 고려가 거기 있었다.

그런데 이 '한국 기독교'의 문제는 장로교 독노회의 설립 과정에 벌써 유형적으로 명백하게 드러나 있었다. 거기에 문제점이 세 가지 포함되어 있었다.

그 하나는 신경(信經)과 정치 헌장이다. 1905년의 공의회는 신경을 새로이 제정하지 않고, 그 해 몇 달 전에 조직된 인도 자유장로교회에서 채용한 것과 꼭 같은 '12신조'라는 것을 1907년의 한국 독노회에서 채택하게 하였던 것이다.[99] 그 이유로서 이 공의회는 이 신경이 "아세아 각국 장로회의 신경(信經)이 되야 각 교회가 호상(互相) 연락ᄒᆞᄂᆞᆫ 기관이 되기를 옹망(顒望)"하기 때문이라고 하였다. 그래서 기독교 신앙에 우리의 정서가 배이고 거기 배달의 얼이 젖은 한국인의 신경을 만들지 못하고 말았던 것이다.

이 '12신조'의 특색은 그 강직한 칼빈주의적 신앙에 있었다. 하나님의 절대성, 그리스도의 대속적(代贖的) 화해, 성령의 이중적 은사와 교회론의 핵심성, 예수님의 동정녀 탄생, 부활, 재림의 엄격한 신앙, 예정과 심판의 생생한 확신, 신·구약 성서의 절대 권위, 원죄의 심각성과 최후심판, 성찬의 기념적 요소, 이런 것들이었다.[100] 이 신조는 아직도 장로교에서 그대로 채용되고 있다. 그리고 실제로 우리들 신앙에 체질화하고 있음도 사실이다.

교회 정치의 규정도 그랬다. 웨스트민스터 정치규범의 적용은 장로교의 경우 마땅히 완전하여야 함에도 불구하고, "이 정치ᄂᆞᆫ 태중(太重)ᄒᆞᆫ 부담이 되야 유약(幼弱)ᄒᆞᆫ 교회가 감당키 난(難)ᄒᆞ니 맛당히 몇 개년 후 교회가 성장ᄒᆞ야 장로회 교리에 익숙해지고 나서"[101] 제정해야 할 것이라고 미루었다.

둘째는 선교사들의 태도였다. 독노회의 설립은 그때까지 치리권(治理權)을 전유(專有)하고 있었던 선교공의회에서 치리와 조직의 권한을 "일체 위임"[102]받는

---

99) 1905년 『공의회 영문회록』, p. 37.

100) 웨스트민스터 신경과 성경요리문답 대소(大小) 책자를 모방하여 편성한 것. 전문(全文)은 예수교 장로회 헌법을 참조할 것.

101) 1906년 『선교공의회, 영문회의록』, p. 13.

다는 조건에서 이루어졌던 것이다. 그러나 이 노회와 선교회와의 완전 단절은 쉽지 않았다. 선교사들은 치리 권한을 계속 장악하고 있었다. 한국교회의 교회 정치적 미숙에 불안하였기 때문이었다. 하지만 거기 주저의 빛이 있었다. 일단 노회가 조직된 이상 그 노회에 특별한 권한 행사 없이 협력하든가, 아니면 모교회(母敎會)에서 이명(移名)하여 한국교회의 치리를 받았어야 했다. 1888년 만국 개혁장로교협의회(The Alliance of Reformed Churches)는 이미 선교사들이 그 피선교국 교회 노회에 "충분하고도 완전한 회원권"을 가져야 한다고 의결한 바 있었다.[103] 이것은 권리보다는 의무에 치중한 결정이었다. 하지만 한국에 나와 있는 선교사들은 어느 쪽도 아니었던 것으로 보인다. 1923년 한국교회는 그의 공식문서인『조선예수교장로회사기』속에서 이런 쓴 말을 하고 있었기 때문이다.

> 선교사 제군(諸君)의 공과 힘이 진실로 의롭고 감사한 것은 네 장로파가 문호를 각기 따로 세우지 않고 합동하여 한 총회를 이룩함이, 하나님의 뜻을 성취한 의거요 성사(盛事)이다.
>
> (그런데) 조선야소교 장로회 총회가 조직한 후에는 독립하야 어떤 전도국(傳道局)에도 속하지 않은 것은 사실이며, 선교사 제군이 역시 스스로 증명하는 바인데, 하고(何故)인지 선교사 제군이 자기 노회와 전도국에서 이명(移名)치 않고 엄연히 조선총회와 노회의 회원이 되며, 또 회원이 될 때에는 그 회에 속함이 분명한 것인데, 하고(何故)인지 조선노회와 총회가 치리할 권이 없다 함으로 이로 인하야 모순이 심하지 아니한가. 이는 무타(無他)라 선교사 제군이 조선교회를 동인시(同人視)하며 형제시하지 않고, 야만시하며 노예시함이다.
>
> 선교사 제군이여, 성신으로 시작하야 육체로 결국하려느냐. 속히 회개할지어다. 이 밖의 개인의 부족은 거론하지 아니하노라.[104]

---

102) 독노회 조직 직전의 공의회 의결,『장로교회사전휘집』, p. 46.

103) *Organization of Native Churches and Their Relations to the Churches at Home*, Alliance of the Reformed Churches holding the Presbyterian System, 4th Meeting, London: 1888, p. 180.

104)『조선예수교장로회사기』, 하(下), 한국교회사학회 영인 편간, 1968, p. 54.

한국교회가 그 1923년에 이렇게까지 대담해지고 냉정해질 수 있었던가 하는 것이 놀랍다. 한국교회 불만의 수준이 더 이상 갈 수 있는 데가 없는 데까지 이르고 있었다는 생각 때문이다.

선교사와 한국교회와의 관계는 교파마다 달랐다. 성공회는 본래 선교교회로 그 교권적 해석을 내리고 있었기 때문에 한국교회나 선교사가 다 '선교'의 주체로서 이해되고 있었다. 감리교의 경우는 남북을 불문하고 그 선교사들이 한국교회의 치리를 받고 있었다. 다만 장로교의 경우에 한해서 선교사들은 한국과 그들 본국 교회 양쪽에 동시에 속해 있었다.

셋째, 역시 선교사들, 더구나 그들의 신학교육정책에 있었다. 평양에 세운 장로교의 신학교는 1902년에 가서야 김종섭(金宗燮)과 방기창(邦基昌) 두 사람을 데려다가 매년 3개월씩 5년제 과정[105)]으로 교수하기 시작했으나, 그 신학교육의 원칙은 1896년 남장로교의 레이놀즈(W. D. Reynolds, 李訥瑞: 1867-1951)가 규정한 일곱 가지 정책 속에 이미 그 골격이 다듬어져 있었다. 그 대의는 다음과 같았다.[106)]

1. 목사는 영적인 경험을 가진 영적 인간(Holy Ghost Man)일 것.
2. 성서 말씀을 핵심적으로 가르치되, 기독교회 중심의 역사와 진리를 철저히 교수할 것.
3. 목사의 교육 정도는 한국 교인의 지적 수준에 상응하게 할 것이요, 지나치게 부러움의 대상이 되거나 서로 어울리지 아니할 정도로 높은 교육은 유보할 것.

당시 한국교인의 지식 수준이라는 것은 교회원의 성분 구성이 대개 서민과 하류층이었다는 사실을 생각하면 짐작되는데, 거기 목사의 수준을 맞추게 한다는 뜻은, 어떤 간곡한 심정의 표현일 것으로 보인다. 목사와 교인들 사이의 지

105) *Ibid.*, p. 46.

106) W. D. Reynolds, The Native Ministry, *The Korean Repository,* 1896, pp. 199-201.

적 간격이 기독교 자체의 접근에도 거리감을 줄 수 있었기 때문일 것이다.107) 새롭게 도입되는 기독교의 첫 인상은 우리들 어느 누구와도 가까이 있다는, 그런 동류감을 바탕으로 해서 그 영혼에 뚫고 들어오는 것이 아니면 안 되었을 것이다. 여기에 시대 경륜의 한 고심이 보인다. 언젠가는 목사들에게 고등교육이 필요하게 될 것이다. 그러나 그 초기, 학교교육이란 것이 겨우 초등학교 정도로 시작하던 그 무렵에는, 이런 깊은 사려로 기독교의 정착을 고심한 모습이 역력하다. 이런 의미에서 목사들의 외국 유학은 짐짓 보류되었다.108) 행여나 목사직이 출세의 편법으로 혹시나 이용될세라 조심한 흔적이 보인다.

우선은 선교가 화급하였다. 신학적인 훈련이 현상적으로는 늦추어진 까닭을 이해하는 데 어려움은 없다. 이런 점을 에딘버러에 모였던 세계선교협의회에서도 분명하게 지적하고 있었다.109)

14.4. 한국에서의 교파교회 정착

그러나 우리는 결국 알고 있는 것을 말을 할 때가 온 것이다. 교회가 단일한 교회로 발전하기를 가슴 태우며 계획하고 추진한 것은 우선 선교사들이었다. 그런데 그들이 결국 그 통일작업을 보류시킨 것이다. 그 까닭이 평범할 것 같지가 않다.

그래서 잡히는 것이 하나 있다. 1905년 일제는 한국을 그 보호령으로 만든다. 일제는 세계에서 가장 큰 강대국인 청나라와 러시아를 무찌르고, 신생하는 세

107) G. H. Jones, The Growth of Church in the Mission Field, *The International Review of Missions*, Edinburgh: 1912, Vol. I, No. 3, p. 425.

108) W. D. Reynolds, *op. cit.*, p. 199. 1860년의 Liverpool Conference의 보고문 중에는 피선교국의 교역자가 영어를 학습하는 것을 보류하라는 호소가 있었다. S. C. Neill, *Christian Faith and Other Faiths*, London: Oxford University Press, 1961, p. 6.

109) Report of Commission I, World Missionary Conference, 1910, Edinburgh: p. 411.

계열강으로 19, 20세기의 현대무대에 찬란한 빛을 받으며 등장하고 있었다. 미국과 영국이 일제에 먼저 손을 내밀어 동맹을 윙크한다. 그런 일제가 한국을 병합하는 단계에 와 있었다.

그런 판국에 교회가 단일한 조직을 전국적으로 가진다고 한다면, 기왕에 교회를 한국통치의 가장 커다란 장애물로 여기던 일제가 그 통제와 심지어 괴멸을 꾀할 때, 그것은 아주 용이한 단일 표적 대상으로 잡힐 수밖에 없다.

선교사들은 한국교회를 그런 검색과 취체와 통제 그리고 더 나아가 그 해체까지 가게 할 가능성이 있는 표적 대상으로 서 있게 할 수는 없었다. 사정(射程) 표적의 다초점화가 필요했다. 그것이 곧 교파교회로서의 한국교회 정착의 근거이다. 취체와 통제의 대상 분산을 위한 경륜이 거기 있었다. 일제 검경(檢警)의 난시 촉발이 필요했다. 정체(政體)와 교리 그리고 신앙 정서가 각각 다른 여러 교파들이 대거 병립하면, 일제로서는 확실히 소모적인 계획과 방법과 구상을 시시각각 변경하고 대처하지 않을 수 없게 되는 것이다.

다른 하나, 교파교회는 각기 그 독자의 교리와 경건의 정통성을 남다르게 확신하고 헌신하고 있었기 때문에, 교회 수호 의지가 강력하고 또 선교 전도의 사명감 역시 두터울 수밖에 없었다. 시련의 때에 그런 신앙의 불길과 확신은 필요하였다.

한국 교파교회, 그래서 그 자랑스러운 역사가 빛난다. 물론 역사는 변한다. 그리고 교회도 그 존재양식이 변한다. 기독교회는 그때는 교파교회여야 했다.

14.5. 말콤 펜위크: 토착화의 한 거보(巨步)

선교사들이 한국교회의 완전한 토착화와 그 독립된 교회와 그 신앙의 창설을 적극적으로 뒤 밀어 주지 않는 한, 형성기의 한국교회는 선교정책에 따라

재치 있게 현장에 적응하는 선교사들의 슬기와 판단으로서밖에는 운영될 길이 없었다. 그런데 여기 살아지지 않는 별이 하나 있었다. 한국 교회의 한국다움을 찾고, 그 길밖에는 교회의 성장과 확립이 어렵다는 생각을 굳게 가진 사람이 하나 있었다. 대한 기독교회의 말콤 펜위크가 바로 그 사람이다.

그는 우리 한국의 문화사적 독자성과 그 뛰어난 윤리의식을 감명 깊게 받아드렸다. 실지로 한국인들 틈에서 살면서 그의 그런 확신은 굳혀져갔다.

> 기독교 없이도 한국은 서양문명보다 많이, 훨씬 많이, 인류 전체를 위한 평화와 행복에 공헌을 끼쳐 왔습니다. 내 생각으로는 동양이 서양의 문화에 의해서 색깔이 달라지는 것은 덜 바람직한 일이라고 믿습니다.[110)]

그는 한국인이 어떤 처지에서도 문제의 핵심을 포착하는 기민한 지적 능력이나 창의력, 그리고 어떤 시련도 이겨내는 "거의 초인적" 인내력과 인정 넘치는 인간관계에서 그 윤택함을 보고 이런 생각을 하고 있었던 것이다. 그는 한국인의 특성을 인내, 겸손 그리고 관대함이라고 보았다. 그리고 그런 한국인의 타고난 성품과 자질이 하나님의 령이 크게 역사하실 수 있는 금광(金鑛)과 같은 것이라고 탄복하였던 것이다.[111)]

이것은 확실히 백인 우월의 공통된 편견을 선교사들이 공유(共有)하고 있었다는 사실을 부정해 주는 말이 된다. 그는 "선교사들이 예수 그리스도의 새사람으로서 구원에 대하여 가르칠 위치에 서 있으며, 성서에 대한 광범위한 바른 지식과 영혼 구제에 대한 신성한 의무를 당연시하고 있지만,"[112)] 그것이 착오의 시작이라고 비판한다. 쉽지 아니한 냉철한 자기성찰이다. 문화유형의 격차, 피부의 색깔, 메시지의 생소함, 설득력을 동반하지 아니한 강요에 방불한 복음

110) M. C. Fenwick, *The Church of Christ in Korea*, New York: Hodder & Stoughton, 1911, pp. 49-51

111) *Ibid.*, p. 118.

112) *Ibid.*, p. 52.

전도, 이런 것들이 동서의 경계를 무사히 꿰뚫을 수는 없다고 본 것이다. "매주일, 매주일, 매달, 매달, 애쓰고 호소하고 눈물로써 하나님의 아들 예수 그리스도의 사랑과 희생을 증언하고, 예수께서 우리들 영혼에 가져다주시는 평화, 죄 씻고 난 다음의 가이없는 평화를 외쳤으나, 저들(한국인들) 은 소리 내어 웃고 있었다. '당신들 서양 사람들에게야 그렇겠지요'라는 자세"[113]가 거기 막아서고 있었다.

그러던 어떤 날이다. 김(Mr. Kim)이라는 한국인 전도사의 설교가 운집한 군중들의 가슴을 향해 차분히 그리고 감동 넘치게 파고드는 광경을 목격한 것이다. 그는 일종의 충격을 받고 있었다.

> 나는 이 분의 증언이 내 증언으로는 한 번도 그래 보지 못한 경로를 통해, 한국 사람의 마음을 휘어잡는 것을 눈으로 목격하였습니다.[114]

한국인은 한국인의 호소와 그 메시지에 귀를 기울였다는 생각이 백인으로서의 그의 긍지를 동요시킨 것이다. 서양 선교사가 따로 이 나라에서 할 일이 있겠는지 골돌하게 생각할 때, 그의 가슴은 무겁게 짓눌리고 있었다. 그래서 서양 사람이 여기서 무엇을 한다고 나선다는 것이 "통속적인 시정배의 자세"[115]에 불과하다고 판단하였다. 그때 그는 오히려 마음의 평정을 찾는 듯했다. 신명균(申明均)[116]을 내세워 한국교회의 선교에 임하게 한 것이 바로 이때(1897)였다. 비록 대화회(大和會)의 감목(監牧) 직을 1914년에 가서야 한국인 목사 이종덕(李鍾德)에게 맡기지만, "대한 기독교회 일은 대한인이 전담하여 일하는 것이 민족성으로 보거나 자주성으로 보거나 장래 자립을 위하여 타당하다"[117]는 생

113) *Ibid.*, p. 54.

114) *Ibid.*, p. 56

115) *Ibid.*, p. 57

116) 그는 1914년 대한기독교회를 이탈, 친일계 조합교회(組合教會)에 합류, 충청지역에서 활동.

117) 김용해, 『대한기독교침례회사』, p. 28.

각, "민족성을 함양해 주는 독특한 그의 사상"[118]은 1890년 그가 한국에 도착할 때부터 변함없이 그의 선교정책에 투철하게 반영되어 다스려 왔다.

펜위크의 책 서문에는 C.W.D.라는 사람이 다음과 같은 의미 심장한 글을 새겨 놓아, 펜위크의 공적을 금자탑으로 빛나게 한다.

> 여러 해 동안 펜위크는 한국에서 거듭해 애를 썼습니다. 그러나 결실은 없었습니다. 그때 그는 복음 전파에는 그곳 출신 신자에 의해서 가장 잘 전파된다는, 바울적 교회의 원리를 발견하게 된 것입니다.
>
> 이 책은 모든 선교사들이 초대 교회의 선교 방법에로 되돌아가는 날, 어떤 결과가 생길 것인가 하는 사실을 입증하는 글이기도 합니다. 만일 펜위크의 충고가 세계적으로 받아드려졌다면, 그 후의 선교사업의 결과는 보다 폭이 넓어졌을 것이고, 혁명적이었을 것입니다.
>
> 이 책 안에 있는 사도들은 다 한국인들입니다. 백인이 실패한 곳에 토착교회의 교역자가 대단한 성공을 거두어 드렸습니다. 펜위크의 기록은 창창하게 울리는, 기독교적 열정에의 호소, 서양세계의 무관심(Apathty)에 대한 도전입니다.[119]

펜위크는 실로 소박한 사람이었다. 그리고 한국을 드높이 본 사람이었다. 그리고 한국인을 사랑으로 깊이 연구한 사람이었다. 그래서 그의 말과 글에는 우리의 심금을 울리는 소신과 애정이 넘치고 있다. 그런 것으로 그는 우리 곁에서 47년을 함께 살았다.

14.6. 백만인 구령운동

그런데 1909년 9월 남감리교 연회에서 시작하여[120] 전국 교회 사업으로 '백

---

118) *Ibid.*, p. 14.

119) M. C. Fenwick, *op. cit.*, pp. 5-6.

120) 『조선남감리교회 30년 기념보』, p. 28. Cf: A. D. Clark, *History of the Korean Church*, p. 143.

만인 구령운동'이 시작되었다. 이것은 20만 교인을 헤아리고 있었던 교회로서는 너무나 대담한 캠페인이었다. "각지 교회의 유력한 교역자들이 먼저 경성에 집합하여 1개월간 성내에 축호(逐戶)전도함으로 귀도자(歸道者)가 구름과 같았고 이로부터 전선(全鮮) 각지에 분담하고 계속 전도하야 다대한 수확을 득(得)"[121]하였다는 기록은 확실히 과장이었다.

선교사들은 1907년대의 국가의 위난(危難)이 교회 성장의 동인이었다는 점에 너무 오래 기대고, 이 합병 전후의 "절망감, 그 실패의 비굴감, 독립국 상실의 좌절감"[122]이 다시 한 번 이 비율 높은 교회 성장의 목표를 성취할 수 있다고 쉽게 믿고 있었다. "보라! 이 모욕 받은 백성들과 무엇을 기다리는 그들의 심정을! 선교사들은 지금이야말로 한국에게는 위기의 시기, 결정적인 시기라고 보고 있습니다."[123] 그리고 웰버 차프만, 찰스 알렉산더와 같은 당대의 쟁쟁한 부흥사들이 원정 출장까지 왔었다. 그러나 그 동기가 "너무나 인위적"[124]이었기 때문에 그랬을까, 결국은 본래의 목적이 성사되지 못하고 말았다.

이 운동은 사상 최초로 잘 계획된 복음화의 운동이었는데도 불구하고 실패하고 만 것이다. 선교사들 주도의 계획된 운동이 한국교회에서 잘 먹혀들어가지 않는다는 최초의 역사가 이렇게 기록되게 된 것이다. 그리고 부흥의 동기는 똑 같은 요인으로써 두 번 세 번 성공하기는 어렵다는 교훈을 남겨 놓았다. 사건마다에는 적절한 간격이 있는 것이다.

Rev. M. B. Stoke 목사가 선두에 서 있었다.

121) 『조선예수교장로회사기』, 상, p. 196.

122) J. S. Gale, *The Missionary*, May 1910, p. 213.

123) *Loc. cit.*

124) J. E. Orr, *op. cit.*, p. 249. 일제는 이것도 정치적 운동이라고 트집. *Letter* of p. L. Gillett to Dr. J. R. Mott, Mat 22nd 1912.

15 십자가를 걸머지는 한국교회

슬프다 동포여! 아는가 모르는가 꿈을 깨웠는가. 수평의 모옥(茅屋)도 나의 집이 아니며, 수무(數畝)의 산전(山田)도 나의 땅이 아니며, 문전의 수류(殊流)도 나의 한수(澗水)가 아니다.
눈을 들어 하늘을 바라봄에 능히 눈물을 금하며, 검을 빼어 땅에 꽂음에 능히 약동함을 억제하랴. 말이 이에 미침에 우리 이천만 동포 기왕에 실기(失機)함과 장래의 통탄(慟嘆)함을 불금(不禁)하여 눈물이 쏟아지고 피가 약동하도다.

대한신민회, 1909

15.1. 십자가가 메워지던 날

합병 전야의 사건들, 그것은 기운 다하여 휘청거리다가 목 쉴 때까지 외치는 절규와 같았다. '서교도의 소굴'인 평양에는 서우학회(西友學會), 청년회, 자강회 및 상업중의소(商業衆議所)가 교회의 영향 아래서 배일(排日)의 열을 북돋았으며, 때마침 안창호는 평안도 관찰사 이시영(李始榮)과 협력하여 여러 차례 교회당에서 밀의하여 "나라의 독립은 인민에게 있으며 보호를 청하려면 하나님만 있을 뿐이라고" 호소하고 있었다.[1] 전국에 메아리친 소리가 있었다.

기독교회는 오늘날 한국인이 가진 유일한 벗입니다.[2]

---

1) 『한국독립운동사』, 1, p. 1017.

캘리포니아에서 기독교적 색채가 짙은 신민회(新民會)가 조직된 것은 얼마 후(1909)의 일이다. 여기에는 국내에서 전덕기, 이동휘, 이갑, 질리트 등이 참여하고 있었다.

지금까지 비교적 온건하게 일제에 동조하던 선교사들의 동향이 주목되었다. 헐버트는 기왕의 일시적인 친일 자세를 수정했다. 이것은 대단히 인상적인 것이었다. 그는 국제열강이 일본의 한국 합병 저지에 나설 것을 여러 차례 호소한 일이 있으며,[3] 평양의 매큔(G. S. McCune, 尹山溫: 1872-1941)은 학생들에게 다윗과 골리앗의 설화를 훈시하면서, 정의의 무장이 군력을 제압한다는 것을 역설하고 있었다. 당시 교회나 그 계통의 학교에서는 '십자가 군병'을 이미지로 한 찬송가가 메아리치고 있었다.

격앙된 일부 교인들의 충렬은 일제 침략의 원흉에 대한 단죄로 표현되었다. 신천(信川)에서 태어나 홍석구(洪錫九)[4] 신부에게서 토마스라는 영세명으로 세례 받았던 신실한 가톨릭교인 안중근(安重根, 1879-1910)은 한때 의병장까지 지낸 바 있었다.[5] 그러나 정정당당하게 군사를 이끌고 일본을 맞아 싸울 길 없어, 1909년 10월 26일 하얼빈 역두에서 대한의 원수 이토(伊藤博文)를 격살함으로써 순국의 충성을 다하고 있었다. 그는 다음 해 3월 25일 여순(旅順) 감옥에서 장남 분도를 신부로 키워달라고 유언하고[6] 2분간의 조용한 기도를 올린 다음 사형대에서 이슬로 사라졌다. 묘지에 매장될 때에 그의 가슴에 한 폭의 성화가 품겨졌다.

일제의 마수는 날이 갈수록 포악을 더해 갔다. 1908년 8월에는 사립학교령

---

2) J. L. Gerdine, Korea-A Great Religious Awakening, *The Korea Mission Field,* August 1908, p. 128.

3) K. S. Latourette, *The Great Century: A History of the Expansion of Christianity,* Vol. VI, New York: 1922, p. 427.

4) 황해도 지역의 개신교도 압박으로 유명.

5) 안중근은 1894년 동학혁명 때 해주(海州)의 민포(民包) 수령이기도 했다.
오지영, 『동학사』, 서울: 영창서관, 1925, p. 152.

6) 『한국독립운동사』, 1, pp. 456-459.

(私立學校令)을 공포하여 기독교계 사학들을 통솔 감독하고, 언필칭 "정치와 종교의 혼효(混淆)"를 마음대로 취체할 수 있게 되었다.[7] 일제는 한국인들이 을사(乙巳) 정미(丁未)의 늑약을 거치면서 국운의 변전에 강한 인상을 받아 "교육에 의존하지 아니하고서는 국권의 회복을 기약하지 못한다 하여 교육열의 급증을 유발하고, 그 기세가 도도히 국내에 차고 넘쳐 마침내 금일과 같은 다수 사립학교의 건립을 보기에 이르렀다"[8]고 판단하고 그 통제의 손길을 죄고 있었다. 그런데 그 학교들 중 "최성(最盛)의 것"[9]이 미국 장로교요, 그 다음이 감리교, 그리고 성공회 그런 순이었다. 그 교사들 중에는 군대 해산 후의 "장사(將士)들"[10]이 많았다.

1910년 8월 22일! 한국은 완전히 일본의 식민지로 수탈되고 말았다. 그것은 격변이라기보다는 15여 년을 끌어온 조직적인 일제 침략 야욕의 필연적인 귀결이었다.

그날 세계의 교회는 한국의 기독교인과 함께 비탄에 젖어 눈물을 흘렸으며, "찬란한 문화와 미덕의 나라, 역사가 긴 나라"가 사라져 가는 모습을 우리와 함께 울먹이면서 바라보고 있었다.[11]

> 한국! 그것은 이제 사라졌는가. 먼 옛날 중국인마저도 어르신네(Superior man)의 고장이라 불렀던 나라, 선비와 책과 붓의 나라, 아름다운 가문(歌文)과 많은 거울의 나라, 시와 수화(秀畵)의 나라, 효자와 열부(烈婦)의 나라, 숨은 도인(道人)의 나라, 하나님을 바라보는 종교적 환상의 나라, 이제 그 나라는 사라졌는가.[12]

---

7) 언론교육학회 자료, 『조선독립운동사』, I, pp. 912-918.

8) *Ibid.*, p. 907.

9) *Ibid.* p. 908.

10) *Ibid.* p. 907.

11) J. N. Ogilvie, *The Presbyterian Church of Christendom*, London: A. & C. Black, 1925, p. 244.

12) J. S. Gale, *A History of the Korean People*, Seoul: CLS., 1924, p. xxxvii.

나라와 백성의 상실이 교회의 비애와 시련이었다. 그만큼 나라와 교회는 한 몸처럼 밀착되어 분간이 어려웠다. 민족의식과 그 외형적 형태의 연속이 교회에 있었기 때문이다. 사실 한일합병의 비극을 가장 처절하게 체험하고 지나간 부류의 사람들은 교회 안에 있는 사람들이었다. 그것은 합병 직후 우리나라에서는 이렇다 할 민족기관이나 국민적 집결체가 없었지만, 그래도 교회가 유일하고도 강력한 전국적 조직을 가지고 있었기 때문이다.

합병이 되자마자 일제가 이러한 교회의 바탕을 제거하고 그 근절을 꾀한 것은 당연하였다. 초대 조선총독으로 임명된 데라우찌 마사다께(寺內正毅, 1852-1919)[13]의 시정강령과 '조선 상하민중에의 유고(諭告)'에 이 악의가 여실히 반영되고 있었다. "벌써부터 이상한 운동을 하면서 어지럽게 분쟁을 일으키고 또 이름을 신교에 빙자해서 교묘히 정쟁(政爭)을 모의하며 …"[14] 비국민(非國民)의 잘못을 저지르고 있다는 것이었다.[15]

이 비난의 근거가 전혀 없었던 것은 아니다. 경술국치(庚戌國恥)의 모진 격동 속에서 교회 전도사로 일을 하기로 한 이동휘(李東輝, 1873-1935) 구한국 보병 참령(參領)은 함경북도에서 사역하고 있었는데, 곽임대(郭林大)가 합병 이후 나라 일을 어찌하면 되겠는가 물었을 때, 2년만 지나면 싸울 수 있을 터이니 그 때로서는 병력을 집결하고 있다고 대답하고 있었다.[16] 그가 전도사로 일한 사실을 순수한 종교적 동기를 가지고 한 것으로 보기는 힘들 것이다. 따라서 그의 경우를 전형적인 한말 기독교인들의 자세로 보아서는 안 될 것이다.

데라우찌의 반 기독교적 정책은 학교에서의 일본 천황의 사진에 대한 최경

13) 일본 군벌의 총수. 현직 일본 육군대신. 현역 육군대장으로 총독에 부임.

14) 金正明 編, 『日韓外交資料集成』, 第6卷, 東京: 1963, pp. 336ff.

15) 통감부(統監府)와 총독부의 외사국장(外事局長) 고마쯔 미도리(小松綠)도 꼭 같은 내용으로 한국기독교인을 비난. Annexation and Missions in Korea, *The Korea Mission Field,* December 1910, p. 951.

16) 곽임대, 도산-이박사 반목 반세기, 월간 『중앙』, 1971년 2월호, p. 240.

례의 강요에서 나타나기 시작했다.[17] 교회가 이 의식을 우상숭배라고 해서 거절했을 때부터 일제는 한국교회의 소위 비(非)충성을 검경(檢警)과 헌병에서 무섭게 시찰하기 시작한 것이다.

교회 탄압과 근절의 책략은 일관된 패턴이 있었던 것이 아니다. 처음 힘으로 기독교를 막을 수 없어서 결국 기독교의 한 종파를 통해서 기독교의 세력을 억제한다는 술법이 처음 시도되었다. 전혀 오해에서 온 것이지만, 애국지사들 중에는 일제가 중앙복음전도관을 세워서 충의심을 삼제하려고 하였다고 보았다. 황현의 글에 그 일부가 엿보인다.

> 왜인이 중앙복음전도관을 창설했는데, 안중근이나 이재명[18]이 다 야소교 출신인 까닭에 야소교를 심히 기악(忌惡)하였으나 이를 능히 다스릴 수 없어서, 마침내 복음전도관을 설하여 사람들로 거기 입교를 권유하면서, 나라의 흥망을 괘념하지 말고, 다만 일심으로 하늘만 믿으라 하면서, 복음으로만 시종하라 하였다. 이는 우리 겨레의 충의지심을 소삭(消鑠)[19]시키고 허적(虛寂)한 데에 빠지게 하고자 하는 것이다.[20]

이것은 일제가 한국인들이 설사 기독교를 믿더라도 내세적인 은둔으로 몰아가서, 국가의 흥망에 괘념하지 않게 하려 하였다는 판단이었다. 그러나 황현이 성결교회의 전신인 이 중앙복음전도관을 일제가 창설한 것으로 본 것은, 성결교회가 정미7조약이 있던 해 5월에 들어왔기 때문에 품게 된 오해에 불과했다. 하지만 이미 한국에서 일하던 장감(長監)의 선교사들도 실제로 성결교가 한국실정에 대한 정확한 이해나 깊은 연구 없이 서둘러 통역을 내세워 막바로 가두 전도에 나선 것을 염려하고 있었다.[21]

---

17) F. A. McKenzie, *Korea's Fight for Freedom*, p. 211.

18) 1888-1910 평북 선천 출신 기독교인. 1909년 12월 22일 명동성당에서 매국노 이완용(李完用)을 공격 자상(刺傷)을 입히고 체포되어 1910년 9월 사형집행 당함.

19) 녹 슬어서 없어진다는 뜻.

20) 황현, 『매천야록』, 권 6, (융희 4년 - 1910 경술) p. 538.

그런 시도가 완강한 교회의 반격에 부딪히자, 일제는 공자교(孔子教)를 세워 보기도 하고,[22] 청일전쟁 때에 친일성을 보인 천도교계의 손병희(孫秉熙, 1861-1922)를 들어 그 종교를 강화해서 종파로써 기독교회를 대체시킬 계획도 꾸며 보았다. 그러나 한편 이미 쇠잔한 재래종교의 부흥은 헛짚기가 분수에 지났고, 다른 한편 손병희야말로 후일 입증된 것과 마찬가지로 철저한 반일(反日)의 거장이었다. 따라서 이런 음모도 완전히 수포로 돌아가고 말았다. 여기 교회 박멸의 길은 하나밖에 남지 않았다는 것이 밝혀진 셈이다. 교회를 정면에서 가차 없이 때려 부수는 일이었다.

15.2. 105인사건과 한국교회

이 사건 직전에 '안악(安岳)사건'이란 것이 있었다. 신민회와 교회 세력을 망라한 민족운동의 거점이던 이 지역의 교세를 발본색원하고자 꾸민 일대 날조 참극이 바로 이것이다. 안중근의 동생 안명근(安明根)이 일본에게 좋은 구실을 주었다. 독립운동 자금의 반출에 관련되어 체포된 그의 연루로, 황해도 일대에서는 김구(金九, 1875-1949), 최명식(崔明植, 1880-1961), 이승길(李承吉, 1887-1965), 도인권(都寅權, 1880-1969)[23]을 비롯하여 교계 인사와 지식인 160여 명이 검거되었다. 이 중 감리교 목사 도인권을 제외하고는 전부 1915년을 전후하여 출옥하였지만, 이것은 일제의 조작 음모 때문에 교회가 희생되기 시작한 숱한 형극의 행렬, 그 첫 걸음에 불과했다.

조선총독부는 황해도 지방의 민족주의 세력을 말살하려는 계획이 성공하자, 이번에는 평안도를 중심으로 한 기독교 세력의 탄압에 나섰다.[24] 이 사건은 기

21) Editorial, *The Korea Mission Field*, October 1908, p. 153.

22) *Ibid.*, p. 499.

23) 도인권 목사는 상해임시정부의 군사국장을 역임.

독교 지도자들을 투옥하고 선교사들을 추방해서 한국 통치의 장애물을 제거하려는 데 목적이 있었다. 일제는 표독한 날조를 꾸몄다. 초대 조선총독 데라우찌가 1910년 2월 27일 압록강 철교의 낙성식에 참석하고자 선천(宣川) 역에서 잠시 하차해서 선교사 매큔(G. S. McCune, 尹山溫: 1872-1941)과 악수하는 것을 신호로, 총독을 암살하려 했다는 구실로 사건의 정면을 흐리게 하였다. 그리고는 해서(海西) 지방의 유수한 교회 관계 인사들을 체포하기 시작한 것이다.[25] 1911년 10월 12일부터 겨울까지 체포한 기독자의 수는 일제의 발표에 의하면 모두가 157명이었다.[26] 이들 중에서 전덕기(全德基) 목사와 김근형(金根瀅),[27] 정희순(鄭希淳), 한필호(韓弼鎬)는 고문으로 세상을 떠났고, 최광옥은 병사했으며, 23명은 석방되었다. 그러나 나머지 123명은 1912년 6월 28일 서울지방법원에서 재판을 받게 되었다. 이 중에서 기독교인의 수는 105명에 이르고 있었다.[28] 지역적으로는 선천과 정주(定州)가 막대한 피해를 입었다. 장로교인 97명 중 67명이 이곳 출신이었다. 그 지역의 기독교 대치(大熾)를 말해 주는 대목이다. 『조선예수교장로회사기』에 이런 글이 있다.

> 1911년(壬子)에 경무총감부(警務總監府)에 중옥(重獄)사변이 갑자기 일어나 선천 읍내 신성학교(信聖學校) 교원 전부와 생도 다수와 남 북교회 직원과 정주, 철산, 의주 등 군(郡) 교도(敎徒)로 경성감옥에 잡혀가 갇힌 자가 백여 명이라. 수년간에 평북 각 교회는 비참의 도가 넘쳤더니, 3년이 지난 후에 6인은 징역살이를 하고 99인은 석방되니라.[29]

24) 일제는 이 지역을 '불령(不逞)사상의 온양지(醞釀地)'로 간주. 평안남도지사 보고서, 『齊藤實文書』, II, p. 516. 일본 국회도서관 헌정(憲政)자료실 소장.

25) Report of Syen Chun Station, *The Report of the Korea Mission Presbyterian Church in the U. S. A.*, 1912, pp. 61ff.

26) 이 수에 대해서는 정확한 것을 알 수 없다. 곽임대(郭林大)의 전술한 글에는 480명으로 되어 있다. 『한국독립운동사』, 2, p. 81에는 600여 명으로 각각 기록.

27) 『한국독립운동사』, 2, p. 82.

28) 이 중에서 감리교인 10명, 장로교인 97명, 기타가 2명이었다.
백낙준, 한국교회 핍박, 『신학논단』, 제7집, 연세대학교 신학회, 1962, p. 22.

그런데 이들이 재판정에 피고로 나가 섰을 때, 세계는 깜작 놀랐다. "여기 범죄인의 얼굴은 하나도 찾아볼 수 없다. 범죄자의 모습은 하나도 없다. 다만 교양과 인품의 고상함으로 해서 그 삶이 한없는 순도와 성실로 차 있으며, 신앙의 돈독과 경건의 깊이로 선교사들에게나 겨레에게 친숙히 알려져 있는 사람들밖에 거기 눈에 띄는 사람이 없다"[30]고 한 목격자는 진술하였다. 윤치호,[31] 양기탁(梁起鐸, 1871-1938), 안태국(安泰國, ?-1920), 이승훈(李昇薰, 1864-1930), 유동열(柳東悅), 이명룡(李明龍), 길진형(吉鎭亨, 1891-1917), 양전백(梁甸伯, 1869-1933) 등은 다만 몇 사람의 익숙한 이름에 불과했다. 거기 악인은 없었다.

재판의 진행은 가관이었다. 이른바 증거물로서 제출된 유일한 근거가 진술서였다. 그런데 그것은 견딜 수 없는 고문 때문에 씌어졌다는 사실이 알려지게 되었다. 그리고 사건 자체가 완전히 날조라는 것이 백일하에 드러나고 말았다. 가령 검사가 소송한 문구 가운데는 60명의 암살 음모자들이 정주 역에서 사건 전날 새벽 기차편으로 선천까지 왔다는 진술이 있었다. 그러나 이를 부인하는 "지기(志氣) 강철과 같은"[32] 안태국의 요청에 따라 다음날 법원 서기가 정주 역에서 조회한 결과, 해당일 아침의 선천행 차표는 다섯 장밖에 팔리지 않았고, 하루 종일 11장 밖에 발매 못했다는 사실이 들어났다.

안태국의 매서운 반증으로 날조의 전모가 폭로되었을 때, 사람들은 안태국을 "마치 이스라엘 족속을 애굽에서 구출한 모세와 같은 인물"[33]로 여겼다. 이렇게 해서 "자신만만하게 기독교를 쳐 부수고 선교사들을 내쫓고 신민회를 박멸하여 조선 통치 벽두에 민족관을 분쇄하려고 머리를 짜서 만들었던 대사건이 일개

---

29) 『조선예수교장로회사기』, 상, 1928, p. 223.

30) A. J. Brown의 말, F. A. McKenzie, *Korea's Fight for Freedom*, p. 221.

31) 1911년 송도(松都)에서 YMCA 하령회 때 음모했다는 구실.
F. M. Brockman, *Annual Report*, 1911-1912, 9월 30일자, p. 3.
P. L. Gillett, *Annual Report*, 동일자, p. 4.

32) 김형식, 평양 대성학교와 안창호, 『삼천리』, 1932, 1932년 9월호.

33) *Loc. cit.*

홍의한사(紅衣寒士)로 초개시(草芥視)한 안태국의 일촌설(一寸舌)에 넘어져 깨지고"[34] 말았던 것이다.

그런데 이 사건의 진행을 형식상 가능하게 했던 것은 차마 입에 담을 수 없는 야만적인 그 극치의 고문이었다. 공개된 재판정에서 소위 피고인들은 저마다 일어나서 이 가공할 만한 사실을 폭로한 것이다. 묘하게 고문을 받았기 때문에 표면상 상처가 없는 이들은 일어나서 옷을 벗어 보이겠다고 대들었다. 그리고 조덕찬(趙德燦, 1868-?) 목사 같은 이는 고문당한 사실을 상술하고 난 뒤, 다나까(田中)라는 악독한 고문 집행관이 재판석 뒤에서 통역하고 있는 것을 보고는, "바로 저 사람이 그때 있었으니 그는 누구보다도 이 무서운 고문의 시말을 잘 안다"[35]고 소리쳤다.

천하의 무법자였던 일제 사법권자들을 향해서 이렇게 외칠 수 있었던 용기는 크리스천만의 힘이었다. 예언자 아모스는 "지혜자의 잠잠"[36]을 시대의 비극이라고 통렬히 비난한 일이 있다. 외치지 못한 한 사람이 있었다. 날조를 은폐동조한 김일준(金一俊)이 바로 그 사람이었다.[37] 그런데 그는 확실히 정신착란자였다.[38] 외치는 음성은 증언과 저항의 무서운 음성이었다.

이때 변호인단에는 동경(東京)에서 온 저명한 일본인 기독자 우자와(鵜澤聰明, 1872-1955)[39]와 하나이(花井卓藏)가 있었다. 우자와는 이 피고인들이 다 5년에서 십여 년 이상 신앙생활을 한 기독교인들과 교사들인데, 그런 암살 미수사건에 연루될 인물이 절대 아니라고 하면서, 심의(審議)에서는 "반드시 그 개인의 인격, 사회적 신분이 깊이 고려되어야 한다"[40]고 변호하고 있었다.

---

34) *Ibid.*, pp. 21-64.

35) F. A. McKenzie, *Korea's Fight for Freedom*, p. 228.

36) 아모스서 5: 13.

37) "정부(조선총독부)의 이용에 의한 것이라는 의심을 받고 …" 총독부 외사국장 고마쯔(小松綠) 서간, 1912년 7월 8일자. 일본, 국회도서관 헌정자료식 소장.

38) F. A. McKenzie, *Korea's Fight for Freedom*, p. 228.

39) 1934년 東京 明治大學 총장. 세계대전 종전 이후 극동군사재판 변호인단장.

그러나 재판장 쯔까바라(塚原友太郎)는 이런 구실 저런 핑계로 1912년 10월 18일, 윤치호를 비롯해 105인에게 10년 내지 5년의 형을 언도했던 것이다. 이 사건의 제1심 판결문에는 기독교에 대한 적의가 그대로 반영되고 있었다.

> 본건의 음모는 신민회의 간부에 의해서 꾸며졌지만, 그들은 동시에 조선에 있어서 야소교 신자의 유력자였으니 만큼, 동지로서 가담한 야소교계 학교의 교사 및 학생들이 다수 있었다. 전부터 조선에는 다수의 미국 선교사가 있어서 전도에 종사하고 있었는데, 조선인의 정치적 불우(不遇)는 자연 동정의 대상이 되고, 그래서 포교(布教)의 세력을 넓혔다. 조선인측에서도 선교사를 통해서 강대한 미국의 힘에 기대려는 풍이 있음은 더 말할 나위도 없다.[41]

비록 유죄 선고를 받았던 분들은 그 다음 여러 차례의 감형을 거쳐 1915년 2월까지는 다 풀려났으나, 이 사건은 일본과 한국이 그 정신적인 면에서 대결했던 명예롭고도 조용한 싸움이었다. 그런 의미에서 교회 핍박 음모는 기독교와 일제와의 대결, 항쟁이라는 성격을 띄고 있었음을 알 수 있다.

감옥에서 풀려난 사람들이 평양역에 도착했을 때 시민 9천여 명이 운집하여 맨손으로, 다만 그리스도 신앙으로 정의와 인간 존엄 그리고 조국을 위해 희생되었던 이들의 도착을 울먹이며 환영했던 것이다.[42] 교회가 민족의 시련, 국운의 비애 속에서도 겨레와 함께 걸어가겠노라는, 강한 결의의 모습을 보았기 때문이다.[43]

---

40) Last Day's Proceedings, Dr. Uzawa's Speech, *The Korean Conspiracy Trial-Full Report of the Proceedings by the Special Correspondent of the Japan Chronicle,* The Office of the Japan Chronicle, 1912, p. 133.

41) 극비문서, 조선총독부 법무국 발행, 1930, 11, 18, 朝鮮獨立運動の變遷, pp. 14-15.

42) G. T. Brown, *Mission to Korea,* Board of World Mission, Presbyterian Church U.S., 1962, 87.

43) 105인사건에 대한 자료로서는 윤경로 옮김, 『105인사건 공판 참관기』, 서울: 한국기독교역사연구소, 2001 참조.

한국교회는 한일합병에 대해서 공식적으로는 아무 언급도 한 일이 없었다. 다만 침묵만 지키고 있었다. 독노회록이나 연회록에도 정치적 언급이 없다. 이 침묵은 한국의 기독교회는 민족의 시련과 아픔이 그렇게 모질게 밀어닥쳐도 한 치의 변함없이 겨레와 함께 언제까지나 동행하겠노라는 강한 의지의 서약이었다.

총독부는 이때(1915)로부터 포교규칙(布教規則)을 제정 공포해서 교회 관리를 법으로 규제하려 하였다.[44)]

15.2.1. 105인사건과 선교사들

105인사건의 판결문에는 평양 숭실학교의 매큔과, 로버츠(S. L. Roberts, 羅富悅: 1881-1946), 그리고 샤록스(A. M. Sharrocks, 謝樂秀: ?-1919)와 같은 선교사들이 총독 암살 음모를 격려해 주고, 밀의의 장소를 제공하여 주었다고 하는 고발이 있었다. 이 밖에도 언더우드나 모페트 그리고 유일하게 감리교의 해리스[45)]가 여기 가담한 혐의를 받고 있었다.

선교사들은 한일합병의 엄청난 정치적 변화에 따라 그 행동 패턴을 정립하는 데에 심각한 혼란을 겪었다. 장로교의 불레어 목사는 "아직도 일본제국 안에, 사람을 암살하려고 한 사람들과 선교사들이 무슨 연루가 되어 있는 것처럼 의구심을 가지는 인사가 있다는 것은 이해할 수 없다"[46)]고 반발하고 있었다. 이 것은 선교사들의 입장을 우선 천명하려는 의도가 컸던 반박이다. 미국 북장

44) 박은식(朴殷植), 『한국독립운동지혈사(血史)』, 상, 상해, 1920, p. 50.

45) C. A. Clark, *The Korean Church and the Nevius Methods*, p. 163에는 "일본제국과 가장 친근한 그 해리스"라고 했고, L. G. Paik, *The History of Protestant Mission in Korea*, p. 417에는 "일본의 대리인"이라고 했다. 그러나 그 역시 음모 가담자로 처리되었다. 고마쯔가 데라우찌 총독에게 보낸 서간(1912. 7. 22) 일본 국회도서관 헌정자료실 소장.
이 밖에도 J. L. Gerdine과 P. L. Gillett 역시 음모 가담으로 시련을 겪었다.

46) W. N. Blair, *Gold in Korea*, p. 76.

로교 선교부의 해외 총무였던 브라운은 "선교사들이 항상 한국인의 직접적인 정치 참여를 막는 데 힘을 기울여 왔으며, 따라서 선교사들의 이런 지속적인 견제가 아니었던들, 합병 직후에 교회가 주동이 된 혁명이 폭발했을는지도 모른다"[47]고 그들의 정치적 근신을 밝히고 있었다.

우리는 선교사들이 이미 실체가 된 일본의 한국 통치를 환상적으로 부인할 수 없었다는 사실을 직시하여야 한다. 뉴욕 선교본부의 입장은 더욱 그렇다. 하지만 한국 현지에 와 있었던 선교사들은, 심지어 해리스까지도, 105인사건의 날조와 그 사건이 음흉하게 지향한 기독교 박멸 음모를 소리 높이 세계 여론에 호소하고, 그 고문의 잔학성을 통렬하게 몰아붙이지 않을 수 없었다.[48]

> 외국 선교사들은 일반적으로 음모 사건의 무죄를 주장하고, 일방적으로 조선인에 대한 학대를 논박하며, 크게 기독교인을 위하여 그 원한을 풀려고 노력하고 있습니다.[49]

이것이 일본 기독교 신문의 관찰이었다. "재선(在鮮) 선교사들이 이번 사건을 자기 집 머리위에 떨어진 문제로 삼고 변호하며, 혹은 변호 이상으로 총독부를 공격조차 하고 있다"는 일본 기독교계 언론의 한 구절도 있다.[50] 뉴욕의 북장로교 해외선교부에서조차도 워싱턴 주재 일본대사관에 항의서를 보내어 "한국인들이 비밀 심문으로 혹독한 고문을 받았다는 소식에 경악을 금치 못하며, 조선총독이 그런 야만적 방법"[51]을 남용한 데 극력 반발하고 있었다.

선교사들은 때로는 힘으로, 때로는 눈물로, 우리 겨레, 그 교회와 동행하고

47) A. J. Brown, *The Mastery of the Far East*, p. 574.
그의 *The Korea Conspiracy Case*, New York: 1912, p. 27.

48) *The Annual Report of the Board of Foreign Mission Presbyterian Church in the U.S.A.*, 1913, p. 284.

49) 朝鮮陰謀事件, 『新人』, 東京: 1913년 1월호.

50) 朝鮮に於ての陰謀事件, 『基督教世界』, 東京: 1912年 9月 26日字. 이 신문은 어용(御用)조합교회(組合教會)계.

51) *Extracts from Statement given to the Press*, 1912년 7월 29일자. New York Presbyterian Library.

있었다. "우리의 교회는 이 시련을 숭고하게 이겨냈습니다."[52] 선교 보고서에 메아리친 신앙과 정의감, 그리고 철석같은 동행의 승전고가 이렇게 울려퍼지고 있었다.

이때 YMCA의 총무였던 질레트(p. L. Gillett, 吉禮泰: 1874-1939)는 이 사건의 재판 진행 중 서신과 자료를 해외에 발송하여 진상을 폭로해서 교회의 수난을 제보(提報)한 혐의로 1913년 결국 해외로 강제 추방당하는 일까지 있었다.[53] YMCA의 부회장 윤치호와 그 총무 질레트를 제거해서 강력한 조직력과 도덕성으로 민족 기독교의 선도역을 담당하던 YMCA 무력화 음모도 105인사건의 한 배경이었음이 밝혀진다.[54]

이렇게 해서 '105인사건'이란 "세계 재판사상 유례없는 악명의 케이스"[55]가 일본 근대사의 불명예의 하나로 남게 되었다. 데라우찌는 일본의 일부 언론에서조차도 "협량(狹量), 비겁, 오만, 우둔, 무학(無學)"[56]으로 비판되었던 인물이다. 사건 날조에 앞장섰던 경무총감 아카시(明石元二郎) 헌병대장이 "데라우찌의 조선에서의 해임은 결국 육군 지위의 괴멸"[57]이라 할 만큼 데라우찌는 일제 군벌의 총수였다. 그런 인물이 조선총독으로와 있었다.

15.2.2. 그 날의 고난들

십자가를 걸머지던 날의 우리 교회는 비단 밖에서 들어 닥치는 일제의 압박에만 시달린 것이 아니었다. 전국에 만연되어 있는 맷돌을 가는 듯한 빈곤에

52) Syen Chun Station, *The Annual Report of the Board of Foreign Mission Presbyterian Church in the U.S.A.*, 1913, p. 284.

53) 에딘버러의 국제선교협의회에 발송한 것인데, 이것이 도중 중국의 *The China Press*에 1912년 8월 4일자에 공개 기재.

54) 황성(皇城) 기독교청년회는 이 사건 이후 조선중앙기독교청년회로 개칭.

55) M Young, *Japan in Recent Times 1912-1926*, New Yok: William Manon, 1929, p. 34.

56) 『*The Japan Advertiser*』, 1912년 6월 15일자.

57) 寺內正毅文書, I, p. 28. 일본국회도서관 헌정자료실 소장.

허덕이고 있었다. 그렇듯 좌절 속에서 방황하다가 호구의 길이 행여나 열릴까 해서 만주 벌판, 인적 드문 곳을 찾아 떼 지어 가는 실향민의 대열이 늘어서고 있었다. 실의의 심신을 끌고 남부여대, 대지에 밀려가는, 삶을 부정당한 고난의 무리들에게서 교회의 눈길은 떠날 수가 없었다.

> 멀고 먼 나라 만주를 찾아오는 한국 실향 이주민들의 말 못할 참고(慘苦)의 모습은, 이를 목격한 사람의 말을 가지고도 그 표현을 제대로 할 수가 없습니다. 엄동설한, 영하 40도를 오르내리는 한파 속에서 누더기 옷을 걸친 말없는 사람들 한 떼가 열 혹은 스물, 쉰씩, 호구를 위해서 눈 덮인 산언덕을 허물어지듯 밀려갑니다. 만주의 황야, 거기에 생사를 걸고 이들은 발을 내딛고 있는 것입니다. 여럿이 식량이 없어서 죽어 갔습니다. 부녀자뿐만 아니라, 장정들도 얼어 죽어 갔습니다.
>
> 여자들은 제대로 걸칠 옷이 없어 허리께가 퍼렇게 드러났는데, 어린애를 등에 업어 피차 조금은 따스하게 할 수 있었으나… 어린애들은 보선 없이 발목이 새파랗게 들어나 얼어 있었습니다.
>
> 노인이나 부녀자들은 그렇게도 가엾은 모습으로 몇 백리를 묵묵 걸어갔습니다. 더 이상 한 발자국도 내놓을 수 없을 때까지 그들은 걸어갔습니다.[58)]

만주에서 일하던 한 선교사의 애끓는 글이다. 이렇게 해서 낯선 땅에 흘러간 이주민은 합병 전후 50여만을 육박하고 있었으나, 시베리아나 일본에 몰려간 가엾은 동포까지 합치면 그 수는 250여만 명에 이르고 있었다고 한다.[59)]

또 교회가 그렇게 막으려고 했던 서양 세속문명과 일반 과학의 유입이 격류를 이루어 문턱에 다가서기 시작했다. 거기 대비가 없었던 교회로서는 이 새 지식의 풍조도 걸머져야 할 무거운 짐이 아닐 수 없었다. 일제가 한국의 건전

58) *The Annual Report of the Board of Foreign Missions Presbyterian Church in the U.S.A.* F. A McKenzie, *Korea's Fight for Freedom*, pp. 203-204에서 인용.

59) C. A. Clark, *The Nevius Plant for Mission Work*, Seoul: CLS., 1937, p. 307. 유력한 교회 지도자들도 다수 이주함으로 교회 지도력 약화 현상 초래.
The Annual Report of the Board of Foreign Missions Presbyterian Church in the U.S.A., 1914, p. 285.

한 청년상(青年像)을 비롯해 그 청순한 기백을 꺾고자 해서 도입하는 퇴폐적인 풍조와 함께 이 물결은 반(反)종교적 이념과 제휴하여 도도히 흘러들었다. 성서에 대한 소박한 믿음과 어린애 같은 신뢰감에서 자란 우리 교회 신앙은, 서양 기독교국의 학자들이 성서를 우리 겨레가 배우고 믿듯이, 그렇게 외곬으로만 해석하지 않는다는 사실을 차차 알게 되고, 그래서 놀라움에 잡혀가고 있었다.

그러나 보다 심각한 충격은 기독교회의 세계성과 민족성과의 대립을 보는 서로 다른 시각차에서 왔다. 교회의 세계적 일치성을 기왕의 세계 교회 연대감에서 찾아온 한국교회는 일본교회의 오만한 제국주의적 국가 관념에 실색했다. 1910년 8월 27일, 일본 교회의 거물급 지도자 우에무라 마사히사(植村正久, 1858-1925)는 한일합병에 대해서 다음과 같은 말을 짐짓 한다.

> 한국, 마침내 제국(帝國)의 판도에 병합되었다. 일본, 앞서 동양의 평화를 영원히 유지하고 제국의 안전을 장래에 보장할 필요 있음을 생각해, 늘 한국이 화란(禍亂)의 연원이 된 것을 보고, 한국을 그 보호 하에 두었었는데, 이에 그 목적을 관철하기 위해서 다시 한 걸음 나아가 이번에 병합을 결행함에 이르렀다. …이것이 다 하나님에 의해서 작정돼 있음을 깨닫고, 국민적 친권자로서 본분을 다 한다는 사정에서 일본 나아가 조선을 병합하고 이를 부식(扶植)한다.[60)]

한일합병이 하나님의 예정이라는 말이었다. 하나님의 경륜이 그럴 수 있을 것이다. 하지만 제국주의 일본의 입장에서 한국 병합을 그렇게 말하는 것은 모독이다. 당시 일본의 일부 기독교인들은 총독부의 시책에 찬동하고, 그 입장에서 한국에 포교하는 어용(御用)종교인으로 출동하는 일을 자행하고 있었다. 일본의 구미아이(組合)교회가 그런 것이었다. 이들은 "국운(國運) 대발전(일본)의 이때에 조선동포의 교화에 착수해서 … 우리 일본 국민의 대책임을 완성할 것

---

60) 大日本の朝鮮, 『福音新報』, 1910년 9월 1일자.

을 기함"[61]이라 들뜨고 있었다. 이들은 한일합병이 "전고(前古) 미증유의 성사(盛事)"[62]라 하면서, "병합의 대목적을 철저히 하고, 우리 제국 영원의 복리"를 위해 한국 교화에 나선다고 우쭐 거렸다.[63] 더구나 이들은 한국에서의 종교가는 이중의 책임이 있는데, 하나는 "소위 순종교적인" 것이고, 다른 하나는 "이들(조선교인)을 동화해서 우리 충량한 신민(臣民)으로 만드는 것"이라고 요언(妖言)하고 있었다.[64]

더욱 이들은 조선총독 데라우찌에게서 매해 수천 원의 기밀보조금을 받으며, 다른 한편으로는 조선 교화 자금이라 해서 50만 원 모금 캠페인을 벌이고 있었다. 이런 정치적 불순은 사실 그 구미아이교회의 유아사(湯淺治郎)가 조선인을 일본 신민화시키려고 전도하는 것을 전도의 속화라고 비방하면서, "일본국민이 낸 세금을 기밀비로서 교회가 사용하는 것은 불가"[65]라고 공격한 데에서도 여실히 나타났다.

이 구미아이교회는 1911년 7월 서울에 한양교회, 평양에 기성(箕城)교회를 설립했고, 그 다음 해에 1912년에는 전라도에 10여 교회, 평북에 3 교회, 충남에 2 교회를 각각 설립했다. 1914년에는 전국에 45 교회와 4천 여 교인을 통산하고 있었다. 이 교회의 한국 내 책임자는 와다세(渡瀨常吉, 1867-1944)였고, 여기 한국인 차학연(車學淵)과 사일환(史一煥), 유일선(柳一宣)이 동조하고 있었다.[66]

---

61) 湯淺興三, 『日本組合基督教會史』, p. 328.

62) 朝鮮教化に就ての天下の有志に訴ふ, 日本組合基督教會, 조선교화자금보집위원회 위원장에 海老名彈正, 위원에 小崎弘道, 1913, p. 2. 京都: 同志社大學 도서관 소장.

63) 海老名彈正 발행의 1913년 모금취지서, 京都: 同志社大學 도서관 소장.

64) 朝鮮教化に就ての天下の有志に訴ふ, *ibid.*, pp. 2-3.

65) 所謂 鮮人日本國民化の失敗, 『上毛教界月報』, 1925년 5월 25일자.

66) 이들은 다 친일파로 알려진 사람들. 유일선은 당시 "칠가살(七可殺)"이라 불려진 무리 중 매국노에 분류되었던 인물. 강동진, 『일제의 한국침략정책사』, 서울: 한길사, 1980, p. 270.

"나는 하나님의 복음보다 일본정신의 복음을 전하는 자." 유일선이 사이또(齊藤實)총독에게 낸 서한. 『齊藤實文書』, I-4-111, 일본, 국회도서관 헌정자료실 소장.

그런데 이들 한국인들은 김인(金麟)[67]과 작당하여 유신회(維新會)를 조직하고는 그 힘으로 YMCA를 겁탈하려던 일이 있었다. 이 음모는 1912년 말부터 진행되어, 선교사들과의 관계를 끊고 그것을 일제 YMCA에 병합시키려 했던 것이다.[68] 이들은 모트(J. R. Mott, 1865-1955)의 내한을 계기로 소집되는 1913년 2월의 정기이사회에서 물리적 힘으로 회의장을 위협하면서 헌장 개정을 강행하려 한 것이다.[69] 그러나 이상재와 모트의 대담한 회의 진행으로 그들의 음흉한 계획이 결국 무산되고, 김인 역시 부총무직에서 파직되었던 것이다.[70]

이 김인은 구미아이교회측과 연계되어 1911년 8월 한국 교계 중진 인물 24명을 강제 모집하여 일본을 시찰하게 해서 합병의 실재를 인식시켜 기독교의 일본화를 추진시키려 한 인물이었다.[71]

그런데 일본교회가 그 날조된 '105인사건'에 보인 자세는 실로 우리의 가슴을 찢는 것 같았다. 그 날조가 워낙 어마어마한 국책적 차원의 기독교 박멸의 음모였는데도, 일제 교회가 거기 동조하며 한국교회 형제들을 가진 험담으로 경멸한 것은 이를 세계 교회의 한 가족으로 볼 수 없게 만드는 치욕으로 끝났다. 서울의 일본 YMCA 총무였고 윤치호와는 절친하던 니와(丹羽淸次郞)는 고문의 정당성을 들고 나섰다.

> 범죄의 가능성이 있는 자를 자백시키기 위하여서는 사람에 따라, 때에 따라, 어느 정도의 완력(腕力)을 쓰든가, 혹은 감식(減食)을 시키든가, 그 밖에 피고의 심신을 괴롭히는 것은 필요한 조치가 아니겠는가. 특히 조선인 일반의 약점은 거짓말을 잘 하는 것인 즉, 신체상 고통을 주는 것은 불가피한 일이 아니겠는가.[72]

---

67) 1907년부터 YMCA 부총무, 김영희(金永羲), 『좌옹(佐翁) 윤치호선생 약전』, 1934, p. 215.
68) 朝鮮に於ける基督教青年會問題, 『基督教世界』, 東京: 1913년 1월 9일자.
69) 朝鮮中央基督教青年會の革新問題, *ibid.*, 1913년 2월 13일자.
70) L. H. Underwood, *Underwood of Korea*, pp. 302-306.
71) 帝都に於ての朝鮮人牧師一行, 『護教』, 東京:1911년 8월 5일자.

니와와 계속 내밀한 관계를 유지해온 구미아이교회의 반응 역시 악의에 차 있었다.

> 윤치호씨의 명백하고 치밀한 자백에 의하면 분명히 총독암살의 음모는 기도(企圖)되었던 것 같다. 다만 기회 잡기가 어려웠고, 또한 드디어 이를 실천할 용기 있는 자가 없었기 때문에 음모는 미수로 발각된 데 지나지 않는다.[73]

이런 것이 일본교회의 자세였다. 그들의 이와 같은 자세와 의식이 마침내 세계 제2차 대전 중 소위 "대동아공영권(大東亞共榮圈)에 보내는 사도적 서한"을 발송하는 비복음적인 추태까지 연출했던 것이다. "우리 교단의 동아공영권 교화에 대한 책임이 확대 심화함을 통감하지 않을 수 없다."[74] 이것이 그들의 자세였다.

하지만 양심의 음성이 전혀 없었던 것은 아니다. 우에무라가 추후에 105인사건의 야만적인 만행의 진상을 알고는, 태도를 바꾸어 일본의 양식 있는 인사들까지도 이 잔혹 행위에 냉담한 점을 통박하고, 일본인들의 편협한 애국심이 한국 민족을 충분히 아끼고 돌보지 못하게 했다고 하면서 총독정치를 매섭게 비판하고 있었다. 우치무라 간죠(內村鑑三, 1861-1930) 역시 한국 병합에 비탄을 표명하고, 이 병합이 일본역사에 커다란 걸림돌이 될 것이라고 쏘아대고 있었다.[75]

이처럼 한국교회는 정치와 경제 및 세속적 지식 및 일본 기독교회의 편협한 민족성에 대한 충격 때문에 오래 걸머지고 갈 십자가를 피할 도리가 없었다.

그러나 한국교회의 신앙은 여전히 그 힘이 견고하고 소박하였다. 이때쯤 해서 세계선교협의회는 한국을 '오늘의 성지'[76]라 불렀으며, 그 선교의 성공은

72) 丹羽清次郎, 朝鮮と基督教, 『開拓者』, 東京: 1913년 2월 1일자.
73) 朝鮮陰謀事件の判決書, 『基督教世界』, 1913년 4월 17일자.
74) 『日本基督教團史』, 일본기독교단사 편집위원회, 1967, p. 134.
75) 우치무라가 미국인 친구 벨에게 보낸 서한. 1917년 4월 9일자.

'근대사의 불가사의'요, 그 신앙은 초대교회를 방불하게 하고 있으며, 성서에 대한 열의는 세계적이라고 경탄해 마지않았던 것이다.[77]

15.3. 한국교회의 총회 조직과 한국 여러 교회의 해외선교

한국교회는 시련의 골짜기를 극복해 가는 힘이 교회 자체에 있다고 믿었다. 우리겨레들도 그렇게 생각했다. 다른 도리가 없어서가 아니라, 그것이 그때로서는 우리 겨레들에게 가장 담력을 주고 용기를 북돋으며, 나라나 개인으로서의 보람을 안겨다 주었기 때문이다. 교회의 전국적인 조직이 서둘러진 배경이다.

"백사지(白沙地)같은 서울 복판에서 매일저녁 황토현(黃土峴)에서 믿기만 하오, 믿기만 하오"[78] 하며 찬미로 노방 전도하던 복음전도관이 그 교회 최초의 건물을 건축한 것은 1912년의 일이다. 남감리교는 1914년 그 8차 선교연회에서 "조선의 교역자를 완전한 회원의 자격으로 연회 사무 처리에 참섭(參涉)"[79]케 하였다.

한국의 제3대 주교로 임명된 성공회의 트롤로프(M. N. Trollope, 趙마가: 1862-1930)는 1911년 10월 입국하자 곧 교회의 구조 확립에 박차를 가했다. 우선 "가시적인"[80] 건물로서의 교회당 건립에 착수하여 "가장 소박하고도 순수한 초대교회 건축 양식의 위엄"[81]을 갖추도록 하였으며, 다른 프로테스탄트 선교에서 복음 전파의 열정으로 미비한 "위엄 갖춘 교회 의식예배" 모델을 작성하고자 하였다. 그리고 그는 성공회가 가톨릭성을 원점으로 한국교회가 "인종과 언어

---

76) J. E. Orr, *The Light of the Nations*, 1965, p. 249.

77) *Report of Commission I*, World Missionary Conference, 1910, pp. 71-73.

78) 이천영, 『성결교회사』, p. 33.

79) 양주삼, 『조선남감리교회 30년 기념보』, p. 30.

80) C. Trollope, *Mark Napier Trollope*, London: SPCK., 1936, p. 64.

81) *Ibid.*, p. 65.

의 차이가 없는", 다시 말하면 한국 안에서 한국인과 일본인이 함께 "한 권속에 속하는" 교회 구성을 서둘렀다.[82] 그리고 1916년에 4월에는 교구협의회를 개최하고 '대한성공회' 헌장과 법규를 채택했던 것이다.

장로교가 그 교세의 전국적인 확장으로 거대화한 교회의 총회를 조직하게 된 것은 1912년 9월 1일 평양 여자성경학원에서의 일이다. 여기 출석한 총대는 목사, 장로, 선교사들을 합쳐서 221명이었다.[83] 이들은 전국 방방곡곡에 흩어져 있는 교회들에서 파송된 대표자들이었다. 당시의 도로 사정이나 교통의 어려움 그리고 숙박시설의 미비 같은 것을 생각하면 이 총회 집결의 의의를 높이 평가하지 않을 수 없다. 비록 신작로가 뚫리고 기차 길이 여기저기 부설되었다고 할지라도 아직 전국적인 규모로는 발전되지 못하고 있었다. 한국 역사상 최초의 전국적 회합이 이 기독교회의 총회에 있었다는 사실을 우리는 중대시한다. 교회는 움직이는 기구요 포괄적인 조직일 때 참 교회인 것이다.

장로교 총회의 창설은 이 이외에도 몇 가지 중대한 의의를 가지고 있었다. 이 총회에는 아직 선교사들의 영향력이 현저하게 작용하고 있었다. 이 창립총회에서 언더우드는 총회장에 그리고 저 불레어[84]는 회계에 각각 선출되고, "그 이외의 직(職)은 한국인에게 돌아갔다."[85]

둘째로 이 총회는 최초의 안건으로서 독노회의 창립이 선교교회를 지향했던 것처럼, 선교교회의 면모를 다시 다짐하기로 결정하고, 중국 산동성(山東省) 래양(萊陽)에 선교사를 파송하여 외국 선교를 강화하고, 매년 감사주일은 외국 전도를 위하여 기도도 하고 헌금도 하기로 결의하였던 것이다.[86] 일본 동경에

82) *Ibid.*, pp. 64, 66. 그러나 그 교회의 '코스모폴리탄' 성격이 '끝없는 난관이었음'을 시인. 이재정은 이것을 'False Universality'라 지적. 이재정, 『대한성공회 백년사』, 서울: 대한성공회 출판사, 1990, p. 100.

83) 예수교장로회 죠션총회, 『뎨일회 회록』, pp. 1-4.

84) W. N. Blair로서, 한국교회 비정치화운동 주도.

85) G. T. Brown, *Mission to Korea*, p. 95.

86) 예수교장로회 총회, 『뎨일회 회록』, pp. 21, 24. 파송 선교사는 박태로(朴泰魯), 사병순(史秉

대한 선교는 우리 교회의 선교와 일치(Mission and Unity)의 교회 본래상을 역력히 보여준 것으로 길이 찬양되어야 할 것이다. 장로교의 총회와 감리교의 연회는 각각 위원 3명씩을 택하여 3년 동안 동경교회 일을 위임하게 하되, 그 교회는 이 두 교파 어느 하나의 특정 교파 명의를 쓰지 않고 '연합예수교회'로 통칭하는데 합의하고, 다만 유학생들이 고향에 돌아왔을 때에는 그 가족이 다니는 교회의 교인이 되게 한다는, 그런 합의였다.[87)]

셋째로는 세계 교회와의 연대의식의 강화이다. 이 총회의 조직에 세계 교회와 중국 산동성의 노회와 일본의 교회가 각각 축사를 보내왔고, 총회는 총회대로 각국 장로회 총회와 장로교 만국 연합총회에 한국 총회의 결성을 통고하였던 것이다.[88)] 더구나 일본교회의 제스처는 묘했다. 벌써 개회 초에 모페트의 소개로 일본교회의 비공식 대표이며 '105인사건'의 변호인 우자와(鵜澤聰明) 박사가 문안 축사를 드렸으며, 주공삼(朱孔三, 1875-?) 목사[89)]의 소개로 동경의 감리교회 목사 시라도라(白虎)와 장로교의 미와(三和)가 인사와 축하를 했다.[90)]

일본교회와의 이와 같은 접촉을 의기(義氣)의 상실로 볼 수 있을는지 모르나, 제1대 총회장의 설교에 선교와 결속의 의미를 밝혀주는 뜻깊은 말들이 있어서 핵심의 포착을 가능하게 해준다. 언더우드는 그의 총회장 취임 설교에서 그리스도의 역사적 현존을 강하게 역설하고는 "구주의 존재를 우리 신자들이 그 행위로 이 악한 세상에서 나타내야 할지니, 이 복음을 우리의 행위로 이 세상에 나타내면, 이것이 복음의 권세 있는 것을 나타냄"[91)]이라 하여, 적극적인 그리스도 현존 확신과 선교가 교회의 사명임을 강조하였던 것이다. 더욱이 그

淳), 김영훈(金永勳).

87) 『조선예수교장로회사기』, 하, p. 12. 이 정신과 그 참여 인사들의 연장선상에서 1918년의 장감연합협의회를 구성하게 했다.

88) 미국 남 북장로회, 캐나다 및 호주 장로회의 총회. 조선예수교장로회 총회 『제1회 회록』, 1912, p. 6.

89) 찬송가 제304장 "어머니의 넓은 사랑" 작사자 주요한의 부친.

90) 『죠션 예수교쟝로회총회 회의록』(뎨일회), pp. 5, 13.

91) 『선교70주년 기념설교집』, 대한예수교장로회 총회 종교교육부, 1955, 중권, 역대총회장 설교, p. 19

는 한국 교회가 장차 걸머지고 갈 고난의 길을 예견하면서 "겟세마네 동산과 같은 곳을 향할"[92] 교회는 예수와 같이 받기 어려운 쓴 잔을 받아야 한다고 피력했던 것이다. 그리고 그 고난은 죽는 것을 가르침이요, 사소한 고난을 가르침이 아니라고 경고하였던 것이다. 일제 통치 하의 교회 그 수난을 그렇게 정확하게 보고 있었다.

넷째로 이 총회나 노회의 조직은 각 교파마다 약간의 차이들이 있기는 했지만, 한국민의 정치 훈련에 결정적인 영향을 미쳤다. 의견의 수렴 방법이나 상정 안건의 처리 절차, 대의(代議)제도의 운영으로 그 민주주의 정치 훈련과 자치 훈련을 그 절차 개념에서 운영하게 하여 "거대한 민주 생활의 훈련학교" 소임을 다하였으며, 따라서 우리 교회는 "아시아 전체에서 보았을 때 국회라는 것을 제외하고는 가장 민주적인 시민생활의 지도력"[93]이 배출되는 유일한 기관이 되었던 것이다. 정치 공백기의 일제 하 민족사에서 정치 훈련과 지도력 배출이 가능하였던 유일한 기관이 교회였다.

선교에 대한 교회의 숭엄한 소명감은 한국의 여러 교회에 널리 받아드려지고 있었다. 침례교(大韓基督教會)의 신명균(申明均) 목사는 1917년 귀리 밥 한 그릇으로 요기하고, 분식으로 천 사백여 리를 보행하며, 옷 한 벌로 겨울을 지내는, 그런 핍절과 한기 속에서도 만주의 길림성(吉林省)과 로령(露領) 수청(水淸)과 연추(煙秋)에서 해외 전도에 몸 바치고 있었다.[94] 노재천(盧載天) 목사의 서간도 선교도 형극의 형적뿐이었다. "혹한으로 귀와 입을 수건으로 싸매고 발은 감발로 감았으며" 얼굴은 얼어서 부었는데 적설(積雪)험로의 머나먼 만주 임강현(臨江縣)을 중심으로 선교하던, 이 훌륭한 선교의 행로를, 우리 교회가 그

92) *Ibid.*, pp. 19, 20, 22.

93) H. E. Blair, Fifty Years of Development of the Korean Church, *The 50th Anniversary Paper, Presbyterian Church in the U.S.A.*, 1934, p. 129.

94) 김용해, 『대한기독교침례회사』, pp. 31-35.

영광된 기록으로 되찾아 하늘 높이 빛낼 날이 있어야 할 것이다. 침례교는 이 밖에도 1918년 박로기(朴魯琦), 김희서(金希西), 김영태(金永泰), 최응선(崔應善), 네 사람의 순교자를 로령(露領)의 브시엘, 목커우에서 냈던 것이다. 침례교는 그 교세의 규모가 결코 이런 개척적 험로에 나설 정도가 아니었는데도 불구하고, 1900년대 초 만주나 연해주(沿海州)에서 시작하고 계속했던, 그들 해외선교의 혈적(血跡)은 이 나라 교회사에 금자탑으로 길이 빛날 것이다.

15.4. 감리교 신앙과 교회의 구형(構形)

앞서 살펴본 바와 마찬가지로 남감리교 선교연회가 한국인 교역자의 완전 회원권과 연회 사무 처리에의 동참을 결정한 것이 1914년부터의 일인데, 그 선교연회가 '조선매년회(每年會)'로 발전한 것은 1918년의 일이다.

북감리교 곧 미이미(美以美, Methodist Episcopal Church)교회가 선교연회를 설립한 것은 1905년, 그리고 1908년에 이르러서 '조선연회'를 독립 설치하였던 것이다. 남감리교보다는 일렀다. 그러나 그 감독직이 1916년까지 당시에는 일본 관할의 해리스 감독이 겸직하고 있어서 실질적인 한국인의 교회로는 갈 길이 아직은 멀었다.

감리교는 장로교보다 2년 앞서서 1916년 2월에 신학지 『신학세계(神學世界)』를 발행하기 시작하였다. 여기에서 우리는 감리교회의 독특한 신앙과 그 교회의 면목을 찾아볼 수 있다.

이 『신학세계』는 그 창간호의 간행사에서 "조선 교역자의 지식을 증진케 할 책임"[95]을 다짐하고 "본보의 성질은 순전히 종교적 잡지인고로 정치에 관한 언론이나 사건은 결코 불게재홀 터이며 또 타인과 시비논쟁ᄒᆞᄂᆞᆫ 문자도 역시 불

95) 『신학세계』 창간호, 서울: 협성신학교, Vol. I, No. I, p. 3.

게재ᄒᆞ겟ᄉᆞᆸ니다"[96] 하여 그 종교적 경건을 공표하고 있었다.

둘째로 이『신학세계』에 의하면, 감리교회는 처음부터 재정에 관한 관심을 강하게 표명하고 있었음이 나타난다. 창간호에 벌써 양주삼의 "기독교의 재정론"이 실려 "ᄉᆞ룸다려 종교ᄂᆞᆫ 만히 ᄉᆡᆼ각ᄒᆞ고 ᄌᆡ산은 적게 ᄉᆡᆼ각하라고 권면ᄒᆞᄂᆞᆫ 거시 무식ᄒᆞᆫ 열심이오, ᄉᆞ실상에 암ᄆᆡᄒᆞᆫ ᄆᆞᆯ이라"[97]고 비판했다. 이 재정적 관심은 제2호에도 다시 나타나 있었다. "금일 조선교회에 대한 문제"에서 이 문제를 언급하여 "차세(此世)에서 재산을 만이 가지고 성취ᄒᆞᆯ ᄉᆞ가 무엇이뇨. 죠션교회ᄂᆞᆫ 일대 빈자회(貧者會)"[98]라 탄식하고, 제3호에서도 역시 강매(姜邁, 1878-1942)는 "조선 교회의 재정 자유문제에 대하여"라는 논문에서 신앙이라는 것은 "영육의 문제가 공(共)히 원만ᄒᆞ게 해결됨에 있다"[99]는 주장을 펼치고 있었다. 거슬려 올라가 남감리교의 윤치호는 1910년 에딘버러에서 열린 국제선교협의회에 참석하여[100] 선교비의 거취문제를 논급하면서 선교사들은 선교비의 사용에 앞서 반드시 그 곳 피선교지 교회와 투명하게 의논해야할 것이라고 강조하고 있었다.[101]

셋째로는 감리교의 교회 일치에 대한 열의와 그 적극적 자세이다. 최병헌 목사는 "(장로교, 감리교, 조합교회 등이) 문호를 각립(各立)ᄒᆞ야 서로 불합ᄒᆞᆷ은 실로 가탄(可歎)ᄒᆞᆯ 일"[102]이라 하였으며, 데밍(C. S. Deming, 都伊明: 1876-1938) 역시 "(한국교회 성장의 장애가 되는 것은) 각 교파를 ᄯᅡ라 교회는 분리가 점점 됨이니 이는 죠션교회의 맛ᄶᅡᆼ히 ᄇᆞ릴 바"라 하면서 "죠션 안에 ᄒᆞᆫ 그리스도교회가 발

96) *Ibid.*, p. 4.

97) *Ibid.*, p. 151.

98) *Ibid.*, Vol. I. No. 2, 1916, 6, p. 6.

99) *Ibid.*, Vol. I, No. 3, 1918, 8, pp. 2, 9.

100) 윤치호는 이 협의회에 초대받아 참석한 17인의 동양인 중의 하나로, 한국에서는 단 1인이었다. 그것도 정식 대표 자격은 아니었다.

101) Hans-Ruedi Weber, *Asia and the Ecumenical Movement, 1895-1961*, London: S. C. M.., 1966, p. 120.

102) 최병헌, 종교변증설, I, 『신학세계』, Vol. I, No. 2, p. 21.

전ᄒᆞ기ᄅᆞᆯ 위ᄒᆞ야 ᄒᆞᆯ 수 잇ᄂᆞᆫ ᄃᆡ로 각 방면으로 방법을 만들지니라"[103] 하였다. 감리교의 이 포용성은 일본까지 포함하고 있었다는 인상이다. 감리교 협성신학교의 초대 교수진에는 일본인 니이야마(新山仁太郎)이라는 신학자가 들어 있었다.[104]

마지막으로 한국의 감리교회는 토착화 작업이 말콤 펜위크의 거보 이후 가장 실질적으로 그리고 이론적으로 추진되고 있었다. 『신학세계』 창간호에 벌써 백형련(白瀅鍊)이 "야소(耶穌) 공자(孔子) 양교병론(兩教並論)"[105]을 시도하였고, 이후 계속 연재했는데, 이런 것은 당시 장로교에서는 손도 댈 수 없었던 주제였다.

15.5. 개정 사립학교 규칙과 기독교 교육의 위기

교회가 그 신앙의 골격을 다지고 선교로 그 영향권을 넓혀갔지만, 합병 이후의 교세는 침체일로, 정체하고 있었다. 1910년 가령 남장로교의 경우 새 교인이 2,020명이었으나, 1915년까지 점차적으로 줄어들어 825명이 새로 입교하고, 1919년에는 겨우 368명만이 새 교인으로 등록하고 있었을 뿐이다.[106] 남감리교 선교역사 전후를 연구한 와슨(A. W. Wasson, 王永德: 1880-1964) 역시 이 기간 동안의 교회 침체를 지적하여 "9년간의 불모기(不毛期)"라고 부르고 있었다. 그러나 역사는 흘러가는 것이고, 거기 진전과 반전, 진보와 정체, 이런 과정이 엉켜 있는 것이다. 살아 있는 실체의 온갖 과정을 거치는 것이다.

해외선교의 일사불란한 성취도 이때 여기저기 흩으러진 곳이 보이고 있었다. 고향을 애모하는 한루(恨淚)로 객지에 묻혀 사는 동포의 슬픔을 위로하고 복음

---

103) 도이명, 죠션 그리스도교의 쟝ᄅᆡ가 엇더ᄒᆞ뇨, 『신학세계』, Vol. II, 특별호, 1917, p. 92.

104) 『신학세계』, Vol. I, No. I, p. 109.

105) *Ibid.*, Vol. I, No. 2. 대단한 논문은 아니고 "명사들의 군서(群書)를 수집하는 데" 그쳤으나 방향은 잡혀 있었다.

106) G. T. Brown, *op. cit.*, p. 88. 도표 참도.

의 소식을 전해 영생의 희락을 얻게 하려고 1909년 불라디보스톡에 파송되었던 최관흘(崔寬屹, 1877-?)이 서약을 배반하고 1913년 동방 정교회로 전향한 것을 비롯,[107] 병약과 빈핍으로 선교지에서 유리하는 전도자들의 수가 적지 아니하였다.

이러한 교회의 정황은 한국교회가 1910년대에 와서 어떤 중대 고비에 다달았다는 증상을 보인 것으로, 다들 심상치 않게 받아들이고 있었다. 교회 역사 40년에 이런 일말의 정체(停滯)와 정돈(停頓)은 불가피했을 것이다.

여기서 한국교회는 한 세대가 지나가고 있다는 한계를 목격한 것이다. 이제 다음 세대에 눈 돌릴 때가 온 것이다. "지금까지는 성년세대였습니다. 이제부터는 유년세대가 온 것입니다."[108] 주일학교의 발전이 이렇게 급물살을 탄 것이다.

최초의 주일학교는 물론 1890년에 조직된 것 같다. 그러나 이 당시의 주일학교는 장년들까지 포함한 일종의 성경공부반과 같은 것이었다. 1907년에 와서 장감연합공의회는 세계주일학교연맹과 교섭해서 한국에서 주일학교 일을 전담할 사람을 하나 보내 줄 것을 요청한 바 있었다.[109] 이것이 결실되어 1912년 2월 서울에서 선교회와 한국교회 및 예수교서회 대표자들 13명이 모여서 한국 주일학교 실행위원회를 결성하였으며, 아울러 만국통일 주일공과를 편찬 발행하게 된 것이다. 이 주일학교운동은 한국교회에 새로운 자극과 기회를 제공해 주었다.[110]

---

107) 『조선예수교장로회사기』, 하, pp. 14, 196, 197. 최목사는 그러나 1922년 장로교에 복귀하고 해벌(解罰) 받았다. *Ibid.*, pp. 345-346.

108) M. L. Swinhart, *The Missionary Survey,* June 1918, p. 363

109) H. G. Holdcroft, Executive Committee for Korea Sunday School Association, *The Korea Mission Field,* March 1912, p. 144. 그 조직은 회장에 M. L. Swinehart, 부회장 김규식(金奎植), 서기 정덕생(鄭德生), 회계 C. H. Deal, 총무에 H. G. Holdcroft.

110) 광주에서는 1909년 40명이던 주일학교 학생이 1912년에는 500여명으로 증가. 그래서 그 교회는 오전 전부를 주일학교 시간으로 채우고, 정식예배는 낮 2:30으로 조정. R. M. Wilson, A Successful Sunday School, *The Korea Mission Field,* August 1912, p. 238.

1913년 4월 19일! 한국교회 역사가 새로운 전기를 맞는 큰 행사가 진행되었다. 경복궁 뒤뜰에서 전국주일학교대회가 열린 것이다. 거기에 14,700명을 헤아리는 인파가 몰렸다.[111] 이를 바라보던 총독부 관리들은 서울에 이만한 주일학교 관계자들이 몰려 올 줄은 미처 몰랐다고 경탄했다고 한다. 한 참석자는 감동으로 외쳤다.

> 확실히 그 (하나님의) 나라는 거역할 수 없는 힘과 영광으로 다가서고 있습니다. 그리고 우리는 매일매일 그 새로운 증거를 목격하고 있습니다.[112]

자라나는 새로운 세대에 대한 교회의 이러한 관심은 자연 기독교계 학교에서의 교육 진흥과 충실을 자극하지 않을 수가 없었다.

이런 의미에서 1915년 3월 설립된 연희전문학교(延禧專門學校)의 출발을 감격으로 바라보지 않을 수 없다. 1912년 북감리교에서는 우리나라 교육 사업에 대하여 토의하고, 고등교육기관이 거의 없는 한국에서 기독교 정신에 입각한 덕육(德育), 지육(知育), 체육(體育)의 완전한 교육을 시행할 고등교육 기관을 세워 한국 문화에 공헌할 인재를 배양할 것을 다짐하고 있었다. 언더우드의 불굴의 초지가 여러 시련을 겪으면서 난항을 거듭할 때 이 감리교의 움직임은 확실히 그에게 엄청난 동조력이 되었던 것이다. 언더우드는 북장로교, 특히 서북지역의 선교사들이 서울에 고등교육 기관을 설립하는 데 극력 반대하고 있음에 섭섭한 마음을 가지고 있었으나,[113] 미국 본국의 북장로교 해외선교부의

---

111) L. H. Underwood, Sunday School Rally in Seoul, *ibid.,* March 1913, p. 146.

112) *Ibid.* p. 147.

113) Educational Committee, Section 9, *The Minutes of the Presbyterian Missions in Korea,* 1910, p. 82.

Educational Committee Report, *ibid.,* 1912, p. 117.

Educational Federal Senate, *ibid.,* 1013, p. 38.

서북교권의 반대가 극렬했다. 그러나 한국 '현지 선교부의 반대'의 형태.

동의를 얻으면서부터는 한국에 있는 모든 프로테스탄트교회 선교부가 협조해서 함께 참여할 고등교육 기관의 설립을 더욱 서두르게 되었던 것이다. 그러나 마지막 단계에서는 다만 일부 서울지역의 북장로교와 캐나다장로교 및 남·북감리교만이 설립에 참여하였을 뿐이었다. 거대 북장로교는 빠지고 있었다.

"상업, 산업, 직업 및 문화, 농업의 측면"을 "종교만큼 강조하는 넓은 의미의 대학교육"[114]을 꿈꾸며, 필경 종합대학교를 설립하겠노라는 언더우드의 희망은 그야말로 백절불굴, 마침내 1915년 4월 서울 중앙기독교청년회 회관 한 구석에서 개교의 종을 울렸던 것이다.

"이 연희야말로 근대 교회의 위대한 선교사 중의 한 사람인 언더우드의 업적을 길이 기억으로 남길 한 모멘트"[115]가 된 것이다. 장로교 간의 연합과 장감의 연합사업 그리고 성서 번역과 기독교서회, YMCA, 성경학원, 선교사공의회 등 한국 초대교회의 연합 사역에 그의 손이 닿지 아니한 곳이 없었는데, 이제 연희전문학교에서 그 깃발이 활짝 펴진 것이다. 그 설립 정식 인가는 1917년 4월 7일에야 내려졌다.[116]

연세대학교의 교정 한 복판에 세어진 그의 동상에는 이런 명문(銘文)이 새겨져 있다.

> 쥬강생 천팔백 팔십 오년 사월에 이십오의 장년으로 걸음을 이 땅에 옮겨 삼십 삼년 동안 선교의 공적이 널리 사방에 펴지고 큰 학교론 연희전문이 이루히니 그럴사 박사 늙으시도다. 신학, 문학의 높은 학위는 박사 이를 빌어 무거움이 아니라 얼굴로 좇아 얼른 살피기 어려우나 이렇듯이 연세보다 지나 쇄함을 볼 때 누구든지 고심으로 조선 민중의 믿음과 슬기를 돕던 그의 평생을 생각할지로다. 베픈 바 날로 늘어감에 따라 우

114) H. H. Underwood, *Modern Education in Korea*, New York: International Press, 1926, p. 131.

115) A. J. Brown, *The Master of the Far East*, 1919, p. 550.

116) 현지 선교부의 연희전문학교 인가는 1922년의 일. Appendix G. Report of the Executive Committee, *The Minutes of the Presbyterian Mission in Korea*, 1922, p. 89. 모페트계 서북 선교사들 반대의 혹심함을 보여주는 대목.

리 사모 - 갈수록 깊으며, 적은 힘 모아 부은 구리로서나 방불함을 찾으려 함이라. 뉘 박사의 일생을 오십칠 세라 하더뇨. 박사 - 의연히 여기 계시도다.[117)]

때마침 총독부는 1915년 3월 사학(私學)의 통제와 감독을 강화하는 '개정사립학교규칙'[118)]을 공포해서 교회의 새 기운을 삼제(芟除)할 궁여지책을 강구하고 있었다. 교육과 함께 교회 발전의 통로는 큰 위협에 직면했다. 이 규칙의 표면상의 항목이라든가 대부분의 내용은 교회가 꺼려할 바 불합리한 문제는 하나도 없었다. 다만 학교 교과과정에서 예배의식과 성서교육의 철폐를 요구한, 그 단일 항목이 심각한 문제로 등장한 것이다. 총독부는 이 교육시설 기준에 따라 학교 시설 일체를 10년 이내에 완비하라는 유예기간을 설정했지만, 골자는 기독교 교육의 계속 여부를 심사, 결정하라는 통첩이나 다름이 없었다.

10년을 유예기간으로 설정한 일제는 그 나름대로의 뱃심이 있었다. 당시 조선총독부의 외사국장(外事局長) 고마쯔 미도리(小松綠, 1865-1942)는 그 해 11월 14일 한 선교사에게 서한을 보내어 "조선에서의 기독교 학교는 단지 한 실험적인 임시 교육에 불과하다. 총독부의 일반 교육 시설이 완성되면 이 학교들의 수는 현저히 격감할 것이요, 6년 내지 7년이면 한국에서 기독교 학교는 그 흔적을 찾을 수 없을 것"[119)]이라고 장담하고 있었다. 그는 이보다 앞서 4월 3일에 『경성일보』에 아래와 같이 사학의 취체 방침을 천명하는 글을 게재한 바 있었다.

우리 교육의 목적은 다만 신민(臣民)의 지식과 윤리를 발전시키는 것만이 아니고, 제국(帝國)의 존재와 안녕에 공헌할 국민정신을 그 마음속에 계발하는 데 있다. 우리

---

117) 위당(爲堂) 정인보의 글.

118) 이 규칙은 高橋濱吉, 『朝鮮敎育史考』, 京城: 帝國地方行政學會, 1927, pp. 423-425 참조. 같은 해 10월에는 '포교규칙(布敎規則)'을 공포, 그 종교통제 기능에 대해서는 박은식(朴殷植), 『한국독립운동지혈사』, 상해: 1920, pp. 50-53 참조.

119) A. J. Brown, *op. cit.*, p. 591.

> 는 당신들이 이 시대의 변천에 눈 감지 말고 지금까지 교육에 써 오던 돈과 노력을 종교적 포교에만 국한시킴으로써 교육 사업은 완전히 총독부의 손에 맡기는 것이 좋다는 사실을 이해해 주기 바란다. 교육은 절대로 신민적(臣民的)이어야 한다. 세계적인 정신과 통하는 종교와 혼돈하여서는 안 된다.[120)]

여기에 종교와 교육과의 기술적인 국책적 구별이 있다. 기독교가 성육신의 신앙이라는 것이 이 편리한 구분을 못하게 하기 때문에 문제의 심각성은 깊어갔다. 데라우찌 자신도 "조선에는 완전한 신앙의 자유가 있을 뿐만 아니라 기독교에 대한 우의(友誼)가 높고, 따라서 교육에서의 종교 행위 제재는 국가적이요 교육적이지 기독교에 대한 차별이 아니다"[121)]고 농언(弄言)하고 있었다. 여기 대해서 선교공의회가 1915년 9월 그 규칙의 개정을 탄원하는 진정서를 냈다. 그러나 총독부의 강경한 입장은 더욱 굳어져 가고만 있었다.[122)]

교회와 선교사들은 크게 당황하였다. 만일 교회 전체가 통일된 행동을 계속시킬 수만 있다면 총독부의 양보는 얻어낼 수 있을 것이라는 일말의 희망이 없지 아니하였다. 하지만 이 전략과 기대는 세 쪽에서 오는 방해 때문에 이행되지 못하고 말았다.

하나는 교회계 학교 학생들의 스트라이크 연발이었다.[123)] 이로 인해 학교가 장기간 휴교하는 일이 비일비재하였다. 공립학교의 시설 개선과 그 출신들의 우대 현상이 덧붙여져서, 사립학교 학생들의 불만이 터졌던 것이다. 이들 학교 학생들의 민족주의적 경향이 강렬한 데도 불구하고 이런 불화는 계속되었던 것이다.[124)] 민족정기보다 앞선 실리 추구가 현상화하기 시작한 것이다.

---

120) F. A. McKenzie, *Korea's Fight for Freedom*, p. 214. Cf. A. J. Brown, *op. cit.*, p.591.

121) A. J. Brown, *op. cit.*, p. 596.

122) C. H. Pratt, The Federal Council, *The Korea Mission Field*, November 1915, p. 309.

123) J. W. Hitch, *The Minutes of the Korea Mission of the Methodist Church*, Seoul: 1926, p. 57. 신성(信聖)학교, 경신학교, 숭실학교 등에서 잦았다.

124) J. E. Fisher, *Democracy and Mission Education in Korea*, 1928, p. 77.

다른 한 저해 요소는 선교회 간의 불협화음에서 왔다. 감리교의 해리스 감독은 이 총독부의 규칙에 순응하는 것이 학교 교육의 전폐(全廢)보다 낫다고 판단하였다. 그래서 선교교육연합회가 총독부와 학교들 사이에서 오히려 '방해'가 된다고 하여 여기서 탈퇴하고,[125] "가능한 한 빨리 그 시책에 순응하기로"[126] 했던 것이다. 서울의 배재(培材), 이화(梨花), 배화(培花), 평양의 광성(光成), 정의(正義), 개성의 호수돈, 원산의 루씨(樓氏)가 각각 인가 신청을 내고 교명을 '고등보통학교'로 변경하였다.[127] 개성의 송도(松都) 역시 여기에 준했다.[128]

여기에 반해 장로교는 배일(排日) 애국 기상의 억압과 성서교육 및 예배의식의 금지를 문제시하고, 이것은 기독교 교육 자체의 위기라고 단정하여 인가 신청을 하지 않기로 결정했다.[129] 이 때문에 이 계통의 학교가 받아야 했던 피해는 막심했다. 학교는 그 옛날의 전통을 빼앗기고 잡종(雜種)학교로 그 명맥을 유지하는 데 기를 써야 할 형편에 놓이게 된 것이다. 장로교에서 인가를 신청한 학교는 비선교사계의 오산(五山) 그리고 함흥의 영생(永生)여학교 뿐이었다.[130]

다음 세 번째 저해 요인은 시설의 미비이다. 엄격한 시설 규준을 내세운 규칙에 일치할 만한 교회의 재력은 총독부의 관립학교에서 쓸 수 있는 재원에 훨씬 못 미치고 있었다. 그래서 장학금을 넉넉히 마련한 공립에 대한 유능한 학생의 유혹도 뿌리치기가 힘들었다. 이런 의미에서 관·공립학교와의 경쟁은 처음부터 엄두도 내지 못할 정도였다. 교회는 이 냉엄한 현실에 눈 뜨기 시작한

125) Educational Committee, *The Minutes*, 1916, p. 75.

126) *Ibid.*, p. 76. 이때 선교교육연합회는 "성서를 교육하는 학교들의 연합체"임을 재확인, 해리스와 반대 입장 확인.

127) 조선총독부 학무국, 『조선제학교 일람표』, 1927년 5월, pp. 337, 341-343.

128) A. L. Becker, Christian Education in Korea, *The Christian Movement in Japan, Korea and Formosa*, 1918, p. 370.

129) Educational Committee, *The Minutes*, 1916, p. 76.

130) 손인수, 『한국근대교육사』, pp. 117, 118.
기독교학교의 수난상은 1912년 학교 수 494개교에서 1915년 422, 1916년 386, 1917년의 325, 1918년의 312개 교란 감세(減勢)에서 역력히 드러난다. 조선총독부 통계.

것이다.[131] 이제 교회가 당연히 교육의 선구자로 자처할 만한 그런 세상은 지나가고 있었다.

교회의 통일된 전선이 와해되던 순간에도 교회 한 구석에서는 소망의 불길이 꺼지지 않았다. 1915년 8월 YMCA에는 윤치호가 총무로 들어앉았으며, 실업교육의 확대와 조직적인 회원확대운동을 통해서 밝아오는 새 사회 건설의 에너지를 양성(釀成)하고 있었다.[132] YMCA는 이상재(李商在)가 1908년 종교부 총무로 들어와 일하면서 "민족 전체에 괄목할 만한 영향"[133]을 미치고 있었다. 또 평양에서는 숭실학교와 장로회신학교 학생들 그리고 기독교인들이 중심이 되어서 1917년 국민회(國民會)를 조직하여 "내외 서로 호응하여 국권회복운동"[134]을 전개하기도 하였다.

그날의 한국교회는 기독청년의 역사적 사명에 커다란 기대를 걸고 있었다. 도처에 그 소리가 메아리쳤다.

> 조선교회에 재(在)ᄒᆞ야ᄂᆞᆫ 쉬임없는 활동과 발전이 절박하게 필요ᄒᆞ도다. 금일 조선 청년의 지식과 사상의 기갈이 심ᄒᆞ며 도덕의 부패와 심지(心志)의 타락이 점점 극심ᄒᆞ니, 오호(嗚呼), 골수에 심입(深入)ᄒᆞᆫ 이 병을 낫게 ᄒᆞᆯ 자, 기독교의 신령을 버리면 누가 능히 그 일을 하리오. 그런고로 분기ᄒᆞ야 몸을 종교계에 던질지로다. 예수ᄅᆞᆯ 밋는 청년은 구세제민(救世濟民)의 대지(大志)ᄅᆞᆯ 품고 세상에 나아갈 것이다.[135]

이런 때다. 1917년, 총독부의 압력과 학생들의 인가 신청 요구 압력이 절정

---

131) "교육 형평은 ᄌᆡ정이 곤난ᄒᆞ야 긔초가 공고치 못ᄒᆞᆷ으로", 조선예수교장로회 총회 제6회『회록』, 1917, p.56.

132) G.A. Gregg, The Annual Report for the Year ending, September 30 1916. (그레그는 당시 YMCA 교육부 간사)

133) *A Sketch of the Industrial Work of the YMCA from 1906 to 1913.* (p.L. Gillett 문서)

134) 배민수(裵敏洙), 김인준(金仁俊), 최지화(崔志化), 백세빈(白世彬) 등이 중심. 비밀결사 발견 처분의 건, 국내항일자료,『한국독립운동사』, 5, pp.100, 490ff.

135) 전영택(田榮澤), 조선 기독교의 장래와 청년,『기독신보(基督申報)』, 1917년 1월 10일자.

에 이르렀을 때였다. 숭실학교의 모페트 교장은 학생들 앞에서 이런 말을 한다.

> 하나님께 맡기고 좀 더 기다려 봅시다. 기한은 앞으로 몇 해 더 남아 있습니다. 우리는 성서를 가르칠 수 없는 학교를 계속해 나갈 심사가 없노라고 총독부에 분명히 말해야 하겠습니다. 그리고 다만 이 문제는 하나님에게 맡기십시다.[136)]

맡기고 기다리기 2년! 3·1 독립운동이 왔고, 그로 인해서 새로 부임한 사이토(齊藤實, 1856-1936) 총독이 모페트와 만나 시정(施政)을 논의하던 끝에, 시설 규준을 높인다는 전제 아래 성서교육과 채플 의식을 허락받게 되었던 것이다. 폭풍에 말려들지 않았던 섭리에의 신앙이 감격으로 꽃핀 날, 한국의 기독교 교육의 위기는 몇 해나마 뒤로 밀어질 수 있었다. 더 진지한 소망의 닻을 더 먼 날을 향해 던져야 한다는 교훈이 이날 주어진 것이다.

---

136) A. D. Clark, *A History of the Church in Korea*, Seoul: C.L.S., 1971, p. 195.

16 한국교회와 3·1 운동

> 예수교회가 이번 운동에 참여한 것이 정당했다고 믿지 않을 사람은 한 사람도 없습니다. 예수교인만이 현시점에서 국제 정세에 정통하여 민족 자결의 횃불을 들겠다는 판단을 내렸던 것입니다. 그것도 시간적으로 보아 이때가 가장 적당하다고 판단하리만큼 안목이 트여 있었습니다.
> 예수교인만이 참혹한 식민 정책에서 소망을 포기하지 않았던 유일한 부류의 한국민입니다.
>
> 미국기독교연합회 동양문제위원회, 1919년 4월 30일

16.1. 한국교회 참여의 경로와 경과

16.1.1. 참여의 경로

일본이 한국을 병합하고 나서 9년째 되던 해, 1919년 3월 1일에 독립운동이 일어났다. 이 운동은 물론 한국 민족 전체의 거족적 운동이었고 또 천도교나 불교와 같은 여러 종교 단체가 선도한 것이 사실이었다. 조선조의 정통에서 항상 이단시되던 신앙으로 늘 체제에서 소외되었던 민중의 종교들이 주동이 된 3·1 운동은 확실히 이런 의미에서 참된 근대 한국, 민주 한국 역사의 거대한 전환점이었다고 해도 과언이 아니다. 그런데 이 거대한 민족 운동의 핵심과 다이내믹스는 기독교회를 경로로 하고 있었다는 사실이 중요하다.[1]

3·1 독립운동의 유발은 멀리 미국 윌슨(W. Wilson, 1856-1924) 대통령의 소위 민족자결주의 제창이나 이태왕(高宗)의 붕어(1919.1)가 그 근인의 하나요, 더구나 포교령이나 사립학교 규칙과 같은 일제의 간악한 탄압, 세계 제1차대전을 겪은 경제 공황, 일제 자본경제 체제의 제국주의 식민지적 확장에 따른 한국 농민의 심각한 경제적 타격이나 금융시장의 고갈, 그리고 대거 이민 행렬에 의해 만연된 좌절감, 물질문명 주도나 도덕적 해체 겨냥의 식민 정책에 의한 사회 감각의 급격한 변화, 이런 요인에 의한 것이었음은 두말할 것 없었다.

그러나 보다 근원적인 원인으로서는 ① 한국민의 독립에 대한 갈망, ② 총독부의 엄격한 헌병정치와 그 횡포, ③ 일제의 한국 민족성 박멸 기도, ④ 사법 처우나 행정 기관에서의 한국인의 차별 대우와 기회 박탈, ⑤ 언론, 신앙, 결사 자유의 박탈, ⑥ 종교에 대한 근절 정책, ⑦ 한국인의 해외여행과 교육에 대한 금단 조치, ⑧ 옥토의 약탈, ⑨ 한국 청년의 퇴폐를 시도하는 비도덕화의 정책적 불의, ⑩ 그리고 만주로의 강제 이민 등을 들 수 있겠다.[2)]

여기 교회가 강력한 민족의 정기와 울분을 호소할 효과적인 통로를 제공할 수 있었는데, 그 교회의 전국적인 유기적 맥(脈)을 통하여 비밀의 연락과 정기(精氣)의 전파, 그리고 거사의 동시성을 기대할 수 있었던 것이다. 장로교 의산(義山)노회의 보고에 그 기맥이 잡히고 있었다. 곧

> 삼월 일일 일시에 전조선적으로 인심이 일전(一轉)하여 ○○을 선언하고 만세를 병창(並唱)하다. 대저 이 일은 전 조선민족이 동일한 사상과 동일한 기분으로 협력 공진(共進)한 것인데 특히 교회가 운동의 중심으로 …[3)]

---

1) K. Usami's *Letter* to Rev. Ishizaka, Appendix C. Cf. *Administrative Reforms in Korea*, Seoul: The Seoul Press, 1920, pp. 66, 68.

2) *The Korean Situation*(삼일운동 비사), 미국기독교연합회 동양문제위원, 1919년 8월, 민경배 역, 『기독교사상』, (1966년 1월-12월 연재), 7월호, pp. 100-103, 한 조사위원의 보고.
Cf. A New Crisis on Chosen, *The Missionary Review of the World*, May 1919, pp. 323-324.
Cf. Reports on the Korean Uprising, *ibid.*, 1919년 9월호, pp. 664-665.

교회 참여의 경과는 이 독립운동의 시작이 사실상 기독교였음을 보여준다. 그 불길이 일본 동경의 한국인 YMCA에서 타오르기 시작한 것이다. 1918년 12월 30일 이종근(李琮根), 윤창석(尹昌錫, 1894-1966), 최근우(崔謹愚), 서춘(徐椿, 1894-1943) 등이 구체적으로 한국 독립에 관한 발언을 하였다. 그리고 1919년 1월 6일에는 다시 YMCA에서 전영택(田榮澤, 1894-1968)을 더한 상기인들이 "현하의 정세는 우리 민족의 독립운동에는 최적당한 시기로서 해외의 동포도 기(旣)히 각각 실행운동에 착수하고 있음으로써 우리들도 마땅히 구체적 운동의 개시"[4] 하여야 한다고 다짐하였던 것이다. 이때 실행위원 9명을[5] 선출하고 이광수(李光洙)로 하여금 '독립선언서'와 '결의문'을 조선청년독립단 명의로 작성하게 하였던 것이다.[6]

이렇게 해서 2월 8일 낮 2시 동경 한국인 YMCA에서 '조선 청년독립단' 대회를 개최하고 우뢰와 같은 박수로 "2.8 독립선언서"와 결의문을 만장일치로 채택하였으며,[7] 윤창석이 '신(神)의 가호와 보우'를 기도함으로써 폐회하였던 것이다.[8]

이 동경 YMCA에서의 독립운동이 국내 독립운동에 결정적인 자극과 동기를 제공한 것이다.[9] 독립운동에 대한 정보의 국내 유입 통로는 상해(上海) 거류

3) 의산노회 보고, 『조선예수교장로회사기』, 하, 한국 교회사학회 (1930년 총회 사기 편찬위원회), 1968, p. 364.

4) 총독부 문서, 日本在住朝鮮人의 情況, 內地에 있어서의 獨立運動, 在東京留學生의 運動顚末, 『한국독립운동사』, II, p. 654.

5) 최팔용, 전영택, 서춘, 김도연, 백관수, 윤창석, 이종근, 송계백, 김상덕, 최근우. 이들 중 7명이 기독자.

6) 이때 그 영역(英譯)은 이광수의 스승 明治學院의 헨리 모아 랜디스(H. Moir Landis) 선교사가 함. 이광수, 「을미년과 나」, 『이광수전집』, 제13권, 서울: 삼중당, p. 229.

7) 김성식(金成植), 한국 학생 운동의 사상적 배경, 『아세아연구』, 고려대학교 아세아문제연구소, XII, 1호, 1969년 3월호, p. 13.

8) 조지훈, 『한국민족독립운동사』, p. 643. Cf. 東京朝鮮學生の大檢擧, 東京: 『東京朝日新聞』, 1919년 2월 10일자.

9) 寺內正毅文書, XXXI, 410, 長谷川好道에게 보낸 서간 (1919년 4월 12일자), 日本國會圖書館 憲

한국인의 서북 지방 왕래와 동경 YMCA 독립운동계의 국내 연락 등 두 통로였다.[10)]

이 "2·8독립선언" 그룹이 국내 운동에 연락된 경로는 송계백(宋繼白)을 통해 송진우(宋鎭禹, 1894-1945), 최린(崔麟, 1878-?), 손병희(孫秉熙) 접촉을 잇는 독립운동 계획의 성사,[11)] 최근우를 통한 국내 기독교와의 연락,[12)] 그리고 김마리아(1891-1944)를[13)] 통한 호남, 관동 지역에의 여자 운동층과의 연결이었다.[14)]

국내에서의 모사를 선도한 천도교계와의 통일된 독립운동 계획이 이심전심 성사되었을 때,[15)] 교회에서는 이승훈(李昇薰)의 교섭으로 장로교의 길선주, 유여대(劉如大, 1878-1937), 김병조(金秉祚, 1876-1946), 양전백(梁甸伯), 이명룡(李明龍, 1873-1956), 함태영(咸台永, 1873-1964), 그리고 감리교의 현순(玄楯, 1880-?), 오화영(吳華英, 1879-1950), 신석구(申錫九, 1875-1950), 신홍식(申洪植, 1872-1939), 정춘수(鄭春洙, 1875-1951), 오기선(吳基善, 1877-1946) 등 여러 목사의 참여가 결정되었고, 그에 따라 장로교·감리교를 망라한 교회 전체의 대거 참여가 약속되었던 것이다. 기독교청년회(YMCA) 학생 중심의 운동을 계획하던 박희도(朴熙道, 1888-1951)나 김원벽(金元壁, 1892-1928)이 따로 추진하던 독립운동 역시 이 주류에 합류하기로 하였던 것이다.[16)]

이렇게 해서 3·1 운동의 거족적인 거사 준비가 통일된 주도와 그 경로를 따라서 갖추어지고, 마침내 최남선(崔南善, 1890-1957)이 작성한 "독립 선언서"에

政資料室 소장(所藏).

10) 長谷川總督, 暴動に就て語る, 『朝日新聞』, 東京: 1919년 4월 17일자. Cf. 騷擾事件報告, 鮮人騷擾觀, 朝鮮總督府, 1919년 5월 17일자, 『한국독립운동사』, 2, p. 996.

11) 오재식(吳在植), 『민족 대표 33인 전』, 서울: 동방문화사, 1959, p. 73.

12) 姜德相 編, 『現代史料集』, 28, 朝鮮 9, 東京: みすず書房, 1977, p. 44.

13) 極秘 騷擾事件の槪況, 朝鮮憲兵隊司令部, 1919, p. 23.

14) *Ibid.*, 26. 朝鮮, 2, pp. 35-36.

15) 坪江汕三, 『朝鮮獨立運動秘史』, 東京: 勞働新聞社, 1959, pp. 49-50.

16) 김원벽(金元壁)은 이 결정으로 학생들의 독립선언서 원고를 승동교회에서 소각. 『한국독립운동사』, 2, p. 161.

교회 인사 16명을[17] 포함해 33인의 민족 대표가 서명 날인함으로써 독립만세 운동의 대열은 감동과 열의로 그 대오가 세워졌던 것이다.

그런데 기독교회가 이 운동의 근원적 통로, 맥락이었다는 사실은 교회가 가진 국내의 뚜렷한 전국적 조직, 그리고 국외와 가진 유기적 연락 체제에서 현실적으로 나타났다. 평양 기독교서원의 총무이던 안세환(安世桓, 1888-1926)은 동경에 가서 내각 총리대신과 그 밖의 저명한 정치인들에게 독립에 관해서 진정하기로 하고, 3월 3일 동경에서 경시총감(警視總監)을 만나 한국 독립에 관해서 진술하였는데, 총감은 이를 총리대신에게 상신한다고 하다가 5일에 갑자기 그를 체포하고 말았던 것이다. 그리고 미국 윌슨 대통령과 파리평화회담에 송부하는 탄원서는 감리교 목사 현순과 전도사 김지순(金智順)이 맡아 만주 안동의 김병농(金炳穠, 1876-?) 목사를 통해 전달하기로 하였으며, 국내의 각국 영사관에 '독립선언서'를 전달하는 일은 정동교회의 이필주(李弼柱, 1869-1932) 목사와 배재학당의 김진호(金鎭浩, 1873-1960)가 담당하였던 것이다.[18]

16.1.2. 독립선언과 운동 전개 과정

이렇게 해서 3월 1일 서울의 태화관에서 민족 대표 29명[19]이 참석하여 선언서를 발표했으며, 같은 시간에 탑골 공원에서 역시 독립 선언서가 창창히 낭독되었다.

이 만세 시위는 당장 전국 각처에 전격 파급되었다. 평안북도의 의주, 선천, 정주, 평안남도의 평양, 진남포, 안주, 함경남도의 영흥(永興), 원산, 황해도의 해주, 옹진, 사리원, 황주, 서흥(瑞興), 연백, 수안(遂安), 경기도의 개성, 경상

17) 그 명단은 장로교계: 이승훈, 양전백, 이명룡, 유여대, 김병조, 길선주. 감리교계: 신홍식, 박희도, 오화영, 정춘수, 이갑성(李甲成), 최성모(崔聖謨), 김창준(金昌俊), 이필주, 박동완, 신석구.

18) 『한국독립운동사』, 2, pp. 165-166.

19) 길선주, 김병조, 유여대, 정춘수, 네 목사는 지방에 있어서 불참. 길선주 목사는 황해도 장연(長淵)교회에서 사경회를 인도하고 있었다.

북도의 대구 등지에서 서울과 같은 날, 거의 같은 시간에 "일시에 광분노호(狂奔怒號), 수습할 수 없으리만큼"[20] 터져 나갔고, 삽시간에 전국 방방곡곡을 거쳐 만주와 극동 노령(露領)에까지 전파되었다. 이곳 지방에서 서울과 시간적 행동의 보조를 맞출 수 있었던 까닭은 그 지역들이 경의선(京義線), 경원선(京元線) 등 철도 연변에 위치한 까닭도 있었지만, 민족 대표 중의 기독교 인사들이 대개 이 지방 출신자들이어서 그 교회와 관계하고 있던 사람들이 거사의 주역이 되었기 때문이요, 더구나 이 지방들은 워낙 기독교의 세력이 왕성해서 민족정신의 토양 구실을 하였기 때문이다.[21] 일제까지도 "요원의 불길처럼 전국에 파급"[22]했다고 시인한 이 독립운동의 개황을 살피면 다음과 같다.

우선 평양에서는 이날 낮 한 시에 장대현(章台峴)교회에서 종을 울려 군중이 쇄도하여 태황제 봉도식(奉悼式)을 거행한 다음 계속해서 선언식을 거행할 때의 일이다. 숭덕학교 뜰에 마련된 식장에 수천이 모여

> 찬송과 기도로 경건히 봉도식을 끝내자 돌연 태극기가 단상에 높이 휘날렸고, 도인권(都寅權)이 독립의 주지(主旨)를 외쳤고 뒤이어 강규찬(姜奎燦)이 연설하자 정일선(丁一善)이 선언서를 낭독하매 일시에 다들 피가 솟아 오르고 몸이 약동하였더라.… 만세 소리가 땅을 진동하고 벼락 우뢰처럼 터지는 듯하자 이에 왜인 헌병들과 순사(巡査)들이 달려가 전부 체포하고 항간의 부녀자들도 체포하였더라.[23]

그리고 이런 유형의 사건 진행이 도처 그대로 반복되어 진행되었다. 의주에서도 역시 예수교인들이 주동이 되어 유여대(劉如大, 1878-1937)의 선언서 낭독

---

20) 坪江汕三, *op. cit.*, p. 50.

21) Seoul Station, *The Annual Report of the Board of Foreign Mission Presbyterian Church in the U.S.A.*, 1920, p. 193.

22) 『朝鮮總督府施政年鑑』, 朝鮮總督府, 1934, p. 432.
日帝 東京의 언론에 처음 간단히 보도된 것은 1919년 3월 3일. 京城で騷擾す, 『萬朝報』. 보도통제 사실은 『朝日新聞』, 1919년 3월 7일자에 시인.

23) 박은식, 『한국독립운동지혈사』, 상, pp. 98-99.

에 따라 학생 대열이 시중에 진행하여 거기 합류한 회중이 만여 명을 넘었으며, "그 세가 용솟음치는 격랑 같아서 일본 경찰이 감히 제지를 못하였던"[24] 것이다. 안주(安州)에서는 그곳 집사 김화식(金化湜, 1894-1957)이 평양에서 선언서를 가지고 와 천도교와 연합해서 독립운동을 전개시켰으며,[25] 선천에서는 양전백, 김석창(金錫昌, 1876-1950), 정상인(鄭尙仁), 홍성익(洪成益)이 주동이 되어 신성학교(信聖學校) 월례기도회 석상에서 혈서(血書)를 쓰고 뒤이어 강연이 있고 나서 "회중 인산인해 중에서 정의 인도를 연설하고 만세를 대호(大呼)"[26] 하며 경찰서에 이르렀을 때, 그 수 3천에 이르자 일본 경찰은 3·1 독립운동 유발 이후 처음으로 총탄을 발사하여 12명의 사상자를 내었던 것이다. 이 날 진남포, 원산 그리고 개성, 남원에서도 각각 교회를 중심으로 한 시위 행렬이 수천 명의 군중이 모여 진행되었다.

3월 2일은 평양에서의 군경 난동이 교회 예배를 도처에서 해산시키고 강규찬, 김선두(金善斗, 1876-1949)[27] 등 목사, 교역자 등 30여 명이 피체되는 격동이 계속되었는데, 3월 3일 월요일부터는 다시 전국에서 극렬한 시위운동이 전개되었다. 수안에서는 18여 명의 사상자가 날 만큼 격렬한 시위가 있었고, 강서(江西)에서는 2천여 시위 군중을 향해 발포함으로써 11명이 현장에서 순사(殉死)하였으며,[28] 대구에서는 이만집(李萬集, 1875-1944), 김용해(金鎔海)가 주도하여 계성학교 학생들과 시민 천여 명의 참여로 행진하며 만세를 외쳤다.[29] 3월 11일에는 기독교인들과 일신여학교 학생들이 주동이 된 시위가 부산진(釜山鎭)

---

24) *Ibid.*, p. 97. 유여대, 김병조, 김승만(金承萬), 장덕노(張德魯) 4명이 1919년 2월 19일 평북노회에 갔다가 선천에 왕래하여 양전백 집에서 국사(國事)의 광복(匡復)을 논의, 오십여 교회와 사전 연락, 양실학원에서 독립 선언을 하기로 하였었다. 김병조, 『한국독립운동사략』(1920, 원판), 서울: 아세아문화사, 1977, 上, p. 28.

25) 朝鮮總督府 警務局, 獨立運動ニ關スル復命書, 第3.

26) 김병조, *op. cit.*, 상, p. 28. 首謀者續續檢擧せらる, 『朝日新聞』, 東京: 1919년 3월 7일자.

27) 당시 예수교장로회 총회장.

28) 김병조, *op. cit.*, 상, p. 33.

29) 激しい萬歲事件彈壓, 『朝日新聞』, 東京: 1919년 3월 10일자.

에서 전개되고, 전주에서는 기독교인들과 천도교인 및 신흥(新興)학교 학생들이 3월 13일에 목판 인쇄한 태극기를 들고 구보 행진하며 거리를 누볐다. 그리고 저 함경북도 성진(城津)에서도 3월 10일 기독교계 보신(普信)학교 학생을 중심으로 태극기를 휘날리며 나팔을 불었고, 여기 합세한 2백여 명과 함께 일본인 거주지로 행진하다가 일본 경찰과 충돌하기도 하였다. 원산에서는 정춘수 목사와 전도사 곽명리(郭明理), 이가순(李可順) 등이 중심이 되어 시위에 임했는데, 한국인 시가지에서는 비분의 독립연설대회를 열어 2천여 군중이 참집하였고, 따로 5백여 명은 일본인 거리를 누비며 악대를 앞세워 만세를 외쳤다.[30)]

우리는 거의 반 년을 끈[31)] 이 운동의 자세한 서술을 그 엄청난 수 때문에 여기 옮기지 못한다. 다만 3월 한 달 동안의 시위 참가자 1,000,368명, 일본 경찰에게 피살된 자 3,366명, 상해자 9,227명, 피수(被囚) 35,712명이란 통계만을 우선 밝혀[32)] 그 범위와 격렬함을 지적하고자 한다. 그런데 『한국독립운동사』에 정리된 통계에 의하면,[33)] 기독교인 주도의 시위 운동은 경기도 7, 강원도 9, 경상북도 13, 경상남도 10, 전라남도 4, 황해도 24, 평안남도 10, 평안북도 16, 함경북도 11, 함경남도 13회 등이었다. 여기 참여하였던 기독교인의 모습을 일제가 본대로 옮겨 그 포괄을 대신하려고 한다.

> 폭민(暴民: 시위 군중)의 미신적 광열은 전혀 필사적인 태도로 그 읍내에 들어올 때 이미 죽음으로써 독립만세를 소리 높이 외치고 혹은 피로 낭자한 시체를 넘고 넘어 영소(營所)에 육박하고 혹은 시체 곁에 몰려와 하늘을 바라보고 더욱 만세를 연호(連呼)하며 중상자는 모두 하등 고통의 모양이 없이 만세를 연호하면서 종용히 죽음에 나아가고, 거의 왕시(往時)의…… 기독교의 순사적(殉死的) 열광을 연상시키는 바 있다.[34)]

30) 煽動者捕縛せらる, 『朝日新聞』, 東京: 1919년 3월 7일자.

31) 국외에서는 1921년 말까지 추진. 특히 간도, 만주 지역에서는 3·1 운동 이후의 독립운동과 관련, 막심한 피해가 보고된다.

32) 김병조, *op. cit.*, 상, p. 75.

33) 『한국독립운동사』, 2, pp. 257-286.

16.1.3. 교회의 민족동력 동원체제 기능

교회가 이같이 독립운동의 동력을 원천적으로 동원하여 그 확신과 충성에서 앞장서 가도록 하는 데는 막대한 힘과 부동의 신념을 가지고 있지 않아서는 안 되었을 것이다. 그것은 대개 네 가지로 요약된다.

그 첫째가 성서적 신앙이다. 3월 3일에 나붙은 '독립단통고문(獨立團通告文)'에 이런 글이 있었다.

> 아 존귀한 독립단 제군이여! 하사(何事)이던지 일인(日人)을 모욕하지 말고 돌을 던지지 말며 주먹으로 치지 말라. 이는 야만인의 하는 바니 독립의 주의를 손해할 뿐인즉 행여 각기 주의할지며, … 신도는 매일 삼시 기도하되 일요일은 금식하며 매일 성경을 읽되 월요는 이사야 10장, 화요는 예레미야 12장, 수요는 신명기 28장, 목요는 아가서 5장, 금요는 이사야 59장, 토요는 로마 8장으로 순환 읽을 것이라.[35]

환란과 불의의 최후 심판을 하나님의 역사 간섭의 날로 고대하며, 우리에게 기업으로 준 산업을 다치는 모든 악인들을 그 땅에서 뽑아 버린다는 예언을 그대로 믿었던 우리 겨레였다.

이 위대한 성서적 신앙이 3·1 운동의 근원적 샘이요 그 힘이었다. 이러한 신앙은 본래 역사적으로 전제정치에 대한 정신적 항거로서 자처하게 해왔다.[36] 특히 '군국주의 통제'에 대한 대결로서의 민주주의 이념의 확립은 복음과는 결코 떠날 수 없는 가치였다.[37]

둘째로는 자유와 정의에 대한 기독교의 근원적 집착이다. 기독교를 통해서 한국인들은 자유, 정의, 정직에 대한 정신을 함양 받을 수가 있었다.[38] 따라서

---

34) 조선총독부 大正 八年(1919), 騷擾事件에 關한 復命書, 2, 『한국독립운동사』, 2, p. 349.

35) 김병조, *op. cit.*, 상, p. 34.

36) A. E. Armstrong's *Letter* to Rev. E. J. O. Fraser, Wonsan, 1919년 5월 15일자.

37) *Ibid.*, 1919. 5. 16, 5. 30, 1920. 7. 26, 12. 14 일자 등.

38) Korea's Struggle for Freedom, *The Missionary Review of the World*, 1920년 8월호, pp. 665-666.

자유의 증진과 함께 "민족 독립을 주장하는 것"[39]은 반드시 좇아오게 되어 있는 순서였다. 이것이 필경 '겨레의 독립'을 필사적으로 요구하게 한 원인이었다.[40]

셋째로는 교회가 본래 체질적으로 타고난 에큐메네 결속력과 통일력이다. 그것은 대내적으로는 우리 겨레들을 한 마음으로 결속시키고,[41] 대외적으로는 세계교회가 한국의 교회에 대해 보인 관심의 깊이와 그 연속성 때문에 세계 연대감에 대한 확신감을 부여하여 고립감을 극복하게 할 수 있었다.[42] 세계는 한국 문제를 취급하지 않을 수 없게 된 것이다.

16.2. 교회의 피해: 그 안과 밖

16.2.1. 민족이 겪은 피해

3·1 운동의 문제는 독립을 외친 시위운동의 문제로 끝나지 아니하였다. 그것은 더 큰 문제의 한 단서를 제공하고 있었다. 다시 말하면, 3·1 운동을 소위 소요 사태로 진압하는 일본 군경의 천인공노할 비인도적 잔학 행위가 차라리 문제의 핵심으로 등장하게 되었고, 따라서 교회도 이런 사태 때문에 실상 더 의미 깊은 참여를 계속 적극적으로 전개하게 되었던 것이 사실이다.

우선 1919년 3월 1일부터 4월 말까지의 피해 통계는 총독부의 공식 발표에 의하면 다음과 같았다.

---

39) *Ibid.*, p. 667.

40) Politics and Religion in Korea, *ibid.*, 1920년 10월호, p. 861.

41) G. S. McCune, *The Mansei Movement*, Honolulu: University of Hawaii, 1975, p. 24.

42) 한국에 선교사를 보낸 나라의 교회들은 말할 것도 없고, 영국의 대영성서공회, 북미초교파세계운동, 미국개혁장로교회연맹, 복음주의연맹 등에서 적극 지원, *The Minutes of the General Assembly*, The Presbyterian Church U. S. A., 1919, p. 403.

한국인 피해 공식 발표[43)]

(1919. 3-1919. 4)

일반시민		시위자		합계		총계
사망	상해	사망	상해	사망	상해	
1	29	553	1,409	562	1,595	2,157

그리고 체포해서 공소(公訴)한 인원은 19,054명으로 거기 471명의 부녀자가 포함돼 있었다.[44)] 일제는 대개 시위 군중의 수를 연 510,000명으로 추정하고 있었다.[45)]

그러나 이 공식 집계는 실제 수와의 사이에 현격한 차이가 있음을 나타낸다. 한 목격자의 계산에 의하면, 적게 잡아도 4만여 명이 체포되고, 6천여 명이 참살된 것으로 수집되었기 때문이다.[46)] 따라서 이 날의 정확한 통계를 집계한다는 것은 영영 알려지지 아니한 채 은폐되어 있을 것이다.[47)]

그런데 이 시위운동에 대한 일제의 대응책은 강경 일변도요, 비인도와 잔학, 테러로 시종 단행되고 있었다. "테러가 일본 군국 정권이 내세운 표어였다."[48)] 여기 그 한 목격의 증언이 있다.

> 일병(日兵)의 폭행이 창궐할사록 … 유린과 수감(收監)으로 일삼을 새, 소아부녀를 향해 총을 쏘아대며 공격하고, 노인을 구타하고 발길질하며, 여자를 강간하며, 소방대

43) *The Annual Report on the Administration of Chosen*, Government-General of Chosen, 1918-1920, p. 158. 합계에 관헌의 사망 8, 상해 157 포함.

44) *Ibid.*, p. 195.

45) G. S. McCune, *op. cit.*, p. 29. 騷擾事件概況, 其四, 朝鮮總督府 警務局, 1919에는 3월 1일-6월 30일까지의 소요 인원 총계 587,641인, 검거 인원 13,175인으로 집계. 총계는 여기 저기 큰 차가 보임.

46) N. Martin, *Japan's Attempt to Exterminate Korean Christians*, Milford: 1919, p. 11. 세브란스 병원에는 하루에 총상자가 70여 명 몰려든 일도 있었다. General Survey, *The Christian Movement in Japan, Korea and Formosa, Kobe:* 1919, p. 200.

47) Anonymous by Request, General Survey, *op. cit.*, 1920, p. 201.

48) General Survey, *op. cit.*, 1920, p. 200.

> 는 쇠갈고리로 난격하고, 마병대는 검을 휘두르며 쫓아다니고, 중상을 입어 넘어진 자를 달구지에 포박해 싣고 짐승처럼 걷어차며, 무뢰한에게 철봉과 쇠갈고리 등 흉기(凶器)를 배급하야 임의로 체포해서 밧줄로 매고 던지며, 소위 신문을 행할 때는 사람의 옷을 벗긴 후, 한 쪽 팔은 어깨 넘어로 다른 한 팔은 겨드랑이 밑으로 두 손을 뒷잔등에 서로 붙게 한 후, 두 엄지손가락을 삼 밧줄로 꼭꼭 묶어 천정에 매달고, 4, 5 시간을 지나고… 이와 같은 야만의 악형을 당한 자 두 달 사이에 52,097인이더라.[49]

이렇게 해서 방면된다손 치더라도 일생 그 아픔과 타격에서 회복된 자 없었고, 생존한 자도 여생을 불구로 지내야 했다.[50]

16.2.2. 국내 교회의 피해 상황

독립운동에 대한 가장 가혹한 보복이나 공격이 교세가 우세한 지방의 기독교인을 상대로 이루어지고 있었다는 것은 의심할 여지가 없었다. "교회가 이 운동의 영감과 동력을 부여하는 배후 세력"[51]으로 간주되었기 때문이다. 일제는 경찰과 헌병의 병력으로 교회를 때려 부수고 종탑과 성경책들을 산산조각냈으며, 검거 선풍 역시 기독교인들을 특별히 목표로 하고 있었다.[52]

교회가 겪은 가장 비인도적인 참화는 화성의 제암리교회당의 소실 사건이다.[53] 만세 시위가 막바지에 이른 그 해 4월 15일 낮 2시경 아리다(有田俊夫)

49) 김병조, *op. cit.*, 상, pp. 134-136.

50) H. Chung, *The Case of Korea*, New York: Fleming H. Revell, 1920, p. 88.

51) Pyeng Yang Station, *N.* p. *Report*, 1920, pp. 193, 197. Cf. H. D. Appenzeller, Methodist Episcopal Church, *The Christian Movement*, 1920, p. 220.

52) Anonymous by Request, General Survey, *The Christian Movement*, 1920, p. 201. Cf. N. Martin, *To any Americans who are Prejudiced Against the Use of Tortures as a Means of Religious* Persuasion. 近藤劒一 編, 萬歲騷擾事件(3·1 運動), 故阪谷芳郎博士 遺集,『朝鮮近代史料』, 朝鮮總督府關係 重要文書選集, 東京: 友邦協會 朝鮮史料編纂會, 1964, p. 130.

53) The Suwon Incident, *The Seoul Press*, 1919년 4월 30일자.

일본 헌병 중위가 제암골에 나타나 교인들을 그곳 감리교회당에 다 모이게 한 뒤 군인들이 총을 겨누면서 쏘고 칼을 휘두르면서 교회당에 불을 질렀던 것이다.[54] 그 안에 있던 30여 교인들은 다 타서 죽었고 교회당은 잿더미가 되고 말았다.[55] 이같은 학살과 만행은 그 부근 수천리(狩川里), 화수리(花樹里) 등지에서도 감행되어 교회당과 민가 34호를 소각하는 난동을 피웠다.[56] 정주(定州), 맹산(孟山), 강서(江西), 천안, 의주, 강계(江界), 곽산(郭山), 위원(渭原), 창성(昌城), 그리고 서울에서의 "남녀 교인을 포박해서 경성의 일본기독교회당에 가두고 무수한 십자가를 배열해서 포박한 남녀를 그 위에 매달고는 왜병이 전후에 나열하고 독을 바른 몽둥이로 때려 사상자가 심히 많았던"[57] 만행도 그 일부에 불과하였다. "훈족과 터키족이 이 이상 악독하였으랴."[58] 친일적인 미국 목사 귤릭(S. L. Gulick)도 결국 이런 말을 하고야 말았다.

여기 총독부가 1919년 5월에 발표한 피해 통계를 보자. 전부 파괴된 교회당의 수가 17동(棟), 일부 파괴된 것이 24동, 그 이외 교회당의 손해가 41동, 교회 재산의 손해액이 대략 3만 달러, 오산중학교의 피해액이 5천 달러였다. 그리고 1919년 6월 30일 (현재의) 투옥된 사람의 수도 기독교인이 2,190명으로, 유교나 불교 및 천도교인을 합한 1,556명보다 훨씬 많았으며, 교역자도 151명으로 천도교 직원 72명을 훨씬 능가하고 있었다.[59]

그런데 이 통계는 사실과는 그 거리가 너무 멀었다. 가령 1919년 10월의 장로교총회는 독립운동에 참여했던 장로교인들과 교회의 피해 보고에서, 체포 3,804명, 체포된 목사와 장로 134명, 기독교 관계 지도자로서 수감 202명, 사

54) 이 사건의 가장 신빙할 만한 자료는 H. H. Underwood(元漢慶)의 4월 16일 제암리 방문기이다. 삼일운동비사, 『기독교사상』, 1966년 4월호, pp. 102, 103, 104.

55) 관영 *The Seoul Press*도 그 비도, 무모를 비판. The Suwon Incident, 1919년 4월 30일자.

56) 박은식, *op. cit.*, 상, p. 112.

57) *Ibid.*, 上, p. 116.

58) 삼일운동비사, *op. cit.*, 1966년 5월호, p. 98.

59) 조지훈, 『한국민족운동사』, p. 657.

살 41명, 수감 중인 자 1,642명, 매 맞고 죽은 자 6명,[60] 훼손된 교회당 12개소였다.[61]

그런데 조선총독부가 발표한 신교별(信敎別) 기소 피고인은 다음과 같다.

신교별 기소 피고인 수[62]

(1919년 5월 8일 현재)

기소피고인	불교	유교	천도교	시천교	기독교						무신교	미상
					장로교	감리	조합	불명	천주교	기타		
6,417	72	11	1,156	2	1,154	290	3	96	18	1	2,659	955
백분비(%)	1	0.1	18	0.03	18	5	0.03	1.5	0.28	0.01	41	15

그 해 가을에 열린 장로교총회는 신학생의 다수 피체(被逮)와 지방 교회의 손실로 신학교의 휴강을 결정하고, 수십 수백 명의 교회지도자들이 감옥에 갇혀, 총회 임원직을 선교사들에게 대거 위임하는 사태에 직면하고 있었다.

세계 교회가 상처를 골수에까지 받은 이 한국 교회를 향해 보인 정(情)의 깊이는 헤아리기 어려웠다.

> 우리들 교회는 그리스도를 세상 끝까지 사랑한 여러분들의 마지막 안식처로 세워진 숱한 새 무덤들 때문에 흐르는 눈물을 금할 길이 없습니다. 봄의 혼잡한 혼란으로 뒤흔들리고, 한 떼가 깨지듯 흩어지는 핍박 속에서 전율하면서도, 1919년 3월과 4월의 비통한 날에 보고 경험한 것을 흐느끼듯 일러 주는 그 피 때문에 우리는 쏟아지는 눈물을 막을 길이 없습니다.[63]

---

60) 홍성익, 박치은, 박승호 등.

61) 조선예수교장로회 총회 제8회 『회록』, 1919, pp. 64-118.

62) 騷擾事件報告, 臨時報, 第二二, 朝鮮總督府, 1919년 5월 22일에 의거함.

63) L. T. Newland, *Annual Report*, the Executive Committee of Foreign Missions, Presbyterian Church U. S. A., 1920, p. 85.

16.2.3. 국외 교회의 수난

이처럼 국내 교회가 참화 속에 시달리고 있을 때, 멀리 만주나 간도의 거친 땅에 살던 이민 교회에도 무서운 핍박이 본국보다 더 오래, 더 처절하게 계속되고 있었다. 여기 남만노회(南滿老會)의 보고를 한 구절 옮긴다.

> 삼일운동을 인하야 남만 각 노회가 무리한 참살을 당한 자 부지기수인데[64] … 동년에 패왕조(覇王槽) 예배당은 충화(衝火)를 당하고 화전자(華甸子) 예배당은 마굿간으로 사용되고, 교인의 가옥, 서적은 전부 소실되어 예배할 처소가 없으므로 산중에 피입(避入)하니 … 참황이 이에 겹겹이 쌓이니라.[65]

더구나 간도(間島)에 있는 교회들의 참상은 필설로 다하기 어려웠다. 애국충정이 남들보다 치열하고 고향 떠난 향수가 한층 더 겨레의 해방을 울부짖게 하였음에서였다.

> 삼일사건으로 인하야 간도교회는 풍운이 걷힐 일이 없었으니.[66]

하지만 그 형극의 길은 아직도 더 걸어가야만 했다. 이것은 이 국외에서의 독립운동의 파급도와 그 장구성을 의미하였다.

1920년 10월! 바로 그때였다. 간도의 새-노루바위(間獐岩)에서는 무자비한 일본 군인에 의한 한국인 학살이 자행되고 있었다.[67] 목격한 선교사의 글에 맺힌 통곡을 역사는 다음 세대에 전했다.

---

64) 33인의 참살자 명단이 남만노회 1921년 회록에 기재.

65) 『조선예수교장로회사기』, 하, p. 393.

66) 함북노회보고, 『조선예수교장로회사기』, 하, pp. 354-356.

67) W. R. Foote, With the Koreans in Manchuria, *The Missionary Review of the World,* 1921년 7월호, pp. 531-532.

> 우리는 공포의 시대를 살아가고 있습니다. 매일매일 우리는 원근에서 불길을 가슴조이며 바라보고 있습니다. 그리고 그것이 비탄과 유혈의 모습임을 잘 알고 있습니다. 전율할 만한 소식들이 사방에서 밀려와 한 인간의 삶이 이런 것인가 비통해집니다. 지금 내 정보로는 33 촌락이 전부 혹은 일부 불탔고, 그와 함께 한국인 주민들도 전부 아니면 거의가 살해되었습니다. 누가 대신 지켜 주지 못하는, 이 가련한 백성들을 위해 세계 여론을 일으키려면, 무슨 일을 어떻게 해야 합니까.[68)]

10월 9일부터 11월 5일, 27일간에 "도처에 양민을 학살하고 부녀자를 강간하고 가옥과 밖에 쌓아둔 것들과 교당과 학교를 소진(燒燼)"한 서북간도의 한국인 학살 통계는 피살 3,469명, 체포 170명, 강간 71명, 민가 소실 3,209동(棟), 학교 36동, 교회당 14처, 곡물 소실 54,045톤[69)]이었다.

그런데 기독교인을 학살하였을 때는 "서양 선교사의 조사가 심함을 증오하여 땅에 파묻어 부패한 시체를 다시 발굴하여 유해 하나 남김없이 태워버렸다"[70)]는 것이다. 캐나다 선교사 마틴(Stanley H. Martin, 閔山海: 1870-1941)[71)]의 직접 조사에 의하면 600여 촌락이 소각되고, 800명이 학살, 1,000여 채의 가옥 소각, 그리고 15개 처의 교회당과 학교가 불탔다는 것이다.

"황막한 광야, 땅은 거칠고 시탄(柴炭)은 귀해 살림마저 근근한데 다만 말없이 수걱수걱 땀 흘려 일하는 착한 백성들에게는 교회와 학교, 찬송가, 성경, 주일 예배만이 그들의 즐거움이었거늘,"[72)] 공인(公人)의 눈길이 먼, 역사의 변두리에서 이런 참상이 벌어지고 있음을 누가 알고나 있었으랴.

만주 벌판에서도 그러했다. 1920년 10월 23일, 만주 파견 선교사 쿠크(W. T.

---

68) E. M. Palethorpe's *Letter* to A. E. Armstrong, 1920년 11월 6일자(United Church of Canada Archives).

69) 『獨立新聞』(上海版), 1920년 12월 8일자 (82호 2면). 곡물의 단위는 불명확.

70) *Ibid.*, 1920년 12월 19일자 (92호 3면).

71) S. H. Martin's *Letter* to A. E. Armstrong, 1920년 12월 6일자(U. C. C. Archives). 『한국문화사대계』 I (고려대학교 민족문화연구소), 1964, p. 705에는 마틴을 미국인 장로교 선교사로 오기(誤記).

72) W. R. Foote, With the Koreans in Manchuria, *op. cit.*, p. 533.

Cook, 鞠裕致: 1878-1952) 부처가 공교롭게도 목단(牧丹)을 떠난 차에 탑승했는데, 거기 일본 토벌대 5백 명이 동승하고 있었다. 그래서 그들의 잔학함을 목격할 수 있었다. 왕청문(旺淸門) 부근에서만도 이들은 38명의 기독자들을 학살하였고, 6개의 촌락을 불태웠으며, 그때 교회도 함께 완파되고 말았던 것이다.[73] 이래서 가령 산서(山西)노회는 2년간을 "환난에 ᄆᆡ여서 ᄀᆡ회ᄃᆡ로 모히지를 못ᄒᆞ"였다.[74] 그 시련의 가혹하였음에 목메어 울지 않을 수 없다. 1921년 초에 캐나다장로교 선교부는 인내의 마지막 줄이 끊어진 듯했다. "이제는 프로테스트나 압력 이상의 어떤 행동을 할 때가 왔습니다."[75]

16.3. 선교사의 관여도(關與度)

일제는 독립운동의 배후에 시종 미국 선교사가 있다고 판단하고 있었다.[76] 그만큼 선교사들은 거의 전부가 3·1 운동의 역사적 사명에 대하여 깊은 이해를 하고 있었고, 더구나 '진압' 과정에서 보인 비인도성에 대해서는 목 놓아 대항, 그 반인도성을 질타하였던 것이다.

우선 선교사들은 독립운동의 민족적 자주성을 크게 고창하였다. "이 독립운동의 방법이나 그 정신은 완전히 한국적이요, 서양적인 데가 없다"[77]는 것이 그들의 솔직한 판단이었다. 대영 성서공회의 월례 보고서는 이러했다.

---

73) Hinking Station, *Annual Report of the Board of Foreign Mission Presbyterian Church in the U.S.A.*, 1922, p. 215.

74) 산서노회 상황보고, 장로교총회, 제9회 『회록』, 1920, p. 118. Cf. W. R. Foote, *op. cit.*, p. 532.

75) A. E. Armstrong's *Letter* to S. H. Martin, Yong Jung, 1921년 2월 2일자 (U. C. C. Archives).

76) 米國宣教師, 後援使嗾, 騷擾ノ原因及朝鮮統治ニ注意スベキ件, 並軍備ニ就テ, 朝鮮軍參謀部, 姜德相, *op. cit.*, 26, 朝鮮 2, p. 647.

77) 『삼일운동비사』, 『기독교사상』, 1966년 6월호, p. 93.

> 이 독립운동은 선교사들에게는 놀라움, 바로 그것이었습니다. 아무도 그런 일을 예상하지 아니하였을 뿐만 아니라, 한국인이 그런 일을 해낼 수 있는 능력이 있다고는 꿈에도 생각해 보지 않았습니다.[78]

시위가 이제 전국 도처에 미치자 총독부의 내무국장 우사미 가츠오(宇佐美勝夫)가 몇 차례에 걸쳐 게일,[79] 에비슨(O. R. Avison), 하디(R. A. Hardie), 노블(W. A. Noble), 웰치(H. Welch), 샤록스(A. M. Sharrocks), 베른하이젤(C. F. Bernheisel), 번커(D. A. Bunker), 제르딘(J. L. Gerdine), 밀러(H. Miller) 등 여러 선교사들과 회동해서 선교사들로 한국 교회의 시위 진압에 협력해 줄 것을 호소했을 때, 게일은 야무진 항일 비판으로 소요의 책임이 일본에게 있다고 단언하고, 선교사들 전체는 그런 중재역에 나설 수 없다고 버티며, 다음과 같은 이유 셋을 들었다. 곧 "첫째는 독립운동을 선교사들이 막을 수 없다는 것, 둘째 그렇게 하면 (한국교회의) 원망과 불신을 사서 교회의 본질적 문제를 결정해 나갈 수 없다는 것, 셋째 본국 정부가 선교사들의 정치 관여를 금제했다"[80]는 것들이었다. 선교사들의 언필칭 '정치적 중립'의 표방은 일제 통치권의 현실적 행사 지역에서는 강력한 저항의 표시요, 한국 민족에 대한 결연한 동맹의 천명이었다.

선교사들이 이 독립운동에 동참한 까닭은 정치에서의 인간성의 차원을 핵심적으로 설정한다는 근원적 원칙 때문이었다. "바른 마음을 가진 사람들과 더불어 포학과 고문, 비인도적 학대, 종교적 탄압, 대량 학살이 이 세상 어디에서나 사라져야 한다"[81]는 확신으로 시위운동의 뒤처리에 세계의 여론을 환기시키고 있었던 것이다. 1919년 6월, 캐나다장로교총회는 성명서를 채택하였다. 거기 이런 구절이 있었다.

---

78) *The Report of B. F. B. S.*, 1920, p. 184.

79) 영국 정치가 브라이스 경(Lord Bryce)에게 외교적 관여를 호소한 일이 있다.

80) 한 위원의 보고, 3·1 운동 비사, *op. cit.*, 1966년 2월호, pp. 122-123.

81) 3·1 운동 비사, *ibid.*, 1966년 1월호, p. 101.

> 우리 총회는 일본의 경찰, 헌병, 군인들의 최근의 한국 내 정치적 혼란기에 보인 잔인성과 포악성에 강경하게 항의하는 문구를 써야만 하겠습니다.
>
> 우리 총회는 한국인이 언론, 발언, 결사의 자유도 없고, 개선에 대한 진정의 권리도 없으며, 일본 헌법에 약속된 종교적 자유는 이름뿐이요 실재가 아니란 사실을 알고 있습니다. 총회는 이번 기회에 평화로운 한국 시위자들에 대한 일본 헌병의 취급 태도, 피해자 특히 아녀자에 대한 야만적 고문 방법에 강경한 항의를 하지 않을 수 없습니다.[82)]

이런 일이 있고 나서 7월 10일 재한 캐나다장로교 선교사들은 원산에서 회집, 다음과 같은 글을 총독 하세가와 요시미치(長谷川好道, 1850-1924)에게 전달하였다.

> 우리는 인도의 공통한 명령에 따라서 최근 한국에서 야기된 정치적 동요를 평정시키는 데 일본이 사용한 불의하고 비인도적인 처사에 대하여 우리의 깊은 프로테스트를 제기하지 않을 수 없습니다.[83)]

이런 일련의 예언자적 저항 운동은 계속되었다. 평양 재류(在留) 선교사들은 3·1 운동의 진상을 정리해서 이를 중국의 『북경신문(北京新聞)』에 전달한 바 있었다.[84)]

3·1 운동의 발단은 전적으로 일본 총독정치의 비인도, 차별대우, 전제정치의 가혹함에 있다는 지탄이 그 핵심이었다. 이러한 반발과 저항은 1921년 6월에도 다시 확인되었다. 간도의 참살 다음의 일이었다. 만주와 국내의 선교사 100여 명이 평양신학교에서 모여 비밀회의를 열고 다음과 같은 결의안을 채택하였던 것이다.

---

82) *Resolution* adopted by the General Assembly of the Presbyterian Church in Canada, June, 1919.

83) Memorial to the Governor-General, to His Excellency Field Marshall Hasegawa, Governor-General of Chosen, *Minutes of the 21st Annual Meeting of the Council of the Canadian Presbyterian Mission in Korea*, 1919, pp. 54-55.

84) 박은식, *op. cit.*, pp. 126-127. Cf. 김병조, *op. cit.*, 상, pp. 60-61.

1. 일본 관헌의 선교사 압박에 대한 대항책 강구
2. 일본 관헌의 간도교회 압박에 대한 교권의 회복책
3. 1920년 여름 동경에서 열렸던 세계주일학교대회에서의 미국 대표의 조선 사정 보고 중 친일적 발언에 대한 반박서 송부
4. 조선 각지에 신학교 증설과 조선 교직자의 미국 유학 방법 토의.[85)]

여기에서 선교사 압박이란 선교사들 역시 여럿이 우리 겨레와 함께 고초를 겪은 사실을 의미했다. 1919년 4월 평양 숭실학교의 모우리(E. M. Mowry: 牟于里: 1880-1970)와 모페트(S. A. Moffett)가 구류되어, 전자는 선언문의 영역(英譯)과 피난 온 학생들을 보호한 것이 혐의가 되어[86)] 재판을 받아 6개월간의 강제 노동에 처하여진 일이 있었다.[87)] 이 밖에도 일본 경찰은 선교사들의 가택이나 병원, 학교를 무단 파괴, 수색하였으며,[88)] 부산이나 평양에서는 심지어 여자 선교사들이 노상에서 일본 병정에게 구타를 당하는 수모를 겪기도 하였다.[89)]

이런 모멸이 우리 겨레와의 동행 의지를 자극하고 결정하였음에 틀림없다. 이들은 선교협의회를 통하여 민중의 동향이나 일본 관헌의 잔학 동태를 보고서로 작성하여 계속 비밀리에 미국이나 캐나다 및 일본 본토에 발송하였으며, 군대 증파의 정보를 입수해서 독립운동자를 다 죽인다는 정보 전달을 서둘러, 중국 상해 주재 미국영사관과 합의하여 그 알선으로 이들의 도미를 주선하기도 하였으며, 총독을 만나 교회 학살 사건 등을 엄중히 항의하기도 하였던 것이

85) 『동아일보』, 1921년 7월 14일자.

86) 이런 것은 일제가 한국인의 선교사 의존감을 제거시키려는 위협적인 처사였다. 齋藤實文書(일본국회도서관 헌정자료실 소장). 사이토(齋藤實) 총독에게 보낸 赤池濃 警務局長 서한. 1920년 3월 25일자; 강동진, 『일제의 한국 침략 정책사』, 한길사, 1980, p. 94.

87) H. Chung, *op. cit.*, p. 183. 모우리는 해방 이후 대한민국의 건국공로훈장(1950), 건국훈장(1968)을 받았다.

88) *Congregational Record*, 1919년 7월 17일자.

89) Miss G. L. Dillingham's *Letter* to Mrs. I. L. Lompery, published in *The New York Tribune*, 1919년 5월 6일자.

다.[90] 일본의 판단은 옳았다. "선교사들과 조선인들 사이에는 섬묘한 정서의 유통"[91]이 있다는 것이었다.

우리는 선교사들의 3·1 운동 관여가 운동 진행 과정에 따라 점차 격렬해 가고 심화된 사실을 볼 수 있다. 그리고 그것은 휴머니즘이나 인간 존엄이라는 보편적 가치의 확립을 한국사에서 실현해야 한다는 현실적 상황 판단에 따른 사실도 찾아볼 수 있다. 3·1 운동이 민족적 독립 요구만이 아닌 세계사적 의미, 나아가 자유와 존엄의 인간상 확립, 한 겨레의 세계 공동체 안에서의 존엄성 확보라는 보편성과 그 정의를 근간으로 하였다는 사실이 여기서 밝혀진다.

선교사들의 이러한 현존 없이 3·1 운동의 세계적 양식에의 호소, 군국 일본에 대한 세계의 압력, 3·1 운동의 세계사적 보편성의 위상 정립, 그리고 한국의 미래에 대한 희망찬 활력의 환기는 없었을는지도 모른다.

16.3.1. 독립운동이 일본제국에게 준 충격과 통치 형태 조정

동경의 일본 정부는 낭패에 빠졌다. 그 충격 때문에 제1대 조선 총독을 지낸 데라우치(寺內正毅)가 그 해 10월 20일에 급사하였고, 저 악명 높은 아카시(明石元二郎)는 10월 24일에 죽었다.

> 총독부의 위신은 땅에 떨어졌을 뿐만 아니라, 조선통치의 실패와 민심의 배반이 커 국제문제로 비화되었기 때문에 제국의 위신을 훼손한 바 심대한 데가 있다.[92]

한 일본 학자의 분석이었다. 저 폭압의 조선총독 하세가와도 4월 16일에 이미 "통치 방침에 대하여 크게 고려해야 하며", "금후의 통치는 매우 어려운 일

---

90) R. Rutt, *James Scarth Gale and his History of Korean People*, p. 66.

91) Appendix C. Missionaries and Recent Disturbances in Chosen, Administrative in Reforms in Korea, Articles Reprinted from *The Seoul Press*, The Seoul Press Office, 1920, p. 74.

92) 田保橋潔, 『朝鮮統治史論稿』, 서울: 성진문화사, 1972, pp. 180-181.(1935년 일문).

이어서 위대한 수완을 가진 문관(文官) 대정치가"에게 위임해야 할 것이라고 물러서고 있었다.[93] 일본 안에서는 사카다니(阪谷芳郎, 1863-1941)[94]가 군국주의 정신을 제거한 문치민정(文治民政)를 강력히 요구하고 있었다.[95]

그래서 일제는 조선 총독부의 무관제(武官制)를 철폐하고 헌병 경찰제를 폐지하면서 해군대장 사이토(齋藤實, 1856-1936)[96]를 그 해(1919) 8월 20일, 제3대 조선총독으로 임명하였던 것이다.[97] 새 총독은 부임하면서 문화 정책을 실시하라는 칙령(勅令)을 받고 있었다.

신임 총독에게 선교사협의회는 "정치적인 문제의 경원, 종교적 자유, 도덕적 향상 및 교회 발전의 자유"를 위해서 다음과 같은 '개혁건백서'를 제출할 정도의 총독정치 변화가 있었다. 여기 이를 요약해 옮긴다.

(가) 복음적 선교에 대해서

⑴ 교회와 선교사들에게 제한을 덜해 줄 것.

⑵ 관공서에서 기독교인이나 기독교에 대한 차별을 철폐할 것.

⑶ 총독부는 탄원하고 불평할 권리를 인정해 줄 것.

(나) 교육 사업에 대해서

⑴ 우리 교회 학교에서 성서나 종교 과정을 교육할 수 있도록 허락할 것.

⑵ 한국어의 사용 금지를 조속 철폐할 것.

---

93) 長谷川總督 暴動に就て語る, 『朝日新聞』, 東京: 1919년 4월 17일자.

94) 노일전쟁 당시 전비(戰費) 주계(主計)로 공이 큰 자.

95) 『阪谷芳郎關係文書』, 240-243, 사이토 총독에의 서간 (1919년 8월 14일자). 日本國會圖書館 憲政資料室 소장(所藏).

阪谷芳郎의 강력한 개혁 요구 중에는, 폭력 사용 군경, 관리의 엄벌, 대사령 발효, 파괴, 소실된 교회나 학교, 집에 대한 상당한 보상, 일본 관리의 한국어 습득, 한일인(韓日人) 사이의 법률상 차별 개폐, 한국인 기독교인 및 선교사에 대한 증오의 념(念) 전연 철거, 부총독제 설치하여 한국인 임명, 교육 기회 확대 등, 23조에 이름. 그러나 이것들은 어디까지나 개선안.

96) 『子爵 齋藤實傳』, 東京: 齋藤子爵紀念會, 1942, 제2권, p. 560.

97) 사이토 해군대장은 선교사들 사이에서는 비교적 민주주의적 온건 인물로 알려지고 있었다. Interview with New Governor-General, *The Seoul Press*, 1919년 9월 14일자.

(3) 우리 교회 학교의 경영권을 보장해 주고, 까닭 없는 관권의 행사를 삼가 줄 것.

(4) 교사나 학생은 양심의 자유에 구애받지 않고 행동하도록 해줄 것.

(5) 조선 학생들도 일본 학생이 누리고 있는 교육의 기회를 균등하게 누릴 수 있게 조처하고, 교과의 선택권과 한국어 및 세계 역사의 학습에 대한 제한을 철폐할 것.

(6) 총독부가 허가한 사립학교 졸업생에게 공립학교 졸업생과 똑같은 특권을 가지게 해 줄 것.

(7) 총독부는 교회 학교에 대해서 재정상의 압력을 내리지 말 것.

(다) 의료 사업에 대하여

(1) 병원 경영의 세부까지 간섭하는 관권을 철회할 것.

(라) 기독교 문서 사업에 대하여

(1) 기독교 관계 문서의 등록법을 철폐할 것.

(2) 교회 신문의 발행과 기타 교계 잡지나 출판물에 대한 검열 제도를 철회할 것.

(3) 매서인(賣書人)이나 기타 성서 및 책자 판매원의 활동을 자유롭게 하도록 보장할 것.[98]

(마) 교회의 재산 관리나 재정 문제에 관하여

(1) 조선 교회나 선교 기관을 재단으로 인정해서 재산을 관리하게 하며 또 그 권리를 장악하도록 해 줄 것.

(2) 병원이나 학교 및 자선 사업에 있어서 기부 행위에 대한 허가 제도법은 언어도단이니 철폐해 줄 것.

(3) 교회 건물이나 재산은 3·1 운동 기간 중 관공리들과 군경에 의해서 파손된 채 하나도 수리되어 있지 않음을 총독부에 통고함.

(바) 도덕적 개혁

(1) 공창과 아편, 모르핀 생산 매매의 금제.

(사) 노동자의 복지를 증진하도록 법률을 제정할 것.

(아) 기독교인으로서 구금된 정치범의 학대를 중지할 것.

(자) 형무소의 교화 사업에 교회가 참여할 수 있도록 법을 제정할 것.[99]

---

98) 매서인(賣書人)들이 교회 관계 책자 문서들을 걸머지고 지방 도처에 행상하기 때문에 일제는 가끔 이들을 독립 자금 모집책으로 검거, 행동을 구속하였다. *The Report of B. F. B. S.*, 1926, p. 229 참조.

99) 近藤劒一, *op. cit.*, I, pp. 159-169 (1919년 9월 20일자 제출). 공의회 의장 H. Miller, B. W.

이런 것들이었다. 하지만 이러한 건의나 동경 정부의 개혁 의지가 있기는 하였지만, 실제로 개선된 것이란 유명무실한 것뿐이었다. 개혁은 "실제보다는 이론적인 데"[100] 그치고 있었다. 아니, 오히려 악화되고 있었다.

16.4. 한국 교회 3·1 운동 참여의 의의 문제

한국 교회가 3·1 운동에 참여한 의의는 대개 여섯 가지로 나누어 생각해 볼 수가 있다.

그 하나는 민족의 해방과 독립이라는 절대 명제의 추구이다. 어떤 이들은 3·1 운동을 민족 자결운동, 아니면 계급투쟁의 한 양상으로 간주하려고 하는 경향이 있다.[101] 또 다른 한편에서는 식민통치 하의 종교적 자유나 인도주의적 박애 및 민주주의적 절차의 보장, 곧 일제하의 정당한 자치권의 행사를 위한 투쟁이라고 보는 이들이 있다. 그러나 한국교회는 "조선은 언제든지 조선 사람의 조선이 되게"[102] 하는 것이 그 목표였다.

둘째로는 도덕적 혁신이다. 교회가 가졌던 관심은 일제의 한국에 대한 도덕적 해체와 붕괴의 획책이었다. 공창 제도에서 교회는 "여자의 어머니다움을 모욕하는" 범죄를 직시하였고,[103] 그런 퇴폐를 통한 '일본 세속화'에의 윤리적 변형을 묵인할 수 없었다.[104] 아편과 주초(酒草)의 정책적 판매도 마찬가지였다. 이런 것들로 해서 "조선 민족이 멸종될 수"[105] 있다는 위협에 대결해야만 했다.

Billings.

100) G. T. Brown, *Mission to Korea*, p. 117. Cf. *The Annual Report of the Mission of the Presbyterian Church, U. S.*, 1922.

101) D. S. Suh, *The Korean Communist Movement, 1918-1945*, Princeton University Press, 1967, p. 55.

102) 신석구 목사의 공판 기록, 1920년 10월 30일. 『신석구 목사 국립묘지 장례식전첩』, 1968. 9. 18.

103) 朝鮮問題の感想, 近藤劒一, 齋藤總督の文化政治, 東京: 友邦協會, p. 183.

104) H Chung, *op. cit.*, p. 149. 이때 서울에서만도 홍등가 건립을 위해 $500,000을 투자.

장로교 총회가 이 문제를 정치부에[106] 돌린 것은 그 결단을 의미하였다.

셋째로는, 한국 교회가 그 오랜 학정 아래에서도 겨레의 미래에 대한 희망을 한 번도 상실하고 있지 않았다는 사실이다.[107] 1919년 가을 홍난파(洪蘭坡, 1898-1942)와 김형준(金亨俊)이 지은 '울밑에 선 봉선화'가 그 한 표현이다. 아픔과 비탄의 형극, 시든 날을 눈물로 부르고 나서 3절에서 이렇게 노래했다.

> 북풍한설 찬 바람에
> 네 형체가 없어져도
> 평화로운 꿈을 꾸는
> 너의 영혼 예 있으니
> 화창스런 봄바람에
> 회생키를 바라노라

이광수(李光洙)가 1921년 조선 총독부의 주선으로 상해에서 귀국하여 월봉 300원(현 550만 원 상당)의 막대한 돈을 받고 한 신문사의 논설위원으로 취직하고,[108] 심지어 『개벽』에 3·1 운동을 "무지 몽매한 야만 민족이 자각 없이 옮겨가는 변"[109]이라고 모독한 일이 있었다. 그런 때에 남궁억(南宮檍, 1863-1939)이 '삼천리 반도 금수강산'이란 찬송가를 불렀다.

> 삼천리 반도 금수(錦繡)강산
> 하나님 주신 동산
> 삼천리 반도 금수강산

---

105) *Ibid.*, p. 154.

106) 장로교총회 제8회 『회록』, 1919, pp. 16, 52. Cf. Opium Ordinance for Korea, *The Missionary Review of the World*, 1919년 11월호, p. 901. 수백 아편 재배지를 교회가 목도.

107) Hong Yi Sup, *Korea's Self Identity*, Seoul: Yonsei University Press, 1973, pp. 226-227.

108) 『일제침략하 한국삼십육년사』, 제6권, 국사편찬위원회, 서울: 탐구당. 1921년 5월 16일 귀국.

109) 이광수, 민족개조론, 『개벽』, 1922년 5월호.

하나님 주신 동산
이 동산에 할 일 많아
사방에 일꾼을 부르네
곧 이 날에 일 가려고
누구가 대답을 할까
<후렴> 일하러 가세 일하러 가
삼천리강산 위해
하나님 명령 받았으니
반도 강산에 일하러 가세.[110)]

그 어디가 삼천리 반도에 비단실로 수(繡)놓아져 있던가. 3·1 운동으로 수만 명이 사상자가 나서 핏자국이 삼천리에 낭자하고, 산야는 황폐하여지고, 민심은 다 흩어져 천하가 칠흑인데, 어디가 금수의 강산이던가.

한데 우리 기독교회는 사막에 꽃이 피고, 마른 땅에 샘이 흐르는, 그 구약 시편의 실상을 보고 있었던 것이다. 그리고 이 땅이 하나님이 주신 동산임을 확신하고 있었던 것이다.

교회는 실로 민족 희망의 진원지였다. 연해주(沿海州) 포조(浦潮) 신한촌(新韓村)의 독립운동 집회 때 낭독된 독립선언문에 이런 글이 있었다.

> 현금 조선에서 기독교는 거의 국민적 종교로서의 의의를 갖게 되었습니다. 자유를 갈망하는 조선국민을 위한 기독교의 가치는 위대합니다.… 조선국민은 어떠한 곤난이 있어도 낙담하는 일이 없이 용감히 그 중한 십자가를 지지하여 우리의 독립자유를 위하여 전력을 기울여 분투하기를 명확히 언명하는 바입니다.[111)]

이것이 곧 네 번째의 교회 3·1 운동 참여의 의의에 직결된다. 교회는 겨레의 정서나 그 심골을 마무려 표출할 곬을 잡아 주고 그것을 언어화하는 데 유례없

110) 『찬송가』, 제371장.
111) 3·1 운동 주요 자료집, 월간 『중앙』, 1969년 신년호 별책부록, pp. 23-24.

는 통로로서의 소임을 다 하고 있었다. 독립만세를 부른 지역을 표시한 지도와 교회가 있는 곳을 표시한 지도를 겹치면 그 두 지도가 정확하게 겹치고 있었다. 대저 교회 없이 3·1 운동은 전국적인 폭발에 이르기 어려웠다.

다섯째로 세계 질서의 운동으로서의 3·1 운동이다. 교회의 참여 목표 가운데 하나는 세계 역사 안에서 전제 파쇼의 군국 정치, 곧 군국주의를 몰아내고 정의와 인도의 민주주의를 정착시키는 데 있었다. 3·1 운동이 세계 제1차 대전 직후에 터졌고, 그것이 세계대전을 겪고 평화회담과 군축회담을 통해 기필코 실현하려고 한, 사무치는 민주주의 실현의 한 지역적 표현의 심볼로, 세계의 안도와 후원을 받기에 넉넉하였다. 여기 세계의 환호가 터지고 있었다.[112)]

마지막으로, 한국의 입장에서 3·1 운동의 진행과 그 피해에 대하여 고발, 기록, 증언, 제보의 엄청난 소임을 다한 것은 그때 교회와 선교사밖에 없었다는 사실이다. 교회가 역사의 증인이란 것을 이때처럼 명쾌하게 시위한 때가 다시 없었다. 그것은 용기와 예지, 비전과 경륜이었다.

16.5. 일본 기독교의 반응: 민족교회의 성격 문제

3·1 운동 와중에 일본인들도 일부 서울 가두에서 "민주주의 만세"를 부르다가 60여 명이 피체되었다는 보고가 있었다.[113)] 그들의 종교 신분이 확인되지 않았지만, 민주주의 신봉자들의 사회 격동기를 탄 돌출 주장이었을 것이다. 3·1 독립운동 격류 강변 저 멀리 눈에 띄는 한 청청한 소나무의 기개 같은, 유쾌한 일화이다.

---

112) A. E. Armstrong's *Letter* to Rev. M. Jack, 1919년 5월 16일자(U. C. C. Archives). H. Heung-Woo Cynn, *The Rebirth of Korea*, New York: Abingdon Press, 1920, pp. 171ff. 187.

113) Reports on the Korean Uprisings, *The Missionary Review of the World*, 1919년 9월호, p. 668. Cf. A. E. Armstrong's *Letter* to Rev. J. H. Ritson, 1919년 10월 27일자 (U. C. C. Archives).

그러나 3·1 운동에 대한 일본 기독교의 반응은 어차피 '일본적'이었다. 일본의 재한 구미아이교회의 한 교인은 정부가 더 강력한 무력으로 위압하라고 권했고, 개성의 한 일본인 교사는 "선인(鮮人)에게는 정무용(情無用), 무력(武力)으로 당할 것"을 누차 주장하고 있었다.[114] 저 우치무라(內村鑑三)마저도 "미국인이 문제 삼고 있는 잔학 사건의 대부분은 쓸데없는 날조에 불과하다고 나는 확신한다"[115]는 말을 하고 말았다.

이런 형태의 과격한 반응은 역시 구미아이교회계에서 특출하였다. 와다세(渡瀨常吉, 1859-1939)는 3·1 운동에서의 한국교회 참여를 묘한 신학사적 방법론으로 풀었다. 한국 교회가 "보수적이요, 완미한 훈련이 형식적이요 자유정신의 결핍을 낳았고, 특히 구약 십계에 치중하여 그리스도의 관용, 겸손, 봉사, 헌신"[116]에 철저하지 못하다고 왜곡하였다. 여기에 유태교적 색채, 성경의 말세관으로 인한 현실 염리(厭離), "편협한 애국심"이 사태를 흐리고 '망동'에 나서게 하였다고 보았다. 이것은 한국교회가 구약적인 교회요, 자유 신학 봉쇄의 신앙이라는 비판이었다. 자유신학과 보수신학이 일제 통치하에서 가졌던 섬세한 민족감정과의 연관을 이처럼 검토한 사람이 따로 없었다. 그래서 한국 내 구미아이교회 한국 교인들이 "독립을 싫어할 리 없으나", 소위 소요에 부동하지 아니한 까닭은 "기독의 참 정신을 이해하고 유대교적 입장을 초월했기 때문"[117]이라 꾸몄다. 실제 총독부도 "이번 소요 사건에서 구미아이교회에 속하는 교도 만 명 중 소요에 가담한 자 1인도 없어서, 이를 보아 여하히 종교력이 위대한가를 알 수 있다"[118]고 판단하고 있었다.

---

114) 近藤劒一, 『萬歲騷擾事件』, *op. cit.*, II, pp. 61, 62.

115) 『內村鑑三日記』, 1919년 7월 22일자, 佐藤全弘, 『한국문제와 내촌감삼』, (完), 聖書신애(信愛), 제215호 (1976. 8), p. 13.

116) 朝鮮騷擾事件の眞相と其先後策, 『基督教世界』, 東京: 1919년 4월 10일자.

117) *Loc. cit.* Cf. 『조선기독교회소사』, 조선기독교회 전도부, 1941, p. 51. 서양 의존의 ○○운동의 모순을 갈파. 구미아이교회 친일계 조선기독교회의 입장.

118) 金正明 編, 『朝鮮獨立運動』, 卷一, 別冊, 明治百年史叢書, 東京: 原書店, 1967, p. 24.

그는 제암리교회 학살 사건에 대하여도 "이번 소요가 없었던들 사관(일군)의 폭행도 있었을 리 없다"[119]고 단언, "극단으로 말하면 저들 조선인 목사, 전도사, 선교사들이 사관의 손을 빌어서 그 교회원 전원을 학살했다고 할 수 있다"란 말을 함으로써 양심이 이미 깨어져 나간 자의 망발을 서슴지 않고 있었다.

하세가와 조선총독이 일본군의 증파와 병행한 시책 하나가 이런 식민신학(植民神學)에 열광적인 구미아이교회를 동원해서 "차제에 민심 수습의 최선의 노력"을 다하기 위해 '대(對) 시국 특별운동'[120]을 추진, 선교사나 교회를 반박하는 어용 선전 활동을 시키는 일이었다. 일본의 『*The Japan Chronicle*』 마저도 격분하여, 단 하나의 일본 기독교회도 "인접 반도에서 자행되고 있는 박해에 대하여 전혀 관심을 나타내지 않고 있음이 해괴한 일"[121]이라 비난한 일이 있었다면, 그 사정을 헤아리기 어렵지 않다.

일본 기독교회 안에 나타난 두 번째 반응 양식은 개선책이다. 일본 기독교회 동맹이 메소디스트(監理) 교회의 전도 국장 이시자카(石坂龜治)를 1919년 5월 하순 한국에 보내 각지를 순방해서 의견서를 제출하게 하였는데, 그것이 『지지심뽀(時事新報)』에 실렸다.

> 선민(鮮民)이 마음으로부터 요구하는 것은 다만 폐하의 적자로서 애호를 받는 데 있다. 인간으로서의 자유가 부여되는 데 있다.… 제국 헌법이 밝히 보장하고 있는 신교의 자유에 있다. 소위 조선독립과 같은 것, 처음부터 그들이 문제도 삼지 않았다는 것은 말할 것도 없다.[122]

일본 기독교회[123]의 입장도 같았다. 우에무라라는 거물급 교회 지도자는 그

---

119) 朝鮮教化と組合教會の使命, 『基督教世界』, 1919년 8월 28일자.
120) 姜德相 編, 『現代史資料』, 朝鮮, 卷 2, 東京: みすず書店, 1966, pp. 474-475.
121) No Persecution of Korean Christians, *The Seoul Press*, 1919년 5월 6일자.
122) 石坂龜治, 宣教師の見たる朝鮮の騷擾, 近藤劍一, *op. cit.*, p. 37.

진압의 무단성(武斷性)을 비난하긴 하였지만 "시정(施政)을 개선하고 국민성을 중시하며, 인격을 귀히 여겨 신앙의 자유를 유지케 하라"[124]고 강조하였다. 제국치하의 식민지 교회가 가진 역사적 신앙 고백을 무시하고 신앙 자유 부여 운운하는 것은 논리의 착란이다. 폐하의 적자란 무슨 망발인가.

여기 일본교회와 한국교회의 자국교회 개념이 대립한다. 하나는 이 땅, 이 겨레에 정의와 진리가 실현된다는 의미에서의 교회였지만, 다른 하나는 그야말로 피압박 식민지 교회를 충량한 신민(臣民) 교회로 변질시키려고 한 국수적 국민교회였다.

셋째 유형의 반응은 일제 총독정치에 대한 정면 저항이다. 가령 구미아이교회의 가시와키(柏木義圓, 1860-1938)는 독립운동이 자생적 민족의식이나 민족자결이란 사상에서 대두된 것이요, 결코 외부 세력이나 선교사의 충동에 의한 것이 아니라고 밝혔다.[125] 우에무라가 한국 기독교의 불건전성을 비난하면서 "혈청요법의 전도론"[126]을 폈을 때 이를 반박하고, 전도의 어용화의 비리를 따진 이도 있었다. 루터 연구로 유명한 사토 시게히꼬(佐藤繁彦, 1887-1935)가 그 사람이었다.[127] 가시와키는 구미아이교회 총회에다 대놓고, 총독부 기밀비의 수령 거부, 와다세 전도 방법 오류의 자인, 그렇지 아니한 경우의 와다세와의 관계 단절[128]을 요구하고 있었다.

민족의 교회는 민족을 위한 교회로서 기능하면서 아울러 민족에 '대하여' 심판을 선포하고 그 불의를 고발하는 예언자적 소임에 충실해야 한다. 일제하의

123) 日基라고 약칭되는 연합교회 교단.
124) また朝鮮の騷擾に就きて, 『福音新報』, 1919년 5월 1일자.
125) 朝鮮虐殺の眞相, 『上毛教界月報』, 1919년 7월 15일자.
126) 사와 마사히꼬(澤正彦), 일본교회의 한국전도, 『김정준박사 화갑 기념 논문집』, 한국신학대학 출판부, 1974, p. 536.
127) 『福音新報』, 1919년 7월 17일자.
128) 敢て組合教會の英斷を望む, 『上毛教界月報』, 1919년 11월 15일자.

일본 교회는 계속 자국민주의적 신앙 인식에서 벗어나지 못하고 식민통치와 소위 소요 진압의 잔학 행위까지 긍정하는 역사적 한계에 머물러 있었으며, 한국 민족이나 교회에 대해서 식민 정치적 개념을 극복한 인간, 민족, 인권의 문제를 심각하게 체험하거나 판단하지 못하고 지내 왔음이 다시 나타났다. 다만 한 두 사람의 광야의 음성이 그 교회 양심의 등불로 꺼지지 않고 비추어져 있었음을 회고해, 그 역사의 정통을 일괄하고 싶다.

16.6. 한국교회의 위기 극복상

칠야와 같은 형극의 길을 가면서도 우리 교회는 그 위기 극복을 영적 진흥과 교육 진흥을 통해서 수행한 위대한 신앙을 보여 주었다. 각 교회에서 추진한 진흥운동에는 "전례 없는 기회"[129]가 다가서고 있었다. 그리고 그것은 "도덕과 지식 및 산업, 사회생활의 보존과 향상, 민족의 정치, 실업 및 정신적 생활에서의 발전"[130]이란 차원에 연결되고 있었다. 그리스도를 위해서 하는 일이 그 날에는 필경 재생의 용기를 필요로 하는 내 나라에 대한 일이었음을 알게 되었다.[131] 곧 하나님을 위한 길이 나라를 위한 길임을 알게 된 것이다.

전국 교회의 반응은 놀라웠다. "열심의 파도, 갱신된 신앙이 온 반도를 휩쓸고" 있었다.[132] 1907년의 대부흥이 재현된 듯하였다. 이제 한국 겨레는 "기독교의 위대함과 그 우월성, 그 도덕적 용기를 피부로 느낄 수 있게"[133] 된 것이다. 평양에서는 한 주일에 7백 명의 새 신자가 입교하였으며, 어떤 사경회에서는 현장에서

129) Politics and Religions in Korea, *The Missionary Review of the World*, 1920년 10월호, p. 862.

130) *Ibid.*, 1920년 10월호, pp. 861-862.

131) W. N. Blair, The Forward Movement in Korea, *ibid.*, 1921년 7월호, p. 528.

132) *Ibid.*, p. 529.

133) *Ibid.*, p. 530.

14명의 청년이 목사 지원을 하고 있었다.[134] 확실히 거기에는 "정치에 대한 것 이상의 자기 결정을 위한 새 정신, 새 희망, 새 열망"[135]이 움트고 있었다.

『세계 선교 리뷰』의 편집인은 이렇듯 급격한 교회 진흥에 대하여 다음과 같은 분석을 내렸던 것이다. 곧 1895년대는 지식에의 갈망과 빈곤에서의 탈출이 교회를 부상시켰고, 1907년대는 외국의 거대한 기관인 교회와의 연결을 통해 일제 통치에서의 자유를 얻으려 교회에 몰려왔고, "1920년에는 정신적인 필요성의 의식, 곧 위대한 갈망과 향상에의 희망은 하나님과의 보다 더 밀접한 연결"[136]에서 밖에는 찾을 수 없다는 확신 때문에 교회의 문턱이 닳는다고 보았다. 교회는 직접, 직선적으로 정치적 발전과 행동에 나가지 않는다. 다만 기독교는 "자유의 정신을 일깨우고 이를 계발하며, 약자에게 힘을 부여"[137]해서 더 깊이 사회에 현존한다는 것을 이때 갈파하였던 것이다.

한 가지 놀라운 사실은 기독교 교육의 폭발적 발전이다. 그 수적 증대는 실로 전대미문이었다. 전라도의 한 기독교 학교의 등록생 수는 300%가 넘었다.[138] 총독부의 통계에 의하면, 1920년에 비해 1921년은 학생 수가 45% 증가하고 있었다.[139] 기독교계 학교 학생 수는 1921년 53,821명으로 1920년의 87%까지 증대한 현상을 보여주었다.[140]

---

134) Christian Advance in Korea, *The Missionary Review of the World*, May 1921, pp. 346-347.

135) Seoul Station, *Annual Report of the Board of Foreign Mission Presbyterian Church in the U.S.A.*, 1921, p. 199.

136) Causes of the Revival in Korea, *The Missionary Review of the World*, September 1921, p. 669. Cf. W. F. Bull, A Year of Intercession, *The Christian Movement*, 1921, p. 356.

137) Causes of the Revival in Korea, *ibid.*, 1921, p. 669.

138) Better Conditions in Korea, *ibid.*, January 1921, p. 154.

139) A. W. Wasson, The General Educational Situation and Work for 1921, *The Christian Movement*, 1922, p. 377.

140) *Loc. cit.* 이 통계는 조선장감연합협의회의 통계와 차질이 있다. Cf. 同 『회의록』, 1920, pp. 14-15 및 1921, p. 9.

이제 이때를 전후한 기독교 학교의 발전 상황은 다음 도표와 같았다.

기독교학교 교육 상황[141)]

학교, 학생, 교사	1918	1919	1920	1921
남자고등학교	18	22	22	22
등록 학생	2,524	2,028	2,348	4,192
교 사	149	132	112	178
여자고등학교	13	11	18	17
등록 학생	1,291	578	1,268	1,996
교 사	76	74	67	96
학교, 학생, 교사	1918	1919	1920	1921
남자보통학교	556	389	448	601
학 생	16,685	14,085	16,231	27,635
교 사	762	642	713	1,004
여자보통학교	180	213	153	211
학 생	8,483	7,027	8,067	12,797
교 사	366	386	300	400
기 타 학 교	23	37	33	336
학 생	788	936	889	7,231
교 사	30	31	52	385
학교 수 합계	790	672	674	1,187
학 생 계	29,772	24,644	28,803	53,824
교 사 계	1,383	1,265	1,244	2,063

141) The General Educational Situation and Work for 1921, *The Christian Movement in Japan, Korea and Formosa*, 1922, p.384

이러한 교육열은 결국 "3·1 운동 때에 나타난 기독자들의 애국적이요 두려움 모르는 고난이 겨레 전체에 미친 영향 때문"[142]이었다.

그런데 이러한 교회와 교육의 현상적 진흥은 심각한 민족사의 한 방향 전환을 의미하였다. 정치적 목표의 좌절이 이제 더욱 신앙을 통한 현안들의 차원 높은 해결을 찾게 한 것이다. 그것은 역사 안에서의 비타협과 보이콧의 과격성을 수정하였다는 의미가 되었다. 좌절에서의 희망의 곬을 찾는 심리가 교회문을 두드리게 한 것은 사실이지만, 더욱 중요한 것은 이제 역사적 현실에 대한 인식과 그것을 지탱해 나가는 힘에 대한 경세적(經世的) 참여와 조용한 개혁 의지가 자리 잡게 되었다는 사실이다. 곧 "정상적인 통로를 통한 발전과 성취를 위해 개혁과 기회를 찾게"[143] 되었다는 말이다. 그것은 이제 힘의 저항과 체제에서의 격리가 아니라, 그 현실 속에 뚫고 들어가 막바로 대결하되 질서와 실력으로 해서 우주적 질서, 최선의 근원적 선과 의의 힘으로 민족을 틀 잡아주고 일제에 대항한다는 하나의 역사 발전의 계기에로 교회가 이끌어 간 자국이었다. 그것은 민족사에서 한 개인 개인이 "쓸모 있는 특정한 위치에 자신을 적합시켜 나가는 책임감의 생성과 부담"[144]을 정치적 미래의 불확실성에도 불구하고 비치(備置)한 것을 의미하였다. 교육이 그 역할을 한 것이다.

142) Better Conditions in Korea, *The Missionary Review of the World*, January 1921, p. 14.

143) *Ibid.*, p. 15.

144) Missionary Education and the Independent Agitation, *The Christian Movement*, 1920, p. 254.

17 사회변화에 직면한 교회와 그 반응

> 현하의 우리 종교계를 시찰하여 가지고 머리에 떠 올라오는 것을 생각할 때에는 도저히 낙관할 여지가 없습니다. 이 점에 들어가서는 조선의 야소교 사회를 근심하는 자—한번 보아서 색색의 비경(悲境)을 많이 발견하리라 하나이다. 사람들의 지식은 진보가 되고 그 진리를 접하는 사회의 정태(情態)는 날마다 진장하여… 우리는 도저히 현재를 부인하고 물질을 배척하며 지식을 무시하지 못할 것이고, 교회는 세상 밖 외계에 일종 단체를 조직하려 하심이 아닌 것을 각성하라 하나이다.
>
> 송만우(宋晩雨), 1921

독립운동의 뒤를 이어 기독교에 대한 새로운 인식이 펴져서 교회는 1907년대에 버금하는 급격한 발전을 이룩했다. 해외에 대한 선교도 강화되어 남감리교가 1920년 만주와 시베리아에,[1] 북감리교가 만주에, 그리고 장로교는 1917년 방효원(方孝元, 1866-1953), 홍승한(洪承漢, 1881-?) 목사를 산동성(山東省)에, 그리고 1918년에는 박상순(朴尙純, 1887-?)[2] 목사를 역시 파송하였으며, 거기서 기독병원의 기지를 마련하는 등 교회 성장의 추세에는 변동이 없는 것처럼 보였다. 정치적 행동으로 독립을 얻는다는 것이 현실적으로 봉쇄된 처지에, 깊은 종교적 정신적 자세로 한국인으로서의 자세를 지켜나간다는 소신으로 굳혀져 갔기

---

1) W. C. Gram, *Korea: The Miracle of Modern Missions*, Nashville: M. E. Church South, 1922, p. 82.

2) 해방 이후 1948년 이북에서 북한 정권 산하 기관인 기독교도연맹을 조직, 그 위원장으로 거기 가입하지 아니한 목사들을 박해.

때문이다.

하지만 민족운동으로서의 기치가 교회에서 일거에 사라진 것은 아니었다. 1919년 10월 평양의 박승명(朴承明)과 박관선(朴寬善)을 중심으로 한 대한국민회 통곡운동,[3] 황보덕삼(皇甫德三)의 상해임시정부 교통부 관서(關西)지부 결성과 독립자금 모집, 11월 서울을 중심으로 한 대한애국부인회 조직과 독립자금의 상해 송금, 12월의 임시정부연통제(聯通制) 함경북도의 조직과 김인서(金麟瑞, 1894-1964)의 군자금 모집 행각,[4] 1920년 8월의 대한민국 자결국민회의 극렬 활동,[5] 그리고 10월의 평양 중심 대한애국부인회의 군자금 모집과 그 상해 송금 활동 등 일본 경찰(日警)의 조사만 해도 14건을 넘고 있었다.

그러나 1920년대부터 교회는 밖에서 밀려 닥쳐오는 지적인 분위기의 변화, 좌익계 선동에 의한 반미적 경향, 경제적 시련, 그리고 민족 말살을 획책하는 일제의 탄압 등 여러 가지로 엉킨 정황 때문에 역사상 처음 심각한 자기반성의 시기를 겪어나가지 않을 수 없었다.

우선 선교정책의 제약 때문에 신학교육의 지적 수준 향상을 보지 못한 교회는 새 학문이 일본을 통해 몰려 들어올 때, 그 지적인 빈곤을 쓰라리게 경험하는 곤욕을 치른다. 물론 이 새 지식의 기상에는 냉소와 회의가 차 있었다. 『조선예수교장로회사기』에는 이 시대의 일반적인 경향을 "유물론과 무신론"[6]으로 규정하고 있었으며, 그 실상을 이렇게 지적하고 있었다.

> 과학 만능을 창(唱)할 뿐 아니라, 문명의 창폐(敞弊)와 향락과, 도덕의 부패와, 윤리의 배역과, 경제의 파멸과, 사상의 타락과, 학술의 황잡(荒雜).[7]

---

3) 『조선고등경찰관계연표』, 조선총독부 경무국, 1930, p. 9.

4) *Ibid.*, p. 13. 회령(會寧)에서 조직. 그 곳에 감독부(監督府)가 있었고, 경성(鏡城)에 총감부(總監府), 그 아래 사감부(司監府)가 있었다. 이 사건으로 김인서 이하 54명 구속. 『김인서저작전집』, V, p. 254.

5) *Ibid.*, p. 45.

6) 『조선예수교장로회사기』, 하, p. 53.

감리교의 『신학세계』에는 그 시대의 형편을 다음과 같이 진단하고 있었다.

> 월과(越過)시대에 재(在)ᄒᆞ야 사상이 견고치 못ᄒᆞ고, 의지가 견고치 못ᄒᆞ여 외세내혹(外勢內惑)의 지배 하에서 행동ᄒᆞ고 물질의 번영ᄒᆞᆷ을 따라 생활상 신 법식을 도모ᄒᆞᆷ과 사회 출신의 지위만 존중ᄒᆞᆷ이라.[8]

사회는 좌절하고 있었다. 사상은 좌초하고 있었다. 이로 인해 개화기로부터 불타던 여망과 비전마저도 흐려지고 있었다. "이 풍진 세상을 만났으니 너희 희망이 무엇이냐." 이런 것이 당시 유행하던 시정의 탄식조 노래였다. 오상순(吳相淳)이라는 허무주의조의 작가는 "우리 조선은 황량한 폐허의 조선이요, 우리 시대는 비통한 번민의 시대이다"[9]라고 한탄하고 있었다.

교회는 이러한 변화 속에서 그 기축을 분명히 세워 새 교인들을 지도하거나 기왕의 교인들을 분발하게 할 준비를 체계적으로 갖추고 있어야 했다. 기존의 소박한 복음적 신앙은 그 열정이 식어간 듯했는데, 그렇다면 새로운 형태의 신앙이 조성되어야 했다. 신앙은 이제 점점 더 그 교섭과 관련의 범위가 확대되는 것을 막을 수 없는 시대가 된 것을 보고 거기 패기로 다가서야 했다. 신앙은 이제 어떤 형태로든 '사회적 함축'을 무시할 형편에 와 있지 않았다. 그런데 교회는 아직은 그러지를 못하고 있었다. 이러한 교회에 대한 비판의 음성은 이광수(李光洙)에게서 그 고전적인 형태로 나타나고 있었다. 1917년의 일이다.

17.1. 이광수의 교회 비판

그는 우선 한국교회의 '한국적' 형성이 아직 되지 아니한 것을 따졌다.

---

7) *Loc. cit.*

8) 『신학세계』, Vol. II, No. 1 (1917년 1월호) 사설, p. 1.

9) 백철, 『신문학사조사』, p. 124.

> 만일 자기가 열렬한 신앙의 경험이 있다고 하면, 반드시 그것이 시(詩)나 가(歌)나 기타의 형식으로 발표되어야할 것이니, 만일 발표되지 아니한다 하면 그 신도의 경험이 아직 법열(法悅)로나 비통한 회한의 열누(熱淚)로 고백할 만한 절도(絶度)에 달치 못한 것이라 볼 수밖에 없습니다.[10]

한국 예수교의 신앙고백이 문자로 발표되지 아니한 것을 그는 공격하고 있었던 것이다. 그리고 그는 한 걸음 더 나아가서 "우리들은 몰비판, 무의식으로 야소교의 신도가 되었고, 야소교의 포교를 방관하였습니다. 여차한 사회의 대현상에 대하여 일언일행의 비판이 없었다 함이 실로 문화를 가졌다는 민족의 한 경이(驚異)요, 일대 치욕이 아니리까"[11] 하여 한국인 전체의 무비판성을 교회의 성장과 연결해서 치욕이라고까지 나무라고 있었다.

기독교를 받아드리기 전에 "먼저 내적 갈등이 일어나고 다음에 사회적 갈등이 일어났어야"[12] 마땅했다는 것이다. 이것이 그의 세 번째 교회 공격에 연결된다. 그는 교회가 성서 해석의 단일성에 집착해서 다른 해석의 여지를 전혀 두지 않는 것은 마치 정주(程朱)[13]의 문송(文誦)과 다를 것이 없음을 지적하여, 한국교회가 정통의 폭군을 가지게 되었다고 탄식했다. 그리고 그는 종교심 이외의 인성을 경멸하거나, 종교 이외의 과학 혹은 사상을 경시하는 풍조를 낳아, 결국은 현세를 무시하고 죽은 후의 천당복락만을 희망하게 된 것이 당시 기독교의 현황이라고 혹평하였다.

이것이 이 시대가 교회에 대해서 가졌던 솔직한 인상이었을 것이다. 이건춘(李健春) 역시 "소위 종교가로 자처한 이 중에는 동일한 성직에 있음을 내세워

10) 이광수, 신생활론, 『매일신보(每日申報)』, 1918년 9월 6일-10월 19일 연재. 『이광수전집』 제17권, p. 548.

11) *Ibid.*, p. 545.

12) *Ibid.*, p. 547.

13) 유학의 성리학(性理學)을 이르는 것으로, 정이천(程伊川, 1033-1107)과 주해암(朱海庵, 1130-1200)에 의해서 체계화된 것을 정주학(程朱學)이라 한다. 조선조에 크게 치성.

자기의 직업 이외에 농공상(農工商)과 같은 직업은 범속(凡俗)의 직업이라 하는 태도"[14]를 힐난하고 있었다.

이광수의 교회 비판이 파괴적인 것이 아니었음은 두말할 것 없다. 그는 기독교가 신학적으로는 사크라멘탈(Saramental)하고 성육신적이어야 한다는 전제에서 출발하고 있었다. 그런 의미에서 그는 1905-1907년 성령강림 대부흥의 신학에 묘하게 정통하고 있어서, 그 실체를 부활하고 교회 안에서 그 정착을 검증하려는, 그런 고충이 그 동기가 되어 있었다고 봄이 옳을 것이다. 그런 그의 입장이 다음 글에서 그대로 표현되고 있다.

> 원래 하나님의 일과 세상의 일이 구별이 있을 리가 없을 것이오. 인류에 복리를 주는 사업은 다 '하나님의 일'일 것입니다. 목사, 전도사만이 하나님의 일을 하는 거시 아니라, 제반(諸般) 하나님의 일을 각각 분담하는 것이니 목사, 전도사도 그 실은 하나님의 일의 일부를 담임함이요, 상공업자나 학자나 기술가도 다 그 일부를 담당함이외다. 우리는 결코 일요일에 회당에 가서 찬송하고 기도하는 것만이 하나님께 봉사함이 아니라, 타 6일간에 인류의 복리를 위하여 하는 사업이 온통 하나님께 봉사하는 것이외다. 차라리 6일간 봉사하다가 일요일에 안식한다 함이 지당할 것이외다. 농상공업의 어느 것이 하나님의 일이 아니리까.[15]

그는 또 교역자의 무식을 탄식하였다. 그것이 교회의 소외를 의미하였기 때문이다.

> 목사, 전도사 같은 교역자는 최저계급의 민중과 접하는 동시에 최고계급의 민중과도 접하며, 접할뿐더러 종교적 의미로 보아 지도하는 자요, 그러려면 상당한 학식이 있어야 할 것은 물론이요, 신구약성경만 2, 3차 맹독(盲讀)하고 백 페이지가량 되는 설

14) 이건춘, 세계개조와 종교의 직분, 『청년』, 서울: 기독교청년회, Vol. III, No. 5, 1923, p. 17.

15) 이광수, 금일 조선 야소교의 결점, 『청춘』, 1917년 11월호, 『이광수전집』, 제17권, 서울: 삼중당, p. 23.

교학이나 배워가지고는 부족할 것이 분명하오. 적어도 기독교의 대표적 수종의 신학서를 열람하고, 고래로 저명한 철학설이며 종교 문학을 열람하고, 그 중에도 현대의 철학의 대강과 과학의 정신을 이해하여서 현대문명의 정신과, 현대사조의 본류와, 현대문명과 종교와의 관계를 이해하여야 할 것이오. 심리, 윤리, 수사학 지식의 필요함은 물론이려니와, 이만하고야 전도도 하고 지도도 할 거이외다.

그런데 현금의 교역자는 어떠한 가요.[16]

그는 교역자가 문명을 이해하지 못하기 때문에 다수의 교인을 미신으로 이끌고, 문명의 발전을 저해하며, 미신적 신앙을 고집하여 사회의 추세와 병행하지 못하고 있다고 지적하였다. "명예의 역사를 가진 조선교회의 전도는 비관밖에 없는 줄 아오"[17] 했을 때, 그는 "하나님 앞에서 교회를 위하는 충정을 장담"하고 있었다.

만일에 1905-1907의 대부흥이 한국교회의 신학과 그 경건을 성례론에서 정통화하였다고 본다면, 이광수는 한국교회에서 그 성례론적 신앙이 분화되어가는 과정을 처음 예민하게 감지하고, 이를 경고하였던 최초의 인물이라고 말할 수 있을 것이다.

이런 비판에 대해서 교회의 반응은 요컨대 진지하였다. 감리교는 "학식이 몇 년 전에는 교회가 신학문의 선도라는 칭호를 듣던 터인데 금일에는 무식교회라는 평론을 못 면하고 있다"[18]고 하여, 신령한 신앙 면과 함께 교회의 약점이라 자인했으며, 장로교 역시 "유식훈 이웃들에게 수치밧을 사건이 발생되지 아니ᄒᆞ고 … 본 교회 앞에 수괴자(羞愧者)가 되지 안키 위ᄒᆞ야 사상적 생활을 양성홀 거시라"[19] 하였다. 더구나 윌리암 커(W. C. Kerr, 孔韋亮) 목사는 장로교의 지적 전통을 조회하면서 "천하만국 제 교파 중에 장로교 목사들이 거개 유식한

16) *Ibid.*, p. 23.
17) *Ibid.*, p. 26.
18) 금일 조선교회에 대한 문제, 『신학세계』, Vol. I, No. 2, p. 6.
19) 공위량(孔韋亮), 목사의 사상적 생활, 『신학지남』, Vol. I, No. 3, 1918, p. 83.

명예를 엇엇ᄂᆞ니라. 조선 본교회에 이 일을 성취ᄒᆞ면 타 교파의게 모범이 될 수 잇ᄂᆞ니라"[20] 하였다. 기독청년회도 신학교육 방침의 개선을 촉구하면서 "적어도 철학이 엇던 것이라든지, 자연과학이 엇던 것이라든지, 문학은 엇던 것이며, 예술은 엇던 것이며, 시대사조가 변해 가는 것에 대해 대략은 알아야 할 거시외다"[21] 요청하고 있었다.

이렇게 해서 교회는 이 황량한 도전 앞에서 자기 적응의 길을 이모저모 서서히 찾아가고 있었다. 하지만 모페트는 문제의 핵심을 꿰뚫어 보고 있었다.

> 새 복음에는 대단히 조심하십시요. 근대에 있어 흔히 새 신학 새 복음을 전하려는 자는 누구며 그 결과가 무엇일까 조심하시오. 조선교회 형제여! 40년 전에 전한 복음 그대로를 전파합시다. 그 복음은 성령의 감동을 받아 전한 복음이니 변경치 말고 그대로 전파하시오. 다른 복음 전하면 저주를 받을 것이요. 형제여! 죠션형제여![22]

그는 한국교회 정통의 신앙 지속에 그 해답이 있다고 거듭 강조하고 있었다. 그 신앙에 이미 학문과 신앙, 현대사조와 기독교 전통의 교섭과 연계를 전제한 사크라멘트 구도가 바탕이 되어 있었기 때문이다. 새로운 신학의 경향에는 오히려 이런 조화를 해체시키고 지적 일방성에 기울어질 위험이 컸던 것이다.

그래서 한국교회는 성장의 길을 지식과 함께 병행하기로 하였다. 장로교의 이자익(李自益, 1882-1961) 목사는 현실적인 면과 신비적인 면, 진보적인 것과 보수적인 것, 이 두 차원의 중용을 설교하면서 "하나님 앞에서나 사람 앞에서나 가장 적당한 중도를 택하여 나갈 것이라"[23] 권고하고 있었다. 이러한 기풍은 YMCA의 김태양(金太陽)에게서도 그대로 나타나 있었다.

---

20) *Ibid.*, p. 82.

21) 송만우, 교회를 발전하랴면 우리난 엇지할까, 『청년』, Vol. I, No.3, (1921년 5월), p. 11.

22) 『선교70주년기념설교집』, 중권, (역대총회장 설교), pp. 62-63. 총회장 모페트 박사의 1919년도 설교.

23) *Ibid.*, 중권, pp. 84-86. 1924년도의 총회장 설교.

> 우리들의 생활에는 이성의 사리 판단을 부여하며, 정의(情意)에 의하야 힘과 열을 얻는 바라. 우리들의 통일 있는 생활과 인격적 생활은 이성과 정의의 만족한 발달과 그의 기조로써 기대하리로다.[24]

1905-1907 대부흥의 신앙 구도가 새삼 확인되는 과정인데, 그것은 이광수의 경고에서 그 의식이 촉발되고 있었다.

이러한 교회의 분위기 안에서 교회 연합운동의 기운이 형체화해 갔다. 한국교회에는 기왕에 문서선교, 청년운동, 교육 및 의료 사업에서 괄목할 만한 교파간의 협력이 진행되어 왔다. 그러나 여기 그 연합운동의 기구적 형성을 모색하게 된 것은 비기독교적 세력에 대결하려는, 다분히 선교 전략적 의미를 지니고 있었다.[25]

17.2. 한국교회의 사회의식과 그 운동

17.2.1. 공산주의의 침투

사이토(齊藤實) 총독은 무단정치를 문치(文治)로 전환한다고 하면서 넓은 사상적 공간을 조선사회에 풀어놓았다. 기독교회가 느끼기로서는 대결 세력들의 대거 방출이나 마찬가지였다. 그로 말미암아 민족문화의 재흥에 대한 기대나 학문발전이 자극되기도 했지만, 그 공간을 통해서 공산주의와 세속 사상이 함께 격류처럼 휩쓸려 들어왔다. 이제 조선사회는 기독교만이 서양문명의 실체가 아님을 보기 시작한 것이다. 이것은 교회 밖에서 먼저 진행되었다.

---

24) 김태양, 이성의 학과 정의의 학, 『청년』, Vol. II, No. 8, p. 16

25) 본서 18장 7절 참조.

교회는 이제 한국에서 위기에 직면하고 있습니다. 기독교에 대한 민족의 일반적인 태도는 전일과 판이합니다. 이것은 놀라움이 아니라 충격입니다.[26]

요즘 젊은이들은 흥미 있고, 또 숨기는 것이 아무 것도 없는 책과 잡지를 보고 싶어 합니다. 이것이 주어지지 않으면 이들은 지금 밀려 들어오고 있는 무신론과 볼셰비즘과 회의주의적인 문서들을 닥치는 대로 읽을 유혹에 빠질 것은 명백합니다.[27]

지금 상황은 급격하게 변하고 있으며, 전일에 모르던 문제들이 제기되고 있습니다. 급성장의 찬란한 교회 발전기는 지나가고, 심각한 정신적 문제들이 야기되고 있습니다.[28]

이것은 위기였다. 그리고 그것은 물리적인 위기가 아니라 사상적, 종교적 위기였다. 교회와 미국은 관련되어 있는 것 같았고, 반대로 공산주의는 소련과 관련되어 있는 것 같았다. 교회는 비교적 보수적이었으나, 공산주의는 현실적이고 또 진취적이었다. 공산주의의 증오와 공격적 자세 그리고 현실적 투쟁의 메시지가 식민지 치하 겨레들에게는 일말의 카타르시스로 작용한 것이 사실이다. 그리고 묘하게도 공산주의와 사회주의는 교회가 침투해 보지 못했던 사회의 프로레타리아 층에 대한 호소력에서[29] 다시 민족 해방의 즉각성 때문에 겨레의 수난 심리에 흡수될 공간이 넓었다. 정치는 외인의 손에 장악돼 있고, 토지는 일제 대지주들에게 점차 수탈되며, 대소 사업이 다 일제 상인들에게 독점될 때, 생각은 점점 사회 공산주의에 기울어지지 않을 수 없었다.

그런데 이 무신론적인 공산주의의 이데올로기는 아직까지 아무 의심 없이 받아드려졌거나 혹은 불완전하게 이해되었던 교회의 교리들과는 전혀 배치되는

26) J. S. Ryang, The Aims of Methodist Union in Korea, *The Korea Mission Field*, July 1917, p. 152.

27) The Report of Committee on Christian Literature, *The Minutes of the Federal Council of Protestant Evangelical Missions in Korea*, 1924, p. 31.

28) *Official Report*, The Korea Mission of Presbyterian Church in the U.S.A., 1918, p. 7.

29) J. D. Van Buskirk, *Korea, Land of the Dawn*, New York: Missionary Education Movement of the U.S. and Canada, 1931, pp. 147-148.

것이었다. 더구나 이 새로운 운동은 청년사회주의동맹이라든가 무신론자동맹과 같은 단체에서 주도하고 있었는데, 이들은 대개 교회에서 떨어져 나간 청년들이 지도력을 발휘하고 있는 실정이었다.[30] 하지만 한국에서의 공산주의 문제가 이념적인 문제가 아니요, 민족의 정치적 예속 상태에서의 해방이란 강렬한 파토스에 있었기 때문에, 교리적 갈등의 문제는 아직 제기되지 않고 있었다.

교회는 그 역사 반세기에 심각한 사회적 도전에 직면한 셈이었다. 이 급격한 공산주의의 국내 유입 루트는 북쪽 국경 지역의 이주민들의 왕래와 일본 유학생들, 그리고 아이러닉하게도 우편 검열에서 제외되었던 선교사들에 대한 탁송 형식의 침투였다.

처음 국내에서의 기독교와 공산주의의 관계는 적대적이 아니었다. "기독교야말로 쓸어져가는 나라와 민족을 구할 수 있다"[31]고 해서 1907년 입교한 이동휘(李東輝, 1873-1935)[32]는 로령(露領) 하바로프스크에서 1918년 6월 25일, 바로 한국 최초의 조선사회당을 창당했고, 1919년 4월 25일에는 블라디보스톡(海蔘威)에서 고려공산당을 조직하였던 인물이다. 더구나 새문안교회에서 언더우드의 사랑으로 입신양명한 장로 김규식(金奎植, 1881-1950)은 여운형(呂運亨, 1885-1947)[33]과 함께 1922년 모스코바에서 열린 '제1차 극동피압박민족대회'에 '기독교도동맹'의 이름으로 참석하고 있었다.[34] 여운형은 평양 장로회신학교(1911-1913)와 중국 남경의 금릉대학(金陵大學) 신학부를 다닌 바 있는 신학 지망생이었다. 실상 1921년 5월에 코민테른(Comintern: 제3 인터내셔날)이 조선에 보낸 '조선공산당 풀랫폼'에는 종교에 대한 박해를 하지 말 것을 경계하고 있었다. 그런 박해가

---

30) Chosen Mission, *The Annual Report of the Board of Foreign Missions Presbyterian Church in the U.S.A.*, 1927, pp. 96-97.

31) 홍상표, 『간도독립운동 소사』, 1966, p. 11.

32) 1919년 8월 30일에는 상해 임시정부의 국무총리.

33) 여운홍, 『몽양 여운형』, 서울: 청하각, 1967, pp. 19-20. 그는 한 때 C. A. Clark 목사를 도와 승동(勝洞)교회 전도사로 일한 바 있다.

34) D. S. Suh, *The Korean Communist Movement, 1918-1948*, Princeton University Press, 1967, p. 73.

오히려 신앙을 강화시킨다고 보고 있었던 형편이다.[35)]

기독교와 공산주의 그리고 사회주의의 이러한 혼효(混淆)와 접촉은 기독교의 판단 부재적인 기대감, 아니면 공산주의의 전술적 접근이라 볼 수 있었다.

17.2.2. 교회의 사회의식과 운동의 한계

"압박 하에 신음하되 그 노할 줄을, 그 분한 줄을 모르고, 비참한 운명을 당하되 그 울 줄을, 그 곡할 줄을 모르는"[36)] 조선의 기독교회 지도자들을 고발한 『동아일보』는 1922년 1월 7일 다음과 같은 사설을 실었다.

> 제군의 설하는 바 신의 광채는 살육, 박탈, 쟁투, 시기, 모함하는 이 세상 그 나변에 재하며, 제군의 설하는 바 신성한 사랑은 가두에서 아사(餓死)하고 누상(樓上)에서 동사하고 철편(鐵鞭) 하에 고사(苦死)하는 이 세상 그 나변에 존재하며, 아! 인자(人子)의 권위는 그와 같은 세계 어느 곳에 발견하리오.…
>
> 제군아, 세계를 움직이라. 천지를 동하라. 사회를 근본으로부터 혁신하고 인생의 모든 불의에 도끼를 들어 치라.
>
> 제군은 적라나의 민중에 몸을 던져라. 진리 생명인 그 생명에 재하여는 모든 사람이 평등이요, 따라서 모든 사람이 가치의 절대 주인공인 그 민중의 광영을 위하여 분투하고 축복하라.
>
> 이것이 사회를 근본으로부터 혁신하는 도리가 아니며, 제군의 칭하는 바 천국을 이 세상에 실현하는 것이 아니리오. 천국을 깨달음이 소용이 없고 오직 실현만이 귀하며, 천국을 사후에 얻는 것도 가하거니와 우리 생전에 보는 것이 더욱 더 아름답지 아니한가.
>
> 제군은 교단을 내려와 가두에 나서라. 불의의 포학에 읍(泣)하는 민중, 곧 참 인자를 위하여 생명의 불을 던지고, 심판의 불을 던지라.[37)]

35) D. S. Suh, *Documents of Korean Communism, 1918-1948*, p. 18
36) 문사(文士)는 하재(何在)오, 사설, 『동아일보』, 1922년 1월 6일자.
37) 종교가여 가두에 출하라, 사설, 『동아일보』, 1922년 1월 7일자.

여기 궁핍과 포학에 시달리는 '민중'의 모습이 지시되고, 그리고 그것이 인자(人子)와 동일시되는, 1980년대 민중신학의 그 싹이 보였다. 여기에서 교회는 사회 참여에의 강력한 요청을 받고 있었음이 나타난다. 일제의 농촌 수탈에 의한 농민의 궁핍화 과정은 질고 바로 그것이었다. 그것이 총독부의 정책과 동양척식주식회사(東洋拓殖株式會社)의 수탈에 의해서 격화되고 있었다.

조선농민의 궁핍화 과정

(호수단위: 천)

연대	자작농		자작 겸 소작농		소작농	
	호수	%	호수	%	호수	%
1913-1917	555	21.7	991	38.8	1,008	39.5
1918-1922	529	20.4	1,015	39.0	1,096	40.6
1923-1927	529	20.2	920	35.1	1,172	44.7
1928-1932	497	18.4	853	31.4	1,360	50.2

교회는 그 질고 속을 함께 걸어야 했다. 그 외침은 1922년부터 계속 울려왔다.

> 옛 신자들은 한갓 자신의 죄만 통회하여 자기 자신만 성결케 하기 위하여 인간사회와 절연하고 은퇴생활로서 만족타고 하였습니다. 금일 신자는 불연(不然)하니 일반사회에 혼재(混在)하여 암흑한 사회로 하여금 광명하게, 더럽고 추잡한 죄인으로 하여금 성결케 하여, 지상에 천국을 건설하기 전까지는 만족치 아니할지라.[38]

교회의 변방에서 YMCA는 이런 기운의 감지와 그 표현에 남달리 예민하였다. 물론 남감리교가 1918년 미국 기독교연합회의 사회신경(社會信經)을 그 장정(章程)에 '편입'[39]하면서 복음의 시대적 번역과 그 사회화를 역설한 일이 있었고, 조선장감연합협의회는 1920년 선교사연합공의회의 제안을 받아 "기독교

38) 김진헌, 현대의 진보와 교회의 각오, 『청년』, 1922년 3월호, pp. 16-17.

39) 『남감리교회 도리 및 장정』, 서울: 조선야소교서회, 1919, p. 60.

가 사회적 봉사를 실행하기 위하여"[40] 정신병자보호원, 고아양육원, 연로, 불구, 맹아들의 요양원, 노약한 여자 구호원, 나병(한센병)과 폐환자의 병원 설립, 빈한자 구호를 위한 공장에서의 노동, 그들을 위한 후생사업 등의 추진을 착수한 일이 있었다. 그리고 1925년에는 사회부를 설치하기도 하였던 것이다.[41] 하지만 이런 사회의식은 필경 "전도사업의 필요한 종류"로 그 단위가 묶여지고 있었다.[42]

그런데 YMCA의 일부 인사들에게는 기독교 사회의식이 공산주의나 사회주의 이념과 상통한 것으로 이해하려는 움직임이 있었다. 이대위(李大偉, 1896-1982)가 그 전형이다. 그는 "우리가 이 불만불평한 세계를 부인하고 우리가 동경하는 무삼 신세계를 조성코자 함에는 기독교 사상과 사회주의가 서로 같다고 사유된다"[43]고 피력하고 있었다. 그 착상이 환상적이었다. 역시 YMCA계의 유경상(劉敬相)은 예수를 "사회주의 주동인물"[44]이란 말까지 하고야 만다. 예수교서회 발행의 『기독신보』에는 다음과 같은 사설까지 실리고 있었다.

> 날과 달로 기망ᄒᆞ기ᄂᆞᆫ 어느 날 어느 때에나 군국주의, 자본주의, 계급주의가 져들의 흑막을 맛추고 진정ᄒᆞᆫ 사회주의가 이 세계에 실현ᄒᆞᆯ가 한다. 진전ᄒᆞᆫ 사회주의ᄂᆞᆫ ᄎᆞᆷ말 교회로 더부러 서로 배치되ᄂᆞᆫ 거시 적고 교회를 위ᄒᆞ야 준비ᄒᆞᄂᆞᆫ 것이라. 만일 진정ᄒᆞᆫ 사회주의자가 잇스면 비록 기독인이 아닐지라도 나ᄂᆞᆫ 그를 기독인과 동일히 간주ᄒᆞ겟다.[45]

이런 자세였기 때문에 이들에게서 자본주의 경제 제도에 대한 반발은 없을

40) 조선장감연합협의회, 제4회 『회록』, 1920, 부록, p. 6.
41) 조선예수교 연합공의회, 제2회 『회록』, 1925, p. 9.
42) 조선장감연합협의회, 제4회 『회록』, 1920, p. 7.
43) 이대위, 사회주의와 기독교, 『청년』, Vol. III, No. 5 (1923), p. 9. Cf. 그의 글: 민중화할 금일의 합작운동의 실현, *ibid.*, Vol. IV, No. 4 (1924), p. 7.
44) 유경상, 사회주의자 예수, 『청년』, 1923년 7-8월호, p. 32.
45) 기독교와 사회, 사설, 『기독신보』, 1924년 10월 15일자.

수 없었다. 자본주의의 폐해가 근본적으로 공가제도(工價制度)[46]에 있는데, 그 이유는 공자(工資), 곧 노사에서의 인간관계 파괴, 계급의 고정화, 그리고 노동자들의 비인간화 때문이라고 보았다.[47] 예수께서 현대에 오신다면 "막쓰 이상으로 자본주의 해독을 책하셨으리라" 하면서, 동시에 기독자 중에 "착취의 수단을 농(弄)하는 자본주의 계급이 있음"[48]을 힐책하고 있었다.

이들이 사회주의나 공산주의에 대해서 가졌던 체계적 이해의 수준을 우리는 문제시하지 않을 수 없다. 선교사들이 사태의 심각성에 충격을 받고 있었던 것과는 거리가 그렇게 멀었다. 반제(反帝)의 투쟁의지와 맥을 같이한다고 해서 전선의 피아(彼我)를 구별하지 못했던 한국교회는 얼마 있지 않아서 곧 공산주의의 요격에 고투하게 된다.

하지만 이러한 진취적 사상과 그 촉발 속에서도 복음의 핵심이 무산되고 있지는 않았다. 예수의 이름과 능력으로만 새 사회 건설이 가능하다고 하는 확신이 흔들리지 않고 있었다.[49] 그리고 농가주와 소작인과의 관계 개선에서도 우선 참된 기독교적 의미의 인간 형성이 불가피하다고 보면서, 한 걸음 더 나아가, 이런 과정이 수행되지 않을 때 "우리 죠션에도 공산주의가 머지않아 치성하리니,"[50] 그 시간을 서두르라고 경고했던 것이다.

17.2.3. 1925년 이후의 기독교 사회운동

1925년에 들어서면서부터 공산주의자들은 사회 청년운동에서 이니시아티브를 잡았다고 확신하였다. 그리고는 종교, 특히 기독교에 대한 정면 도전에 대

46) 노사(勞使)를 의미.

47) 기독교가 자본주의에 대ᄒᆞ야 맛당히 취ᄒᆞᆯ 태도, 『기독신보』, 1924년 1월 2일-2월 13일자 이대위의 글.

48) 사회에 대ᄒᆞᆫ 그리스도교의 본질, 사설, 『기독신보』, 1924년 2월 6일자.

49) 그리스도교의 사회성, 『기독신보』, 1924년 4월 2일자.

50) 쇼작인과 농쥬의 의무, 사설, *ibid.*, 1925년 6월 17일자.

거 나섰다. 그들은 기독교가 인간의 자유와 자조력을 저해하고, 자본가들을 옹호하며, 미신적이라고 비판하기 시작한 것이다.[51] 교회가 "자본주의 사회를 지지함에 있어서 절호의 경찰기관"이라고까지 폭언한다.[52] "강자의 편리한 무기"[53]라고 대놓고 중상한다. 그들은 "신의 사형집행, 종교병 근치운동, 종교 파괴 운동"[54]이 그들 목전의 과제라고 소리친 것이다. 박헌영(朴憲永, 1900-1956)의 글에는 기독교에 대한 악의가 넘쳐 있었다.

> (기독교는) 미신과 허위를 선전하며 배후에 금력과 군벌의 권력을 의거(依據)로 조선민중에게 소위 도덕 양심이라 하여 인종(忍從)과 유순을 장려하며 선양한다.[55]

그 기선을 잡은 것이 유학생 계보의 일월회(一月會)계 한양청년동맹이었다. 이들은 1925년 10월 23일 조선주일학교대회가 서울에서 열렸을 때에, 그 바로 앞 광장에서 노골적인 반 기독교대회와 반기독교강연회를 개최하고 있었다.[56] 기독교는 충격을 받은 듯했다. 하지만 교회는 공산주의가 그 실상을 노출한 사실을 요행 직시하였다.

> 제군(공산주의자)은 과연 기독교를 귀족적 종교라 하야, 자본주의의 옹호자라 하여 민중을 우롱하는 마취제라 하여 절대 배격하려는가. 기독교는 본래 빈자 약자의 종교운동이었느니라.
>
> 기독교는 본래 제군의 종교였던 것을 사(思)하라.… 기독은 결코 굴종적인 무저항주의자가 아니다. 타협적 평화론자가 아니다. 건전고투의 용사였다.[57]

---

51) 반기독교운동을 보고, (二), 사설, 『기독신보』, 1925년 10월 27일자.
52) 배성룡, 반종교운동의 의의, 『개벽(開闢)』, 1925년 11월호, 0. 58.
53) 박헌영,역사상으로 본기독교의 내막, 『개벽』, 1925년 11월호, p. 68.
54) 이정윤, 반종교운동에 대한 고찰, 『개벽』, 1925년 11월호, p. 80.
55) 박헌영, *op. cit.*, p. 70.
56) D. S. Suh, *The Korean Communist Movement*, p. 67.
57) 김창제, 민중의 종교, 『청년』, 1926년 2월호, pp. 13-14.

"엇지ᄒᆞ야 목적이 동일ᄒᆞᆫ 기독교를 반대ᄒᆞᄂᆞᆫ가."[58] 교회는 처음 공산주의자들과의 반목을 피하려는 의도가 완연하였음을 알 수 있다. 기독교회는 사회적 기독교로서 전환이 불가피한 시대가 온 것을 직감한 것이다. 그래서 새로운 방향을 비추었다. 그것은 사회개혁의 근본 목적이 동포 사랑이라는 대전제에 출발하는 것이었다. 가령 금주 금연의 운동이 그러했다. 그때 1년간의 주초대(酒草代)는 당시 액수로 총 2억 원에 이르고 있었다. 그러나 교육비는 1천만 원에 불과하였다.

> 우리는 주초를 자녀보다 더 ᄉᆞ랑ᄒᆞᆫ다. 언염(言念)이 여기 이름에 방성(放聲)의 곡(哭)을 금하기 어렵도다.[59]

이때는 결국 절제가 민족 구원의 첩경이 아닐 수 없었다. 거기부터 문제가 꼬이기 시작하고 있었던 것이다.

> 기독교를 반대ᄒᆞᄂᆞᆫ가. 이ᄂᆞᆫ 기독교를 반대ᄒᆞᄂᆞᆫ 거시 아니라, 즉 동포의 전도개척을 저해하고 희롱ᄒᆞᄂᆞᆫ 거시 아닌가. 고로 기독교를 반대ᄒᆞᄂᆞᆫ 자ᄂᆞᆫ 즉 동포를 애(愛)치 안ᄂᆞᆫ 자요,… 조선의 기독교ᄂᆞᆫ 조선의 현대가 그것을 몬져 요구ᄒᆞᆫ다 ᄒᆞ노라.[60]

여기서 기독교는 시대적 요청이 사회운동에 있음을 절감하였다. 그리고 민족의 행복된 내일이라는 차원을 목표로 하게 되었던 것이다. 이제 성령의 인도하심으로 새 사람이 된 사람들이 모여서 비로소 사회개혁이 가능하다고 보았고, 기독교에서 말하는 공형(共亨)은 공산주의의 공산과는 절대로 같지 않다는 점이 계속 천명되었다.[61] 공산주의에 대한 불신과 반발이 자리 잡혀 간 모습이

58) 반기독교운동을 보고, (一), 『기독신보』, 1925년 11월 11일자.

59) *Loc. cit.*

60) *Loc. cit*

61) 반기독교운동을 보고, (二), 『기독신보』, 1925년 12월 9일자.

여기 보였다. 이제 경제적 사회적 메시지보다 더 중요한 것이 정신적 메시지라고 보게 된 것이다. 경제적 여유와 독립에 앞서 영적 개조가 선행해야 한다고 확신한 것이다.[62] 따라서 민족의 영고성쇠(榮枯盛衰)가 실로 기독교회가 하기에 달려 있다는 그런 책임감이 교회를 떠 움직여 나가고 있었다. 1926년 초『조선일보』의 방향 질문은 이를 예견한 것이었다. 곧 "무산계급의 새 요구 주장과 기성 종교가 과연 합치되어 나갈까."[63]

1925년부터 YMCA는 농촌사업을 본격적으로 추진하기 시작한다. 그래서 "전체 조선 기독교로 하여금 조선 농촌의 성격을 바로 인식하게 만들고, 선교정책과 기독교사업을 농촌으로 유도한 역사적 공헌"[64]을 남겼는데, 그것은 역시 "경제적 향상과 사회적 단결, 그리고 정신적 소생"이란 복음적 차원에서 가능하였다.

1929년은 한국교회에서의 경제적 각성이 그 절정에 이르렀던 해이다. 1928년에 예루살렘에서 개최되었던 국제선교협의회에 참석하고 돌아온 신흥우와 김활란의 자극이 컸다. 그래서 산업사회에서의 교회 선교가 추진되었고, 그 여파로 1929년 4월에는 조선예수교연합공의회 대회가 사흘 동안 대대적으로 모여 4분과에 걸쳐 진지한 토의가 벌어진 일이 있다. 그런데 그 1분과에서는 "경제적 파산"[65]을 당하고 있는 조선이 비관점으로 지적되고, 농촌사업에 대한 심각하고도 구체적인 논의가 전개된 바 있었다. 이미 1928년에는 장로교와 감리교의 총회가 각각 농촌부를 상설하고 있었으며, 1929년에는 YMCA에서『농촌청년』을 정기 간행하기 시작하였고, 1939년에는 윤치호(尹致昊)와 홍병선(洪秉璇, 1888-1967)이『농업세계』를 간행하면서 농촌진흥을 민족 문제로 연결하여 지도

62) L. T. Newland, Is the Church Meeting the Korea's Economic Problems, *The Korea Mission Field*, April 1929, p. 71.

63) 기독교청년회의 금일의 처지, 사설,『조선일보』, 1925년 21월 17일자.

64) 중앙청년회의 농촌사업 개시,『기독신보』, 1925년 5월 6일자.

65) 조건예수교연합공의회 후보(後報), (二),『기독신보』, 1929년 5월 1일자.

해 나갔다. 연합공의회에 농촌부가 상설된 것은 1930년의 일이다. 연희전문학교 교수이던 피셔(J. E. Fisher, 皮時亞)가 농촌에 대한 사회조사라든가, 시장조사, 산업교육, 및 생산성의 합리적 분석 같은 것이 선교교육에서 중요하게 다루어져야 한다고 주장했던 것도 바로 이때였다.[66]

이러한 각성과 정신의 결정(結晶)이 1929년 서울에서 전국 교계 인사들을 망라해서 조직된 신우회(信友會)였다. 일제는 이것을 "민족주의자들의 전위단체로 각 파의 합동전선"[67]이라 판단했으나, 실상은 2천만 민족을 비애, 고통, 불의의 세계로부터 구출하고자 함에 있었다.[68]

> 우리는 속죄 구원을 고조하는 동시에 기독의 사회복음주의를 중흥시키랴 한다. 우리는 이 고통과 죄악으로 포위된 생을 타세계에 전거(轉去)시키랴 함보다도 자유 평화 진리의 천국을 인류사회에 임하게 하야… 신으로부터 교섭한 영감의 동력을 우리 개체의 경험 내에 사장(死藏)치 않고 그 세력을 단결운전하야 인격 발휘의 장애되는 사회의 죄악을 제거코져 한다. 만천하의 기독교도는 다 와서 참가하라.[69]

사회구원에 대한 이러한 교회의 자세는 실로 "코페루니크스 전환"[70]이었다. 유재기(劉載奇, 1905-1949)의 협동조합 운동이라든가,[71] 조민형(趙敏衡, ?-1950)과 이순기(李舜基, 1890-1948)의 농촌교회 구제의 이론확립과 실천이 활발하게 진행된 것도 이때였다.[72]

---

66) J. E. Fisher, *Democracy and Mission Education in Korea*, New York: Columbia University Teachers' College, 1923, pp. 112ff.

67) 최근의 조선 치안상황, 『한국독립운동사』, 5, p. 250.

68) 그 주동인물 중 하나였던 조병옥(趙炳玉)은 그것이 비밀단체였다고 회고. 조병옥, 『나의 회고록』, 서울: np, 1959, p. 98.

69) 기독교신우회 선언, 1929년 5월. 『기독신보』, 1926년 6월 12일자 게재.

70) 김준성, 1929년의 기독교 대세를 평론함, 『진생』, 1929년 10월호, p. 6.

71) 세계협동조합운동 고찰, 『기독신보』, 1929년 11월 27자 이후 7회 연재. 협동조합론, 『조선일보』, 1933년 2월 22일자이후 20회 연재.

72) 농촌교회의 피폐와 구재책, 『기독신보』, 1931년 1월 7일자 이후 4회 연재.

17.3. 연합공의회의 사회신조

1932년 9월, 평양에서 모인 제9차 조선예수교연합공의회는 김활란이 그 위원장으로 있는 사회부의 사업계획보고서 제3항에서 제출한 '사회신조' 초안을 접수하고, 이를 허락하기로 가결하였다.[73] 거기에는 신앙 내연(內燃)의 외연(外延)으로서의 사회적 양심의 구현이 목표로 제시되고 있었다.

> 우리는 하나님을 아버지로, 인류를 형제로 믿으며, 기독을 통하여 계시된 하나님의 사랑과 정의와 평화가 사회의 기초적 이상으로 사(思)하는 동시에 일체의 유물교육, 유물사상, 계급적 투쟁, 혁명 수단에 의한 사회개조와 반동적 탄압에 반대하고, 진(進)하야 기독교 전도와 교육 및 사회사업을 확장하야 기독 속죄의 은사를 받고 갱생된 인격자로 사회의 중견이 되야 사회 조직체 중에 기독정신이 활약케 하고, 모든 재산은 신께로 받은 수탁물로 알아 신과 인(人)을 위하여 공헌할 것으로 믿는 자이다.[74]

이에 따라 12개 항의 주장이 열거되어 있었다. 이를 총괄해 보며, 교회의 사회운동 방향은 반(反)유물, 반계급 투쟁이요, 신앙 외연으로서의 사회변화력, 산업의 인도주의화, 인권 존중, 합리적 노동과 그 제도의 관리 등이 지향되고 있었다. 여기 민족의 관념적 전개는 없었다.

그런데 이 사회신조가 일본제국교회의 사회신조와 대동소이한 점에 우리의 놀라움이 크다. 1932년의 한국교회가 그런 데까지 가 있었구나 하는 생각은 해방 전까지의 교회사 이해에 빼놓을 수 없는 한 전제가 되어버린 것이다. 제국교회와 식민지교회의 사회의식이 같았다는 말이 되기 때문이다. 여기 한국교회 사회운동의 비극적인 한 굴종과 굴곡, 그리고 한계를 보지 않을 수 없다.

---

73) 조선예수교연합공의회 제9회 『회의록』, 1932, p. 16.

74) *Ibid.*, p. 52.

그래서 그랬을 것이다. 한편에서는 일제가 사회운동을 민족운동으로 간주하고 다른 한편에서는 교회 내 보수주의의 반발이 심했기 때문에, 1937년에는 총회 농촌부의 상설이 폐지되고, 그 해 연합공의회도 해체되면서 우리 교회의 사회운동은 종식되고 만다.[75] 이제 교회는 결국 일제하의 가장 핵심적인 저항의 원점, 천황체제와의 대결로 치닫지 않을 수 없게 된 것이다. 1938년 일제 의회가 국가 총동원령을 의결하고 나서부터는 교회가 다른 길을 택할 수 없는 막다른 골목에 내몰렸기 때문이다. 오로지 저항, 아니면 전향, 그것이 기다리고 있었을 뿐이었다.

17.4. 선교사의 어려운 처지: 한 · 일 사이에서

17.4.1. 일제하 반선교사 켐페인의 딜레마

1922년 만국장로회연합협의회에 참석하고 돌아온 임종순(林鐘純, 1875-1947) 목사는 그의 귀국 보고에서 목메어 이렇게 호소했다. "우리의 일은 우리가 할 뿐이오니, 실력 양성이 제일인줄 압니다. 속히 힘 쓰시와 인물 양성에 힘쓰기를 간절히 바라나이다."[76] 한국교회 자립을 애원하는 심정이 들어난 글인데, 여기 은연 선교사들에 대한 불편한 심사가 나타나고 있었다.

그런데 1926년에는 묘한 일들이 계속 터진다. 이것은 누가 작정하지 않고는 일어날 수 없는, 일련의 사태들이다. 곧 선교사들의 소위 비행이 거듭 신문에 폭로 형식으로 뜬다.

우선 1926년 1월에 서울 아현동에 있는 동양선교회 성서학원의 학생 자퇴 사건이 그 첫째이다. 문제는 그 곳 학생 30명이 학원 당국에서 급비 교육한다

---

75) YMCA의 농촌사업 역시1937년에 중단되고, 그 농촌부는 1938년에 폐쇄.

76) 『조선예수교장로회사기』, 하, p. 34.

는 구실로 "고압적으로 너무 노예시하여 허다한 근육노동을 시킴으로써 성경공부를 할 여지가 없어"[77] 그 개선을 요구하였다가, 밥 한 끼를 건넨 일 때문에 터졌던 사건이다. 학생들은 일제히 퇴교를 선언한 후 고향으로 돌아가, 이것이 사회적 문제로까지 비화했던 것이다.

구세군에서는 그 해 11월 만국 구세군사령관 부스(W. Booth, 1829-1912)의 내한을 계기로 서양인 구세군 사관의 비행을 고발한 일이 있었다.[78] 그 핵심은 조선 구세군에 대한 민족 차별이었다. 그래서 조선인 사관의 참모 임명, 사관학교장보(補)의 조선인 사관 기용, 공문서의 한글 사용, 그리고 비행 서양인 사관의 국외 추방을 진정한 것이다.[79]

다음은 그 해 3월에 있었던 사건이다. 서울 동대문부인병원의 나저서(羅姐西)[80]가 얼마 전 간호원양성소의 홍(洪)양을 괴롭혀 자살하게까지 한 일이 있어 면직 당한 바 있는데, 갑자기 그가 다시 복직되어 사회 여론이 비등했던 일이다.[81]

이런 문제에 대하여 당시 『조선일보』는 명석한 분석을 내려, 이는 모름지기 한국교회의 자주성 결여 때문이며, 그것이 선교사의 인종적 우월감을 돕게 하는 원인이 되었다고 판단하면서 아래와 같이 글을 남겼다.

> (선교사들이) 항상 인종적 편견에 가치운 바 잇서 오히려 조선인을 충분히 이해하지 못한 바 잇섯고, 더욱이 풍부한 소유물을 운용하야 써 각종의 시설에 종사하는 저들이 걷듯하면 매은적(賣恩的) 태도로써 조선인에 대함이 자못 현연한 경향을 지어온 바 잇서, 써 그의 교도와 일반의 언사 사이에 엇더한 불만을 들어온 것이 사실이엇다.

---

77) 『조선일보』, 1926년 1월 4일자.

78) 『동아일보』, 1926년 11월 10일자.

79) 장형일, 『한국구세군사』, 구세군 대한본영, 1975, pp. 94ff.

80) Mayme Marie Rodgers임이 확실시됨. 조선일보에는 동대문병원 원장으로 되어 있으나, 그 병원 부속 간호원 양성소에서 근무한 선교사.

81) 『조선일보』, 1026년 3월 15일자.

> 조선인으로써 기독교에 대한 주밀 명쾌한 비판을 시도하고, 그로 하여금 상당한 신기축(機軸)을 지은 자 업섯고, 그리하여 그로 하여금 조선적으로 사상적 심고한 근저를 이루게 한 바 업스니, 외국인 선교사도 조선인 교도에 대하여 외경의 염(念)을 가지지 아니하고 째로 전횡자자(專橫自恣)하는 태도에 나오는 이유이다.[82]

이밖에도 "조선인의 풍속 중 특히 개선을 요할 결점을 묘사하야 그 표본을 해외에 수출하는 등 조선 인종 모욕의 선전을 기탄없이 행한"[83] 매산(梅山)여자고등학교의 미국인 선교사의 문제가 있었다.

하지만 가장 큰 충격으로 보도되다가, 민족적 양식에 이제 바로 인식되어 반전된 그런 사건이 하나 있었다. 당시 선교사 공격의 성격이 어떤 것이었는가 하는 것을 극적으로 들어낸 사건이었다. 저 유명한 허시모(許時模) 선교사의 경우가 그것이다.

그는 안식교에서 경영하던 평안남도 평원군 순안면 소재의 순안(順安)병원 원장으로 1925년에 내한했던 인물이다. 그런데 1927년 7월에 평양지방검찰청에서는 1년이 된 "말할 수도 없이 끔직한 죄를 범한" 허시모 사건을 조사 중이라는 기사가 당시 신문들에 연일 대서특필되고 있었다.

그 사건의 전모는 이러했다. 곧 1925년 여름에 그가 자기 집 과수원에 들어와 사과를 따먹은 그 지방 어린이(12세) 김명섭의 얼굴 빰 좌우에 염산으로 "됴덕"이라는 글을 써서 "한 시간 동안이나 볕에 말린 후에 풀어 놓았으니, 이로 인하여 됴덕이라는 두 글자는 영원토록 그 아이의 빰에서 살아지지 않는 것이 되었다"[84]는 데 있었다. 이 사건은 삽시간에 전국에서 "전 조선 민족에 대한 모욕"[85]으로 지탄되었고, "조선 사람을 흑인과 같이 대우하겠다"[86]는 노예시의

82) 조선과 기독교, 사설, 『조선일보』, 1926년 3월 7일자.
83) *Ibid.*, 1926년 3월 16일자.
84) 『조선일보』, 1926년 6월 28일자.
85) 『동아일보』, 1926년 7월 6일자.
86) 『조선일보』, 1926년 6월 29일자.

심리라고 단정하기에 이르렀다.

이러는 사이에 기독청년회를 비롯한 각처의 청년 기관과 심지어 안식교회 자체에서도 전세계 안식교회에 격문을 발송해서 민족을 모욕한 폭거에 의분을 참지 못해 그의 즉각적인 송환을 요구하고 나섰던 것이다. 이런 처지에 누구보다도 당황한 것은 역시 선교사들 자신이었다. 이들은 곧 비상회의를 소집하고,[87] 이런 불미한 사건이 선교사업에 미치는 악영향이 심대함을 개탄하고, "전세계 인류 앞에 사죄"[88] 한다고 밝혔다. 그리고 첫째는 세상 사람에게 부끄럽고, 둘째 하나님께 대한 큰 죄라고 자복하고, 셋째 피해자측의 요구는 무엇이든지 다 들어준다는 결의를 하였다. 마침내 허시모는 안식교에서 원장직이 면직되고, 재판에서는 징역 3개월의 형을 받아, 옥살이를 하고 그 해 12월에 본국으로 귀환하였다.[89]

그런데 이 허시모 문제는 그 당시 민족교회 형성 과정에서 겪는 두 가지 위험과 왜곡 가능성을 한꺼번에 시사해 주고 있었다.

그 하나는 좌파계에서 왔다. 이 사건을 계기로 해서 좌익의 경성학생연맹에서는 7월 3일, 다음과 같은 두 가지 사항을 결의하고 있었다. 곧,

> (1) 평원 미국인 선교사 허시모의 만행에 대해서 각 우익 단체와 협력하여 적극적 행동을 취하는 한편, 이 기회에 현재 종교의 흑막과 침략의 전위인 선교사류의 진면목을 폭로시키며, 종교적 교육의 반대운동을 일으켜, 소위 교회와 학교와의 분리운동의 제일보로서 각 학교의 성경 과목의 폐지를 기할 것.
>
> (2) 조선 학생의 역적(力的) 단결과 운동의 선전 및 요구를 표명하기 위하여 '학생데이'를 정하여 각 우익 단체와 협의하여 구체적으로 결정할 것.[90]

87) *Review and Herald*, June 29th 1926, p. 24.

88) 『조선일보』, 1926년 7월 4일자.

89) 『교회지남』, 1926년 8월호, p. 30.

90) 『조선일보』, 1926년 7월 6일자.

우리 한국교회는 이런 말 들으면서, 그것이 일제의 교회 탄압에서 더하면 더했지 못하지 않다는 사실을 직감한 것이다. 공산 사회주의계의 교회 탄압이 간도나 이리(裡里, 현 익산), 함양 등지에서 김익두(金益斗) 목사를 비롯한 여러 교계 인사나 선교사들을 공격한 데에서 나타난 사실을 생각한다면,[91] 이런 사건을 계기로 해서 기독교에 대한 공격을 정당화하려는 계교가 표면화한 것은 의심할 여지도 없었다.

우리는 여기에서 공산주의자들이 1925년에 이르러 종교와의 문제에서 이니셔티브를 잡았다고 확신하여 종교 부정과 공격을 전면에 내세웠던 사실을[92] 주목할 필요가 있다. 그것이 이 반선교사 선동과 묘하게 타이밍이 합치했다는 것은 결코 우연한 일만은 아닐 것이다.

다른 하나는 일제의 간교한 반응이다. 일제는 한국교회와 선교사와의 분리를 이런 기회에 단행할 계획으로, 소위 "낭인(浪人)[93]이라는 일본의 제씨와 일선(日鮮) 융화를 상품으로서 하는 상애회(相愛會) 일파와 제협함으로써, 일본 국민을 내세워 이 문제에 대하여 이상히 격분"[94]하고 떠들고 있었다. 선교사들이 한국인을 그렇게 모멸하는데 참을 수 없다는, 아주 속 보이는 말을 하고 있었다.

이것은 실로 가소로운 일이었다. 언제 일본이 한국을 그렇게 사랑하고 아껴주었던가. 한국의 언론은 그것을 직시한 것이다. 그리고 거기 사태 역전의 실마리가 빛났다.

> 웨 이렇게 써드는고. 정의와 인도를 위해서 써든다면 참 고마운 세상이다. 이렇게 정의와 인도를 사랑하는 동무가 하나씩 둘씩 늘어가는 세상을 하나님 굽어보소서! 그리하

---

91) 『동아일보』, 1926년 3월 5일자, 5월 1일자, 5월 21일자.

92) 金森襄作, 朝鮮靑年會運動史, 『朝鮮學報』, 第 85輯, 朝鮮學會, 天理大學, 1977년 10월호, p. 158.

93) 랑인(浪人): 물결처럼 흘러다닌다는 뜻. 근대 일본에서 퇴출된 무뢰(無賴)의 사무라이(무사)들. 일제 한국 침략에 대거 한국에 몰려와서 일제 한국통치의 포악성을 들어내게 한 존재들.

94) 『조선일보』, 1926년 7월 8일자.

> 여 영원히 정의와 인도의 세상이 되게 하소서. 그리하면 정의와 인도의 탈을 쓴 악마는 영원히 없어질 것이로소이다. 아멘.[95]

이 통쾌하게 쏘아붙인 붓에 야유와 냉소가 비수처럼 날카로웠다. 이 이상 더 허시모 문제에 흥분하는 것은 일제에게 오히려 도움이 될 뿐만 아니라, "일대 민족적 해학인 감이 없지 않다"[96] 여겨 "민족적 이간, 중상을 목적으로 하는 정략적 일 희극에 덩달아, 다년의 선전(善戰)을 적대시하는 경솔을 삼갈 것"이라 스스로 다짐하였다. 그래서 졸지에 "우인(友人) 허시모씨"라 부르게 된다.[97] 이것은 다만 우리 겨레의 감상을 말하는 것은 아니었다. 민족 교회로서의 성장 과정에서 겪어야 했던, 아주 교묘한 사태와 그 어려움을 말하여 주는 고민의 한 표현이었다.

문제는 하나 밝혀졌다. 일제하에서, 그리고 좌파의 세력이 막 파고들던 그때에, 선교사에 대한 반발을 그 계기로 한 민족교회의 형성은 그 변수의 얽힌 복잡성 때문에 단색적인 방향 설정이 지극히 어려웠고, 따라서 그것은 그런 유형의 방법에 대한 경고로 역사에 남았다고 봄이 옳을 것이다. 반미나 반선교사는 그 정서가 자연히 일제에 기운다는, 좌표상의 한 비극을 이 사건은 여실히 보여 주었기 때문이다.

한국교회의 반 선교사적 정서가 친일 계에서 강세를 보인 것 말고, 혹시 다른 것이 있었다면, 그것은 어느 정도 격한 것이었을까. 그것을 정확하게 측정하기는 힘들 것이다. 하지만 그것이 반일의 체험과는 절대적 차이가 있었다는 것은 확실하다.

우리는 선교사들의 눈물과 피와 땀을 추호라도 잊을 수 없다. 그들은 그 옛

95) 『동아일보』, 1926년 7월 16일자.

96) 『조선일보』, 1926년 7월 8일자.

97) *Ibid.*, 1926년 7월 28일자. 시평(時評).

날 낯선 땅, 이해와 도움이 없는 외로운 땅, 혹서와 한랭의 고장에서 갖은 질고에 시달리며, 더러는 병사하고, 더러는 고독에 못 이겨 정신질환에 시달리고, 일제 군경에게 여자 선교사들까지 백주에 길거리에서 구타를 당하고, 우리 백성들에게서도 가끔 폭행과 감금을 당하고, 심지어 동료 선교사들 간의 몰이해에 고통을 겪고, 그러면서, 이 나라에서 이런 놀라운 선교의 결실을 거두어 들였던 것이다.

'세기의 기적'이라 여겨지던 한국 선교의 첫날에 이들의 헌신과 눈물과 피땀 없이 이런 일이 있을 수는 결코 없었을 것이다.

17.5. 경제적 시련 속의 교회

> 너 새 — 무리난
> 물을 볼 쩍에 단 물과 갓치 뵈이려니와
> 우리 동포의 눈으로난
> 우리 눈으로부터 나온
> 피눈물의 자국으로 뵈인다.
>
> 너난 산을 볼 쩍에
> 부드러운 떡과 갓치 보이려니와
> 우리 민족의 눈으로난
> 모든 곤고의 뭉치로 뵈이도다.[98)]

빈곤은 겪고 나서야 그 아픔을 안다. "오호라, 우리 조선 민족은 한 쪽 날개를 상처 입은 민족이로다. 그 한 쪽 날개는 경제의 날개이외다. 조선 민족은 경제의 한 쪽 날개가 병으로 상하야 날고져 하는 사상은 잇을지라도 날을 만

98) 정경옥, 나의 생각, 『청년』, Vol. II, No. 3 (1922), p. 28.

한 실력에난 도저히 불가능의 경우에 처하얏스니 비애에 소리마저 말라 황무지에서 포복할 수 밧긔난 다른 도리가 업스니 어찌하리오."[102] "여러분! 우리 조선 사람이 얼마나 가난한가를 짐작하십니까."[103] 이광수는 묻고 있었다.

이 경제적 불안과 공황이 교회에 끼친 영향은 막대하였다. 1930년에는 조선 농민 6백만 명이 실질상의 절량상태에서 헤매고 있었으며, 1931년에는 1천 2백만 명이 고율의 소작료에 시달리고 있었는데, 이는 실로 전인구의 반에 해당하는 엄청난 비율이었다. 그것은 "반영구적인 기아 상태와 전민족적인 빈한 상태"[104]였다. 한 선교사의 보고에 이런 말이 있었다.

> 경제적 궁핍은 백성들의 생활을 크게 저하시켰습니다. 그들은 가족을 부양하기 위해서 힘겨운 무위의 노력을 하고 있습니다. 많은 교회의 직원들은 아사 직전에 가 있습니다. 우리가 지금껏 본 적이 없는 절망감이 백성들을 뒤덮고 있는 것 같습니다.[105]

헌금도 1926년은 1925년에 비해 20.1%가 감퇴되고 있었다.[106]

이 심각한 경제적 위기가 교회의 성장과 사업의 충실에 암적인 역할을 했으리라는 것은 의심할 여지가 없다. 여기 교회의 딜레마가 있었다. 사회 변화는 훌륭히 교육받은 교역자를 요구하고 있었다. 하지만 가중되는 궁핍 때문에 교회가 이를 감당할 수 없다는 고민이 컸다. "확실히 빈곤은 무섭게 퍼져 가고 있고, 옛날의 목사는 불만이고, 자격이 있는 교회 지도자는 경제적 보조가 많아야 되고 …"[107]

---

102) 주필, 소약자의 절규, 『청년』, Vol. III, No. 4 (1923), p. 3.

103) 이광수, 소년에게, 1921년 9월-1922년 3월, 『개벽』에 실린 글, 『이광수전집』, 제17권, 삼중당, p. 223.

104) 우리에게 밥을 다고, 사설, 『동아일보』, 1932년 3월 24일자.

105) W. N. Blair, *Annual Personal Report to the Board of Foreign Missions of the Presbyterian Church U.S.A.*, 1925.

106) *Report of the British and Foreign Bible Society*, Vol. 123 (1927), p. 255.

107) *The Minute of the Southern Presbyterian Mission in Korea* for the Year of 1924, p. 45.

세상이 교역자의 무식을 비난하는 소리를 듣고 한 교역자가 안타까워 여기 반론을 폈다. "교역자들도 사람 된 이상 어찌 생활을 무시할 수 있으리오. 금일 교역자들도 일 년 수차씩 회집하여 놓고 시세에 적응할 만한 강습회도 하고, 교역자가 볼 만한 서책도 공급하여 주고, 월급도 신문, 책을 매입할 정도는 주고 공격할 것이오."[108] 선교 본부가 피선교지에서 활약하는 선교사들에게 대한 기금 공급도 이즈음에 와서는 30%가 삭감되고 있었다.[109] 국내 교회의 해외 선교비 지출도 감당 못하게 되는 일이 많았다.[110] 더구나 재정 문제로 존폐가 심각하게 논의되는 학교 수도 늘어가고 있었다.[111] 교회 수도 줄어갔고, 목사의 교회 담임도 감소되어 갔다. 가령 황해도 황주에는 목사 8명이던 것이 이때 와서 4명으로 줄어들고 있었다.[112]

경제적 공황은 세계적이었다. 다만 평양신학교 학생의 1926년도 등록자수가 150명을 넘고 있어서, "세계 최대의 장로회신학교"로 불리었고, 감리교 협성신학교가 165명의 막강한 신학생들을 포용, 그 내일의 소망을 빛내고 있었다.[113]

17.6. 부흥회: 그 신앙과 사회 개혁적 요소

조선 교회의 부흥회는 길선주(吉善宙, 1869-1935)의 제1기와, 김익두(金益斗, 1874-1950)의 제2기로 나누어 볼 수 있다.

---

108) 일 교역자, 금일 조선기독교회의 교역자문제, 『청년』, Vol. I, No. 7 (1921), p. 9.

109) 조선 내 기독교 각 기관보조금 감소로 대 타격, 최저 2할 최고 7할의 격감, 『동아일보』, 1933년 8월 15일자. Cf. 선교비 축소에 대하야, 사설, 『기독신보』, 1933년 8월 30일자.

110) 북감리교 만주 선교비 곤란, *ibid.*, 1927년 3월 9일자.

111) 존폐 문제로 현안된 북장로교의 6개 중등학교, *ibid.*, 1927년 2월 9일자.

112) 백승건, 경제 공황과 기독교, *ibid.*, 1932년 4월 27일자.

113) J. E. Fisher, *Democracy and Mission Education in Korea*, p. 4.

17.6.1. 길선주의 부흥회

길선주가 처음 등장한 것은 1907년 평양 대부흥 때의 일이다. 그때 겨레는 나라의 역사가 잠시 끊어져도 단절 안 되는 하나님의 섭리로서 언젠가는 압제자가 심판의 검 앞에 굴복한다는 신앙과 대망을 견지하고 있었다.

이것을 심어 준 것이 길선주였다. 그는 대부흥운동을 실질적으로 틀잡아 주고, 그 독특한 유형의 신앙을 형성해 나간 인물이었다. 새벽 기도회는 세계교회사상 한국이 처음 실시하여 그 전형이 되게 하였고, 통성기도 역시 그의 창안이었다. 성령의 임재에 대한 체험적 고백이나 그 정서적 표현이 경건하게 감싸는 신앙생활의 양식도 실상 이때부터 그 뿌리가 내려지고 있었다.

그렇지만 이런 내적 신앙과 함께 그에게는 성서나 교회의 전통에 대한 신앙이 시종 그를 이끌어 가고 있었다. 그는 요한계시록만 1만 1백 회 독파하여 암기하였고, 신약성서는 1백회, 구약성서는 30회 이상, 그리고 요한 I서 같은 것은 5백 회나 독파하였던 것이다.[114] 그의 설교가 넘치는 영력과 함께 전부가 성서 구절들을 구슬처럼 꿰매어 맺는 해석으로 일관할 수 있었던 까닭이 여기 있었다. 더구나 그의 부흥회 행각은 35년간 남북 만주, 그리고 이 강산 삼천리를 망라하여, 이수(里數)로 연 6천 리, 그래서 20만 리의 행적에 이르고 있었다.[115]

그의 무거운 발길에 마지막 안식이 찾아온 것은 1935년 11월 26일이었다. 평서(平西)노회 사경회가 강서군(江西郡) 고창의 이향리(履鄕里) 교회에서 열렸을 때 거기서 설교하다가 쓰러져 세상을 떠났던 것이다. "예수가 거느리시니," 이것이 그가 임종 때 들은 마지막 찬송이었다.

그의 장례식은 평양노회장(老會葬)으로 12월 3일 거행되었다. 그의 운구가 마지막으로 장대재를 떠날 때, 밤새의 청천에 때 아닌 구름으로 문득 흐리더니,

---

114) 영계 선생 소전, 『김인서저작전집』, V, p. 67.

115) 박형룡, 고(故)길선주 목사 기념설교, 『신앙생활』, Vol. 5, No. 1(1936, 1) p. 24.

편편 백설이 힘없이 내려 운구에 하얗게 쌓였다.

한 조객은 이런 글을 남기고 있었다.

> 선생이 나심에 근세조선에 위자(偉者)가 있고, 선생이 기독교에 개종하심에 조선교회에 기초가 서고, 선생이 1906년에 새벽기도를 시작하심에 세계에 새벽기도가 시작되고, 선생이 1907년에 성신의 불을 드심에 천하에 부흥이 일어나고, 선생이 목사 되심에 조선에 노회가 조직되고, 선생이 계시록을 만독(萬讀)하심에 무궁세계의 길이 만인 앞에 밝아지도다.… 선생의 손에 세례 받은 자 삼천인 이상이요, 구도자 칠만인이라 하니 기실은 사천만 교인 중에 선생의 감화를 받지 아니한 자 적으리로다.[116]

길선주의 사상은 종말론으로 요약할 수 있다. 그 근거는 요한의 묵시록과 서신들이라고 할 수 있다. 다시 말하면, 요한의 신비주의가 그 신앙의 중심을 이루고 있었다. 소망의 소재를 먼 미래에 두고 "주 예수의 강림이 불원(不遠)하니"라는 찬송가가 영가처럼 늘 울려 퍼져 나오는 독특한 그의 신앙 부흥회는, 성령의 내재를 기대하는 이 시대의 갈망에 응답하여 맡은 바 소임을 훌륭히 다하고 있었다. 그의 설교 주제가 장차 될 일을 쓴 계시록에 집중되고 있었던 것도 그 때문이었다.[117]

하지만 그의 종말론은 현 질서에 대한 부정적 자세이기는 하였지만 묵시록적 천년왕국을 저 앞에 있는, 발전된 인류의 아름다운 낙원으로 보는 데서, 새로운 차원의 의미를 가지게 되었다.[118] 이것이 그의 설교에 지상천국의 요소가 두드러졌던 까닭이다. 그래서 그것은 자연히 자연과 인간과의 속량적 화해의 관계를 다짐하였다. 그는 새 하늘과 새 땅의 지상적 실현을 선뜻 믿었다. 입교하기 전 선도(仙道)에 있었던 그가 성서에서 이러한 핵심을 찾아내었던 것이

---

116) 김인서, 『한국 교회 순교사와 그 설교집』, 부산: 신앙생활사, 1962, pp. 74-75.

117) 그의 말세학을 비롯한 자료는 『영계 길선주 목사 유고 선집』, 제1집, 길진경 편(n.d., n.p.), 참조.

118) *Ibid.*, pp. 119ff. 135, 138.

분명하다. 김인서는 이러한 체계가 바로 '조선신학'이라고 단정하였던 것이다.[119)]

길선주의 이러한 차세성(此世性)이 그의 신앙의 위대함을 보여준다. 그는 한국교회의 신앙 속에 은둔과 피안성을 그 전통으로 남겨 준 것이 아니었다. 그에게서 신앙은 살아 있는 겨레와의 동행에서 증언되고, 역사 속에서 선교되는 성육적 사건이었다. 교회와 사회와를 화해시키고, 범인이 찾는 열락을 사랑으로 함께 채워가는, 민족과 그리고 대중의 신앙, 그것이 길선주가 선포하고 간 신앙이었다.

3·1 운동의 민족 대표로서, 그리고 한국교회의 대표적 대부흥가로서의 그의 생애는 사실상 한국교회 일대의 기록이었고, 따라서 한국교회는 그의 서거를 고비로 해서 새로운 전기에 접어들었다고 볼 수 있었다.[120)] 그의 만년에 벌써 그런 징조들이 나타나 있었다. 그는 장대재(章臺峴)교회에서 시무할 때 상수리에 교회를 분립시키려던 계획이 못 마땅히 여겨져 목사직을 사임 권고당한 일이 있다. 그래서 원로직에 머물러 있었다. 그러나 평양에서 모인 장로교총회에서 『아빙돈 단권주석』을 이단이라고 소리쳐 반대할 정도의 그의 보수신앙이 문제가 되어 원로직까지 사임하게 된 사건이 있었다. 또 같은 시기에 평양기도단의 문제로 이용도가 장로교회에서 금족령을 받을 때, 일부 여기 관련된 장대재교회 교인들이 그의 복직을 3백여 교인들과 함께 펴게 되자, 평양노회가 이들을 책벌하게 된 사건이 있었다. 길선주가 여기 연루된 것은 두말할 나위 없었다. 한국교회에 기왕의 것과는 다른 새 물결이 그렇게도 빨리 흘러가고 있었다.

길선주의 시련은 한국교회가 장차 겪어야 할 난국들을 예시하고 있었다. 근대주의의 신학, 신비주의적 경건과 그리고 교회의 분열이 그것들이다.

---

119) 『김인서 저작집』, V, p. 70.

120) 박형룡, 『고(故)길선주 목사 기념 설교』, p. 24. "아! 조선 교회의 별은 떨어지고, 기둥은 부러졌다."

한국 교회의 위대한 인물, 그 한국적 형태의 구형자(構形者)는 이렇게 해서 갔다. 육신의 눈은 상해서 앞을 못 보았으나 영안 밝아 겨레의 장래를 직시하고 교회의 신앙을 정도로서 세워주며, 스스로는 죄인임을 늘 느끼고 살다 간 한국교회 일대의 거인, 그가 간 것이다.

17.6.2. 김익두의 부흥회

김익두는 한국교회의 부흥운동을 대표할 만한 인물이었다. 그는 1900년, 곧 27세 되던 해에 기독교에 입교했고, 1902년 성례에 참석하기 전까지 신약성서를 백독(百讀)한, 열정과 기도의 소박한 전형적 한국 기독교인이었다. "가슴을 칼로 찢는" 것과 같은 성령의 내적 임재를 경험하고 나서, 그는 1901년 재령(載寧)을 거쳐 신천(信川)교회에 시무하면서부터 불같은 성령의 임재, 기적의 신유(神癒)를 가져오는 부흥 목사로 등장했던 것이다.

그런데 그에게 실질적인 신유의 은사가 나타나기 시작한 것은 1919년 12월, 경북 달성(達城)의 현풍교회 사경회 때의 일이다. 그때 그는 박수진이라는 아래턱이 떨어져 늘어진 희대의 불구를, 기도의 능력으로 고친 일이 있었다.[121]

1919년! 심각한 민족적 좌절의 아픔, 몰려드는 세속 문명과 도덕적 황폐, 신선한 기풍으로 휩쓸어 넘치는 사회주의의 무신론적 투쟁 캠페인, 여기 신앙의 동요는 격류에 휩쓸리는 듯 걷잡을 수 없었다. 그 날에 김익두는 저 지평선에 거인처럼 선 것이다. 기미 이후에 만일 김익두 아니더면! 그는 하나님이 보내신 독특한 사명을 걸머지고 나선 한국교회 전환기의 인도자였다.

그의 이적은 이후 계속되었다. 1920년 경북 경산에서 풍증의 김손금 신유, 사월리(砂月里)교회의 혈루증 박달옥의 신유, 고령(高靈)의 반신불수 장의덕, 부산진 어린 앉은뱅이 김두수,[122] 김해 진영의 혈루증 임수경 등에 대한 신유,

---

121) 김인서, 김익두 목사 소전, 『김인서 저작 전집』, V, p. 109.

이런 것이 그 일부였다.

재령의 임택권(林澤權, 1885-?) 목사는 1919년에 이미 김익두의 '이적 명증회'를 발기해서, "친히 상고ᄒᆞ야 눈으로 보고 손으로 만지고 친히 참예"[123]하기를 2년의 조사 끝에 1921년 『죠션예수교회 이적명증』을 발행하였는데, 여기 이적 기사가 대개 다 망라되고 있었다. 송창근이나 당시 명의였던 윤치소(尹致昭)[124]도 이 책을 사 본 것으로 되어 있다. 황해노회는 1923년 총회에 이 신유 사실을 제기하여, 장로회 헌법 제2장 1조, 곧 "금일에는 이적 행하는 권능이 정지되었느니라"란 조문의 수정을 건의하였고, 총회는 1923년 이를 접수하여서 각 노회에 수의(垂議)하였던 것이다.[125]

그의 기적은 헌금에서도 나타났다. "문을 닫아걸고 금식 기도하고 강단에 나와 선즉 산을 뺄 것 같은 능력이 충만"[126]한 것을 의식한 김익두의 1920년 6월 30일 평양 대부흥집회는 큰 기적을 하나 낳았다.

> 수천 명 군중은 미친 듯, 취한 듯 흥분한 신경을 걷잡지 못하여 … 기부하였는데 월자(月子)가 7백여 쌍이요, 금반지가 50여개요, 은장도가 20여개, 기타 시계와 의복과 유기 반상(飯床) 별별가지 기부가 산같이 쌓여 현금과 합하여 계산하니 거의 6만원에 달한지라. 실로 공전의 대성황을 이루었더라.[127]

서울에서 1920년 10월 11일부터 2주일간 승동교회에서 부흥 전도할 때에 큰 이적이 나타났다. "만 명의 큰 무리가 밤을 ᄉᆡ워 긔도ᄒᆞ며 회ᄀᆡ의 ᄯᅳ거운 눈물"을 흘렸던 것이다. 이런 엄청난 집회와 그 경험은 서울의 교회뿐만 아니라 사

---

122) 『동아일보』, 1920년 5월 30일자. Cf. 교회 통신, 『기독신보』, 1920년 7월 14일자.

123) 임택권, 『조선예수교회 이적명증』, 야소교서회, 1921, 서언.

124) 윤치호와는 4촌 사이.

125) 『조선예수교장로회사기』, 하, p. 39.

126) 김인서, *op. cit.*, p. 115.

127) 『동아일보』, 1920년 7월 3일자. 사립 숭덕학교를 위한 기금 마련이었다.

회적으로도 커다란 "경셩"을 주고 있었다.[128]

그는 영적 사랑과 함께 육적 사랑을 강조하였고,[129] 성신의 능력과 기도의 힘, 그리고 소박한 신앙, 고생 후엔 낙이라는 소식을 계속 전했다. 1919년 이후의 전도에 대한 이런 형식의 교회 반응은 일단 적중한 셈이었다.

그런데 1920년부터 심각한 반발이 교회 안팎에서 김익두에게 집중되었다. "부녀자 유혹, 다수의 금전 무리 강취(强取)"가 그 비판이었다.[130] 또 그는 일본 경찰에게서도 "일반인 유혹 혐의"로 1923년 8월 함경도 회령에서 기도 치병 중 연행되어 과료 처분을 받은 일이 있었다.[131]

이런 비판과 공격은 1926년에 이르러서는 극에 이르는데, 이것은 공산주의의 표면적인 반기독교 운동의 전략 채택과 밀접한 관련이 있었다. 1926년 3월, 김익두는 간도 용정에서 반종교가들의 철근 공격을 받아 예배를 중단한 일이 있었는가 하면,[132] 그 해 5월에는 이리(裡里)교회에서 전북 민중운동자들의 연명으로 된 종교 반격 시위에 시달리기도 하였다.[133]

이러한 반발은 그가 담임했던 남대문교회 안의 신진 유식 신도층에서도 나왔다. 이들은 김익두가 신앙을 미신화한다고 공격했고, 치병한다 하면서 우매한 사람들을 모아 미혹하고, 목사로서 위신 잃는 모욕을 받고 다니며, 그 언어가 품위 없다 하여 해직을 요구하였던 것이다.[134] 하지만 『조선일보』는 확실히 이런 물의를 일으킨 층이 "반기독교 운동의 일파"라고 단정하고, 그러나 기적 이사(異事)의 있을 수 있는 오류는 경계하고 있었다.

128) 경성 교회 화(火)세례, 『기독신보』, 1920년 11월 3일자.

129) 『김익두목사설교집』(1940년 원판), 서울: 성광문화사, 1976년 영인본, pp. 4, 14.

130) 차(此)세대의 완악흠이여, 사설, 『기독신보』, 1920년 11월 10일자.

131) 『동아일보』, 1923년 8월 29일자.

132) 『동아일보』, 1926년 3월 5일자.

133) 김익두 목사 미망(迷妄) 성토 연설, 『동아일보』, 1926년 5월 21일자.

134) 기독교 신구 충돌, 『동아일보』, 1926년 5월 15일자. 그러나 김익두는 그 해 12월에 목사 위임식을 했다. 경기노회 제5회 『정기회록』(1926. 12), p. 5.

교육적 배경이 별로 없는 한 촌의 신앙인 김익두를 1919년 이후의 사회 전환기에 보낸 하나님의 섭리와 경륜은 따로 있었을 것이다. 사회개혁운동의 원초적인 기독교적 형태의 제시와 그 한 실험이란 의미에서 그렇다. 그가 공산주의자들에게 반격을 받은 것 역시 1925년대 중반의 활동이란 시점 탓도 있지만, 그가 제시한 사회 개혁의 비전, 그래서 민초에의 침투라는, 한 복음적 과정 때문이었다고도 볼 수도 있다. 그가 접촉한 사람들은 빈곤과 병고, 무고의 소외층이었다. 김익두는 이들 계층 특유의 사회적 덕목, 다시 말하면 겸손, 양보, 가난, 정서적 소박성, 이러한 행태를 찬양하면서, 부(富)에의 경원과 현 질서의 종말을 심판으로 외쳤던 것이다. 그의 천년왕국적 종말론은 현실의 죄악성 단죄 때문에 가난과 멸시의 소외층에게 환영받았고, 그의 언어 형태와 구성 역시 이들과의 동질성 공감 때문에 그 호소 통로가 넓고 따라서 수용적이었다. 더구나 한 사람 한 사람의 영혼 속에 내재하는 성령의 강림 체험 설득은 한 인간의 존엄성을 약속할 수 있었고, 그래서 기존 사회 신분제에의 저항 의식을 신앙으로 지탱할 수 있게 하였던 것이다.

그의 메시지는 내세 지향으로 민중의 긍지 확보를 길 터주는 통로가 되었던 것이다. 이 복지의 가시적 미래성 때문에 사회주의와의 결별이 불가피하였고, 따라서 이 균열이 공산주의가 그에게 반발하고 적대한 자극이 된 것도 사실이다.

선교사들의 반응은 대개 긍정적이었다. 연희전문학교의 교수였던 해리스 로즈(Harry A. Rhodes)는 “이 대단히 놀라운 한국인 목사의 부흥회 결과는 영구적이고도 훌륭한 것”이라고 하면서, 다만 그 신유를 모방한 목사들의 위험은 경계하고 있었다.[135)]

135) Harry A. Rhodes, Some Results of the Kim Ik Tu Revival Meeting, *The Korea Mission Field*, June 1921, p. 114.

18 한국 교회 종파 운동의 시작과 연합운동

조선기독교인들아, 지금은 교회를 개혁할 시기이니 잠을 깨여 일할 준비를 하라. 루터, 칼빈, 웨슬레, 무디 갓흔 인물이 나기를 기다리지 말고 각각 자기가 그 사람이 되기를 결심하라. 창립과 개혁은 하시던지 집권자가 하는 것은 안이오 재하인물들이 하나니라.… 우리는 이제 교회권위를 완전히 기독에게로만 돌릴 것이니라.… 우리 머리에는 다만 하나님만이 잇슬 것이다.

조선기독교개혁단, 1921

새로운 형태의 도전과 경제적 곤궁은 교회 상호간의 친교에 눈물겨운 연대의식을 찾게 하고, 따라서 교회의 공동성이 고조되어 온 것이 역사의 증언이다. 세계 교회의 에큐메니칼 운동이라든가 선교 전략이 이때를 고비로 해서 전에 없던 발전적 전환을 겪은 것도 이 때문이었다.

그러나 조선 교회의 실정은 달랐다. 지적인 분위기의 혼잡과 공산주의적 사회사상의 과격한 도전, 선교사에 대한 반발, 그리고 생활의 심각한 질고로 말미암아 교회 일각에서는 현실적으로 눈에 보이는 구체적인 모티브와의 연결을 찾아서, '조선적'인 고백적 소집단의 고립을 추구하는 운동이 싹텄다.

그러나 우리는 이러한 운동이 1920년대 일기 시작한 전반적인 교회의 자립, 자주, 자율 의식 전환과 밀접한 관련이 있다는 사실을 알 수 있다. 『기독신보』는 이런 글을 실었다.

> 우리 중 츰으로 종교가가 잇거던, 츰으로 사상가가 잇거던 일어나거라. 수간 오막살이나마 우리 스스로의 건설이 잇고 자갈 몇 조각과 깨진 기와장이나마 우리 스스로의 정신을 발휘ᄒᆞ여라.[1]

신흥우(申興雨, 1883-1959)는 YMCA 총무로 있으면서 그 자립을 염원하고 있었다.

> 우리의 사업은 오인(吾人) 자체가 경영유지하여야 되겟스며, 따라서 조선인의 사업은 모조록 조선화하여야 되겟다고 함이외다. … 우리 힘에 맛는대로 수간의 초옥(草屋)과 수백명의 회원으로라도.[2]

그러나 배타적인 자립이나 소집단적 자주는 종파나 파벌에 흐르기 쉽다. 자립은 주체적이로되 사도적 계승에 충실하며 협력과 포괄을 전제할 때 비로소 민족교회의 건전한 이미지 구성에로 나아갈 수 있는 것이다.

우리 교회의 종파 운동은 이런 의미에서 자립적 민족교회 형성을 향한 숱한 의도의 형태였다고 할 수 있다.

18.1. 자유교의 산발적 조직

1910년 장로회의 전라대리회(全羅代理會)[3] 지역에서 최중진(崔重珍, 1870-1940) 목사가 자유교를 주창하여, 부안(扶安), 정읍(井邑), 임실(任實), 여러 군(郡)의 교회가 부화해서 큰 소동을 벌인 일이 있었으며,[4] 1911년에는 평북대리회 지

1) 기독교의 자립을 촉ᄒᆞᆷ, 기서(寄書), 『기독신보』, 1920년 7월 28일자.

2) 신흥우씨의 북미 관찰담, 『청년』, 1923년 4월호, p. 61.

3) 대리회는 독노회 산하의 치리회로 전국에 8개 대리회가 있었다.

4) 『조선예수교장로회사기』, 상, p. 280. 최 목사는 후에 뉘우치고 1914년 총회에 자복서를 제출하

역 의주군(義州郡) 노북(盧北)교회의 영수 김원유(金元瑜)와 강계(江界)교회 장로 차학연(車學淵)이 선교사의 처사를 달갑지 않게 여겨, 장로회 정치에 불복하고, 거기서 이탈하여 자유교[5]를 세웠는데, 교인 수백이 따라 나서서 혼란이 심했고, 기왕에 파면된 목사 최중진과 기맥을 상통하면서 평북 일대의 교회를 괴롭혔다.

이 자유교의 세력은 황해도 재령 일대에서도 한때 준동하였다. 1916년 황해노회는 봉산(鳳山), 신원교회의 목사 김장호(金庄鎬, 1881-?)의 비정통적인 성서해석을 들어서 그 총대권을 박탈한 사건이 생겼다.[6] 개전의 정이 없음을 본 노회는 마침내 1918년 12월, 제15회 회의에서 그를 이단으로 정죄하고 제명처분하였으며,[7] 1923년 총회에서는 이 처리를 접수하였다.

그에 대한 장로교의 단죄는 두 가지였다. 하나는 그의 자유교회적 교회론이다. 의회적인 정체(政體)를 불복하고 평민적 민주 정체를 주장했기 때문이다. 이러한 통일성과 입체적 결속력을 무시하는 교회론은 일제의 입장에서 훨씬 다루기 쉬웠고, 따라서 총독부가 한국교회 분열을 위해 이를 후원해 주게 되었던 교회이다.[8] 다른 하나의 이유는 그의 자유주의적인 성서 해석이다. 모세의 홍해(紅海) 사건을 간조 현상으로 설명하고, 예수님이 5천 명 먹이신 오병이어 기적을 그들 전부의 도시락으로 합리화시켰던 것이다.[9] 이것이 교회에 문제가 되었을 때, 이 자유주의적 신학 성향의 책임이 재령 주재의 선교사 커어

였다. *Ibid.*, p. 16.

5) 자유교가 무엇인지 확실히 알기는 어렵지만, "교인 수모(誰某)를 물론하고 개위(皆爲), 수(誰)의 인도라도 불수(不受)한다." 『조선예수교장로회사기』, 하, p. 162.

혹은 "장로교 정치 불복" 같은 것을 보면 일종의 회중교회(congregational: 일본어로는 구미아이 교회)인 것 같고, 따라서 일본 교회의 전술한 한국 교회 일본화 책략에서 온, 그런 분파였던 것 같다.

6) 박성겸, 『황해노회100회사』, 황해노회100회사 편찬위원회 간행, 1971, p. 214.

7) 『조선예수교장로회사기』, 하, pp. 39, 151, 160.

8) 삼일운동 비사(*The Korean Situation*), 『기독교사상』, 1966년 5월호, p. 97.

9) 박성겸, *op. cit.*, p. 214.

(William C. Kerr, 孔韋良)였다는 사실이 드러나, 황해노회의 요청에 의해서 결국 그도 추방되었다.[10)]

그래서 김장호는 곧 1918년 7월 7일 제명된 신원교회를 차지하고, '조선기독교회'를 창설하였다. 그 창립 목적의 선언은 아래와 같았다.

> ⑴ 조선 백성의 영혼 구제 사업은 당자인 조선 백성의 능력과 책임 아래서 조선의 주권과 이익을 외국의 주권이나 이익보다 소중히 여기면서 운영하기 위하여.
> ⑵ 각국 각파의 선교사가 들어와서 제각기 제 교파 세력을 증강시키느라고 분쟁이 벌어져서, 민족을 분열 이간한다. 이 폐단을 막고 우리나라 사람끼리 교파를 세워 민족정신을 통일하기 위하여.
> ⑶ 과학은 진보하고 지식은 넓어진다. 과학이 증거하는 종교와 과학을 뒷받침하는 종교를 가지기 위하여.[11)]

이 자치의 종파 기운은 대구 지방의 이만집(李萬集, 1875-1944) 목사를 중심으로도 전개되었다. 문제의 발단은 1918년 대구 남성교회의 목사 이만집이 선교사와의 감정적 대립으로 당회 안에서 다수의 장로들에게 몰려 마침내 경북 노회에 의해 파면의 위협을 받자, 박영조(朴永祚, 1874-1959) 목사와 몇 사람의 교인들과 함께 1923년 노회를 탈퇴하고 자치를 선언한 데서 비롯되었다.[12)] 그는 총회의 화해 종용도 거부하고, 교회당을 점유한 뒤 그 명의 변경을 지방법원에 고소하는 변을 부렸다. 이로 인해 박영조 목사가 담임하고 있던 남산(南山) 교회도 폭행과 불화가 생겨 당회가 갈리는 사태가 벌어졌던 것이다.[13)]

---

10) *The Minutes of the Korea Mission*, 1918, pp. 85, 102. 그는 조선 안의 일본교회를 위한 선교사로 일했고, 일제 말기 경성제국대학에서 교수하며, 상학부에서 영어클라스를 운영. A. Survey of Withdrawal, *The Korea Mission Field*, March 1941, p. 51.

11) 『한국기독교연감』, 1965년도 한국기독교사료수집회 편, p. 492. 이 교회는 1930년대에 수개 도에 20여 개소가 있었다.

12) 『조선예수교장로회사기』, 하, pp. 39, 234, 237.

13) 『대구 남산교회 50년사』, 1965, p. 8. 이만집 목사도 역시 남산 교회 제3대 담임 목사였다. 1932

그런데 총독부의 여기에 대한 관심은 지대했다. 교회의 세력 단절에 안팎의 힘을 다 구사해 온 저들로서는 자체 분열의 현상이 명백한 이러한 추세의 진행을 적극 주목하지 않을 수 없었다. 이들의 분석에 의하면, 이만집 사건은 1921년 워싱턴 회의 이후 야기된 미국인 불신에의 자존적 기풍의 각성, 그리고 경제적 자립으로 늘 교회를 지탱해 오는 교회를 선교사들이 나서서 관리하고자 하는 데 대한 반발 등, 두 가지 원인에 의해 발생했다고 보고 있었다.[14] 그리고 그 교세의 증가를 노골적으로 방조하고 있었다. 이만집 일파에 대해서 일제가 한 말은 이런 것이었다.

> 최근에 조선인 일반의 자유사상이 발달되매 종교계에 있어서도 외국인 선교사의 주도에 감심(甘心)하지 않고, 그 전단적 태도에 반감을 가지게 되어 교회의 독립 포교의 자유 혹은 대우의 개선을 부르짖는 자가 접종하여 일어나 황해도, 경상북도의 목사 중에는 이미 외인의 굴레를 이탈하고 독자적 포교를 개시한 자가 있다.[15]

"마음껏 제국정치(帝國政治)를 구가"[16]했다고 한 이들의 태도는 과장이었을지 모른다. 하지만 그런 연속성은 불가피했다.

이만집과 김장호와의 결속이 이러한 친일과의 상통성을 더욱 분명히 해 준다. 김장호는 3·1 운동 당시에 "서양 의존의 OO운동의 모순을 갈파하고 … 내선(內鮮)[17]민족의 불가분을 주장"[18]하고 있었다. 더구나 1922년 4월에는 당시 총독 사이토가 화복(和服) 곧 일본 전통 의상 차림으로 김장호의 조선 기독교

년 10월에 가서야 해결, 대구 남성정교회의 분요 원만해결, 『기독신보』, 1931년 11월 3일자.

14) 국내에서의 독립운동자료, 종교운동 관계, 『한국독립운동사』, 4, p. 393. 일제는 이 목사 찬동자를 400여 명으로 추산하고 있었다.

15) 『한국독립운동사』, 5, p. 272. 황해도의 김장호, 경상북도의 이만집, 박영조를 가리켰음이 분명하다. Cf. 高等警察要史, p. 174.

16) *Loc. cit.*

17) 내지(內地) 곧 일본 본토와 조선(朝鮮)을 의미.

18) 『조선기독교회소사』, 조선기독교회 전도부, 1941, p. 51.

회를 찾아와 격려의 말을 남기고 갔을 정도였다.[19]

이런 친일적인 김장호와 이만집 교회의 기구적 일치는 없었다 할지라도 "동지로서의 출발"[20]은 피차 약속한 바 있었다.

반 선교사와 반 교권의 기치가 일제하에서 '조선적' 주체성을 외쳤으되 친일한다는 역학은 비극적이었다. 이것이 바로 '조선 기독교회'를 찬양하면서, "양취(洋臭)를 제거하고 조선적 기독교회의 조직"[21]을 "조선인의 교회 자치 선언"[22]으로 대서특필했던 민족지 『동아일보』의 고민이었다.

> 조선인이 세계적으로 동정을 얻고 서양인과 친밀한 관계를 맺되 그 중요한 원인이 기독교를 중심하야 서양인과 일단이 되는 경향에 재(在)한 것을 혹 시기하야 이간책을 롱(弄)하며 중상책에 흐르는 경향이 있는듯하니, 우리가 엇지 서양인의 동정으로서만 오인의 운명을 개척하기로 기대하는 자리오만, 교회 안에에 잇서 서로 화목함은 실로 인생으로서의 미사(美事)이다.[23]

교회의 매사에서 순수한 동기 찾기가 이만큼 어려웠다.

이 이외에도 자유교회형 종파 운동이 사방에 일시에 퍼져 나갔다. 1923년 전남 장성군 월평교회에서는 자치교가 백용기(白容基)에 의해서 발생되어 교회를 요란하게 하였고,[24] 충북 보은의 이재식(李再植) 전도사, 경기도 고양의 이은우(李恩雨), 평양의 이규찬(李奎燦), 그리고 감리교의 이병재(李炳載) 목사가 이런 분파 난립에 공명하던 일부 교역자들이다.[25]

---

19) *Ibid.*, p. 60. 김장호는 1928년 일제의 御大典記念章을 수여받았다.

20) *Ibid.*, p. 65. 또한 1938년판 간행, 東京: 日曜世界社, 『基督教 百科辭典』에는 조선 교회 인물로 김장호, 그리고 회중교회(조합) 유일선, 이 둘뿐이었다.

21) 『동아일보』, 1923년 9월 5일자.

22) *Ibid.*, 1923년 11월 14일자.

23) 기독교회의 독립 문제: 조선 교도의 일고를 착(捉)함, 사설, 『동아일보』, 1922년 2월 24일자.

24) 『조선예수교장로회사기』, 하, p. 327.

침례교가 1914년 펜위크의 후계자 문제로 겪은 분파적 혼란도 심각했다. 감목(監牧)을 바라보던 기대가 꺾이자 신명균(申明均) 목사는 구미아이교회로 적을 옮겨갔고, 손필환(孫弼煥) 목사는 대동교회(大同敎會)를 조직하고 나갔으며, 김규면(金圭冕) 목사는 성리교회(聖理敎會)를 창설하고 이탈하였다. 김규면은 후에 공산당에까지 가담한 인물이었다.[26) 안식일 교회로 대거 이명 간 것도 이때의 일이었다.

18.2. 김교신과 『성서조선』

무교회주의자로 알려진 김교신(金敎臣, 1901-1945)은 1920년 6월, 유학 중이던 동경에서 노방 전도를 듣고 예수 믿기로 결심하여 성결교회에서 세례를 받았다. 하지만 그곳의 순박한 목사가 교인들의 궤술에 말려 쫓겨나는 모습에 비애를 느껴, 그 해 11월에 우치무라 간죠(內村鑑三, 1861-1930) 문하에 들어갔던 것이다. 그리고는 그의 신앙에 흠뻑 젖었던 인물이다. 그는 1927년 귀국하자,[27) 함석헌(咸錫憲, 1901-1989), 송두용(宋斗用), 유석동(柳錫東), 정상훈(鄭相薰), 양인성(楊仁性) 제씨와 함께 『성서조선』을 창간, 1930년 주필로 편집 발행을 책임지면서 여기에 그의 심혈을 다 기울여 왔다. 그뿐 아니라 그는 서울에서 성서연구회를 개최하고, 이후 매년 1주일간의 동계집회와 함께 앞으로 10여 년을 계속 여기에 종사해 왔다. 기성 교회에 교적이 없었던 그였기 때문에 어느 교회에서 교권상의 징계를 받은 일은 없었다. 하지만 1932년 12월 『기독신보』 사설에서 "이사벨의 무리"로 비난받은 일은 있다.[28) 그는 1942년 『성서조선』 제158

25) 『한국독립운동사』, 4, p. 398.

26) 『대한기독교침례회사』, p. 28. 그러나 金正明 編, 『韓國獨立運動』, III, 東京: 原書店, 1967, p. 425에는 "牧師, 聖理敎 首領, 新民團 組織"으로 되어 있다.

27) 일본 동경 고등사범학교를 졸업한 후 함흥 영생(永生)여자고등 보통학교 교사로 왔으나, 다음해(1928. 3)에 서울 양정고등보통학교 교사로 전직.

호에 실린 권두언 "조와(弔蛙)"가 문제되어 『성서조선』의 폐간과 함께 피검, 함석헌, 유달영 등 13명과 함께 서대문 형무소에서 1년간 옥고를 살았다. 그리고 1944년에는 흥남 질소회사에 입사하여 노무자의 복리를 위해 진력하다가 1945년 4월 25일 갑자기 세상을 떠났던 것이다. 그의 나이 45세였다.

그는 무교회주의자로 출발, 그렇게 살다가 죽었기 때문에 이런 입장에서 그를 평가해야 마땅할 것이다. 그는 "최선의 무교회주의자"[29]로 일본에서도 잘 알려져 있었기 때문이다.

그러나 그는 교회에 대한 비판에서 그의 신앙의 자세를 정립할 생각이 전혀 없었다. 그의 초기 글에서도 다만 교회를 통하지 않는 복음 선포를 다짐하고 "성서 본문의 연구와 주해에 전력을 경주"하는, "예수를 그리스도로 믿는 일개 평신도"[30]로 자처하고 있었다. 오히려 그는 교회를 비방하는 무교회주의의 탈선을 여러 곳에서 경고하고 있었다. 그의 이러한 자세는 1937년부터 더욱 심화되고 있었다. 까닭은 스스로 밝혔듯이, 교회가 분열로 치닫고, 경중노회(京中老會) 문제라든가 적극신앙단 문제로 만신창이가 된 처지에, "그리스도의 일원으로서 이 교계 혼돈 책임의 일부를 느끼지 않을 수" 없었기 때문이다.[31] "어찌 그리스도의 이름에 관계된 개인이나 단체에 대하여 악감을 품어 내랴" 하는 것이 충심이었다. 그는 여기서 한 걸음 더 나아가 "무교회자가 못 될 뿐더러 지옥의 형에 처한다 해도 우리는 밤낮 교회를 공격하는 일이 내 사명이라고 관념하면서는 하루도 살 수 없는 자"라고 말하고, "밤낮 무교회 무교회를 연창함이

---

28) 분열과 종파 문제에 대해서 가장 비판적이던 김인서도 무교회주의에 대해서 논란하기는 하였으나 (『신학지남』, Vol. XII, No. 4, pp. 37-42. 『신앙생활』, Vol. 5, No. 2; Vol. 6, No. 12 등), 김교신을 직접 공박한 바는 별로 없었다.

29) 야나이하라 다다오(矢內原忠雄), 김교신을 추억함, 노평구 편, 『김교신과 한국』, 서울: 제일출판사, 1972, p. 118.

30) 『김교신신앙저작집』, 노평구 책임 편집, 제2권, 서울: 제일출판사, 1965, pp. 355, 357. 그는 교회의 사경회를 계속 인도한 일도 있었다.

31) 새해의 기도(企圖), 『성서조선』, 1937년 1월호.

마치 나무아미타불을 연호하는 속승(俗僧)"[32]과 같다고까지 일격을 가하고 있었다. 더욱이 그는 "현재 무교회자의 대가들과 우리의 보조가 일치하지 않는다고 우리를 시비하지 말라. 저들에게는 저들의 처지가 있고, 저에게는 저의 시대가 있다"[33]고 갈파하여 우치무라 식의 무교회 사상에서 떠난다는 인상마저 주었다.

이 전향의 바탕은 찬연히 빛난 그의 민족 신앙의 얼 때문이었다. 『성서조선』의 창간사에서 그는 참으로 인상적인 말을 남긴다. "아무리 한데도 너는 조선인이다"고 떨리듯 외치고 있었다. "다소의 경험과 확신으로써 오늘의 조선에 줄 바 최진(最珍) 최절(最切)의 선물은 신기치도 않은 신 · 구약 성서 1권이 있는 줄 알 뿐이로다"[34] 하였다.

> 오직 우리는 조선에 성서를 주어 그 골근을 세우며, 그 혈액을 만들고자 한다. 같은 기독교로서도 혹자는 기도생활의 법열의 경지를 주창하며 혹자는 영적 체험의 신비세계를 역설하며, 혹자는 신학 지식의 조직적 체계를 애지중지하나, 우리는 오직 성서를 조선에 주고자 한다. 영원한 새로운 조선을 성서 위에 세우라.[35]

김교신은 성서와 한국을 따로 떼어 생각할 수가 없었다. 그리고 성서적 신앙 속에서 새 한국의 모습을 구성하려 했던, 민족 신앙사의 한 거인이었다. '성서조선사건'만 해도 일본은 "성서조선의 일당이야말로 조선민족의 백년 아니 오백년 후를 계획하는 최악질들"[36]이라는 판단에서 일어난 사건이었다. 실로 그에게서 한국을 빼고 그의 신앙과 삶을 이해할 수는 없었다. 그에 있어서 신앙고백은 진리에 대한 충성과 함께 민족의 얼과 양심의 표현이었다.

민족 신앙은 "구미 선교사 등의 유풍을 벗어나서", "순수한 조선산 기독교"

---

32) 재출발, *ibid.*, 1937년 2월호.

33) 『김교신신앙저작집』, 제2권, p. 364.

34) *Ibid.*, 제2권, p. 20.

35) *Ibid.*, p. 22.

36) 노평구, 내가 생각하는 김 선생, 『김교신과 한국』, p. 71.

를[37] 형성함에 있었다. 그것은 "기독교를 현세 살림에 이용하여 윤택을 가하려는 것"[38]도 아니고, 정치참여도 아니었다.[39] 그리스도에게 있어서 백성을 사랑하고, 그리스도를 전하며, 그 복음 신앙으로 한국인의 영혼을 신생시키는 데 있었다. 정치적인 천박을 벗어나 "민족의 깊은 영적 · 도덕적 구원"[40]을 기원하는 순령적 민족 구원의 신앙이 그에게 호흡처럼 억셌다.

이러한 그의 애국과 신앙이 일제 말의 시련을 극복하는 꽃다운 신앙의 향기를 우리 민족교회사에 남겼다. 피할 길 없었던 창씨개명을 끝내 거절하고 "김교신(金教臣)"으로 그대로 살았으며, 그의 목숨처럼 함께 자라온 『성서조선』도, "만일 신사문제, 현실 총독정치를 성서로써 증명, 찬동하는 것 등을 강요당할 경우가 온다면 옥쇄(玉碎)"[41]하겠노라고, 일본 친구 가다야마(片山徹)에게 편지한 일도 있었다(1938. 1. 14). "조와(弔蛙)"에서 혹한이 걷힌 조그마한 못 속에 살아남은 두어 마리 개구리를 보고 외친 "아, 전멸은 면했구나!" 하는 그의 음성은 『성서조선』을 폐간으로까지 몰고 가게 한, 겨레의 장래에 대한 불멸의 희망을 목메어 외친 기도였다. 부활 신앙이 거기 넘쳐 있었다.

김교신의 신앙 운동을 종파로 취급하는 데는 어색한 점이 없지 않다. 확실히 그것은 하나의 그룹 운동과 같은 것이었고, 구태여 비교한다면 독일 경건주의의 ecclesiola in ecclesia와 비슷하다고 할 수 있겠다. 그의 신앙 동지들 중에 상당수가 기성 교회의 충실한 멤버들이었기 때문이다.

그와 친분이 있었던 사람도 다양하였다. 세계 제2차대전 후 동경대학 총장을 지낸 야나이하라 다다오(矢內原忠雄, 1893-1961)를 비롯한 일본인들, 그리고 김정식(金貞植), 전계은(全啓恩) 목사, 이승훈(李昇薰) 장로, 김우현(金禹鉉) 목사, 손

---

37) 성서조선의 간행 취지, 『성서조선』, 1935년 7월호.

38) 『김교신신앙저작집』, 제2권, p. 222.

39) *Ibid.*, p. 249.

40) 『김교신과 한국』, p. 73.

41) *Ibid.*, pp. 422, 424. 일제에 대한 이 순교의 각오가 무교회 일변도에서 한국 기독교 전체에 대한 사랑으로 그를 끌고 간 원인이다.

양원(孫良源, 1902-1950) 목사 등이 그와 가까웠던 것으로 나타나 있다.[42] 이용도 목사와도 어떤 형태로든 교섭이 있었던 것이 분명하다.[43]

강직한 신앙과 맑은 마음, 엄격한 계율적 생활과 수도사적 청빈함이 몸매에 넘치던, 예레미야와 같은 눈물의 애국 신앙인 김교신은 많은 흔적을 남겨 놓고 있다. 민족 신앙의 삶과 민족정신의 도덕적 이상이 그 중의 하나였다.

김교신의 제2세대들로서는 노평구(盧平久), 유달영(柳達永), 김성진(金成珍), 유희세(劉熙世), 김정환(金丁煥) 등이 있다.

18.3. 최태용의 복음교회

박형룡(朴亨龍, 1897-1978)의 '게노시스 기독론'에 보면 "년전 일본으로부터 남선지방에 무교회 청년과 그 지방에서 그 청년의 감화를 밧었다는 다른 몇 청년들의 선전하는 바를 드르면 로고스가 성육신하실 때에 신(神) 속성을 포기하였다, 순육(純肉)으로 돌변하였다 운운하니, 이것은 신학상으로 분류하야 말하면 게노시스설에 해당한 자라 할 것이다"[44]라는 글이 있다. 최태용(崔泰瑢, 1877-1950)과 신앙상 친밀했던 백남용(白南鏞, 1897-1950)을 가리킨 말이다.

"조선 기독교장로회에서는 결코 용납하지 못할 이단"[45]이라고 지목을 받았던 최태용은 물론 저 복음교회의 창설자이다. 그는 함남 영흥 태생(1897)으로 일본의 무교회주의자 우치무라에게서 결정적인 영향을 받았던 인물이다. 그는 1925년 6월에 『천래지성(天來之聲)』이라는 개인잡지를 창간하고, 1928년 12월에는 동경의 메이지학원(明治學院)에 다니는 몸이었지만, 『영과 진리』를 역시 창간,

42) 안용준 편, 『손양원목사설교집』, 서울, 1969, p. 228.

43) 『김교신과 한국』, p. 32. Cf. 변종호, 『이용도목사서간집』, 서울: 심우원, 1953, pp. 168ff, 170, 201.

44) 『신학지남』, Vol. XV, No. 5 (1922. 9), pp. 181ff. Cf. 『기독신보』, 1932년 12월 14일자.

45) *Ibid.*, p. 21.

발행하기 시작하였던 것이다. 그는 이 잡지들 속에서 한국적 기독교와 영적 기독교를 소리 높여 주창하다가 마침내 1935년 12월 22일 서울에서 교단 창립을 선언하고 신앙고백과 표어를[46] 채택하여, '복음교회'라 이름하였던 것이다.[47]

그 표어는 다음과 같았다.

1. 신앙은 복음적이고 생명적이어라.
2. 신앙은 충분히 학문적이어라.
3. 교회는 조선인 자신의 교회이어라.[48]

그는 1936년대에 가서는 그 이전에 가졌던 상당한 분량의 사상을 스스로 변경하는데, 그 하나가 그의 신비주의에 대한 태도이다. 그는 "신비주의는 끝없는 바다를 정처 없이 배회하는 것 같은 종교 만유(漫遊)"[49]라고 호되게 비판하였지만, 그에게서 신비주의적 요소는 처음부터 압도적이었다. 우선 직접적인 성령의 지시를 믿는 나머지, 최태용은 신약성서의 유일회성적인 계시를 부인했다. 왜냐하면 하나님께서는 "영원히 살아 계셔서 자유로 사람 안에 역사하셔서 새로이 기독교를 산출하시는 일을 나에게 일하여 영적 기독교를 주장케"[50]

---

46) 복음교회 창립을 보고, 사설, 『기독신보』, 1936년 2월 19일자.
감독: 최태용 (윤치병, 백남용 동역)
교세: 함경도 3개소, 전라도 4개소, 경상도 2개소, 고성(固城) 1개소, 경성 1개소.
신도수: 200명, 예산액: 3,000원. 복음교회의 탄생, *loc. cit.*
김제의 윤치병 목사의 복음교회는 1942년 11월 그곳 장로교회(이근택 목사)와 합동 장로교회로 귀속. 『기독교신문』, 1942년 11월 4일자.

47) 정재운, 조선 복음교회 왜 생겼나, 『기독신보』, 1936년 2월 19일자.

48) 『영과 진리』, Vol. 81, 1935, p. 10.
이 밖에 "우리의 고백"은 전병호, 『최태용의 생애와 사상』, 서울: 성서 교재 간행사, 1983, pp. 128ff. 참조. Cf, 『기독교연감』, 서울: 한국기독교교회협의회, 1970, p. 268.

49) 신학상으로 본 조선 교회, 『영과 진리』, Vol. 93, 1936, 12, p. 330. 그는 원산신학산의 백남주를 공격하였으나 (『영과 진리』, 1934년 1월호, p. 2f.), 이용도를 비판한 글은 없다. 오히려 이용도의 문체가 그에게서 다수 복사된 듯한 곳이 많다.

50) 지동식, 최태용의 시, 평론, 신학, 『현대와 신학』, 제6집, 연세대학교 연합신학대학원, 1970, p. 141.

한다고 보았기 때문이다. "현재의 기독교에 예수 그리스도가 다 나타난 것이 아니다. 아직 그의 중대한 부분이 남아 있다. 공관복음과 바울서간에 다 하지 못한 예수 그리스도가 있다"[51]는 것이었다.

여기서 그는 삼위일체설의 부인을 논리적으로 수행한 셈이다. 그것이 영적 신의 계속적 역사에서도 그렇지만, 이 교리가 희랍적 체계 속에 둔갑한 비복음적인 요소이기 때문이요, 또 삼위를 전제함으로써 종교적 직감과 경험[52]을 흐리게 하고 하나님과의 실험적이요 실제적인 합일과[53] 대면을 가로막기 때문이라고 보았다.

그러나 그의 가장 현저한 신비주의적 경향은 소위 게노시스적인 신지체험적(神智體驗的) 신탁(神託) 의식 속에 있었다. 그의 말에 이런 것이 있다. "나는 무진ᄒᆞᆫ 심을 가졌음을 감(感)ᄒᆞᆫ다… 만은 한 마듸도 말ᄒᆞᆯ거시 업습을 감ᄒᆞᆫ다. 나 스ᄉᆞ로는 말낫다, 비엿다. … 그르면 나의 말ᄒᆞᆫ 바는 나의 것이 아니오 다른 이의 거심이 분명ᄒᆞ다. 그르면 누구를 말ᄒᆞ고 누구의게서 말ᄒᆞᄂᆞᆫ가. 왈 하ᄂᆞ님의 아들 예수 그리스도이시다. 뎌는 무한한 말씀이다."[54] "주는 충만이오 나는 비엇노라"[55]고 하는 주님의 내적 친림(親臨)주장은 속죄와 은총의 종교와는 거리가 멀었다.

> 회개의 절정은 사점(死點)에 서는 것이니 여긔에 니르러 그리스도의 사(死)를 알 수 잇습니다. 아니, 밋음으로 말미아마 완전히 합하야 하나이 되는 것이올시다. 죽음에서 그리스도와 나와 하나를 이룰진대… 신앙은 즉 나를 그리스도에게 던지고 그리스도를 나로 하는 일이올시다. 더 위대한 그리스도의 생명을 나의 것으로 함에 결과합니다. 그리스도의 권능이 나의 권능이오, 그리스도의 영광이 나의 영광이오.[56]

---

51) 전도하지 말라, 『천래지성』, Vol. 9, 1926, p. 30.
52) *Ibid.*, p. 134.
53) *Loc. cit.*
54) 『천래지성』, Vol. 13, 1926. 6, p. 1.
55) *Ibid.*, p. 3.
56) 최태용, 『생명 신앙』, 서울: 진리사, 1933, p. 4.

이런 본질적 변형에서는 나와 주님과의 동일시를 거치지 않을 수 없다. "조선은 내가 멸망치 않게 한다. 대개 예수 그리스도의 능력은 내 안에 있는 일절의 멸망 혼을 ᄭᅵᆨ긋ᄒᆞ게 씨츠시면서 계시다. 위선 나 일인이 멸망치 아닐 것은 확실ᄒᆞ다. 그리ᄒᆞ여 ᄯᅩ한 내가 조선을 멸망치 안케 하리라. 요컨대 조선 민족의 흥망은 나의 그리스도를 향하여의 태도에 의ᄒᆞ야 결정ᄒᆞᆫ다."[57]

그의 이 태도는 신비적 정숙과 통했다. "너는 입을 봉ᄒᆞ고 침묵ᄒᆞ라"[58]라든가, 전도 무용을 말하면서 "하ᄂᆞ님ᄭᅴ셔는 자기의 일을 위ᄒᆞ야 네 영혼을 원ᄒᆞ니라, 네 영혼에 자기를 담으시랴 ᄒᆞ시ᄂᆞ니라"[59] 할 때도 그렇고, 둔세적 경향도 "저들은 생각ᄒᆞ기를 순전한 복음만 가지고는 사람을 엇기 어려워 문화 사업도 하고 사람을 모혀놋코 복음을 전하고자 한다마는, 복음이 모든 것이 되는 신앙 업시 복음은 ᄒᆞᆷᄭᅴ ᄒᆞ지 아니ᄒᆞᆸ니다"[60]라든가, "우리는 되는 것을 경험하기 전에 몬져 '아니 되는 것'을 경험치 아니하면 아니 된다"[61]에서도 여실히 표현되었다.

이 태도의 기초에 신비적 체험이 깔려 있었다. 황홀감과의 동반이 거기 있었다. 곧 "1916년의 첫 겨울 엇던 밤에 나는 불의에 한 광명을 감(感)ᄒᆞ고 분명한 말ᄉᆞᆷ이 내 영에 임하야 내 심신에 통ᄒᆞ기를 '복음을 위하야 네 몸을 밧치라' 한다. 당시에 아 — 나는 아무 것도 아지 못하고 다만 깃쁨에 취ᄒᆞ야 잇셔 3, 4 일이엇다."[62] 그의 엑스터시가 몸에까지 미쳤다는 점은 중요하다. 그 황홀이 오래 계속한 것도 특별하다.

"그리스도는 모든 것보다 먼저 있는 실체이다. 만물은 그의 기원이 뎌로 말미암앗다. 만물의 현존재는 ᄯᅩ한 뎌의 안에 결합되어 잇슴이다. 결합이라 번역

57) 비관 낙관, 『천래지성』, Vol. 13, 1926. 6, pp. 15-16.

58) 『천래지성』, Vol. 5, 1925. 10, p. 53.

59) *Ibid.*, p. 14.

60) *Ibid.*, Vol. 7, 1925, p. 12; Vol. 6, 1925, p. 15.

61) *Ibid.*, Vol. 17, 1926. 10, p. 4.

62) *Ibid.*, Vol. 16, 1926. 9, 전도자의 참회.

한 원어 $\sigma v \nu \iota \sigma \tau \eta \mu \iota$는 '부분이 한데 응결ᄒᆞ다'는 뜻이다"[63]고 언급하고 있다. 그리스도와 만물과의 부분－전체와의 관계시는 확실히 위험한 신비주의의 일원론적 입장이다.[64]

이런 생각에서 최태용은 "신비를 됴화하는" 한국에서의 교회의 사명을 자각하기 시작했다. 우선 그는 선교사를 공박하면서 그들이 한국 교회를 "아희들과 갓치, 걸인과 갓치"[65] 취급하였다고 반발하고, "조선교회의 독립"[66]을 주창했다.

그것은 어차피 전통적 교회에 대한 반발과 병행했다. "예수 그리스도와 금일의 조선 교회는 전연히 별개"[67]라고 혹평한 그는 "이 망할 ××××"[68]이라는 욕을 불사했다. 그 까닭은 "현금 조선의 교회는 진리의 빗춈이 없는 암야이요", "조선인 자신의 자각으로 기독교의 본질을 추구하는 노력과 자기가 소화한 진리의 표현에 있어서의 진보"[69]가 없다고 보았기 때문이다.

이렇게 해서 그는 그리스도의 순육(純肉)과 영의 기독교를 표방해서 복음교회를 세웠고, 교파의 정립을 공격하여 "신앙만 잇으면 감리법도 가하고 장로정치도 가하다"[70] 해서, 일종 초교파적인 공동체를 목표했다.

그러나 그는 1935년경부터 본래의 입장이던 무교회주의에서의 이탈을 선언하고, "역사적 · 사회적 실존으로서"의 교회의 제도와 교리를 불가피한 것으로[71] 받아들이고야 말았다. 그리고 기왕의 벗인 김교신을 은퇴주의라고[72] 오히려 공

---

63) *Ibid.*, Vol. 15, 1926. 8, p. 14.

64) 나의 최고의 근본적인 소원은 그리스도다. 그리스도와 함께 되는 것이다. 『영과 진리』, Vol. 69, 1934. 10, p. 346.

65) *Ibid.*, Vol. 8, 1926. 1, pp. 7, 21, 자본주의자, 딸라상 이라 공격.

66) *Ibid.*, Vol. 18, 1926. 11, pp. 1-4.

67) *Ibid.*, Vol. 14, 1926. 7, p. 1.

68) ××××표는 원문 그대로임. *Ibid.*, p. 2.

69) 『영과 진리』, Vol. 69, 1934. 10, p. 25.

70) 『천래지성』, Vol. 8, 1926. 1, p. 3.

71) 『영과 진리』, Vol. 86, 1936. 5, pp. 125-127.

72) *Ibid.*, Vol. 90, 1936. 9, p. 248; Cf. Vol. 86, 1936. 5, p. 133.

격하기에 이른다. "교회에 대한 일시적 반동으로서 무교회주의는 때의 사명이 있을 것이다마는 무교회란 입장은 그릇된 것이다."[73] 그는 이렇게 해서 "옛 권위에 복종하고 보수에 머무는"[74] 교회인으로 정착하였다.

최태용은 무교회와 초교회(超敎會)를 함께 불신하는 태도로까지 발전하면서 복음교회의 한국적 존재 이유를, "서로 다르면서 하나인"[75] 에큐메네 교회관에서 살피고, 따라서 그 정신이 오늘날까지 그 교회의 기본적 자세가 되어 온 줄 안다. 순육론과 같은 교리의 추후 변경을 그 교회 감독이었던 지동식(池東植, 1910-1977)이 말하고 있으나, 그것이 대외적으로 발표된 것은 아직 없는 것 같다.

18.4. 변성옥 일파의 조선 기독교회

감리교회는 1912년부터 벌써 만주 지방에 대대적인 선교 사업을 벌여왔다. 그 해 손정도 목사가 블라디보스톡에 파견된 일이 있었고, 1918년에는 이화춘 목사, 그리고 1921년에는 정재덕(鄭在德, 1868-?) 목사와 최수영(崔壽永, 1873-?), 배형식(裵亨湜, 1874-1955), 이병하(李炳夏, 1877-?)[76] 목사가 각각 파견되었다가, 1924년 장감(長監) 분계 협정이 끝나자, 남만(南滿)에 최성모(崔聖謨, 1873-1936), 하얼빈에 김용태, 북만(北滿)에 손정도, 동만(東滿)에 동석기(董錫基, 1881-1972) 등 여러 목사를 파견한 일이 있었다. 감리교가 선교 연회까지 조직하여서 이 지역 선교에 열중한 것은 특기할 만하다.

그런데 이 선교의 과정에서 한 분파운동이 나타났다. 만주선교연회 북만지방

73) *Ibid.*, Vol. 86, p. 134.

74) *Ibid.*, Vol. 96, 1937. 3, p. 76.

75) *Ibid.*, Vol. 87, 1936, p. 200.

76) 본래 장로교 목사인데 그 지역에서 북감리교 선교사로도 활동.

의 현성원(玄聖元, 1895-1960), 한동규(韓東圭, 1898-?), 우인철(禹仁哲, 1885-1978), 박세평(朴世平, 1884-1965), 변성옥(邊成玉, 1892-1950)[77] 제씨가 연명, 한국 모(母)교회에서 사임하여 조선기독교회를 창설한 것이다.[78] 1935년 2월의 일이었다.

이들의 이러한 분립 경향은 1934년부터 벌써 구체화하고 있었다. 동만지방 감리사 배형식 목사 사회로 열린 교역자 임시회의에서 신 신앙파가 현성원 목사를 중심으로 그 형성이 진행되는 데에 깊은 우려를 보인 적이 있었는데, 이 분립의 동기로서는 양주삼 총리사와의 불화를 들고 있었다. 그 설립의 목표는 교파를 초월한 새 교회 운동과 선교였으며, 이를 실현하기 위해서 길림(吉林)에 신학교까지 이미 설립하고 있다는 점이 보고 되었던 것이다.[79] 1934년 말에 양주삼 총리사가 남북 감리교회의 합동 이후 적지 않게 교회 안에 불화가 있었고, 더욱이 여기 선교사의 배후 조정이 있음을 공박한 사실로 보아,[80] 이러한 일련의 사건과 관련된 종파 운동이었던 것으로 보인다.

이런 사실이 드러난 것은 다음해, 곧 1935년의 일이었다. 총회에서는 전도국장 오기선(吳基善, 1877-1946) 감리사와 교육국 총무 유형기(柳瀅基, 1897-?) 목사를 만주에 파견하여, 저들과 회담케 하여 진상을 보고하게 한 일이 있었다. 이 때 변성옥 일파에서 북만 지방의 전도상 교파 초월이 필요하며, 자급자족이 필요하며, 기성 교회의 부패증을 통감한 까닭에, 조선기독교회를 설립하였다고 해명하였다.[81] 기성 교회의 부패로서 이들은 1935년 장로교 총회의 분쟁, 감리교 총회와 중부 연회에서의 비기독교적인 행위, 적극신앙단의 문제들을 들고 있었다.[82]

---

77) 1946년 서울 YMCA 총무, 1948년 대한 YMCA 연맹 총무 역임. 『청년』, 1953년 2월호, p. 15. 그는 1947년 중앙신학교 창설에 동참. 그 교장일도 보았다.

78) 통고문, 『감리회보』, Vol. III, No. 4 (1935. 4. 10), p. 2. Cf. 북만지방 상황 시찰보고, *loc. cit.*, pp. 14-16.

79) *Ibid.*, Vol. II, No. 4, 1934, p. 25; Cf. 『동아일보』, 1933년 9월 4일자.

80) 총리사의 강설(二), 『감리회보』, Vol. II, No. 11, pp. 5-6.

81) 만주 선교 사업에 대하야, *ibid.*, Vol. IV, No. 4 (1935. 4), pp. 14-15.

이 조선기독교회는 장로교와의 초교파적 새 운동을 표방하고 있었으나, 어느 정도 그것이 실현되었었는지는 찾아 알 길이 없다. 그러나 이들이 이용도계의 조선예수교회와 무척 가깝게 지냈다는 사실을 여러 곳에서 찾아볼 수 있다. 1937년 예수교회 제5회 공의회 때 만주의 조선기독교회는 변성옥 목사를 대표로 파송하면서 다음과 같은 공한을 부송한 일이 있었다. 곧 "귀 교회의 근본주의와 우리의 근본주의가 일치되는 줄로 믿음으로 금번 귀(貴) 공의회 치하 겸 양 교회 협동을 촉성하려는 목적으로 변성옥 목사를 대표로 파견하오니 주님의 뜻 안에서 좋은 협의가 있기를 지성으로 바라는 바입이다."[83)]

변성옥 목사는 이 공의회에 참석한 자리에서 그 교회의 신학적 독자성이 따로 없다고 밝히고, "우리 조선기독교회의 이름은 문자상 조금 다를까 모릅니다만 내막에 있어서 여러분과 꼭 같습니다. 신 · 구약 성경과 사도신경 이외에 우리에게는 아무 별다른 것이 없습니다"라고 천명하였던 것이다. 그리고 추후로는 '예수교회'와 '조선기독교회' 사이에, 교인의 피차 이명(移名)과 교역자 및 신학생의 피차 교환에 대한 합의를 보았던 것이다.

다른 하나의 경우는 1937년 조선기독교회가 교역자 수양회를 개최하였을 때 잘 나타났다. 그 해 7월에 열린 이 회에 특별 강사로 조선예수교회의 이호빈(李浩彬, 1898-1989)[84)]이 청빙 받았으며, 강사로 변성옥, 현성원, 한규동, 노제만이 나서고 있었다.[85)]

변성옥 교회의 이념은 이용도계의 신앙과 이런 정도로 상통했다고 하는 사실은, 이용도 자신의 영향권의 범위뿐만 아니라, 이 당시의 종파적 형성이 가지는 상당한 정도의 공통 요소를 시사해 주는 것이라고 볼 수 있을 것이다.

---

82) 북만 조선 교회 독립 문제, 『기독신보』, 1935년 4월 10일자.

83) 예수교회 창설의 유래 급 현상, *ibid.*, 1937년 3월 17일자.

84) 중앙신학교 (현 강남대학교)의 설립자.

85) 조선기독교 교역자 수양회, 『기독신보』, 1937년 7월 21일자.

18.5. 적극신앙단

신흥 종파 운동의 다양화 그리고 이들이 한결 같이 표방하는 토착 기독교 설립에 대한 호소가 잇닿던 때 그 의식의 언어화에 공헌하고, 이를 한 운동의 단위로 형성해서 지금까지의 한국 교회사 대세의 가능한 비본래성과 그 난맥의 서양적 영향이 만일 있다면 여기 항거하여 한국적 신앙의 적극적 표현을 다짐한 것이 신흥우(申興雨, 1883-1959) 중심의 적극신앙단이었다.

그런데 이 적극신앙단은 그 형성 과정에서 독특한 지역성의 의식을 강하게 가지고 있었다. 이들은 서울에 세력의 원소들을 뿌리박고 있었다.[86] 서울은 당시 압도적으로 교세를 확장하여 비중이 워낙 컸던 서북지방의 장로교를 항상 의식하면서, 비서북 지역의 감리교와 장로교가 묘하게 공동 전선을 펴는 동맹의식을 생태로 가지고 있었던 곳이다. 그리고 이러한 체질은 감리교협성신학교의 서울 소재라고 하는 감리교의 우세와 『신학세계』가 일찍부터 표방한 한국적 신앙 토착화의 줄기찬 기도 때문에 언필칭 선교사 주도의 서북에 반해 반선교사적 토착 신앙의 이상으로 한아름 범위가 좁혀지고 있었다.[87]

그런데 더욱 묘하게도 서울은 당시 이승만계의 동지회(同志會) 인사가 압도하고 있었고, 서북 지방은 안창호의 흥사단(興士團)이 정인과(鄭仁果, 1890-1972)의 영향력 아래에서[88] 좌우되고 있었다. 따라서 흥사단 반격의 환상을 꾸민 적극신앙단에 서울의 본래 교회가 끌리는 흡착력은 훨씬 질겼다.

적극신앙단의 형성과정은 다음과 같았다. 1926년 신흥우는 YMCA 총무 직에 있으면서 기독교연구회라고 하는 반 선교사, 반 보수의 기치를 든 운동을 전개하였다. "조선기독교의 성립과 교파의식의 둔화"를 달성할 계획이 거기 세워졌

86) 졸문, 적극신앙단이 한국 민족교회 형성 과정에서 끼친 영향 범위에 관한 연구, 『기독교사상』, 1972년 12월호, p. 56.

87) 『윤치호일기』 1916-1943, (1935년 1얼 28일자), 김상태 편역, 서울: 역사비편사, 2001, p. 563.

88) 김인서, 적극신앙단 문제를 추(推)하야 당별 문제를 논함, 『신앙생활』, Vol. 4, No. 4 (1937. 4), p. 9.

다.[89] 그런데 1928년 예루살렘 국제선교협의회에 다녀오면서 그 회의의 주제 중 하나였던 토착화의 한국교회 연결을 깊이 생각했고, 마침내 1932년 6월 장로교(8명), 감리교(10명)의 동지들과 함께 적극 신앙단을 발족하면서 다음과 같은 신앙선언을 채택하였던 것이다.

(1) 나는 자연과 역사와 예수와 경험 속에 계시되는 하나님을 믿는다.
(2) 나는 하나님과 하나가 되고, 악과 더불어 싸워 이기는 것을 인생 생활의 제일원칙으로 삼는다.
(3) 나는 남녀의 차별 없이 인간의 권리, 의무, 행위에 있어서 완전한 동등권이 보장되어야 하며, 타인의 권리를 침해하지 않는 완전한 자유가 있어야 된다고 믿는다.
(4) 나는 신사회의 건설을 위해서 개인적 취득욕이 인간적 공헌욕으로 대체되어야 한다는 것을 믿는다.
(5) 나는 사회가 많은 사람에게 경제적 · 문화적 · 종교적 생활에 있어서 승등적(昇登的) 균형과 안전이 보장되어야 한다는 것을 믿는다.[90]

창설 단원은 감리교인 신흥우, 정춘수, 유억겸, 신공숙, 김인영, 박연서, 엄재희, 이건춘, 구자옥, 정성채, 김종금, 김영섭, 장로교에서는 함태영, 전필순, 최거덕, 최석주, 권영식, 홍병덕 제씨였다. 이들은 전필순 목사의 말을 따라 "적극이란 말을 사용하기로 했으며",[91] '21개 실천강령'도 아울러 채택했는데, 김인서는 이것이 흥사단의 강령과 대동소이하다고 평을 내리고 있었다. 확실히 신앙선언이나 강령은 신학적인 면보다는 생활 실천면이 훨씬 강조되고 있었다.

적극신앙단에 대해서 감리교회의 반응은 흥미로웠다. 김인서는 일찍이 흥사

89) 기독교연구회, 『기독신보』, 1926년 2월 3일자.
그 목표: 기독교의 민중적 표준, 실제 생활 간이화, 산업기관 시설, 조선적 교회 확립.
중앙위원: 신흥우, 홍종숙, 박희도, 박동완, 김혜련, 유각경, 홍병덕.
90) 전택부, 『인간 신흥우』, 서울: 기독교서회, 1971, p.225.
91) 전필순 목사와의 대담, 1972. 7. 1.

단에서 장감 양 교회의 교권을 장악했었다고 말한 일이 있었다.[92] 감리교의 경우는 양주삼을 두고서 한 말이 분명했다. 따라서 공적인 감리교회의 태도가 신흥우에게 온건하였을 리는 없었다. 이것은 적극신앙단이 선 곳이 감리교인데도 불구하고, 교회 그것의 지지를 획득하지 못하고 있었다는 증거가 된다. 이를 뒷받침할 사건이 둘 있었다.

그 하나가 1930년대의 YMCA 혼란과 신흥우의 YMCA에서의 결정적인 퇴진이다. YMCA도 그 간사들 사이에 저 불행한 남북의 파벌이 있은 듯했다. 남쪽파의 에비슨(G. W. Avison), 바른하르트(B. P. Barnhart), 클라크(F. O. Clark), 그리고 북쪽 파의 내쉬(W. L. Nash), 번스(H. C. Bunce)로 그 판도가 갈리고 있었다. 그런데 신흥우가 농촌 문제 프로그램의 강조를 역설할 때, 공교롭게 경비 삭감으로 물러가게 돼 있었던 클라크를 남기고 북쪽의 내쉬를 추방한 데서 문제는 발단되었다. 결국 사태는 서북계의 선교사나 한국 장로교의 반발에 직면하다가 1935년 실질적으로 총무직을 내놓기에 이르렀던 것이다. 버크스(G. W. Birks)의 서신에 의하면, 신흥우에게는 서북계의 지지가 치명적으로 없었고, 그의 신학이 마침내 비복음적이라 탄핵 받았으며, 그래서 결국 평양의 반발 때문에 그의 실각이 왔다는 보고가 들어 있다.[93]

둘째가 박인덕(朴仁德) 여사와의 관계에 대한 소문이다. 낭만적 자유가 통할 수 없었던 그 날, 그의 신앙 순결에 금이 갔음을 지탄받으면서, 그 책임을 지지 않을 수 없었다.

하지만 감리교 자체의 문제는 좀 더 심각했다. 윤치호와 양주삼[94]은 신흥우의 적극신앙단을 단죄하고, 그들의 개인적 신뢰감도 거두어들이고 말았다. 신흥우의 비통은 바로 여기에 있었을 것이다. 이들의 단죄 이유는 다음과 같았다.

92) 『신앙생활』, Vol. 4, No. 4 (1935. 4), p. 9.

93) G. W. Birks' *Letter* to Mr. G. A. Hershleb of International Committee of YMCA, 1930년 12월 11일자, 전택부, *op. cit.*, p. 249에서.

94) 신흥우 정죄에 대해 윤치호와 양주삼이 공동으로 서명한 문서가 남아 있다.

우선, 이들은 적극신앙단이 비밀 결사라고 단정했다. 윤치호는 이 그룹을 "악명 높은 적극신앙단"[95]이라 혹평하기를 마지아니하였으며, 둘째로는 이들 단원들이 자기네들이야말로 유일한 한국교회의 지사들이요, 앞을 내다볼 줄 알고, 애국적이며 진보적이요, 이상적인 교계 지도자로 자처하고 있었다고 본 것이다. 셋째로, 이들 단원들은 현존 교회가 보수적이기 때문에 그곳에 구원이 약속될 리 없고, 따라서 서울의 장로교회들과 감리교 연회, YMCA, 예수교서회, 성서공회, 기독신보사 및 그 이외의 선교 기관에 침투하여 그 세력의 신장과 한국 교회 전체의 관할을 획책하였다는 것이다. 넷째로, 이들 단원들은 회합 시 늘 비밀스럽게 속임수를 쓰면서 하고 있다고 책망한 것이다. 곧 "적극신앙단은 비밀리에 움직이는 단체로, 이렇게 위험한 기관을 조선의 교회정치에 도입하는 건 범죄에 버금가는 행위"[96]라고 지탄했던 것이다. 다섯째로 이들이 1934년의 감리교 연회를 점령하려고 쿠데타을 계획하는 그 파쇼적 혁명 방법을 준엄하게 나무랐다. 장로교의 분열을 획책하고, 전필순을 통해서 『기독신보』를 겁탈해서 수송교회에서 간행하게 한 것이 모반이오 패륜이라고 공박했던 것이다.[97]

이런 공격을 소속 교회로부터 받고도 존립하기는 어려웠다. 더욱이 1935년 감리교회는 그 세 연회에서 아래와 같이 결의안을 함께 통과시켰던 것이다. 곧 "적극신앙단이 우리 교회 헌법상 공인한 의회가 아니므로 이를 부인하고, 따라서 감리교의 교직자로서 우리 교회에서 인정치 못할 단체에 가입함을 절대로 용납치 않기로"[98] 결의하였던 것이다. 적극신앙단을 두고 한 말이다. 그러나 흥사단 문제는 언급이 없었다.

한국 장로교회의 반응은 엄청났다. 총회는 경성노회를 경유한 '재경 기독교유

95) 『윤치호일기』 1916-1943, (1935년 1월 28일자), p. 563.

96) *Ibid.*, 1916-1943, (1935년 2월 2일자), p. 564.

97) 전택부, *op. cit.*, pp. 250-251.

98) 조선감리회 제5회 삼부연회 상황대요(大要), 『감리회보』, Vol. III, No. 5 (1935. 5. 10), p. 4.

지대회'[99]의 건의를 접수하고 검토한 결과, 1935년 "적극신앙단의 신앙선언은 우리 장로교회의 신경(信經)에 위배되는 것이므로 적극신앙단은 우리 장로교회에서 용납치 않기로 함이 가하다"[100]고 결의하였던 것이다.

그런데 그 자세한 문제의 경과는 장로교의 분열 위기와 직접 연결되기 때문에 다음에 곧 상술한 예정이므로[101] 그 중복을 피하고, 다만 적극신앙단이 그 모습을 흐려가면서 반 선교사적 민족교회 형성을 외치고, 1942년에는 혁신교단의 형식으로 실질상 연장되었다가 해소되고 말았다는 사실만을 지적하고 지나가고자 한다.

이 적극신앙단이 남긴 영향이 있다면 무엇일까.

우선 이 적극신앙단은 당시 한국교회의 신학적, 민족 신앙적 성분 구조 지도(地圖)를 총괄적으로 그려주었다. 적극신앙단이 형성되자 우리 교회의 신학적 성향 배후에 있는 민족주의 조직과의 연결, 교파 의식의 복잡성, 그리고 문제시되던 비신학적 요소의 형성 분자들이 지형 밝게 드러났던 것이다. 따라서 이 적극신앙단 때문에 한국교회의 분열이 자극되었다고 말하는 것은 맥을 헛짚은 판단이다. 그것은 이미 모습을 드러내기 시작하는 지형을 따라 선명한 선을 긋고, 그래서 그 경계가 밝혀지게 색칠한 데 불과했다. 적극신앙단의 적극적 공헌은 실상 거기 있었다.

김교신과 신흥우는 비극적으로 대비가 된다. 김교신의 청교도적 순결, 그 매서운 순혈에 반해, 신흥우에게는 웬지 나타나기로는 안티노미아니즘(Anti-Nomianism)을 방불케 하는 자유분방과 세속성이 있었다. 신앙을 고백해서 그것을 선언하는 그 인물의 인품, 순결, 경건의 문제는 고백의 의욕보다는 훨씬 고상하고 차원 높아야 함을 여기서 알게 된다. 신흥우에게 일신상의 스캔들이 없

99) 김정식, 원익상, 오화영, 오천영, 오건영, 김필수, 이정노, 이대위, 서병조 등 중심. 심명섭, 적극단 유호(有乎) 무호(無乎), 『기독신보』, 1936년 6월 24일자.

100) 예수교장로회총회 제24회 『회록』(1935), p. 53.

101) 이 책 제20장 제5절 참조.

었던들 적극신앙단, 그처럼 대놓고 여기저기서 반박 받지 않았을지 모르고, 그래서 신학적 논쟁이나 신앙의 토론이 어느 정도 진지하게 진전될 수 있지 않았을까 생각하면서 그때를 아쉬워해 본다.

해방이 되었을 때 신흥우는 몇몇 청년의 방문을 받고, 옛날 적극신앙단 운동의 실패를 스스로 자인하고, 그 이유로 조급했다는 점과 경솔, 독주를 겸손히 시인하고 있었다고 한다.[102] 신앙고백은 생성되는 것이지 형성하는 것은 아니라는 말이었다.

18.6. '하나님의 교회'의 문제

'조선 하나님의 교회'는 한국에서 진행된 교회 분열의 독특한 형태를 처음 예증한 한 종파이다. 기성 교회에서 분열해 나온 일단의 인사들이 외국에서 새로이 도입되는 한 교단과 연결을 맺고 정책 경합을 한 것이 바로 이 교회이다.

이 교회의 형성 경위는 대개 다음과 같다. 성결교 목사요 『성화(聖火)』의 주필이었던 송태용(宋台用, 1906-1950)이 일본에서 '하나님의 교회'라는 새 교파를 도입한 일이 있었다. 그러나 이 교회가 그 수적 확장을 성취해서 기초를 견고히 할 수 있었던 것은 성결교회 내의 불화 때문이었다. 성결교에도 남북의 문제가 1936년의 3차 총회에서 폭발하여, 이사 회원 중의 하나인 곽재근(郭載根, 1893-1970) 목사가 평양 지방의 소장 목사들과 결탁해서 성결교회의 실권 장악의 계획을 실현해서 "유사 이래 처음으로 지방 출신인 소장 변남성(邊南星, 1900-1939) 목사가 총회장에 당선"[103]된 일이 있었다.

이것이 사실상 문제의 시작이었다. 성결교회 이사회는 여기에 대해 불만이 대단하였고, 따라서 그 이전의 총회 임원과 제휴해서 이 3차 총회를 계획적으

102) 전택부, *op. cit.*, p. 268.

103) 이천영, 『성결교회사』, 서울: 1970, p. 81.

로 불신임해 버리고 말았다. 선교사와 서울 목사들의 이같은 불법적인 총회 해산에 분격한 곽재근, 정남수(鄭南洙, 1895-1965), 변남성, 오계식(吳癸植, 1903-?) 및 안형주(安衡柱, 1900-1982) 목사들은 이를 방관하고만 있을 수가 없었다. 그리고 그 탈출구를 송태용 목사가 새로 도입한 교회와 병합하는 데서 찾게 되었다.

이들은 송태용 목사 이외에도 장로교의 목사로서 구성(龜城)교회에서 시무하다가 탈퇴한 이원균(李元均)과 상통해서 교회 창건의 포부를 가지고 1936년 11월 25일, 평양의 상수리(上需里)에 모여 함께 며칠 동안 집회를 가지고, 동양성결교회에서 이탈하여 '하나님의 교회'에 병합 형식으로, 29일에 새 교단의 창립을 선언하였던 것이다.[104]

그러나 이 분립 교회의 창설 멤버들이 다시 대거 여기서 떠난 것은 분파 작용의 본질적인 생리를 설명해 주는 듯했다. 정남수 목사는 교역을 폐기하고 중국에 갔으며,[105] 송태용 목사는 장로교에 전직했고, 변남성 목사는 일찍 별세했으며, 서재철(徐載喆, 1903-1981) 목사는 나사렛교회로 각각 이명해 갔다.[106] 다만 곽재근, 안형주 목사만이 남아서 후에 한양신학교를 창설, 교세 확장에 전력하고 있었다.

이러한 심각한 분열의 와중에서도 한 줄기 솟아나는 여명이 있었다. 선교회와 독립해서 남북의 선교 지역 차이를 극복한, 단일한 한국감리교회의 형성이 그것이다. 보수와 정통의 수호에서 그 보람을 찾노라 분열의 불운까지도 마다 아니한 장로교를 면박하는, 이 귀중한 감리교회의 한국적 창설은 그 교회의 가

---

104) 이 교단은 1949년 나사렛교회와 합동했다가 1953년에 재분립함. 『신앙생활』, Vol. 6, No. 1 (1937. 1), p. 2 참조.

105) 정남수 목사는 1948년 미국 나사렛교회와 연결하여 대한기독교나사렛교회를 조직하였다. 『기독교연감』, 1979년도, p. 335.

106) 이천영, *op. cit.*, p. 82.

능한 여러 역사적 문제들을 덮어 주기에 충분했다.

18.7. 연합운동의 정신과 그 발전

18.7.1. 교회연합운동

급변하는 사회와 여러 형태의 종파 운동은 교회의 일치 의식을 자극하지 않을 수가 없었다.

거슬러 올라가면, 교회 일치 부재에 대한 비탄(悲嘆)은 1916년에 이미 나타나기 시작하였던 것이다.

> 유감이 불무(不無)ᄒᆞ온거슨 감장(監長) 양회가 아직 완전 합동치 못ᄒᆞᆷ이올시다. … 우리 민족 중에 감장 양회만 합동되오면 二十세기 동양천지에 마귀의 권세를 타파ᄒᆞ고 수화(水火)중에 함(陷)ᄒᆞᆫ 생령을 증구(拯救)ᄒᆞᆷ이 용이ᄒᆞᆯ ᄲᅮᆫ 아니라 전세계의 영향이 막대ᄒᆞᆯ지로다.[107]

그리고 1917년『신학세계』에 나타난 글, "각 교파를 ᄯᅡ라 교회 분리가 점점 됨이니 이는 죠선교회가 맛당히 ᄇᆞ릴 바라. 죠선 안에 ᄒᆞᆫ 그리스도의 교회가 발젼ᄒᆞ기를 위ᄒᆞ야 ᄒᆞᆯ 수 잇는 ᄃᆡ로 각 방면으로 방법을 ᄆᆞᆫ들지니라"[108] 한 것이라든가, 최병헌의 "상호 불합ᄒᆞᆷ은 실로 가탄(可歎)지사라"[109] 한 것이 그것들이다. 여기 분립의 원인이 밝혀지고 있지는 않았다. 그런데 1919년 이후의 교계의 침체 부진을 분석하는 글에서 김인서는 그것이 교회의 분열 때문이었다고 갈파하고, 그 분열은 "교회의 영적 윤택이 없는지라 쌀쌀한 경위와 뻔뻔한 교권"[110]에서 비롯되었다고 분석하고 있었다.

---

107) 채정민, 감장(監長) 양회(兩會)의 장래,『기독신보』, 1916년 11월 8일자.
108) 이 책 제15장 제3절 참조.
109) *Loc. cit.*

여기에 대해 교회는 우선 수세적인 처지에 몰릴 수밖에 없었고, 일말의 설명을 하지 않을 수가 없었던 것이다. 가령 박승명(朴承明)[111] 같은 이는 "한정이 잇는 인류의 심리로서 한정이 없는 참 하나님의 진리를 원만히 해석하지 못하는 고로, 혹은 이 이치는 더 중대히 생각하고, 혹은 저 이치는 더 긴요히 생각하야 다수의 교파가 분렬되엇나니, 각각 자기의 주견과 자기의 의사대로 교리와 교규(教規)를 작정함으로 기독교 내에 다수의 교파가 생하얏느니 실로 인심이 협착한 증거"[112]라고 일갈하였다.

교회는 교회 일치의 요원한 꿈은 멀리 두고라도, 우선 각 교파간의 협의체 형식의 에큐메니칼운동을 전개함이 현책이라고 보았다. 앞서 잠깐 언급한 바도 있으나, 장감 양 교회는 1918년 2월 26일에 장감연합협의회를 조직하고, 아래와 같은 목적을 설정하였던 것이다.

1. 양교회가 야소 기독 내에서 일치되ᄂᆞᆫ 정신을 증진케 ᄒᆞ며 친목ᄒᆞᆫ 정의(情誼)를 돈독케 ᄒᆞᆷ.
2. 양교회가 단행(單行)ᄒᆞ기 힘든 일이 잇ᄂᆞᆫ 경우에ᄂᆞᆫ 합력 진행ᄒᆞ기를 무도(務圖)ᄒᆞᆷ.
3. 양교회가 교역상 경력과 지식을 호상교환ᄒᆞ야 기독의 사업을 확장ᄒᆞᆷ에 유조(有助)케 ᄒᆞᆷ.[113]

그러나 이 협의회는 두 교회의 신경(信經)이나 예배 모범 및 치리권을 피차 간섭하지 못하도록 규정하였다.[114] 이 협의회가 남긴 일 가운데 하나는 국외

110) 조선 교회의 새 동향, 『신앙생활』, Vol. II, No. 3 (1933. 4), p. 4.

111) 그는 얼마 후 남북 조선교회 분열 위기에 그 중요 원인이 되었던 덕 없었던 인물. 『종교변론』(1926), 『구약전서대지』(1921) 등의 저서를 남기기도 하였다.

112) 박승명, 『종교변론』, 마산: 박승명 저(邸), 1926, p. 150.

113) 『조선야소교장감연합협의회 헌법』, 제1장 제2조, 동 협의회 『회의록』, 1918, p. 7.

114) *Ibid.*, 제2장 제3조, pp. 7-8.

선교 지역의 경계 분할이었다. 장로교는 만주, 감리교는 시베리아 지방을 각각 맡아 선교하기로 합의했던 것이다.[115)]

이런 정세를 배경에 두고 감리교의 협성신학교와 연희전문학교와의 '연락 문제'가 대두되었다. 협성신학교 이사회는 "신학교가 연희전문학교 기지에 가서 그 학교와 연락한 일개 기관이 될 것이며, 이로써 무상의 유익을 얻을 것이요, 양교가 수업을 함께 하고, 양교의 졸업장도 얻게 한다"는[116)] 결의를 한 바 있었다. "이 때는 협동의 시대인 만큼, 교회는 이 시대의 추세를 따라야 하며, 어떠한 신학교이든지 홀로 이 시대의 요구를 감당치 못한다"[117)]고 보았기 때문이다. 하지만 그 실현은 보지 못하고 말았다.

프로그램을 통한 교회간의 에큐메니칼 일치 운동이 없지 않았다. 가령 기독교청년회라든가, 여자기독교청년회, 성서공회, 기독교서회와 같은 기관이 그러한 일련의 운동이었다.

이 중에서 1932년 12월에 조직된 조선기독교교육연맹은 특기할 만하다. "교회 안에 있는 교육 기관들이 서로 연락하여야 할 필요를 깨달아" 그 연맹의 설립을 추진하면서 발표한 취지문에는 아래와 같은 글이 들어 있었다. 곧,

> 이제 우리가 각각 헤어져 있어 저마다 가진 고립한 경험과 연구만에 만족하지 말고 경험을 수집하고 연구를 종합하야 서로 고르는 데 힘과 값이 있을 것입니다.
>
> 한 기독주의로 한 겨레를 교육시키는 우리들이니 각각 그 맘 줄의 울림이 또한 같을 것입니다. 그러므로 이 각 사람의 우는 맘 줄을 함씌 아울러 울릴진댄 성량(聲量)도 크려니와 화성도 바로 되어 훌륭한 음악이 우리의 정신을 조화시키고 통일시킬 줄 믿습니다.[118)]

---

115) 제2회 『회록』(1918. 10), p. 8.

116) 협성신학교 보고, 미 감리회 『연회록』, 1930, p. 106.

117) *Ibid.*, p. 105.

118) 조선기독교교육연맹 발족 급 제1회 『총회 회의록』(1932. 12), p. 1.

그런데 이 연맹에서는 장로회신학교를 비롯하여 숭실전문학교와 같은 평양 계통의 학교들이 하나도 참여하고 있지 않았다.[119] 여기 장로교 세력의 본거지가 보인 에큐메니칼운동에 대한 반응의 성격이 엿보이고 있었다. 평양은 전통적인 보수주의와 그 교세의 단일한 형성 단위에 대한 자족감으로 해서, 실상 교파간의 협력마저 덜 필요한 것으로 간주하고 있었던 것 같다.[120]

18.7.2. 조선적 기독교회 형성의 염원과 그 여운

그런데 3·1운동을 거치면서 교회일치의 요구가 나타나기 시작한 것이다. 이 교회의 분리 현상은 당시 한국 사회에서도 모진 비판의 대상이었다. 『동아일보』는 '신학생의 눈으로 본 대로'에서 "조선교회의 교파 무용론"[121]을 제창하고 있었다. 『조선일보』 역시 교회 내의 신·구파 충돌을 이런 각도에서 보도하고 있었다.[122]

> 신경은 아조 곳치지 못ᄒᆞᆯ바 아니며 치리제도인들 개정할 수 업ᄂᆞᆫ가. 국체도 개조ᄒᆞ거던 하물며 교체(敎體)일가 보냐. 조선교회의 전진과 퇴각은 연합ᄒᆞ고 아니ᄒᆞᄂᆞᆫ 그 ᄉᆞ이에 잇ᄂᆞᆫ 줄로 확실히 자신ᄒᆞ노라.[123]

장감연합협의회가 제3회로 1919년 10월 평양에서 회집하였을 때, "조선 교회가 조직상으로 연합ᄒᆞᆯ 문제"가 선교사연합협의회에서 송부돼 왔다. 거기 의하

---

119) 다만 감리교의 광성고등보통학교만이 가입하고 있었다.

120) 교육 연맹에서는 평양의 마포삼열 박사의 은퇴에 즈음해서 그의 공로를 표창하도록 가결한 일이 있었다. 교육연맹 제3회 『회의록』(1934), p. 15. 이로 미루어 연맹측에 장로교 불참의 원인이 있었다고 보기는 어렵다.

121) 『동아일보』, 1926년 7월 13일자.

122) 『조선일보』, 1926년 5월 15일자. Cf. 이영한, 한국 교회의 신(新)기운, 『진생』, Vol. V, No. 3 (1929. 5), p. 23.

123) 조선교회를 연합ᄒᆞᆷ이 엇던가, 사설, 『기독신보』, 1919년 9월 17일자.

면, 이 기구적 일치의 문제가 "시시로 거론되었던 바를 시인하고 그리스도를 존경ᄒᆞᄂᆞᆫ뒤 제일되는 방법을 취하게" 하기 위하여 향후 1년간 기도할 것을 다짐하고,

> 각 교회와 선교처들은 이 문제를 가지고 상의ᄒᆞ되, 조선 내에 기독교회를 조직ᄒᆞᄂᆞᆫ뒤 대ᄒᆞ야, 각 교파뒤로 계속ᄒᆞᄂᆞᆫ 것과 연합ᄒᆞᆫ 교회를 조직ᄒᆞᄂᆞᆫ 것에 어늬 것이 승(勝)ᄒᆞᆯᄂᆞᆫ지, 성신씌셔 우리로 ᄒᆞ여금 일치되ᄂᆞᆫ 의견을 가지게 ᄒᆞ시기를 희망할 것이며….[124)]

그러나 이 협의회를 통한 프로젝트의 그 이후 진전에 대해서는 알려진 것이 없다. 그런데 1929년을 고비로 해서 교회 일치에 대한 방향이 전혀 새로운 국면을 띄기 시작하였다. 교회일치의 부재는 곧 민족 신앙 부재와 상통한다는 불만을 말하는 사람들이 생긴 것이다. "조선의 예수교회는 조선의 예수교회가 되어야 하겠습니다. 결코 모방성을 띠지 말아야 하겠습니다. 이 정신 하에서 우리는 통일을 기하여야 하겠습니다."[125)] 장로교와 감리교가 그때는 한국의 유수한 교회였기 때문에 문제는 자연히 이 양 교회의 일치 문제로 집중되었다. 김동명(金東鳴, 1900-1968)은 양 교회의 교리 제도를 면밀히 분석하고 조선 교회에는 '조선교회'라는 일치된 교회의 확립이 불가피하다고 역설하고 있었다.[126)] 이런 경향은 1929년 신년 초의 『기독신보』에 장감 양 교회 합동 가부론에서 벌써 크게 찬성이 나타났던 사실과도 일치되고 있었다.[127)]

1928년의 예루살렘 국제선교협의회는 선교와 토착 및 세속화의 문제를 처음으로 심도 있게 다루었던 회의로 뜻 깊었다. 여기서 선교와 토착의 문제에 대

---

124) 장감연합협의회 제3회 『회록』(1919. 10), pp. 7-8.

125) 최창남, 새 교역자와 조선 교회의 통일, 『진생』, 1929년 1월호.

126) 김동명, 장감 양교 합동 가부 문제에 대하야, 『진생』, 1929년 5월호, pp. 7-12.

127) 조선 장감 양교파 합동에 대한 제가(諸家)의 고견(一), (二), 『기독신보』, 1928년 12월 31일-1929년 1월 9일자.

한 예민한 반응이 우리 교회에서 나타난 점은 김활란(金活蘭, 1899-1970) 박사나[128] 양주삼 박사의 보고문 속에 벌써 뚜렷하게 보이고 있었다.[129]

선교사가 이식한 교파의 다양성에 대한 비판은 여기서 필연적이었다. "태서(泰西) 여러나라 사람들의 피차 알력과 편견으로 인하야 생긴 교파적 염색에 물들여 가지고 들어온"[130] 교파교회에 대한 반박이 그것이었다. 이런 의미에서 교파의 다양성은 서양 교회에 대한 '맹종'[131]으로 매도되고, 한국적 신앙의 부재로 지목되었던 것이다. 실로 "병균은 멀리 기독교의 내원지인 서양으로부터" 왔다고 불평하는 사람들이 생긴 것이다.[132]

1934년대까지 장감 양 교회의 일치에 대한 열망은 충천하고 있었다. '조선적 기독교' 형성과의 논리적 연결도 깊어가고 있었다.[133] 더욱이 그 미완성이 "동포의 영혼을 불쌍히 여기지 아니함이 심한 자"[134]의 소행이라는 극언까지 나돌았다.

그러나 그 열망은 널리 퍼져 있었으나 실현되지 못하고 말았다. 감리교회는 그 제2회 총회(1934)에서 "양파의 합동 촉진을 협의하기 위해 위원 5인을 택하고",[135] 장로교회도 장감의 진흥 방침 연구를 위해 5인을 선정[136]하기까지 하였지만, 그 의도는 의도로 끝나고 있었다. 이 무산의 원인에 대해서 어떤 이들은 "인류 구원의 열망과 사랑"[137]이 없기 때문이라고 비난하였으며, 기관 목사

---

128) 예루살렘 대회와 금후 기독교, 『청년』, 1928년 11월호, pp. 2-5.

129) Hans-Reudi Weber, *Asia and Ecumenical Movement, 1895-1961,* London: S.C.M., 1966, pp. 161-163.

130) 변성옥, 『청년』, 1930년 11월호, p. 35.

131) 한석진, *ibid.*, 1931년 1월호, p. 6.

132) 김인서, 조선 교회의 난맥, 『신앙생활』, Vol. 2, No. 5 (1933. 5), p. 5.

133) 가령 오성근, 조선의 기독교는 어디로, 『기독신보』, 1932년 10월 5일자.

134) 조선교회의 당면 문제, 『신앙생활』, Vol. 3, No. 7(1934. 7), p. 9.

135) 『기독신보』, 1934년 10월 10일자 보도.

136) 전필순, 정신적 단합과 사업상 협동, 『진생』, Vol. V, No. 4, p. 16.

137) 한진원, 장감 합동의 필연성과 신자의 정신(II), 『기독신보』, 1933년 11월 12일자.

들의 이해관계,[138] 각자의 우월감,[139] 지방 감정,[140] 선교사들의 무관심이 각각 그 원인으로 지적되기도 하였다. 어쨌든 이 좌절이 "기독교 근본 교리에의 배반"[141]이라는 말까지 나돌았다. 그리고 "민족 통일의 지장", "조선적 기독교의 혼의 부재"[142]가 그 결과라는 비난이 흘러나왔다.

한데 눈에 띄이는 것이 있다. 이런 조선적 단일교회의 주장은 주로 교회 밖의 기독교기관들, 특히 적극신앙단이나 YMCA 및 『기독신보』계에서 특별히 강하게 나타나고 있었던 것이 눈에 띄인다. 한국교회 대세를 장악하고 있었던 서북교회계에서는 이런 말들이 나오지 않고 있었다. YMCA의 이대위(李大偉)는 "우리 교회는 백인의 피동이 되어 이해 득실 없이 동족끼리 불목하지 말고 합동하여 유력한 교회"[143]를 탄생시켜야 한다고 주장하고 있었다. 하필 선교사들을 '백인'이라 불렀던가. 이들의 주장을 민족주의적 기독교회의 성립이라고 할지 모른다. 하지만 이들에게는 우리 교회의 생존 자체를 위협하고 있었던 일제에 대한 반발과 저항의 논조가 전혀 없었다. 이들 그룹이 세계대전의 종전 직전 조선적 기독교를 표방하다가 혁신교단이나 일본기독교단으로 합병할 때 대거 나선 모양새가 그렇게 어지러웠다.

18.8 신비주의적 경건과 신령주의자들

1930년대의 한국교회는 38만 여의 교세였으나 20년대의 경제적 시련과 지식의 황잡에다가 심각한 정치적 위기가 곁들여 망망한 황무지를 걷는 것 같았다. 여기

138) 총회분립문제에 대하야, 『신앙생활』, Vol. 5, No. 10 (1936. 11), p. 24.
139) 전필순, 정신적 단합과 사업상 협동, 『진생』, Vol. V, No. 4, p. 16.
140) 『신앙생활』, Vol. 5, No. 10(1936. 10), p. 26.
141) 김동명, *op. cit.*, p. 11.
142) 백낙준 박사론, 상해성산(장덕노), 조선교회의 6대 운동, 『기독신보』, 1933년 5월 31일자.
143) 상해성산, 조선교회의 6대 운동, 『기독신보』, 1933년 5월 31일자.

신앙의 내면화가 그 절정에 이르러 신비적 열희(悅喜)로의 전향과 몰현세적 침잠에로 그 영혼의 안식을 구하는 신비적 경건이 나타나게 되었다.

이용도(李龍道, 1901-1933)[144]는 가슴 깊이 새겨진 '고난 받으시는 그리스도'의 모습에 따라, 감격과 열정으로 전국에 전도 여행을 다니면서 교파의 구별 없이 부흥회를 인도했던 저명한 부흥사이였다.[145] 그는 진리는 말하는 데 있지 않고 사는 데 있으며, 종교는 설교가 아니라 삶이라고 선언했다.[146] 기독교의 진수는 믿음보다는 사랑에 있다는 확신이 그의 생을 지배했다. 요한복음을 가장 소중한 성서라고 권장한 것도 그 때문이었다.[147] 그는 고난 받으시는 그리스도와의 신비적 일체를 그렇게 간절하게 소원하고 있었다.[148]

하지만 한국교회는 그의 그런 내면적 경건을 의심하였다. 먼저 감리교의 경성지방회에 불복[149]한 그는 장로교의 평양노회에서 금족령을 받고,[150] 뒤이어 황해노회에서 제지를 받았다.[151] 평서노회도 그 뒤를 따랐다.[152] 그리고 평양노회는 감리교의 경성지방회에 이용도를 조회 조치한 것이다.[153]

"여러분, 이 땅은 내가 가장 많이 땀을 흘린 곳이요, 내 눈물이 제일 많이 떨어진 곳이외다"[154]라고 외쳤지만, 이미 인연은 끊어지고 있었다. 장로교가 그를 '이단'으로 단죄한 것은 1933년 9월 제22회 총회 때의 일이다.[155]

---

144) 그에 대해서는 변종호, 김길송, 류금주, 정재헌의 저서 및 V. W. Peters, Simeon, A Christian Korean Mystic, *The Korea Mission Field*, 1936년 1월호-12월호 등 참조.

145) 변종호 편, 『이용도 목사의 일기』, 서울: 심우원, 1966, p. 40.

146) *Ibid.*, p. 102.

147) *Ibid.*, pp. 216f.

148) 변종호 편, 『이용도목사서간집』, 서울, 심우원, 1953, pp, 183-191.

149) 변종호, 『이용도목사전』, 서울: 심우원, 1958, p. 208.

150) 평양노회 『제 23회 촬요』 (1932. 10. 4), 기독신보, 1932년 10월 19일자.

151) 황해노회 『제 43회 촬요』 (1932. 12. 22), *ibid.*, 1932년 12월 29일자.

152) 평서노회 『제 23회 촬요』 (1932. 11. 29), *ibid.*, 1932년 12월 21일자.

153) 평양 임시노회 『촬요』, (1932. 11. 28), *ibid.*, p.

154) 변종호, 『이용도 목사전』, p. 166.

155) 조선예수교장로회 총회 『제 22회 회록』 (1933. 9), p. 71.

그는 감리교의 지도급 인사인 양주삼에게서 한 때 촉망을 받고 있었다. "(이)호빈이 교회를, (이)용도는 주일학교, (이)환신은 청년을 맡아, 아주 이상적인 한국교회를 세웠으면 한다"던, 그런 청년이었다.[156)]

그가 속해 있었던 감리교회는 사문위원회를 구성하였고 1933년 3월 중부연회에서는 그를 휴직으로 처분하더니[157)] 그 해 7월에는 목사 사면 청원을 받아들인다.[158)] 성결교회는 그가 "교회를 전복"시켜 "자당의 깃발을 날리려한다"[159)]고 질타하였다. 때를 같이하여 『기독신보』는 "이사벨의 무리를 삼가라"고 하는 사설에서 이용도 공격에 붓을 높였다.[160)]

당시의 평양노회장 남궁혁(南宮爀, 1882-1950) 박사도 그 노회에 속한 각 교회에 보내는 글에서 이용도 일파를 경계하고,[161)] 박형룡(朴亨龍, 1897-1978) 박사가 "스스로 감정과 경험의 지위를 편중하는"[162)] 반(反)신학적 신비주의를 공격한 것은 얼마 후의 일이다.

1933년 여름 이용도는 원산(元山)에 가서 치료하다가 지병인 폐환으로, "아름다운 내 본향 목적 삼고 ... 거기 풍파 일지 않네"의 찬송 소리를 들으며 파란 많은 생애를 마친다.

> 아 요란한 대로변 가시밭에 한 송이 백합화 ... 고요히 이름 없이 지나갈 고독한 야화(野花)! 이제는 소문 놓고 노방에 짓길, 이름 좋은, 그러나 역시 고독한 백합화.[163)]

이용도는 이렇게 해서 1933년 10월 2일 세상을 떠났다. 그의 나이, 스스로 그렇

---

156) 이호빈, 「내가 30대라면」, 『교회연합신보』, 1971년 11월 4일자.
157) 「기독교 조선감리회 제3회 중부연회 상황 개요」, 『감리회보』, Vol. I, No. 4 (1933. 4. 10), p. 4.
158) 통고문, *ibid.*, Vol. I, No. 7 (1933. 7. 10), p. 2.
159) 이명직, 성신의 역사와 악령의 역사, 『활천』, Vol. XI, No. 4 (1933. 4), p. 4.
160) 『기독신보』, 1932년 12월 14일자.
161) 『기독신보』, 1932년 5월 25일자.
162) 박형룡, 「반신학적 경향」, 『신학지남』, Vol. 15, No. 2, 1933. 3, pp. 13ff.
163) 『이용도 서간집』, p. 213. 이종현에의 편지 중.

게 예수와 같았으면 한, 서른 세 살이었다.

한때 이용도를 아낀 사람도 있었다. 김인서(金麟瑞)는 이용도를 1932년 2월에 만나고 돌아오다 격해 이런 말을 한다.

> 내 주여!
> 이 땅에는 영웅도 가고 위인도 없나이다.
> 우리에게 영웅이나 위인이 없어도 좋습니다.
> 그러나 이 땅에 의인만은 보내 주셔야합니다.
> 행여 당신이 보낸 사람을 보았사오니
> 내 주는 저와 함께 하시옵소서.[164]

그는 실로 1930년대, 선교사의 영향력이 사라져 가고, 교회가 사회변화의 도전에 신음하던 때에, 50여 년의 역사를 가진 한국교회의 내면적 신앙과 그 실험에 나서서 외롭게 외치다가 사라져 간 신앙인이었다. 그리고 그것은 그 후 13년간 계속된, 단말마적인 일본 치하의 교회가 십자가를 걸머진 채 지켜 나갈 수 있었던 신앙의 한 형태를 대표하고 있었다.

이밖에도 1930년대에는 예수가 자기에게 친림(親臨)하였다는 유명화(劉明花),[165] 신탁을 빙자하여 <조선예수교회>를 창설한 백남주(白南柱),[166] 머리를 길러 내리고 수염을 길러서 그 풍채를 흡사 예수와 같이 꾸미고 다닌 황국주(黃國柱)[167]의 일원적(一元的) 신령주의 같은 것도 한때 세상을 떠들썩하게 하였다. 난세에는 훌륭한 신앙도 나타나지만 이상(異常)의 열광적 신앙도 솟는 것이다.

---

164) 김인서, 이용도 목사 방문기, 『신앙생활』, 1932년 5월호.

165) 새 생명의 발상지, 『기독신보』, 1933.3.15.일자.

166) 주필, 교파의 남조를 계함, 『신앙생활』, 1937. 12월호, pp. 37ff.

167) 『신앙생활』, 1955년 9-10월호, p. 21.

19 한국교회와 일본교회: 그 관계

전 (한국 및 일본) 신도가 한 덩어리가 되어서 일본적 기독교를
확립하고 황국신민(皇國臣民)의 적성(赤誠)을 피력(披瀝)한다.
경성일보(京城日報) 1938.4.26.

19.1. 일본 안의 친(親)한국교회 인사들

일본 안에 기독교인으로서 한국에 친근감을 가지고 대한 거물급 기독교인들이 몇 있었다. 그 중의 대표적인 인물 하나가 다이쇼(大正)데모크라시를 이끈 요시노 사꾸조우(吉野作造 1878-1933)이다. 그는 도쿄의 홍꼬(本鄕)교회 교인으로 조선총독부의 무단정치를 맹비난한 거대 지식인이었다.[1] 한국 지식인들에게 막대한 영향을 미친 무교회주의자 우찌무라 간죠(內村鑑三 1861-1930),[2] 도쿄제국대학 교수로 김교신(金教臣)과 막역하여 한국을 방문하고 2차 세계대전 종전 후에는 도쿄대학 총장을 지낸 야나이하라 다다오(矢內原忠雄 1893-1961),[3] 3.1독립운동 탄압을 매섭게 비난한 *The Seoul Press* 감독이며 일본 거물급 국사학자 도꾸도미 소호(德富蘇峰 1863-1957),[4] 1927년 한국 참정권을 주장하였던 중의원(衆議院) 대의사 마쯔야마(松

1) 朝鮮統治の國民的 支配, 『中央公論』, 1919년 7월호 등 참조.

2) 『聖書之硏究』 1907년 7월호, 10월호, 1910년 9월호 등 참조.

3) 朝鮮統治の方針、『中央公論』, 1926년 6월호.

4) 일본 同志社大 출신, 東京 靈南坂教會 교인. 제국주의와 국가주의 관점에서 군벌을 옹호하기

山常次郎),[5] 총독부 학무국장이었으며 종전 후 도쿄 한국 YMCA 재건을 도운 세끼야 데이자브로(關屋貞三郎 1875-1950), 총독부 내무국장을 지내다가 도쿄 도지사(都知事)를 역임한 우사미 가쯔오(宇佐美勝夫 1869-1942),[6] 105인사건 변호인이었으며 제2차세계대전 종전 후 연합군일본전범재판소의 변호인단장을 지낸 우자와 히로아끼(鵜澤聰明),[7] 일본 제3대 검찰총장을 지내고 일본중의원 부의장을 지낸 하나이 다꾸조(花井卓藏 1868-1931), 구미아이교회의 와다세 쯔네요시(渡瀨常吉 1867-1944)의 총독부 지원 어용(御用) 조선전도를 맹렬히 규탄한 가시와기 기엔(柏木義圓 1860-1938)[8]과 유아사 지로(湯淺治郎 1850-1932), 루터연구로 유명한 사또 시게히꼬(佐藤繁彦 1887-1935),[9] 그리고 육군 주계(主計)중장으로 후시겐마찌(富士見町)교회 장로요 후에 성결교회로 옮긴 경건한 신앙인으로 한때 아끼즈끼(秋月致) 목사가 목회한 도쿄 이찌반지(一番地)교회의 교인이었으며 한국교회가 어려운 일이 있을 때 자주 찾아가 함께 의논했던 히비끼 노브스께(日匹信亮 1858-1940), 그리고 사회운동가 가가와 도요히꼬(賀川豊彦 1888-1960)[10] 등이 있었다.

19.2. 한국 안의 일본교회

19.2.1. 일본 구미아이(組合)교회의 한국전도

일본교회는 대개 한일 합병을 전후하여 한국에 소위 전도를 시작하고 있었다. 1904년 일본기독교회(日本基督教會)는 아끼모도(秋元茂雄)를, 일본 구미아이교

는 했지만 3.1독립운동 탄압에 대해서는 강력반발.

5) 『朝鮮ニ於ケル參政權問題』 1924년 1월, 『齊藤文書』 5-739, 日本 國立國會圖書館 憲政室 소장.

6) 故宇佐美勝夫氏記念會, 『宇佐美勝夫氏之追憶錄』, 1943년 참조.

7) 도쿄 富士見町教會 교인.

8) 柏木義圓, 渡瀨常吉君に問ふ, 『上毛教界月報』, 1919년 11월 15일자.

9) 朝鮮傳道の危機, 『大阪朝日新聞』, 1919년 7월 1일자.

10) 『死線を越えて』, 東京, 改造社、1920년 참조.

회(組合教會)는 쯔르기모찌(劍持省吾), 그리고 일본 메소지스토교회(감리교)에서는 기하라(木原外七)를 각각 파견하여 전도를 시작하고 있었다. 하지만 이들의 그 후 소식은 흔적이 별로 없다.

그런데 1910년 한일합병 직후 1911년 6월에는 구미아이교회의[11] 와다세가 조선총독부의 막대한 기밀비를 받고 서울에 온다. 그가 처음 찾아간 곳이 총독부였다. 우리는 이미 상당한 부분 이들의 한국전도가 불순하였다는 점을 살펴 본 일이 있다.[12] 그는 그들의 기독교 전도가 일본의 국민적 과제라고 전제하고는 한국인을 일본인으로서의 위용을 가지게 하는데 기독교가 필수적이라는 망발을 서슴치 않고 있었다. 전도를 한국인의 일본화 도구로 본 것이다. 한국인을 일본 통치하의 종순한 국민으로 만드는 데 기독교가 제일이라는 것이었다.[13] 3.1독립운동 때에 일본 헌병과 순사(巡査)들은 예수를 믿으려면 구미아이교회에 가라고 하였다는 것이다.[14]

여기서 문제가 불거지기 시작한 것이다. 그들 구미아이교회 자체 안에서 가시와기라든가 유아사 같은 이들이 그의 정치적 불순을 혹독하게 나무란 것이다.[15] 와다세의 전도모금액이 당시 50만엔(圓)에 이르고 있었는데, 한국의 일본 구미아이교회 1년 예산은 단 1만엔뿐이었다. 그 나머지 막대한 돈이 초대총독 데라우찌 마사다께(寺內正毅), 그리고 일본 거대 재벌 오오누마(大隈重臣), 시부자와(澁澤榮一), 이와자끼(岩崎), 미쯔이(三井), 스미도모(住友), 후루가(古河)에게서 나오고 있었다.[16] 그리고 조선총독부가 준 기밀비는 연간 6천원이었다. 한국 일본제국 신민화(臣民化)의 추진에 교회가 총독부와 대재벌의 도움을 받아 동원되고 있었다.

11) 組合教會. 퓨리턴계의 Congregational Church가 그 시초. 교직제 없고 회중정체(會衆政體).
12) 본서 pp. 341-343. 참조.
13) 『朝鮮傳道の急務』, 東京, 警醒社, 1913.
14) 佐藤繁彦, 鮮人傳道の危機, 『福音新報』, 1919년 7월 17일자.
15) 柏木義圓, 組合教會時弊論, 『上毛教界月報』, 1931년 5월호.
16) 土肥昭夫, 『日本プロテスタント・キリスト教史』, 東京, 新教出版社, 1980, p. 310.

19.2.2. 한국을 사랑한 일본 기독자

그런데 일제의 한국침략이라는 트랙과는 전혀 다른 길로 한국에 왔던 일본의 진정한 기독인들이 몇 있었다. 여기 두 사람이 떠오른다.

하나는 노리마쯔 마사야스(乗松雅休 1863-1921)이다. 그는 일본근대사에서 "최초의 해외 전도자"로 알려져 있다.[17] 메이지(明治)학원에 다니다가 소종파 프리마우스 브레드렌(Plymouth Brethren)과 인연 맺고 1896년 12월 23일 한국에 왔던 일본인이다. 그가 1906년 초대 통감에게 낸 선교계(宣敎屆)에서 그는 자신의 선교가 "하등의 종파에 속하지 않고, 따로 교파도 만들지 않고 단순히 주 예수그리스도의 성명(聖名)을 중심으로 하는 것"이라 밝힌다.[18] 그는 한국에 올 때 <하나님>이란 한국말 하나만 알고 왔다. 그의 외침은 소박하였다. 하나님이 그 외아들 예수 그리스도를 세상에 보내어 우리 죄를 대신하여 십자가에 못 박게 하시사 인류를 구원하셨다는, 그것뿐이었다.

그는 가난하게 지냈다. 두부 한 모를 가지고 세 식구가 하루를 지낸 일도 있었다고 한다. 그의 부인 쯔네꼬(常子)는 머리카락을 짤라 팔 정도로 가난한 생활을 보내다가 꽃다운 나이 33살에 세상 떠나고 말았다.[19] 노리마쯔도 말년 신병으로 1914년 여름 한국을 떠난다. "일본인치고 이렇게 감사와 눈물로 조선인에게 송별을 받은 사람은 없었다."[20] 그는 일본에 건너가 1921년 2월 12일 59년의 생애를 끝내고 떠난다. 그때 한국에서 달려온 한 사람이 눈물로 이런 말을 한다.

> 수십년의 풍상에 심폐(心肺)는 얼마나 아팠으며 피골은 얼고 식사는 거르고 수족은 병에 지치고 ... 그 희생 극에 이르고 있었습니다. 그 생애는 많은 형제를 얻어 주님 이름이 영광을 받게 되었습니다. 임종 때에는 조선형제의 이름을 끊임없이 불렀

---

17) 大野昭,『最初の海外傳道者 乘松雅休覺書』, 東京, キリスト新聞社, 2000.

18) 織田楢次,『チゲツクン ― 朝鮮・韓國人傳道の記錄』, 東京, 日本基督教団出版局, 1978, p. 170.

19) 土肥昭夫, *op.cit.,* p. 314.

20) 大野昭, *op.cit.,* p. 123.

습니다. 이렇게 그는 주님 다시 오실 날을 기다리고 있습니다.[21)]

그의 유언에 따라서 그의 유골이 그의 부인이 묻혀있는 수원에 이장된다. 일제 잔학으로 그 이름이 아직 생생한 제암리가 있는 수원 그 땅에, 희생된 한국인들과 함께 누운, 우리와 함께 산 한 일본인은 그렇게 우리 곁에 계속 남아있다. 그의 무덤 옆에 선 그의 기념비는 한일관계의 오랜 긴장과 불신의 격랑 속에서도 "그 관계를 이을" 관절처럼 우뚝 솟아 있다.[22)] 1923년 그를 따르던 신도의 수는 2천명 정도였다.

이경우(李慶雨)라는 사람이 노리마쯔에게서 세례 받고 <동양기독교회>란 것을 창설하여[23)] 김장호(金庄鎬)의 조선기독교회와 나란히 독자의 길을 간 일이 있다. 그러나 곧 소멸되고 만다.

다른 한 사람은 오다 나리지(織田楢次 1908-?)로 한국명 전영복(田永福)이다. 일본 장군 오다 노부나가(織田信長)의 말손으로 알려져 있다. 그는 1928년 3월 24일 독립전도를 위해 한국에 온다. 일본인이지만 일본인이기를 거절하고 한국인으로 살며 전도하고 고생한 우리 한국교회의 벗이었다.

하지만 일제의 사악한 통치하에서 일본인이란 표식을 지우기는 쉽지 아니하였다. 그는 돈이 없어 광주(光州)에서 걸어서 24일 만에 서울에 온 일이 있다. 갈 데 없어 한때는 함경북도 장풍리(長豊里)탄광에서 1년가량 광부로 고생한 적도 있다. 달구지를 끌거나 잡일을 하는 일본인은 그들 통치에 수치라 하여 경찰이 잡아 일본으로 끌고 가던 때인지라, 그의 행색이 한국인의 눈에 곁을 주게 하였다. 그렇게 그는 저 멀리 벽지 함경도의 성진(城津), 길주(吉州)에까지 가서 초보적인 한국말로 전도를 시작한다.[24)]

그는 어려울 때에는 일본인 행세도 한다. 그리고 기독교인 고위 식민지관료의

21) 大野昭,『乘松雅休覺書』, 東京, キリスト新聞社, 2000, p. 14.

22) 午見信夫, 乘松雅休師の記念碑をたずねて、『週刊韓日ビジネス』, 1982년 6월 13일자.

23) 吉川文太郎,『朝鮮諸宗教,』京城, 朝鮮興文會, 1923, p. 285.

24) 織田楢次, *op.cit.*, p. 39.

도움으로 시련을 면하기도 한다. 그가 간데 마다 독립운동을 돕는다고 일본경찰의 취체를 받았는데 그때마다 그는 당시 "총독 사이또 마꼬도(齊藤實)가 교회의 장로요 한국교회에 가게 되면 꼭 예배도 보고 기도도 한다"고 대갈하여 위기를 모면하곤 하였다.[25] 실제로 1931년 4월 저 함경북도의 무산(茂山)에서는 독립운동 혐의로 경찰서에 끌려가 심한 고문을 당할 때의 일이다. 전에 잠시 서울에서 호리네스교회에[26] 나갔는데 당시 서울 홍마찌(本町)경찰서 곧 지금의 중구경찰서 서장 고마쯔(小松)의 모친이 그 교회의 "굉장히 열심인 교인"이어서 조회한 결과 통보가 곧 내려와 석방된 일도 있다.[27]

그러나 그는 결국 한국교회 조직 안에 들어오게 된다. 저 북방 국경지역에서 전도를 하다가 1932년 가을에 서울의 성결교 성서학원에 입학하여 한국성결교회 소속이 된다. 그리고 2년 후에 졸업하고는 전국 그야말로 방방곡곡 찾아다니며 전도하고 교회도 세운다. 서대문의 천연동교회는 그가 개척한 교회이다. 그는 1938년 1월 평양에서 한국교회와 함께 신사참배 반대운동을 하다가 경찰에 구속되어 수원경찰서에 이송되고 다시 5월에는 서울 지방재판소 검찰국에 송치되었다가 5개월 징역살이를 한다.

그는 2차대전 초 1942년 1월에 일본에 건너가 오오사까(大阪) 한국인교회 미까지마(三河島)교회를 맡게 된다. 그러다가 종전 후인 1945년 10월 30일에 그곳 도오세이(東成)교회에서 재일본조선인기독교연합회를 창설한다.[28] 이것이 재일대한기독교총회의 전신이다.

이처럼 그는 일본인이로되 오히려 일본관헌에게 취조와 검속을 당하면서까지 한국과 동행하면서 우리 겨레와 함께 살아갔다. 그의 이름도 그래서 전영복(田永福)이다. 그는 해방 이후 한국에 여러 차례 찾아왔었다.

---

25) *Ibid.*, p. 58.

26) 성결교회의 한 교파인데 <ホリネス教會> 中田重治派. 다른 한 성결교 교파는 <キヨメ教會>.

27) *Ibid.*, pp. 62, 114,

28) *Ibid.*, p. 144.

19.3. 일본 식민교회- 게이죠(京城)교회

19.3.1. 서울의 일본인 교회 게이죠교회

우리는 여기에서 일본교회들의 한국전도가 일제의 한국 식민지화와 시간대를 같이하며 진행된 사실을 눈여겨 볼 수 있다. 곧 이들 일본교회의 한국전도라고 하는 것이 일제의 한국진출에 편승하고 있었다는 것을 알 수 있다. 그런데 우리는 이들 중에서 가장 오래되고 우리에게 특별한 의미를 가지는 경성교회를 눈여겨 살펴보고자 한다.

서울 태평로 지금의 코리아나호텔 뒤편 길에 아담한 작은 교회가 있었다. 일본인 게이죠(京城)교회이다. 그 교회는 1907년에 몇 명이 모여서 시작하다가 1912년 3월 16일에 정식 교회로 출발한다. 초대목사는 이구찌(井口称壽男), 그 2대 목사 아끼즈끼 이다시(秋月致 1878-1962)[29])가 취임한 것은 1918년인데, 그는 1939년 여름까지 22년을 목회한다. 해방 이후 그 교회를 인수하고 시작한 교회가 덕수교회이다.

하지만 일제치하 그 교회는 물위에 떠 있는 기름처럼, 바다의 고도처럼, 그들이 살던 식민지 한국과는 아무 관계가 없이, 다만 식민지 관료들 중심의 철저한 식민교회(植民教會)로 시종하고 있었다. 그의 사택도 아사히마찌(旭町)로 일본 식민지 고관대작들이 사는 남산 아래턱 고급주택가였다. 그 아끼즈끼 목사가 그래도 만났던 한국인으로는 윤치호(尹致昊), 김우현(金禹鉉), 최거덕(崔巨德), 김정현(金正賢) 정도였다. 그가 가서 설교한 한국교회는 기록상으로는 단 하나 보광정(普光町)교회뿐이다.

---

29) 1866 병인교난(丙寅教難) 때의 일본 쇼군(將軍) 도꾸가와 요시노부(德川慶喜 1837-1913)의 시의(侍醫) 가시와바라(柏原孝章)의 아들. 東京帝國大學 수학. 1909 東京一番町教會 목사. 교회사가 柏井圓, 육군소장 日疋信亮 등이 그 교인. 1918 京城教會 목사. 1939년 마산 일본인교회 목사. 1942 일본 큐슈(九州) 후꾸오까(福岡)의 와다나베도오리(渡辺通)교회 목사. 1962년 5월 8일 85세로 별세.

19.3.2. 아끼츠기 목사의 한국 안에서의 활동

3.1독립운동에 대하여

아끼츠끼 목사가 부임한지 1년이 채 되지 못하여서 3.1운동이 전국에 휩쓴다. 참 묘한 것은 수원 안성지방은 독립운동이 치열하여서 4월 2일부터 6일까지 경기도 헌병대 곧 일본군 제20사단 제39여단, 제78연대의 특별검거단을 파견한 바 있는데, 그들의 검거 탄압이 과격한 것이라는 국제여론을 의식한 총독부가 그 파견대장 하세베 이와오(長谷部巖) 헌병대좌를 중(重)근신 15일에 처한 일이 있다. 한데 그 하세베는 바로 이 경성교회 장로였다.

그로부터 10일후 곧 4월 15일에 그 처참한 제암리교회 학살사건이 터진다. 실제로 이 사건을 일으킨 장본인은 보병 제79연대 소속의 아리따 도시오(有田俊夫) 헌병중위 그리고 그가 인솔한 헌병 30여명이었다.[30]

그런데 아끼츠끼는 3.1독립운동에 대하여 "폭동"이라 단정하면서 문제의 핵심은 국민성의 문제로 본다. 곧 그런 격동 속에서 일본인과 한국인 국민성이 각각 약점이 있다는 것을 알았다고 하면서 "전도의 열매를 가지고 국민성의 개조를 성취할 것"이란 말을 한다.[31] 일본인의 약점마저 지적한 것을 옳지만 독립운동을 "폭동"이라고 본 데에 그의 한국 인식이 결국은 식민총독부의 입장과 다름이 없었다는 생각이 들어 비애를 느낀다. 거기에는 한국의 독립문제 같은 것은 염두에도 없었다.

하지만 얼마 후에 터진 제암리사건에 대하여는 그도 좀 달라진 모습을 보인다. 일본 도쿄의 거대신문들, 특히 도쿄 니찌니찌싱붕(東京日日新聞)이 당시의 제암리교회 사건을 가리켜 "교인 다수 소요... 반항폭행... 폭민" 이라 하면서 그 사건의 책임을 한국인의 폭동에 돌린 데에 대하여 분노한다. 일본신문들이 "전연 사실의

---

30) 提岩里騷擾事件ニ關スル報告、『朝鮮總督府資料』, 騷密 제770호, 小笠原亮一, 『3.1獨立運動と提岩里事 件』、東京, 日本基督教團 出版局, 1989, p. 206.
Cf. 金正明, 『朝鮮獨立運動』, 東京, 原書店, 1967, I, p. 631. 有田중위는 군법회의에 회부.

31) 秋月致의 柏井光藏에의 편지, 1919. 3. 31일자. 高崎宗司, 『妄言の原形, 日本人の朝鮮觀』, 東京, 木犀社, 1990. p. 160.

진상을 그르친 것"이라 비판한다.[32] 그리고 교회는 장차 이들의 일본인 국민성 개조에 힘써야한다는 말로 끝을 맺는다.

당시 총독부 내사국장이요 기독교인이던 우사미(宇佐美勝夫)나 일본 영자신문들 곧 서울의 <*The Seoul Press*>나 일본 고베(神戸)의 <*The Japan Chronicle*> 및 도쿄의 <*The Japan Advertiser*>들도 수원 제암리(提岩里)교회 잔혹사건에 대하여는 대대적인 비판의 글들을 싣고 있었다. 그들 영문신문들은 기독교인들이 대개 관여하고 있었다.

아끼츠끼의 다른 하나의 공헌이 있다면 3.1독립운동 이후에 친한파 민예연구가 야나기 무네요시(柳宗悅 1889-1961)를 도와서 <조선민족미술관> 설립에 함께 힘을 써서 1924년 4월에 마침내 서울에 개관하게 한 공로이다.

신사참배에 대하여

1931년 9월 18일 만주사변(滿洲事變)으로부터 1937년 7월 7일 중일전쟁(中日戰爭)을 거쳐 1941년 12월 8일의 태평양전쟁 그리고 1945년 8월 15일의 종전, 그 어간 15년간을 가리켜 "15년전쟁기"라고 한다. 모든 것이 엄격한 가차 없는 전시체제로 동원되던 시기이다.

그 첫 시련이 한국교회에는 신사참배의 강요로 나타났다. 곧 1932년 9월 17일 평양에서는 모든 기독교계 학교가 만주출정전몰장사(戰沒將士)위령제에 참배하라는 지시가 강경하였다.[33] 그곳 교회와 기독교계 학교는 여기 반발한 것이다.『긔독신보』에는 그 참배 반대가 마치 그 의식을 불교식으로 하였기 때문에 반대한 것으로 보도되고 있으나 그것은 구실이었을 것이다. 여기 대하여 아끼츠끼는 이런 말을 남긴다. 곧

> 불참배문제를 야기한 것은 종교문제에 대한 태도가 틀렸기 때문이다. 당국이 종교에 대하여 압박을 가하려고 한 것은 아니다. 국가에 대한 훈공(勳功)이 있는 이들에

---

32) 秋月致, 生命尊嚴の希望、『福音新報』, 1919. 5. 1일자.

33) 평양기독교학교 위령제불참배 顚末,『긔독신보』, 1932년 12월 14일자.

> 게 사의(謝意)를 표하고 경의를 표하자는 것뿐이다. 근본은 곧 그들이 일본의 입장을 이해하고 있지 않다는 데에 있다. 다른 하나 한국교인들 중에는 완미(頑迷)한 사람들이 상당히 많이 있다는 것이다.[34]

한국교회가 일제 침략전쟁에 동조하지 않는다는 불평인데, 그런 것이 일본교회의 실체로 들어난 셈이다. 더구나 아끼츠끼는 1937년 중일전쟁에 대하여서는 일본이 최대의 성공을 거두고 있다고 소리치면서 “이제는 항일(抗日) 배일(排日) 모일(侮日)에 미처 날뛰는 중국인들의 마음을 사야한다”는 말을 한다.[35] 일제 대륙침략과의 공조였다.

그는 신사참배에 대하여서는 이렇다 할 만한 말을 남긴 것이 없다. 그러나 그때 조선총독부가 밀고 나간 “내선일체(內鮮一體)”, “동방요배(東方遙拜)”, “황국신민(皇國臣民)의 서사(誓詞)”, “창씨개명(創氏改名)” 신사참배 강행에 적극 찬동하고, 그런 것을 실천하기 위한 친일적인 <조선기독교연합회>의 부위원장 자리에서 활동하고 있었다. 이 연합회는 서울중심으로 얼마 전에 조직된 내선신도간친회(內鮮信徒懇親會)을 연장 발전시켜 1938년 5월 8일에 발족한 전쟁협력기관이다. 그 위원장은 서울 일본YMCA의 총무 니와 세이지로(丹羽清次郎)였고, 다른 한 부위원장은 감리교의 노기다니(禾谷春洙 - 鄭春洙)였다. 정춘수는 3.1독립선언서의 서명자 중의 한 사람인데, 1939년 감리교회의 제 3대 감독으로 취임하면서 일제의 전시정책에 동조한 목사이다.

19.3.3. 게이조(京城)교회의 교인들

경성교회의 일본인교인들은 거물급인사들이 많았다. 그 중의 한 사람이 장로 와다나베 노보루(渡邊暢) 경성고등법원장이다. 그는 국제적인 평판이 빛나서 이또오(伊藤博文)가 1906년 초대 조선통감으로 부임할 때 소위 사법권의

---

34) 秋月致, 誤解からである、『朝鮮及滿洲』, 1932년 12월호.

35) 秋月致, 此一事,『榮光』, 1937년 12월호.

독립이란 것을 세계에 광고하기 위하여서 데리고 왔던 인물이다.[36] 와다나베의 고등법원장 발탁은 확실히 구미 여러 나라에 대해 일제가 한국에서 선정을 베풀고 있다는 것을 시위하기 위한 <전시품용> 인사 조치였다.

그는 실제로 <105인 사건>에서 700여명의 검속자들 중 105인에게만 실형을 주게 하는 판결을 하게 한다. 더러는 그가 그 105인사건 격동 와중 1912년 평양에서 설립된 한국최초의 자발적인 전국적 조직 조선장로교총회에 찾아가서 인사하였다는 소문이 있다.[37] 그는 1917년 연희전문학교와 세브란스의학전문학교가 <개정사립학교규정>(1915)으로 그 설립이 불가능할 때에 그 관리이사회의 이사로 "친절한 도움과 지원"[38]을 아끼지 않았기 때문에 기독교대학으로 인가를 얻게 하는, 그런 지대한 역할을 해내기도 하였다. 서울에 연희전문학교를 세우는데 10여년을 지구하게 반대해온 북장로교 현지선교부 평양의 모페트와 견주는 것은 물론 짓궂은 일이다. 하지만 그 시련기에 한국교회의 친구들 중에는 일본인 기독자도 있었다함이 우리의 안도를 겸연쩍게 만든다.

다음 인물은 하세베 이와오(長谷部巖) 헌병대좌이다. 그는 3.1운동 때의 진압역할로 이미 언급한 바가 있지만, 실제 인성은 군인답지 않게 온후한 인물로 알려져 있다.

다음은 사이또(齊藤音作) 영림청장(營林廳長)이다. 그는 총독부의 산림과장을 거쳐 그 자리에 오르면서 한국의 산야를 치산치수 녹화시키는 일에 전심하였던 인물이다. 데라우찌(寺內正毅) 총독의 신임이 아주 두터웠다고 한다. 일제가 한국에 남긴 공적으로 그들 스스로 공치사를 하고 있는 산림녹화에 끼친 그의 공로는 이만하였다.

다음으로는 총독부 고위 관리들인데 가령 강원도지사 다까미(高尾甚造), 경상남도지사 아베(阿部千一), 검사 후꾸다(福田甚二郎), 해군대좌 가또(加藤長太郎), 경성제대(京城帝大) 교수 이즈미(泉哲), 아소우(麻生磯次), 하나무라(花村美樹), 연희전문학교

36) 秋月致, 牧會情談⑩, 『基督教新聞』, 1957년 11월 16일자.

37) 105인사건 변호인단장 鵜澤聰明가 찾아간 것은 확실. 『예수교쟝로회죠션총회』 뎨일회회록, 1912, p. 5.

38) 언더우드, 조선기독교대학의 개교와 관련한 초기조치에 대한 임시학장 보고서, (1915.4.21.) 이만열, 옥성득 편역, 『언더우드 자료집』, 연세대학교 출판부, 5권, p. 137.

교수 다까이(高井直貞), 다까바시(高橋慶太郎), 조선총독부 토목과장 사까데(坂出鳴海), 총독부 토지조사국 감사관 하시모도(橋本金太郎) 등이 있었다. 다만 있을법한 인사로 총독부 내사국장이던 우사미(宇佐美勝夫)나 학무국장 세끼야(關屋貞三郎) 등이 여기 빠져 있는데, 다른 일본교회에 등록하고 있었는지는 밝혀져야 할 것이다. 물론 이 교회에는 당시 일제 통치기관에 나가던 몇 한국인이 있었다. 강원도청의 정건용, 김포 금융조합의 고범준 같은 이들이 있었고, 만주국의 중좌(中佐) 이정(李亭)이 있었다.[39]

이들과 한국교회의 접촉은 놀랄 정도로 없었다. 한국교회 역시 한국 안의 일본기독교인들과 접촉한 기록이 별로 없다. 다만 성공회가 초기에 국내 일본인 상대로 상당한 전교활동을 한 기록은 있다.[40]

한국 안에 있으면서 한국교회와 교섭이 없었던 일본기독교인들, 더구나 총독부 고급관리들과 헌병, 고급장교들로 구성되어 있었던 기독교회, 그 일본교회는 우리나라를 지배하고 통치하던 식민세력을 껴안고 그 목사는 어떤 설교를 하였을까. 그들도 한국 안에서 한 교단으로 존재하면서 한국교회와 교섭하고 연계하였더라면 어떤 일이 일어났을까. 그러면 일제의 한국통치기간이라 할지라도 기독교회로서의 상당한 역할을 훌륭하게 해 낼 수 있지 않았을까. 그런 생각이 떠나지 않는다.

여기 참고로 우리 한국교회 <찬송가>에 실려 있는 일본인 작사의 찬송가들을 적는다.

197장(통일 178) <은혜가 풍선한 하나님은>: 나까다 우고(中田羽後)

350장(통일 393) <우리들의 싸울 것은 혈기 아니요>: 사사오 데쯔사브로(笹尾鐵三郎)

301장(통일 459) <지금까지 지내온 것 >: 사사오 데쯔사부로(笹尾鐵三郎)

(통일 460) <지금까지 지내온 것 >: 사사오 데쯔사부로(笹尾鐵三郎)

416장(통일 416) <하나님은 외아들을 주시는 데까지> : 미다니 다네요시(三谷種吉)

---

39) 2009년 현재 일본에 秋月致의 아들 秋月徹가 옛 京城教會의 교적부를 보관하고 있다는 사실 확인.

40) 松山健作, 大韓聖公會初代主教コーフの宣教,『キリスト教史學』, 日本,キリスト教史學會, 69集, 2015.7月號, pp 212ff.

한국 장로교의 교세 증감표(1895~1930)

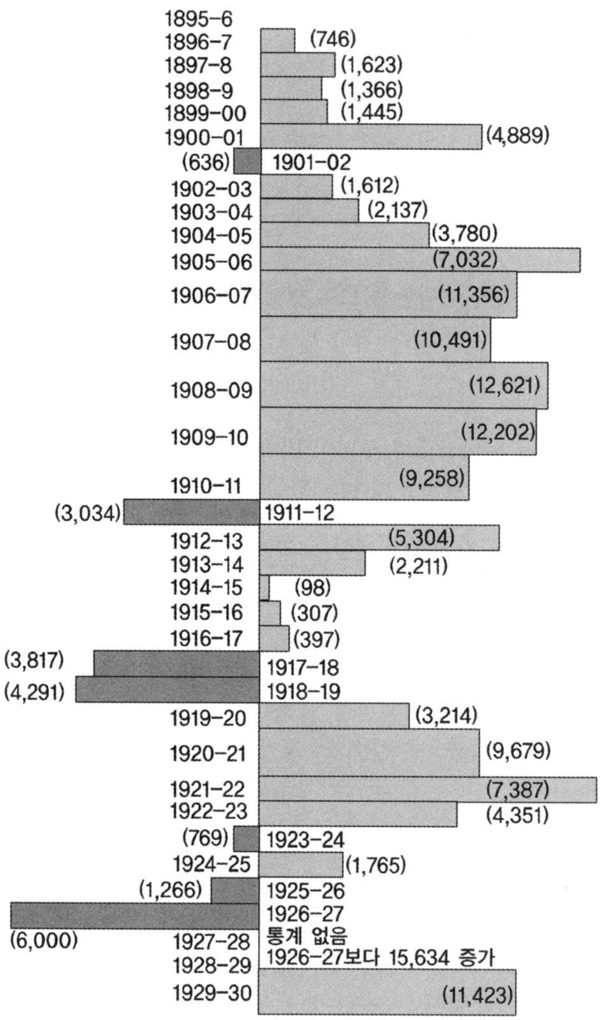

한국 감리교의 교세 증감표(1895~1930)

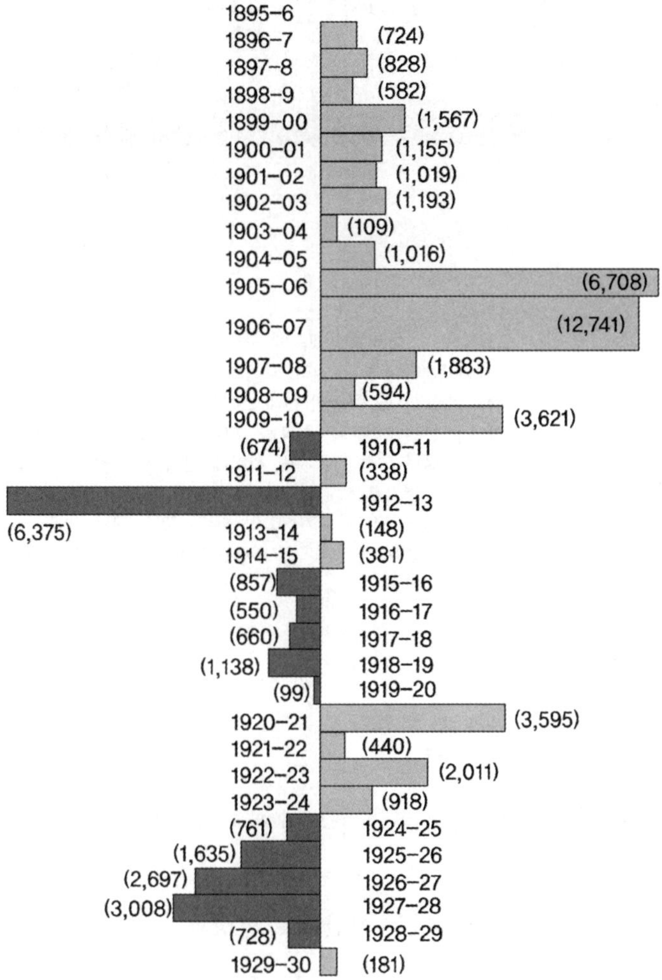

20 위기 속에서 설 땅을 찾는 교회의 모습

요즘에는 조선사회가 교회에 향하여 역(逆)도 않고 화(和)도 않고 그저 몰교섭입니다. 오히려 박해보다도 냉소, 압박보다도 무둔착(無鈍着), 저항보다도 묵살이 현대 조선사회가 기독교를 대하는 태도입니다. 사상상으로 보아도 사회복음주의를 제창하여 하나님과 예수보다도, 십자가보다도, 사람과 사람 사이에 윤리적 관계를 주장하는 자도 있고, 또 한편으로는 일절 사람을 근본으로 하는 전부를 떠나 절대신에게로 돌아가라는 위기신학이 발흥하고, 혹자는 아직도 민족적 종교를 창도하는 동시에, 또 한편으로는 막연한 국제주의를 강조하는 현상이외다.

송창근, 1934

20.1. 사회적 위기의 현상

교회는 1930년대에 이르러 자체의 내적 위기에 봉착하였다. 1920년대 말기만 하더라도 기독교인은 인구의 2%에 미치는 세력에 불과하였지만 교회는 도덕적으로 정신적으로 가장 영향력 있는 기관으로 인정받고 있었으며, 관료 집단 이외에는 "그만큼 짜임새 있고 활력이 넘치며, 목적의식이 뚜렷한 집단"[1]이 없었던 것으로 판단되고 있었다.

그런데 한 고비가 지나가는 듯하였다. 사회적인 냉대, 그래서 사회적인 고립

1) E. A. McCully & E. J. O. Fraser, *Our Share in Korea*, Board of Foreign Missions, United Church of Canada, 1931, p. 54.

의 질곡(桎梏)을 체험하기 시작한 교회가 설 땅은 막연하였다. 그때 민족의 거인 이상재(李商在, 1850-1927)가 떠난 것이다.

> 정치의 표면상 경장만으로 조선을 구하지 못할 것을 자각 … 단연히 기독교에 몸을 던져 민족의 정신적 갱생을 철저히 주장 … 의연히 사회의 주석을 일우섰었다.[2)]

"든든한 조선심의 대 표주(標柱)"[3)]가 가면서 기독교의 거인도 하나 사라져 갔던 것이다. 그는 기독교 청년회의 상징이었다. 산업과 체육의 기독교적 전개로 기독교 운동의 거대한 사회적 차원을 넓히고, YMCA를 기독교 민족운동과 사회운동의 거점으로 삼아 일제하에서 YMCA의 민족적 독립을 지켜 나갔고, 민족주의와 공산주의의 협력과 제휴를 가능하게 한 신간회(新幹會)의 회장으로 그 탁월한 리더십을 발휘하였던, "조선의 거인"[4)]이었다. 그런 그가 떠난 것이다.

그것이 한 전환기처럼 보였다. 가중되는 경제적 시련, 교회 내의 숱한 분파 작용, 총독부의 교묘한 간접적 분파 경향 방조, 계속 밀려드는 반기독교적 사조, 이런 것들로 교회는 심각한 "침체의 해"[5)]를 겪어 나가지 않을 수 없었다.

송창근(宋昌根, 1898-1950) 목사는[6)] 이 교회의 파산 위기를 가슴 터지는 듯한 심정으로 바라보면서 그 진단을 서둘렀다. 일찍이 이용도와 간격이 없을 정도로 친숙했던[7)] 그는 "교회는 결코 사회, 노동, 평화, 국제 문제를 말하는 곳이

---

2) 애사(哀辭), 이상재 선생의 장서(長逝), 『동아일보』, 월남 이상재, 서울: 월남 사회장의(社會葬儀) 위원회, 1929, pp. 125-126.

3) 월남 선생의 영이(靈輀)를 보냄, 『동아일보』, 1927년 4월 7일자.

4) 애사, 신간회, 월남 이상재, p. 156.

5) Korea, *The Annual Report of British Foreign Bible Society*, 1932, p. 234.

6) 김인서, 송창근 박사, 『신앙생활』, Vol. 5, No. 5(1936. 5). "씨는 총명한 위에 다독(多讀)하고, 다정한 위에 결벽의 인(人)이다. 경건문학을 애호하여 프랜시스 연구로도 조선에서 제일인자."

7) 송창근 목사가 미국 유학길에 오를 때 이용도는 그의 집을 판 돈 260원을 전부 유학비로 주었고, 그의 단 한 벌 옷을 줄여 고쳐서 입혀 보냈었다. 그러나 송 박사 역시 예수교회 사건 이후

아니고 … 예수 그리스도의 속죄의 복음, 중생(重生)의 복음이 중심이어야 하며, 초자연적 실재와의 교통, 지극한 동경과 경건과 신비의 열정과 엄숙한 성령의 움직임이 있는"[8] 곳이어야 한다고 강조했다. 그리고 그러한 경건의 부재를 통탄히 여기면서, 그 이유로 "50년 전에 기독교가 조선을 찾을 때 이 나라 사람들은 기독교의 진리 문제와 소위 서양문명을 가를 줄을 몰랐다"[9]고 분석했다. 이것은 한국교회의 신앙에 민족운동, 교화운동, 그래서 "민족의 비운(悲運)을 만회"[10]하는 동기가 혼돈되어 있었다는 지탄이었다.

결과는 당시의 새로운 기풍으로 등장한 세속적인 교화운동과 사회주의적 사상의 준동과 함께 수없는 이른바 지사적(志士的) 군상들의 교회 이탈 현상이었다. 갈망과 호소, 그리고 그 대응의 샘으로서의 교회는 사라져 간 것이다. 교회의 순수한 모습이 그대로 제공되어서 그 수용이 진지하게 질문 받게 된 30년대의 한국 교회는 시련이 컸다. "보라! 현금 조선에서 기독교인을 욕하는 글과 말이 폭우처럼 쏟아져도 반박문을 쓸 사람도 없고 반박론을 할 철저한 종교가도 없다."[11]

이 냉엄한 교회에의 도전은 공산주의 쪽에서 무섭게 전개해 나갔다.

20.2. 공산주의의 도전 앞에 선 교회

오늘날 모든 사람은 다 사회주의 사상에 물들여져 있는 것 같습니다. 고등보통학교

이용도를 결별하고 말았다. Cf. 변종호, 『이용도 목사 전』, pp. 137-138. Cf. 이용도 『서간집』, p. 155.

8) 송창근, 오늘 조선 교회의 사명, 『신학지남』, Vol. XV, No. 6, 1933. 11, pp. 21-22.

9) 송창근, 오늘 조선 기독교의 위기, *ibid.*, Vol. XVI, No. 3, 1934. 6, p. 23.

10) *Ibid.*, p. 24.

11) 방인근, 조선과 기독교를 구할 자 누구뇨, 『청년』, 1928년 5월호, p. 28.
"기독교에 대한 불신자의 신뢰와 희망이 전보다 훨씬 감소."

> 에서도 소년 소녀들이 공산주의 서적을 정독하는 것을 막을 길이 없습니다. 한국에서는 어떤 문화기관보다도 교회가 이 공산주의의 침해에 더 시달리는 것 같습니다. 이들 젊은 청년층은 사회주의자로 자처하면서, 안하무인격으로 신의 존재까지 대놓고 부인합니다. 하나님은 죽었다고! 정직하고 의로운 사람치고 이 나라에서 생존할 사람은 하나도 없다고 봅니다.[12)]

공산 사회주의의 만연은 현상적이었다. 기왕의 기독교인들 중 유수한 젊은이들도 대거 거기 기울어져 갔다. 그렇게 거기 끌린 이유가 무엇일까. 우선 그것은 현실적 동기, 곧 혁명적 투쟁을 통한 사회 변혁 의지가 아주 뚜렷했기 때문이었다. 당장 불만과 분노의 대상을 전복하고, 현실적 한(恨)을 속 시원하게 체감적으로 터는 일이다. 압박을 당하고 치욕을 받을 때 느끼는 변혁적 파괴적 본능의 극단화와 그 충족의 약속이 거기 있었다. 그것이 일제 통치의 가혹함 때문에 정당화되고 있었다. 그러나 기독교로서 공산주의를 받아 드릴 수 없었다. 공산주의의 철학적 기반이 무신론이었기 때문이다.

국내에서의 교회와 공산주의의 충돌은[13)] 일제의 강압이라는 분위기 때문에 별로 없었다. 다만 한만(韓滿) 국경 지대에서는 유혈의 대결까지 있었고, 이에 따라 교회의 피해가 컸다.

자료상으로, 공산당에 의한 한국 교회 최초의 피해는 1925년 동아 기독교회(침례교)에서 생겼다. 그 해 길림성(吉林省) 지역으로 파송되었던 윤학영(尹學榮), 김이주(金二柱), 박문기(朴文基), 이창희(李昌熙)는 9월 하순에, 공산당들에게 붙잡혀서 엉뚱하게도 일본의 밀정(密偵)으로 몰려 악형을 받아 순교의 피를 흘렸다. 외국 땅에서 벌어진 동포간의 살상, 그것은 장차 교회와 공산당과의

---

12) Frank Y. Kim, Glimpse of Korea after Ten Year's Absence, *The Korea Mission Field,* January 1932, pp. 3-4.

13) 1930년 12월 25일, 서울 신간회의 낙양관사건이 있던 날 밤, 승동교회에서 기독교 청년들이 공산주의자들에게서 테러 당한 일 등 몇 가지 사건들이 있었다.
이병헌, 신간회 운동, 『신동아』, 1969년 8월호, p. 204.

대결의 비극을 미리 보여준 셈이었다.[14] 동아기독교회의 두 번째 희생은 김영국(金榮國) 목사, 김영진(金榮振) 장로 두 형제의 순교이다. 1932년 10월 14일, 간도에 있는 화첨자하(華尖子下) 종성동(鐘城洞)교회당에 공산당원 30여 명이 난입하여, 부락민을 예배당에 회집시킨 후 불신자와 신자를 갈라 앉히고, 신자들에게는 생명으로 신앙의 값을 협박하였다. 두 김 형제의 엄숙한 신앙 고백이 청청히 울릴 때, 비류들은 "잔인하고도 무도한 악형으로 이들을 탈피하여 죽이는 참혹"을[15] 감행했다. 같은 날 정춘보(鄭春甫) 집사 역시 총살의 순교로, 영광된 하늘 길에 올랐다. 차디찬 만주의 엄동설한이 곡하듯 흘러갔다.

이 소식을 동만(東滿)의 여러 교회가 듣고, 이 비운의 까닭을 하늘에 호소했다. 그곳 장로교의 서창희 목사는 『기독신보』에 그 참화를 이렇게 써 보내 왔다.[16]

> 동만 각지에 산재한 동포들이 매일같이 무참히 살상과 피해당함을… 애매히 남모르게 피 흘리고 동분서주하는 고생과 한숨의 눈물을 하나님 외에 누구 알리오. 그런 중에도 본교회(동만교회) 안에 있는 각 교회에서 교인의 살상 피해가 너무도 극한 고로, 참다 못하야 할 수 있는 한도 내에서 대강 아는 대로 기재하나이다.

그에 의하면, 연길현(延吉縣) 와룡동의 교회가 공산당의 방화로 불타 교인이 다 이리저리 흩어졌으며, 적암동교회의 노진성 영수는 피살되고, 교인들 역시 다 피난 갔고, 로터거우교회는 두 번씩이나 비족(匪族)의 습격을 받아 수천 원의 피해를 입었다는 것이다. "이 동만교회 위해 기도해 주소서."[17] 그의 보고는

---

14) 『대한기독교침례회사』, pp. 43-44.

15) *Ibid.*, pp. 49f.
Cf. 삼십여 무장 공당(共黨)에게 김 목사 형제 피살, 『기독신보』, 1932년 11월 9일자. "영국씨의 고환(睾丸)까지 빼여갓다."

16) 『기독신보』, 1932. 11. 9 (1932년 10월 31일자의 편지).

17) *Loc. cit.*

이렇게 끝나 있었다.

같은 해, 곧 1932년, 감리교회 연회에서 파송 받아 (1922. 9) 시베리아 신한촌(新韓村)에서 전도하던 김영학(金永鶴, 1877-1932) 목사가 9월에 얼음이 갈라져 나간 강에 빠져 순교자의 행렬에 동참했다. 그는 1930년 1월 '반동분자'[18]라는 죄명으로 소련 경찰에 체포되어 징역 10년을 언도받고 중노동 하던 중 참화를 겪은 것이다.[19] 감리교에서 위험을 미리 알고 귀국할 것을 종용해 왔으나, "한 사람의 기독자가 남아 있는 한 남겠다" 하더니 이 순교의 길에 올랐던 것이다.

이보다 앞서 1931년 가을에는 남만(南滿) 길림(吉林) 남방에 있는 쌍거천에서 최태봉(崔台奉), 김광욱(金光旭) 등 7명을 공산당 가맹 거절을 이유로 해서 공비들이 잔혹히 살해한 일도 있었다.[20] 이들 소식이 2년이 지나서야 전해진 형편에, 그 넓은 땅 어디에서 어떻게 무슨 일이 일어났는지 더듬을 도리조차 없었다.

> 만주 전도자들은 생명이란 잊어버린 지 벌써 오래입니다.[21]

그곳 교회에 4년 후에 다녀온 한 전도자의 말이었다.

1935년 1월 4일에는 장로교의 한경희(韓敬禧, 1881-1935) 목사가 북만주의 호림현(虎林縣)에서 순행 전도 중 오소리(烏蘇里) 강에서 공비 40여 명을 만나 목사임이 드러나서 총에 맞아 죽고, 얼어붙은 강에 파묻혀 순교의 관을 썼던 것이다.[22] 이 참화 소식에 접하고 장로회총회가 송창근 박사를 북만 교회에 보내 시찰하게 했는데, 그 시찰 보고를 듣고, 김인서는 다음과 같은 글을 남겼다.

---

18) 노령에서 순교한 김영학 목사, 『감리회보』, 1933년 11월 1일, p. 5.

19) 노령 김영학 목사 순교, 『조선일보』, 1933년 10월 31일자. J. S. Ryang, A Martyr for the Cause of Christ in Siberia, *The Korea Mission Field,* December 1933, p. 260.

20) 김인서, 7성도 순교의 피, 『신앙생활』, Vol. 1, No. 10(1932. 10).

21) 산성동 예배당, 『김인서저작전집』, V, p. 219.

22) 조선예수교장로회총회 제24회 『회록』(1935), pp. 182ff.

> 북만교회는 순교의 피로 쌓은 교회입니다. 우리는 북만의 순교자라면 한목사만을 알되, 한목사 이외에도 순교한 신자의 이름은 다 헤아릴 수 없이 많습니다. 잔악을 극한 공산당의게 몽치에 맞아 죽은 순교자, 정수리에 못박혀 죽은 순교자, 머리 가죽을 벗겨 죽은 순교자, 말못한 학살을 당한 여순교자, 기십기백에 달하였다 합니다. 죽임을 당하지 아니하여서도 김현점(金炫漸) 목사와 갓치 공산당의게 살을 찢겨 벗긴 핍박을 당한 자도 있다 합니다. 그래 어떤 목사의 집은 거처키 어려운 토막이요, 어떤 목사부인의게는 옷다운 옷이 없고, 아이들도 바람 가리울 옷은 입지 못하였다 합니다. 우리가 엇지 무심하겠습니까.[23)]

과연 한국 교회는 "상할 대로 상하야 그 가련한 병적 상태는 가히 눈으로 보기 어려울 만치"[24)] 되었던 것이다.

그런데 이 비극의 아픔은 이국 넓은 땅에서의 동족간・이족간 갈등의 성격 때문에 더 깊었다. 감리교의 배형식(裵亨植)이 본국에 써 보낸 글에 이런 내용이 있었기 때문이다.

> 공당(共黨) … 에 포위되다가 요행 얼마 후에 일군(日軍) 토벌로 인하여 활로를 얻었습니다.[25)]

땅을 치고 싶은, 가슴 터질 듯한 일이 전개되고 있었다. 일찍이 독립운동의 기수였던 동만 동흥진(東興鎭)교회 목사 도인권(都寅權, 1880-1969)[26)]은 공산당에

---

23) 북만주 교회에 나타난 하나님의 섭리, 『신앙생활』, Vol. 5, No. 5(1936. 4), p. 3.

24) 남궁혁, 사설, 『신학지남』, Vol. 16, No. 1, 1934. 1, p. 2.

Cf. 남만교회 상황보고, 예수교장로회총회 제18회 『회록』(1929), p. 115. 1933년의 장로교 동만노회에서만도 참살 당한 사람이 25명으로 총회에 보고. 조선예수교 장로회총회 제22회 『회록』(1933. 9), p. 107.

25) 배형식, 본국 형제자매님께, 『감리회보』, 1933년 4월 10일자, p. 10.

26) 감리교 목사, 구(舊)한국군 교관. 1911년 일경에게 체포, 6년간 서대문 형무소에서 복역. 1918년 석방. 상해로 망명. 상해임시정부 군사국장, 의정원 부원장. 1921년 고려혁명위원회 위원, 1930년 동흥진에서 교회 6개 처, 학교 5개 처 설립.

게 납치되어 사형 선고를 받고 "금일 명일하고 기다리기 어제더니 금년(1933) 1월 27일에 (일본) 토벌대가 내주(來駐)됨을 따라 비족은 도망하고 … 안도를 얻게 되어", "황군(皇軍) 다까모도(竹本) 헌병대장에 … 감루(感淚)를 금치 못하여", 감사장을 보낸 일이 있었다고 한다.[27] 공산당에게 빼앗겼던 교회, 파괴된 교회도 그래서 다시 찾을 수 있었고, 종교 행사도 지켜 나갈 수가 있었다는 것이다.

가슴에 멍이 들어 피눈물이 쏟아지는 일이 진행되고 있었다. 그 일제의 군인들 때문에 교회가 공산당의 박해를 피할 수 있었다는 말이 아닌가. 그렇다면 민족 말살을 표방하던 일제의 간악함, 그것보다 내 겨레인 공산당의 악독이 더했다는 증좌가 아니던가. 그 가슴 터지는 갈등, 그 아픔을 『동아일보』가 일찍이 1925년 이렇게 진단하고 있었다.

> 요컨대 문제는 무엇이 우리 사회에 있어서 민족운동의 주조(主潮)가 되겠느냐 하는 것이 유일한 논점이 될 것이다. 우리는 아직도 민족적으로 자유와 행복의 생활은 고사하고 도리혀 불합리한 전제정치 하에서 신음과 고민으로 누명(縷命)을 근근히 보존하는 것이 굽혀 말할 필요가 없는 사실이 아니냐. 하물며 목하 사회문제의 분규가 근본적으로 민족적 쇠퇴에 중대한 관계가 있는 것을 생각하여 보면, 누구든지 조선 사람으로서는 민족문제가 사회문제보다 감정상 자격이 더 일층 예민하여질 것을 우리는 기탄없이 단언하는 바이다.[28]

한 겨레로서 일제에 저항하자는 외침이었다. 그러나 공산당들은 '겨레'마저 그 안중에 없었다. 마침내 기독교는 그 인내의 마지막 끈이 끊어진 듯하였다. 김창제(金昶濟)는 분노를 참지 못하고 있었다.

> 철없이도 맹목적으로 맑쓰 학설과 맑쓰 운동을 통째로 삼키려는 자가 있는가. 위험

27) 지방통신, 동만지방, 『감리회보』, 1933년 7월 10일자.

28) 우리 운동의 방향, 사설, 『동아일보』, 1925년 9월 27일자. 국내 공산주의가 헤게모니를 잡았다고 판단한 1925년 9월부터 민족주의계, 기독교계를 공격하는 데 대한 민족사적 반론.

> 하게도 완악스럽게 무국가적 태도를 고집하는 친구가 있는가. 우리는 그 정수리에 통침을 가하고자 한다. 가증하게도 발광하는 망국적 사회주의를 그대로 절규하는 광우한이 있는가. 우리는 민족단결의 폭탄으로써 그 오류를 파열하여 버리지 않으면 안 된다.[29)]

당시 공산 사회주의자가 맹목적이며 발광하고 완악하고 망국적이며, 따라서 위험한 광기와 치우의 무리들이라는 단죄인데, 할 말은 다 했다는 느낌이다.

이런 위험 속에서도 만주 몽고 지역에 대한 선교는 우리의 사명감에서 한 번도 벗어난 적이 없었다. 내몽고 깊숙이 이현태(李賢泰)가 러시아침례교에서 안수 받고 선교에 나선 것은 1917년부터의 일이었다. 내몽고의 왕부묘(王斧廟)에는 방용범(方龍範)과 중국인 이달고탁(李達古鐸)이 함께 조선인과 몽고인을 위해 전도 사업에 종사하고 있었다.

"주님이 몽고인의 많은 생명을 조선교인에게 부탁하였습니다." 1939년 순교한 이현태가 평양을 방문했을 때 남긴 말이다.[30)]

20.3. 국학 연구와 기독교

이제 역사 40년의 조선 교회는 팽배하는 공산주의의 도전, 악랄한 일제의 신사참배 강요에 의한 국민성의 시험, 사회의 세속적 경향과 몰종교적 냉소 앞에서 자존, 자립의 민족교회 형성을 작으나마 우선 실험하지 않을 수 없는 단계에 와 있었다.

기독교에서는 말할 것도 없지만, 대학에서의 국학 연구에 끼친 공로로서는 연희전문학교의 백낙준(白樂濬, 1895-1985)을 들지 않을 수 없다. 그는 1927년 영

29) 김창제, 사회주의 활살론(活殺論), 『사명』, 1927년도 5권, p. 23.

30) 몽고 전도는 조선 교회의 책임, 『신앙생활』, 1935년 7월호, p. 6. 그 이후 감리교와 관계 맺고 선교. 1939년 말 순교. 『감리회보』, 1940년 1월 1일자, p. 15.
Cf. 몽고 선교사 이충신(이현태 부인) 씨의 근황, *ibid.*, 1941년 2월 1일자, p. 10.

문으로 『조선개신교 선교사』를 썼지만, 그것은 "국사의 한 분류사"[31]였고, 따라서 1832년에서 1910년을 망라한 한국 근대사의 한 체계적 서술이었다.

그는 1927년 연희전문학교에 부임했고, 1928년부터는 문과 과장직에 있으면서, 일제하에서의 위험을 무릅쓰고 조선어학(朝鮮語學)을 우선 선택과목으로 교수하게 하면서 아울러 조선사를 동양사 과목 속에 포함하게 하고, 한문학 속에 국문학을 함께 강의하게 하였던 것이다.[32] 이 조선학의 연구 교수는 위당 정인보(鄭寅普, 1892-?)의 『조선문학원류초본(朝鮮文學源流草本)』과 최현배(崔鉉培, 1894-1970)의 『품사유별(品詞類別)』이란 형태로 우선 그 결실이 맺어졌다. 실로 조선학 연구의 연희에서의 시작은 "역사적 사실"[33]이었다.

이러한 국학적 관심은 '조선적 신학'에의 형성 모색도 동반하였다. 그것이 한국 전통의 연속에서 필연이라고 본 것이 백낙준이었다.

> (합동이라 함은) 조선기독교회의 조직을 말하는데, 조선예수교장로회가 있지만 그 신경(信經)은 조선 사람의 신앙의 결정(結晶)이 아닌 듯하고, 그 정치제도도 조선예수교도의 창작은 아니라고 합니다. 더욱이 우리가 부르는 찬송가에는 조선예수교인의 오묘한 신앙을 시적으로 표현한 것이 별로 없습니다. 성경해석은 배워서 아는 이와 스스로 연구하여 아는 이가 많으나 아직까지 그 결과를 집합한 주석과 논문이 업서 기독교사상에 새로운 공헌은 없습니다.… 이때는 조선교회의 형식을 만들려 하는 것보다 교회의 혼을 만들 때일 듯 합니다.[34]

이것은 민족교회론의 국학적 성격을 주장한 호소였다. 그런데 이런 것을 교회 안에서 실현하려고 그 주춧돌을 놓았던 사람이 김인서였다.

---

31) 최현배, 머리말, 백낙준 박사 환갑기념 『국학논총』, 1955, p. 3.

32) 백낙준, 시냇가에 심은 나무, 『나의 인생관』, 서울: 휘문출판사, 1971, pp. 42-70. Cf. 학회기략(學誨記略), 『용재 백낙준 박사 소전』, n. d., p. 16.

33) *Ibid.*, p. 43.

34) 『기독신보』, 1933년 5월 10일자.

> 번역신학과 고용신학에서는 조선의 영을 움직일 활력이 나오기 어렵습니다. 정통이라 할지라도 조선인 신앙정신에서 쏟아져 나오는 조선인 독창의 신학, 조선인의 손으로 발행하는 조선인 독립의 신학이래야 조선의 영을 움직일 수 있습니다.[35)]

정통, 이단의 표준까지도 조선적 교회론에서 주도하자는 억센 민족기독교의 고조였다. 그렇지만 이런 소망은 실현의 약속은 아니었다. 1930년대 중반에 교회는 헤아릴 수 없는 복잡한 요소들 때문에 분열의 외길을 걷고 있었다. 그 하나가 장로교회의 분열 조짐이었다. 밖에서의 공격과 시련에, 내면의 빈곤과 약화가 따른, 수치의 기록이 여기 있었다.

20.4. 조선 감리교회의 형성: 남북 감리교의 합동

우리는 1930년대에 이루어 놓은 남・북 감리교의 합동을 거대한 민족사적 대업의 성취로 대서특필할 수 있는 영광의 역사를 가지게 되었다. 그런 일을 달성하기에 가장 어려웠던 시기에 이룩해 놓은 일인 만큼, 감리교의 역사의식과 그 판단 및 결단에는 남다른 데가 있었음을 보고 깊은 감회에 젖는다.

한국의 장로교는 1912년 총회가 독립하기는 했으나 독자적 신앙 고백과 교리 및 정체(政體)의 부재라는 애로에 시달려 왔다. 그러나 감리교는 한국 교회의 신앙이 미국 교회의 역사적인 필연성과 전혀 무관한 사실을 들어 선교부에서 완전 독립된 한국적 감리교의 형성을 달성할 수 있었다. 한국 교회사의 신기원이 여기 높이 솟은 것이다. 감리교의 합동과 선교회로부터의 독립만으로서가 아니라, 1930년대의 교회의 병적 증상이 어둡게 휩쓸던 때인지라, 그 의의는 한결 더 소중하였다.

감리교의 민족적 의식은 일찍부터 싹터 있었다. 신앙과 교리 및 정치적 체제

---

35) 아빙돈 주석문제, 『신앙생활』, Vol. 4, No. 10(1935. 11), p. 10.

가 완전히 동일하고, 다만 미국의 사회적 조건의 관련으로 인해 남북이 분리했다는 그 역사적 조건만으로, 소박한 단일 민족의 종교마저 분리될 수 없다는 주체 의식 때문에 통합 형성의 요청에 들끓었다. 더구나 교회가 그 서 있는 고장의 사회적 · 정신적 상황에 생명을 쏟는 듯한 복음의 전달이 있기 위해서는, 사회적 요소 때문에 교회가 분리했을 정도의, 그만한 요청으로 역시 통합 결성되어야 한다는 소리가 높아갔던 것이다.[36)]

그러나 그보다 더 깊은 비원(悲願)이 하나 있었다. 일제하에서 수모당하는 한국교회의 모습은, 일본에서 감리교가 독립되어 있다는 사실에서, 그 능력과 용기, 그리고 경건성마저 일본 감리교에 비해 열등하다는, 그런 인상을 남길세라, 사무치는 비탄에 젖어 있었다. 교회는 이 민족적 관심에 성실한 자발적 해결을 내놓지 못할 때 유능하고 총명한 세대들을 상실한다는 책임감에 눈떴던 것이다. 민족종교로서의 고백과 교리를 장하게 내보일 경로는 이 합동의 독립교회밖에 없다고 본 것이다.[37)]

이렇게 해서 이 숙원이 표면화하여 1924년 3월 5일에 서울에서 북감리교회 진흥방침연구회와 남감리교의 같은 이름의 연구회가 회합하여 그 합동의 초안을 작성하기에 이른 것이다.[38)] 그러나 그 안이 미국에서 1925년에 부결되고 말았다.[39)] 궁지에 몰린 한국교회는 "불가불 단독으로라도 통합해야 되겠다"[40)]는 결단을 내렸다. 1926년 6월과 9월, 한국의 북감리교와 남감리교에서 각각 5명씩의 연구위원을 위촉해서 다시 통합계획안을 작성하게 했고, 그 위원회에서는 여섯 차례의 회의를 거쳐 1927년 3월 19일 '조선 남북감리교회 통합방침연합연구위원회 보고'를 작성하였다.[41)] 1928년의 미국 북감리교와, 1930년의 남감리교

36) J. E. Fisher, The Korean Methodist Church, *The Korea Mission Field*, December 1930, p. 251.

37) *Ibid.*, pp. 252, 253.

38) 죠션 남북감리회 련합문뎨, 『기독신보』, 1925년 7월 22일자.

39) 재미 남감총회의 연합 부결, *ibid.*, 1925년 12월 16일자.

40) 양주삼, 『조선남감리교 삼십년기념보』, p. 142.

41) 『기독신보』, 1927년 4월 6일자.

총회가 이들의 보고서에 제시된 청원을 승인했을 때,[42] 이 교회의 설립은 그 최종 단계에 들어서 있었다.

1930년 12월 2일은, 한국 감리교회 연대기에 길이 남을, 뜻 깊은 날이었다. 그 날 오전 10시, 협성신학교에서는 통합총회가 개최되고, '조선 감리교회'가 찬란한 첫발을 내딛은 것이다.[43] 그 날의 교리 선언 전문은 아래와 같았다.

> 그리스도교의 근본적 원리가 시대를 따라 여러 가지 형식으로 교회의 역사적 신조에 표명되었고, 웨슬레 선생의『종교강령』과『설교집』및『신약주석』에 해석되었다. 이 복음적 신앙은 우리의 유업이요 영광스러운 소유이다.
>
> 우리 교회의 회원이 되어 우리와 단합하고져 하는 사람들에게 아무 교리적 시험을 강구(强求)하지 않는다. 우리의 중요한 요구는 예수 그리스도께 충성함과 그를 따르려고 결심하는 것이다. 웨슬레 선생이 연합회 총칙에 요구함과 같이 우리의 입회조건은 신학적보다 도덕적이오 신령적이다. 누구든지 그의 품격과 행위가 참된 경건과 부합되는 이상에는 개인 신자의 충분한 신앙 자유를 옳게 인정한다.[44]

그 날 총회 석상에서의 웰치 박사의 설교에도 위와 대동소이한 줄거리가 나타나 있었다. 그는 감리교회가 남녀, 귀천, 빈부, 지식의 유무 등 일체의 차이를 문제 삼지 않을 뿐만 아니라, 편협한 교파주의를 배격해야 한다고 설파하고, 교회 생활에서는 권위보다도 신앙과 애정이 압도적이어야 한다고 강조했으며, 진보적인 자세로 사회적인 요청에 따라 자라기도 하고 변하기도 해야 한다고 강조하였다. 이처럼 한국의 감리교는 처음부터 신학의 광활한 발전과 사회 참여의 정신을 그 바탕으로 제공하고 있었다.

---

42) 남북 감리 합동 결의, *ibid.*, 1930년 5월 21일자.

43) 조선감리교의 합동과 조직에 대한 성명서,『기독신보』, 1930년 12월 10일자. 제1대 총리사 양주삼. Cf. 강대, 웰치 감독, 합동의 원리, *loc. cit.*

44) The Proclamation Regarding the Unification and Organization of the Korean Methodist Church, *The Korea Mission Field*, January 1931, pp. 2-3

이 대담한 강령과 신경을 제시한 감리교의 골수에는 "제도나 의식(儀式)이나 교리나 신조인 것보다도, 하나님 안에서 힘과 기쁨으로 평화를 누리는 생활"[45]에의 진지한 성향이 자리 잡고 있었다. 그 넓은 신학과 평면적인 사회적 관여에 언제나 찬연히 이 따사로운 영성의 신령한 종교적 자세가 줄기차게 흐르고 있었던 것이다. 제1대 총리사로 취임한 양주삼 목사는 감리교의 감리교다움이 이 신령한 면에 있다고 지적하면서, 민족의 영적 갈망을 채워주는 것이 이 통합된 감리교가 그 전력을 기울여야할 사명이라고 천명하고 있었다.[46] 웰치 박사가 1934년에 말한[47] "무지한 신앙은 열광적은 될 수 있으나 쓸모가 별로 없고, 따라서 무가치하다"라는 말과 총리사의 경고가 어떤 형식으로 조화될 수 있었는가 하는 문제는 감리교 자체의 신학의 폭을 생각하고서야 그 경과 측정이 가능한 문제였다.

그런데 이 남북 감리교의 합동은 예기치 않은 곳에서 쌓였던 불만처럼 터진 잡음에 잠시 시달렸다. 1931년 경성지방 감리사가 보고한 말 가운데 "남감리회와 북감리회가 합동된 이후로 전 조선 내의 각 지방이 경성지방처럼 사실상으로 합동된 곳은 없고, 명의상뿐입니다"[48]고 한 것은 실상 별 문제가 아니었다. 심각한 문제는 오히려 선교사들에게서 다가왔다. 양주삼 총리사는 "조선교회 조직에 대하여 선교사들은 불만을 가지고 조선교회에서 분리하여 선교회를 다시 조직하기를 희망한다는 풍문이 있음"[49]을 혹렬히 규탄하고 있었다.

총리사 자신이 설문 16개를 작성하여 1934년 봄에 선교사들에게 배부, 그 의견에 대한 솔직한 반응을 구한 것은 이 때문이었다. 그 설문 내용의 일부는 아래와 같았다.

---

45) 정경옥, 감리교신학의 특징, 『기독신보』, 1932년 5월 11일자 (856호).

46) J. S. Ryang, The Future of Korean Methodist Church, *The Korea Mission Field,* January 1931, pp. 6-7.

47) 『웰치 감독 강연집』, 기독교 조선감리회 총리원, 1935, p. 30.

48) 김종우 보고, 기독교 조선감리회, 동부, 중부, 서부 제1회 연합연회 『회록』(1931), p. 153.

49) 총리사의 강설, 『감리회보』, 1934년 11월 12일자, p. 5.

1) 당신은 조선감리교회의 현 조직을 불만히 여깁니까.
2) 당신은 북감리회 선교회와 남감리교 선교회를 조선에 다시 회복하는 것을 가(可)하게 생각합니까.
3) 당신은 조선교회 조직에 선교사들을 없게 하는 것이 더 나은 줄로 생각합니까.
4) 당신 생각에 선교사들이 조선교회의 조직에 들어가지 아니하면 일을 더 잘할 것 같습니까.
5) 조선교회에서 선교사들로 하여금 새 사업을 개척하지 못하게 하는 것이 있습니까.
6) 만일 선교사들이 조선교회에서 탈퇴를 한다면 공중에게 불미한 인상을 주어서 조선의 기독교 운동에 －특별히 감리회 사업에－ 대하여 악영향을 주지 않겠습니까.
7) 현재 조선교회 조직이 선교사들로 하여금 자기의 의견을 발표하기에 부족한 점이 있는 것 같으나 근일에 선교사 협회가 조직되었는데 그중에서 남북 감리회가 따로 모이기까지 규정되었은즉 그만하면 넉넉치 못하겠습니까.
8) 미국 총회에서는 조선에 자치 교회를 설립하고, 독립 교회를 조직한다고 하지 않았음으로 세 교회가 연락하기 위하여 중앙협의회를 조직하였는데 그중에 실행하기 곤란한 것이 있는 것을 깨닫고 선교사협의회를 조직하여 중앙협의회에 부족한 것을 보충케 하였은즉 그만하면 되지 않겠습니까.[50)]

여기 대한 선교사들의 반응은 제1문의 경우, 불만 없음이 41, 모르겠소가 8, 불만이 5로 나타나 있고, 제2문에 대해서는 불가가 50, 가가 6으로 나와 있었다. 제6, 7문을 물었을 때의 우리 한국 감리교회의 충심이 얼마나 번민하였는가 하는 것을 알고도 남는다. 민족교회 형성의 길은 그만큼 형극이 컸다.

1934년은 감리교 선교 50주년이 되는 해였다. 감리교회는 이 날을 대대적으로 축하하는 행사를 거행하면서, 첫째로 "하나님께 감사의 뜻"을 발표하고, 둘째 "선구자로서 사업을 위하여 희생한 이들"에게 감사의 뜻을 발표하고, 셋째

50) *Ibid.*, pp. 16-18. 여러 항목 중에서 임의 선택하였음.

"이 기회를 이용하여 우리 조선교회의 기초를 더 공고케 하며, 장래 사업을 위하여 더 큰 방침을 계획"한다는 취지를 밝혔던 것이다.[51] 이런 것을 다짐해야만 했던 감리교회였다.

20.5. 장로교 분열의 징조들과 장·감 교회 관계

1930년대에 와서 장로교회 안에 분열의 징조들이 나타나기 시작했다. 그 요소들은 지방적인 것과 신학적인 것 두 가지였다.

우선 대다수 기독교인의 분포가 서북쪽에 편중되어 있었고, 따라서 남한의 교회들은 교회 문제에 남부의 의사가 반영되지 않음을 지적하기 시작하였다.[52] 그런데 이 지방적인 차이는 묘하게도 보수와 진보 두 파의 차이로 나타났다. 평양을 중심으로 한 서북지방의 신학은 철저히 보수주의에 기울어지고 있었다. 1911년에 이미 서울에 연희전문학교를 세워 보조하는 문제가 생겼을 때, 평양의 교회들은 이 학교가 서울에 소재한다는 이유로 그 계획에 반대했던 것이다.[53]

이러한 암암리의 대립이 마침내 1934년에 하나 표면화했다. 1934년! 그 해는 조선교회 역사 50년의 희년(禧年)이었다. 교세 525,200명의 발전으로 불꽃 튀기며 즐거워했던, 성년의 교회 그 기념의 해였다. 하필 그 날에 이런 일이 암운처럼 가린 것이다. 그 해의 장로회총회는 남부 지방에서 온 총대들을 '근대주의자들'이라고 비난했고, 한편 남부의 노회들에서는 북부가 교회 일을 전제(專制)하고 있는 이상, 그 총회에서 탈퇴하겠다고 위협하였던 것이다.[54]

---

51) 양주삼, 선교 오십 주년에 제(際)하야, 『감리회보』, 1934년 8월 10일자, p. 5.

52) G. T. Brown, *Mission to Korea*, pp. 147-148

53) 전성천, *Schism and Unity in the Protestant Churches of Korea*, 예일대학교 박사 학위논문, 1955, pp. 82, 143.

54) 『새문안 85년사』, 서울: 새문안교회, 1973, pp. 147ff., 172ff.

다음은 신학적인 문제인데, 1934년 평양의 모페트 박사는 한국에 와 있는 '대부분'의 장로교 선교사들은 보수주의자라고 자찬하였다.[55] '대부분'이라는 말은 몇 사람의 선교사가 예외라는 것을 암시하고 있었고, 홀드크로프트(G. Holdcroft, 許大殿: 1878-1972)는 이 '예외'가 곧 근대주의자들이요, 이들은 악하고 반역적이며 배신하는 무리들[56]이라고 힐난하고 있었다.

그러나 일본이나 구미에서 신학을 연구한 한국인 목사가 귀국하고 세계 신학의 흐름을 소개하면서부터, 한국 교회 자체 안에도 진취적인 신학의 기상이 퍼지기 시작한 것을 막을 길은 없었다. 총회는 1917년에 벌써 "타 신학을 졸업한 이로 본 장로회에 사역하려는 자는 먼저 장로회의 인도와 관리를 받고, 본교(平壤神學校) 별신학(別神學)에 출석하여 신경, 정치, 규칙을 강습한 후 취직케 하기로" 결의한 일이 있었다.[57] 이것은 해외에서 신학을 졸업하고 오는 사람들에게 대한 무언의 통제였다. 독일신학의 영향을 받고 있었던 일본에 유학하는 신학생에 대해서 한국 교회는 예민한 관찰을 게을리 하지 않았던 것이다. 장로교인 중에서 많은 젊은 신학도들이 감리교나 캐나다교회 선교부 지역으로 옮겨 간 것이 이때의 일이다.[58]

게일(J. S. Gale)이 일찍이 평양장로회신학교의 실질상의 주도역이었던 모페트에 반발하고 그 교수직을 사임하겠노라 위협했던 까닭도 여기 있었다.

> 당신의 방법은 긍정 못하겠습니다. 표준은 너무 낮고, 교수 방법은 저질이며, 강의 자료들은 낡아빠진 것들이고, 학생의 등록 수는 너무 많습니다.[59]

Cf. 함일돈, 근본주의와 근대주의, 『기독신보』, 1932년 3월 16일자.

55) S. A. Moffett, Fifty Years of Missionary Life in Korea, *The 50th Anniversary Celebration of the Korea Mission Presbyterian Church U. S. A.*, June, 30th - July 3rd, 1934, p. 40.

56) J. G. Holdcroft, The Forward Look, *ibid.*, p. 208.

57) 『조선예수교장로회사기』, 하, p. 23.

58) 김춘배 목사는 1934년 8월 15일, 이런 말을 했다. "영리한 자는 다른 교파로 자리를 옮깁니다. 장로교의 사람으로 타 교파에 가서 유력한 지위를 점하고 활약하는 남녀의 수가 결코 적지 않습니다." 『기독신보』, 1934년 8월 15일자.

이러한 신・구의 신학적 대결이 표면화된 것이 산정현교회에서의 송창근 박사의 사직이다. 강규찬(姜奎燦, 1874-1945) 목사 연로(年老) 때문에 잠시 봉직한 박형룡 박사 후임의 송창근은 그의 진취적인 기상 때문에 조만식(曺晩植, 1882-1950) 장로를 비롯한 교인들의 배척을 받아 부산진으로 밀려 나갈 수밖에 없었다.

> 조선교회에 누구의 당이 있다, 누구의 파가 있다 하야, 서로 노려보고 못 믿어 하는 터이요, 게다가 같은 조선 사람으로서 남놈, 북놈, 하야 스스로 갈등을 일삼으니 이 어찌함인가.… 50 희년(禧年)인가 50 희년(噫年)인가![60]

이것은 그가 『신학지남』에 마지막으로 기고한 논문의 한 구절이다. 목회자로서의 폭과 사명을 책임으로 알고 산 그가 보수주의에 대해서 가졌던 반항은 "피차의 성찰의 부족"과 "사상의 부족"[61] 그리고 "감격의 부재"[62] 때문이었다.

그러나 가장 치열한 신학적인 대결은 역시 평양신학교의 박형룡(朴亨龍) 박사와 평양 숭인상업학교의 교사였던 김재준(金在俊, 1901-1987) 목사 사이에 진행되었다. 김재준 목사는 한국에서의 신학교육이 단일하고도 고루한 전통신학과 고정된 사문(死文)의 교리 항목을 주입식으로 가르치는 데 그치고 있다고 공격하고, 사상이 아닌 사물이 교수되었을 뿐이라고 비판하였다. 그리고 그는 『신학지남』에 투고한 "이사야의 임마누엘 예언 연구"[63]에서 성서축자영감설을 반박하고, 한국교회의 주체 의식을 방해한 선교사들을 공격하면서, 한국교회사의 부재를 통탄히 여겼다. 당돌하였지만 김재준 목사는 외로운 존재가 아니었

59) R. Rutt, *op. cit.*, p. 60.

60) 송창근, 새 생활의 전제, 『신학지남』, Vol. 17, No. 1, (1935. 1), p. 12. 그의 후임이 주기철 목사이다.

61) *Ibid.*, p. 12.

62) 유동식, 한국 신학의 광맥, 송창근, 『기독교사상』, 1968년 3월호, 70.

63) 『신학지남』, Vol. 15, No. 5, 1933. 9.

다. 신신학의 물결은 채필근(蔡弼近, 1885-1973) 목사가 『기독신보』에 "변증론적 신학"을 4회에 걸쳐 연재하던 1932년에 벌써 큰 흐름을 이루고 있었다.

반대로 박형룡 박사는 저 유명한 미국의 설교가 포스딕(H. Fosdick)을 이단을 정리하던 프린스턴신학교에서 보수진영의 영수인 메첸(J. G. Machen, 1881-1937) 박사의 영향을 결정적으로 받았던 전형적인 근본주의자였다.[64] 그는 한국교회의 신학이라는 것은 우리 나름의 신학의 '창작'이 아니라, 사도적 전통의 바른 신앙을 그대로 보수하는 신학이라고 믿고 있었다. 그래서 성서 무오설과 축자 무오설에 든든히 서서, 성서에 대한 비판적 해석을 단죄하고, 1935년 5월 이후로는 김재준 목사의 글을 평양신학교의 『신학지남』에 더 이상 싣지 못하게 함으로써 정면으로 대결했다.[65]

이 대결의 화해 중보에 나선 것이, 1927년 한국 사람으로는 처음으로 평양신학교의 교수가 된 남궁혁(南宮爀, 1882-1950) 박사였다. 김재준 목사가 그 예리한 신학 논문을 『신학지남』에 싣게 된 것도 사실은 이 분의 포괄과 대범 때문이었다.[66] 남궁혁이 박형룡의 눈총을 받았다면, 그것은 이유가 바로 여기 있었다.

이러한 사상적 대결을 배경에 두고 1934년과 1935년의 장로회 총회는 심각한 신학적 분열에 시달리기 시작했다. 1934년 당시 남대문교회의 목사 김영주(金英珠, 1896-1950)가 창세기의 모세 저작을 부인했다는 문제와, 김춘배(金春培, 1900-?) 목사의 여권(女權)에 대한 자유주의적 해석이 문제가 되어 총회에 기소

64) 박형룡은 미국의 남침례교신학교에서 박사 학위를 취득하고 1927년 귀국하여 1931년에 평양신학교 교수로 임명.
당시 알려진 메첸파로서는, 한국의 박형룡, 박윤선 두 목사였고, 선교사로서는 함일돈, 한부선, 허대전 등 몇 사람이었다. 메첸 지지자였던 김인서도, 이 몇 사람을 제외하고는 다 메첸 씨에 대하여 반감을 가진다고 분석한 바 있다. 『신앙생활』, Vol. 5, No. 11(1936. 12), p. 33.

65) 박형룡 박사의 『신학지남』 게재 논문은 예외 없이 변증적인 성질의 것으로 스스로 척사위정의 기수로 자처하고 있었다.

66) 유동식, 한국 신학의 광맥, 남궁혁, 『기독교사상』, 1968년 2월호, pp. 9, 64.

된 일이 있었다. 김춘배는 여권에 대해서 "2천 년 전의 한 지방 교회의 교훈과 풍습을 만고불변의 진리"로 아는 것은 허황하다고 말했던 것이다.[67] 이때 박형룡은 "모세의 창세기 저작을 부인하는 사람은 장로교의 목사 됨을 거절함이 가하다"[68]고 유권적 해석을 총회에 제출했으며, 김춘배에 대해서는 여권운동의 이론이 세상에 대두하는 시대사조에 영합해서 성경을 해석하려는 사람이기 때문에 교회의 징계에 처함이 옳다고 말하여, 장로교 이단 심문관으로서의 보도(寶刀)를 빼들었다.

1935년의 총회에는 몇 가지 더 큼직한 문제가 의제에 올랐다. 우선 이 총회는 김영주 목사와 김춘배 목사에 대한 책벌을 성문화했으나, 양자가 총회 결의에 추종한다는, 그들 견해 취소의 성명으로 이 문제는 일단락을 지었다.

다음 문제는 서울에서 기독교청년회의 총무인 감리교의 신흥우(申興雨)를 중심으로 조직된 적극신앙단의 출현이었다. 총회는 이 기관이 "근대주의 진흥을 꾀하는 것으로, 미국에서 기금을 얻어다가 불순한 자유주의 신학의 서적을 출판할 계획이"[69] 있음을 찾아내어, 거기 참여한 장로교 목사의 탈퇴를 명령하였던 것이다. 그러나 서울 목사들 일부의 반응은 전혀 예상 밖이었다. 총회가 이 교권 밖에 있는 기관에 대하여 행정적인 간섭을 하는 것은 불법이라고 규탄하고 여기 불복했다.[70]

셋째로, 문제된 것이 길선주 목사와 황해노회의 헌의에 의해서 제기된『아빙돈 단권주석(Abingdon 單卷註釋)』의 정통성에 관한 시비이다. 이 주석은 감리교가 그 선교 50주년을 기념하여 유형기 목사 편집 하에 번역·간행한 것인데, 그 번역진에 장로교의 송창근, 채필근, 한경직(韓景職, 1902-2000) 목사가 끼여

---

67) 김춘배, 장로회 총회에 올리는 말씀,『기독신보』, 1934년 8월 22일자.

68) 창세기 저작문제와 김춘배 목사 성경해석문제연구위원 보고서, 1935. 9. 9. 조선예수교장로회총회 제24회『회록』(1935), 부록, p. 89.

69) Korea Letter, *Christianity Today,* Vol. 5, No. 12, (1935. 5), p. 209.

70) 항의서, 경성노회 제3회 정기회 부록 (1933. 11. 15), p. 16. 소송 제출의 건 (1933. 11. 20), *ibid.*, p. 18; 소송 제출에 관한 건 (1933. 11. 19), *ibid.*, pp. 21-24.

있었다. 박형룡 박사는 이 주석이 "성서를 파괴적인 고등 비평의 원칙으로 해석하며 계시의 역사를 종교적 진화의 편견으로 분석하고 있다"[71]고 단정한 까닭에, 총회는 여기 따라 "그것이 장로교의 교리에 위배되는 점이 많으므로 교회로서는 구독치 않을 것이며", 집필자들에게서 공개 사과를 받기로 결의하였던 것이다.[72]

이러한 분열의 표면화에 대해서 남궁혁 박사 못지않게 반발하고, 교회의 통일을 호소한 사람이 바로 김인서였다. 그는 우선 여권문제에 대해서는 "여 목사를 반대합니다. 그러나 여권론자를 고소하는 것은 혹독하다고 봅니다" 하면서 "금일에 청년자제들의 신앙 함양을 이단시하야 제한하고 교리만 강제하는 것은 바리새인 양성밖에 아니 됩니다"[73]고 통박했다.

더구나 『아빙돈 단권주석』 문제에 대한 그의 관심은 컸다. 이 문제가 기왕에 협조적이던 감리교와 장로교의 관계를 상당히 악화시킬 것을 염려하였기 때문이다. 사실 장로교에서는 유형기 목사가 세계주일학교대회에 한국대표로 파송되게 된 경위에 불만을 품고 평서, 평북, 황해 노회가 앞장서 그의 대표권을 부인했고, 감리교의 공주 및 경성 북지방회는 이 처사에 격렬히 반항함으로써,[74] 결국 양대 교회는 감정의 양극화를 보이기에 이르렀던 것이다. 김인서는 신앙적인 입장에서 그 주석의 금독 조치가 반드시 나빴다고는 보지 않았다. 그러나 "일개 번역의 서를 가지고 이 이상 인신 핍박에 이른다든지, 동 역서가 감히 장로교의 신앙을 흔들 위력이 없는 금일, 장감 양교가 정면충돌에 이르기까지 싸울 필요가 없으며, 교리문제도 중하지만 이 때문에 사랑을 깨뜨리는 것은 두려운 일"[75]이라고 경고했던 것이다. 그러나 "장감 반세기의 구의(舊誼)를

---

71) H. M. Conn, Studies in Theology of the Korean Presbyterian Church, An Historical Outline, part II, *The Westminster Theological Journal*, May, 1967, p. 157.

72) 조선예수교장로회 총회 제24회 『회록』(1935. 9), pp. 19, 53.

73) 김인서, 상(上) 원로목사, 『신앙생활』, Vol. 5, No. 5(1935. 5), p. 36.

74) 감리교 공주지방회에서 장로교총회에 항의, 『기독신보』, 1936년 2월 19일자, p. 4. 경북지방회, *ibid.*, 1936년 2월 26일자.

낡은 신발처럼 버리면 명일에 자체파열의 화"[76]가 올 것이라는 그의 경고는 광야에 외치는 자의 외로운 음성에 불과했고, 귀 있는 자의 귀에 가 닿지를 못했다. 이렇게 안팎의 험악한 분열의 징후가 어둡게 맴도는 분위기 속에서 1936년의 장로교 총회(25회)가 열렸던 것이다.[77]

총회가 광주(光州)에서 소집되고 개회되자, 누적되었던 문제들이 쏟아져 나왔다. 그 하나가 총회 그것이 다수의 손을 가진 서북의 전횡에 끌려간다는 남・북간의 대결이었다.[78] 이 문제는 구체적으로 두 가지 사건을 내포하고 있었다. 그 하나가 박승명(朴承明) 사건이다. 그는 한때 마산 문창교회의 목사로 일하던 서북출신 인사인데, 그곳에서 부도덕으로 스캔들이 있어 교회의 징계에 돌려지자, 교묘히 지방 심리를 이용하여 그가 서북출신이기 때문에 남부인의 그러한 모략을 받게 되었다고 총회에 호소한 별난 인물이었다.[79]

다른 하나는 이른바 『정찬송가(鄭仁果讚頌歌)』 문제이다. 당시 총회 상설기관인 종교교육부에 1934년 총무로 취임한 정인과 목사가 일하고 있을 때, 구왕삼(具王三)이라는 간사와 불화가 있었다. 이광수[80]가 편역한 찬송가 "이 몸의 소망 무엔가, 우리 주 예수뿐일세"나 이은상(李殷相)의 "저 높은 곳을 향하여 날마다 나아갑니다"[81]가, 하나는 전향한 불교인이요, 하나는 용어의 지나친 둔

75) 김인서, 장감 양교 충돌의 위기, 『신앙생활』, Vol. 5, No. 4(1936. 4), p. 36.

76) 상(上) 원로목사, *op. cit*, p. 34.

77) 『기독신보』, 1937년 4월 13일자.

78) 조향록, 목사 반생기, 『크리스챤신문』, 1971년 3월 9일자 (503호)에서. "숫자의 횡포는 한국 장로교총회의 서북세력이었다. 나는 한국의 예루살렘이라던 서북 땅이 해방되는 그 날, 왜 소련군의 침공을 받아야 하였으며, 공산당의 수중에 들어갔어야 함을 생각할 때마다 이전 (1936년) 그 일을 아울러 생각해 본다."

79) 조승제, 『목회생활』, pp. 93f. 이와 같은 문제는 김해읍교회 (이기선 담임)에도 있었다. 총회는 박 목사의 말을 그대로 믿고 장홍범, 이인식, 윤하영, 김응순, 백영화, 김석찬, 김화식, 최지화 목사를 들어 조사하게 했으며, 여기 반대한 목사는 박용의, 전필순, 배은희, 함태영 등이었다.

80) 구왕삼, 신편 찬송가에 대하여, 『기독신보』, 1936년 1월 8일자.

81) 황재경, 남기고 싶은 이야기들: 우리말 찬송가, 『중앙일보』, 1978년 10월 13일자. 그때 황재경은 찬송가 번역과 편집을 돕고 있었다.

세성 때문에 마땅하지 않다는, 구왕삼과 총회 일부의 의견이 있었다. 정인과 총무의 편집 방향에 대한 저항이었다. 그런데 구왕삼이 전라도 출신으로 그 참소에 희생당한다는 정인과의 호소가 역시 지역감정의 도화선이 되었던 것이다.

『정찬송가』의 문제는 조선예수교연합공의회와의 불화, 그래서 감리교와의 갈등으로까지 발전하고 있었다. 1924년의 연합공의회는 오랜 노력 끝에, 곧 1931년에 『신정(新訂)찬송가』를 간행, 장감에서 함께 사용하도록 하였었다. 그런데 이것을 장로회총회가 1932년 사용 금지를 결정했던 것이다.[82] 그리고 그 해에 옛 찬송가에 48장을 부록으로 붙여서 장로교 단독으로 사용하면서 1934년에는 총회 종교교육부 단독 편찬을 단행하였던 것이다.[83] "전선(全鮮) 대다수한 분의 신앙생활을 경험으로 결정(結晶)된 성가, 성시 등을 될 수 있는 대로 많이 편입코자"[84] 한 연합공의회의 연합사업은 암초에 걸린 셈이었다. 정인과 총무는 이런 연합 사업이 "성취되기 바란다"고 하면서도, 찬송가의 적극적 단독 준비, 판권의 획득을 공언하고 있었다.[85] 정인과는 결국 1935년 6월에 『신편 찬송가』(400장)를 발간하고,[86] 아울러 장로교는 그 해 9월에 연합공의회 탈퇴를 결의하였던 것이다.[87]

또 하나 이 찬송가의 문제는 선교사가 장악하던 예수교서회의 판권 문제와도 얽혀져서 선교사와의 대립 문제로 발전했다.[88] 선교사들은 이에 앞서 새로 간행한 정인과 목사 주도 편찬의 찬송가를 팔지 못하게 하고, 여러 번 시말을 전복하다가, 구 찬송가를 18전에 대량 매각해 버렸다. 그런데 총독부의 인가는

---

82) 조선예수교장로회총회 제21회 『회록』(1932. 9), p. 46.

83) *Ibid.*, 제22회 『회록』(1933. 9), p. 49.

84) 실행부 보고, 조선기독교연합공의회 제10회 『회록』(1933. 9), p. 24.

85) 장로교총회 명령대로 적극적 준비 중, 『기독신보』, 1935년 2월 6일자.

86) 조선예수교장로회 총회 제24회 『회록』(1935. 9), p. 45.

87) 정치부 보고, *ibid.*, p. 52. 장로회총회는 1936년 찬송가의 장감 연합 사용안을 다시 표결. 종교교육부 보고, *ibid.*, 제25회 『회록』(1936), p. 21.

88) 『기독신보』, 1937년 9월 28일자. Cf. 『신앙생활』, Vol. 5, No. 10(1936. 11), p. 25.

새 찬송가에만 있었기 때문에 구 찬송가는 사용할 수 없게 되었고,[89] 따라서 한국교회는 막대한 재정적 손해를 본 일이 있었다. 남부의 교회는 정찬송가에 대해 반발했고, 북부는 선교사에 반발하면서 선교사가 35만 한국 교인을 "모욕, 유린"했다고 외쳤다.

셋째는, 『기독교보(基督教報)』의 문제이다. 『기독신보』가 전필순(全弼淳, 1897-1977) 목사와 같은 "자유주의적 견해를 가진" 인물을 편집인으로 채용하면서부터 자유주의 경향의 기사와 논설이 실리게 되자,[90] 총회는 정인과 목사와 홀드크로프트(허대전) 목사를 편집인으로 하여, 보수를 표방해서 간행한 것이 『기독교보』였다.[91] 여기에 대한 남부의 반발이 컸다.

넷째로, 문제된 것이 경중노회(京中老會) 사건이다. 경중노회는 적극신앙단이 서울에서 조직되었을 때 서울의 일부 목사들, 곧 함태영, 전필순, 최거덕(崔巨德), 이석진(李錫璡, 1865-?), 권영식(權瑛湜) 같은 목사들이 손을 잡고, 보수적인 경성노회에서 분립 조직한 노회였다. 경성노회는 곧 이 노회를 불법 기관이라고 정죄하고 여기 가담한 이들을 제적시켰는데, 이것이 남북 대립의 요소에 연결되어 마침내 총회 분립의 직접적인 위협이 되는 데까지 발전하였던 것이다. 사실 이러한 기운에 따라서 전라북도 김제(金堤)에서는 '기독교장로회 조선총회'의 결성 준비 위원회가 총회 폐회 후에 모였을 정도였다.[92]

---

89) 김인서, 총회분립문제에 대하여, 『신앙생활』, Vol. 5, No. 10(1936. 11), p. 25.
이때 종교교육부 관계의 강병주 목사가 예수교서회의 클라크 (W. M. Clark: 강운림)를 상대로 노회에 고소. 사설, 선교사의 치외법권, 『기독신보』, 1936년 7월 22일자.

90) 전필순 목사는 적극신앙단 소속이었다. 그는 1935년 9월 18일 "선교사 기관인 조선야소교서회와의 관계를 떠나서 순연히 조선의 손, 우리의 마음으로 천여(天與)의 사명 다한다"는 명분으로 『기독신보』를 개인 소유화. 사설, 완전히 따로 서면서, 『기독신보』, 1935년 9월 18일자.
감리교회는 전필순에게 그 신문을 예수교서회로의 반환 요구. 연합감리교회 상황, 『감리회보』, 1936년 5월 10일자.

91) 1936년 1월 21일자. 종래의 『종교시보』 개칭 형식. 양주삼 총리사가 여기 축사 보냄. 제위(諸位)의 축사, 『기독교보』, 1936년 1월 21일자.
Cf. 조선 감리교회 양 총리사(에)게 경고함, 『기독신보』, 1936년 5월 6일자.

92) 총회 분열운동의 내막 일부, 『기독교보』, 1937년 4월 13일자. 전남에서 장로회 총회에 대한 태

이래서 광주 총회는 "회무(會務)가 곤란하여 회원의 심리를 불안케 한, 역대 총회 중에 처음 보는"[93] 불상사로 그 명예가 더럽혀졌다. 방지일(方之日, 1911-) 목사를 중국 산동 선교사로 파송하고, 최혁주(崔爀宙, 1905-1977) 목사를 만주 선교에 파송하여 아시아 전도에 대한 열의가 나타나기는 했지만, 그것은 이 큼직한 비극의 물결에 밀리는 창파의 일엽에 불과했다.

일부에서는 이 교권의 분쟁이 '기관'에 출입하는 목사들의 세력 각축에서 연유했다는 비판이 나돌기 시작했고, 경성노회의 처사가 "그 치리와 법칙에는 틀림이 없으나, 사랑의 태도에는 원만치 못함"이라는 총회 별위원회의 해석이 항간에 알려졌다.[94] 경성노회가 법은 잘 지켰지만 사랑에는 결함이 있었다는 비판이 나돌았다. 다들 이 경성노회가 "조선 총회 분열의 진원지"[95]라고 보고 있었다. "사랑은 율법을 초월하고, 눈물은 헌법을 초월하오."[96] 경중노회 해결에 대한 교회의 소원은 이만큼 절실하였다.

마침내 1937년 10월 29일 승동교회에서 경성노회와 경중노회가 합석하여 총회의 제안에 피차 순종함으로써 그 현실적인 와해는 모면하였다.[97]

장로교회에는 대회(大會, Synod)라는 제도가 본래 있다. 그래서 한국 장로교회에서는 교권 행사의 지방 분할을 추진하여 교회 분쟁의 문제 해소를 위해서 이 대회제도를 도입하려는 운동이 있어 왔다. 그것은 1922년으로 거슬러 올라간다. 그때 간도노회가 대회 설립안을 상정한 일이 있고,[98] 1926년 안주노회, 1927년의 의산노회(義山老會)의 헌의, 1928년 정재면(鄭載冕, 1884-1964)의 전국 5개 지

도, 『기독신보』, 1937년 5월 26일자.

93) 사설, 제26회 총회를 맞으면서, 『기독신보』, 1937년 9월 7일자.

94) 나부열과 이승길을 비롯한 8인의 위원이 1936년 11월 5-10일에 경성에 모여 그 해결책으로 9조항을 결의했는데, 이것은 제9조의 내용이다.

95) 『신앙생활』, Vol. 5, No. 11, 1936. 12, p. 36.

96) *Ibid.*, Vol. 6, No. 8 (1937. 8-9), p. 45.

97) 경중노회 평화 실현, 『기독교보』, 1937년 11월 2일자.

98) 조선예수교장로회총회 제11회 『회록』(1922), p. 43.

역 대회 설립안 주장,[99] 1934년 경성, 경기, 전남, 순천, 전북 각 노회의 대회 설립안에 따른 각 노회 수의(垂議), 1936년 순천노회, 함남노회, 함북노회의 대회 설치안이 각각 상정되었던 것이다.[100] 그런데 1937년 총회는 노회 다수의 결의에 따라 그 부결을 선포하게 되었던 것이다.[101]

다른 하나, 1939년 신의주에서 열렸던 총회에서 신사참배 문제로 폐교된 평양장로회신학교 후신으로 총회직영 신학교인 평양신학교를 설립하고, 서울에 개교된 조선신학교[102]의 인가 문제가 첨예하게 대립되어[103] 총회 분열의 위기는 또다시 고조되었다. 이때 조선신학교 설립 관계자들은 12월 19일에 서북과 만주의 노회장들을 제외한, 경기 이남과 함경도의 노회장들을 소집하여 대회 설치 취지서를 발표하였던 것이다.

그런데 1940년 2월 19일 조선신학교의 관할 경성노회는 임시 노회를 긴급 소집하여 "총회를 탈퇴하고 남선총회 조직하는 데 가입하여 내지(內地: 일본본토) 교회와 협조"한다는 가결을 한 것이다.[104] 사태는 긴박하였다. 그래서 1940년 4월 증경 총회장회의가 소집되었다. 거기에는 남부의 지도급 인사인 함태영도 참석하였다. 그리고 "여하한 관계로든지 총회를 이탈하기로 생각하는 노회는 금후 더욱 총회가 일치단결하기를 성심으로 요망"[105]한다는 결의를 하고, 금강산에서 목사수양회를 가지기로 하였던 것이다. 평양노회가 진지하게 대회

---

99) 정재면, 각 지방 노회 당국자에게 급고합니다,『기독신보』, 1928년 12월 5일자. Cf.『기독신보』, 1936년 9월 8일자.

100) 장로회총회 제25회『회록』(1936), pp. 12, 13.

101) *Ibid.*, 제26회『회록』(1937), p. 12.

102) 이 책 제21장 2절 참조.

103) 조선신학교가 총독부 인정을 받지 못하고 다만 경기 도지사의 인가를 받은 것이 총회의 "방해적 언동"에 의한 것이라 비판.

104) 남선 일부의 총회 탈퇴운동에 대하야, 총회 사무국 발표,『기독교보』, 1940년 3월 13일자. 총회 탈퇴 결의 노회: 경성, 경기, 충청, 경북, 전남, 경동, 제주, 각 노회. Cf. *Ibid.*, 1936년 6월 24일자.

105) 증경 총회장 회의,『장로회보』, 1940년 5월 8일자.

설립안을 연구하고 1941년 총회에 상정하기로 한 것은 이런 분위기를 반영한 것이었다.[106] 그 이후의 소식은 알려진 것이 없다. 다만 해방 이후 1951년에로 그 역사가 뛰어 넘어갔을 따름이다.

묘한 일이 전개되고 있었다. 감리교에서도 이런 분열의 조짐이 짙게 나타나고 있었다. "남감리교계와 서도인(西道人)"[107] 교권에 대한 비판이 드셌다. 여기에도 남북문제, 흥사단과 적극신앙단 문제가 얽혀 있었다.

성결교회에 총회 해산 문제가 제기되었던 것은 1935년 3월의 일이었다. "자급문제와 새로운 이사회 제도의 순회 목사 임명에 대한 의혹"이 겹쳐 분열의 조짐이 심화된 것이었다.[108] 그런데 공교롭게 여기에도 남북문제가 개재되었다. 서울계의 이명직(李明稙, 1890-1973), 최석모(崔錫謨, 1890-1950) 그룹은 이사회 추진파요, 서북의 곽재근(郭載根), 변남성(邊南星), 정남수(鄭南洙) 그룹은 총회 유지파였다.[109] 이 격동은 1936년 6월 변남성과 서재철(徐載喆)의 면직, 정남수의 사면, 곽재근의 사임으로 일단락되고, 총회는 감독제의 연회로, 그리고 치리기관은 이사회로 굳혀지게 되었던 것이다. 이 이탈 그룹이 대개 송태용의 '하나님의 교회'로 집결된 것은 전술한 바 있다.

한국 교회는 미증유의 시련에서 방황하고 있었다. "지방적인 색채로, 신학적인 사상 충돌로, 기타의 어떠한 영향으로 견고한 통일을 볼 수가 없을 것"[110] 이라는 전망이 편재해 있었다. 그 병적인 증상은 고질적인 파괴력을 잠시 뒤에

---

106) 대회 설치 헌의, *ibid.*, 1940년 8월 14일자.
장로회 헌법 개정, *ibid.*, 1940년 8월 21일자.

107) 김화산, 외합(外合)내분된 조선감리교의 갱생책, 『기독신보』, 1936년 4월 29일자.
Cf. *Ibid.*, 1936년 6월 24일자.

108) 조선 성결교회 간부에 대한 의혹이 완전 해소, *ibid.*, 1936년 5월 6일자.

109) 김성호, 『한국 성결교회사』, pp. 254-262.

110) 이학봉, 금후의 조선 교회, 『기독신보』, 1937년 8월 3일자.

밀어 두었을 뿐이었다. 한국 교회 전체가 받는 일제의 가혹한 손길이 이때 동시에 악랄하게 뻗쳐 왔기 때문이다. 더욱이 총독부가 한국교회의 분파적 혼란과 총회의 파열을 한국 교회가 이제껏 혈맹으로 여겨온 선교사에의 반발로 간주하고 '민족적' 종교의 몸부림이라고 은근히 그 진전을 환영하는 듯한 눈치에 교회가 휘말려 들어갈 정도의 긍지 상실은 할 수 없었다.

21 타도 타버리지 않는 숲

쫓아오던 햇빛인데
지금 교회당 꼭대기
십자가에 걸려 있습니다.

새벽이 되면 나팔소리 들려올 거외다
윤동주, 1941

21.1. 신사참배: 형극의 길

우리 교회가 일본의 잔학한 박해를 받아 온 역사는 일본의 신사참배 강요에서 그 절정에 이르렀다. 한국 교회의 정신적 핵심이 되어 왔던 민족주의의 골격을 와해하고자 한국적 전통의 창달을 명분으로 내걸었던 유교와 불교의 재흥 시도가 미진해지자 이에 당황한 일본은 신사참배라는 걸림돌을 하나 만들어 놓았다.[1] 일본은 옛날의 천황이나 무사들의 영을 섬기는 신사에 전 국민을 참배하게 함으로써 그 충성을 시험했고, 그와 같은 국민의례를 통해서 군국주의의 정신적 단결을 도모하려 했다. 이 신사는 우리나라 도시나 읍, 면까지에도 모두 세워졌다.

---

1) S. J. Palmer, *Korea and Christianity*, 1967, pp.66-68. 1934년의 교세: 교회수 4,409, 교역자 2,653, 교인 441,400명이었다. 당시 조선 인구는 21,125,827명이었다. 그때 불교도는 146,000명.

21.1.1. 참배 강요사

이러한 참배 형식의 강요가 교회에 시련을 주기 시작한 것은 합병 직후 일본 천황의 사진에 축제일 때마다 최경례(最敬禮)하라는 데서 비롯되어 왔다.[2] 그래서 1921년 전국의 선교사들은 진성서를 내고, 이런 신적 위상을 부여하는 천황에 대한 '예배'를 "기독교에서는 전연 불가능한 것"[3]이라 주장하였던 것이다.

그러나 1920년대만 해도, 신사와 종교는 관념상 다른 것이고, 따라서 "신사에 참배시키는 것은 종교를 강요하는 것이 아니므로 국민의 신교의 자유가 침범되는 것은 물론 아니다"[4]라는 입장이 서 있었다. 더욱이 1925년 1월 총독부의 정무총감 시모오카(下岡忠治)는 신사관계 업무가 총독부 내무국의 사회과 소관으로 옮겨졌다고 공언한 바 있었다.[5]

그러나 1925년 10월 15일 남산 중턱에 이른바 사격(社格)이 관폐대사(官幣大社)인 조선신궁(朝鮮神宮)이 준공되고, 아마데라스 오오미카미(天照大神)와 메이지천황(明治天皇)이 그 제신(祭神)으로 소위 진좌(鎭坐)되고 나서는[6] 사태가 달라지기 시작하였다. "경신(敬神)의 도와 조상숭배를 가지고 국민정신의 근간"으로 하는 일제 국체에의 충성이 강제되었기 때문이다. 그 전 해인 1924년 11월에 벌써 강경(江景)에서는 신사참배에 불응한 그곳 보통학교 여선생 김복희을 면직하고 학생 몇십 명을 퇴학시킨 일이 있었다.[7]

그러던 것이 1930년대에 와서는 그 양상이 격화되기 시작하였다. 곧 1932년 9월, 평양의 교회가 서기산(瑞氣山)에서 거행된 만주 출정(出征) 전몰(戰歿) 전

---

2) 총독부 학무국장 세끼야(關屋貞三郞), 종교학교 관계자에게 향ᄒᆞ야 강술, 전문, 『기독신보』, 1916년 7월 5일자.
F. A. McKenzie, *Korea's Fight for Freedom*, p. 211f.
Cf. J. E. Fisher, *Democracy and Mission Education in Korea*, 1928, p. 73.

3) 『諺文新聞 差押記事輯錄』, 朝鮮總督府 警務局, 1932, p. 36 (『조선일보』, 1921년 3월 19일자).

4) 高橋濱吉, 『朝鮮教育史考』, 京城: 帝國地方行政學會, 1927, p. 507.

5) W. C. Kerr, Shinto Shrines in Chosen, *The Kore. Mission Field*, April 1925, p. 82.

6) 『京城鄕土地誌』, 京城: 鮮明社, 1932, p. 284.

7) 신사에 불배(不拜)하고 면직을 당해, 『활천』, 1924년 12월호, p. 46.

사 위령제에 기독교 학교 학생의 참례를 막았을 때, 평안남도 지사는 그것은 종교적 행사의 차원에서 가부를 말할 성질의 의례가 아니고 국민으로서의 충성의 행동과 관련된다고 통고하면서 그 참배를 강요했던 것이다.[8)]

그러나 본격적인 참배 강요의 마수가 뻗친 것은 1935년 평양의 기독교학교에 대해서 정기적인 참배를 강요할 때부터이다. 평양은 당시 '한국의 예루살렘'이라고 불리어지리만큼 교회의 세력이 컸다. 1935년 11월 평양 숭실전문학교 교장 매큔(G. S. McCune: 尹山溫, 1871-1941) 박사와 숭의여자고등학교 교장 스누크(V. L. Snook, 鮮于理: 1866-1960) 여사는 우선 학교의 대표자로서 신사에 참배할 것을 요청 받았다. 그러나 이들은 신앙 양심을 내걸고 단호히 이를 거절하였다. 이에 평안남도 지사 야스다케 다다오(安武直夫)는 두말하지 않고 60일간의 여유를 주면서 그때까지는 회답을 하라고 지시하고, 만일 그때도 참배를 거절하면 학교의 폐쇄와 강제 추방도 불사하겠다고 협박했다. 매큔은 물러나와 평양 시내 27개의 교회 목사들과 협의했다. 그런데 한 사람을 제외하고는 전부가 다 참배 반대였다. 한 목사는 그것이 "하나님의 계명에 반대된다"[9)]고 외쳤다. 선교사들은 이 결연한 결정을 받아들였다. 이 소식을 들은 지사는 스누크와 매큔을 면직시키고[10)] 미국으로 출국시킨 다음, 대대적인 신사참배 강요에 나선 것이다.

그런데 선교사들 간에 의견의 분산이 있었다. 그것이 사실 하나의 국민적 의례로서 정치적 의미만 가지고 있는 것인지, 아니면 한국교회가 판단하듯이 종교적 성질을 동시에 포함하고 있는 것인지, 또 설사 종교적 행위라 할지라도 교회를 폐쇄시키면서까지 참배를 거부할 까닭이 있는지 없는지의 여부가 현안의 초점이었다. 이 혼란은 일본이 신사참배가 애국적인 행동에 지나지 않는다는 회유 때문에 한층 더 깊어갔다.

---

8) 『기독신보』, 1932년 12월 14일자.

9) W. N. Blair, *Gold in Korea*, p. 98.

10) 매큔은 1936년 1월 18일, 스누크는 동년 1월 22일 각각 해직.

실상 일본의 기독교는 1925년 벌써 "정부의 신사정책만큼 애매한 것이 없다"[11]고 비판한 일이 있을 정도로 일제 자체의 뚜렷한 관념 설정이 미진했다. 그런데 로마교황청에서는 1936년 5월 26일 일본의 가톨릭 교도들에게, 참배는 애국심과 충성의 표현 이외에 아무 것도 아니라 하면서, "신사에 있어서 국가적 의식이 행하여질 때에는 충성과 애국심의 표명을 목적으로 하는 것이기 때문에 참열하도록 하라"[12]는 통첩이 왔다. 더구나 조선총독부는 이 지음에 신사 문제에 대한 통첩을 각 교단에 발송하여 "신사의 봉사(奉祀)는 종교가 아니다", "각 개인의 종교는 자유다"라는 점을 더욱 선전하고 있었다.[13]

그러나 일본의 의회의 중의원(衆議員)이며 기독교인이던 마쓰야마(松山常次郎)가 1938년 신사참배는 그 정신이 "확실히 종교"[14]라고 단언하면서, 정부의 명료 철저한 통치상의 처리를 요청한 일이 있었다. 하지만 소용이 없었다. 특히 그 해에는 신사보다도, 가미다나(神棚)와 다이마(大麻) 설치가 강요된 결과 야기된 종교성 여부의 문제가 더욱 시끄러워져 갔다. 미나미 지로(南次郎, 1874-1955) 총독[15]은 그 구별은 해야 한다고 자인하고 있었다.[16]

1939년 4월은, 일제의 의회에 제출된 1938년 말의 '종교단체법'이 통과된 때였다. 이것은 박해의 구실에 보탬이 될 만한 사건이었다. 이 법안의 특징은 신사를 종교 범위 밖에 놓음으로써 종교 단체에 대한 정부의 취체에서 제외시켰을 뿐만 아니라, "간나가라노미치(惟神の道)는 절대의 도로서 국민 모두가 다 준수하지 않으면 안 되고… 이(신사)는 종교가 아니고 오히려 종교를 초월하는 우리나라(일본) 고유의 교와 일치하는 것"[17]이란 입장을 굳혔다. 그리고 신

---

11) 『上毛教界月報』, 東京: 1925년 8월 20일자.
12) 神社參拜問題に關する羅馬教皇廳の通牒, 『日本カトリック新聞』, 1936년 7월 26일자.
13) 신사 문제에 대한 통첩, 『감리회보』, 1936년 4월 10일자, p. 9.
14) 『神社問題と基督教』, 特高資料による戰時下のキリスト教運動史, 東京: 信教出版社, 1981, 第一卷, p. 102.
15) 육군대장, 조선군사령관, 관동군사령관, 육군대신 역임.
16) 田川吉太郎, 『國家と宗教』, 東京: 教文館, 1938, p. 190.

도(神道)는 종교이지만 다른 종교는 다 신교(信教)라는, 묘한 구별을 하는 데까지 나갔다. 그리고 기독교를 지시했음이 분명한 경고를 한다. 곧 종교가 "근본적으로 비일본적일 뿐만 아니라, 국체관념을 멸시하고 국민정신을 무시한다"고 대갈하였다.[18)]

교회의 의사 표시는 자유로울 수가 없었다. 반대의 의견은 묵살과 검색으로 통제되고, 다만 친일의 발언만이 교회의 양심을 대변하는 것처럼 크게 인용되었다. 여기 교회가 반드시 일치된 의사를 내보이자는 소원은 비통하리만큼 간절하였지만 끝내 실현을 보지 못하고 말았다. 감리교의 대부분은 신사참배가 정치적인 국민의례에 지나지 않는다는 일본의 말을 문자 그대로 받아들이기로 했다. 그래서 그 계통의 학교들은 폐쇄되지 않고 해방 전까지 생존할 수 있었으며, 교회는 끝까지 버티어 나가는 경세책(經世策)을 썼다.[19)]

하지만 교회는 임박하는 총독부의 강경책에 시달려야만 했다. 감리교회 제3차 총회(1938. 10. 5-10) 때 미나미(南次郎) 총독이 직접 찾아와서 "황국 신민이라는 근본 정신에 배치되는 종교는 일본 국내에서는 절대로 그 존립을 허가할 수 없다"[20)]는 강경 발언을 들어야만 했다. 그리고 양주삼 총리사 인솔로 서울 시내 기독교 학교 학생들과 신도 7천여 명이 조선신궁에 참배하도록 동원되었던 것이다.[21)] 시세(時勢)의 일본화 추진에 따라 이 총회가 1939년을 기해 '일본 메소디스트 교회'와 합동 협의하기로 한 것은 필연의 외길이었다.[22)]

장로교회의 경우 그 시련의 길은 거칠었다. 장로교에서는 1931년 9월 경남

---

17) 官報號外, 1939. 3. 24. 第七四回 帝國議會 衆議院 議事速記錄, 第三十號, 宗教團體法案外一件, 第一讀會, 續, 第二讀會(確定議).

18) 官報號外, 1939. 2. 24. 第七十回 帝國議會 衆議院 議事速記錄, 第十六號, 宗教團體法案 第一讀會.

19) 문상희(文相熙), 한국교회수난사, 『사상계』, 1965년 9월호, p. 201f.

20) 총독 고사(告辭), 『조선 감리회보』, 1936년 11월 1일자. p. 3.

21) 감리교도 7천명 출동, 신궁 참배, 『매일신보』, 1936년 10월 8일자.

22) 제3회 총회 결의안, 『조선감리회보』, 1936년 11월 1일자, p. 6.

노회에서 신사 참배 반대 논의를 한 것이 『부산일보』에 보도되어 큰 화제가 된 일이 있었다고 한다. 조선 총독부가 1936년 8월에 국체명징(國體明徵)을 꾀한다 해서 신사 규칙을 전면 개정 단행하자, 어려움은 그 절정에 이르렀다. 이것이 우선 선교사들의 학교교육에 결정적인 파탄을 초래하게 된 것이다. 당시 선교사가 학교 교육에 쓰던 비용은 전 선교비의 절반에 해당되는 것이었고,[23] 따라서 세속 교육에서의 선교사들의 철수는 실질적인 선교 사업의 종언을 의미하였다.

마침내 장로교 선교사들은 사태의 긴급함을 인식하고, 1936년 초에 선교실행위원회를 소집하여 기독교학교의 폐쇄를 원칙으로 삼았고, 그 해 10월의 실행위원회에서는 1938년까지 평양 내외의 학교 폐쇄 단행을 결정하고야 말았다. 연희전문학교와 세브란스의학전문학교 및 정신(貞信)여학교를 폐쇄한다는 뼈아픈 결정은 1938년의 연차 선교대회에서였다.[24] 미국 본국 장로교의 선교회에서도 존 매카이(John A. McKay, 1889-1983) 박사가 참석한 한 위원회에서 한국에서의 학교 폐쇄 조치를 승인했고, "위원회는 어떠한 형태로든지 신사참배에는 반대한다"[25]는 점을 확인하였다.

선교사가 교육에서 손 뗀다는 사실은 근대사의 개명기에 빛나는 업적을 남긴 공로가 이제 일기(一期)를 끝냈다는 감상(感傷)마저 일으켰다.

> 기독교 학교는 근소하나마 한국의 전통적인 문화가 보존되고, 일본화의 끝없는 공작도 버티어 내던, 유일한 하나의 매개체 구실을 해왔습니다. 이제 한국 사회는 온통 비

---

23) H. Rhodes, A. Campbell, A *History of the Korean Mission Presbyterian Church in the U.S.A., 1935-1959*, New York: Commission on Ecumenical Mission and Relation, The United Presbyterian Church in the U.S.A., 1964, p. 7.

24) *Ibid.*, pp. 9-10.

25) *Action of Board of Foreign Missions Chosen Statement*, 1940년 10월 20일자. 참배를 찬성한 선교사 15명은 공식 위원회에서 사직당했다.

캐나다 연합교회는 신사참배 찬성. *W. Scott to A. E. Armstrong*, 1936년 12월 13일자(U.C.C. Archives).

> 탄과 실의에 빠져 있습니다. 많은 사람들은 한국 해방의 마지막 소망의 터전이 사라져 가는 듯한 눈으로 이 교육에서의 인퇴를 바라보고 있습니다.[26)]

이것은 비단 한 선교사의 감상만은 아니었다. 『동아일보』에는 이런 글이 실렸었다.

> 오랜 동안 세인(世人) 주시의 적(的)이 되어 온 밋션회의 교육 인퇴 문제는 한 동안은 미광도 보여 최소한도의 희생만을 예상케 하더니, 지난 27일 북장로교 선교회총회에서는 밋션계의 교육인까지도 총퇴각할 것을 선언하였습니다.[27)]

여기 장로교가 신사참배 때문에 겪어야만 할 운명의 수난이 시작된 셈이었다.

21.1.2. 공교회(公敎會)의 수모

일본은 결정적인 교회 박멸의 계획을 실천에 옮기기 시작했다. 기독교의 독립적인 정신, 한국 얼의 마지막 보루로 남아 있는 교회에 대한 끈질긴 근절책을 통해서 이 교회로 하여금 파산 지경에 이르게 하든지, 아니면 일본에 대한 한국 사람의 충성을 선도하게 하든지, 둘 중의 하나를 결행하고야 말겠다는 결의를 굳혔다.

1938년, 전국의 노회가 모이기 시작하자 일본은 이에 맞서 조직적인 파괴 공작에 나섰다. 각 노회는 개회 벽두에 우선 신사에 몰려가 참배를 솔선수범하도록 강압을 가했다. 전북노회가 여기 그 첫 희생의 비명을 올렸다.[28)]

그 해 가을, 장로회총회가 평양에 회집할 때 일본은 이 문제를 한꺼번에 결

---

26) C. D. Fulton, *Star in the East*, p. 195.

27) 사설, 『동아일보』, 1938년 6월 29일자.

28) 전북노회서 신사참배 가결, 『매일신보』, 1938년 6월 9일자.

단 낼 획책을 꾸몄다. 우선 강경파인 주기철, 채정민, 이기선(李基宣)을 예비 검속하고, 친일 목사 이승길(李承吉)과 김일선(金一善)을 통해서 표독한 분리 공세를 편 다음, 총대 한 사람 한 사람을 불러 협박으로 신사참배 가결을 촉구했다. 지방 문제와 근대주의 문제로 허겁지겁 하던 약체의 교회가 이런 무서운 강압 통제에 맞선다는 것은 불가능하였다. 공교회로서는 이런 일제 경찰의 강경조치에서 벗어날 길도 없었다.

1938년 9월 9일, 제27회 총회가 평양 서문밖교회에서 개최되었을 때 경관 97명이 193명의 총대 사이사이에 끼여 앉아 살기등등한 눈길로 회의 진행을 감시하고 있었다. 첫날엔 임원 선거가 있었다. 총회장에 홍택기(洪澤麒, ?-1950), 부회장에 김길창(金吉昌, 1892-1977), 서기에 곽진근(郭塡根, 1897-1941), 회계에 고한규(高漢奎, 1880-1962)가 한국교회 실절(失節)의 대역으로 내세워졌다.

둘째 날 오전 10시는 평양이 떠들썩했다. 평양, 평서, 안주노회의 소위 '삼노'를[29] 대표해서 박응률(朴應律, ?-1950) 목사가 당돌하게 신사참배는 국민의 당연한 의무라고 하면서, 참배 결의와 성명서 발표 제안을 했다. 선교사 블레어의 반대 발언은 즉각 거친 경관의 제재를 받았고, 그는 화에 밀려 퇴장했다. 그리고 근대 한국과 함께 고락을 함께 살아온 장로교가 홍택기의 사회로 신사참배가 기독교 신앙에 배치되지 않는다고 결의하고 말았다.

> 아등(我等)은 신사는 종교가 아니고 기독교 교리에 위반하지 않는 본의를 이해하고 신사참배가 애국적 국가의식임을 자각하며, 써(以) 신사참배를 솔선 여행(勵行)하고 추이(追而) 국민정신총동원에 참가하여 비상시국 하에서 총후(銃後) 황국 신민으로서 적성(赤誠)을 다하기로 기함.[30]

---

29) 일본 기독교대회 의장 도미다(富田滿)가 평양을 방문하여, 거기를 중심해서 신사참배를 결의시킨 일이 있다. 吳允台, 『日韓キリスト教交流史』, pp.263, 264.

30) 조선예수교장로회 총회 제27회 『회록』(1938. 9), p.9.

이것이 총회의 결의문이었다.[31] 일본은 총회의 결의문과 저 종교단체법을 마음껏 이용했다. "최후까지 최완미(最頑迷)한 태도를 견지한 장로파도 조선기독교연합회, 기타 단체의 기독교를 통해서 … 기왕에 있어서의 극단적인 구미의존 감정을 시정하고 신사참배를 결의하는 등, 점차 명랑한 일본적 기독교화의 동향으로 나가고 있다"[32]는 것이 일제의 판단이었다.

총회 폐회 후 부회장이 임원을 대표하고 각 노회장이 총회를 대표해서, 곧 평양신사에 참배했다.[33] 매우 불미스러운 일이었다. 홍택기 목사는 총회장 취임 설교에서 "내가 복음을 부끄러워하지 아니하노니"[34]를 본문으로 읽고, "신앙이 약할 때마다 하나님의 의는 점점 알기 어려워진다" 하면서, "위대한 힘을 가진 복음에 우리가 사로잡힌 바만 되면, 어찌 우리를 하나님의 능력과 그의 영에서 끊을 자 있으랴"[35]라고 했었으니, 그의 심정의 고민을 스스로 고백한 것이라 볼 수 있겠다. 이 한국교회사 오점의 책임은 당시의 총회장 홍택기에게만 있었던 것도 아니고, 총대들의 난처한 입장에만 있었던 것도 아니다. 이때 삼엄한 공기는 "현시의 우리들로서는 생각할 수도 없었던 시세"[36]였다.

1941년 12월 8일, 일본은 기왕의 중일전쟁에 이미 지친 기력에 악을 더하여, 미국과 영국에 대들어 전쟁이 확전일로에 치닫고 있었다. 이때를 전후하여 일제는 조선교회에 구미식 교파의 이름을 쓰지 못하게 하면서, 한국 내 여러 교파의 기구적 단일화를 강행하여 나가기 시작하였다.[37]

이 과정은 일본에서 '종교단체법'(1939. 1. 18)이 통과되어[38] 그들 기독교가 '일

31) 참배 가결 공작에 공이 큰 종로경찰서 서장 이하 89명은 평안남도 경찰부에서 표창 받았다. 『매일신보』, 1938년 10월 2일자.

32) 최근의 치안 상황, 국내에서의 독립운동 자료, 『한국독립운동사』, 5, p. 307.

33) 평양신사에 참배하는 장로교총회 수뇌들, 『매일신보』, 1938년 9월 13일자.

34) 『로마서』 1 : 16-17.

35) 『역대 총회장 설교』, 『선교70주년기념설교집』, 중권, pp. 167-169.

36) 『日本基督教團史』, 日本基督教團史料編纂委員會, 東京: 教團出版部, 1967, p. 88.

37) 감리교는 '기독교 조선감리교단'으로. 『조선감리회보』, 1941년 4월 1일자.

38) *Ibid.*, p. 87.

본기독교단'으로 출발한 1941년 6월 24일, 그리고 '전시포교지침'[39]이 시달된 1942년 10월을 거치면서 걷잡을 수 없이 가속화되었다.

이렇게 해서 구세군은 1940년 11월 9일 '구세단'으로 개편되면서 일본인 사카모도(坂本雷次)가 단장으로 들어앉고,[40] 국제적 기구와의 법적 · 경제적 관계 단절, 군대 모방의 편제, 칭호, 복장의 전폐, "재래 전통적으로 내려오던 그릇된 정신을 버리고 국체 본의(本義)에의 부합"을 선언하였던 것이다.[41]

해체된 교회도 많았다. 동아기독교(침례교)는 그 재림사상 때문에 일본의 눈총을 받아 왔었다. 그것이 1942년 6월과 10월 사이에 전치규(田穉珪, 1878-1944), 김용해 목사를 비롯해 32명의 교역자가 구속됨으로써 교역자 전부를 일시에 잃게 되었고, 마침내 1943년 5월 10일에는 강제해산의 비운을 겪게 되었던 것이다.[42]

성결교 역시 재림사상과 그 하늘나라의 영광이 천황의 존엄에 모독이 된다 하여, 1943년 5월, 2백여 남녀 교역자들이 구속되었고, 그 해 12월 29일에는 교단의 해체령을 받게 되었던 것이다.[43] 박봉진(朴鳳鎭, 1890-1944) 목사 외 세 명은 고문과 출감 후의 병고 때문에 세상을 떠났고, 상당한 수의 평신도들도 이 형극의 뒤안길에서 영광된 순교의 반열에 동참했다. 1941년 이래 내내 질식할 듯한 박해에서 신음하던 안식교가 최태현(?-1944) 목사를 비롯한 순교자를 내다가 교단의 해산을 명령받은 것은 1943년 12월 28일의 일이다.[44]

성공회는 1941년 1월 주교 쿠퍼(C. Cooper, 1882-1964)가 "한국성공회를 지켜나

---

39) 그 강령에는 "국체(國體) 본의에 철(徹)해 대동아전쟁의 목적 완수에 매진."

40) 황종율(黃鐘律)이 1940. 10. 29-11. 9까지 사령관에 임명되어, 최초의 한국인 관할이 되었다.

41) 국제관계를 단절, 구세군을 단(團)으로 개칭, 『장로회보』, 1940년 9월 18일자.
Cf. 조선구세단, 『기독교신문』, 1942년 10월 21일자.

42) 김용해, 『대한기독교침례교사』, p. 69.
전치규(田穉珪) 목사는 1944년 2월 13일 순교.

43) 자발적 해체 형식. 김성호, 『한국 성결교회사』, p. 803.

44) 이영린, 『한국재림교회사』, p. 72.

가는 길은 선교부의 퇴진뿐"이라 하여 한국을 떠나면서 일본인 구토오(工藤義雄) 총감사가 교회 관할을 맡아 '암흑의 역사기'에 들어섰다.[45] 그런데 성공회에서는 이보다 앞서 1940년 3월 신학원이 폐교되고, 병원 및 사회사업 기관이 모두 문을 닫아야 했고, 따라서 해방까지는 "완전히 침묵당한 교회"로 명맥을 근근히 보존할 수밖에 없었다.[46]

이때는 벌써 기독교연합공의회가 해산되고(1937), YWCA(1938. 6. 8)나 YMCA도 해산되어(1938. 10. 14) '일본기독교청년회'에 종속되어 그 명맥이 굴욕으로 존속되고 있었다.[47]

이 수난 속에서 설 곳을 못 찾아 한촌(寒村)에 파묻혀 신앙생활에 침잠하고자 하는 이들의 발길이 수없이 낯선 곳을 찾아 옮겨졌다. 일찍이 1913년에 무어(E. C. Moore) 박사는 "한국 교회에 이제 시련이 닥쳐올 것인데, 그것은 생사가 걸린 심각한 시련일 것"[48]이라고 예언한 일이 있었다. 그러나 비참한 모습이 이 정도까지 이르리라고는 그도 미처 예상하지 못했을 것이다.

21.1.3. 기독교의 수난과 저항

1940년까지 일본은 3백여 명의 목사와 신도들을 검속하였고, 이들을 교회의 교직에서 해직시키는 난동을 부렸다. 그 해 경상남도에서 한상동(韓尙東, 1901-1976), 주남선(朱南善, 1888-1951) 목사가 중심이 되어 "빠른 시일 내에 비타협의 새 노회"[49]를 결성하려고 모의하다가 여기 연루된 사람들까지 합쳐서 이만한 수의 사람이 붙잡혔던 것이다.

---

45) 이재정, 『대한성공회백년사』, 1990, p. 213.

46) *Ibid.*, p. 216.

47) 일본 기독교청년회 조선연합회 성립, 『청년』, 1938년 11월호, p. 14.

48) E. C. Moore, *West and East*, The Dales Lecture, Oxford, 1913, London: Duckwort, 1920, p. 333.

49) 주기철 목사는 이 안에 찬성한 듯했으나, 그 시기상조나 동의 획득의 불가능을 들어 반대하고 있었다.

이때 주기철(朱基徹, 1897-1944) 목사의 항거는 한국교회 순교의 꽃다운 상징이 되고도 남음이 있다. 그는 1938년 2월, 평양 산정현(山亭峴)교회 헌당식 날 경찰에 구속되었다가 잠시 석방된 일이 있었는데, 그 해 이유택(李裕澤, 1905-1949), 김화식(金化湜, 1894-1947) 두 목사와 함께 묘향산과 대성산에서 금식기도를 하는 등 순례의 길을 걷다가 6월 30일 평양에 돌아왔을 때에는, 공교롭게도 일본기독교단 의장 도미다 미찌루(富田滿, 1883-1961) 목사가 120명의 산정현교회 교인들과 평양 유지 교인들 앞에서 신사참배가 성서적으로 죄가 되지 않는다고 궤변하고 있었다.[50)]

주기철과 손양원(孫良源, 1902-1950) 목사는 그들의 간장이 뒤집히는 듯했다.[51)] 소리 높이 그 부당함을 외쳐 맹렬히 그의 망언을 반박하였던 것이다.

그들의 생명은 이제 신앙의 값을 치를 때가 온 것이었다. 농우회(農友會)사건(1939. 8) 이후 평양에 되돌아와 환영을 최소한 옛 양떼들에게 기대한 주기철 목사는 평양노회가 1939년 12월 19일 그의 파면을 감행한 소식을 들었다.[52)] 그는 이 변모한 조선교회의 모습에 목이 메었다. "사람에게 쓸려 버리우는 (예수님의) 고독의 자취를 우리도 밟아야 하고, … 이 핏자국에 엎디어 이 몸을 십자가의 제단에 드려야 합니다"[53)]고 뇌었다. 그는 1940년 10월, 네 번째로 마지막 구속되었고, 경찰은 산정현교회의 문에 못을 박아 폐문시키고 말았다.[54)] 그가 유언처럼 남긴 마지막 설교는 "오(五) 종목의 나의 기원"이었다.

그는 마침내 견딜 수 없는 고문을 4년 반을 계속해 받다가 그 지구력이 순교의 영광을 나약과 고통으로 해서 빼앗길세라 염려해 "순교할 수 있게" 해달

---

50) "언제 일본 정부는 제군에게 기독교를 버리고 신도로 개종하라 하든가. 국가는 국가의 제사를 제군에게 요구한 데 불과하다." 朝鮮續信, 『福音新報』, 東京: 1938년 7월 1일자.

51) 살기 도도, 형세불온, *loc. cit.*

52) 교역자로 국가의식 불응은 총회 결의 정신 위반, 평양교회 수(遂) 면직결의, 『장로회보』, 1940년 11월 24일자.

53) 『신앙생활』, 1951년 9월호, p. 12.

54) 조지훈, 한국민족운동사, 『한국문화사대계』, I, 고려대학교 민족문화연구소, 1964, p. 819.

라고 기도하기를 마지아니하였다.

> 소나무는 죽기 전에 찍어야 시푸르고, 백합화는 시들기 전에 꺾어야 향기롭습니다.[55]

그러다가 1944년 4월 21일 영광된 순교의 길에 올랐다.

> 내 여호와 하나님이시여, 나를 붙드시옵소서.[56]

누군가가 그의 마지막 기도를 들었다. 이 날에 한국교회사 산맥에 그 정봉(頂峰)이 높이 솟은 것이다. 이 교회 양심의 횃불이 이 교회 역사 안에 혹시나 있는 오욕과 미완을 다 감쌀 영예와 신앙적 순결, 그리고 그렇게 위대한 신앙의 동력이 비축된 것이다. 그의 나이 한 해 더 살았으면 쉰이었을, 마흔 아홉이었다.

> 주님 나 위해 십자가에 돌아가셨는데 내 어찌 죽음을 무서워 주님을 모르는 체하오리까. 일사각오 있을 뿐입니다.[57]

순교자들은 초인들이 아니었다. 다만 주님이 우리 위해 돌아가셨다는 그 사랑에 대한 감사와 감격에서 한 발자국도 빗나가지 못하는, 어쩌면 연약한 인간들이었다. 주기철이 순교한 후 신문에는 아무 글도 나오지 않았다. 세상은 그의 고난을, 그의 승리를 모르는 것 같았다. 책 하나 남긴 것 없이 그는 이렇게 갔다.

순교자들의 정확한 명단을 제시하기는 어렵다. 최봉석(崔鳳奭, 1870-1944) 목사, 박관준(朴寬俊, 1875-1945) 장로, 박의흠(朴義欽, ?-1941) 전도사, 그리고 감리교의 이영한(李榮漢), 동아기독교의 전치규, 성결교의 손갑종(孫甲鐘, 1882-1943),

---

55) 김인서, 일사각오 주기철 목사, 『김인서전집』 5, 서울: 신망애사, p. 156

56) 졸문, 잊을 수 없는 사람 주기철, 『동아일보』, 1975년 4월 12일자.

57) 김인서 편, 『일사각오』, 서울: 기문사, 1969, p. 140.

안식교의 최태현 목사들은 다만 빙산의 일각에 불과한 고난의 종들이었다. 이들의 장한 항거와 순수한 신앙의 결단은 순교의 형극 앞에서 오히려 줄기차게 뻗어갔다. 다만 일본이 이들을 '불온'과 '정치 음모' 등으로 변질, 중상하여, 신앙의 위대한 순절의 명예를 빼앗은 것이 한이었다.[58]

이렇게 해서 신사참배 문제로 평양장로회신학교가 폐쇄당했고, 2백여 교회가 문을 닫았으며, 3천여 신도가 투옥되었고, 50여 명의 교역자들이 순교의 면류관을 썼던 것이다.[59]

그러나 이 교회에 수난과 순교의 고백 문학이 없었음에 놀란다.[60] 주기철의 『일사각오』가 우리가 문서로 가지고 있는 유일한 저항의 고백이다. 입담이 좋았던 정력의 문필가 김인서에게도 이 처절한 신앙의 차원 높은 순교적 정신이 전혀 표명되어 있지 않고, 어려운 시절에 "그리스도 청년의 수학 지식"을 난데없이 게재하는 시련이 있었다. 더구나 그는 일보 나아가서 중일전쟁의 전비(戰費) 문제를 언급하고 "총후(銃後) 국민은 권업 절약(勸業節約)하여 …"[61] 하는 발언을 하게 된다. 더구나 여태껏 반일(反日)의 핵심을 이어온 YMCA의 『청년』지가 그 순수한 저항의 기독교적 선언문이야 싣기 어렵다고 할지라도, 간접적인 문학작품 하나 싣지 못한 것은 섭섭했다. 홍병선(洪秉璇, 1888-1967) 목사와 같은 굴지의 지도자에게 "참으로 황국 신민됨을 깃버하는 동시에 총후에 있어 제일선의 장병과 그 유족을 위하야 감사한다"[62]는 말을 듣는 것은 적어도 후대의

---

58) 주기철 목사를 반일항쟁의 투사로 보려는 일부의 견해도 가당하지 않다. 그의 미망인 오정모 사모는 해방 후 그러한 유(類)의 명예나 보상을 일체 거절하여 왔었다.

59) S. H. Moffett, *The Christians of Korea*, 1962, p. 75.
Cf. C. D. Fulton, *Now is the Time*, Executive Committee of Foreign Missions, Richmond: John Knox Press, 1947, p. 132. 여기에는 1,200 교회로 되어 있다.

60) 하지만 우리는 그날의 검열, 통제, 수색의 어려움을 알고 있다.

61) 편언(片言), 『신앙생활』, Vol. 7, No. 6(1938. 6), p. 37.

62) 홍병선, 국민정신 총동원과 총후후원, 『청년』, 1938년 6월호, p. 7.

귀에는 여간 낯설지가 않다. "황국신민으로 국가의 원조를 숭배하는 신사참배, 곧 예배하는 것이 당연한 일"[63]이라 했을 때도 놀라움은 크다. 강백남(姜白南)[64]은 "신사참배하는 일을 우상 숭배라고 한다면, 이는 불경죄에 가깝다고 말하여 둡니다"[65] 했다. 이것은 『청년』지에서보다는 일본 취조관의 입에서 나와야 마땅했을 말이었다.

그러나 한 가지 알아 둘 일이 있다. 남장로교 선교부의 한 위원회의 보고문에 이런 글이 남아 있다. 곧 "구속, 고문, 혹은 죽음의 위협 아래서 말한 한국 교인의 의사 표시를 액면 그대로 받아들여서는 안 됩니다. 사사로이 말할 때, 이들은 우상 숭배에 대해서 우리들보다도 철저한 반대를 하고 있습니다."[66]

다만 한 가지 장로교회가 그 총회 창립 30주년을 기념해서 정인과가 '조선기독교사료전람회'를 개최(1942. 9)하려 한 것은[67] 그 민족의식과 그 역사에 대한 최후의 공식적인 시위로서 일말의 긍지를 피력한 것이었다. 그러나 그것 역시 '중지'되고 말았다.[68]

21.1.4. 선교사적 요소의 제거

선교사들의 입장은 점점 어려워져 갔다. 그들은 명의상 조선 교회에 그 치리권(治理權)이 속해 있었기 때문에 총회나 총리원, 혹은 노회의 결의에 순응할 입장에 서 있었다. 그러나 신사참배는 할 수가 없었다. 어쩔 수 없이 이들의 조선교회에서 이름을 제거하고 각기 개인의 자격으로 시골로 다니면서 복음을

63) 홍병선, 기독교도와 시국, 『청년』, 1938년 7월호, p. 7.

64) 강병주 목사.

65) 조상 숭배는 우상이 아님, 『청년』, 1939년 3월호, p. 8.

66) G. T. Brown, *Mission to Korea*, p. 153.

67) 조선기독교 사료전람회, 『기독교신문』, 1942년 5월 13일-6월 24일자.

68) 예수교장로회총회 제31회 『회록』(1942), p. 37.
Cf. 공보, 『기독교신문』, 1942년 9월 16일자.

전했다.

그러나 그 길은 벌써 난파되고 있었다. 그것은 한국교회가 일제에 덜미를 잡혀 반선교사 기치를 들었던 데에도 그 한 까닭이 있었다. 장로교는 1940년 12월에 '결의문'을 채택하여 "구미 의존주의 해탈, 순정 일본기독교에의 혁신"[69]을 서약하였던 것이다. 그리고 감리교는 1940년 9월 '내선 일체(內鮮一體)에 전능력'을 핵심으로 한 전도보국(傳道報國)을 표방하다가[70] 그 해 10월 2일 '감독제의 신안(新案)'에서 "선교사와 공동 연결 조직된 중앙 협의회 해산"[71]을 결의 실행하면서, 선교본부의 선교비 일체를 거절하였던 것이다.[72]

그런데 우리가 가슴 아프게 생각하는 것은 이런 일련의 사태가 일부에서 "조선적 기독교의 성립"이라는 구실로, 차라리 주체적 확신으로 추진한다는, 그 명분이었다. "기독교의 사상을 조선화시키며, 시대화시키며, 조선인의 기독교를 만들어야 한다"[73]는 것이었다. "우리의 신앙생활을 재검토하야 동양적 기분을 통하며, 동양적 향기로 기독의 정신을 힘 있게 하지 않으면 안 된다"[74]는 얼핏 의젓한 전향이었다. 일제 말기 기독교의 생존에 대하여 아주 신중한 판단을 해야 하는 까닭이 여기에도 있다.

한편 선교재단의 기독교학교들은 '공식적인' 절차를 통해서 한국인이나 일본재단에 이양하기 시작해서 그것이 끝난 것이 1939년의 일이었다. 연희전문학교의 경영은 원한경 박사의 고집으로 1941년까지 계속되었으나, 풍전등화로 결국 적산(敵產)으로 처리되어, 1942년 8월 7일, 총독부 손에 넘어가고 말았다.[75] 이

---

69) 결의문, 황기(皇紀) 2600년 봉축신도대회 시종(始終), 『장로회보』, 1940년 12월 18일자.

70) 국민정신총동원 기독교 조선감리회연맹 규약선언, 『감리회보』, 1940년 9월 1일자.

71) 기독교 조선감리회 감독 제의 신안, *ibid.*, 1940년 11월 1일자.
외국인으로서는 무슨 지도나 대표적 지위를 피케 할 것.

72) 선교부의 교육 시설, 외인도 필요 없다, 『장로회보』, 1940년 10월 16일자.

73) 채필근, 시대에 대하야, 『청년』, 1938년 5월호, p. 5.

74) 홍병선, 시하 3제, *ibid.*, 1938년 6월호, p. 4.

화여자전문학교 역시 경성여자전문학교로 바뀌고 있었다. 1940년 10월 마침내 주경 미영사(駐京美領事) 마쉬(O. G. Marsh)는 선교사의 완전 철수를 명령했고, 따라서 이 지령에 따라 9분의 5에 해당하는 선교사 219명이 인천항 —그 선교사들이 처음 들어왔던 그 인천항을— 떠나 본국으로 귀환하였다. 그 해 11월 16일의 일이었다.[76]

잔류 선교사들에 대한 발악적인 축출의 강요는 간혹 엉뚱한 명분까지 동원하고 있었다. 1941년 3월 2일, 평양의 '반전(反戰)기도일사건'이란 것이 그 하나이다.[77] 세계 기도일의 기도문 속에 버츠(Miss A. M. Butts, 富愛乙)가 "극히 불온한 반국가적이요 반전적인" 말들을 써서 중일전쟁의 성전성(聖戰性)을 모독했다는 것이었다. 여기 연루되어 체포된 선교사들은 15명이었다. 적대감과 고독 속에서 인내하던 몇몇 선교사들은 이렇게 해서 그 해 9월, 필리핀이나 미국 본토로 퇴거하지 않을 수 없었다.[78] 마지막으로 조선을 떠난 선교사들은 99명, 1942년 6월 1일 밤 아사마루 호로 부산을 떠났다.[79] 언더우드 2세(H. H. Underwood: 元漢慶, 1890-1951) 선교사는 그의 부친 언더우드의 기념비가 조선교회의 손에 의해 새문안교회 뜰에서 제거되는 것을 보아야 했다. 그는 그 한 달 후에 이 땅을 떠났다.[80]

조선교회는 이로써 무서운 박해와 전향의 끝없는 위협 속에서 정신적 지원이 없는, 형극의 길을 스스로 견디어 나갈 운명에 놓이게 되었던 것이다.

---

75) 연희전문의 신 출발, 『기독교신문』, 1942년 9월 16일자.

76) E. W. Koons, The Mariposa Come to Jinsen, *The Korean Mission Field,* December 1940, p. 200

77) 영미 선교사 중심 반전모략사건 발각, 『매일신보』, 1941년 3월 27일자.
咸北高秘 2 第一三八號(1941. 3. 23), 咸鏡北道 警察部長, 宣教師, 反戰謀略事件檢擧に關スル件. 육군형법으로 취체.

78) W. N. Blair, *Gold in Korea,* pp. 108-109.

79) *Report of the Interim Committee of the Korea Mission,* of the United Church of Canada, 1948, August, pp. 5-6.

80) 새문안교회 『당회록』, 1942년 5월 17일자.
Cf. 예수교장로회총회 제30회 『회록』(1940), p. 82.

21.2. 무너진 일각에 선 교회의 모습

기독교 신앙의 흔적은 실질적으로 사라져 없어지는 듯했다. 어떤 이들은 만주를 비롯한 해외로 망명하였으며, 더러는 산천에 묻히거나 지하에 숨어서 신앙생활을 계속하기도 하였다. 그러나 숨어 피하는 것만이 반드시 세태 속에 던져진 신앙인의 도리일 수가 없다는 소리가 들렸다. "교회 생활이 고난하다 하야 집회 참예치 아니하는 신자가 적지 아니하나 … 누가 인도하든지 누가 설교하야 잘하든 못하든, 낙심하지 말고 교회에는 더욱 힘써 출석하자. 교회를 떠나서 신앙을 유지하는 신자 10인 중 1인이 쉽지 못하니 교회를 지키자."[81] 이것이 무너진 교회의 일각에서 울려나기 시작한 음성이다.

21.2.1. 신앙인의 이질화 경향

한국교회의 이질화 과정은 워낙 점진적이기 때문에 그 시기를 분명하게 획별하기가 힘들다. 1920년대 중반기의 일부 반선교사 분위기에 이미 친일의 경향이 나타나 있었고, 일부 종파 중에는 일본적 기독교의 표방의 전례마저 없지 아니하였다.

그러나 일제 말기에 이르면서 전시체제에 따라 일제의 강력한 통제에 따른 총체적 이질화의 위험은 1936년 4월에 총독부가 감리교, 장로교 등 대 교단에 '신사 문제에 대한 통첩'을 보낼 때부터의 일로 보인다.[82] 이 물결이 거칠어지기 시작한 것이 1937년 8월, 장로교가 "정부 방침 순응"과 "국민개병" 고취, 그리고 "출정황군(出征皇軍)에의 봉공(奉公)"을 공론화할 때이다.[83] 이것은 물론 그 해 7월에 터진 중일전쟁과 관련이 있었다.

---

81) 긴급한 주의, 『신앙생활』, Vol. 7, No. 11(1938. 11), 제27회 예장총회 직후.

82) 신사문제에 대한 통첩, 『감리회보』, 1936년 4월 10일자.

83) 국민의 의무, 사설, 『기독교보』, 1937년 8월 17일자.

그런데 그 해 10월에 『기독교보』는 "기독교인은 여력이 없도록 황실을 봉대(奉戴)하며 만분의 일이라도 황은(皇恩)을 봉답하여 국운을 융성케 함이 의무"라 하면서, "총후 만전을 도모하여 황운(皇運)을 부익(扶翼)하자"[84]고 소리쳤다. 이때 이미 교회 신앙의 이질화가 진행되고 있었다. 이 줄기는 다만 그 시작이 어려웠을 뿐, 한 번 내딛고 난 다음, 그 행렬은 어설프게 빨랐다. 반년 후인 1938년 4월 25일, 장로회총회의 비극적인 신사참배가 가결되기 5개월 전, 서대문경찰서에는 감리교의 유형기(柳瀅基, 1897-?), 박연서(朴淵瑞, 1893-1950), 장정심(張貞心, 1898-?), 김유순(金裕淳, 1882-1950), 김종우(金鍾宇, 1883-1939), 성결교의 최석모(崔錫謨, 1890-1950), 김응조(金應祚, 1876-?) 등 주로 감리교와 성결교 대표들이 소집되어, 신사참배는 물론 총후보국(報國) 강조 주간 행사에 참가할 것과, "일본적 기독교에 입각하여", "황도정신을 발양" 하겠노라는 결의를 거쳐 선언문을 채택하고 있었다.[85]

이러고 나서 그 해 5월 8일 서울 부민관에서는, 서울에 기왕에 존속해 오던 내선(內鮮) 기독교 유지들 조직의 간친회 규모를 확대해서, 조선기독교연합회를 조직했던 것이다.[86]

> 현하 아국 시국의 중대성에 감(鑑)하야 국시(國是)를 체(體)하며 국민정신의 진작을 기함은 가장 긴급임을 인식하고 여기에 조선에 잇는 기독교 신도는 단결협력하여 동포의 정신작흥에 자(資)하고 일층 전도에 정진하야 황국신민으로서의 보국(報國)의 성(誠)을 다하기를 기함.[87]

---

84) 사설, 기독교인의 국가 봉사, 『기독교보』, 1937년 10월 12일자.

85) 임종국, 친일문학론, 서울: 평화출판사, 1966, p. 351.

86) 조선기독연합회 탄생, 『기독교보』, 1938년 5월 17일자.
전국적인 규모로는 1938년 7월 7일 長谷川町(현 명동) 공회당에서 '조선총독 미나미(南次郎) 임석하' 결성.
내선기독교가 일체되어 종교보국 운동 매진, 조선기독교연합회 결성, 『매일신보』, 1938년 7월 8일자.

87) 조선기독교연합회 탄생, 『조선감리회보』, 1938년 6월 1일자. 여기 간부로서는 김종우(金鍾宇),

이것이 그 선언이었다. 그리고 마침내 그 해 12월 12일에는 장로교의 홍택기, 김길창(金吉昌), 감리교의 양주삼, 김종우, 그리고 성결교의 이명직 목사가 전국 교회를 대표해서 일본의 이세다이묘(伊勢大廟)와 가시와바라진구(橿原神宮)에 참배하려고 서울역을 떠났던 것이다.[88]

시련 속에서 이질화의 진행은 전향의 표현으로도 나타났다. 신도 신사의 간누시(神主)가 교회에 비국가적 옛 자취를 씻는다고 해서 교회 중진들을 이끌고 한강에 나가서 미소기바라이(淸淨)를 감행할 때 교회는 멍이 들고 있었다. 예수의 이름이 보존된 곳이 없지 않았다. 그러나 그 성호는 형극 속에서 부끄럽기만 했다. 1937년 면려청년회 사건으로 검속되었던 목사 정영도(鄭永道)가 사상 전환을 한 뒤, 영국과 미국에 대해서 중일전쟁이 성전이라는 것을 인식시키기 위해, 미국에 있을 때의 지인들과 주지사, 시장, 상 하 의원들에게 4천8백 통의 인쇄물을 자비로 인쇄, 운송하는 부역에 앞장섰다.[89] 1938년 9월 27일에는 진주(晋州)의 4교파 27교회의 완전 전향이 보도되고,[90] 청주 제일 장로교회에도 전향한 교인이 있다는 발표가 있었다. 전향이 없었다 할지라도, 일본은 각 기독교인의 가정에 가미타나라고 하는 조그마한 신사를 설치하게 하거나 거기 '아마데라스오오미가미노미야(天照大神之宮)'라는 푯말을 써 붙이도록 강요하였다.[91]

더구나 일제는 전시체제 동원 하수 역으로 교단마다 '국민정신총동원기독교연맹'[92]을 조직하게 하였다. 감리교가 1940년 9월 여기 따라야 했고,[93] 장로교

김우현(金禹鉉), 차재명(車載明), 장홍범(張弘範), 원익상(元翊常), 이명직(李明稙), 윤치호(尹致昊), 정춘수(鄭春洙)가 참여.

88) 기독교도 적성(赤誠) 안고 신사참배사절 출발, 『매일신보』, 1938년 12월 13일자.
조선신궁 궁사(宮司) 아베(阿部知)가 인솔. 기독교 대표 5씨 이세신궁 참배차 내지 행, 『기독신문』, 1938년 12월 15일자. Cf. 『감리회보』, 1938년 12월 16일자.
이들은 이 이외에 미이지신궁(明治神宮), 야스구니신사(靖國神社) 등에도 참배.

89) 최근의 조선 치안상황, 『한국독립운동사』, 5, p. 325.

90) 『매일신보』, 1938년 9월 27일자.

91) 서명원, 『한국교회성장사』, p. 89.

92) 1940년 10월 15일부터는 국민총력 조선연맹으로 바뀐다.

는 12월 6일에,[94] 그리고 성결교는 11월에[95] 거기 끌려갔다. 그리고 신도실천(神道實踐)이 강요되었던 것이다.

그러나 일제의 잔학은 이에 끝나지 않았다. 그 발광이 이제 극단에까지 간다. 장로교가 '전시체제 실천성명서'를 낸 것은 1941년 8월 14일의 일이었다.

실천사항

一. 정신생활의 앙양

1. 황도정신의 체득
2. 내선일체의 완수
3. 시국 정해(正解)의 강화
4. 난국타개 극복신념의 강화
5. 당국 지도 절대신뢰

二. 일상생활의 혁신

1. 사생활의 순화
2. 전시생활 실천
3. 시국 경제체제의 실천
4. 취인(取引)명랑

三. 시국봉사의 실천

1. 애국기 헌납
2. 금속품 공출(供出)
3. 폐품 회수

四. 교제(敎制)혁신의 단행

1. 일본적 기독교 건설
2. 구미의존 구태 잔영의 공제
3. 구미인 선교사 착오 사행(思行)의 배격
4. 교역자의 재(再)수연(修硏)

---

93) 『조선감리회보』, 1940년 9월 1일자, pp. 1-3.

94) 『장로회보』, 1940년 12월 4일자.

95) 김성호, 『한국성결교회사』, p. 362.

5. 지방강습회 개최
6. 내선 내 반도인 학생 지도[96)]

여기 장로교 제31회 총회 개최 벽두의 모습을 한 번 살펴보자. 이 총회는 1942년 10월 16일, 평양 서문밖교회에서 열렸다.

I. 17일 오전 9시에 회원 일동 평양신사 참배.
I. 동일 오전 10시 30분에 회의장에 집합하여 국민의례를 행한 후, 예배 순서. 그 후 평안남도 고등경찰과장 후까이(深井)의 시국강연.
I. 18일 오후 3시 30분, 조선군 보도부장 구라시게(倉茂)가 '일본인의 군인'이라는 제목으로 특별강연.
I. 18일 오후 7시 30분에 전승기원 예배를 열고, 국민의례 후 무라기시(村岸清彦)가 "대동아전쟁과 우리의 태도"라는 강연. 후 국방헌금.[97)]

그런데 감리교회는 이보다 앞서 1940년 10월 2일에 '개혁안'을 채택하고 다음과 같은 사항의 실천을 다짐했다.

I. 사상지도
1. 대동아공영권과 내선일체의 원칙을 철저히 인식시킨다.
2. 기독교의 형제애의 사상은 팔굉일우(八紘一宇)[98)]에서 실현됨을 철저히 인식시킨다.
3. 충성과 애국심은 그리스도의 자기희생의 정신과 하나임을 철저히 인식시킨다.
4. 자기중심성에 빠지는 개인주의를 배격한다.

II. 교육개혁
1. 국시(國是)가 신학교나 대학교 및 전문학교, 중등, 국민교에서 교수되어야 한다.

---

96) 조선야소교장로회 총회 전시체제 실천 성명서, 『장로회보』, 1941년 8월 15일자.
97) 조선예수교장로회 총회 제31회 『회록』, pp. 8, 26.
98) 전 세계가 한 지붕 아래 있다는 뜻.

2. 군사훈련 역시 여기서 실시된다.
3. 신학교육: 그리스도의 복음을 신학교육의 기초로 삼는다. 서구화의 과정에서 혼입된 유태인의 역사나 이교적인 사상과 관례의 제거를 기한다. 다만, 철학과 동양의 성현의 전통에 따라 복음을 해석한다.

III. 사회교육
1. 황도(皇道) 선양
2. 반공(反共)·국방

IV. 군(軍)지원
1. 교인은 될수록 보국대에 지원하거나 지원병에 나간다.
2. 교회도 군무(軍務)의 의미를 인식케 한다.
3. 방첩에 교회가 앞장서도록 한다.

V. 기구통일책
1. 조선감리회는 일본 감리회와의 합동 실현한다.
2. 조선감리회의 전도사업은 재정적 독립을 기한다.
3. 외국인이 교회나 그 기관의 지도급 위치에 서거나, 대표하지 못하도록 한다.[99]

이처럼 황량한 교회의 비극은, 세상에 알려져 있는 몇몇 기독교 인사들을 비굴과 굴종의 멍에로 묶어 등을 쳐 앞세워서, 소위 국민의식 부식(扶植)과 그 선전에 비인도적으로 이용한 데서 더욱 서글프게 나타났다. 괴산(槐山)의 남기종(南基宗) 목사와 박규호(朴圭浩) 장로는 "황국 신민으로서의 핵심을 관철할" 구실로 기독교 황도선양연맹(基督教皇道宣揚聯盟)을 결성했으며,[100] 시국대응 전선사상보국연맹(時局對應全鮮思想報國聯盟)이라든가 황도문화관(皇道文化館)이라는 어용 단체에는 얼마 전 감옥에서 견딜 수 없는 체형을 겪고 사상 전향을 강요

99) 『매일신보』, 1940년 10월 4일자에 전재.
『조선감리회보』, 1940년 10월 1일자, p. 2.
100) 『매일신보』, 1938년 5월 11일자.

받고 나온 유형기 목사와 갈홍기(葛弘基, 1906-?)가 들어 있었고,[101] 국민총력정신연맹 (1940. 10. 16)에는 정춘수, 정인과 목사가 문화부에서 "구라파 문화적인 요소를 일본적인 것으로 순화해 가는" 국책에[102] 계몽하도록 소임을 부여받고 있었다. 소위 비밀결사 흥업구락부사건으로 1938년 9월 기소 유예의 처분을 받았던 YMCA의 구자옥(具滋玉, 1891-1950)은 황도학회(皇道學會)에, 그리고 임전대책협의회(臨戰對策協議會)와 조선임전보국단(朝鮮臨戰報國團: 1941. 8. 20)에는 윤치호와 구자옥을 비롯하여 동우회 사건에 몰렸던 장로교의 정인과, 채필근, 감리교의 정춘수, 양주삼 목사들과 신흥우 제씨가 동원되고 있었다.[103] 더구나 일본은, '칠인전도대'의 주 멤버로서 "성경의 진리를 해석하여 민족의 살길을 보여주는"[104] 전도에 몸 바쳤을 뿐만 아니라, 1922년 YWCA를 김필례 여사와 함께 창설하고, 1928년의 예루살렘국제선교협의회(W. M. C.)에서 일본 대표인 우자키(鵜崎庚午郎)[105]와 논쟁을 벌여, 한국 여인의 기상으로 독일 대표를 깜짝 놀라게 한 바 있는[106] 김활란 박사를 치눌러, 조선임전보국단의 지도 위원으로 동원하고 조선언론보국회의 이사로 징용하는 악덕을 부렸다.

1942년에 들어서면서 교회의 이질화는 결정적 단계에 들어섰다. 감리교는『신정 찬송가』의 개편이 현실적으로 불가능하자 찬송가의 삭제 또는 정정에 나서서, 전부 삭제 22장, 부분 삭제 10장, 자구 정정 85장을 전국 교회에 통보하였던 것이며,[107] 재림론을 부정하고,[108] 1944년에 이르러서는 "유대사상 배제", "순복음으로서의 교의(敎義) 선포"를 표방하면서, 구약성서와 신약 묵시록의 사

101) 임종국, 친일문학론, pp. 88-90.

102)『매일신보』, 1941년 1월 4일자.

103) 임종국, *op. cit.*, pp. 131-134.

104)『동아일보』, 1920년 6월 25일자.

105) 일본 감리교회 감독.

106) H. R. Weber, *Asia and the Ecumenical Movement*, London: 1966, p. 155.

107) 찬송가 정정에 대하야,『조선감리회보』, 1942년 4월 1일자, p. 9.

108) 조선감리교단 제2회 정기총회 개요,『기독교신문』, 1942년 12월 16일자.

용 금지, 4복음서 중심만의 교의 선포를 지시하였던 것이다.[109] 장로교 역시 1942년 1월『신편 찬송가』중에서 "국체에 부적한" 찬송가 정정에 나서서, 전부 삭제 12장, 부분 삭제 9장, 가사 수정 41장 등 90개소를 각 교회에 시달, 그 정정의 '철저' 시행을 통고하였던 것이다.[110]

한국교회가 신사의 건설에까지 목사들이 동원되었다면 그 변질의 위험과 수위가 얼마나 심각하였겠는가 하는 것은 상상하고도 남는다. 1941년 여름과 가을, 그리고 그 다음 여러 차례 한국교회는 부여신궁(扶餘神宮)의 건설에까지 근로 봉사로 동원되었던 것이다.[111] 이것은 쓰라린 경험이었다.

한국 교회의 전향상은 1944년부터 실시하기로 한 조선에서의 징병제 실시 때에 안타깝게 나타났다. "반도인이 성상폐하(聖上陛下)의 적자로서 홍대무변(鴻大無邊)하옵신 황은(皇恩)"[112]을 입었다고 소리치도록 강요되었고, 1942년 5월 11일에는 '징병제 실시 감사 기독교대회'를 승동교회에서 개최하도록 독촉되었던 것이다.[113] 성결교회는 따로 각 교회가 그 축하식을 거행하도록 지시받고 있었다.[114]

더구나 1943년 11월에는 징병과 학병 독려를 목적으로 조선 전시종교보국회(朝鮮戰時宗教報國會)를 조직하였는데, 여기에 감리교의 갈홍기, 장로교의 채필근, 천주교의 김한수(金翰洙)가 각각 용역(用役)되고 있었다. 1941년 1월의 평안도 내 교회들의 안식일 폐지 결의,[115] 그 해 2월의 신의주 교회들의 예배당 개방, 교회당의 공동직팔장(共同織叺場) 전용 결의,[116] 이런 여러가지 수모가 신

---

109) 통보, 일본기독교 조선감리교단, *ibid.*, 1944년 5월 1일자, p. 2.

110) 긴급 통고문,『장로회보』, 1942년 1월 21일자.

111) 부여. 신궁 어(御)조영 근로 봉사에 관한 건,『장로회보』, 1941년 6월 4일자.
운당(雲塘), 부여행, *ibid.*, 1941년 12월 10일자.
Cf. 禾谷春洙, 통리 공시,『조선감리회보』, 1941년 11월 1일자.

112) 사설, 징병제의 실시,『기독교신문』, 1942년 5월 20일자.

113) 징병제 감사 기독교신도대회, *ibid.*, 1942년 5월 13일자.

114) 공보, 성결교회, *ibid.*, 1942년 5월 27일자.

115)『매일신보』, 1941년 1월 20일자.

문에 도배되었는데, 한국교회 자체 이름으로 교회당을 폐허화시킨 악랄함이 여기까지 이르렀던 것이다. 물론 "앞날을 내다보지 못하는 무절제한 부역 교직자들의 백귀난행(百鬼亂行)"[117]이 없었던 것이 아니다. 그러나 십자가 아닌, 이들의 인간성이 당한 마음의 형극은 제2차대전 말기 전 세계가 겪어야 했던 "인간성의 강간"[118]의 그 한 통절한 모습이었다.

21.2.2. 기독교 사회운동의 붕괴 과정

이때 교회의 사회운동도 붕괴되기 시작하였다. 그 직접적인 원인은 교회 내 보수계의 반발, 항일 에너지로 간주된 저지, 그리고 사회운동가들의 전향 등 세 가지였다.

우선 교회 내의 비판은 1935년을 고비로 해서 나타나기 시작했다. 그것은 묘하게 YMCA의 신흥우가 개인적인 스캔들이나 적극신앙단의 문제로 그 총무직을 사임하는 우연과 겹쳤다. 사회운동 추진력의 제거 현상이었다.[119]

그런데 장로교에서는 김인서가 반론을 펴기 시작했다. 그는 사회 및 농촌운동의 신학적 지도 원리의 부재를 비판하였다. 그리고 그 지도방법의 비현실성, 소작문제에 대한 교회의 착안 미흡, 협동조합의 경영 합리화에 대한 교회 대안의 미비, 그리고 그 방법론의 결함을 들어서, 사회 및 농촌운동의 무의미성을 매섭게 비판하였던 것이다.[120] 따라서 이런 불실이 "민중을 기만함이 되는 동시

---

116) *Ibid.*, 1941년 2월 6일자.

117) 김득황, 『한국종교사』, pp. 433-434.

118) *The Family of Man*, New York: Museum of Modern Art, 1955, p. 225.
일제는 그때 기독교의 강세를 계속 위협으로 간주, 이런 폭거에 나서고 있었다. 京畿道教育と宗教要覽, 1938, p. 101.

119) 1935년 1월 17일 이사회에서 사표 수리.
기청(基青) 총무 신흥우씨 돌연 사직, 『동아일보』, 1935년 1월 18일자.

120) 총회 농촌부 폐지를 제언함, 『신앙생활』, Vol. 4, No. 1(1935. 1), pp. 4-12.

에 성회(聖會)의 위신을 실추시킨다"고 경고했던 것이다.[121] 개인 단위로서의 사회운동은 시인하면서도, 공교회로서는 할 일이 아니라고 외쳤던 것이다. 이런 생각은 길선주에게도 있었다.

원로 채정민은 신신학과 사회복음주의 및 사회주의의 이론을 함께 비판하면서, "내 구주 예수는 당신의 몸 된 교회를 만민의게 떡을 나누어주는 생산 기관으로 만들지 아니하였습니다"[122]라고 단언하였다. 더욱이 그는 이 농촌·사회운동이 정치상 중대 문제인 만큼 총회 농촌부가 총독부의 직접 지도를 받지 않으면 안 되게 된다면, 이는 교회의 핍박을 자초하는 것이라고 경고했던 것이다.[123] 사실 그는 농촌문제에 대한 교회의 정치적 능력을 따지고 있었다. 이러한 보수군의 반격을 받았기 때문일까, 총회는 1937년 농촌부 폐지를 가결하고 말았다.[124] 이 해에는 예수교연합공의회도 해산되었기 때문에, 거기를 중심으로 했던 사회운동 역시 좌절되고 말았다.

다음은 항일 에너지로 지목된 사회운동의 붕괴이다. 일제는 1931년부터 농촌운동을 조선 장래의 일대 민중운동으로 전개될 운동이라 판단하고, 거기 주목하고 있었다.[125] 1937년 마침내 사회 농촌운동을 지도하던 YMCA 농촌부가 "현하 시국의 다단함을 인하야 당분간 중지"[126]하기로 하였고, 1937년 12월부터는 그 회지(會誌)에 보고가 없어지고 만다. 그러다가 1938년 9월 흥업구락부사건으로 Y계 인물이 일망타진되면서 그 사회운동은 완전히 붕괴되고 말았다.

한편, 금주운동, 절제운동을 민족 구원의 차원에서 추진하던 면려회운동도 수난을 당했다. 1937년 5월 면려회 전국연합회 서기였던 이양섭(李良燮)이 "멸

---

121) *Ibid.*, p. 15.

122) 농촌 운동의 가부, 총회 농촌부 폐지 헌의안 가결을 희망함, 『신앙생활』, Vol. 5, No. 7(1936. 7), p. 8.

123) *Ibid.*, p. 9.

124) 예수교장로회총회 제26회 『회록』(1937), p. 42.

125) 최근의 조선 치안 현황, 『한국독립운동사』, 5, p. 249.

126) 회무 일반, 농촌", 『청년』, 1937년 10월호, p. 23.

망에 빠진 민족을 구출하는 기독교인의 역할 운운"한 통문을 전국 면려회에 발송한 바 있는데, 일제는 이것이 불온이라 책잡아 보안법 위반으로 기소하였고, 선천(宣川)에서도 그 해 8월 강신명(姜信明, 1909-1985) 등이 금주금연 운동에서 불온 문서나 창가를 인쇄했다고 해서 출판법 위반 혐의로 구속하였던 것이다.[127] YMCA가 이승만계의 동지회 곧 흥업구락부와 밀접하게 관련되어 있었는데 반해서, 면려청년회(勉勵青年會)는 안창호계의 수양동우회(修養同友會)와 밀접하게 관련되어 있었기 때문에[128] 1937년 6월의 수양동우회 사건과 함께 적발되면서 면려회 역시 수난에 쫓기었던 것이다.

한편 기독교농촌연구회를 조직하여 활동하던 배민수(裵敏洙1896-1968)[129]나 유재기(劉載奇)[130] 역시 1938년 6월 소위 '기독교도의 조선독립운동' 음모 사건에 걸려, "기독교 사회주의를 실현시킴에 의하야 조선 독립을 달성할 수 있도록… 전국 각지에 협동조합·소비조합 등의 단체를 결성하고 이들을 통하여 농민 각 계층에 투쟁의식을 주입한다"[131]고 해서, 치안유지법 위반으로 구속당했던 것이다. 사회·농촌 운동이 항일 독립운동으로 동일시되던 날, 그 날은 민족 생존이 그 막바지에 위협받던 날이었다.

그러나 우리 교회는 이 수난의 와중에서도 찬란한 사회정의의 한 결실을 맺었다. 1929년 이래 장로교, 감리교, 조선 주일학교연합회 등이 협력해서 추진해 온 '미성년자 금주·금연법'이 1938년 3월 26일 마침내 칙령(勅令) 145호로 발효되어 그 해 4월 1일부터 실시하게 하였기 때문이다.[132]

---

127) 최근의 조선 치안현황,『한국독립운동사』, 5, pp. 487-488. 그때 강신명이 지은 노래는 "삼천리", "이천만 동포" 등이다.

128) 조선기독교면려청년회 본부를 우이(牛耳)한 간부는 태(殆)히 동우회 운운, 제73회 제국의회 설명 자료,『한국독립운동사』, 5, p. 493.

129) 조선예수교장로회 농촌부 총무 역임.

130) 한국의 협동조합, 산업조합, 신용조합 운동의 선구자.『조선일보』, 1933년 2월 2일자 참조.

131) 최근의 조선 치안상황,『한국독립운동사』, 5, p. 307.

132) 조선예수교장로회총회 제27회『회록』(1938. 9), p. 42. 그 촉성운동 위원장은 윤치호, 대리 및 총무는 송상석이었다.

셋째로는 전향에 의한 사회운동의 붕괴이다. 일제는 1936년의 국체명징 표방, 1937년의 중일전쟁, 그리고 1938년의 국민정신 총동원령, 1941년의 대동아 전쟁(세계 제2차대전)에 뛰어들면서, 종교 통제의 필수를 절감하고, 그것을 조선 기독교의 자발적 실천 형식으로 추진하려 하였다. 전향의 술책이 그렇게 착수되었다.

그런데 이 전향에 YMCA계의 사회운동 추진군에서 대거 동원되었다는 사실이 주목된다. 이들 중 더러는 중일전쟁의 성전성[133]을 찬양·선전하였고, 더러는 공산주의를 배격하는 입장에서 일제 극우파와 동조하여 "우리 국풍(國風)과 절대 불합"하기 때문에 이를 박멸한다고 했으며,[134] 더러는 신사참배를 장려하고, 심지어 일본 국체를 숭앙하여 "천황폐하의 적자(赤子)"[135]임을 감사하여 눈물까지 흘렸다고 한다. 이러한 전향 일군의 다음 행동 양식은 미리 지시되고 있지 않았더라도 한 길밖에 남겨진 것이 없었다. 체제에의 용역(用役), 그리고 하청(下請) 소임, 그것뿐이었다.

한국 교회의 사회운동이 거쳐온 길이 이만큼 험난하였다.

21.2.3. 일제하 한국장로교회 마지막 파수꾼

여러 교단들이 해체 명령을 받고 감리교가 모진 시련을 겪는 동안, 장로교는 그 교세 만만치 않아서 이질화에의 길이 쉽게 낙착되지는 않았다. 여기 거대한

미성년자 금주 금연법, 『기독신보』, 1938년 4월 5일자.

133) 구자옥, 한구(漢口) 함락에 제(際)하여, 『청년』, 1938년 7월호, p. 2.
홍병선, 국민정신총동원과 총후후원, 『청년』, 1938년 6월호, p. 7.

134) 국민정신총동원 조선연맹 강령 실천요목, 『청년』, 1938년 7월호, p. 10.

135) 윤치호, 내선 일체에 대한 사견(私見), 『청년』, 1940년 1월호, p. 10.
신흥우, 조선 기독교도의 국가적 사명, 『동양지광(東洋之光)』, 1939년 2월호, p. 74.
박희도, 징병제 실시에, 『동양지광』, 1942년 6월호, p. 2.
그런데 윤치호는 1945년 3월 25일 일본 제국 귀족원에 칙선(勅選) 의원으로 피임.

한 세력이 장로교의 명맥을 지키는데 섬광(閃光)처럼 빛났다. 정인과(鄭仁果: 德川仁果)를 비롯한 몇 사람의 행적이 그것이다. 그 경로를 더듬어 보자.

장로회총회는 1940년 총회 상치위원회를 설치한다. 일제는 이 상치위원회로 총회를 대신하게 하려는 술책을 쓴 것이다. "총회 관리사무를 취급하고 대외관계를 협의 연락"한다는 것이 그 목적이었다.[136] 그런데 그 위원회의 사무국 총간사가 정인과였다. 그는 이 직책으로 실로 엄청난 일을 하나 남겼다. 한국장로교의 명맥을 끝까지 보존하려고 한 공로를 남긴 것이다.

일제는 1941년부터는 총회도 소집하지 못하도록 압력을 가한 것이다. 결국 총회는 1942년에 마지막으로 소집된다. 그러는 과정에서 1943년 5월 7일에 당시의 총회장 김응순(金應珣: 新森一雄, 1891-1958)[137]이 임시총회를 상치위원회 형식으로 서울 새문안교회에서 열어 한국장로교를 '일본기독교 조선장로교단'으로 변형시킨 것이다. 그것이 총간사인 정인과가 출타 중에 몰래 진행되고 있었다. 그리고는 채필근(蔡弼近: 佐川弼近), 김종대(金鐘大: 金子鐘大, 1909-1989), 김영주(金英珠: 金井英三郎), 조승제(趙昇濟: 趙村昇濟, 1898-1973) 등과 함께 한국장로교회를 해체한다고 선언하고, 그 수속을 채필근과 최지화(崔志化)를 시켜 총독부에 계출하게 한 것이다. 이것은 구데타였다. 공교롭게도 5월 5일에는 당시 부총회장이던 전필순이 감리교와 결탁하여 '일본기독교 조선혁신교단'을 만들고 있었다.

정인과가 그때 나선 것이다. 그 불법성을 공개하고 반격을 가한 것이다. 그들을 정인과는 "잡배들"[138]이라고 타기(唾棄)한 것이다. 상치위원회가 총회를 대행할 수 없다는 총회헌법개정위원회의 근거를 댄 것이다.[139] 장로교 최고의 권위는 아직도 총회에 있음을 천명한 것이다. 일제의 극심한 통제 하에서 이 시

136) 조선예수교장로회총회, 제29회『회록』, p. 12.

137) 해방 이후 북한 황해도인민위원회의 중요 간부.

138) 일본기독교 조선장로교단을 부인하는 이유,『기독교신문』, 1943년 8월 25일자.

139) 상치원회 규약 제7조 (4). 조선예수교장로회 총회 제30회(1941)『회록』, p. 77.

기에 한국교회가 일제 교회에 병합되는 것은 조만간 이루어질 수밖에 없을 것이다. 하지만 총회를 유지하자는 것이었다. 우리가 주체가 되어서 역사의 무대에 서자는 것이었다. 장로교정치 전통의 고수에는 천황제 절대의 국체에 은연도전한다는, 그런 내적 논리가 팽대하고 있었다.

그가 이런 말을 할 때가 바로 1943년 9월, 평상시 같으면 총회가 모여 있을, 그런 때였다. 총회를 모이게 하라, 그는 한국장로교 최후의 파수군이었다. 날카롭게 다구치고 있었다. 여기 백낙준(白樂濬: 白原樂濬)이 함께 전열에 선다. 조선예수교장로회가 엄연히 있는데, 실체가 없는 "일본기독교 조선장로교단 규칙"이라는 것을 채용 운운하는 것이 황당하다는 논리로 정인과를 돕고 있었다.

여기 장로교 전통의 의회민주주의 마지막 골수의 고집과 그 매니페스토가 있는 것이다. 그 전시체제 아래 천황제로 통제되던 그 격동의 시기에, 민주주의 체제의 장로회총회를 소집하라 한 것이 다만의 교파 병합문제 논리로만 들리지 않는다. 팟쇼 정국의 실체에 저항하는 거대한 의회민주주의의 역사적 증언, 그 역할을 하고 있었기 때문이다. 장로교의 총회 최고의 실무행정 책임자로서 장로교 정체성을 위협하는 일을 방관할 수가 없었던 것이다. 그것은 체제저항의 한 레토릭이었다. 묘한 것은 외국의 선교기관들도 이런 합병 강행의 근원적인 의도가 한국교회의 민주주의적인 전통 그 전부를 뿌리째 뽑아버리고, 일본의 전체주의적 황도적 정신에로의 흡수를 도모한 것이라고 판단하고 있었다는 점이다.[140)]

더구나 그는 일개 위원회가 총회의 운명을 결정하는 일을 할 수 없다는 강수를 든 것이다. 장로회총회는 1942년을 끝으로 모이지를 못했다. 대세는 불가피하게 기울고 있었다. 1943년 5월 6일 '일본기독교 조선장로교단'이 창립되고 통리에 채필근, 부통리에 김응순이 임명된다. 총무에는 정인과가 임명된 것이 확실하다. 하지만 그는 그가 그때까지 있었던 장로회총회 종교교육부 총무의

---

140) Survey-Korea, *The International Review of Missions*, 1942, p. 11.

봉급을 그대로 받는다고 고집한다.[141] 한국장로교회, 거기 그의 입지가 있다는 과시였다.

이때 정인과 캠프에 강력한 동맹자가 등장한다. 평북노회장 김진수(金珍洙: 金城珍洙, 1900-1950)가 그 사람이다. 그는 총회가 정식으로 이 병합 문제에 합당한 절차를 거칠 때까지 평북노회는 독립으로라도 장로교회로 존속한다고 천명한 것이다.[142] 그리고는 총회장 김응순을 탄핵 통고한다.

> 평북노회는 제31회 총회장인 귀하가 직권을 남용하여 총회 결의없이 1943년 5월 7일 일본기독교 조선장로교단 창립총회 의장취임식 석상에서 조선예수교장로회 해소를 선언한 것은 불법임을 인정하여 이에 탄핵함.[143]

그는 1944년 2월에도 다시 평북노회를 소집하여 총회 부활을 상치위원회에 위임한다.[144] 이런 외골수의 장로교인이 있었다. 다른 사람 하나가 또 나서는데 김창훈이라는 익명을 썼다. 그것이 김경(金鏡)임이 밝혀졌는데, 그 역시 '일본기독교 조선장로교단'을 유령단체로 타격하고, 장로교회로의 복귀를 강력하게 촉구한다.[145] 이런 대담한 글들이 실린 곳이 바로『기독교신문』인데, 그 발행인이 바로 정인과였다. 일제 전쟁말기에 이런 글을 신문에 실리고도 무사할 수 있었을까. 이들이야말로 일제하 한국장로회 수호의 최후 투사들이었다.

그 뿐만이 아니다. 1943년 5월의 상치위원회 석상에서 회의진행을 한국어로 하자고 대든 사람이 있었다. 그 당시에는 공식식상에는 두말할 것 없고 사사롭게도 소위 '국어상용'이라 하여 일본어를 강제로 쓰게 하던 때였다. 그가 바로 함북노회장 조승택(趙昇澤, 趙村昇澤)이었다.

---

141) 일본기독교조선장로교단 창립총회 전말, (5)『기독교신문』, 1943년 19월 27일자.

142) 본교단의 태도에 관한 결의, 평북노회장 金城珍洙,『기독교신문』, 1943년 9월 20일자.

143) 탄핵문, *loc. cit.*

144) 제64회 평북노회 회의,『기독교신문』, 1944년 3월 10일자.

145) 김창훈, 장로교는 어디로?『기독교신문』, 1944년 4월 15일자.

우여곡절 끝에 1944년 8월 11일 평북노회와 정인과의 소위 호헌파와 채필근계의 교단파는 결국 타협한다. 교단파에서는 책임을 진다면서 총사임하였다.[146] 김응순이 다시 장로회 총회장으로 멀끔히 귀임하였다.

하지만 교단 인사들은 1944년 12월 6일 다시 새문안교회당에서 상치위원회를 제2차로 소집하고 마침내 '일본기독교 조선장로교단'을 출범시킨다. 끈질긴 계획이었다. 김진수와 정인과가 퇴장한 틈을 타 재설립하고야 만다.[147] 그 조직에 정인과, 백낙준, 김진수는 어디에도 끼어 있지 않았다. 순교자들이 아닌 다음에야, 한국장로교회 조직을 끝까지 사수하려고 한 사람들은 바로 이 몇 사람들뿐이었다. 우리는 한국장로교회사에서 평북노회와 김진수, 정인과, 백낙준, 조승택, 김경, 이들을 대서특필하여야 할 것이다. 그들의 단호한 결의와 분신쇄골 없이 한국장로교회는 그 위기를 한 때나마 칼빈주의 신학과 의회민주주의로 극복하기가 어려웠을 것이다. 전선은 밀릴 수 있다. 하지만 전사들의 영웅담은 청사에 빛난다. 이 조선장로교단은 1945년 7월 19일 총독부의 지시로 전교회가 단일한 '일본기독교 조선교단'으로 강제 통합할 때까지 반년 남짓한 단명이었는데, 그런 것을 위해 그렇게 좌충우돌이었다.

여기 중대한 문제가 하나 주목된다. 일제하 한국의 반일 정서는 그 원점이 천황제였다. 거기 대한 저항은 민족주의나 민족감정으로는 그 대결구도의 톱니가 맞지 않는다. 천황제에의 저항 원점은 민주주의의 정신과 정열이어야만 했다. 그런데 한국장로교회가 그런 정신으로 그 일제 말기 현상을 판단하고 도전하였던 것이다. 거기에 민족사적 의미가 한껏 빛난다.

이런 투쟁에는 결백과 정절이 있어야 했다. 정인과, 그는 1938년 6월의 흥사단의 전향 성명에 참여하지 않았고,[148] 신사참배를 한 기록은 어디에도 없다.[149] 이 모두가 다 정인과가 장로교회 실권자로 있을 때의 일인데도 그랬다.

---

146) 타협안 성립, 『기독교신문』, 1944년 8월 15일자.

147) 조선예수교장로회총회 제2회 상치위원회 전말(顚末), 1944년 12월 6-7일자, p. 66.

148) 성명, 『기독신문』, 1938년 8월 16일자.

김진수는 이런 일이 있은 후 얼마 되지 않아서 수감되고 해방을 맞는다.

한국교회 마지막 고투의 흔적은 다른 곳에서도 나타났다. 역사에는 그렇게 묘한 구석이 있는 것이다. 하나는 일제 말기 곧 1942년 4월 29일 총독부 시책에 따라서 기독교계 신문을 통합하여 창간 발행하게 된 『기독교신문』에 나타나 있었다. 그 회장이 정인과였는데, 그 신문이 1944년 8월 15일 그 마지막 호를 낼 때까지 계속 한글을 쓴다. 한국교회의 야무진 기골을 재삼 확인하는 쾌거였다. 총회록은 1942년부터 일본어로 기록하게 된다.

다른 하나는 1941년 장로회총회가 1942년에 이르러 대대적으로 '조선기독교사료전람회'를 개최하고자 한 것이다.[150] 『기독교신문』에는 그 전시될 자료들이 1942년 5월부터 5개월에 걸쳐 계속 장황하게 게재되었다. 한국교회 신앙의 저력을 역사적으로 입증하려는 대업이었다. 단말마적인 일제의 가혹한 통제에 의연하게 한국교회의 거대한 저력을 전시하고자한 의도를 일제가 모를 리 없었다. 결국 1942년 9월 9일에 그 전람회의 중단이 통보된다.[151]

이런 사람들이 우리 교회를 마지막까지 지킨 사람들이다. 그들은 생존해 있는 교회를 어느 구석에서라도 살려가고 존속시키노라고 가진 경륜을 다 짜내고 있었다. 걷어차고 나가면 그만이다. 하지만 완전이 아니면 무라는 격식은 역사 안에는 없다.

21.2.4. 새 교단의 출현

일본은 한국 교회의 총괄적 체질 변모나 그 실질적인 인계 형식으로서 교회 말살의 길이 열리리라 믿어, 그 실현을 위한 기구 형성에 나섰다. 우선 만주에

149) 졸저, 『정인과와 그 시대』, 서울: 한국교회사학연구원, 2002 제7장 참조.

150) 사료전람위원회 보고, 조선예수교장로회총회 제30회(1941) 『회록』, p. 28.

151) 사료위원 보고, 조선예수교장로회총회 제31회(1942) 『회록』, p. 37.

있던 한국 교회 5교파(장로, 감리, 성결, 조선, 동아)가 1941년 11월 26일 '만주 조선기독교회'로 합동되었다.[152] 그리고 국내에서는 1943년 4월에 '조선혁신교단(朝鮮革新敎團)'[153]을 조직하고 헌법을 제정하여, 전필순 목사를 통리자에 뽑고, 성서 중에서 유태 민족에 관계된 부분, 곧 출애굽기와 다니엘서를 비롯한 대부분의 구약 성서와 신약의 요한계시록 및 찬송가의 개편을 지시했고, 이상의 성서는 떼어 버리든지 눈에 안 보이게 먹으로 칠해 버리든지 하라고 지시하였다.[154] 후에 와서는 구약성서 전부를 폐하게 하고, 신약성서도 4복음서 이외에는 전부 말살시켜 보지 못하게 하였다. 눈에 띄는 것은 이 교단의 구성원들은 대개 적극신앙단에 속하였던 장감 양 교파의 인사들이라는 점이다.

경성노회는 김영주 부회장의 주장으로, 이 혁신교단에 장로교 목사가 참여한 것을 비판하고, 그러한 행정적 절차가 선행되지 않았음을 들어, 전필순의 제명을 위협하였다. 감리교에서도 변홍규(卞鴻圭, 1899-1976)의 반대가 있었다. 할 수 없이 전필순은 여기서 탈퇴했고, 혁신교단은 조직을 새롭게 해서, 조선감리교단으로 정직한 환원을 하였다.[155]

마침내 1945년 7월 19일, 조선에 그나마 남아 있었던 교파들은 '일본기독교조선교단'으로 완전히 통합하게 되었다. 장로교 대표 27, 감리교 대표 21, 구세군 대표 6, 그리고 소교파 다섯 군데에서 대표자 한 명씩 모여, 이 교단의 성립이 발표된 것이다. 초대 통리(統理)에는 장로교의 김관식(金觀植, 1887-1948), 부통리에 김응태(金應泰, 1876-?), 총무에 송창근이 총독부에서 각각 임명 받아 취임하였다.[156] 해방 3주일 전 쯤의 일이었다. 여기 속하지 아니한 이들은 투옥

---

152) 만주 조선기독교회 합동 결성식, 『조선감리회보』, 1941년 12월 1일자. 정상인, 문재린, 도인권, 김창덕, 변성옥, 이권찬 등이 그 임원.

153) 감리교 중심의 체제, 장로교에서는 윤인구, 최석주, 전필순 등이 참여.

154) G. Fitch, What Happen to the Korean Church, *The Christian Century*, Vol. 62, No. 39, p. 1093.

155) 이성삼, 『감리교와 신학대학사』, 서울: 한국교육도서출판사, 1977.
이 혁신교단은 서북 세력에 대한 기호인의 대결 의식과 총독부의 민족 세력 근거지(서북) 박멸 의도와 일치되어 형성되었던 독특한 역사의 산물이었다.

하거나 강단에서 추방한 후, 함구령 또는 금족령을 내려 실제의 활동을 억제하였고, 다만 그들의 의지와 요구에 순응하는 인물들만으로 교회의 지도에 당하게 하는 간악한 수단을 사용하였다.[157]

21.2.5. 신학 교육의 시련

신사참배문제 때문에 평양 장로회신학교가 1938년 5월 무기휴학을 선언한 이후, 사태의 악화로 선교사의 인퇴까지 발생하자,[158] 선교사의 통제와 간섭에서 벗어난 한국인의 손으로 세워진, 신학교의 설립이 교회 여론으로 거론되기 시작했다. 보수적인 선교사의 퇴장과, 벽위척사(闢衛斥邪)의 박형룡 박사의 망명, 그리고 보수적인 신학의 저명한 목사들의 투옥과 순교로 말미암아, 이 신학교의 설립은 자연 진취적인 자유주의적 신학의 진영에 의해서 경영, 교육될 가능성이 이미 농후하게 작용하고 있었다. 이렇게 해서 채필근의 제안에 동감한 서울의 김영주, 차재명(車載明, 1887-1947) 목사, 그리고 김대현(金大鉉, 1873- 1940)[159] 장로가 중심이 되어, 조선신학교 설립 기성회를 조직한 것이 1939년 3월의 일이었다.

그러나 그 시작은 그리 평탄하지 못했다. 조선신학교 설립의 문제는 장로교의 제28회 총회(1939)의 인준을 받고 있었으나, 평양에서는 같은 해에 평양신학교 재건 운동이 일어나 그것이 정책적으로 1940년 2월 9일 총독부의 설립 인가를 받았기 때문에,[160] 조선신학교는 경기도지사의 강습소 인가를 받고 개교하

---

156) 실질상의 발족 일자는 1945년 8월 1일.

157) 김양선, 『한국기독교해방십년사』, 대한예수교장로회총회 종교교육부, 1956, p. 43. 평북 노회만이 노회로서 계속 남아 있었다.

158) 박형룡, 남궁혁 양 박사의 망명도 개교 가능성을 막았다.

159) 1939년 6월 신학교 기금으로 30만원 희사.

160) 조선예수교장로회총회 제29회 『회록』, 1940, p. 45. 일본 기독교단 통리 도미다(富田滿)의 계책이 주효해서 그렇게 되었다는 설이 있다.

지 않을 수 없었다. 그런데 1940년 가을의 총회에서는 '조선신학원 경과보고' 중 '장로회 목사 양성'을 '장로회 교역자 양성'으로 개정해서 가결, 채용된 사실이 보고되었다.[161] 이것은 조선신학교 출신에 대한 목사 자격 부여의 거부였다.[162]

이런 시련을 전후해서 조선신학원은 1940년 4월 19일 서울 승동교회 아래층에서 역사적인 개원을 하였다.[163] 김대현 장로가 초대 학원장으로 추대되고, 김영주, 함태영, 조희염(曺喜炎, 1883-1950), 한경직, 윤인구, 김관식, 오건영(吳建泳, 1882-1961) 등이 이사로, 김재준과 윤인구(尹仁駒)가 교수로서 이 한국 신학의 요람지에 정열을 쏟게 되었던 것이다.

이 조선신학교는 그 첫발부터 개성이 뚜렷한 교육을 실시했다. 김재준 교수의 존재가 그 동력이었다. 그는 한국교회사의 과거 전부를 '부재'로 단정하고, 이 단절된 교회사의 새 시작을 다짐하면서, 그 주역으로 자처했다.[164] 그리고 선교사의 추방과 평양 장로회신학교의 폐쇄, 조선신학교의 창설이 불가피한 역사의 단일 사건이라고 판단하였다. 그는 신학교육에 임하면서, 세계적인 수준의 신학사상과 복음의 전파, 경건과 연찬을 통한 자율적 신앙, 교수의 자유와 학설의 자유로운 소개를 통한 칼빈신학의 재확인, 성서 연구방법에서의 비판학의 채택, 한국신학의 건설적인 면의 실현과 덕을 통한 교권 이용의 근신 등 다섯 항목을 이념으로 제시하고 있었다.[165]

조선신학교라고 해서 일제 말의 곤궁한 핍박을 면할 길이 없었다. 혁신교단의 설립과 연계되어 그 신학교의 정확한 위상 설정과 조절이 쉽지가 않았다.[166] 그 곤경은 혁신교단의 와해로 조선신학교가 환원됨으로써 일단 끝이 났

161) *Ibid.*, pp. 43-44.

162) 평양 장로회총회에서 경성신학원 거부, 목사 자격 안 주기로, 『매일신보』, 1940년 9월 14일자.

163) 김재준 박사는 이 날짜를 4월 2일로 잡고 있으나, 한국신학대학 31년의 발자취 (『신학연구』, No. 12)에는 4월 19일로 되어 있다.

164) 김재준, 한국 신학대학의 역사적 위치, 『한국신학대학보』, 제3집, 1957, p. 5.

165) 유동식, 한국신학의 광맥, 『기독교사상』, 1968년 7월호, pp. 87-88.

다. 그러나 1945년 4월, 학생들이 '전시 학도동원령'에 의해서 평양 근처의 공장에 끌려가 중노동에 종사했기 때문에, 조선신학교의 출발은 그 박력에도 불구하고 침체 속을 헤매일 수밖에 없었다. 더구나 그 설립 목적이 "복음적 신앙에 기(基)해서 기독교 신앙을 연구하고 충량유위(忠良有爲)한 황국(皇國)의 기독교 교역자를 양성한다"[167] 했을 때, 혹독한 통제 하 불가피한 표방이었지만, 명분은 낯설었다.

여기 한 가지 떠나지 않고 던져지는 문제가 있다. 선교사들의 보수적 성분과 그러한 신학교육, 그리고 김재준 교수의 반발과 한국 신학에의 열망은 의심할 사람이 없다. 그리고 이러한 사건의 동시성도 자연스럽다는 것을 안다. 그러나 그것은 구체적인 상황 속에 진행된 역사적 상황이지, 본질적인 문제는 아니었다. 따라서 조선신학교가 한국교회사의 참된 의미의 시작이라고 단정한 김재준 교수의 발언은 근대주의적 신학의 인식과 한국인 신학교육의 의식된 착수를 실현했다는 말이었을 것이다.

이 원대한 교육 이념은 일제 말의 시련 때문에 해방 이후로 그 실천을 연기할 수밖에 없었다.

감리교신학교는 1940년 6월 교내의 불온 격문 발각을 구실로 무기휴교를 당한 일이 있고,[168] 그 해 10월에는 신학교 이사회에서 "무기로 임시휴교"[169]한 일이 있었다. 신학교육을 혁신하여 "동양적 기독교 교역자 양성에 유감없기를 기"[170]하기 위한 감리교회 자체의 근신 형태였다. 그러다가 1941년 6월 3일부터는 "충군애국의 정신으로 용왕(勇往) 매진"하는 "순 일본적 신학교"[171]로 나선다 고해서, "결전태세(決戰態勢)", "종교보국(宗教報國)"이란 글을 그 교문에 써 붙이

166) 혁신교단 합동신학교 교장은 윤인구.
167) 조선야소교장로회 조선신학원 일람, 조선예수교장로회총회 제29회 『회록』, p. 43.
168) 이성삼, 『감리교와 신학대학사』, pp. 217, 228.
169) 신학교 이사회, 『조선감리회보』, 1940년 10월 11일자.
170) 통리자 禾谷春洙(정춘수) 공시, *ibid.*, 1941년 5월 1일자.
171) 金村仁泳(김인영), 감리교회 신학을 재개하면서, *ibid.*, 1941년 6월 1일자.

고서야 개교할 수 있었다. 소위 "혁신을 단행한" 이 감리교신학교의 초대교장에는 김인영(金仁泳, 1893-1953)이 불려갔다.[172)]

여기서도 기독교의 핵과 얼은 상처받고 있었다. 1944년에는 그 교명이 '황도정신교사연성소(皇道精神教師鍊成所)'로 격하되면서부터는 황도와 기독교의 분간마저 어렵게 되어갔다. 이때 냉천동 교사는 일본 군부에 징발되고, 폐교된 성결교신학교 교사를 빌어 교사로 쓰고 있었다.[173)]

성결교의 경성성서학원은 1940년 5월 총독부로부터 전문학교로 인가를 받아 경성신학교[174)]로 새 출발을 하였다. 그러나 성결교 교직자의 총검거가 있었던 1943년 12월 29일에 강제 해산의 비운을 겪어야 했다.[175)] 그리고 감리교의 연성소와 '황도선양회'가 대신 그 자리를 차지하였던 것이다.

어떤 의미에서 신사참배 문제에 직면한 한국교회는 최초의 대규모적인 충성의 분열을 뼈아프게 체험했다고 할 수 있었다. 숱한 순교와 교회 폐문의 시련이 있었는가 하면, 한쪽에서는 국민의례를 명분으로 대거 참배 대열에 끼였고, 새 단체나 어용 기관에 붙잡혀 일본 경찰의 사주를 받는 이도 있었다. 성서적으로 참배가 정당하다는 궤변에 대항한 목숨을 건 항거가 있었던 반면에, 신사참배 불응이 불경죄라고 위협하는 이도 있었다. 우리는 다 이들이 한국 교회의 한 '몸'이었다는 것을 비통한 심정으로 주목한다.

역사를 돌아보면서 이 시대의 교회를 나무랄 사람들이 있다고 본다. 그러나 교회는 훌륭하게 그 시대에 할 수 있었던 일을 최선을 다해서 했다고 보아야 옳다. 망명과 지하로 숨어 버린 교인의 경건이 찬양되면서 아울러, 그래도 모두 아픈 교회의 상처를 버리지 않고 한 세대가 허락할 수 있는 한도 안에서 교

172) 감리교회 신학교 혁신 개학, *loc. cit.*

173) 김광우, 『한국감리교회 백년』, 서울: 전망사, 1990, p. 255.

174) 김성호, *op. cit.*, pp. 357, 389.

175) *Ibid.*, p. 389.

회를 맡아 나간 용기와 책무감의 교인들 그 자세를 긍정적으로 바라보지 않을 수 없다. 교단의 운영을 맡았던 이들이나 폐쇄된 평양신학교의 재건, 혹은 서울의 조선신학교 설립을 서둘렀던 분들은 다 그들대로 심각한 형극의 길을 걸었던 사람들이다.

그런데 일부에서 신사참배 문제에 대하여, 자유주의자들은 친일했고, 보수주의에서는 이를 끝끝내 반대했다고 해서, 이를 양 신학의 대결로 연결시키려는 것은 역사적 체감을 도외시한 일인 것으로 보인다.[176] 보수신학의 거두 박형룡 박사는 신사참배를 한사코 반대하던 주기철 목사와 다투다가 일본에 잠깐 가 있었으며, 곧 신사참배를 이미 하고 있었던 만주의 봉천(奉天)신학교로 옮겨 갔던 것이다.[177] 또 이 신학교는 변성옥의 조선기독교회를 비롯하여 다섯 교파를 망라해서 설립된 에큐메니칼 신학교였다.[178] 보수계의 반(反)에큐메니칼 선언의 합리성도 여기서는 한발 거리가 있어 본다.

박해의 단말마적인 불길은 맹위를 떨쳐 전국을 휩쓸었다. 해방 이후에야 공지된 사실이지만 일본은 1945년 8월 18일을 기해서 여러 교파의 지도자(부역자 포함)들을 범주적으로 살해할 음모를 꾸며 놓고 있었다고 한다.[179]

그러나 이 흉악한 가시밭길에서도 교회는 "타도 타 버리지" 않았다. 어두워지던 저녁은 찬양의 아침을 잉태하고 있었다. 한편에서는 신앙의 결단으로, 다른 한편에서는 존속의 책임으로 버티어 온 교회, 그 참극의 막은 닫혀지고 있었다.

---

176) H. M. Conn, *op. cit.*, Vol. XXIX, No. 2, 1957. 5, pp. 167-169.

177) 김인서, 『한국교회는 왜 싸우는가』, 신앙생활사, 1961, pp. 17, 21. 그가 일본에 간 것은 도미다(富田滿)에게 자청해서였다. *Ibid.*, p. 12.

178) 『장로회신학대학 70년사』, 장로회신학대학, 1971, pp. 121-122.

179) S. H. Moffett, *op. cit.*, p. 36. Cf. W. N. Blair, *op. cit.*, p. 111.
여기서는 전 기독교인을 모살 대상으로 했다고 되어 있다. 문정창, 『군국 일본 조선 강점 36년사』, 서울: 백문당, 1966, 중권, p. 550. 그 정보의 출처는 종로 경찰서 형사 주임이었던 최운하.

22 저녁이 되며 아침이 되니

- 해방된 교회 -

어서 돌아오오. 어서 돌아만 오오.
지은 죄가 아무리 무겁고 크기로
주 어찌 못 담당하고 못 받으시리오.
우리 주의 넓은 가슴은
하늘보다 넓고 넓어.

전영택, 1943

캄캄한 칠야 같은 순교와 압제의 긴 36년이 깊어질수록 새 아침의 광명은 찬란하게 움트고 있었다. 해방! 1945년 8월 15일은 현대 한국사의 새로운 장이 열리는 날이었다. 백의 겨레 3천만의 가슴에 오히려 목멘 감격의 눈물이 흘렀다. 그 반가운 종소리가 섭리의 음성인 것 같아서 도처에 무릎을 꿇었던 이들은 기독교인들이었다.

그러나 해방과 함께 우리나라는 아직까지 몸의 가시처럼 남아 있는 그 상처를 걸머지게 되었다. 38선(남북) 분단이 그것이다. 북쪽에 있는 교회는 해방을 반기던 손길로 다시 공산당에 의해서 창살에 끌려가는 엄청난 비탄을 겪어야 했다. 북한의 교회는 다시 신음하기 시작했다. 목사나 장로, 교인들은 잡혀 간 뒤 행방이 묘연한 채 소식이 없기 일쑤였다. 남한을 찾아 건너오는 교인들의 눈은 한국 역사가 장차 공산주의의 위협 때문에 받을 시련을 예견하고 있었다.

22.1. 해방된 교회의 재건

22.1.1. 북한에서의 교회 재건과 그 수난

교회 재건의 운동은 전국에서 지체 없이 시작되었다. 신사참배를 거부하다가 투옥되어 고생하던 70여 명 중 주기철 목사나 채정민 목사를 비롯한 50명은 감옥에서 순교했고, 나머지 20여 명은 출옥했다. 종교는 압박과 그 피해에서 신경을 날카롭게 하며, 열정과 신앙의 예민으로 해서 전혀 상상도 못하는 곳으로 경건과 순교의 영광을 다짐하게 된다. 이들은 '출옥성도'로 알려지게 되었다. 그리고 이들의 수난과 그 순교 정신은 기성교회의 현실적 존속에 반발했고, 따라서 은총의 개념이 막연해진 채, 도덕적 순결과 신앙의 의지적 보수라는 인효론적(人效論的) 화살로 그 참회의 상징을 요구했다. 교회는 우선 양심의 숙연한 비판에 떨었다.

출옥성도들은 해방 직후, 평양의 산정현교회에 모여서 한국교회 재건에 관해 합심기도하고 숙의한 뒤, 1945년 9월 20일 다음과 같이 재건 원칙을 발표했다.

① 교회의 지도자들은 모두 신사참배를 하였으니 권징(勸懲)의 길을 취하여 통회 정화한 후 교역에 나갈 것.
② 권징은 자책이나 자숙의 방법으로 하되, 목사는 최소한 2개월 간 통회 자복할 것.
③ 목사와 장로 휴직 중에는 집사나 평신도가 예배를 인도 할 것.
④ 교회 재건의 기본 원칙을 전국에 전달하여 일제히 실행하게 할 것.
⑤ 교역자 양성을 위한 신학교를 복구 재건할 것.[1)]

그렇지만 이 재건의 열의는 냉정한 현실에 부딪쳤다. 그 해 11월 선천 월곡동교회에서 열린 평북노회 주최 교역자 퇴수회에서 박형룡 박사의 공박을 받은

---

1) 김양선, 『한국기독교해방십년사』, 1956, pp. 45-46. 당시 이 제안을 제출할 때는 벌써 한국 장로회-재건파-가 이들 손에 의해서 창설되고 있었다.

홍택기 목사가 반발했다. 그는 해외로 도피했던 사람이나 교회를 지키기 위하여 나섰던 사람이나 그 고생은 마찬가지였다고 언명하고, 신사참배 회개의 문제는 개개인이 하나님과의 직접 관계에서 해결될 성질의 것이라고 하면서, 일제시대 교회의 고통을 피력하였다.[2] 그의 말에는 그 나름의 논리와 신학이 있었다. 사태가 여의치 못한 것을 안 이기선(李基宣, 1878-?) 목사와 그 추종자들은 1946년부터 평북지방에 30여 교회를 설립, 재건하면서 때를 기다리다가 1949년 기독교도연맹의 강압이 미치자, 그것이 바로 신사참배군의 연결된 행태라고 단정하고 마침내 재건교회를 창설함에 이른 것이다.[3] 이것이 후에 장로회 독로회(獨老會)로 발전하였다.[4]

이들 경건파들의 의식된 자기 신앙의 승리와 그 고난에 대한 의식으로 해서 해방 1년에 이미 교회 분열이 싹텄다고 하는 것은, 한국교회가 그 맨 밑바닥에서 참회해야 할 구슬픈 불실을 범했다는 견책을 면하지 못하게 만들었다. 교회는 오직 하나님만이 심판주시오, 그분의 손만이 섭리 수행의 주권자라는 신앙이 확인되어야 했다. 한국교회 해방 이후의 신앙은 은총의 신비를 근본적으로 필요로 하고 있었다.

때를 같이 하여(1945년 11월 14일), 평양에서는 평안도와 함경도 및 황해도 지방의 노회 대표들이 회집해서 잠정적으로나마 총회를 대행할 기관의 설립을 추진하게 되었다. 이렇게 해서 조직된 것이 이북5도연합노회(以北五道聯合老會)였다. 김진수가 그 노회장이었다. 그 연합노회가 할 일은 다음과 같이 우선 확정되었다.

---

2) *Ibid.*, p. 46.

3) 부흥파와 재건파의 구별이 애매하다. 그러나 "재건파"는 출옥 여신도 최덕지 전도사와 주남선 목사 중심으로 한상동계와는 다르고, 따라서 "부흥파"는 재건파와 구별된다. 그 설립일자가 콘(H. M. Conn)의 기록에는 1946년으로 되어 있으나 그것은 오기요, 1949년이 맞다.

4) 박병식, 『한국장로교회 분열에 관한 사적 고찰』, 연세대학교 연합신학대학원 석사 논문, 1971, p. 37.

① 이 연합노회는 잠정적인 총회의 대행한다.
② 교단의 규칙은 총회가 재건될 때까지 존속한다.
③ 전국교회는 과거의 죄를 자복하고, 교역자들은 두 달 동안 근신한다.
④ 신학교를 연합노회 관할 하에서 경영한다.
⑤ 전국을 통해 독립기념 전도를 실시한다.

북한의 공산주의자들은 이 기관의 구체적 행동에 경계를 하게 되었다. 더구나 기독교 사회민주당과 같은 정당이 출현하고 신의주 학생 봉기가 있자, 교회의 세력을 부르주아의 잔재 요소로 간주하고 그 근절을 계획하게 되었다. 그러나 신교의 자유를 김일성의 '20개조 강령'에서 표면적으로 내세운 공산주의자가 직접적인 박해에 나설 구실이 없어 그 강압은 지체되고 있었다.

그런데 박해의 좋은 구실이 생기게 되었다. 그들은 조선민주주의인민공화국 정부 수립을 위한 총선거를 1946년 11월 3일에 실시하기로 하였다. 그 날은 주일이었다. 공산당은 교회의 태도를 보기로 하였다. 그러나 연합노회의 태도는 확고했다. 이 문제에 대해서 노회는 다음과 같은 결의문을 채택하고, 당국에 통고했다. "북한의 2천 교회와 30만 기독교 신도들은 신앙의 수호와 교회의 발전을 위하여 다음 5개조의 교회 행정의 원칙과 신앙생활의 규범을 택정 실시 중에 있사온 바, 이에 귀(인민) 위원회의 적극적인 협조를 바라마지 않는 바입니다."[5] 그런데 그 5개조에는 주일에는 예배 이외의 어떠한 행사에도 불참한다는 것, 정치와 종교의 엄격한 구분, 교회당은 예배 이외의 목적에 사용할 수 없다는 것, 현직 교역자가 정계에 종사할 때는 교직을 사면해야 한다는 것, 그리고 교회는 신앙과 집회의 자유를 확보한다는 그러한 내용의 것이었다.

공산당의 술책은 적중한 셈이었다. 이들은 투옥과 강제 노동으로 교회 탄압을 강행하는 한편, 1946년 11월 28일에는 기독교도 연맹[6]을 조직하여 왕년의

---

5) 김양선, *op. cit.*, p. 63.
6) 1949년에 연맹총회를 개최, 총회장에 김익두, 부총회장에 김응순을 선임.

부흥사 김익두 목사와 산동성 선교사로 갔던 박상순 목사를 감언, 공갈로 가맹시킨 다음, 교회를 공산주의 선전에 악이용하며, 교회의 이름으로 남한을 공격하고, 김일성을 절대 지지하며, 선거에 솔선수범한다는 그런 엉뚱한 결의문까지 발표하게 했다. 이 연맹에 가입하지 않은 목사들에 대해서는 투옥과 추방으로 위협하였다.

신학교도 공산당의 손에 의해서 강제 통합되었다. 1946년 9월 창립된 감리교의 성화(聖化)신학교와 장로교의 평양신학교에는 각각 600여 명의 학생들이 등록하고 있었다. 그런데 김일성은 이들 신학교의 학생을 각각 60명으로 줄이더니, 1950년 3월에 가서는 양교를 통합해서 정원 120명의 기독교신학교[7]로 축소시켜 그 위세를 꺾으려 하였다.[8]

북한에서의 기독자의 수난은 김화식(金化湜, 1894-1947)이 기독교자유당 조직활동으로 1947년 11월 체포당한 얼마 후 순교한 때로부터 비롯되어 오늘에 이른다. 같은 해 1947년에는 평양신학교 교장이던 김인준(金仁俊, ?-1950)이 소련군에 잡혀 순교했고, 이정심(李淨心, 1901-1947) 역시 그 해 12월 8일 소련군의 고문으로 순교의 길에 올랐다. 그 뒤를 김철훈(金哲勳, 1905-1948), 이유택(李裕澤, 1905-1949)이 따랐다. 김진수는 기독교도연맹 결성을 극렬 반대하다가 1947년 4월에 공산당에 구속되고 흥남감옥에서 강제 노동에 시달라다가 6·25사변이 일어나자 총살당한다.

22.1.2. 남한에서의 교회 재기

한편 남한에 있는 교회들은 미군이 진주함으로써 완전한 신앙의 자유를 누

7) 교장 김성철, 부교장 송정근.
김재명, 『순교자 송정근 목사전』, 서울: 보문출판사, 1976, p. 18.

8) 함북 청진에 함북신학원이 있었다.

렸다. 비록 일제가 간섭, 강요한 것이기는 하지만 교파의 합동으로 된 교단의 존속을 그대로 계속하려는 운동도 있었다. 1945년 9월 8일 새문안교회에서는 남부대회를 열어 감리교의 변홍규, 이규갑(李奎甲)을 비롯하여 박연서 목사들이 장로교의 김관식, 송창근, 김영주 등 여러 목사와 동참해서 그 존속을 의논했다.[9] 이것은 북한지역의 교회 재건 운동과는 그 성질에서나 의도에서 전혀 판이한 종류의 것이었다. 친일의 불명예가 혹시 이 교단의 존속을 통해 상쇄되는 굴절된 정신의 표현이 혹시 있었을는지도 모른다. 그렇지만 오래 전부터의 단일 한국교회의 원대한 희망이 이러한 형식으로나마 계승, 확립될 가능성을 주창한 것은 성찰과 비판을 거쳤다면 가찬할 만한 일이었다.

그러나 역사는 원치 않는 곬을 택해 잡았다. 1946년 4월 30일의 남부대회에서 각 교파에로의 환원이 결정되고, 각 교단 대표자들이 자리를 떴기 때문이다.[10] 이렇게 해서 교단 계승을 세계대전이후까지 실현한 일본과는 달리, 교파의 난립이 불가피해졌다. 더욱이 해방 이후의 자유분망한 기회를 타서 구미 여러 교회에서 밀어 들어오는 군소 교단의 도입 때문에 교파의 난립을 막을 도리가 없었다. 이런 교파의 신앙이 예수 그리스도의 복음에 중심을 두고 있는 것을 의심할 바는 없겠지만, 교파의 지나친 다양성이 가져온 남한 기독교의 혼란은 장차 겪을 분열의 비극을 당연시하게 하는 비복음적인 입장도 굳혀 놓았다.

다만 한 가지, 이 남부대회가 이런 파탄을 겪으면서도 1946년 10월 10일에 한국기독교연합회(Korean National Christian Council)를 교회 결속 형태로 남겼다는 사실은 특기할 만하다.[11]

---

9) 김양선, *op. cit.*, p. 50.

Cf. K. S. Kim, The Christian Church in Korea, *The International Review of Missions*, 1946년, Vol. XXXVI, p. 128에는 1945년 11월 15일로 되어 있다.

김관식은 심지어 해방 직전 '일본기독교 조선교단'의 형성을 찬양, "한국 교회가 오래 애써 구성하려던 것으로 일제가 계속 방해해 온 것"이라 운운. *loc. cit.*

10) 재건파의 선언서를 읽고, 『조선감리회보』, 1948년 3월 20일자.

11) K. S. Kim, *op. cit.*, p. 128.

감리교의 복구 운동은 '재건파',[12] 부흥파[13]의 양 진영에서 각기 정통성을 주장하면서 진행되었다. 재건측에서는 교단대회에서 퇴장한 후 1946년 1월 14일 동대문교회에서 재건중앙위원회를 개최하고, 이규갑(李奎甲, 1887-1970) 목사를 위원장으로 추대하여 재건의 기치를 들었다.[14] 이들은 일제 치하 교단계 인사들을 숙정하는 것이 그 목표였다. 그러나 그 진행은 여의치 않았다. 여기 호응하는 교회의 수가 많지 않았기 때문이다. 1946년 1월 감리교신학교를 재건, 설립하고 변홍규 목사가 교장에 취임했을 때에도, 전국 교회의 반응은 뜨겁지 않았다.[15] 이들이 장석영(張錫英, 1894-1982)을 감독으로 기독교조선감리회를 조직한 것은 1948년 1월 23일이었다.

재건파에 반대한 이들을 부흥측이라 하였는데, 이들은 1946년 4월 7일 강태희(姜泰熙, 1889-1958) 목사를 중심으로 수표교(水標橋)교회에서 기독교조선감리회 부흥신도대회를 열고, "감리회 부흥 및 수습 대책에 있어 감리회의 전통 헌장과 신도의 여론을 존중하여 합리적 타당한 방도를 취하되 양심과 이론에 호소하여 실시되기를 희구한다"[16]고 성명하였다. 부흥측에서는 1947년 1월 일제 치하 수난을 겪은 기독교조선감리회가 '부흥'됨을 선언하고, 감독에 강태희를 선출하였던 것이다.[17] "조선 감리회의 역사적 신성을 유지하고자"[18] 함이 그 목적이었다.

그러나 감리교회는 1949년 4월 1일, "불행하게도 나누어져 악몽과 미로(迷路)

---

12) 일제 치하, 특히 말기에, 교단에서 소외 · 추방되었던 인사들 중심.

13) 그때 교단 계 인사들. 따라서 교단 존속 추진파.

14) 이규갑은 중부연회장 겸임. 동부연회장 변홍규, 서부 연회장 이윤영.

15) 이렇게 부진했던 이유는 이 그룹 인사들이 일제 말기 친일교단에 의해 휴직, 대명(待命), 파면, 옥고를 겪어 교회 담임자가 아니었으므로 교회 행정에 나설 수 없었기 때문이다. 김광우, 『한국감리교 백년』, p. 308.

16) 기독교 조선감리회 제9회 중동부 『연회록』(1946), pp. 37-38.

17) 합법적으로 감리교회의 역사적 전통을 계승, 공고, 『조선감리회보』(부흥파 발행), 1948년 1월 15일자.

18) 기독교 조선감리회 동부 중부 연회록 및 제4회 『총회록』, 1948, p. 29.

에 방황"하던 과거를 씻고 양측 교회가 "통합하기로 의견의 완전 일치"를 보게 되었던 것이다.[19] 그 통합의 기본 원칙은 "무조건 통합"이었다.[20] 이렇게 해서 1949년 4월 30일 서울 정동교회에서 통합연회와 통합총회가 열려 감독에 김유순(金裕淳, 1882-1950)을 선임하였던 것이다.

> 삼천리 강토에 화평이 있을지어다. 우리는 성부 성자 성신의 이름으로 조선감리교회가 대한에 있어서 하나이 되어 새롭고 힘차게 전진할 줄 믿노라.[21]

해방의 감격에 버금가는 감동이었다.[22] 삼천리강토에 온통 평화가 있게 되었을 정도의 거대한 일이라는 감격이었다.

성결교회는 해방 이후, 1945년 11월 서울에서 재건총회를 개최하고 의장에 천세광(千世光, 1904-1964), 총회장에 박현명(朴炫明, 1903-1950)를 추대하고, 신학교의 개교와[23] 『활천(活泉)』의 복간, 부흥대책 등을 감격 속에서 결의하였다. 그리고 1949년 4월 18일에는 '조선예수교 동양선교회 성결교회'라고 하던 종래의 교단명을 '기독교 대한성결교회'로 변경하였으며, 이사회와 총회의 체제를 복합하였던 헌법을 자주적으로 수정하여 대의(代議) 정체로 개정하였다.[24] 기왕에 인연을 맺어 오던 동양선교회(Oriental Mission Society)와의 관계가 정상적으로 회복된 것은 6·25 전란 중인 1951년 9월 8일부터의 일이다.[25]

구세군 역시 재건에 전진하였다. 1945년 11월 9일 서울에서 그 총회가 열려 '구세교회'로 발족하고 헌법을 제정 실시하였다.[26] 그러나 다음해 9월 14일에는

---

19) 성명서, 『조선감리회보』, 1949년 4월 15일자.

20) 통첩문, *loc. cit.*

21) 성명서, *ibid.*, 1949년 4월 15일자.

22) 그러나 같은 해 11월, 일제 말기 통리자였던 정춘수가 천주교에 개종, 충격을 주었다. 『대한감리회보』, 1949년 12월 25일자. 경향신문, 1949년 11월 22일자.

23) 교장에 이건, 명예교장 이명직.

24) 이천영, 『성결교회사』, pp. 93-102.

25) 김성호, 『한국성결교회사』, p. 435.

영국 국제본영의 특사가 내한함으로써 세계구세군에 환원하기로 하고, 1947년 4월에는 헐버트 로드(H. A. Lord, 魯吾道)가 사령관으로 부임하여 힘찬 재건을 진행하였다.[27]

침례교(東亞基督教) 역시 연합교회 일부로의 존속을 거론한 일이 있으나, 1946년 2월, 충남 부여에서 교단 재건회의를 개최하고 결국 침례교회 독자적 유지를 선언하였다.

그런데 이 교회는 그 해 9월에 회집한 제36회 대화회(大和會)에서 획기적인 몇 가지 제도 혁신을 단행하였다. 그 몇몇 골자를 보면 감목제도를 평민적인 회중(會衆)정치로 바꾸며, 종전에 사용하던 교직자의 명칭을 대폭 수정해서 안사를 목사로, 감로를 장로 등으로 개칭하기로 하였고, 교역자는 파송제에서 청빙제로 변경하며, 대화회도 총회로 변경하고, 아울러 교회연합기구가 생길 때에는 합동 협조한다는 원칙을 의결하였다. 그리고 1949년에는 '동아 기독교'를 '대한기독교침례회'로 명의 변경하고, 나요한(J. A. Abernathy, 那約翰: 1896-1973) 선교사가 속한 남침례교와 정식 유대 관계를 맺었다.[28]

성공회는 1946년 4월에 되돌아온 쿠퍼 주교를 맞아서 힘든 교회 재건의 과업을 수행해 나갔다. 사제나 전도사 등 성직자 30명만으로 교회 재건을 하는데 난관이 많았다.[29] 하지만 1947년 5월의 전도구 연합회와 교구의회의 개최를 통해, 재정 · 전도 · 교육의 활성화를 다짐하고, 1948년 4월에는 미가엘신학원을 재건하면서 해방된 교회의 밝은 미래를 차근히 건설해 나갔다.[30]

---

26) 장형일, 『한국구세군사』

27) 장형일, 『은총에서 은총으로』, 서울: 기독교문사, 1991, pp. 61, 66.

28) 김용해, 『대한기독교침례회사』, pp. 72-82.

29) 이재정, 『대한성공회백년사』, p. 217.

30) *Ibid.*, p. 219.

22.1.3. 신학교 문제(고려신학교, 조선신학교, 장로회신학교)

신학교육을 하는 데 감리교회는 단일 체제를 훌륭히 보존하여 왔다. 서울에서 감리교신학교가 1946년 2월에 복원 개교되어 변홍규가 그 교장에 취임하였는데, 그는 이른바 재건파에 속해 있었다. 하지만 재건·부흥 양파의 갈등 속에서도 신학교의 문제는 부흥측에서 1948년 3월 '조선감리회 서울신학원'[31]을 개설하고 그 교장에 방훈(方薰, 1893-1950)이 취임하면서 양립 현상을 보여 왔으나, 1949년 4월의 양파 무조건 통합으로 신학교의 단일화가 이루어져 큰 문제 없이 지날 수 있었다.[32]

장로교는 신학교 문제가 아주 복잡했다. 우선 고려신학교의 문제가 처음 술렁댔다. 한상동(韓尙東, 1901-1976) 목사가 '출옥성도'로서 부산에 와 역시 같은 '출옥성도'인 경남노회장 주남선(朱南善, 1888-1951) 목사와 손잡고 교회의 정화와 재건을 추진하면서 문제는 커져 갔다. 고려신학교는 재건[33]과 교회 정결의 경로가 신학교육의 건전한 추진 없이 성립되기 어렵다고 해서, 박윤선(朴允善, 1905-?) 목사와 의논한 끝에 부산에 세운 기관이다.[34] 그 교장에는 만주에 있던 박형룡 박사를 모시기로 하였다. 그런데 그의 귀국이 지연되어서 박윤선 목사가 교장으로 1946년 9월 20일 개교했을 때 그의 신학교육의 배경[35]과 신사참배 반대의 연결로 해서 자연히 헌트(B. F. Hunt, 韓富善: 1903-?) 및 해밀턴(F. E. Hamilton, 咸日頓: ?) 선교사와 같은 메첸(J. G. Machen)파 선교사들과의 제휴가 성립되었던 것이다.[36] 이 사태의 발전이 경건 재건파의 활개로 인해 밀려났던 경

31) 『조선감리회보』, 1948년 2월 15일자 '부흥측 발행지'.

32) 교장에 유형기, *ibid.*, 1949년 7월 25일자.

33) 감리교와 달리 이 "재건"이란 말은 출옥성도들의 교회 재건을 의미.

34) 그 전신은 김해의 하기신학강좌 91946. 6-9)

35) 웨스트민스터 신학교에서, 메첸 아래서 (1934-1936), C. Van Til 아래서 (1938-1940) 교육.

36) 박윤선 목사는 박형룡 박사를 겨냥해 이런 말을 남긴다. 곧 "일정 당시에 봉천신학교에서 교수와 신학생 등을 거느리고 신사 참배를 무열(無閱)히 하다가 …" 현교회 분쟁의 진상 (二), 『한국기독신문』, 1951년 11월 18일자.

남노회의 일부 교역자의 반발에 직면해, 1946년 12월의 진주에서 모인 노회에서 고려신학교의 인가 취소론이 대두됨에 이르렀던 것이다.

사태의 진전이 역세라고 판단한 한상동 목사가 노회로부터의 탈퇴를 준비했을 때 이에 당황한 것은 역시 경남노회였다. 통회자복의 경건파 주장이 주효해서, 임시로 소집된 노회 (1947. 3. 18, 구포)에서는 교단 출신의 김길창 목사 등의 사직을 권고하여, 출옥 성도들의 요구에 합당한 양보를 함으로써 문제는 일단락을 지었다.

그런데 박형룡 박사가 고려신학교의 교장에 취임했을 때[37] 그는 묘한 분위기를 감지했다. 그는 노회와 총회, 그리고 장로교의 네 선교부가 합동 후원하는 한도 내에서의 고려신학교의 존재 이유 천명이 성립되기 어렵다는 사실을 알게 되었던 것이다. 메첸파 선교사들의 비타협적인 독선과 한상동계의 철저한 재건 원칙의 구현 의도가 그것이었다. 더구나 성자들만의 새 총회 설립[38] 주장은 분파적 신학의 절정에 이른 듯한 인상이었다. "성자가 교회를 거룩하게 한다"는 자세는 교회 사상 새롭지가 않다. 이단과 정통의 구별은 이런 경우 정확하지가 않다. 이것은 결국 장로교 신앙의 근본적인 전제에 대한 위협이었다.

여기 결국 경남노회의 소위 비재건파의 반발이 터졌다. 1948년 9월 부산에서 모인 경남노회는 결국 고려신학교의 인가 취소를 결정적으로 단행하고,[39] 1949년 4월의 제35회 장로회총회 역시 "고려신학교는 총회와 하등의 관계가 없다"[40]는 결의를 하고, 그 태도를 최종적으로 밝혔다.

가장 복잡하고 혼란한 문제는 조선신학교의 재건, 계승 및 유지의 과정에서 야기되었다. 해방 직후 서울에 소재하던 이 신학교는 본래 남부총회에 총회 직

---

37) 1947년 10월 14일.

38) Survey－Korea, *The International Review of Missions*, 1949, Vol. XXVIII, p. 10.

39) 조선예수교장로회총회 제34회 『회록』(1948. 4), p. 23.

40) *Ibid.*, 제35회 『회록』(1949. 4), p. 58.

영의 청원을 내어서 그 인가를 받고 있었다. 이런 보장 속에서 김재준 교수는 참고 자중하던 자기의 신학사상을 대담하게 교수하면서 보수신학에 정면 대결하였고,[41] 그 신학교 역시 성서의 역사적 비판과 세계신학에의 참여를 대놓고 표방하고 있었다.

이 당돌하고 의기 넘친 새로운 신학 방법론은 한국교회에 충격과 반발을 일으켰다. 1947년 봄에 조선신학교 학생 51명이 제33회 장로회총회에 진정서를 제출하여, "우리가 유시(幼時)로부터 믿어오던 신앙과 성경관이 근본적으로 뒤집어지는 것을 느꼈다"고 지적하고, 김재준 교수의 강의가 부실하고 비복음적이라고 지적하면서, "근대주의 신학 사상과 성경의 고등비판을 거부"[42]한다고 외쳤다. 그리고 세계가 다 신학사상의 자유화에 물들여져도 "단신 순복음의 전사가 되어 전세계를 향해 도전하는 것을 부끄러운 일로 여기지 않겠다"[43]고 다짐하였다.

이에 대해서 총회가 심사위원회를 구성하여 조사에 착수하고자 했을 때, 김재준 교수는 '진정서' 형식으로 자기의 입장을 석명 방어하고, "신·구약성서는 신언(神言)이니 '신앙과 본분에 대하여 정확무오(正確無誤)한 법칙이니라' 한 신조가 나의 신앙"이라 밝히면서, "성경은 하나님께서 구속의 경륜을 수행하신 역사적 계시"라고 잘라 말했다.[44] 그리고 그는 한 걸음 더 나아가서, 조선신학교 이사회의 요청에 의해서 '성서관에 대한 성명서'를 발표하고,[45] 흠 잡을 곳이 없는 그 자신의 신앙, 곧 "신·구약 성서의 절대무오(絶對無誤)"에 대한 신앙고백을 피력했다.

---

41) "정통신학은 신신학보다도 교묘하게 위장된 실제적 인본주의요, 정통적 이단이다" 하는 것이 김재준의 반박이었다. 『새사람』, 1946, Vol. XI.

42) 51명의 진정서, 김양선 교수의 상계서는 조선신학교에 관계된 사료를 집대성하고 있어, 소중한 공헌을 하고 있다.

43) 김양선, *op. cit.*, p. 217.

44) *Ibid.*, pp. 222-225.

45) *Ibid.*, p. 227에 전문 게재.

김재준 교수에 대한 의혹이 이제 풀린 셈이었다. 그러나 박형룡 박사가 부산에서 상경한 뒤로부터 문제는 다른 방향으로 발전하기 시작했다. 그는 1948년 총회의 요청을 받아, 김재준 교수의 '진정서'를 세밀하게 검토하고 나서, 성서의 권위를 인정한다는 말과 "성경의 권위를 파괴하는 고등 비판"은 피차 양립할 수 없다는 해석을 내렸다. 그리고 김재준 교수가 한국 교회를 '능욕'한다고 고발했다.[46] 총회가 '조선신학교 개혁안'을 제안한 배경에는 이 짧은 글귀가 크게 작용하고 있었다. 당시 이견(異見)은 능욕이었다. 총회는 이 개혁안에서, 교수진의 절충적 구성, 김재준의 1년간 해외 유학을 골자로 한 혁신을 단행할 결의를 굳히고 있었다.

김재준 목사는 사태의 진전이 단순한 신학적 차원에서만 처리되지 않고 있다는 생각을 굳히고 있었다. 그는 보수적인 한국교회에서의 불가피한 이탈을 내심 결의하는 심각한 내적 변천을 겪고 있었다. 그것이 그의 『편지에 대신하여』[47]라고 하는, 장장 1만여 자의 매니페스토 속에 알알이 표현되었다. 그는 여태까지는 한국의 신학교육이 '인위적 방법론'이었음과 한국 교역자의 지적 저질화의 간단없는 강행, 메첸 파 선교사의 수적 열세에서 비롯된 광태와 그 이론적 전체주의, 교파 이식의 분파 작용과 세계교회에서의 고립책을 통박하고, 이러한 과단에까지 나와야만 했던 자신의 처지에 인간적인 연민을 느끼면서, "주를 사랑하고 조선교회를 사랑하는 열심이 나를 미치게 한 것 같습니다"[48]라고 애통히 여겼다.

역사는 인사(人事)의 표면과 인정(人情)의 저류에서 동시에 진행된다. 개혁안이 수포로 돌아간 것을 안 총회 신학대책위원회는 1948년 5월, 따로 장로교신학교의 개교를 결정하고 박형룡 목사를 임시 교장으로 임명하였다.

---

46) *Ibid.*, p. 230.

47) 대한기독교장로회 제44회 총회『회의록』, 부(附) 호헌사(護憲史), 대한기독교장로회, 1960, pp. 136-150.

48) *Ibid.*, p. 150.

총회는 이율배반의 번민에 빠졌다. 총회 직영의 명분이 붙은, 서로 양립할 수 없는 신학교가 그 산하에 둘 병존하는 셈이 되었기 때문이다. 해결책은 양교의 명예로운 동시 해체와 합동뿐이었다. 그러나 그 '합동 7원칙'이라는 것이 조선신학교측에서 수락할 만한 성질의 것이 못되었다. "신학교육을 순복음주의에 기초해서" 한다든가, 중요 과목을 7명의 선교사 교수에게 맡긴다든가, 신학교 현직원의 총사퇴라든가 하는 조건은, 조선신학교가 그 과감한 출발을 다짐하게 했던 바로 그 조건의 자발적 해소를 강요하는 것과 다를 바 없었기 때문이다.[49]

1950년의 총회가 이 문제에 단안을 내릴 중책을 맡았다. 6·25의 1950년! 1945년 해방의 떠나갈 듯한 가슴 메이는 환희, 그리고 피를 토하는 듯한 민족 상쟁의 비극 중간에, 교회는 한 번도 편안해 보지 못하고 상호 비방과 갈등의 황무지에 겨를 없이 끌려갔다. "진실로 기독교는 신생의 종교올시다. 경전주의가 아니고, 내세주의가 아니고 과염(過染)된 몽상주의가 아닙니다. 다시 말하노니 기독교는 신생한 인간들만이 활동할 수 있는 종교입니다."[50] 총회장의 안타까운 소리가 닿은 곳은 허공뿐이었다.[51]

이런 격돌 속에서 신앙고백이 무디었던 것일까. 한국교회는 1945년 해방을 맞은 기쁨을 찬송가로 하나도 펴내지 못하고 있었다. 그 감격이 얼마나 컸을 터인데도 그랬다. 1983년 편찬의 찬송가를 우리 교회는 지금 사용하고 있는데, 그 중 44장이 한국인이나 한국주재 선교사들이 지은 것이다. 그런데 6·25사변 중 그것도 1951년에 가서야 하나 지어진다. "부름 받아 나선 이 몸 어디든지 가오리다."

이런 비탄과 수치의 와중에서도 교회는 해방 한국의 정치적 공백기에 적시의 소임을 다하고 있었다. 그 가장 현저한 공헌은 정치에 있었다. 오랜 일제의 통치

49) 『한국기독교장로회 50년약사』, 한국 기독교장로회, 1965, p. 35.

50) 『총회 역대총회장설교』, 예장 종교교육부, 1955, p. 216.

51) 제36회 총회는 1950년 4월 21일에 개최. 24일까지 비상총회를 두 번 겪고, 9월 5일까지 정회 조치, 6월에 6·25 전란 발발.

는 자주 정부 수립을 맡아 나갈 정치인의 훈련을 범주적으로 막고 있었다. 그때 교회는 민주주의적 훈련에서나 사회생활의 연대 관계, 전국적인 조직의 기능과 불타는 신념의 행위 등으로 해서 상당한 정치 훈련을 할 수 있었던 유일한 장소였다. 해방이 되었을 때, 적어도 과도기에 상당한 수의 정치가가 교인들, 심지어 교역자 층에서 나왔다는 사실은 이것을 가장 잘 설명해 주고 있다.[52)]

22.2. 6·25: 민족의 분열, 교회의 분열

22.2.1. 6·25의 민족사적 불행과 교회의 피해

6·25라는 전란을 겪으면서 받은 국민 전체의 손실과 참화는 실로 한국 역사상 미증유의 것이었다. 그러나 기독교회가 받은 비극의 깊이는 그야말로 엄청났다. 준엄히 공산당에 대항하던 목사들은 남북에서 순교의 피를 흘렸으며, 여순(麗水, 順天) 반란 때 두 아들을 죽인 공산주의자를 조소를 받으면서까지 용서해 주었던 성자 손양원(孫良源, 1902-1950) 목사와 저명한 부흥 목사 김익두 목사의 순교, 구세군 노영수, 감리교의 송정근, 1930년대 농촌사업의 기수였던 조민형(趙敏衡, ?-1950)과 33인 중의 하나이던 신석구(申錫九), 장로교의 박경구(朴敬俅, 1903-1950),[53)] 정일선(丁一善, 1883-1950)의 순교, 그리고 남궁혁, 양주삼, 송창근, 박현명 목사들과 신학자들을 비롯한 헤아리기도 힘든 많은 수의 인사들이 납치되어 행방이 묘연하게 되었다. 이 사변을 통해 파손, 손실된 교

---

52) K. S. Kim, *The Christian Church in Korea*, *op. cit.*, p. 133.
1946년 현재, 군정청 한국인 고위 관료 50명 중 35명이 기독자.
과도입법의원 90명 중 21명 (7목사). 입법 의원 190명 중 38명 (13목사).
H. A. Rhodes & A. Campbell, *History of the Korea Mission*, Vol. II, p. 381.
1952년 현재, 부산 피난정부의 장관 거개가 기독교인. 국회의원 총수의 1/4인 40명이 기독교인.『한국기독신문』, 1952년 4월 13일자.

53) 초대 산동선교사 박태로(朴泰魯)가 그 숙부. 장신대 교수를 지낸 박창환의 부친.

회의 수는 남한에서만 장로교가 541교회, 감리교가 239교회, 성결교가 106교회, 그리고 구세군이 4영문, 기타 교파에서도 그 손해는 막심하였다. 순교, 납치당한 교역자는 장로교에 177명, 감리교 44명, 성결교에 11명, 성공회 6명 등이었다.[54)]

그러나 이 통계는 정확하지도 못하고 더구나 교회가 그 뿌리에서부터 받은 아픔과 고난을 다 내보여줄 수도 없었다. 원산에서는 후퇴하던 인민군이 기독교인과 지식인 500여 명을 방공호에 쓸어 넣어 산채로 흙을 덮어 죽인 일,[55)] 전북 옥구(沃溝)의 원당(元堂)교회에서는 78명의 교인 중에서 75명이 학살당하고, 전남 영광(靈光)의 염산교회 김방호(金邦昊, 1895-1950) 목사 가족은 8명 중 7명이 동시에 총살당하고, 그 교인 77명이 함께 순교당한 일, 이런 일들은 전율과 비통 없이는 읽을 수 없는 참화들이다.[56)] 여기 그 잔혹과 공포 그리고 그 오열의 사건들을 어떻게 다 필설(筆舌)로 다할 수 있으랴. 그것은 잊혀질 수 없는 수난과 굴욕으로, 우리 역사에 증언으로 솟은 푸른 바위에 핏자국으로 수없이 쪼아낸 글씨로 삭여져 있었다.

이렇게 "사상 유례가 없는 가장 잔인하고도 원색적인 방법"으로 학살했는데, 방공호에 다 묶어 쓸어넣기, 십자형, 돌로 짓쪼기, 불로 태우기, 죽창 살해, 강이나 바다에 돌을 달아 쓸어 넣기, 삽으로 머리 치기와 같은 전율할 만한 잔학으로 교회를 짓밟았다.[57)]

> 적룡(赤龍)의 철퇴(鐵槌)하에 육개성상 일일천추 사(死) 의 골자구니에서 헤매나니다. 삼천제단이 무너지고 수백의 제사장이 혈제(血祭)를 드림이여, 수만의 성도 목숨을

54) 4백명 목자 희생, 『한국기독신문』, 1952년 6월 25일자. 『기독교연감』, 1957년도 대한 기독교서회, pp. 37-42. 이북에서는 장로교 교역자 240명, 감리교 46명이 순교 또는 행방불명. 한국교회순교사, 『김인서저작전집』, V, pp. 492-515

55) 한준명의 증언, 장병욱(張炳旭), 『6 · 25 공산남침과 교회』, 서울: 한국교육공사, 1983, p. 256

56) 김춘배(金春培), 『한국기독교순교사화』, 서울: 성문학사, 1969, pp. 184-185.

57) 장병욱, *ibid.*, p. 261.

> 드리었나니다. 삼천리강산이 초토됨이여, 백만 또 백만의 동포가 씨러졌나니, 나라는 기울어지고 민족은 위태하니이다.
>
> 오, 세기의 심판, 민족의 내일에 서서 나는 우나니다. 소리쳐 우나니다.[58)]

피난 부산 한 모퉁이에서 김인서는 이렇게 가슴을 치고 있었다.

이 사변이 교회에 준 비통한 상처는 사실 이런 외관적인 참화가 아니었다. 교회 안에서 파생한, 본질 반역의 기구한 파탄과 자학의 돌이킬 수 없는 수치가 실질적인 피해였다. 그 하나가 공산주의 전직 목사나 교인의 행패였다. 인민군이 서울을 차지하고 유린할 즈음, 7월 10일경에 경동교회에 다닌다는 김욱(金旭)이란 자가 '기독교민주동맹'이란 간판을 태평로의 한 건물에 달고 김일성의 입경 환영식을 자행한 일이 있었으나, 지하에 숨은 교인의 불참으로 그 광란은 끝이 시들하였다.

그러나 인민군 남침 이전에 공산주의 사상범으로 종신형을 받아 감옥살이를 하던, 전직 목사 최문식(崔文植)[59)]이 나타났을 때는 싸늘한 공포가 교회 위에 내려 깔렸다. 그는 숨어 있는 목사들을 색출하여 궐기대회에 기독교의 대표로 동원시키거나, 남북 통일호소문을 세계에 발송한다 해서 명의를 강요하면서 그 생존을 위협했다. 특히 본의 아닌 강제에 끌려다니는 교인들의 태도에 적극성과 열의가 없는 것을 보았을 때는 부아가 치밀어 60여 명의 교역자들을 검속하게 하고, 김윤실(金允實), 전인선(全仁善) 목사를 형무소에서 옥사하게 하는 형제 배반의 전율할 만한 만행을 저질렀던 것이다. 목사라도 공산주의는 동료 목사를 그렇게 다루게 한 것이다.

우리는 이처럼 실로 "세계 전쟁 역사상 가장 비참한 싸움"[60)]을 겪고 있었다.

---

58) 김인서, 기도, 『신앙생활』, Vol. 10, No. 71(1951. 7-8), p. 1.

59) 평양신학교 제34회 (1939년도) 졸업. 그는 1946년 소위 "10월 항쟁" 대구철도파업의 주모자 중의 하나. 일제치하 배민수, 유재기와 친숙했던 공산주의 이론의 사화운동가.

60) 유형기, 감독의 편지, 『대한감리회보』, 특별호, 1952년 1월 1일자.

22.2.2. 교회 분열의 외길

교회 본질 반역의 다른 하나가 당시의 교회 분열이다. 6·25의 와중에서 교회는 민족 분열의 참화에 목메어 울어야 마땅했으나, 한 번도 소박한 예배의 진실과 헌신의 사랑을 베푸는 분위기의 아련함에서 벗어나 본 적이 없으면서도, 일치와 사랑의 민족사적 참여 없이 민족과 함께 교회 분열의 수치를 저지르고야 말았다. 한국에서 교회와 민족과의 실질적인 소원(疎遠)이 이때부터 비롯된 것이다. 그것은 6·25사변의 아픔을 겨레가 두고두고 원망하듯이, 앞날의 교회가 항상 돌아보고 낯붉힐 비애의 과거가 되고 말았다.

1950년 4월 21일, 6·25사변이 일어나기 두 달 전의 일이다. 경남지방을 무대로 교회 재건을 밀고 나가던 소위 고신(고려신학교)파와, 서울의 근대주의 신학의 소위 조신(조선신학교)파의 문제로, 장로교총회가 한국교회사상 "전후 미증유의 대 치욕"[61]으로 경찰의 간섭을 받으며 난동 속에 유회된 일이 있었다. 그로부터 두 달, 6·25의 참혹한 전란이 터졌던 것이다. 전국의 교회는 경상남도를 제외하고는 거의 다 공산군의 말발굽에 유린을 당하고 있었다. 그러나 참혹한 이 민족의 아비규환에 쫓겨서 부산까지 내려간 한국장로교회는 1951년 5월 24일 속개된 총회(36회 계속)에서 고려신학교파를 정식으로 정죄했으며, 이에 따라 고려파는 출옥 성도를 중심으로 '경남 법통(法統) 노회'를 조직하고 깨끗이 갈라져 나갔다.

그런데 사태는 이것으로 끝나지 않았다. 쫓겨난 고려파(高神)는 명분이 당당했다. 기왕에 기성교회를 신사참배 문제로 배교자의 낙인을 찍었던 이들은 1951년 7월 장로교총회를 향해서 무서운 화살을 퍼부었다. 그리고 그것은 모두가 다 근본적으로 비극적이었다. 고려파에서는 국회의원 22명의 명의로 한국의 장로교회는 용공(容共)단체라고 하는, 가공할 만한 독언(毒言)을 던졌다.[62] 한

61) 김양선, *op. cit.*, p. 249.
62) *Ibid.*, pp. 158, 160-161.

국교회는 그때 공산군에게 총을 맞고 파괴되고 굴욕적으로 쫓겨 다니고 있었다. 그리고 전쟁 자체를 비도덕으로 보는 세계교회 앞에서도 반공을 외쳐 다함이 없는 교회로 굳혀져가고 있었다. 더구나 신사참배로 순교한 자의 수보다 훨씬 많은 수가 공산 침략의 희생이 되는 것을 다들 눈으로 보고 있었던 때이다. 그런데 한국교회 스스로가 뜻이 맞지 않는다고 해서 상대방을 '용공'이라고 고함쳤다면, 우리 교회는 떠도는 부초(浮草)와 다를 바가 없었다. 이들은 결국 1952년 4월 총회에서 '고별선언'을 하고 퇴장하였고,[63] 1955년 3월에는 '총로회(總老會)'를 구성하였다가 1956년에 장로교 정통성을 확인하면서 그들 총회를 조직하였던 것이다.

기독교장로회(조선신학교계)와 예수교장로회(총회신학교계)의 분립도 이때 갈대로 가고 말았다. 이것은 경건 때문이 아니라, 신학 좀더 정확히 말해서 신학방법론[64] 때문에 갈라진 분열의 경우였다. 속개된 부산의 총회는 총회 산하에 오직 하나의 직영 신학교인 '총회신학교'를 둔다고 결의함으로써 장로회신학교까지를 포함한, 조선신학교 존립의 합법성을 자연스럽게 부인해 버리고 말았다.[65]

사태를 긴장시키는 사건이 이 와중에서 전개되었다. 1952년 장로교총회는 '비상사태'를 선언하고, 북한에서 피난 나온 이북 교역자들의 소속 노회가 "월남한 것으로 상대"[66]한다고 결정한 것이다. 이것은 보수적인 서북교회 교권권(教權圈)과의 연결로, 보수주의 세력의 강대화를 목적으로 한 비상조치였다. 그 힘으로 김재준 목사를 파면하고,[67] 동시에 조선신학교계의 배경인 캐나다 선교사

63) 비법총회에 고별, 『한국기독신문』, 1952년 5월 14일자.

64) "통주의자와 우리가 신학의 내용에서 대동소이하다 할지라도 그 신학하는 태도에는 천양지차가 있다." 김재준, 한국 신학대학의 역사적 위치, 『한국신학대학보』, 1957. 7, p. 7.

65) 대한예수교장로회총회 제36회 『회록』(1951), p. 123.
이 신학교는 이사장 권연호, 교장 감부열 (A. Campbell). 1951년 9월부터 대구에서 개교.

66) 비상사태 선언 요항, 대한예수교장로회총회, 제37회 『회록』(1952. 4), p. 177.

67) "於我如浮雲"(나에게는 뜬 그름과 같다), 『한국기독신문』, 1957년 5월 14일자. 김재준의 목사

스콧트(W. Scott, 徐高道, 1886-1979)를 치리한 것이다.[68]

여기 조선신학교파의 분립이 불가피했다. 1953년 6월 10일, 마침내 이들은 서울의 한국신학대학[69] 강단에서 분립된 9개 노회(전북, 군산, 김제, 충남, 경서, 목포, 충북, 제주)의 대표자 47명이 모여 저들이야말로 한국장로교 법통의 총회라고 선언하고, 제38회 총회를 속회했던 것이다. 그리고 복음의 자유와 양심의 자유, 노예적 의존사상의 배격, 에큐메니칼 세계교회 정신의 철저한 목표로, 형해(形骸)만 남은 '총회'를 반정하기 위해서 '분열'이 아닌 '갱신'을 한다고 선언했다.[70] 여기에 대해서 '대한예수교 장로회총회'는 이러한 '반정'을 "일소에 붙이고자 하였으나", "일언(一言)으로" 소위 이 법통총회를 부인하면서, "대한민국 안에 대한예수교장로회는 오직 하나밖에 없다"[71]는 성명서를 냈다. 이 법통총회는 1954년 6월 10일 그 나름의 제39회 총회를 열어 '대한기독교장로회'로 명칭을 변경하고, 사도신경과 장로회의 공동신조의 준수와 국내외 장로교와의 협조를 천명하는 성명서를 공포하였다.[72]

그러나 이 기독교장로회(기장)가 예수교장로회(예장)와 분립함에 있어 그 근거가 무엇인지에 대한 질의가 그 교회 자체 안에서 튀어 나왔다. 전경연(全景淵, 1916-) 박사가 『신앙고백의 교회』를 저술했을 때 전북(全北)노회는 다음과 같은 문서를 그들 총회에 제출하였다.

> 그 책 안에 … 기장이 신조를 고치기 위해 발족한 것같이 말하고, 웨스트민스터 신앙고백을 빌어다 읽어서는 안 되니 새 신조를 만들어야 한다고, 가능한 신조 5개조를 발

파면은 '성경 유오설'이 원인으로 그 사실을 1953년 총회가 승인.
장로회총회 제38회 『회록』(1953. 4), p. 238.

68) *The Biographical Sketch of Rev. Wm. Scott, M.A. D.D.*, United Church of Canada, Board of Foreign Missions, 1975, p. 212.

69) 1951년 3월, 문교부로부터 명칭 변경 인가.

70) 법통 38회 총회 선언서, 『대한기독교장로회호헌사』, pp. 191-194.

71) 1953. 7. 1, 장로회총회의 성명서.

72) 진보진영 총회소집, 『한국기독시보』, 1954년 6월 20일자.

> 표하였는데, 그 내용에 있어서 몇 가지로 예를 든다면 성경관이 아주 달라져 있고, 처녀탄생이 빠졌고, 신자의 최후 부활, 심판이 보이지 않은 것 등 류(類)이다. … 이 일에 대해서, 우리의 발족이 과연 그것이었으며, 앞으로 갈 방향이 그것일까. 그리고 또 분열되어 있는 한국교회가 다시 합동을 요구하고 있는 현재에 우리 총회도 작년에 합동연구위원회까지 내고 합동의 앞날을 대기하고 있는데, 이 책이 합동운동에 지장이 될 뿐 아니라 도리어 분열조장이 되어지지 않을까 총회로써 생각할 문제인 줄 아오며, 이 의문을 해소하여 주시기를 비나이다.[73)]

경건과 신학보다는 교권, 다시 말하면 인사 문제와 정치 문제로 분열된 감리교회의 혼란도 이때 겹쳤다. 감리교회는 신학교육면에서도 융통성을 지니고 있었으며, 또 그 제도가 감독제도였기 때문에 내분의 기회는 장로교회에 비해 훨씬 적었다. 또 남북 감리교의 통합이 사실상 신학교육의 연합운동으로부터(1907) 실현되어 있었기 때문에, 신학문제로 제기될 분파 작용이 일어날 소지는 별로 없었다.

그러나 6·25사변 이후, 감리교회는 유형기 감독의 재선문제로[74)] 내분의 요소가 부각되면서, 1954년 3월 서울 정동교회에서 열린 제3회 총회에서는, 그의 재선을 헌법을 개정하면서라도 밀고 나가려는 총리원측 인사들과, 개헌을 반대하는 호헌(護憲) 인사들과의 알력이 결국 결별로 끝나고 말았다.[75)] 그 해 6월에 호헌파에서는 호헌대회와 신도대회를 열고 총리원측의 불법을 공격하고,[76)] 1955년 3월에는 총회와 연회를 소집하고 김응태(金應泰, 1890-1971) 목사를 감독으로 추대하면서, 두 파는 완전히 분립하였다. "한 조직 안에서 서로 불편한 마

---

73) 대한기독교장로회 『총회록』, 제47회 (1962. 9), pp. 182-183.

74) 감독의 자격 문제로서, 감독은 연회 회원으로 6년간 계속 복무해야 한다는 헌법 규정이 있었다. 유 박사는 여기 해당되지 않았다.
감리회 총회 개회, 『한국기독시보』, 1954년 3월 21일자.

75) 파란을 뚫고 질서를 찾은 교회, 『감리회보』, 1954년 6월 1일자.
기어코 불행한 총회였다, 『한국기독시보』, 1954년 3월 28일자.

76) 호헌파 감리회에서 연회 총회 소집, *ibid.*, 1954년 6월 6일자.

음으로 싸우느니보다는, 서로 나누어지는 것이 오히려 불행을 적게 하는 것이라고 믿어 부득이 새로이 총회를 조직"[77]한다는 것이 김응태의 감독 취임 심정이었다.[78]

교회가 정체(政體), 그것도 헌법과 교회 체제의 신학적 문제가 아닌, 순전히 파벌과 정치 및 인사문제가 교회를 어지럽히게 되면 그 병폐는 견디기 어렵다. 비록 감리교가 1931년부터 명쾌한 통찰로 기구적 일치와 신령적 일치의 정신을 특수한 사명으로 내세워, 역사상 항상 기략과 명쾌, 그리고 높은 경건의 열의로 안팎에 공헌해 왔다고 할지라도, 이런 문제로 한 번 터지면 그것이 얼마나 지루하고 쓰라린 분열을 가져오는 것인가 하는 데 대해서 통절한 경험을 하지 않을 수 없었다. 6·25는 이처럼 한국 교회 분열기에 자리하고 있었다.

한국교회가 그 정통성의 확립 과정에서 하필이면 반드시 나누이고서야 해낸다는 길밖에 택할 수 없었던 사실을 주목한다. 그 정(正)과 반(反)을 포괄할 한 차원의 신학적 발견이 어려웠던 까닭은 무엇이었을까. 우리는 그것이 1905-1907년 성례론 정통 신학의 보존이 성령강림 체험과 같은 감격의 무산으로 어려워지게 된 데에 기인하였던 것으로 본다.

하지만 우리의 신앙과 양식을 괴롭히고 있는 심각한 문제 하나가 우리 곁을 떠나지 않고 계속 다구치고 있다. 하필 6·25전란과 같은 민족상쟁의 참화 속에서, 그 일치와 융화를 소리 높이 외치고 온 몸을 내던져 그 적대의 손길들을 마주 잡게 해주어야 했을, 그 교회가, 그런 사역을 몸소 해내야 했을 그 교회가, 왜 하필 그 전란 한 복판에서 서로 싸우고 깨지고 분열하였던가. 그 참담한 골육의 전화(戰火) 속에서 우리 겨레들은 교회를 향해 눈 망을 돌리고 손길 뻗어, 교회가 수행할 수 있는 엄청난 사역을 학수고대하기를 비원(悲願)으로 하고 있었을 때가 아닌가.

---

77) 김양선, *op. cit.*, p. 172.

78) 양파는 1959년 연합연회를 열어 형식상 재통합했다.

해방의 감격을 안고도 찬송가 하나 짓지 않았던 한국교회가 이때, 곧 1952년 찬송가 하나를 읊는다.

> 눈을 들어 하늘 보라 어지러운 세상 중에
> 외치는 자 많건마는 생명수는 말랐어라
> 죄를 대속하신 주님 선한 일꾼 찾으시나
> 대답할 이 어디 있나 믿는 자여 어이할꼬.[79)]

수난의 겨레들은 외치고 있었다. 그러나 평화의 손길로 애타는 가슴을 적셔주어야 할 교회의 생명수는 말라 있었다는 것이다. 그것이 곧 주님의 부르심인데, 거기에 아무 대답도 못하고 있는 교회는 의의 심판하시는 날 곧 가까이 임하는데, 어이할까, 호소하고 있었다. 사실은 교회가 먼저 심판을 받을 것이라는 경고가 아니던가. 우리는 이 분열의 원인을 반드시 찾아내고 우리교회 정통의 울타리를 쳐야 할 것이다. 그리고 추후에라도 그 실상을 재구성해서 단호한 판정도식을 짜내야 할 것이다.

22.2.3. 한국 교회 죄책의 고발자

여기서 한 일본 기독교인의 고발을 생각해 보지 않을 수 없다. 일본은 1967년 3월 "제2차 세계대전 하의 일본기독교단의 책임에 대한 고백"이라는 참회문을 아시아 교회(특히 한국 교회)에 발송하면서, 일제가 과거 36년 동안 저지른 만행과 전쟁체제 하에서의 교회박해에 대해서 일본국민의 양심으로 사죄한 일이 있었다. 한국교회는 독일교회의 소위 "슈투트가르트(Stuttgart)선언"이 1945년 10월에 벌써 발표된 것을 상기시키고, 일본교회가 전후 23년만에야 겨우 그런 참회문을 교단의 명의로 낸 데 대해서, 제국주의적 지배에 대한 책임의식의 결

79) 『찬송가』 제256장 석진영 작사.

여를 힐난하면서 분노를 느끼고 있었다. 그리고는 침략 책임의 사죄와 회개에 합당한 행위가 있을 것을 주장한 일이 있었다. 한국교회가 경악을 금치 못한 것은 일본교회가 종전 후에 "메이지(明治) 이래 획득한 해외의 식민지를 일거에 잃고…"라고 하는 제국주의적 망발을 서슴지 않고 있는 것을 보았을 때이다. 그래서 우리는 일본교회가 전시 중 국책에 협력한 죄과와 전후의 사명에 대한 자각과의 사이에 심각한 "단절의 의식"[80]을 옳게 구현시키지 못하고 있다고 반박하였던 것이다. 1966년 한일조약 비준에 대한 한국교회 전체의 반발에 그런 배경이 도사리고 있었다.

그러나 일본교회는 자체에 대한 통절한 죄의 고백과 함께, 한국 교회에 대해서도 "전쟁책임을 함께 지고, 한일 양국 교회의 전쟁 책임의 자각적인 인식을 추구하고, 그것을 원점으로 해야 한다"[81]고 주장했다. 이것은 물론 책임의 문제보다는 전쟁의 체험에 대한 말이었지만, 그 문제성은 심각했다. 일본교회는 한국교회가 해방 이후의 정치, 종교, 사회에서 경험한 심각한 혼란과 자체 분열의 오점을 생각하고 있는 것이 확실했다. 일제 치하에서 한국교회는 고백교회로 저항하기에 성공을 하지 못했다는 말이 사방에서 자숙의 음성과 함께 들려오고 있었다. 그것은 전쟁 체험으로는 불가피했을지 모른다. 그러나 6·25로 인해 한국교회가 겪은 부끄러운 혼란은 전쟁 체험, 그것 때문에 오히려 없어야 했을 사건이었다. 6·25로 말미암아 이 교회의 분열은, 한국 교회가 일본의 한국 압정이라든가, 일본 교회의 제국주의적 오류를 비난하는 입장을 논리적으로 세워 주지 못한다는 일본 교회 몇 사람의 말을 반드시 정당화시켜 주는 것은 아닐 것이다. 그러나 사건의 비극성과 비중을 그렇게 비교하는 사람도 있었다는 것은 부인할 수 없다.

80) 『日本基督教團史』, 東京: 日本基督教團 出版部, 1967, pp. 176-177.

81) 森平太, 戰爭責任の今日的意義, 『福音と世界』, 1968년 8월호, p. 39.

22.3. 경건의 이현상(異現象)

6·25사변과 그 후유증 때문에 시달리던 교회에 열광적이요 종말론적인 내면화의 경건이 여기저기 솟아오르기 시작했다. 사상 유례없는 참화를 입은 민중에게는 감당할 수 없는 벅찬 현실이 끝없이 이어져 가는 것 같은 허탈감이 엄습했고, 거기서 솟구친 서민층의 끝없는 절망감은 교회의 건전하고도 선량한 신앙과 윤리의 위기로 말미암아 절실한 종말의식에로 전환하게 되었던 것이다. 그것은 처음 교회와 교리에의 냉대에서 시작하여 그 생명의 고갈을 공격하기에 이르고, 마침내 사회에서의 개인적 내지는 집단적 격리에로까지 발전했다.

그런데 이러한 종교의 특징은, 철저하게 내세적이요 현실 부정적이면서도 가혹할 정도로 경험적이고 감각적인 생태에 접속하게 되어 있어서, 축복과 열복의 상징은 내세의 천국이 여기, 이 땅에서 그 종말의 대망 그 자리에, 물리적으로 체험 가능하게 이르기를 줄기차게 갈망하는 데 있었다. 사회의 도덕적 단위의 최소 부분인 가정의 몰락으로 인한 분산과 파탄에서, 성적(性的) 모티브에로의 경험적 열희가 연역되기는 쉬웠고, 따라서 이 경건의 새 종파들은 그 강력한 민중에의 호소를 이 성의 채널을 통해 피부에 닿게 던지기 시작했다. 이렇게 정서의 직접성, 기성에 대한 불신과 허탈, 거기서 비롯된 반항의식, 기성(旣成)에의 반란, 지성에 대한 냉소, 눈앞에 천국을 보고 손으로 감촉하는 경험적 신앙 생리, 황홀한 체감적 신앙, 그런 순간의 연속에 대한 갈망, 그런 것들이 폐허처럼 호소력을 잃고 다만 정통과 경건 그리고 정체의 가부에만 전심하던 현실교회의 언저리에서, 터진 둑의 격류처럼 도도히 넘쳐 흘러갔다.

박태선(朴泰善, 1917-1990) 장로의 철저한 섹트(sect)적 사회윤리의 감람나무 천년성, 곧 '한국 예수교전도관 부흥협회'는 6·25사변 이후의 교계와 일반 민중 사이에 불길처럼 확대해 갔다. 김치선(金致善, 1899-1968) 목사의 창동교회[82]에

82) 지금의 한양교회의 전신.

서 장로 안수를 받은 그는 1955년 3월 하순, 남산 광장에서 김치선 목사와 미국의 스완슨 부흥사를 초빙하여 함께 대대적인 연일 연속의 부흥회를 개최하였다. 그는 신·구약에 예언된 '감람나무'를 자처하면서, "토착적 민간 신앙에서 흔히 쓰는 심정의 광란 상태를 일으키는 술수(박수, 발장단, 몸 흔들기, 고성방가, 통곡 기도)를 팔 다리로 삼아"[83] 전란 후의 신앙 심리의 행방을 포착, 거기 깊숙이 파고들었다. 이 남산부흥회에서는 "난데없이 썩은 뼈 타는 냄새가 나더니, 그 악취가 어느 사이엔가 사라지고, 백합화 향기가 나기 시작하고 이슬비가 내리고"[84]하는, 기이한 광채가 그 현장에 자욱했다는 이변이 있었다. 그리고 그 이후 며칠 사이에 서울 가두마다, 부흥회 천막의 들보나 밧줄에 신비한 광채가 찬란한 사진 복사판들이 나붙기 시작했다.

이들은 결국 일단의 성도들의 공동사회, 곧 천년성(千年城)을 형성하여, 경기도 소사, 덕소, 그리고 경상남도의 기장(機張)에 신앙촌을 건설하고 자급자족의 종교적 경제공영사회를 이룩했다.

그는 "감람나무가 나타나면 이 세상은 끝"이라고 예언하고, 스스로는 "세상을 이길 수 있는 권세 … 주님 보좌에 같이 앉을 권세, 만왕의 왕의 이름을 받을 권세"[85]를 힘입어 속량(贖良)의 대업에 임한다고 장담했다. 더구나 그는 자신이 "주의 보혈을 받았고, 자기 몸에서 이루어졌고, 남에게 분배해 준다"고 하는 일종의 '피가름'의 예식을 발표했다.[86] 그는 "넘쳐 흐르는 피 권세를 받은 사람(자기 자신)"이 나타나 "하나님께서 저에게 맡긴 수를 채울 때에 말세가 된다"[87]고 하면서, 피의 분배가 그만을 통해서 가능하다고 하다가 그리스도와의 소임을 동일시하고 말았다.

---

83) 해방 20년 인물초(抄), 박태선, 『조선일보』, 1965년 9월 23일자.

84) 최신덕, 『신흥종교집단에 관한 비교연구』, 서울: 참빛사, 1965, pp. 19-20.

85) 『전도관 주일공과』, n.d., p. 15.

86) 박태선 장로 마산집회 중의 발언 (1956년 3월 5-12일). 김석찬 목사의 경남 노회에서의 보고, 『신앙생활』, Vol. 15, No. 2, 1956. 4, p. 31.

87) 신사훈, 『이단과 현대의 비판과 우리의 생로』, 서울: 새싹교회, 1957, pp. 51-52.

그런데 이 피의 분배, 곧 피가름의 의미와 역사는 묘하게도 상당한 폭의 관련을 가지고 있다. 우선 이 말은 영체교환을 의미한다. 종교적 심각성을 가진 일종의 제사적 혼음이다. 그 역사적 계보의 정리는 공개된 문서나 자료의 진실성을 당장 신빙할 수 없기 때문에 그 구성이 매우 어렵지만,[88] 그것이 우연하게나마 통일교회와 박태선전도관의 원초적 연결을 시사하는 것만은 사실인 것 같다.[89] 더구나 이스라엘 수도원의 김백문(金百文)의 『성신신학』과의 관련은 표면상의 문맥 이상으로 보아도 좋을 것 같다.[90]

1955년 7월, 한국기독교연합회는 이 전도관을 사이비 운동이라 규정하고, 그 신비주의적 오류를 단죄하는 성명서를 발표하여 기독교회와의 무관함을 밝혔다.[91] 그러나 이 그룹은 1980년에 천부교전도부흥협회로 개칭하고, 박태선이 천부라는 교리를 세워놓았다. 이 천부교에는 현재 20여의 분파가 있는 것으로 알려지고 있다.

때를 같이 해서, 현상적으로 퍼져 나간 것이 한국의 구세주적 소명을 강조하는 '세계기독교통일신령협회'이다. 이 협회의 '열혈 청년'이며 '고문 선생'인 문선명(文鮮明, 1920-)은 16세 되던 해에 "하늘로부터 그 섭리 달성의 특별한 계시"[92]를 받고, "수십 성상을 성서의 문자 뒤에 감추인 숨은 진리를 찾으려고 예수님을 비롯한 낙원의 뭇 영인(靈人)들과, 때로는 하나님과 친히 교통하시어

---

88) 김인서, 『한국교회의 싸움은 끝난다』, 신앙생활사, 1962, pp. 6-10. S. H. Moffett, *The Christians of Korea*, 1962, p. 117. 신사훈, *op. cit.*, pp. 71, 83. 김경래, 『사회악과 사교(邪教)운동』, 서울: 기문사, 1957, pp. 25-43.

89) 대개 백남주 → 김성도 → 문선명 → 정대은(삼각산) → 이종완 → 원경숙 → 박태선(수색) → 박영창 → 이태윤 → 장애삼인 것 같으나, 이 관계의 단위가 항상 둘이기 때문에 그 복합적 계보는 훨씬 복잡하다. 그러나 이들은 이 피가름을 한 번으로 그치고, 따라서 그 이후의 성실은 의심할 수 없다.

90) 최신덕, *op. cit.*, p. 18. Cf. 김경래, *op. cit.*, pp. 47ff.

91) Cf. 탁명환, 『기독교이단연구』, 서울: 한국종교문제연구소, 1987, p. 164.
Cf. 장로교총회 제41회 『회록』(1956), p. 46.

92) 『주간 한국』, 1970년 10월 25일자.

하나님의 품속에 감추인 천륜의 비밀을 찾아내기에 온갖 심혈을 경주하셨으며, 때로는 수억의 사탄들과 혈투전을 겨루어 나온"[93] 인물이라고 한다. 그는 1954년 5월 1일, 유효원(劉孝元)과 함께 그 협회를 정식으로 발족시켰다. "어떠한 종교라도 전부 포섭할 수 있는 깊이와 넓이를 가진 진리"[94]를 위해 "기독교 통일을 표방하고" 나섰던 것이다.

그런데 통일교 역시 피의 순수성을 강조하면서, 하와와 사탄과의 관계가 성적 교섭이었으니 만큼, 그 피의 정화가 원죄에서의 구속과 같다고 본다. 따라서 이 피의 순결이 횡적으로 한국에서 비롯, 전 세계에 미치게 되는 것이 중요하다고 보기 때문에, 가족적인 이미지로서의 순혈의 전수과정을 종교적 의례로 승화해서 합동결혼을 집행하게 된 것이다.[95]

통일교가 반기독교적인 분파적 생리에 서 있다는 사실이 셋 있다. 하나는 십자가 공로의 보류이다. 그것은 성사된 사실이 아니고, 간단히 말해서 옛날에 끝난 사건이다.[96] 예수는 할 일을 다 못 이루고 돌아가셨기 때문에, 누군가가 다시 와야 한다는 것이다. 그게 바로 문선명이란 뜻인 것으로 나타난다. 또 하나는, 그 교훈이 사뭇 경험적이다. "지상의 천국이 이루어지지 않고는 하늘의 천국은 이루어질 수 없다"[97]든가 하는 말이 그것이다. 셋째로, 통일교는 일관된 신비주의 사상이다. "영원한 하나님의 사랑을 중심으로 하고, 두 세계가 유기적인 일체를 이룬다"[98]는 본질간의 융합론, 그리고 "살아계신 하나님과의 직접적 관계"[99]의 주장이 그것이다. 다른 하나는 한국이 담당할 구속사적인 세계 공헌

93) 『원리해설』, 서울: 세계기독교통일신령협회, 1962, 제4판 (제1판은 1957년), p. 19.

94) *Ibid.*, pp. 1, 2, 6, 10, 73, 74.

95) 『주간한국』, 1970년 10월 25일자. 최신덕, *op. cit.*, pp. 16, 17.

96) 『원리해설』, pp. 70, 182, 203. 십자가의 공로가 있다면, "영적 구원뿐"(p. 78)인데 여기서 영은 환상이요, 실재가 아니다(p. 124).

97) *Ibid.*, pp. 4, 47, 392f.

98) *Ibid.*, p. 3.

99) *Ibid.*, pp. 19, 99, 413.

이다. "복귀 섭리의 여정"은 "한반도로부터 열린다"[100]는 것이다. 이스라엘 민족이 못 다한 사명이 한국에 있다는 것이다.

통일교가 전후의 아픔과 혼란 중에 교회에 침투해서 가족 윤리의 전환적 가치를 선포한 것이라든가,[101] 전통적 교회 신조의 기본적인 전제를 문제시한 것은 기독교회의 매서운 반격을 피할 수 없게 만들었다. 그러나 이들의 특수 계층에 대한 호소력의 전달은 가능한 모든 제어에도 불구하고 아직껏 상당량의 영향력을 미치고 있음을 부인할 수 없다.[102] 2005년 현재 국내에 510개의 교회와 700여 명의 교직자, 약 44만 명의 신자가 있으며, 세계적으로는 137개국에 약 300만 명의 신자가 있다는 보도이다.

더구나 이 통일교는 1973년 세계평화교수 아카데미나 국제문화재단을 설립하고, 미국에서는 1982년에 『워싱턴 타임즈』를 창간하고 국내에서는 1989년에 『세계일보』를 창간하여 폭넓은 선교에 나서고 있었다. 2005년 현재 통일교의 기업은 통일산업 등 34개에 이르고 문화단체는 국제승공연합 등 40여에 이르렀다.

당시의 교회는 비단 이러한 큼직한 두 집단의 발호 속에서만 침해받은 것이 아니다. 특수한 형태의 수도원적인 기도원 형식의 분파적 경건도 우후죽순처럼 솟았다. 나운몽(羅雲夢) 장로의 용문산기도원[103]과 변계단 식(式)의, 혹은 자기가 자기에게 안수 주는 형태의 천차만별의 기도원 부흥회들이 도처에 퍼져나갔다.

그러나 외국에서 수입되는 헤아릴 수 없는 새로운 교파들의 이식도 인간 생

---

100) *Ibid.*, p. 414.

101) 1955년 7월 4일, 문선명은 풍기문란, 병역법 위반, 불법 감금 등의 혐의로 구금되었다. 그러나 그 해 10월 14일 무죄 석방되었다. 『경향신문』, 1955년 7월 6일자, 10월 5일자.

102) 그 교세는 1963년 신도 수 28,272; 1972년 신도 수 300,000, 세계 26개국 신도 수 400,000으로 총 70만을 자처하고 있었다. 『신아일보』, 1972년 2월 9일자.

103) 『용문산운동의 자취』, 용문산 문서전도관 엮음, 서울: 기드온문화사, 1964.
Cf. 김찬국, 용문산 기도원운동의 진단, 『현대와 신학』, 연세대학교 연합신학대학원, 제6집, 1970.
Cf. 교회의 사상적 혼란과 그 대책, 『감리회보』, 1957년 10월 11일자.

활의 허탈감과 교회의 빈틈을 찾아 그 틈바구니 사이에서 호소해 들어옴으로써 한국 교회 전체의 구도개편이 진행될 수밖에 없었다.

22.4. 선교 차원의 확대

22.4.1. 선교 영역 확대

한국 교회는 1·4 후퇴 때 부산에 대개 다 몰려와서 하나님의 심판을 역사 안에서 보고, 거국적인 구국기도회를 열어 주의 손길을 더듬어 눈물을 흘렸다. 그리고는 신·구 각 교회의 연합체인 '기독교 연합전시비상대책위원회'를 결성하고, 미국 대통령과 유엔 사무총장에게 각각 메시지를 발송하며, 나라를 위해 할 수 있는 일을 다 하고 있었다.

그런데 전란을 겪으면서 교회는 우리나라에서 가장 막강하고 거대한 집단이며 분단 상황의 위험을 항상 방어하는 국군에 대한 선교에 착수하여, 군목제도를 확립하게 하는, 커다란 선교 확대사업에 기치를 높게 들고 있었다.

그 첫 시작은 1948년 11월 해군의 정훈 장교 정달빈(鄭達斌)이 손원일(孫元一, 1909-1980)[104] 해군참모총장의 지시로 국방부에서 군인교회를 시작할 때부터의 일이다.[105] 그러다가 6·25전란 중 1950년 7월 제3 육군병원에서 지송암(池松岩), 김영환(金英煥) 목사가 상이병 전도에 헌신하였는데, 육군 군목사업은 이 때 비롯되었다.[106]

이 국군 전도가 군목사업으로 정착된 것은 1950년 12월 21일 대통령령으로 군목제도 창설의 유시를 내릴 때부터의 일이다.[107] 젊음과 조직 그리고 국방의

104) 감리교 손정도 목사가 그 부친.
105) 『기독교 연감』, NCC, 1970, p.496.
106) 국군 병원전도, 『신앙생활』, Vol. 10, No. 7(1951. 7-8), p. 32.
107) 국방 신제 제29호.

이 거대한 집단에 대한 선교의 사명은 국군이 "무비(武備)에 앞서 그리스도의 희생 봉사의 정신으로 정신 무장을 먼저 해야"[108]했기 때문에 막중한 과제로 수행되어 나갔다.[109] 이것은 실로 "우리 국군의 강약이 이제 완전히 군목의 손에 달려 있다고 보지 않을 수"[110] 없었기 때문이다.[111]

1970년 현재의 군목은 육군에 261명, 해군에 36명, 공군에 37명이었다. 불교에서 군승(軍僧) 활동을 시작한 것은 1969년의 일이다.

1957년 12월에는 대중 매체를 통한 선교로 방송선교가 시작되었다.[112] 처음 그것은 음악의 우수한 프로그램으로 인기가 높았고, 1970년대 후반에는 날카로운 시사비판으로 국민의 정치의식 제고에 크게 공헌하였다. 기독교방송은 부산(1959), 대구(1959), 광주(1961), 이리(익산, 1961)에 각각 지방방송국으로 그 시설을 확장하여 왔다.

산업선교는 1957년부터 진지하게 착수되었다. 산업사회에 대하여 "하나님의 구속적 사랑과 해방의 은총"[113]을 선포하는 것이 새 기회의 도전이었기 때문이다. 1963년경부터는 감리교의 오글(G. E. Ogle, 吳明傑, 1929-)이 인천지방에서 '아래로부터의 산업선교'를 실시하였다. 장로교에서는 1957년부터 어쿼트(R. Urquhart)가 산업선교에 전념하면서, 그 해 총회에 산업전도위원회를 설치하였던 것이다.[114] 활동 지역은 주로 공장이 밀집된 영등포, 인천, 대전, 대구, 부산,

108) 1956년 4월 26일 군목제도 창설 5주년 기념식에서의 정일권 육군참모총장의 축사. 김양선, *op. cit.*, p. 138.

109) 1952년에 국방부에 군종실, 그리고 1953년, 1954년, 1963년에 해군, 육군, 공군에 각각 군종감실 설치.

110) 피의 1951년,『신앙생활』, 1951년 12월호.

111) 조향록, 국군의 사명,『한국기독신문』, 1954년 8월 1일자.

112) HLKY 기독교 방송국,『한국기독시보』, 1954년 6월 27일자.

113) Presbyterian Council Study Conference Papers, *The Minutes of Korea Mission*, 1967, p. 88.

114) *Ibid.*, p. 89.

광주 등지였다.

한국교회가 가장 강력한 목표의식을 가지고 현실에 뛰어들어 사회 혁신적 활동에 나선 것은 유신체제에 대한 민중의 저항이 날카로워지던 1970년대부터의 일이다. 토착화와 민중화의 신학적인 작업이 역사적 과제로 추진되면서 인권과 민주화에의 의지, 그리고 심각한 노사(勞使)간의 계층적 갈등이 교회의 강력한 참여를 자극하고 재촉하였기 때문이다.

22.4.2. 해외선교

6·25전란을 겪으면서 우리 교회는 숭고한 인류애도 함께 체험하였기 때문에 한국 교회 본래의 위상에 따라 겨우 재건된 몸이었지만 해외선교에 적극 나섰다.[115] 장로교는 1955년에 태국에 김순일, 최찬영을 선교사로 파송하였고,[116] 1963년에는 대만에 정성원을 파송, 전국 여전도회가 그 경비를 담당하였던 것이다. 그리고 1964년부터는 송예근이 의료선교사로 태국에 파송 받아 한센병 치료에 전력하였다.[117] 이렇게 해서 1967년 현재 태국, 그리고 대만에 정성원, 박성태, 멕시코에 우상범,[118] 브라질에 김계용, 월남에 박성준, 에티오피아에 박희민이 파송되어 활동하고 있었다.[119]

하지만 한국 해외선교에서 가장 특기할 만한 사실은 1961년 10월 파키스탄 원주민선교를 위해 이화여자대학교 출신 20대 초반의 전재옥(全在玉), 조성자(趙聖慈), 김은자(金恩子)가 마호메트 핵심국에 용약 진출한 일이다.[120] 그것은

---

115) 사실 1948년 남부총회 최초의 중요한 결의가 산동선교사업 계속이었다. 장로회총회 제33회 『회록』(1948), p. 6.

116) *Ibid.*, 제44회 『회록』(1955), p. 348.

117) 보고서, *ibid.*, 제50회 『회록』(1965), p. 67.

118) 1966년 7월 파송.

119) 보고서, *ibid.*, 제52회 『회록』(1967), p. 36.

120) 이화여자대학교 선교회 파송, 『이화80년사』, 이화80년사편찬위원회, 1967, p. 440.

"이화에서 기독교 교육을 통해 얻은 생의 높은 뜻과 축복을 파키스탄 여성들에게 펴고자 한", 감사와 소명의 발길이었다. 이 일을 추진한 김활란(金活蘭) 총장은 그때가 바로 이화여자대학교 창립 75주년이어서 이런 글을 남겼다.

> 이것이야말로 이화(梨花)의 75주년을 기념하는 가장 뜻 깊고 귀한 피날레로서 다음 75년 후의 이화가 가히 어느만큼 세계적인 봉사를 할 수 있는지에 관한 예견을 하도록 만들어 주었습니다.[121]

감리교회가 한국 선교 80주년을 기념하면서 시라와크의 원주민 상대로 선교사를 파송한 것은 1965년의 일이다. 그때 김성욱(金聖郁)이 임명되었고, 아울러 볼리비아에 장봉근이 그 부인 의사와 함께 파송되었다. 파키스탄 원주민에게는 이화여자대학교 출신의 장미균, 김옥희, 김남순이 파송될 예정이었지만[122] 수속 관계 미해결로 떠나지 못하고 말았다.

성결교회는 1977년 해외 선교 사업에서 우선 현지교회 원조 및 현지 신학생의 한국 유학 추진이란 형태로 실시하다가 1981년에 이르러 박희성 목사를 태국에 파송하고, 1984년에 주진국 목사 내외를 케냐에 파송하고, 1985년에는 김봉래 목사 내외를 볼리비아에 그리고 김상원 목사를 필리핀에 각각 파송하였던 것이다.[123]

이렇게 해서 1987년 현재 '현지 주민을 상대로 한 선교 활동'에 임하고 있는 한국교회 선교사들은 장로교(합동)의 65명, 장로교(통합)의 60명, 기독교장로회의 22명, 감리교의 22명, 기독교성결교 5명, 예수교성결교 18명 등, 총 18교단의 218명이고, 선교 단체 파송은 한국외항선교회 45명, 한국대학생선교회 21명 등 28개 단체의 196명, 총 414명에 이르고 있었다.[124]

---

121) 김활란, 『그 빛 속의 작은 생명』, 서울: 이화여자대학교 출판부, 1973, p. 399.
122) 김광우, 『한국감리교회백년』, pp. 392-393.
123) 김성호, 『한국성결교회사』, pp. 513-516.
124) 『기독교대연감』, 1987년도, 서울: 기독교문사, pp. 1089-1100.

23 한국 교회의 새 기상도

> 현대인의 이 불안과 공포를 극복하는 길은 오직 겸손한 마음으로 하나님께 돌아가고, 하나님의 말씀으로 돌아가는 데 있습니다. 이 시대가 다시 한번 하나님의 말씀을 찾고 거기로 돌아갈 때 우리에게 살길이 열릴 것입니다.
>
> 박대선, 1964

1960년대의 한국 교회는 무거운 두 가지 뼈아픈 과거의 죄책에 걸려 무겁고 힘겨운 첫발을 내딛었다. 하나는 6·25의 비극이었다. 그것은 우리 민족의 수난기였으나 동시에 교회의 수난기였다. 그리고 밖에서 본 것보다는 속에서 온 아픔이 더 처절했다. 분열과 경건의 한국적 습성이 갑자기 경화한, 한국교회사 최악의 수난기였다. 다른 하나는 무수한 신흥종교와 분파주의의 격류였다. 소박하고 깊은 종교심, 그 갈망과 예배의 언저리, 그것은 확실히 기성 종교에서 제거되었거나 불가피하게 무시 되었던 것인데, 거기 대한 열망이 환난을 겪은 사람들에게 넘친다는 재빠른 감수성 때문에 이미 발전 가능한 소지를 발견한 셈이었다.[1)]

그런데 교회는 이 갈망을 외면하고, 그 삶의 눈길을 세상에 돌렸다. 그 사이에 사람은 하늘을 우러러보고 싶고, 창백한 손을 들어 영혼을 깨우쳐 향수어린

1) 졸문, 광복 26년에 본 종교의 변천사, 『새생명』, 1971년 8·9월호, p. 32.

영적 본향의 황금 종소리를 듣고 싶어 했다. 하나님의 모습에 흐느끼며 기대고 싶었고, 황홀한 낙원의 불빛에 인도되어 그 영혼이 아련하게 안도와 위로에 파묻히고 싶었던 것이다. 교회는 그것을 샤머니즘이라는 한 마디로 일축해 버렸던 것이다. 거기에 대한 막연한 반발이 저 넘치는 심령주의적인, 섹트 생리의 분파들 사이에 소리 높이 전달되었다. 여기서 근본적인 개념 규정과 자기성찰의 과정을 한국교회는 거치지 않을 수 없었다.

23.1. 그리스도의 몸인 교회의 형체화

23.1.1. 교회의식의 심화

전후 한국교회가 그 뼈를 깎는 아픔에서 심판의 손길을 보고, 이런 형극이 신앙 정통의 묵수나 헌신적 충성의 부재나 부실 때문이 아닐까 하여, 오히려 예민한 신경반응으로 정통과 순결의 철저한 수호를 다짐하면서 분열의 질곡을 걸머지고 온 것이 사실이다. 그것은 자책과 참회의 한 외향적 표현으로 보아야 이해된다. 교회는 위난기에 그 신앙적 감각의 예각화로 무엇인가 하여야 한다는 긴박감으로 자칫 분열의 소행을, 반드시 목표해서가 아니라, 현상적으로 수반하게 될 때가 있는 것이다.

이런 격난을 겪으면서 한국교회는 그 골수의 한복판에서 배운 것이 하나 있었다. 성도의 사귐, 참된 의미의 '교회'라는 것이 얼마나 소중한가 하는 것을, 그 파선된 듯한 위기에 배운 것이다. 그것이 개개 영혼의 관심에 앞선다는 것을 우리는 체험으로 터득한 것이다. 개인의 경건은 오직 교회 안에서만 가능하고, 성서도 교회라는 공동체의 행위 안에서만 그 뜻이 올바로 읽혀진다는 진리를 터득한 것이다. 성신의 직접적인 은사에 접하는 것을 바라기 전에 성도들의 사귐과 교회의 하나임을 상징하는 성찬 예식을 더욱 상징적으로 지키며, 세례도 죄용서의 의식(儀式)으로서도 그렇지만, 사실은 교회 공동체에 가입이란 의미로서 해석하는 신학이 뿌리내리기 시작했다. 하나의 교회에 대한 의식은 이렇게 해서 표면화되고 체질화하기 시작했다. 오랫동안 문서 활동을 하다가 목회를 한 일이 있는 김인서 목사는 그의 『신앙생활』에 다음과 같은 말을 써 놓은 바 있다.

> 예수교회의 신앙은 눈으로 볼 수 있는 교회와 귀로 들을 수 있는 하나님의 말씀인 성서에 근거합니다. … 성서와 교회, 두 군데 근거하여 성신을 받는 것이 완전무결합니다.[2)]

23.1.2. 또 하나의 분열에 대한 자성

이와 같은 선교와 교회일치 그리고 교회론의 발전과 그 실현은 1960년대 초기의 한국 교회의 불행한 이미지에서 찾아보아야 할 것이다. 그 하나가, 1959년 한국의 대교파로 자처하는 장로교회의 세 번째 분열이다. 4·19학생의거 바로 1년 전의 일이다. 세계교회협의회(World Council of Churches)를 용공적이라고 공격하는 일부 목사들은, 한국 교회의 보수와 신앙의 순수성 보존이라는 기치 아래 WCC에서 탈퇴해서 한국장로교의 정통성을 지켜야 한다고 주장하면서, 1959년 11월 승동교회에서 이른바 '합동총회'를 결성하였던 것이다.[3)] 그렇게 되자 WCC의 노선을 지지하는 총대들은 결국 1960년 2월 17일 서울 새문안교회에서 법통 제44회 '(통합)총회'를 따로 소집하게 되었다.[4)] 이들은 WCC가 "자유신학 단체도 아니요 용공 단체 및 단일교회운동 단체도 아니라"고 천명하였다. 그리고는 "교회의 화평" 곧 합동총회와의 재결합을 위해서 WCC에서 탈퇴하기까지

---

2) 김인서, 『신앙생활』, Vol. 15, No. 2 (1956. 2), p. 16.

3) 이영헌, 『한국기독교사』, 서울: 컨콜디아사, 1978, pp. 334ff.

4) 대한예수교장로회총회 제44회 『회록』(1960), p. 143.

하였다.[5] 그리고 합동총회에 그만한 양보도 요구하였다. 곧 그들이 연관을 가지고 있는 칼 매킨타이어(Carl McIntyre)의 국제기독교협의회(International Council of Christian Churches)[6]와도 한국교회가 무관을 밝혀야 한다고 주장하였다.

용공(容共) 시비의 문제는 일찍이 6·25전란 와중에서 보수계에 의해 일단 제기된 일이 있는데, 이때 다시 문제가 된 것은 ICCC의 전략적 공세도 있었지만, 미국 NCC의 대(對) 중국 자세에 그 단서가 잡히고 있었다. 미국 프린스턴 신학교의 교장 존 매케이(John A. MacKay)가 1956년 미국 NCC의 '생활과 사업' 및 '내지선교위원회'에서 중국본토 교회와의 재접촉을 주장한 일이 있었고, 1957년에 다시 상기(上記) 위원회연구협의회에서 중국(中共)의 승인을 제안한 일이 있었기 때문이다.[7]

그러나 여기서 문맥을 살펴보아, 그것이 설사 '용공적'이라 할지라도 "국내 교계에 무관한 외국 교회 관계사건"[8]에 불과한 것이었음은 자명한 일이었다. 좀 뒷날의 일이기는 하지만 반공 비판이 계속되던 1968년 WCC 웁살라(Uppsala) 대회에서 중공의 유엔 가입 촉구와 월남전 참전 반대 결의를 하였다 해서, 한국 교회가 몽땅 이런 행동에 동조한다 말한 것은 WCC의 헌장이나 그 협의회의 성격을 무시한 매도였다고 해도 과언이 아니다. 그런데 '합동'측에서는 "통합측에 지금 용공신학자가 없으나 10년 후에는 그리 될 것이니 지금 미리 분열을 단행했다"[9]고 한 것이다.

성결 교회도 NAE(National Association of Evangelicals) 문제로 분열을 겪어야 했다. 성결교회는 해방 이후 NCC에 가입하여 연합운동에 크게 공헌하여 왔다. 그러나 '용공' 시비 문제가 비화하자 수구계에서는 용공으로 개방계를 성토하

5) 대한예수장로회 통합안(8), *ibid.*, pp. 159-161.

6) 극단의 정치적 반공 이념으로 조직된 기관. NAE(National Association of Evangelicals)와 밀접한 연관성을 가짐.

7) J. A. McKay, The Eternal Imperative in a World of Change, *Theology Today*, 1957년 4월호.

8) 용공 비난 17년사, 『교회연합신보』, 1968년 8월 25일자.

9) 김인서, 『한국교회는 왜 싸우는가』, pp. 14-15.

고, 개방계는 수구계를 '부패'로 몰아세운 것이다.[10] 그러다가 1961년 4월, NCC와 NAE에서의 동시 탈퇴안이 격론을 벌였고, 반NCC계에서는 곧 '복음진리수호동지회'를 결성하고, 5월에 '서울보수지방회' 그리고 그 달 30일에 '보수총회'를 따로 조직했던 것이다.[11] 그 총회가 '합동특별총회'를 조직하고 이명직 지도 아래 ICCC에 가입한 것은 1961년 12월의 일이다. 그리고는 교단 명칭을 1921년에 거슬러 올라가 '예수교 대한성결교회'라 한 것은 1962년 4월의 일이었다.[12]

옛날 세계교회는 근대사의 신비라 해서 한국교회를 모델로 삼고 있었다. 그러나 이때 세계교회는 한국의 기독교회가 세계에서 가장 분열을 많이 하는 교회[13]로 단정하고, 교회가 분열하면 어느 정도 분열하는지 연구할 테마로 잡았을 정도였다.

교회 역사에는 신앙이나 교리만이 아닌, 인사, 지역, 정치의 요소들이 엉켜 작용한다. 그런데 그런 것들이 훨씬 체감적인 역동성을 발휘할 때가 많다. 장로교 분열의 경우 장로회총회신학교 교장 박형룡 박사의 소위 '3천만 원 유용사건'을 둘러싼 갈등,[14] 평안도와 황해도 출신 목사들의 대립, 그리고 성결교의 교권 문제를 둘러싼 오해, 이런 것들이 측면에서 작용한 것이 사실이다.[15] 명분은 따로 내놓고 있었다.

이들 교회의 분열은 4·19학생의거의 격동 속에서 짐짓 진행되고 있었다. 6·25 전란 중에도 교회가 분열하고 있었다. 현대사의 격동기마다 교회가 분열한 셈

---

10) WCC에 용공적인 요소가 있다는 비판은 *The Time*에도 있었다. 가령, "The Curious Politics of Ecumenism, To the WCC, The Soviets are Sinless", *The Time*, 1983년 8월 22일자.

11) 김성호, *op. cit.*, pp. 478-480.

12) *Ibid.*, p. 482.

13) J. C. Smith, Policy Lessons From Korea, *The International Review of Missions*, Vol. L, No. 199, 1961년 7월호, p. 322.

14) G. T. Brown, *Mission to Korea*, p. 218.

15) 김성식, 한국교회의 분열과 통일, 녹선 · 교권욕으로 분파, 『동아일보』, 1962년 4월 12일자.

이다. 역사에 큰 물결을 몰고 가는 빅뱅과 같은 대세라는 것이 있는가. 교회는 그 대세를 역류하는 것이 아니고 가부간에 휘말려들었던 것으로 보인다. 옛 한국교회는 때로 역류로 진실과 그 정통을 지켜왔다. 교회의 시대 대응 양식이 역사의 대세와 다를 수 있어야 할 때가 있는 것이다.

23.1.3. 일치와 선교의 신학

에큐메니칼운동이 신학적인 관심으로 등장하고 교파간의 대화의 광장도 마련되어, 심지어 종교간의 대화까지 서슴지 않을 정도로 발전된 것이 모두 이러한 배경에서 비롯된 것이었다. 이미 나누어진 교회가, 반드시 신학적인 것만이 아닌, 비신학적 요소로 품고 있는 감정적 문제와 지역적 문제 및 "교회 상층 구조 조직에서 기인하는 교권 쟁패"[16]를 일시에 해소하기는 어려웠다. 그러나 함께 세상을 위해 일한다는 선교에의 요청이 세차게 의식되기만 하면 에큐메니칼운동의 실현 가능성은 크다는 생각이 지배적이었다. 박양운(朴養雲) 신부는 "앞으로 50년 혹은 100년간 가톨릭과 프로테스탄트교회 신자들이 미워하지 않고 부드러운 대화로 서로 이해하려고 노력하며, 각자 자기의 잘못을 시정하려고만 한다면, 교회 재일치 운동은 꼭 성공하고 말 것"[17]이라는 입장을 밝히고 있었다.

1966년 3월 8일, 이 날은 장로교의 초동(草洞)교회에서 우리나라 처음으로 신・구교가 합동하여 150여 명이 참석해서 예배드린 날이다. 그리고 1968년 1월 8일부터는 한주일 동안 한국 NCC가 에큐메니칼 정신에 입각한 한국교회의 일치를 구체적으로 추진하기 위해서 특별기도주간을 마련하고, 예장, 기장, 성공회, 감리교, 구세군, 복음교회 및 로마 가톨릭 교회가 그 강단과 강사를 교

---

16) 홍현설, 선교정책과 교파주의, 『기독교사상』, 1965년 4월호, p. 30.

17) 박양운, 교회 재일치론, *ibid.*, 1964년 11월호, p. 45.

류하는 일까지 있었다. 이와 같은 움직임은 제2차 바티칸 공의회에서 공포한 에큐메니칼 율령에, 교회 분열(종교개혁을 의미함)의 책임이 양 교회에 똑같이 있으며, 구원의 방도와 진리는 비가톨릭 교회에도 보존되어 있다는, 그런 교회론의 새 해석에 따라서 한층 더 박차를 가할 수 있었다.

우리나라 신·구교의 지난날을 돌아보면 이 변화의 당돌함과 그 개선에 놀라지 않을 수 없다. 1923년 가톨릭교의 안세화(安世華) 신부(프랑스인)는 『신교지기원(新敎之起源)』을 저술해서[18] 루터의 성격적 결함을 악의로 과장하고, 심지어 "그 육신 정욕의 ᄆᆡᆼ렬ᄒᆞᆫ 화염이 도화선이 되여 맞ᄎᆞᆷᄂᆡ 텬쥬와 셩교를 ᄇᆡᄇᆞᆫᄒᆞᆯ 섄만 아니라, ᄎᆞᆷ혹히 육신 정욕의 붓그러운 죵이 되었다"[19]고 비방했으며, 결론에 가서는 "브로데스당 예슈교를 창립ᄒᆞᆫ 쟈들은 만ᄃᆡ 불변ᄒᆞᆯ 진졍ᄒᆞᆫ 예수교를 곳칠 ᄌᆞ격이 조곰도 되지 못ᄒᆞ고 오직 그 진교를 ᄇᆡᄇᆞᆫᄒᆞ고 쟈기의 정욕을 ᄎᆡ우기 위ᄒᆞ여 제ᄆᆞ음대로 한 거즛 교회를 세운 것"[20]이라 말한 일이 있었다. 그래서 "영원ᄒᆞᆫ ᄒᆡᆼ복을 엇고져 ᄒᆞᄂᆞᆫ 쟈는 반ᄃᆞ시 이 셰샹에서 ᄎᆞᆷ으로 예슈 친히 세우신 교, 즉 텬쥬교회에 몬져 드러와 잇셔야 ᄒᆞ리로다"[21] 했던 것이다. 신교 측에서도 이러한 대립 의식은 컸다. 언더우드는 1892년 토론토에서 열린 세계장로교연맹대회에서 가톨릭 교회를 가리켜 "이교(異敎)와의 결탁"[22]이라고 비판한 일이 있었다.

그런데 1971년에는 부활절을 기해서 신·구교 공동 번역의 신약성서가 성서공회에 의해 출판되었다. 성서 때문에, 그 해석과 권위의 문제 때문에, 종교개혁과 반종교개혁의 쓰라린 과정을 겪지 않을 수 없었던 과거를 돌이켜 볼 때, 이러한 양 교회의 실질적인 협력과 이해는 그러한 사건 이상의 깊은 의미를 가

18) 안세화, 『신교지기원』, 경성: 천주당, 1923.

19) *Ibid.*, pp. 5-6.

20) *Ibid.*, p. 62.

21) *Ibid.*, p. 66.

22) H. G. Underwood, *Romanism on the Foreign Mission Field*, Alliance of the Reformed Churches Holding the Presbyterian System, 1892, Toronto: p. 411.

진다고 보아야 할 것이다.

교회간의 연합은 한 교회 안에서의 결속과 재통합, 신학교육, 그리고 복음선교의 활동 속에서도 나타났다. 양립되었던 감리교는 1959년 1월 13일 '무조건 합동'으로 개가를 올렸고,[23] NAE 문제로 1961년 '예수교성결교'와 '기독교성결교'로 갈라섰던 성결교회도 1965년 7월 23일, 합동선언서를 채택했다. ICCC와 NCC에 양 측에서 똑같이 가입하지 않는다는 조건으로, '역사적인 합동총회'를 실현했던 것이다.[24]

신학교육에서의 연합적 경향도 뚜렷했다. 이제 교회가 "세속 사회 속으로 침투하고 인간 삶의 모든 분야가 복음의 빛과 힘으로 새롭게 되어야 하는 선교범위의 확장, 다시 말하면, 선교론의 차원에서 보아야 마땅한 신학교육은 '교파 중심의 교역자 양성'에 머물러 있게 할 수는 없다"고 보았다.[25] 그래서 우선 1964년 4월에 신학교육의 대학원 과정은 연합해서 하는 것이 좋다고 해서, 연세대학교 안에 연합신학대학원이 설립되었다. 그 설립 자원은 WCC의 신학교육기금(Theological Education Fund)에서 지급되고 있었다. 각 교파 신학은 대학원을 따로 설치하지 않는다고 하는 것이 그 조건이었다.[26] 거기서 교수하는 분들이나 등록한 학생, 교역자 연구원에서 연구하는 현역 목사들, 이들은 한국의 20여 교파를 배경에 가진 분들이었다.

1965년 '3천만을 그리스도에게로'라는 슬로건을 내걸고, 모든 교파 온 교회가 합심 단결하여 추진한 전국복음화운동은 한국 교회의 전통적인 선교의 사명 의식의 발로로서도 중요하지만, 에큐메니칼 정신의 실현에도 찬양할 만한 큰 행

---

23) 감리교회는 이렇게 합동하였다, 『크리스챤신문』, 1964년 9월 26일자.

24) 이천영, 『성결교회사』, pp. 143-162.

25) 김정준, 신학교육의 이념적 고찰, 『현대와 신학』, 제2집, 연세대학교 연합신학대학원, 1966, pp. 13-23.

26) 여기 가담한 교회는 감리교, 기독교장로회, 성공회, 루터교였다.

사로 전국 교회의 뜨거운 참여 속에 진행되었다. 이 운동을 주동했던 김활란 박사는 "붕당적인 민족 분열의 고질이 교회 속에 그대로 되풀이되어 복음 전선이 약화되고, 바깥 세상으로부터 불신과 외면을 스스로 불러일으켰다"고 통탄하고, 다만 이제 끝없이 계승될 복음화의 정초를 놓는다고 그 운동의 뜻을 밝혔던 것이다.[27] 복음교회의 지동식(池東植) 목사는 이 운동에서 "한국교회가 올바른 의미의 정통 신앙을 간직한 교회임이 판명되었다"고 술회하였는데, 그 까닭은 이 선교에서 "모든 교회가 하나의 교회를 지향"했기 때문이라고 감격해 하였던 것이다.[28]

23.1.4. 역사 참여의 신학에로

한국교회의 정치의식은 그 교회 첫날부터의 체질이었다. 더구나 일제 통치하에서는 교회는 실로 "민주주의의 묘상(苗床)이요 애국자의 양성기관이며, 자유를 위한 투사의 연성소, 미래 국가 지도자의 훈련장소"[29]였다.

하지만 해방의 감격과 미군의 진주, 그리고 기독교 자유를 현란하게 누린 것, 그런 것이 한때 그 생명력을 무디게 한 적이 있었다. 이른바 1960년 부정선거에 대한 교회의 시대착오적인 판단이 그 하나이다. 그때 한국의 교회는 이승만의 자유당을 무조건 지지하는, 판단 부재의 과실을 범하고 말았던 것이다. 그렇기 때문에 사회제도나 정치생활에 대해서 교회가 가지고 있던 관계의 단층이 환히 드러나면서, 교회는 학생들의 4·19의거에서 숙연한 경고 같은 것을 느끼고 있었다. 자주성을 상실하고 기독교인 정치가에 대한 선망과 권력의식에서 방황하고 있던 교회는 무엇인가 심각한 시대착오에 오도되고 있었다는 자기비

27) 김활란, 전국 복음화 운동의 머릿돌을 놓으며, 『전국복음화운동 보고서』, 전국 복음화운동중앙위원회, 1965, pp. 3, 5.

28) 지동식, 전국 복음화 운동을 평가한다, *ibid.*, p. 20.

29) *The Minute of Korea Missions*, 1966, p. 26.

판에 끌려간 것이다. 교회 분열이 4·19의 대전환기에도 분별없이 진행된 것은 과연 무엇을 의미했던 것일까. 교회는 아프게 자성했다.

여기 비로소 교회의식의 발전과 그 신학의 강한 요청이 깊어갔던 것이다. 교회는 세계와 현실에 참여하지 않을 수 없었다. 교회는 에큐메네(사람 사는 땅은다)에 서 있다. 가혹한 정치적 현실로 인한 피안에의 안주, 현실에 있는 사회악에 대한 인종(忍從)과 순응 혹은 무관심, 여기서 온 경건주의적인 신앙방식은 우리나라와 우리 교회에서는 시대 따라 검증되어야 한다고 보았다. 차원이 복잡하고 방향이 얽혀진 사회에 대결할 교회의 전략은 우선, '일치'와 '선교'의 교회론의 확립이라고 본 것이다. 거기에서만이 신앙은 그 저력을 발휘할 수 있다고 본 것이다. 교회의 신학, 에큐메니칼 전략은 그래서 현대 한국교회의 과제로 등장했던 것이다.

그 첫 실험이 1961년에 진행되었다. 한국 교회는 5.16 이후의 군사 정권의 정치에 정면 대결했으며, 다음 해에는 군사 정부의 민정이양을 강력히 요구했고, 1965년 7월 한일관계의 재개에 대해서는, "해방 후 처음으로 정치에 막바로 깊이 파고들어" 청구권 문제나 문화재 문제에 일본이 보인 고압적인 자세와 "사과하는 빛 하나 없는" 일본 근성을 경계하면서, 주체성 없는 한일협정 조인 속행에 대하여 구국의 기치를 높이 들고 저항했던 것이다. 그리고 "지금과 같은 식으로 해결 짓는다면, 과거 36년의 그것을 다시 되풀이하는 길밖에 안 된다"고 반대하였다.[30] 그뿐만 아니라, 그 해 7월 1일 서울에서 240여 명의 지도적인 교역자들이 구국위원회를 조직하고, '한일협약 비준반대'의 성명을 내고, 전국교회에 호소해서 구국기도회를 열고 있었다. 이때 교회는 전통적인 반일의 연장으로서의 저항을 한 것도 사실이지만, 역사에 대한 하나님의 사자로서의 고발과 참여의 자각에서 저항했다고 보는 것이 옳을 것이다.

공화당 정권에 대한 교회의 예언자적 항거는 3선 개헌의 기도에서 표출된

30) 수난과 투쟁, 한국교회의 항일사, 『동아일보』, 1965년 7월 6일자.

불의와 정치적 전제에 집중돼 있었다. 교회는 구속의 터전도 되지만 아울러 예언자와 지자(智者)의 터전도 된다는 신앙고백은 한국교회로 하여금 민중운동으로서의 개헌 반대를 호소하게 했던 것이다. NCC도 성명서를 발표하여 그것이 신의(神意)에 어긋나는 것이며, 더구나 그 강행 방법이 비민주 국가를 방불케 한다고 고발했던 것이다.[31]

"목숨을 건 단결"[32]의 호소에도 불구하고, "개헌 문제와 양심의 자유 선언을 위한 기독교 성직자 일동(NAE계)"은 정교 분리를 표방하고, 개헌 문제는 신의(神意)가 개입할 것이 아니며, 따라서 그것은 "상대적이고 유동적"[33]이라고 선언한 것이다. 한국교회 불협화음의 모습이 안타깝게 노출된 것이다. "정치의 중성화"가 이들이 주장하는 골자였다. 그러나 이들도 "개헌 문제에 대한 박 대통령의 용단을 환영"하면서 "강력한 지도체제"[34]의 확립을 호소하는 정치적 발언을 결론으로 내세우고 있었다.

이 정치에 대한 신앙고백의 불일치를 신사참배 때의 충성 분열과 견줄 수는 없을 것이다. 이제 시대는 민족의 신분까지 위협하지는 않기 때문이다. 따라서 그것이 저항과 참여의 선교 전선의 와해로 비관해서는 안 될 것이다. 현대는 한국 안에서의 정치 참여 양상의 차이요, 따라서 그것은 목숨을 건 운명적 저항으로서보다는 참여 방식의 다양성으로 보는 것이 마땅할 것이다. NAE계의 교회는 이런 의미에서 그들의 선언 속에서 만 번 타당한 말을 하나 남겼다.

> (찬성이나 반대) 어느 한 편을 하나님의 뜻으로 주장하고 절대화시켜 반대편의 양심을 정죄하는 일은 비민주적이며 비신앙적입니다. … 이것은 또 다른 형태의 양심 구속입니다.[35]

---

31) 성명서, 『NCC회보』, 1969년 9월 8일자.

32) 전국의 신앙동지 여러분, 삼선개헌반대 범국민투쟁위원회, 『조선일보』, 1969년 8월 24일자.

33) 개헌 문제와 양심자유선언, 『조선일보』, 1969년 9월 14일자.

34) 개헌에 대한 우리의 소신, 대한기독교연합회 (NAE계), 『조선일보』, 1969년 9월 5일자.

35) 개헌 문제와 양심 자유 선언, *loc. cit.*

이 선언의 정신은 신앙 양심의 가장 순수한 경지에 간 한국교회의 실상을 보여 주고 있었다. 우리는 그것이 장차 한국교회에서 최소한도의 소극적 원칙으로나마, 교회 상호간의 관계 형성과 신학적 의견 교환에서 실지로 구현되어 갔다고 믿는다.

월남전에 대한 한국교회의 자세도 철저했다. 일관한 반공의 교회로서 6·25를 겪어온 우리 교회는 공산주의라는 것을 알고 있었다. 세계의 언론과 일부 세계교회나 아시아 교회는 월남전 수행을 반대하고 있었다. 하지만 우리 교회는 한국의 월남전 참전에 대해서 대의명분에서 그 참전을 세계교회에 향하여 설명하고 있었다. 1968년 7월 스웨덴 읍살라에서 모였던 WCC 대회에서도 중공 문제와 월남 문제에 대해서 강력한 반공적 발언을 함으로써 한국의 교회는 한국 국민과 함께 살되 가장 책임을 무겁게 걸머지고 간다는 이미지를 심어 주었던 것이다.

23.2. 북한교회의 생존 문제

북한에서 김일성이 그 독재체제를 구축하기 위한 폭압과 숙청 중에서 "종교인에 대한 탄압과 숙청은 그 유례를 찾아볼 수 없을 만큼 잔인하고 포악"[36]하였다. 북한에서 어느 만큼 기독교를 철저하게 말살하였는가 하는 것은 6·25전란 중의 헤아릴 수 없는 순교자들을 보아서도 알 수 있지만, 휴전 후 북한에서 일체의 공개 예배가 완전히 사라지고, 개인 형태의 기도를 불법으로 취체하는 것이나, 심지어 가정까지 잠복 근무하여 이를 덮쳐 연행해서 반당(反黨) 반정부 분자로, 혹은 간첩으로 몰아 강제노동으로 행방 모르게 끌고 간 사실로도 알 수 있다. 기독교인들은 공직이나 공민생활에서 추방되어 적대계층으로 낙인

36) 『북괴대사전』, p. 1058.

찍혀 지옥 같은 아오지탄광 등에서 소식 없이 죽어가기 일쑤였다.[37)]

그런데 이들 공산당들의 기독교 말살의 이론적 · 공법적(公法的) 근거는 우선 1948년 '조선민주주의인민공화국'의 헌법 제14조에서도 도출되고 있었다. 거기에는 "모든 인민은 신앙 및 종교적 활동의 자유"를 명기했지만 그 유권 해석에는 "그러지 않을 자유"도 보장되어 있었다.[38)] 이런 중핵의 개념이 구체화된 것이 1972년에 수정 채택된 '사회주의 헌법'이다. 그 제54조에는 분명히 "공민은 신앙의 자유와 반종교(反宗教) 선전의 자유를 가진다"[39)]는 것이 명기되고 있다. 후반부의 법 행사적 정신이 압도한 것은 두말할 나위도 없었다. 신앙은 자유라고 한다. 그러나 선전이라는 것은 기독교의 경우는 선교인데, 자유는 오로지 반종교 선전에게만 있다는 것이었다. 신앙에는 선전의 자유가 없다는 것이었다. 우리는 공산주의자들의 신학 연구의 깊이에 놀랄 따름이다. 그들은 기독교가 선교 없이 한 세대 이상 못 간다는 것을 알고 있었다.

그런데 1992년에 개정된 사회주의헌법에는 외형상 종교 문제에 대한 새로운 시각이 나타났다. 곧 그 68조에 이런 항목이 있다.

> 공민은 신앙의 자유를 가진다. 이 권리는 종교 건물을 짓거나 종교의식 같은 것을 허용하는 것으로 보장된다. 종교를 외세를 끌어들이거나 국가 사회질서를 해치는 데 이용될 수 없다.

종교 건물이나 종교의식은 신앙생활을 노출한다는 뜻이다. 노출하여야 한다는 것이다. 하지만 그것도 "허용"되야 가능하다. 문제는 국가가 허용하여야 한다는 뜻이다. 더구나 외세의 도입이라든가 국가 질서를 해쳐서는 안 된다는 조목은, "태양" 김일성 주체사상 중추의 북한에서는 기독교와 양립할 수 없는 근

---

37) 『북한 이질화 실태 조사』, 국토통일원, 1978, p. 574.

38) 조선민주주의인민공화국 헌법, 김일성종합대학, 『국가법 강좌』, 1960, p. 55.

39) 『북한문화론』, p. 516.

본적인 장애가 된다는 뜻이다. 그 헌법 전문에는 헌법 자체가 "김일성 헌법"으로 되어 있고, "위대한 김일성 동지는 조선민주주의인민공화국의 창건자"이며, "김일성 동지는 공화국의 영원한 주석으로 높이 모신다"고 되어 있다. 인간의 모든 것을 상대화시키는 기독교는 거기에서 국가 질서를 해치는 위험으로 당장 처단될 수밖에 없다.

그런데 북한에서는 1959년 정하철의 『우리는 왜 종교를 반대하는가』[40]란 책자가 간행되면서, 기독교가 "사회주의 공산주의 건설을 위한 자각적이고 의식적인 투쟁을 방해하는 큰 장애물"[41]이라고 적대시하여, 이를 기독교 박해를 위한 이론적 근거로 고정시키기에 이르렀다. 여기서 분명해진 것은 북한 체제에서 기독교는 본질상, 그리고 기본적으로 저들 이념과 양립할 수 없는 관념 및 사상의 체계로 정면 처리되고 있다는 사실이다.

또한 정하철은 동시에 '실제적인' 기독교 박멸의 한 근거에 대해 언급하고 있었다. 그것은 기독교가 미국 침략의 앞잡이요, 선교사들은 예외 없이 다 정탐 곧 스파이 행위를 하였다는 협박이었다. 이런 악랄한 허위 날조는 김일성에게도 나타나 있었다.[42] 요컨대 기독교와 미국과의 밀착을 기화로 삼아 정치적 선전으로 한국에서의 교회 발전을 꺾고 민주주의 발전을 궁극적으로 위협하려는, 우회적이긴 하지만 전술적인 반종교 정책이었다.

북한에서 들려오는 기독자 박해의 뜨음한 소식, 그러나 계속되는 전문(傳聞)은 그 땅에서 아직 피맺힌 신앙을 수호하는 무리가 남아 있음을 입증해 준다. 1957년 이른바 제2차 최고인민회의 대의원 선거를 묘하게 보이코트한 평북 용천(龍川)의 이만화(李萬化)[43] 목사와 그 지하 교인 10여 명의 순교, 1959년에 있었던 박천(博川)의 여교원 찬송가곡 보급사건,[44] 1960년의 원산 철도공장의

40) 조선노동당 출판사, 1959. 『북한의 종교』, 국토통일원, 1979 참조.
41) 『북한의 종교』, p. 146 (정하철, *op. cit.*, p. 657).
42) 『김일성선집』, 제2권, 1954, p. 38, 『북한의 종교』, p. 152.
43) 『북한전서』, 극동문제연구소, 1971, p. 235.

십자가 사건으로 인한 여러 천주교인들의 처형,[45] 1968년 평남 '박 목사사건'에서 처형된 이름 모를 한 목사의 최후,[46] 이런 것들은 전혀 보도가 없는 북한에서 지극히 제한된 통로를 통해서 흘러오는 소식에 불과하다. 이 이외에도 고난과 순교의 행적들은 여기저기 핏자국으로 널려져 있을 것이다. 그들 신앙과 소망의 힘은 초인적이 아닐 수 없으리라. 우리는 이 현실을 잊지 못한다.

이렇게 해서 북한 땅에서 기독교는 사라져 가고 있었다. 그런데도 북한 노동당은 '조선기독교도연맹 중앙위원회'란 것을 어엿이 존립시켜 노동당 어용 외곽기구로서 대외 선전용 내지는 전시용으로 이용하고 있다. 이 연맹은 다만 상부구조만 있고 그 하부의 조직이나 성원 교회란 보잘것없는 형식상의 조직이다. 이 연맹은 1974년 2월 이른바 남한의 종교 상황에 대해 정치적 모략의 비난 성명을 내는가 하면, 7월에는 민청학련 사건에도 비난 성명을 내고,[47] 심지어 그 해 8월에는 WCC에의 가입 신청까지 내는 등 엉뚱한 행동에 나서고 있었다.[48] 그뿐만 아니라, 이 연맹은 동구권 주도의 '세계기독교평화회의'의 지역회의인 '아시아 기독교평화회의'에도 1975년 1월 참석해서 신학적 의미나 용어가 전무한 문서 '조선에 관한 성명' 등을 내는 데에 주저하지 않았다. 1980년 7월에 특정 인물 석방을 요구하는 등 노골적인 한국 내정간섭의 성명을 냈을 때, 그들의 탈종교적 정치 선전의 수법은 실로 극단에 이르고 있었다는 인상이다.

북한이 세계 형세를 거역 못해 종교 허용의 몸짓을 하기 시작한 것은 기독교의 경우 1988년의 일이다. 종교 활동을 양성화해서 "공산주의 정책의 협력자로 이용하는 방향으로" 정책을 전환한 것이다.[49] 그 해 북한에는 7월에 조선천

---

44) 『북괴용어해설사전』, 공산권문제연구소, 1971, p. 1401.
45) 『한국 가톨릭 어제와 오늘』, 가톨릭 코리아사, 1963, p. 237. 이 사건은 운산에도 퍼져 있었다.
46) 개성에서도 김정옥이란 여의(女醫)가 그 독방 기도를 간첩 행위로 덮쳐 처형한 일이 있다.
47) 종교활동, 『내외』, 1978, I, p. 25.
48) WCC 실행위원회는 북한에 가서 교회 실정을 보고야 가입 신청을 고려한다고 해 결국 북한이 기피한 결과, 그 신청서는 반려되었다.
49) 북한소식, 『동아일보』, 1989년 8월 2일자.

주교인협회(회장 장재철)를 결성하였고, 10월에는 장충성당 건립, 11월에는 개신교 봉수교회 건립,[50] 그리고 같은 달 스위스의 글리온에서 남북 기독교인 회합을 가지게 하고, '글리온 선언'을 발표하게 하였다.[51] 이것들은 눈에 띄는 엄청난 변화임에 틀림없다.[52] 이런 것들이 한국교회협의회(KNCC)가 1988년 2월 발표한 '민족의 통일과 평화에 대한 한국기독교 선언'과 무관하지 아니하였을 것이다.[53] 한국교회협의회는 그 다음 해에도 1990년 총회에 북한 교회 대표를 초청할 것을 결의하고 있었다.[54]

하지만 『워싱턴 포스트』는 1989년 평양의 봉수교회를 방문하고 나서, 북한의 교회가 단순한 정치적 전시에 불과하다는 것은 김일성에 대한 개인숭배 때문이라고 지적하고, 그곳 교인들의 성경책에 손자국이 나 있지 않았다고 보도한 바 있다.[55]

그러나 북한이 1981년 김일성의 70회 생일 기념 간행 『현대 조선말 사전』에 나타나 있는 기독교 관계 용어 해설은 우리의 심골을 섬뜩하게 하는, 그 이데올로기의 반종교성을 여전히 풍기고 있었다. 여기 그 몇 가지만 예거한다.

> 교회 : (예수교에서) 낡은 사회에서 반동 통치 계급의 정치적 비호 밑에 근로자들의 계급의식을 마비시키고, … 오늘 교회는 제국주의 침략자들의 반동적인 사상, 문화적 침투의 중요한 수단.
>
> 구세주 : 착취 사회에서 지배 계급과 그 대변자들이 근로 대중의 계급적 각성을

---

50) 『북한의 종교관과 실태』, 한국통일원, 1989년 10월, p. 7.

51) 세계교회협의회 한반도의 평화와 통일을 위한 글리온 선언, 『기독교대연감』, 1989, 서울: 교문사, pp. 298-299.

52) 김흥수, 『해방후북한교회사』, 서울: 다산글방, 1992, 제3부 자료.

53) *Ibid.*, pp. 287-290. 하지만 여기 대한 반박이 보수계 및 평신도계에서 여럿 발표되었다. 가령 한국교회협의회는 어디로, 『장로회보』, 1988년 4월 23일자.
NCC선언은, 미군 철수, UN군 해체, 민중 주도 통일론, 핵무기 철수, 북한 신앙 공동체의 존재성을 인정함으로써 북한 정권 고무, 북한 정권의 호의적 반응 등의 내용이 핵심.

54) 북한대표 초청 결의 예정, 『한겨레신문』, 1989년 2월 19일자.

55) *The Washington Post*, 1989년 9월 8일자.

무디게 하며, 저들에게 순종하게 만들 목적 밑에 꾸며 내어 맹목적으로 보게 한 종교적인 허황된 존재로 예수나 석가를 이르는 말.

십자가 : 예수교에서 예수쟁이들이 들고 다니면서 이른바 위선과 박애의 위장물로 삼은 十 모양의 표 막대기. 지난날 십자가를 들고 하나님을 부르던 미국 선교사 놈들은 침략의 척후대로서 가슴에 칼을 품고 기여든 살인 백정들이다.[56)]

이런 섬뜩한 생각들로 굳혀지고 무장된 그들과의 대화, 통일이 어떤 것이어야 할까. 그리고 이런 체제 아래 참 신앙의 행위가 '방치'되고 있을까.[57)]

우리는 북한의 기독교에서 어용 교회사와 정통 교회사로 따로 접근하는, 또 하나의 분단사를 읽어 나갈 수밖에 없다.

23.3. 한국적 신학 형성의 모색

23.3.1. 한국적 신학 형성 모색

'교회'의 전략과 그 응용은 거기 관련된 신학의 필요성을 강하게 의식하기 시작했다. 1960년대를 고비로 신학 발전은 그 논단이 눈부시게 활발해졌고, 1963년부터는 토착화의 문제, 1965년 이후에는 세속화론, 비종교화론, 신의 죽음의 신학, 희망의 신학과 미래의 문제, 도시화의 신학, 혁명의 정치신학, 그리고 생태학에 관한 이해와 소개, 그리고 그런 신학논쟁에 대한 줄기찬 참여가 있었다. 최근의 세계 신학조류에 민감한 반응을 보이면서, 그 객관적 소개와 상관적 해석 혹은 적절한 검토 후의 수용에 바쁜 한국교회가 이러한 여러 신학의 단편적 수용을 지나치게 다양화하는 데 대해서 반발도 보이고, 또 한편에서는

56) 그 일부가 북한선교, 서울: 북한 선교회, 1987년 5월, pp. 10-11에 예거.

57) 졸문, 『북한의 종교』, 허와 실, 『북한의 민주화』, 1989, 국제인권옹호 한국연맹, pp. 59ff.

한국 나름대로의 신학의 빈곤 혹은 부재를 비판하기 시작한 것은 당연했다. 때마침 1965년 성공회에서 한국인 최초의 주교로 이천환(李天煥, 1922-)이 승품한 것은 '한국성공회' 뿐만 아니라, 한국교회 자립의 한 계기가 되었던 것이 사실이다.

한국신학 형성의 모색이 대담한 시도로서 나타난 것이 이때다. 연세대학교 연합신학대학원의 김정준(金正俊, 1914-1981) 박사는 "외국에서 들어오는 여러 가지 신학사상은 그것 그대로 의의가 있지만, 우리 한국 교회는 언제까지나 외국 교회가 문제 삼는 신학 문제를 그대로 직수입할 수 없고, 우리대로 교회의 교리며 신조를 한국적인 바탕과 얼에서 정리해야 할 필요가 있어서,"[58] "한국 신학 형성에의 모색"을 주창했던 것이다. 그리고 1969년 가을, 위의 주제로 이장식(李章植), 안병무(安炳茂, 1922-1996), 윤성범(尹聖範, 1916-1980) 교수가 한국신학 형성의 전제와 그 가능성을 여러 각도에서 검토하는 공개강좌를 열었다. 이러한 노력은 아시아에 있어서의 교회의 현존과 한국신학의 뚜렷한 발표 사이에 더 이상 연기할 수 없는 관계의 성립과 그 의미의 자각 때문에 촉박감과 긴박성을 가지고 진행되었다. 그러나 사회 역사와 교회의 선교, 의식된 한국종교의 전통적 유형과 그 정신의 연구, 신학 연구의 자유로운 발전을 그 입장에서 고집하면서도, 경건 보수신앙에 대한 일부 신학자들의 공격적인 도전, 이런 문제들로 해서 한국신학 형성의 '모색'은 계속 진행되고 있었다.

반면 한국 독자의 고유한 신학은 한국 정신과 유구한 종교적 전통에 대한 연구가 선행해서, 그것을 재료로 해야 된다고 하여, 유동식(柳東植, 1922-), 윤성범(尹聖範, 1916-1980), 문상희(文相熙, 1922-1998) 박봉배(朴奉培), 이런 이들이 그 개척 연구에 착수하고 있었다. 다른 종교와 기독교적인 유사 종교에 대한 복음 선교와 그에 대한 봉사적 과제 및 친교에서 대화의 가능성이 있다고 믿었기 때문에 이런 무게 있는 연구가 착수되었던 것이다.

---

58) 김정준, 『현대와 신학』, 제4집, 연세대학교 연합신학대학원, 1967, p.268.

여기 한국 크리스찬아카데미가 대화의 광장으로서 교회나 사회에 끼친 공헌은 실로 막대하였다. 이 아카데미는 강원용(姜元龍, 1917-2006) 박사의 줄기찬 정력과 대세의 핵심을 직관하듯 기략과 슬기로 포착하는 솜씨로 지금껏 대화를 통한 합리적 해결에 이바지하기 위한 '타궁'을 가져왔다. 이 타궁에서 교회는 모든 종교, 문화의 여러 형태, 심지어는 유사 종파와도 대면, 시세의 행방을 모색하기도 하였다.[59] 더구나 이 대화의 광장이 군사독재 시대의 언로를 튼 용기와 도전은 민권 투쟁으로서의 업적도 남기도 있었다.

이때부터 신학계에서는 한국 유사 종교와 소종파에 대한 연구가 진지하게 수행되었는데, 용문산기도원, 전도관 및 통일교에 대한 소종파 연구 등이 활발하게 전개되었다. 이 연구의 본래 의도는 우리나라의 재래적 종교 풍토를 알아보고 그것이 현실적으로 둔갑해 나타난 모습을 이들 유사 종교나 소종파에서 찾아내고, 기성 종교 신앙에의 불신감과 현실 교회의 문제들과 거기서 오는 막연한 추구감 등을 예리하게 진단해서, 한국교회 신학의 넓은 토착화, 아니면 그 창조적 확립을 꾀하자는 데 있었다.

그런데 서남동(徐南同, 1918-1984)[60] 교수의 통일교 연구는 현대 한국교회에서 보기 드문 센세이션을 일으켰다. 기왕에 한국교회에 세계의 첨단적인 문제 신학을 재빠르게 소개해서 신학의 현대적 이해에 기선을 잡았던, 총명하고 부드러운 신학자인 서남동 교수는 통일교의 『원리 강론』을 가리켜 "지금까지의 한국 신학계가 산출한 신학서 중에서 그 양에서나 그 조직력에서나, 그 상상력과 독창성에서 최고의 것"[61]이라고 하면서, "방금 세계 교회의 갱신 기풍과 '새로움'에 대한 요망을 앞지르고 있다"고 하는 헌사[62]를 서슴없이 바쳤다. 그의 찬

59) 『대화의 역사』, 한국아카데미총서, 별권, 한국 크리스챤아카데미, 1975 참조.

60) 전남 무안 생. 평양 성요한신학교 교수, 한국신학대학 교수, 연세대 교수, 1984년 캐나다 터론토대학교 명예신학박사, 한국 민중신학 이론의 정립자.

61) 통일교회 원리강론의 비판적 연구, 『현대와 신학』, 제6집, 연세대학교 연합신학대학원, 1970, pp. 144, 181.

62) *Ibid.*, p. 181.

사는 여기서 진일보하여, "민족적 소명의식의 강조", "기독교의 구속 사관을 한국적으로 연장한다는 점"[63]에서 한국 신학의 한 "우수한 프로덕션"이라 단언하고, "성 프랜시스가 산기슭에 서 있는 허물어져 가는 절 옆을 지날 때 받은 계시의 말씀"[64]을 통일교가 메아리친다고 찬양했다.

총괄적인 이해가 기초해 있을 그의 이러한 발언은 한철하(韓哲河, 1924-) 교수의 반박에 직면해서 그 뜻이 명료하게 나타났다. 첫째, 서남동 교수는 프로테스탄트사(史) 4백 년을 한 마디로 비판했다. "4백 년 동안 교권적, 어용적, 직업적인 신학의 주지주의, 주의주의(主意主義), 교조주의에 기독교가 시들었다"[65]는 것이다. 그 까닭은 교회가 "과거의 계시의 기록과 회상에만 몰두했지, 현재의 경험과 미래의 환상을 제거"했기 때문이라는 것이다. 둘째로, 그는 어거스틴의 정통보다 플로리스의 요아킴(Joachim of Floris, 1132-1202)의 3시대설[66]의 역사철학에 동의하고, 그것이 통일교의 사관에 정묘하게 나타나 있다고 보았다. 셋째로, 그는 통일교에서 풍기고 있는 현대의 절실한 종교적 삶의 율동과 영통(靈通)체험이 세계의 현대신학을 앞지른다고 판단한 것이다.

그렇지만 서남동 교수는 통일교의 오류도 함께 예의 분석, 비판했다. 역사의 교리적 해석과 재림주의 고정적 관념, 복귀 원리의 감상적 회고, 그리고 '가정의 순결'[67] 주장 등은 이제 지나가는 문명의 낡은 옷에 불과한 것이라고 비판하였던 것이다.[68]

장로교회의 일부 서울 교역자들을 제외하고는 대개의 신학자들은 이 논쟁에

---

63) *Loc. cit.*

64) *Loc. cit.*

65) 서남동, 정통주의 신학과 통일교 원리, 『조선일보』, 1970년 11월 6일자.

66) 플로리스의 요아킴은 성부, 성자, 성신의 3기로 시대 구분을 하였는데, 성신의 시대가 1260 A.D.에 온다고 예언했었다. 그 시대에는 사람이 '영원한 복음'을 이해할 수 있다 했는데, "그것은 새 복음이 아니라, 옛 복음의 새 해석"이라 하였다.

67) 가족적 연대 의식의 세계성을 통한 통일교의 구속사적 해석과 혼례 의식의 신비성을 두고 한 말 같다.

68) 이 가정의 문제는 전통 교회에도 해당 공격할 수 있다고 본다. *loc. cit.*

관여하지 않았다. 다만 현영학(玄永學, 1921-2004) 교수가 서남동 교수의 입장을 옹호하는 시론[69] 하나를 발표했을 뿐이다. 그런데 한국 NCC는 그 공보지에서 이 사태에 대한 비판 몇 가지를 공식적으로 표명했다.

> 우리는 이러한 신종교들의 출현을 심판자의 입장에서 저주하거나 배격할 수 없다. 하지만, 우리의 신앙 전통을 확립하기 위해서는 무엇이 올바른 신앙이고, 무엇이 그릇된 신앙인가를 분별하는 태도만을 견지해야 할 것이다.… 지금까지 한국의 신학교육은 실제의 삶, 또는 현실과는 관계가 먼 공론에서 맴돌고 있었다는 인상을 받는다. 통일교를 변호하고 반박하는 일도 일반 교인들이 알아듣지도 못하는 말을 함부로 나열해 가면서 이러쿵저러쿵 하는 따위의 신학 논쟁은 신앙의 현실성에 한 치도 도움이 되지 않는다. 우리는 오히려 이러한 몰지각한 인사들이 함부로 하는 발언을 신종교보다 더욱 심각하게 비판하지 않을 수 없다.[70]

이런 경건의 이현상(異現象)에 대한 연구와 탐색 고발에서 보인 탁명환(卓明煥, 1937-1994)의 공헌은 실로 그대로 지나쳐 버릴 수 없는 역사적 의미를 가지고 있었다. "반사회적이고 범죄적인 (유사종교) 집단이 선량한 사람들에게 피해를 주는 일에 대해 그대로 좌시할 수 없어"[71] 이 분야에 투신한 그는 '신흥종교문제연구소'를 설치하고, 사회 표면에서는 보이지 않는 밀의적인 집단의 적출에 비상한 정찰력을 발휘하고 있었다. 그는 1972년에만 해도 개교회 집회 34회, 연합집회 29회, 특강, 세미나 등 37회에 걸쳐 강연을 하였고, 진귀한 사진과 문서 자료 등의 수집에도 탐험적 기량을 다해 포괄함으로써 실로 전인미답의 업적을 남겼던 것이다.[72] 그는 1994년 2월 괴한의 피습을 받아 세상을 떠났다. 생전에 60여 차례나 테러를 당한 파란만장한 생애였다.

---

69) 통일교 원리 논란에 비친 신학의 모습, 『크리스챤신문』, 1970년 11월 28일자.

70) 『NCC 회보』, 신종교의 동태를 경계한다, 논단, 1970년 10월 25일자.

71) 새해에 드리는 인사, 『활동보고서』, 신흥종교문제연구소, 1973, p. 3.

72) 그는 『한국의 신흥 종교』, 상, 하권, 성청사, 1972. 국제종교문제연구소, 1979, 『기독교 이단 연구』, 1987 등 다수의 저서를 간행했다.

23.3.2. 민중신학의 대두

1970년대 후반부터 한국 교회, 특히 급진주의 신학자들 틈에서는 민중신학이 격렬하게 대두하기 시작하였다. 그리고 세계교회의 관심을 모으기 시작하였다. 한국교회가 복음주의적 신앙으로 급성장한 명성만큼의 압도적인 영향력으로 세계교회에 그 이미지를 강하게 부각시키고 있었다. 이 민중신학은 당시의 군사정권과 유신체제에 대한 민중의 저항과 맥을 같이하는, 정치적 성격이 짙은 신학이었다.

서남동 교수는 안병무 교수와 함께 민중신학 이론의 한국적 창건자로 알려져 있었는데, 그는 일찍이 민중신학이라는 것은 민중의 전통이 성서와 교회사에 합류하는 것이라고 말한 일이 있다. 민중의 고난과 피탈의 문제로 기독교를 해석해야 하는 시대가 온 것이라고 본 것이다. 서광선(徐洸善, 1931-) 교수에 의하면 민중신학은 "1970년대의 한국 신학자들과 기독 학생들, 노동자들, 언론인들, 지성인들이 정치적으로 경험한 일에 대해서 신학적으로 반성하고 이를 분명히 노출시키는 것"[73]으로부터 출발한 것이라고 천명하였다. 그것은 곧 정의 및 인권을 위한 정치적 사회적 고투에서 당하는 경험을 신학의 핵심으로 한다는 것이었다.

민중신학의 전모는 김용복(金容福, 1938-) 교수에게서 그 윤곽이 잡히기 시작하였다. 그는 민중의 사회전기와 기독교 신학과의 연결에서 민중신학을 해석하였다. 그는 교회는 메시아왕국의 코이노니아 실현인데, 코이노니아라는 것은 교회와 민중과의 연대, 교회사와 민중의 사회전기(傳記) 곧 조선조의 정감록이나 홍길동전, 심지어 삼국시대까지를 포함한 민중사회전기를 엮는 최상의 방법이라고 못 박았던 것이다.[74] 그래서 여기에는 동학과 기독교와의 통일이 있었

---

73) David Kwangsun Suh, Minjung and Theology in Korea, *Minjung Theology -People as the Subject of History*, The Commission on Theological Concern, Christian Conference of Asia, 1981, p. 18.

74) 김용복, 『한국민중과 기독교』, 서울: 현성사, 1981, p. 107. 서남동은 삼국시대까지 거슬러 올라간 민중운동을 기독교와 연결시킨다.

고, 저항시인 김지하(金芝河, 1941-)의 시에 나오는 장일담과 예수와의 동일시가 있었다.[75] 따라서 여기에서는 조선조의 소작인들의 아픔, 일제 치하의 민족 수난이나 기독교인들의 고통, 그리고 군사정권 시대의 노동자들의 고통, 이런 것들 사이에 아무 역사적 차이나 구별이 없다. 마찬가지로 유교의 이념적 강압이나 일제의 식민통치 사이에도 차별이 없다.[76] 여기에 민족교회사를 넘어가는 보편성이 눈에 띄인다. 구원의 메시지가 반드시 기독교가 아니어도 된다. 기독교가 민중신학의 텍스트가 되는 것은 민중 구원의 구도가 거기에 가장 적절하게 입증되고 있기 때문이다.

> 민중은 사회문화적 소외가 있는 곳에 있습니다. 민중은 경제적 착취가 있는 곳에 있습니다. 민중은 정치적 압박이 있는 곳에 있습니다.[77]

더러는 이런 민중신학과 마르크스주의가 상통하는 곳이 있지 아니한가 의심하였다. 민중신학에서는 인간 조건을 결정하는 것이 사회 경제적인 조건이라고 본다. 그래서 신학은 개인이 아닌 집단적 사회 실존을 상대하는 것이라고 해서 종래의 교리신학을 타기한다.[78] 여기 의(義)로움이라든가 죄, 악 및 선이라는 구속론의 문제는 없다. 다만 억눌리는 계층이 있고, 그들의 구원이 핵심이다. 마르크스주의와의 문맥상 유통이 어디엔가 잡힌다.[79]

그런데 "예수는 출신으로나 형태상으로 민중이다"[80]라든가, "민중신학의 주체

---

75) Suh Nam Dong, Historical Reference for a Theology of Minjung, *Minjung Theology*, 1981, p. 181.

76) Kim Yong Bok, Korean Christianity as Messianic Movement of the People, *Minjung Theology*, 1981, p. 151.

77) D. Kwangsusn Suh, Minjung and Theology in Korea: A Biographical Sketch of an Asian Theological Consultation, *ibid.*, p. 39.

78) *Ibid.*, pp. 157-158.

79) 김지하 등 민중신학자들은 민중신학이 마르크스주의로 낙인찍히는 것을 절대 반대한다. Suh Nam Dong, Historical References for a Theology of Minjung, *Minjung Theology-People as the Subject of History*, The Commission on Theological Concern, Christian Conference of Asia, 1981, p. 181.

는 예수가 아니라 민중이다"[81]라고 하는 선언은 민중신학에서는 오히려 민중을 매개로 한 복음의 프리즘에서 그 메시지의 실상을 보고자 하는 의도가 있음이 밝혀진 셈이다. 그러더니 마침내 민중신학의 참 면목을 노출시킨다. 곧 그들 메시아 언어가 "기독교회의 경계선을 넘어간다"[82]고 단언한 것이다.

이 민중신학자들은 대개 기독교장로회와 N.C.C.계의 신학자들에게서 규합되고 있었다. 주재용(朱在鏞, 1933-) 교수는 김재준 신학의 자연스러운 연장선상에 이 민중신학이 위치하고 있다고 밝히고 있었다. 하지만 서광선 목사나 김용복 목사처럼 예수교장로회계에서도 앞서가는 부류의 신학들이 여기 동참하고 있었다. 이 신학은 N.C.C.와 같이 세계교회와의 네트워크를 가진 기관을 촉매로 하고 있었기 때문에 세계로의 정보전달이 넓고 빨랐으며, 따라서 한국교회가 온통 민중신학에 기울었다는 인상을 주고 있었다. 하지만 대다수의 복음주의 보수계에는 그 기운이 가 닿지 않고 있었다.

민중신학에 대한 예사롭지 아니한 비판은 그들 자신의 캠프에서 나왔다. 한국신학대학교의 전경연(全景淵, 1916-) 박사는 예수가 민중이라는 민중신학의 주장을 매섭게 맹타하였다. 만일에 어떤 사람이나 그 집단이 예수가 될 수 있다면, 예수는 그 역사적 실체가 환상이 되고 그의 십자가상의 보혈은 감상적인 신화로 끝나고 마는 것이다. 민중의 소리가 곧 하늘과 계시의 음성이라고 하는 주장은 요컨대 예수의 유일회적인 계시를 제쳐 놓는 기독교 그 근본 전제의 괴멸이 아닐 수 없다는 것이다.

한데 군사정권이 5·18민주화 투쟁으로 종식을 고하고, 1993년 김영삼 대통령이 집권하고, 1998년에 김대중 대통령, 2003년에 노무현 대통령이 집권하고 나서는, 민중신학의 그 예리하던 음성이 뜨음해 들려지지 않았으며, 그 신학을

80) 안병무, 마가복음에서 본 역사의 예수, 『민중과 한국신학』, NCC신학연구위원회 편, 한국신학연구소, 1982, p. 180.

81) 서남동, 민중의 신학, 『신학사상』, 제24호. 안병무, 마가복음에서 본 예수, *loc. cit.*에서 인용.

82) Kim Yong Bok, Korean Christianity as a Messianic Movement of the People, *ibid.*, p. 115.

발판으로 가지고 있었던 산업선교도 그 이후의 소식을 더듬기 힘들었다. 한때 기승을 높이던 산업선교는 그 표령(飄零)같은 운동의 열기를, 그 과격성으로 세계를 놀라게 하는 한국 노동운동에 넘겨 준 것 같았다.

하지만 민중신학이 그렇게 외쳐 해방을 부르짖던 억눌린 자들은 아직도 기독교의 메시지를 기다리며 저렇게 도처 민중 대다수로 남아 있으며, 가이없는 시련의 나날들을 보내고 있다. 그런데 이 민중신학 침묵의 이유는 너무나 명백하다. 그들 대다수가 소위 문민정부나 국민정부 그리고 참여정부의 더 무거운 책임을 지는 고위직에 진출하였기 때문이다. 신학이 정치적 이동(異動)에 역작용하는 예가 한국교회에서 이렇게 모질게 진행되었다.

민중신학의 중요한 핵심적 논문들은 1981년 아시아교회협의회의 신학문제위원회에서 편집한 『*Minjung Theology*』나 1982년 NCC 신학연구위원회가 편집하고 안병무계의 신학연구소가 발행한 『민중과 한국신학』에 수록되어 있다.

23.3.3. 복음주의 경건의 부활

1971년에 들어서서, 한국의 교회, 특히 신학계에는 묘한 정숙과 함께 무언지 모르게 멈칫하는 둔한 제어가 걸린 듯했다. 1960년대에 활약하던 몇몇 신학자의 등장이 뜨음해지고, 교회는 도처에서 복음과 기도의 표어에 주목하게 되었다. 때를 같이 해서 국내의 유수한 신학자들이 약속이나 한 듯, 정통과 고전, 신앙과 경건에로의 복귀를 외쳤고, 성서에 대한 경건과 복음적인 신앙에의 성실을 다짐했다. 이것은 양립된, 자유와 보수 진영의 보수계가 흥성한다는 말이 결코 아니다. 신학계가 대거 이 경건과 복음에의 성향을 내보이기 시작했다는 말이다. 그 까닭은 더듬어 보기 어렵지 않았다. 한국 신학의 형성 운운의 과정에서 늘 외국 신학자들이 텍스트로 쓰여졌고, 눈부시게 인용되었다. 한국사의 연구와 한국 교회사의 한 묶음의 이해도 없이 이상한 독일어와 영어가 튀어나오는 결론 부분에서, 짧게 '한국신학'이 언급되고 있었다. 그러나 그러한 자각까지 오는 데 20여 년이 걸린 것이다.

신학에도 겸손과 경건이 넘쳐 있어야 할 까닭이 이렇게 해서 밝혀진 것이다. 한국신학대학의 학장 김정준(金正俊, 1914-1981) 박사는 이제 한국 교회가 전혀 새로운 세대에 발 딛고 있다고 보고, 지금까지의 도입 신학과 그 사고가 'Und-Theologie (무엇과 관련된 신학)' 혹은 '형용사의 신학'이라고 비판하면서, 지금까지의 신학자들이 "전통적인 것은 무조건 일단 거부, 아니면 배척"[83]하는 데서부터 시작한 오류에 단을 내렸다. 그리고 "한국교회와 신학의 건전한 방향은 역시 올바른 성서신학의 재발견에서 가능하다는 것을 뼈저리게 느끼게 하는 때가 바로 1971년도 한국 교회와 한국의 신학이라고 생각한다"[84]고 결론지었다.

장로교 신학대학의 이종성(李鍾聲, 1922-) 학장도 "복음적인 신학의 형성"[85]이 토착화 작업이나 신학 형성에 선행해야 될 것을 강조하면서, 그것은 자유나 보수 양 진영이 전제로서 받아들여야 할 기본적인 과제라고 다짐했다. "신학과 예배에 대한 칼빈의 경건을 묵상하면서 사변적 유희가 아닌 실제적이고도 실천적인 훈련으로서의 신학"[86]을 표방한 한국신학대학의 안병무(安炳茂, 1922-1996) 교수에게도, 이 전통에의 경향은 짙게 표현되었다. 그는 "요새 유행하는 신학은 한약의 감초 또는 경기장의 박수 같은 인상을 준다. 모든 분야에 간섭하지 않는 데가 없다"[87]고 혹평하고, 이것은 신학이 제 할 과제를 잃어 버렸기 때문에 일거리를 찾아 헤매는 것인지도 모른다고 분석했다. 그는 "신학은 필연적으로 해석사라는 계보에 서게 되는데, 교회의 전통이 바로 그것이다"[88]라고 천명

83) 김정준, 한국 교회와 신학의 전망, 『기독교사상』, 1971년 11월호, p. 41.

84) *Ibid.*, p. 45.

85) 이종성, 한국 신학계의 좌와 우, 『기독교사상』, 1971년 1월호, p. 71.

86) 『신학연구』, 한국신학대학, Vol. 10, 1967, 권두언.

87) 안병무, 신학한다는 일, 『세계와 선교』, 한국신학대학, 제16호, 1970년 12월호.

88) *Loc. cit.*

했던 것이다.

23.4. 남 · 북교회의 교섭 통로

23.4.1. 북한에 대한 교회 지원과 그 기독교성의 문제

1990년대 초반이 지나 북한에 대한 기독교계 기관의 경제적 지원이 눈에 띄게 늘어났다. 가령 월드비전은 실상 1994년 10월부터 황해도 불타산 목장에 비육우 60두를 지원하면서 그 북한 지원 사역을.시작하여, 2000년에는 국수공장, 씨감자 및 채소 생산 지원, 기타 의약품, 밀가루, 방한복 등 총 2,989,533달라 상당의 지원을 하였는데, 1994-2000년도까지의 총 지원액은 무려 26,263,808달라에 이르고 있었다.[89)]

또한 1991년 설립의 한국이웃사랑협회[90)]는 "그리스도의 지상명령인 이웃사랑을 실천한다"는 사명감으로 1995년 4월에 처음으로 북한 지원을 시작하였고, 한민족복지재단은 1997년 역시 북한 의약품 및 식량 지원 등에 나서고 있었다. 이 외에도 여러 기관과 교회에서 수없는 지원이 여러 형태로 진행되고 있었다.

'유진 벨 재단(Eugene Bell Foundation)'[91)]의 북한 지원과 그 정신은 특기할 만하다. 우리나라에는 4대(代) 선교사 가문으로는 언더우드가(家)가 있었다. 하지만 2005년 언더우드 4세(Horace Horton Underwood II, 元漢光: 1943-)가 한국을 떠나감으로써, 이제 4대 선교사 가문으로는 린톤가(家)가 남아 있는데, 그 가문에서 북한 지원에 적극 나서고 있는 것이다.

1997년 1월 5천만 원 상당의 앰뷸런스를 미국에서 구입해 그것을 북한에 제

89) 『월드비전 한국50년운동사』, 서울: 월드비전, 2001, p. 582.

90) 1996년에 '굿네이버스'로 명의 변경. 회장 이일하.

91) 1995년 설립. 한국에서도 2000년 유진 벨 선교사를 기념하여 북한에 대한 식량 및 의료지원 사업을 위해 설립된 재단.

공하기 위해서 간 것이 그 첫걸음이었다.[92] 그 기증식에는 북한의 외교부장 김영남이 참석하고 있었다.[93] 그리고는 대북 결핵사업을 시작하였다.[94] 그 실적은 부분적으로 시작했던 1995년부터 2006년까지, 모두 350억 원 상당의 지원에 이르고 있었다. 이런 지원을 하는 데에는 "밥퍼목사"로 불리우는 최일도 목사의 1억5천만 원 기부가 큰 몫을 해내고 있었다.[95]

이렇게 해서 그 재단의 인요한(John Linton, 1959-)[96]은 1995년 이후 17번에 걸쳐 북한을 방문하여 전 북한지역을 두루 다녀 실로 "가 보지 않은 곳이 없었다."[97]

4대에 걸쳐 한국에 머문 유일한 선교사 가문의 이 재단 사역은 지금까지 한국교회를 위해 몸 바친 수많은 선교사들과 그리고 한국교회, 그 역사 전체에 걸쳐 관통하고 있는 맥박의 고동을 일신에 담고, 남북 분단의 신고(辛苦) 그 신음을 들으면서 다시 한 몸이어야 할 한국, 그것을 잊지 못하는 한국교회의 모습을 대신 내보이고 있었다.

그런데 교회의 북한 지원에 기독교성이 확보되고 있는가 하는 것이 계속 문제의 초점이 되었다. 월드비전은 1997년 11월에 '북한 월드비전 프로그램'을 평양에 설치하였다.[98] 1998년 10월부터는 실무조정관 1명과 행정 관계자가 2명이 임명되기도 하였다. 그런데 월드비전 세계총재 스튜어나겔(V. Steurnagel)은 바로

92) 인요한, 『내 고향은 전라도, 내 영혼은 한국인』, 서울: 생강의 나무, 2006. p. 16.

93) *Ibid.*, p. 255.

94) *Ibid.*, p. 260.

95) *Ibid.*, pp. 260-261

96) 남장로교 선교사 유진 벨(Eugene Bell,裵裕祉: 1864-1925)의 4 대손. 유진 벨의 딸이 윌리암 린톤(W. A. Linton, 1891-1960, 한남대학교 살립자)의 부인. 그 아들이 휴 린톤(H. M. Linton, 1926-1984), 그리고 그 아들이 인요한(John Linton, 1959-)이다. 현 연세대학교 의과대학 교수 겸 외국인진료소장.

97) *Ibid.*, p. 263.

98) World Vision Democratic People's Republic of Korea, *Annual Report of FY 1998*, October 1, 1997, September 30 1998 World Vision International. p. 10

그 해 7월에 아주 중대한 말을 남긴다.

> 최후 심판의 날 우리가 하나님 앞에 섰을 때 우리 월드비전 사역자들은 우리가 모금한 성금의 양이나 우리가 탁송한 식량, … 이런 것들로 판단을 받지 아니할 것입니다.
> 하나님은 우리가 그 질고의 세계에 얼마나 그리스도의 사랑의 메시지를 들려주었는지, 그런 것을 가지고 심판하실 것입니다. [99)]

그리스도의 복음전파, 그것이 어떤 형태로든지 북한사역의 최우선 과제라는 다짐이었다. 하지만 공식적인 본부를 북한에 가지고 있는 유일한 기독교기관에서 그때 한 말은, "다만 기독교적인 사랑으로 입혀지고 먹여지는 것을 보는 사람들 가슴에 남겨지는 어떤 영향이 있으리라고 생각을 할 따름"이라는 것이었다.

23.4.2. 조선그리스도연맹과의 일부 교류

그런데 1997년경부터 남북의 교류가 어느 정도 진행되면서, 북한의 그리스도교연맹과의 교류가 일부 남한의 교회나 인도적 단체에서 시작되었다. 그리고 그 기운을 타고 2007년도에 1907년의 평양 성령강림 대부흥을 100주년 기념사업으로 평양에서 진행하려는 한국교회의 염원이 불타고 있었다. 그래서 그 첫 사업으로 우리민족교류협회의 우리민족성령100주년대회(총재 피종진)와 북한의 우리민족성령100주년대회 집행위원회(위원장 강영섭) 공동으로 2005년에 "HS100 기념성경"을 발행하였다. 그리고 2006년 5월에는 한국의 우리민족교류협회(방문단장: 백광진 잠실동교회 목사)가 북한의 조선그리스도교연맹(위원장: 강영섭)과 중국 선양에서 마주 앉아, 2007년 3월 평양의 류경정주영체육관에서 '100만인 초청 평양 국제대성회'를 개최한다는 합의에 도달하였던 것이다.[100)] 이 소식을 듣고

99) V. Steurnagel, From the Chair of the Boards, 1998, *World Vision Annual Review*, p. 1.
100) 북녘 하늘 기도함성… 한반도복음 새 역사 쓴다, 『국민일보』, 2006년 6월 12일자.

『국민일보』는 "북녘 하늘 기도함성 … 한반도복음 새 역사 쓴다"고 흥분을 감추지 않았다.

하지만 북한의 조선그리스도교연맹의 오경우 서기장은 남한의 교회가 성회 개최를 오히려 불확실하게 만들고 있다고 하면서 "남쪽 기독교계에서는 북한의 사회현실을 감안하면서 대회를 준비해 주기 바란다"는 부탁을 하고 있었다.[101] 더구나 그는 그 대성회가 "한반도 평화에 기여할 수 있기를 바란다"[102]는 비고를 달고 있었다. 속내가 있는 말이었다. 깊이 생각하여야 할 뜻이 있는 말이었다.

23.5. 한국교회와 세계교회 공동체

한국교회는 넓어진 세계에 대한 진출을 게을리하지 않았다. 세계교회 공동체와의 연결의 배경은 물론 숨차게 약진하고 있었던 한국교회의 신학과 급속한 교회의 성장이었다. 세계 단위나 지역 단위의 교회 관계 회의나 기구에서 중진으로 활동하는 이들의 수도 많아졌다. WCC의 기관과 각 연구 위원회, 신학교육기금위원회(TEF), 세계기독교교육협의회(WCCE: 1971년 WCC와 합동 결의), 세계기독학생협의회(WSCF), 기독청년회(YMCA)와 여자기독청년회(YWCA), 루터교 세계협의회, 오순절 교회세계협의회, 세계침례교연맹, 동남아기독교협의회(CCA), 동북아신학자협의회 등 헤아릴 수 없이 많았고 지금도 그렇다.

한국에서 개최되었던 국제적인 회의도 많았다. 1979년에 세계 장로교총회(WARC), WCC 실행위원회, 그리고 '엑스플로 74' 이후 수차례에 걸친 복음화의 거대한 집회들, 이제 그런 것들을 세고 앉아 있는 것이 쑥스럽게 되었다. 이것은 다 우리 신앙의 열조들 눈동자에 이미 1907년에 어렸던 비전과 대망, 하나님 주신 소명에의 헌신이란 유산의 보존, 그 전개의 장엄한 행렬이었다. 여기

---

101) 북의 사회현실 감안 준비해 주기를, *loc. cit.*

102) 평양대성회 2007년 3월 반드시 개최, 『기독평론신문』, 2006년 6을 22일자.

에 세계교회와의 연결을 강화시키는 세계 공동체로서의 연결이 있고, 고립할 수 없는 한국교회의 현실이 있다. 복음과 구원, 정의와 진리의 멈출 수 없는, 뛸세라 움솟는 발걸음이 있다. 그래서 우리 민족교회사는 세계교회사이다.

이처럼 세계교회 공동체와 한국교회의 연대는 선교 초기부터 한국교회의 가장 두드러진 유산이고 그 강점이었다. 혹독한 일제의 강압 아래 신음하고 외로워할 때, 그리고 북한군이 남침해 우리 겨레와 교회를, 이데올로기가 무엇이기에 그렇게 무섭게 휘몰아칠 때, 세계교회는 내 몸일세라 힘 다해 우리 교회 소매를 꼭 잡아주었다. 그리고 격려하고 돕고 위로하고 함께 눈물을 흘렸던 것이다. 세계교회 공동체는 이 형극의 비통에 땅을 짚던 우리들에게, 정신적으로뿐만 아니라 물질적으로도, 구제품으로, 먹을 것과 입을 것을 대주었다.

우리는 6·25전란 도중과 그 이후의 구제 자선사업에 지대한 기여를 한 단체로 기독교세계봉사회(Christian World Service), 기독교아동복리회(Christian Children's Fund), 홀트아동복지회 등 694개소에 이르는 기독교 기관의 공헌을 대서특필하지 않을 수 없다. 기독교 세계봉사회는 1955년까지 현금만도 약 1억 불의 구제사업을 펼쳤으며,[103] 홀트아동복지회의 전쟁고아 양자결연사업은 "국적과 인종을 초월한 숭고한 인류애"로 1964년 5월 대한민국 문화훈장을 수여 받고 있었다.[104] 월드비전 역시 1950년 6·25사변 때 $17,631.85, 1954년 $ 131,116.73, 1958년 $850,313.27을 돕고 있었다.[105]

이렇게 해서 한국교회는 세계의식과 인류애를 가슴 깊이 품게 되었고, 체질적으로 세계적인 안목을 가지도록 훈련을 받았던 셈이다. 일본의 현대 평론가로 유명한 시바 료타로(司馬遼太郎, 1923-1996)는 일찍이 일본 전통에는 세계의식이나 인류 및 평화와 같은 그런 이념적 유산이 없는데, 그런 것은 기독교에서

---

103) 김양선, *op. cit.*, p. 130.

104) 『홀트30년』, 서울: 홀트아동복지회, 1985, p. 65.

H. S. Holt (1905-1964). 그의 서거일 (1964. 4. 28)을 기하여 5월 5일에 박정희 대통령이 수여.

105) 『월드비전 한국50년운동사』, 서울: 월드비전 한국, 2001, p. 617, 627.

밖에는 받아드릴 데가 없다고 안타까워한 적이 있다. 동양전통에서는 세계의식의 싹을 찾기 힘들었다는 말이다. 그는 기독교인이 아니었다. 그런데도 그런 말을 하지 않을 수 없었다.

기독교가 한국에서 한 일이 어떤 것이었는지, 우리는 가슴에서 뭉클 솟는 격정(激情)을 억누를 길이 없다. 하나님! 감사합니다.

최근 한국교회 교세 추세는 다음과 같았다.

한국교회 교세표[106]

	1985	1987	1995	2006
천주교	1,685,000	2,312,328	2,988,000	5,140,000
개신교	6,489,000	10,337,075	8,819,000	8,610,000
총 계	8,174,000	12,649,403	11,807,000	13,750,000
인구대비 %	20.7	27.8	26.3	29.1

한국교회 개신교는 1987년을 정점으로 차후 약간의 감소 추세에 있다고 한다. 하지만 기독교인의 전체 수적 비율은 이제 전 인구의 1/3에 육박하고 있다. 이 수적 강세는 한국교회의 거대한 역량, 그리고 단일 조직으로는 국내 최강의 집단임을 보여준다. 그뿐이 아니다. 해방 이전 1943년도의 전체 한국 기독교 인수는 460,000명 정도였다. 그런데 1992년 통계에 따르면 세계 50대 교회 중 절반이 한국에 있고, 그 첫째, 둘째 대형 교회가 다 한국교회에서 차지하고 있었다.[107] 가령 2004년 조용기(趙鏞基, 1936-) 목사의 여의도순복음교회 등록교인 수는, 단일교회인데, 750,000명이었다. 『만체스타 가디안』이라는 영국의 거대

106) 『기독교 대연감』, 1989, 교문사, pp.217-219. 2006년 대한민국 통계청.

107) 『교회연합신문』, 1993년 2월 13일자.

신문은 1994년에 벌써 한국교회가 세계교회를 선도할 것이라는 기사를 싣고 있었다. 김삼환 목사의 명성교회는 1980년에 창립하였는데 2001년에는 주일 7부 예배로 급성장하였고, 2002년 9월 특별새벽기도에는 27,000여 명이 참석하고 있었다. 이처럼 한국교회의 거대화나 그 충실은 세계의 주목을 끌고 있었다. 그것은 역사 다만 한 세기 남짓한 교회의 이야기인 것이다.

일본의 신학자 후루야 야스오(古屋安雄, 1926-)는 일본 기독교 인구가 "제발 10%만 되었으면" 하고 호소하면서, "그러면 눈부신 사회적 또는 정치적인 영향력과 감화"를 끼칠 수 있다고 자신하고 있었다.[108] 일본 교세는 1980년대에 0.9%였다. 그런데 우리는 2006년 현재 30%에 이르고 있었다.

한국 선교 초기의 '기적적인 성장', '요원의 불길 같은 확산'에 감격한 선교사들이 우리나라 이름 조선(朝鮮)을 영문으로 표기하고는 무릎을 친 일이 있었다. CHOSEN!

23.5.1. 조선-CHOSEN!

하나님의 '택함 받은 자', 그렇게 한국의 이름이 스펠되었다. 선택함을 받았다는 것은 축복의 표시다. 그러나 아울러 특별한 사명의 뜻이 거기 있다. 한국교회의 이 현상적인 발전과 충실은 하나님의 사명 수행을 위한 것이다. 나라 안의 위대한 사회 건설과 인간 형성, 북한에 대한 선교와 통일의 사명 말고도 우리는 아시아와 나아가서는 세계에 대한 엄청난 무게의 사명이 지워진 사실을 벅찬 가슴으로 받아드리지 않을 수 없다. 그것은 물론 우리만의 것은 아니다. 하지만 우리에게만 주어진 독특한 사명이 따로 있다.

그것이 우리 역사 안에서 지금껏 정련(精練)되어 온 것이다. 거칠고 적대적

108) 古屋安雄, 『日本をキリストへ』, 東京: 日本キリスト傳道會, 1987, p. 13.

인 형극의 길을 걸으면서도 꺾이지 않고 뻗어온 신앙, 헌신적 봉사, 성서 중심의 깊은 경건, 기도와 찬송의 뜨거운 믿음, 그리고 전도와 선교의 고귀한 전통과 순교자적 고백 신앙, 이런 것들을 내연(內燃)으로 한 하나님의 역사에 대한 사명이다.

우리는 이 역사의 도가니에서 정련된 우리만의 신앙으로 하나님이 지워주신 그 사명을 다하는 데 우리의 삶과 일이 바쳐지도록 부름을 받은 것이다.

백 년 후 혹은 그 이후의 교회가 오늘의 우리 한국교회 역사에서 또 다시 남다른 역사의 동력 모형을 찾아내도록, 긴장과 활력으로 가야 할 것이다.

> 아버지께서 내 안에
> 내가 아버지 안에 있는 것 같이
> 저희도 다 하나가 되어
> 우리 안에 있게 하사,
> 세상으로
> 아버지께서 나를 보내신 것을
> 믿게 하옵소서. (요한복음 17: 21)

> 내게 줄로 재어준 구역은 아름다운 곳에 있음이여
> 나의 기업이 실로 아름답도다. (시편 16: 6)

맺는 말

처음 기독교가 로마 가톨릭교의 형태로 한국이라는 그 접촉이나 연고가 역사적으로나 문화적으로 전혀 없었던 땅에 떨어졌을 때, 그것은 우리 겨레와 나라의 안전에 위협과 협박으로 비쳐지는 상황에 놓여 있었다. 그래서 우리 조선인의 신앙체계로서나 가치 중추로서 기능할 수 있는 기독교 신앙의 확립이 서둘러 모색되었다. 『상재상서』와 같은 고도의 논리를 구사한 변증서가 발행된 것이 바로 그런 절박한 요구 때문이었다. 이때 유력한 일단의 강인한 의지의 사람들이 신앙에 인도되었다. 그런 결단을 내린 사람들에게는 나라에 뜻을 잃은 사람으로 정죄되고, 그리고 순교가 기다리고 있었다. 그 수는 여태껏 느끼지 못하였던 구원과 환희의 생명을 찾았다는 감격으로 엄청났다. 그런데 그 순교의 책임을 묻는다고 불란서의 함대가 병력을 가지고 협박한 것이 구원의 선포와 맞물릴 수가 없어, 종교와 국가의 갈등이라는 엄청난 문제를 떠안을 수밖에 없었다.

그 다음 시기에 들어온 것이 프로테스탄트교인데, 그것이 그 이전의 로마 가톨릭 교회와는 전혀 다르다는 변증으로 시작하였다. 그것이 교파교회라는 근대적 내지는 미국적 기독교의 도입으로 상황 전개되었다. 한데 그것이 묘하게도 일제의 한국 침략 시기와 겹치는 우연이 있었다. 그래서 허물어지는 왕실과 비탄의 겨레는 세계 기독교가 선포하는 강력한 복음의 메시지에 등을 기대고 거기에 단심을 풀어 놓게 된 것이다. 교회는 그 선교 과정에서 공의로우신 절대자 하나님, 그의 다함없는 사랑, 인간으로서의 존엄, 애국적 국가관, 세계공동체로서의 교회의 거대한 조직, 그리고 죄악과 비참으로부터의 구원, 영원한 하늘나라의 열복, 이런 강력한 에너지의 근원을 제공할 수 있었다.

하지만 선교사들은 기독교와 현실 정치 곧 힘으로서의 교회 기구 동원사이의 거리를 조심스럽게 구별해 놓는데 한시도 소홀히 하지 않았다. 1907년 대부흥운동에서 교회는 신앙의 내연(內燃)에서 그것이 역사적으로 외연(外延)하는 신앙 도식을 정착시켰다. 그리고는 현실과 초월을 연계하는 사크라멘트신학을 정립하였다. 그것이 한국교회의 정통이 되어 오늘에 이른다. 신앙은 성육신적으로 하늘나라와 현실의 삶을 동시에 연계하여 가지도록 되어 있다. 어느 한쪽에 치우쳐서 다른 차원을 무시하거나 매도하는 신앙은 은둔 아니면 운동으로 끝난다고 보았다. 일제치하의 포악을 견디고 시련을 짐짓 겪어나가는 자세가 여기 마련된 것이었다.

일제는 한국 그 정신의 바탕과 에너지가 교회 안에 있다고 판단하였다. 거기 따라 통치 장애 요인 제거와 근절에 총독부 차원에서 나선다. 합병 초기의 105인사건이 그것이다. 날조와 고문과 잔학으로 일관된 이 음모는 세계교회의 지탄과 한국교회의 명예로운 대결로 일제의 치욕으로 끝났다.

3·1 독립운동은 교회의 주도 아래 그 전국적인 조직의 위력으로 수행되었다. 그러나 일제의 진압 과정에서 교회가 받은 상처는 전무후무한 것이었다. 그 운동의 실체가 교회라는 판단 때문이었다. 교회는 그 잔학을 극한 일제 통치 아래에서 희망을 상실하지 않았던 유일한 부류의 한국인이었음이 들어났다.

그 희망은 이 포악이 끝나고 빛나는 미래가 있다는 확신이기도 했지만, 이 생이 끝나고 난 다음의 "저 좋은 낙원"에 대한 강렬한 기대이기도 하였다. 그 희망이 있어서 생존을 계속할 수 있었다. 그래서 자신감이 넘치고 활력이 치솟고 있었다. 교회는 그런 생명과 용기와 감격을 안겨다 준, 우리 겨레가 찾아가야 할 유일한 요새로 보였다. 이런 희망으로 고난을 극복하는 힘은 우리 역사 속에 오랜 시간을 두고 축적되었다가 엄청난 저력으로 우리 현대사에서 국가 발전에 기여를 하게 되었다.

그런데 3·1 운동을 경과하면서 1920년대에 들어서자 목전의 변혁을 다그치는 과격사상의 조류에 교회가 눈길을 돌리게 된다. 일찍이 한국교회는 그 초기에 백성을 한 민족으로, 다음에는 국민으로, 형성해가고 있었다. 그런데 이제 한국교회는 한국 사회, 거기에 한국의 실체가 있다고 판단하고 거기를 향해 선교하기 시작한 것이다. 하지만 이것은 동시에 사크라멘트신학의 분화 현상이기도 하였다. 사회에의 선교 치중은 자연히 초월과 영적 세계에의 종교적 갈망을 희석시키고, 따라서 여기 대한 반발로 신비주의와 종말론적 부흥회의 경건이 다른 한쪽에서 득세하고 있었다.

이 분화 현상은 몇 가지 중대한 사태를 수반하였다. 거기 자신의 모습이 들여다보이면서 선교사에 대한 일부의 거센 반발이 나타났다. 여러 종파의 언필칭 민족 기독교 형성의 명분이 반선교사의 기운으로 도처에 치솟았다. 그것은 선교사가 주도하는 한국교회 교권층에 대한 반발로 일괄되었다. 하지만 이런 민족 내지 동양적 기독교의 형성 지향이 역학상 친일에의 경향으로 구체화하는 불행한 사태가 벌어졌다. 그러나 더욱 억센 민족 기독교로의 활보를 위한 종파운동들도 물론 있었다.

다른 하나는 공산주의 계의 가혹한 교회 핍박이다. 그것은 직접적인 투쟁과 혁명의 의지 구성이 교회에 없다는 공격이었고, 다른 한편 민중에 대한 부흥회적 접근이 민중의 투쟁의지와 목표를 흐리게 한다는 것 때문이었다. 그들의 교회 박해는 국외에서 더욱 처절하게 지속되었다.

일제 통치 말기는 단말마적인 잔학이 교회 중추를 요동시키고 해체시켜 나가고 있었다. 신사참배로 그 절정에 이르는 한국교회 수난으로 많은 성도들이 순교의 가시밭길을 걸어갔다. 그들은 갔지만 우리 교회 생명록에 길이 남아 빛을 내고 있다. 그런 고난 중에서 우리 교회는 더러는 망명으로, 더러는 낙향 은둔으로, 신앙 양심을 지키려고 하였다. 그래 한국교회는 미증유의 신앙 분화 현상에 직면하고 있었다.

이때의 일이다. 이 매 맞고 있는 수모의 교회를 끝까지 현상적으로 지켜나가고자 한 사람들이 있었다. 그리고 거기에도 양분 현상이 있었다. 일제의 전시 총동원체제와 파쇼의 가혹이 불가피하게 만든 현상이었다. 하나는 일제의 강압에 쫓기어 교회를 일제의 천황적 기독교로 매몰시키는 것을 바라보아야 했던 부류이고, 다른 하나는 그 운신의 폭이 거의 없는 그런 조건 아래에서 끝까지 교회의 정통과 신앙의 골수를 보존하려고 한 부류의 사람들이었다. 그들은 은둔과 전향의 두 극단을 마무려 사크라멘트신학을 다시 한국교회 전통으로 보존시키려한 사람들이었다.

해방을 맞은 교회는 환호로 가득 찼다. 하지만 그 해방이 한국교회가 내심 깊이 품어 왔던 모든 문제들을 노출시키는 일도 하였다. 신사참배 문제를 둘러싼 참회의 문제, 지금껏 선교사들로 제한 받았다고 느껴온 자유로운 신학교육의 보장 문제, 서북과 비서북 교회의 지역적 타협의 문제, 이런 것들이 해방의 감격을 그 틈으로 해서 물꼬를 튼 듯이 격류를 이루었다.

그 격류는 6·25사변의 처참한 격란과 미증유의 고난 그 와중에서도 진행되었다. 그 참극이 신앙적 순결과 신학적 정통의 부실에서 온 것이리라는 그런 죄책감 때문에, 교회 내 정통 주장은 전쟁심리를 방불케 하고 있었다.

신경 파탄과 전후의 긴장과 상실감에서 기성교회의 부실(不實)이라 느껴진 이미지, 그 틈이 명료해지자, 흥분과 천년왕국의 안위 그리고 직접적인 감각에 호소하는 유사종교나 신흥종파의 난무가 어지러웠다. 그들은 다 한국적 메시아니즘의 환상으로 상실의 민중들 틈으로 그 상처를 어루만진다는 약효와 진통 효과로 침투해갔다.

1960년대에 들어서면서 한국교회는 한국적 신학 형성이라는 대 명제를 안고,

외국신학의 기민한 소개와 한국 재래종교의 연구를 병행한, 한국신학의 체계화 가능성이 여러 각도에서 시험되었다.

그러다가 1970년대를 맞는다. 군사독재 체제 하에서의 교회는 그 정치 경제의 구도 안에 심각한 모순과 불의가 있다고 판단한 일부의 참여신학자들에 의해서 산업선교의 심층화와 민중신학의 체계화와 그리고 거기에 따른 구체적 행동이 서둘러졌다. 하지만 대다수의 복음주의계 신학자들은 여기에 동조하지 않았다.

그런데 교회 발전은 이때 실로 눈부셨다. 교회의 수적 팽배와 거대화, 그리고 신진 기독교대학들의 약진도 눈에 띄었다. 그러면서 한국교회는 실로 세계적인 교회로 부상하고 있었다.

한국교회는 세계교회와의 전통적인 유대관계를 그 유산으로 자랑하고 있었다. 구한말의 시련기나 일제치하의 형극, 그리고 6·25사변의 고통 속에서, 우리 교회는 격려와 위로 그리고 애틋한 사랑을 받았다. 세계교회와의 연대를 현실적으로 체감하면서 넓어진 세계를 눈앞에 두고 살아왔다.

이제 한국교회는 달라진 위치에 서 있었다. 세계 유수의 교회로 등장하고 세계교회를 인도하는 위치에까지 나서게 된 세상이 되었다. 세계의 거대 교회가 다 한국에 있다. 인구의 1/3이 기독교인이다. 우리가 세계를 향한 선교를 그 사명으로 실천할 순간이 온 것이다. 이교국가가 한 세기 남짓에 세계교회를 선도하는 교회가 된 그 과정과 내적 전환의 구도를 텍스트로 약동할 때가 온 것이다.

한국교회는 실로 먼 길을 걸어왔다. 그러나 앞으로 갈 길도 멀고 또 막연하다. 이 이후의 역사는 반발과 도전을 예상하고 격변을 예기하지만, 역사는 우리들에게는 미지와 미완의 것으로 계속 남아 있을 것이다. 우리는 지난날에 보여주신 하나님의 손길을 보면서 장래를 꿈꾸어야 한다. 역사처럼 신앙을 실상으로 보여주는 것이 없기 때문이다.

한국기독교회사 연대표

서 기	주 요 사 항
1253	프랜시스파 수도승 윌리엄 루브르크가 몽고의 화림에 도착, '한국'을 교황청에 소개 편지함
1541	스페인의 프랜시스 사비에르, 인도의 고아에 도착
1549	사비에르 신부, 일본에 옴
1594 12월	그레고리오 세스페데스 신부, 한국에 와 웅천에 머무름
1610	허균, 북경에 가서 천주교 믿음
1614	이수광, 『지봉유설』 출간
1622 11월	일본 나가사끼(長崎)에서 조선인 시도 5인 복자 순교
1628	독일인 신부 아담 샬 명(明)에 입국
1644	소현세자와 아담 샬 친교 시작, 소현 귀국 즉시 서거
1686	조정에서 천주학 성행을 주목, 외국인 추방을 논함
1720	이이명, 중국 북경에서 신부들과 담론
1758	황해도, 강원도 지방에서 천주학이 크게 성행함. 일부 지역에서 사당을 철폐
1762	사도세자의 억울한 죽음
1772	시파·벽파의 대립 시작
1773	불란서에서 예수회를 일시 해산
1777	권철신, 정약용, 정약전, 이벽이 경기도의 주어사에서 교리연구와 신앙운동 시작
1784 2월	이승훈이 북경에서 그라몽 신부에게 세례 받음

	3월	이승훈이 베드로의 영세명으로 귀국, 이벽의 입교
1785		봄, 서울 진고개의 김범우 집에서 수십 명 회집, 교회를 비공식으로 창설
	4월	김범우 잡혀서 충청도 단양으로 귀양감. 이승훈, 이벽의 배교.
1787		김범우, 단양에서 순교
1788	2월	채제공이 좌의정이 됨
	8월	이경명, 서학의 폐해를 상고 이가환 등이 천주교리서를 언해(諺解)
1789	10월	윤유일, 북경 신부에 서신 발송, 이승훈이 평택현감이 됨
1790	3월	정약용을 해미현에 정배 보냄 조상제사 반대 문제로 박해 시작 이승훈, 또 배교
1791	7월	안정복 죽음
	11월	전라도 진산에서 윤지충, 권상연 사형당함 서양서의 가장(家藏)을 금함. 신해교난 시작됨
1792		북경주교 구베아, 교황 비오 6세에게 조선교회 설립을 보고
1794		천주교도 수 4천에 달함
	12월	청인(淸人) 신부 주문모 밀입국
1795	5월	김여삼의 밀고로 주신부의 입국이 폭로됨
	7월	이승훈을 예산현에 정배
1796	10월	황심(黃沁)이 주문모의 서신을 북경에 전달함 영국선 프로비덴스호 표도(漂到). 현계흠이 상선 구경
1797	6월	정약용, 상소하여 양학감염을 회오자척(悔悟自斥)
1799	1월	채제공 죽음
1800	1월	신구조, 삼남사학의 치성을 논핵 김대비의 섭정. 전국 천주교도 수 1만여 명에 달함
1801	1월	오가작통법 실시
	2월	신유교난. 이승훈, 정약종의 순교. 정약전, 정약용의 정배
	4월	주문모의 군문효수
	7월	황사영 체포됨. 황사영백서사건
	11월	황사영의 효수
1802	1월	토사교문의 게시

1815	2월	경상도에서 박해 일어남
1816	7월	영선 알세스트호 내박
	10월	정하상, 북경 향발. 도착 후 남경주교를 만남
1824		정하상, 유진길, 북경에 도착
1825		정하상, 이여진 등이 로마 교황에게 서간 전달
1827		정해교난, 전라도에서 일어남. 전주에서 7명이 순교
	9월	교황 레오 12세가 정하상 등의 서간을 받고, 파리 외방전교회에 전도 교섭
1831	9월	9일 로마 교황 그레고리 16세, 조선교구를 설정
1832	4월	조선 초대 주교 브뤼기에르, 조선 향발
	6월	영국 선박 로드 암허스터호로 화란인 신교 선교사 귀츨라프, 황해도, 충청도 연안에서 전교 시도
1833		중국인 신부 유방제 입국
1835	10월	브뤼기에르 주교, 입국 이전 만주에서 병사
1836	2월	정약용 76세로 죽음
	12월	김대건, 최방제, 최양업 등 3명이 마카오로 유학
1837	1월	샤스탕 신부의 입국
1838	1월	앙베르 주교, 의주 거쳐 서울에 잠입
1839	2월	이지연, 사학 토치(討治)를 논함. 기해대교난의 시작
	7월	앙베르 주교 체포됨. 모방, 샤스탕도 곧 체포됨
	8월	앙베르 주교 외 2명의 불란서 신부 순교 정하상, 유진길 등 새남터에서 효수
	10월	조인영이 척사윤음을 발표
1841		이지연이 귀양길에서 죽음
1845	1월	김대건의 일시 귀국
	8월	상해에서 김대건, 최초의 한국인 신부로 서품 받음
	10월	페레올, 다블뤼 신부 입국
1846	7월	김대건의 순교
1863	12월	교리서 등 8종 출간
1864	3월	동학교주 최제우, 대구에서 처형됨
	4월	상해에서 조선인 3명, 런던선교회 파송 신교 선교사에게서 세례

1866		병인교난, 이후 6년간 계속됨
	5월	리델 신부, 지푸에 피난
	7월	미국선박 제너럴 셔먼호 대동강에서 소각되고, 영국인 로버트 토마스 순교
	8월	척사윤음을 반포
	10월	프랑스군, 강화도에서 패전, 물러감
1871	4월	척화비 세움
1874		파리에서 달레의『조선교회사』출간
1876	2월	병자 한일수호조약 체결 만주에서 이성하, 이응찬, 백홍준, 김진기 등 한인 최초로 신교의 피세자 됨
1880	12월	『한불자전』, 일본 요꼬하마(橫濱)에서 출간
1882	4월	한미수호조약 체결 목단에서 존 로스와 서상륜이 마가, 누가복음을 번역 간행
1883	3월	천주교에서 종현(명동) 땅을 매입, 학당 세움
	4월	일본에서 이수정이 세례 받고 입교 목단에서 서상륜이 요한복음을 번역 간행
1884		일본 체재의 미국 감리교의 로버트 맥레이 선교사, 서울에 잠시 다녀감
	9월	미국 장로교 선교사 알렌 의사 서울에 도착
	12월	갑신정변, 민영익의 상처를 알렌이 치료 솔내에 한국 최초의 교회당 세워짐 일본 요꼬하마에서 이수정이 요한복음과 사도행전 번역 간행
1885	4월	광혜원 설립
	4월	언더우드, 아펜젤러의 내한
	8월	배재학당 설립
1886	5월	스크랜턴 여사, 이화학당 설립
	6월	육영공원을 세워 헐버트, 길모어 등의 교수 시작
	7월	노도사가 국내 최초의 피세자가 됨
1887		아펜젤러 목사 평안도지방 순회 성서번역위원회 조직
	7월	새문안교회 설립
	10월	정동교회 설립
	12월	국내 최초의 세례식 거행

1888	4월	조정, 미국공사관에 전도 금지를 요청 고종의 엄격한 금교령, 교회의 수난
	11월	감리교의 전국 순회전도 시작
1889	3월	언더우드 부부가 신혼여행으로 서북지방 순회. 의주 건너편 안동에서 33명에게 언더우드 세례 베풂
	10월	호주장로교의 데이비스, 캐나다의 펜위크 착한, 전도 시작 북장로교 미션회 및 빅토리아 미션(호주) 연합공의회 창설 북장로교의 모페트 목사 착한, 선교 시작
1890	6월	지푸에 있는 존 네비우스 목사 부부의 내한, 네비우스 원칙 제공
1890		한국성교서회(CLS) 창립
	9월	코르프 주교 등 성공회 선교사 입경 언더우드, 서울에서 한국 최초의 사경회 개최
1891		기일, 모페트 목사, 서북지방 순회전도 감리교에서 최초의 교계 출판인쇄소(삼문출판사) 설립 의주에 교회 설립
1892		선교사회의에서 장감의 협조 다짐. The Korea Repository 창간
	10월	미국 남장로교 레이놀즈 목사 등 입국 선교 시작 미국 감리교(미이미) 평양선교부 개설
1893	4월	기포학당 문 앞과 존스 선교사의 집 문 앞에 야소교 배척격문이 붙여짐 장로교 미션연합공의회 조직 부산 초량교회, 평양 장대현교회를 비롯한 30여의 교회 조직 삼일(수요일) 예배의 시작
1894		평양, 숭실학당 설립 장로교 『찬양가』 서울서 간행
1895		청일전쟁으로 교회 피해 막대
	6월	캐나다 출신 매켄지 목사 죽음 평양에서 관찰사 령으로 교회의 대박해 시작됨 신문내교회에 영신학당 설립
	10월	남감리교의 리드 목사 내한 민비의 시해 춘생문사건, 선교사의 관련
1896		서병호, 최초의 유아세례 대영성서공회 조선지부 결성

		성서공회에서 복음서, 사도행전, 26,000부 발행
	10월	『유학경위의 야소교배척』(신기선 찬(撰)) 나타남
		황해도내 교회가 천주교의 박해에 시달림
		최초의 기독학생운동인 협성회 조직
1897	2월	『죠선그리스도인회보』, 『그리스도신문』 창간
		평양 숭실중학교 설립. 황해도에서 교인 빙자한 난동 발생
	5월	경기도 고양에 최초의 남감리교회당 설립
	9월	알렌, 미국 대리공사로 임명됨
		남감리교 제1회 지방회 서울에서 개최
1897	12월	남감리교 조선선교년회 제1회 회의
1898		황해도 재령 명신중학교 설립. 남감리교, 하디 의사 내한
	6월	미국 북장로교 선교사 스왈런에게 '인전교사(因傳敎事)'로 호조(護照) 발행
	10월	서울 배화여자중학교 설립
		감리교에서 개성 남성병원 설립
1899		『대한그리스도인회보』 간행
	2월	황주교회가 불량배에 의해 소각됨. 블레어가 구타당함
		대구 동산병원 설립
	4월	한국 최초의 정규 의학교 제중원의학교 설립
	6월	캐나다장로교 선교부 한국 선교 시작
		서울 남대문교회 설립
1900		평양의 김종섭과 송천의 서경조, 장로 취임
		서울 종교교회 설립
	5월	신약전서 완역, 요꼬하마에서 인쇄, 37,000부 발행
		평북 선천북교회에서 최초의 전도회 조직
	12월	전국 교인의 학살이 조정 일부에서 음모되었으나, 선교사들의 민첩한 조치로 사전 해결됨
1901	1월	The Korea Review 창간. 헐버트 주간
	5월	제주도에 천주교의 신축민란
		4장로회선교회(남·북 장로교, 호주, 캐나다)와 조선교회의 합동공의회 설치, 조선야소교장로회 공의회라 칭함
		장로교에서 신학생(김종섭, 방기창) 2명을 교수하기 시작함
		북감리교의 김창식, 김기범, 최초의 목사 안수

1902		목포행 선박에서 성서번역위원회의 서기 조한규와 미국 감리교 아펜젤러 목사 익사
		서울 승동교회, 전남 영흥중학교 설립
1903		평양 숭의여자중학교 설립
		원산 루씨여자중학교 설립
	10월	황성기독교청년회 발족, 초대 이사장 캐나다인 게일 목사
		러시아 정교회 한국교회 창립
1904		미국 남장로교회에서 한국 자유장로교의 독립을 반대해 옴
		김상준, 정빈, 동경 가시와기(백목)성서학원 입학
	6월	안식교의 유은현, 송홍조, 임기반이 최초로 세례
	8월	일본인 안식교 목사 구니야(國谷秀)의 내방
1904	9월	남감리교의 김흥순, 최초의 전도사 인허
		최근대식 세브란스 병원 준공
		평양에 예수교서원 설립
		장로교회, 독립 일치의 민족교회 설립을 계획
	11월	The Korea Methodist 창간
1905	3월	알렌이 공사 해임됨
		장로교 1907년에 '독립 장로교회' 창립을 확정 계획
		장로교 12신조의 채용을 결의
		장감선교사회, 세브란스병원, 평양기독병원 등의 합동 경영을 결의함
		양전백, 신성중학교 설립
	6월	미 감리회 신학당 및 감리회 여학당 설립
	7월	장감 양교의 『그리스도신문』 창간. 게일 목사 주간(主幹)
		헐버트, 고종의 부탁으로 워싱턴에 밀파
		을사보호조약으로 교회의 비통 극에 달함
	9월	재한복음주의선교공의회 설립
	11월	『The Korea Mission Field』 창간
1906		감리교의 원산 보혜여자성서학원 설립
		안식교의 삼육학교 설립
		침례교의 대한기독교회, 제1차 대화회 개최, 펜위크 초대 감목
		감리교회, '미이미교회'를 '감리교회'로 개칭
		재일본 조선예수교 연합교회 창설

		김정식, 동경에 한인 YMCA조직, 총무로 취임
	10월	윤치호가 개성에 한영학원 설립
		성서공회에서 고종에게 신약전서 2권 헌상함
		안식교와 장로교, 진남포에서 충돌
1907	1월	평양, 원산, 서울, 목포를 중심으로 전국에서 대부흥회
	5월	동양선교회, 예수교복음전도관 설립
	7월	감리교, 협성신학당의 개교
	7월	평양 신학교를 장로회신학교로 개칭, 제1회 졸업식
		장로회 독노회 설립
		제주도에 이기풍 목사를 선교사로 파송
	8월	교사 홍태순, 정미조약에 항거, 대한문 앞에서 자결
	12월	평양에 안창호가 대성학교 설립
1908		구세군의 호가드 정령 내한, 참전 시작
		장감 『합동찬송가』 간행
1908	9월	남감리교에서 이화춘을 북간도에 파송 선교
	11월	동양선교회, 경성성서학교 설립
1909		서울 수표교회 설립
		감리교 선교사 홀 부인 평양에서 농아교육 시작
		장로교에서 한석진 목사를 일본 동경에, 이선관 씨를 제주도 여선교사로, 최관흘 목사를 해삼위에 파송 선교함
	10월	가톨릭 신자 안중근이 만주 하얼빈에서 이등박문을 사살
		남・북감리교 사이에 포교구역 분리 완성
1910	2월	『야소교회보』 창간, 사장에 한석진 목사
		'백만인구령운동'을 교파연합으로 진행, 별무 성과
		북감리교회에서 손정도 목사 북만에 선교사로 파송
		구세군사관학교 설립
		에딘버러 국제선교협의회(I.M.C.)에 윤치호 참석
	6월	감리교 협성신학교로 발전
	8월	한일합방
	9월	외국인 선교사대회, 종로 청년회관에서 개최
		이화학당 대학부 신설
		장로교, 김영제 목사를 북간도에 선교사로 파송

1911	1월	소위 데라우찌 총독 암살 음모사건으로 서북지방의 교회인사들 대거 체포 시작
		감리교의 『그리스도회보』 창간, 사장은 미국인 기의남(奇義男)
		협성신학교, 제1회 졸업식
		남감리교의 김홍순, 정춘수, 주한명을 집사, 목사로 안수
		성결교 『복음가』 발행
		안식교 『찬미가』 발행
		예수교서회에서 구약 번역 간행
	7월	데라우찌 총독 암살사건의 기소
	10월	천주교 조선교구를 서울, 대구 양 교구로 분립
		장로교의 임종순 목사를 일본 유학생에게 전도사로 파송
1912		남감리교 선교년회 조직, 양주삼, 정춘수, 김홍순 등 목사 안수
	6월	소위 데라우찌 총독 암살음모사건(105인사건)으로 윤치호 이하 120여명 기소 재판, 전원 실형언도
1912	9월	장로교, 총회 조직
		블라디보스토크(해삼위) 파송의 최관흘 목사 희랍 정교회로 이명(移名), 장로교 총회에서 제명 처분
		대영성서공회 건물 신축
		재한복음주의 선교협의회 결성
		피어선성경학교 개교
1913		장로교 총회에서 김영훈, 박태로, 사병순 세 선교사를 중국 산동성 래양에 파송함
	8월	일본 구미아이(조합)교회 제1회 조선지방회 개최
		성공회, 한국 최초 김희준, 구건조 부제 성직
		구세군, 『구세군가』 발행
		원산 남감리교 여선교회 조직
1914	1월	성공회 신학교 강화에서 개교
	4월	조선기독교청년회 연합회 조직
		성결교에서 이명직, 이명헌, 강태은, 김상순, 이용하 목사 안수
		자유교 주창의 최중진이 장로교 총회에 자복서 제출
1915	3월	조선총독부의 개정사립학교규칙 발표, 기독교교육 대폭 제한
	7월	언더우드 목사가 연희전문학교 창립
	12월	장감기관지, 『기독신보』 창간. 사장에 기의남

연도	월	내용
1916	2월	협성신학교의 『신학세계』 창간
		대구 문둥병원 설립
1917	9월	장로교의 방효원, 홍승한을 산동성 선교사로 파송
		희랍 정교회의 한국 선교 중단
		금강산에서 '대진경교유행중국비' 모사품 발견
1918	3월	조선예수교 장감연합협의회 창립
		장로회신학교에 『신학지남』 창간
	7월	'조선기독교회'의 김장호 목사, 장로교에서 정직 처분
		김장호의 자유주의와 관련된 미국 선교사 공위량 출국
		남감리교년회를 매년회로 조직
	9월	박상순을 산동성에, 김현찬 목사를 해삼위에, 각각 선교사로 파송
	10월	동아기독교 박노기, 김희서, 김영태, 최응선, 소련에서 순교
		대구의 이만집 목사 자치운동 시작
1919		장감연합협의회의 결의로 예수교서회에서 『찬송가』 발행
		만국장로연합협의회에 임종순, 남궁혁을 파견
	3월	3·1 운동에 교회의 대대적인 참여, 그 피해 손실 막대
		평양장로회 신학교의 개교 연기
	10월	장로회에서 선교사에게 총회에서의 언권만 주기로 함
1920		남산여자선교회(감리교)에서 연합여자성경학교 설립
	8월	천주교, 원산교구 설정
	9월	감리교, 여자신학원 설립
		김활란 전도대 창설
1921	3월	YMCA 『청년』 창간
		기독교청년회, 일본을 경유하지 않고 세계 Y연맹에 가입
		김득수 목사, 만국기독교대회에 한국대표로 참석
		조선구미아이(조합)교회를 유일선이 조선회중(會衆)교회로 일본조합교회에서 독립 조직
	9월	동양선교회, 조선예수교 동양선교회 성결교회로 개칭
	11월	제1회 전국주일학교대회
		구세군 기관지 『금주신문』 창간
1922		세계기독교학생대회에 신흥우, 이상재, 김활란, 김필례 등 참석
		조선주일학교연합회 창립

	10월	서울 대한여자기독교청년회(YWCA) 창립
		조선기독교 회중교파 설립
1923	1월	기독교 창문사 설립(사장 이상재)
		월간 『신생명』 창간, 주간 전영택
		장로교에서 이대영 목사를 중국 선교사로 파송
		대구 남성교회의 이만집 목사, 장로교에서 분열 자치 선언
	5월	조선여자기독교청년회 연합회 조직
		전국 성결교수양대회, 서울성서학원에서 개최
		민립대학 기성회 발족
	9월	일본 관동 대진재(大震災)
1924	1월	장감 만주선교구역 확정
	3월	김교신, 무교회주의 제창
		성결교 교역자회의 창설
		서울태화여자관 설립
1924	5월	조선여자기독교청년회, 세계 YWCA에 가입
	9월	장·감에서 조선예수교연합공의회 창설
		장·감의 전도분계위원회, 최초의 분계 조정
	12월	CE(면려청년회) 조선연합회 창설
1925	3월	성결교, 교리, 조례 제정 공포
	4월	이화학당 대학부를 이화여자전문학교로 개칭
		월간 『진생』 창간, 주간 유형기 목사
	6월	캐나다 연합교회 창설. 영(L. L. Young) 떠나고, 자유주의적인 스코트, 맥도널드, 바커 등 내한 선교
	6월	『천래지성』 창간, 주간 최태용
		성공회 수녀학원 설립
		민덕효 주교가 명의대주교로 승임
	7월	한국 79위 치명자(致命者) 시복식이 로마의 베드로 대성당에서 비오 11세 주례로 거행됨
		동아기독교 이창희, 박문기, 김이주, 윤학영, 길림에서 순교
1926		미국 오순절교회 선교 시작
		최태용의 무교회주의운동 전개
	2월	신흥우, 홍종숙 중심 기독교연구회 설립

	5월	성공회 정동교회당 축성
	9월	장로교총회 및 장감연합공의회 일본교회의 종교법안 입법 반대
1927	3월	이상재 서거
		구세군사관 잡지 『조선』 창간
	5월	토마스 목사 순교기념회 결성
		무교회주의 성서연구회 창립
		천주교 평양교구 설정
1928		세계선교협의회의 존 모트 박사 내한
		감리교 교육국 조직
		예루살렘 국제선교협의회에 정인과, 양주삼, 신흥우, 김활란 참석
	12월	『영과 진리』 창간, 주간 최태용
		장·감합동 『신정 찬송가』 발행
1929	2월	성결교회 제1회 년회 개최
	5월	전국내 기독교 유지들을 망라한 신우회 조직
	6월	『농민생활』 창간
	9월	조선예수교연합공의회에서 농촌사업협동위원회 설립
1930	2월	전국 교회진흥운동 전개
	5월	이승훈 서거
	7월	장로교 중앙신용조합 설립
		감리교에서 김정화를 일본 오사카(大阪)에 여선교사로 파송
		이용도 목사의 부흥회 전국에서 시작
	12월	조선 남북감리교년회 합동하여 '조선감리교회' 설립
		초대 총리사에 양주삼 목사
		『종교교육』(장로교) 창간
1931	6월	조선예수교서회 종로건물 낙성
		금강산 목사수양관 장로교에서 건립
	9월	천주교 조선교구 설립 백주년기념대회
1932	4월	감리교 남녀협성신학교를 통합, 감리회신학교로 발전
		평양에 토마스 목사 기념예배당 설립
		경성노회가 경기노회에서 분립, 회장 함태영
		월간 『신앙생활』 창간, 주필 김인서
	5월	조선기독교 절제운동회 창립

	6월	장로교 경북노회에 장로 김무원 노회장에 선출
	9월	감리교 김영학 목사 시베리아에서 순교
		조선예수교 연합공의회에서『사회신조』 채택
	10월	동아기독교의 김영진 목사, 김영국 장로 만주에서 순교
		원산신학산파의 접신극 창궐
		핸더슨 선교사 만주에서 순교
	12월	『종교시보』 창간
		『기독교보』, 허대전 발행으로 간행
		기독교 교육연맹 창립
1933	1월	민덕효 대주교 별세
	2월	기독교 총동원 금주단연 가두선전 대행진
	7월	전필순 목사 한국인으로 처음『기독신보』 사장 임명
		이용도 목사, 장로교와 감리교에서 각각 이단정죄, 10월 별세
		조선예수교회 설립. 대표 이호빈, 이종현, 백남주
		황국주 일행의 이른바 새 예루살렘 순례 시작
1933	7월	원산의 장로교 여신도 최영혜 외 110명, 함남노회에 여장로제 헌의, 9월 총회에서 비성서적이라 표결
		『면려회보』 창간
	12월	『감리교보』 창간, 주간 사월
1934		장로교에서『신편 찬송가』 발행.『신정 찬송가』와 분열
		유형기 목사 편『아빙돈 단권주석』 발행
		신사참배 거부로 목포 영흥중학교 폐쇄
1935		신사참배 문제 한국교회에 시련 가져오기 시작
	1월	장로교의 한경희 목사 북만에서 공산당에게 순교
		북만에서 현성원, 김동철, 변성옥 등 중심 교파연합의 '조선기독교회' 창설
	5월	이화여자전문학교 신 교사 봉헌
	9월	『기독신보』 예수교서회에서 이탈, 독립 운영
		장로교총회, 김춘배의 여권(女權) 문제, 김영주의 창세기 저작권 문제,『아빙돈 단권주석』을 이단으로 정죄
	11월	길선주 목사 별세
		평양기도단, 장로교에서 정죄
		경중노회, 경성노회에서 이탈

	12월	복음교회 창설, 초대 감독 최태용 목사
1936		감리교 선교50주년 기념비, 정동 제일교회에서 제막
		장·감 선교구역 철폐
		이원모 장로 주력으로 구약성서 개역(사역) 발행
	6월	CE 제1회 전국협의회 개최
		장로교, 여권 문제, 창세기 저작자 문제, 단권주석, 적극신앙단 문제로 총회 분열 위기, 광주총회의 시련
		안식교에서 서울 위생병원 설립
		하나님의 교회, 성결교에서 분열 설립
1937		월간『새사람』창간, 주간 전영택 목사
	3월	숭실전문, 숭실중학, 숭의여중의 경영 한국인에게 이관
		한국어의 사용을 총독부가 강력 금지함.
		장로교에서『표준성경주석』, 제1권 발행
	6월	서북계 기독교인을 망라한 수양동우회 사건으로 다수 구속
1937	7월	『기독신보』 폐간
	9월	장로교 총회, 조선예수교연합공의회 탈퇴와 농촌부 폐지
	10월	YMCA 농촌사업, 일제 탄압으로 중단
1938	3월	조선기독교회가 추진하던 '미성년자 금주금연법' 일본제국의회 통과, 칙령으로 발효
		흥업구락부사건, 경성계 Y지도자들 망라, 구금
		평양숭실전문학교, 신사참배 반대하고 폐쇄
	6월	농촌연구회사건으로 배민수, 유재기 및 주기철 구금
		YMCA 해체
		주일학교전국연합회 세계연맹에서 탈퇴
		기독교황도선양연맹 출현
	7월	조선기독교연합회 결성(조선예수교연합공의회 해체 후)
	9월	장로교 제27회 총회에서 신사참배 가결
		평양장로회신학교 폐쇄
	11월	감리교 김종우 감독 취임
1939	3월	조선신학원 기성회가 서울에서 김대현 장로, 차재명 목사 등을 중심으로 조직됨
	5월	김활란, 이화여자전문학교 교장에 취임

		변홍규, 감리교신학교 교장에 취임
	9월	국민정신총동원 조선예수교장로회연맹 결성
		감리교 김종우 감독 서거, 정춘수 감독에 임명
	10월	평양장로회신학교 재건
	11월	이화여자전문학교, 경성여자전문학교로 개칭
1940	2월	평양신학교 총독부 인가
	4월	조선신학원 경기도지사 인가로 승동교회에서 개교, 제1대 원장 김대현, 교수 김재준
		기독교인의 신사참배 반대로 대거 검거 시작
	5월	성결교회 성서학원, 성결교회 경성신학교로 개칭
	8월	국민정신총동원 기독교조선감리회연맹 조직
	9월	조선신학원장 김대현 서거로 윤인구 제2대 원장으로 취임
	11월	외국 선교사의 대거 강제 출국 시작
1941	1월	평북도 일부 교회에 주일 폐지 강요, 교회당을 가마니 공장으로 징용
1941	3월	반전(反戰)기도일 사건으로 외국 여자선교사들 검거
		조선예수교장로회 애국기 헌납기성회 조직
		감리교 각 년회 해산하고, 기독교 조선감리교단 조직
	6월	무기휴교(1940. 10. 3)에 들어갔던 감리교신학교 재개교, 교장 김인영
	10월	감리교의 『개혁안』 선언
		구세군, 구세단으로 변경
	12월	소위 대동아전쟁 발발
		천주교의 35인 신부 피검
1942		황도문화관 설립(상동교회에)
	3월	『성서조선』 사건, 김교신, 유달영, 노평구 등 검거
		총독부에서 전시 포교지침 하달
	4월	교단지 통합 『기독교신문』 창간, 사장 정인과
	6월	세브란스 의학전문학교를 아사히(旭)의학전문학교로 변칭
	8월	연희전문학교 적산 처리됨
	9월	외국 선교사 전원 출국
		한국인 최초의 천주교 주교 노기남 서울교구장 승좌
	10월	감리교단 변홍규 통리자로 임명

1943	4월	혁신교단 출현, 구약 대부분과 신약 및 찬송가의 일부 폐지가 강요됨
	5월	동아기독교, 안식교의 강제 해산 일본기독교 조선장로교단 조직(통리 김응순)
	10월	일본기독교 조선감리교단 조직(통리 정춘수)
	12월	성결교 강제 해산
1944	1월	『아이생활』 창간 감리교신학교를 황도정신교사연성소로 변형 강요
	4월	주기철, 이영한, 전치규, 최봉석 목사 등 순교 김교신 병사 연희전문학교를 경성공업전문학교로 개칭케 함 각지의 교회당, 성당을 군용으로 징발
1945		박관준 장로 순교
	7월	일본 기독교조선교단 결성하고 제 교파 강제 통합. 초대 통리에 김관식, 총무에 송창근
	8월	해방 남북한 교회의 재건운동 소위 출옥 성도들의 개혁안 제출 대구에서 최정원 목사 임마누엘신학교 설립 연희전문학교에 신학원 설립 성결교 재건총회
1945	9월	북한에서 한경직, 윤하영 중심으로 기독교사회민주당 창설
	11월	YMCA 재건
1946		감리교 부흥파 일부 연회 조직 침례교 재건회의 개최
	9월	경남노회에서 고려신학교를 설립(박윤선, 한상동) 평양에 감리교의 성화신학교 개교, 교장에 배덕영 목사 대구에서 10·1 폭동, 최문식 목사 적색분자로 피검 한상동 목사, 경남노회 탈퇴
	9월	한국기독교연합회 창립, 회장에 김관식 목사
1947		서울에 중앙신학교 개교, 초대 교장에 감리교를 이탈하여 '조선기독교회'를 만주에서 설립했던 변성옥 목사.
	4월	조선신학교 학생 일부가 김재준 교수의 신학교육을 비방하는 진정서를 총회에 제출

	11월	평양에 김화식, 고한규 중심으로 기독교 자유당 창당 직전 검거. 그 추진인사 40여 명 다 옥사, 행방불명
		북한교회, 주일 선거 문제로 박해당함. 김화식 목사 순교
		감리교 재건파 총회 개최, 초대 회장에 장석영 목사
1948	2월	대한신학교 설립, 교장 김치선.
		WCC, 창립총회(암스테르담)에 김관식, 엄요섭 참석
		고려신학교장 박형룡 목사 사임
1949		전필순, 정춘수, 김인선, 양주삼, 정인과, 김길창 목사가 반민족행위 친일자로 정부의 반민특위에 체포됨
	4월	감리교, 부흥, 재건파의 합동 성취,감독 김유순
		북한에서 기독교도연맹 총회, 회장에 김익두 목사(창립은 1946년)
		일본교회, 한국 NCC에 과거의 사죄를 내용으로 한 메시지 전달
1950		『합동찬송가』 발행
		장로교총회가 대구에서 모였으나 조선신학교, 고려신학교 문제로 정회
		6·25사변 발발. 송창근, 양주삼, 남궁혁, 박현명, 김유순 목사 등 납북
1950	12월	군종제도 창설
1951		한국신학대학, 문교부에서 대학 인가
		총회신학교 개교. 총회에서 조선신학교의 합법성 부인
		고려신학교파의 소위 고려파 장로회 분리
1952		NCC 전시대책위원회 결성
1953		소위 조선신학교파의 조신파, 기독교장로회로 분립
		한남대학교 설립
1954		한국신학대학에 대학원 설립
		세계기독교통일신령협회 조직, 대표 문선명
	6월	서울에 기독교 중앙방송국 개국
		통일교 문제로 연세대, 이화여대의 교수·학생 퇴직 퇴교처분
1955		『성서한국』 창간
	3월	감리교 호헌파(김응태 감독), 총리원파(유형기 감독)로 분열
		감리교에 전밀라 목사 안수로 한국 최초의 여목사 탄생
		해군본부 군인교회 헌당
		한국예수교전도관 조직 창설, 대표 박태선
		문선명, 풍기문란죄로 일시 구속

1956	5월	최찬영 목사, 김순일 목사 태국에 선교사로 파송
	12월	극동방송 개국
1957	1월	연희대학교와 세브란스의과대학 통합, 연세대학교로 출발
	8월	『기독교사상』 창간 통일교의 『원리해설』 발행
1958	1월	루터교 선교회 창립
	4월	그리스도신학대학 설립
	10월	한국대학생 선교회 창립 이화여자대학교에 기독교학과 설치 복원 그리스도의교회(몰몬교) 선교 시작
1959	3월	감리교, 호헌파, 총리원파 합동 실현, 감독 김종필
	9월	장로교, 합동, 통합 양파로 분열 통합파, WCC에서 탈퇴 부산 기독교방송국 개국
1960		예수회 경영의 서강대학교 창립 서울여자대학 창립 『크리스챤신문』 창간 박태선, 장면 정권에 의해 실형 언도받음 고신파, 예장합동파와 합동총회
1961		대한예수교 성경장로회 분립, 대표 김치선 목사 예수교성결교회 OMS에서 분리 성결교, 예수교파와 기독교파로 분열 신학론의 활발한 전개 시작
	10월	이화여자대학교 선교회에서 전재옥, 조성자, 김은자를 파키스탄 선교사로 파송
1962		광주 대건신학교(천주교)의 학생 모집
1963		KNCC 『에큐메니칼』지 창간 고신파, 예장합동파 각각 환원
1964		연세대학교 안에 교파합동의 연합신학대학원 설립 『복음신보』(용문산기도원 기관지) 창간
1965		전국복음화운동 창립 총회 크리스챤 아카데미 설립, 원장에 강원룡 목사

연도	월	내용
	5월	성공회 한국인 최초 주교 이천환, 서울교구장에 착좌
		성공회를 대한성공회로 개칭
		전국복음화운동 전개
	7월	성결교의 기독교파, 예수교파의 합동총회
		전국신학대학협의회(KAATS) 창립
		대한경목(警牧) 전국연합회 창립
		초동교회에서 최초의 신구교 합동예배 거행
		『교회연합신보』 창간
		크리스챤 아카데미 하우스 개원
1967		중앙 YMCA 회관 준공. 『개편 찬송가』 발행
		NCC, 6·8 선거사태에 대하여 성명서 발표
1968		NCC 주최로 전국기독교회의 에큐메니칼 일치주간 행사
		침례교의 두 총회가 합동하여 한국침례회로 발족
		대구 임마누엘교단이 예수교장로회에 귀속
1968	4월	김수환, 대주교로 승품, 서울대교구장에 착좌
		YMCA 시민논단 시작
1969		예수교장로회 통합측 WCC에 재가입
		NCC, 삼선개헌 발의에 반대성명 선언
		예수교장로회 합동측의 삼선개헌 지지 성명
		한국신학대학의 교수·학생, 학장 이여진 목사와 극한대결
		한국 교회 케냐 선교 시작
1970		한국신학대학 교수·학생 전원 사퇴, 김정준 목사 학장으로 취임. 수습 시작, 신학교육방침, 목회자 배출에 중점
		통일교 정통 시비 문제로 교회 내 한때 소란
		종로 5가에 기독교회관 낙성
		한국기독교협의회를 한국교회협의회로 기구 개칭
1971		신·구교 합동 성서번역 완성 간행(성서공회)
		이종성 목사 장로회신학대학 학장 취임
	9월	한국교회 인도네시아 선교 시작
1972	2월	감리교부흥전도단 창설
	4월	중부전선에서 3,478명 장병에 대한 최초의 합동세례식 거행
	10월	비상계엄령 선포
	12월	유신헌법 발포

1973	2월	종교단체에 대한 조세 부과 철폐 호소
	3월	장로교 재통합을 위한 합동파, 고신파의 대표 간담회
	4월	박형규, 권호경 목사 등 남산부활절 연합예배 행사시, 정부 전복 시도 시위 혐의로 구속
	5월	빌리 그래함 한국전도대회, 여의도에서 개최, 36,122명의 결신자
	6월	아세아(극동)방송국 개국
	7월	제1회 한일교회협의회, NCC 주최로 아카데미 하우스에서 개최 조용기 목사 제10차 세계오순절 대회 대회장
1974	1월	박정희대통령 긴급조치 발표 김경락 목사 등 긴급조치 위반으로 구속
	4월	KSCF의 전국민주청년학생총연맹 관련 혐의로 그 임원, 관계자 등 대거 검거, 기능 마비
	5월	한국기독교 전국청년연합회 협의회 발족
1974	7월	북한의 소위 조선기독교도연맹, WCC 가입신청, 기각
	8월	'엑스플로 74' 기독교 세계복음화 대회(여의도) 박대통령 영부인 육영수 여사 피격 별세
	10월	NCC, 교회여성연합회, 인권위원회 등 '언론자유수호선언'을 찬양 격려
	10월	감리교 갱신측 총회 분열(감독 마경일)
	11월	목사, 교수 등 66명, 한국 그리스도인의 신학적 성명 발표 한국교회사회선교협의회 설립 감리교 선교사 조지 오글 목사 정부 퇴거령으로 출국
1975	2월	장로교총회 종교 탄압 중지 요청 성명
	3월	기독교정의구현 성직자단 발족(8개 교단, 352명 서명)
	4월	김관석, 박형규, 조승혁, 권호경 목사 등 선교비 유용 혐의로 구속
	7월	기독교지도자협의회 결성
	8월	기독교 선교에 관한 『서울 선언』 발표
1976	3월	명동성당에서 구국선언문 발표 서울지검, 일부 재야인사들의 정부 전복 선동 사건(명동사건) 관련자 20명 적발을 발표, 이들을 대통령 긴급조치 위반 혐의로 입건 조향록 목사 한국신학대학장 취임
	5월	찬송가합동추진위원회 결성

	10월	NCC 주최, 선교자유연구협의회
1977	1월	방글라데시 의료봉사단 출국
	3월	명동사건 대법원 전원합의, 상고 기각, 형 확정
	5월	NCC 주최, 미군철수 반대 연합기도회
	8월	민족복음화성회 여의도에서
	10월	조선호텔에서 제1회 세계기독실업인대회
	12월	명동사건 관련 복역중이던 문익환 목사 등 5명 형집행 정지
1978	1월	기독교 대한감리회, 합동합의선언
	3월	NCC 6개 교단장, 정부의 산업선교 왜곡선전에 유감 표명 선언 청원공업전문대학 설립, 설립자 장종원
	5월	인명진 목사, 유신헌법과 긴급조치 위반 혐의로 구속
	9월	NCC, 산업선교신학 정립협의회에서 산업선교신학 선언문 제정
1978	10월	NCC 및 기독교지도자협의회에서 통일교문제 공동대책위원회 구성 박형룡 박사 별세 대한감리회 합동총회, 4부년회 감독 선출
1979	1월	NCC 6교단장 "통일교는 기독교가 아니다" 성명 남대문교회 통일교비판 강연 중, 통일교도들 난동
	7월	카터대통령 내한, 교계지도자와 환담 크리스챤 아카데미, 이우재, 한명숙 간사 등 공판
	8월	NCC, YH사건 성명, 다시 정부의 산업선교 왜곡보도 중지 요청 예수교장로교총회, "산업선교는 하나님의 명령" 성명 발표 구속자 석방 요구
	9월	세계개혁교회연맹 실행위원회 및 신학협의회 서울 개최
	10월	박정희대통령, 시해 서거 비상계엄령 선포
	12월	12·12 사태
1980	2월	총신대 학생들 개혁선언서 발표
	3월	감신대, 장신대, 한신대, 서울신대에 공동박사 과정 신설 NCC, 시국에 관한 대사회선언 발표 총신대 소요 극렬, 학장 사임, 이사 감금 상태
	5월	전국교회 광주사태 수습 기도회
	8월	감리교 서울년회 독립

	11월	무인가 신학교 정비안 결정
1981	2월	한국장로교 협의회 창립
	4월	한국 찬송가공회 발족
	8월	한국기독교지도자협의회 남북대화 촉구
	10월	조용기 목사 이단 시비 전국교회, 구속자, 사립학교법 개정, 해직 교수를 위한 특별기도회
1982	1월	한일교회협의회 개최 한국기독교백주년기념사업협의회 총회
	2월	NCC, 전국에 목회서신 발송
	7월	한국교회백주년기념관 기공 Y'S Men 세계대회 서울에서 개최
1982	9월	NCC, 일본의 역사왜곡사건에 성명 발표
	11월	숭전대, 대전 캠퍼스 분리, 한남대학교로
1983	3월	한일교회 공동위원회, 재일 교포 차별 대우 철폐 요구 기독교 세무대책협의회 창립
	5월	총신학원 설립, 초대 이사장 장종현
	12월	통일『찬송가』 발행
1984	1월	한국기독교사회문제연구원장 조승혁 목사와 이영희, 강만길 교수 등 고려연방제 찬양 등의 이유로 구속 문교부 무인가 신학교 자진 폐교 촉구
	2월	성공회 김성수 주교 착좌
	4월	보수교단,『찬송가』 별도 발행
	5월	로마교황 요한 바오로 2세 한국 방문 한국 순교복자 103위 모두 성인으로 시복 문선명, 미국연방법원에서 상고 기각, 18개월 징역과 25,000불 벌금형 확정
	7월	YWCA 가족법 개정안 국회 건의
	8월	한국기독교백주년 선교대회 ICCC, 서울에서 극동선교대회 개최
	11월	세계복음화 성회본부 창립
1985	1월	예수교장로회(통합) 인권위원회 설립 백낙준박사 서거, 사회장 거행
	3월	감리교, 농촌목회자선교협의회 창립

		YMCA에서 외채문제 해결을 위한 시민자구운동 전개
	5월	국제종교문제연구소장 탁명환 테러 치상
		로마교황청, 세계천주교회에 통일교와의 관계 단절 지시
	6월	한국기독교지도자협의회 단군 성전 문제대책협의회 조직
		아세아 기독교 언론인협회 창립
	7월	세계 YMCA 총무에 이수민 목사 임명
	10월	NCC, 미국 레이건 대통령에게 공개서한, 보호 무역 정책 시정 촉구
	11월	성서공회, 강남에 성서회관 준공
	12월	노신영 국무총리 단군 신전 조성계획 없다고 언명
1986	1월	한국교회 대표자들과 미국교회 대표자들이 샌프란시스코에서 남북한 통일을 위한 결의문 채택
		신·구교 일치 기도회가 성공회 서울 대성당에서 개최
	3월	한국기독교 100주년 기념탑 인천시 해안로에 건립
	4월	미국교회협의회(ANCC) 북한방문단 북한 방문
		종로 종묘 시민공원 안에 이상재 동상 제막
	5월	재일본 한국YMCA 창립 80돌 기념식 거행
	8월	아시아경기대회 선수촌 기독교관 개관
	9월	한국장로교협의회 노도사 수세 100주년 기념 연합성찬예배 및 강연회 개최
	10월	한국기독교 선교기념관 준공예배, 양화진 외국인묘지에서 거행
1987	1월	김재준목사 숙환으로 한양대 병원에서 영면
	4월	광혜원, 연세대학교 구내에 복원 봉헌
	5월	제14회 순복음세계선교대회 여의도 순복음교회에서 개최
	6월	대학생성경읽기대회(UBF), 87세계선교 보고대회 개최
	7월	한국 성서 찬송가 100주년 전시회 개최
	9월	주기철목사 순교기념비 개막예배 경남 웅천교회에서 거행
	11월	민족복음화 서울대회 한국기독교 100주년기념관에서 개최
1988	5월	문교부에 의해서 종교 과목을 교양필수과목으로 하는 교육과정의 개정 이루어짐
	8월	88세계복음화 대성회가 "성령의 불길을 온세계로"라는 주제하에 열림
	9월	88올림픽 서울대회 기념 세계스포츠선교대회 열림
		세계 YMCA 사회체육협의회 서울에서 개최
	10월	재일 대한기독교회 창립 80주년 기념예배 동경에서 개최

	11월	남북한 기독교지도자 제2차 회의 스위스 글리온에서 열림
	12월	『국민일보』 창간
1989	2월	재야 운동가 함석헌 별세
	3월	3·1 운동 70주년기념 민족평화를 위한 종교인대회 전국민족민주운동연합 문익환 목사 평양 방문
	8월	미스바 대각성성회 "천만성도여 나라를 지키자" 주제로 개최 세계개혁교회연맹(WARC) 제22차 총회 서울에서 개최
	11월	한국기독교순교자 기념관 경기도 용인시 내사면 추계리에 준공
	12월	기독교 한국침례회 한국 선교 100주년 기념감사예배 거행 보수계 한국기독교총연합회 창립
1990	3월	정의 · 평화 · 창조 · 질서의 보전(JPIC) 세계대회 서울 개최
	4월	한국 천주교회 평화방송(PBC) 개국
	7월	한국기독교 100주년기념사업회와 서울 외국인연합회가 양화진 외국인 묘지 개설 100주년 기념예배
	8월	한국기독교협의회(KNCC) 평양 봉수교회에서 남북통일 공동 기도주일 예배 43개 교단 공산권 성경보내기 운동본부 발족예배
	9월	대한성공회 선교 100주년 기념 대미사 거행
1991	5월	다미선교회 이장림 목사 광주 실내체육관에서 1992년 10월에 휴거 예언
	6월	세계선교협의회(CWM) 서울대회 및 총회개최 한국교회 처음으로 러시아교회 공식 초청을 받고 교계인사 20명 방소 예수교 대한하나님의성회 교단이 헌법개정 문제로 여의도교회 계열과 안양 남부교회 계열로 분열
	7월	태국 경찰이 문선명 씨 부부에 대하여 범죄 선동 등의 협의로 구속영장 신청 구세군 대한본영이 동양구세군사관학교 유치
	8월	기독교대한성결교회 제1회 세계선교대회 서울에서 개최
	9월	예장 통합 제76회 총회 여성 안수 부결 일본 그리스도교단 신사참배 강요 공식사죄방문단 내한 소망교회 곽선희목사 개인 자격으로는 최초로 북한에 들어가 봉수교회에서 설교
	11월	손양원 목사 순교기념관 기공예배 통일교 문선명 부부와 박보희 세계일보사장이 북한정부의 공식 초청으로 방북
	12월	아시아여성인권협의회(AWHRC) 서울에서 창립총회
1992	3월	교육부 수도권지역 19개 무인가 신학교 폐쇄명령

	4월	기독교 대한감리회 서울연회 재판위원회에서 변선환, 홍정수 두 교수가 교단 재판사상 최고형에 해당하는 출교 구형
	5월	영락교회 한경직 원로목사 템플톤상 수상
	6월	기독교 대한 하나님의성회 교단통합
		여의도 순복음교회 소련선교회와 모스크바 복음주의선교회가 공동으로 모스크바 대성회를 크렘린 광장에서 개최, 4만여 명 운집
		조용기 목사 세계 하나님의 성회 총재(2000년까지)
	8월	대검찰청 시한부 종말론 실태 파악조사 착수
		뉴욕타임즈, 세계 50대 대형교회 중 한국교회 22개 교회라 보도
	12월	북한에 두 번째로 개신교 교당 칠곡교회 헌당예배 거행
1993	1월	소말리아에 "사랑의 쌀" 전달
	2월	표준 새번역 성경 출간
		한국 NCC 교회일치위원회 창설
	4월	NCC 인권위원회 결성
		남북교회 처음으로 부활절 공동예배 거행
	5월	순교자 손양원목사 기념관 완공
		장로교 일치를 위한 연합예배 모임 개최
	7월	NCC에 민족의 화해와 통일을 위한 종교인협의회 창립
	8월	세계복음화와 청소년 선교를 위한 엑스플로 93 여수 캠프
		남북 통일을 위한 인간 띠잇기 48km 거행
	9월	예장 통합총회 여성 안수 헌의 기각 결의
		금융실명제에 대한 총회지침 확정
		한·중간 첫 교회협의회 개최
	10월	조용기 목사 사이비 문제 논란
	12월	한국교회협의회 사형제도폐기위운회 조직
1994	1월	문익환 목사 별세
		빌리 그래함 목사 평양에서 집회 및 김일성 면담
	2월	UR 재협상 요구 및 개방 압력 철회를 위한 교회모임 개최
		국제종교문제연구소 탁명환 소장 괴한에 피살
		조용기 목사 인도 마드라스 집회에 200만 명 운집
	3월	표준 새번역 성경 보급 중단 결정
	4월	아시아기독교교회협의회(CCA) 아시아선교대회 개최

		월드비전 북한 지원사업 추진 시작
		한국이웃사랑협의회 북한지원사업 시작
	5월	이단사이비 공동 대처를 위한 장로교 5개 교단 협의
	6월	이기풍목사선교기념관 제주도에 기공
	7월	김일성 사망
		서울교회 연례 국제 KIMCHI 세미나 시작
	9월	예장 통합측 총회 여성 안수 결의
		세계 하나님의성회 주최로 서울에 125개 국 3천여 명 내한하여 세계기도대회 개최
	12월	청소년 전용 찬송가 출판
1995	2월	'제암리교회 사건' 일본 역사교과서에 수록
	3월	월드비전 북한 양곡지원사업 추진 합의
	4월	예장 통합측 '여성 안수' 노회 수의 결과 압도적으로 가결
		통일교 폐해에 대한 한·일 교회 공조 성명발표
	5월	교회, 군목 정원 감축에 대하여 대통령에게 시정 건의
		세계개혁교회연맹(WARC) 동북아지역협의회 창립
		한국기독교총연합회 북한교회재건운동 시작
	7월	세계 YWCA 1백주년 기념대회 서울에서 개최
	8월	미국 신시내티에서 남·북교회 대표 광복50주년 기념 통일을 위한 모임 개최
		WCC 총무 콘자르 라이지 박사 내한
		한국콤퓨터선교회(KCM) 발족
	9월	여전도회 전국연합회 창립 100주년 사업 개최
	10월	한국기독교총연합회 배아줄기세포 성체줄기세포연구로 대체 요구
	12월	기독교 TV방송 시작
1996	4월	기독교 하나님의성회 NCC가입
		신·구교 공동번역 성서 간행
	5월	순교자 주기철 목사 기념 연례 정기강좌 시작
	8월	통일교 천안 유관순체육관에서 합동결혼식, 3000여 쌍 참석
		서울외국인근로자선교회 창설
	10월	한국교회사학연구원 주최 "한국교회 10대 설교가 연구" 공개강좌 시작. 첫 연구발표 대상자 조용기 목사
		조현주 장로 성경100독 사관학교 개교

	12월	기독신학대학원대학교, 천안대학교로 인가, 총장 장종현
1997	1월	유진 벨 재단의 인요한 북한에 5천만 원 상당 앰뷸런스 전달차 방북, 향후 계속 방북
	5월	기독교환경운동연대 1997년 "환경주일 선언"
	6월	사단법인 한국교회사학연구원 창립
	9월	조용기 목사 브라질 상파울로 집회에 150만 명 운집
	11월	성서공회 개역개정판 성서 간행
	12월	한국기독교인터넷방송 C3TV 개국 성산효도대학원대학교 설립 김대중 대통령 당선
1998	5월	캐나다 한국 선교 100주년 기념식 터론토에서 거행 NCC회장에 기독교대한하나님의성회의 최성규 목사 취임
	7월	NCC와 한국기독교총연합회 통합 논의 시작
	9월	세계 오순절 대회 10만여 명 참가
	11월	기독교화장장려운동본부 발족 한국기독교목회자협의회 창립
	12월	침례역사자료실 침례신학대학교에 설립
1999	4월	서울 YMCA에 월남시민문화연구소 개소식 및 기념세미나
	11월	재일본 한국 YMCA 부채 문제 완전 해결
2000	8월	서울 YMCA 몽골 YMCA 창립위원회에 지원금 전달
	11월	KNCC 한국신학선언문 발표
2001	5월	서울 YMCA 몽골 울란바토루 YMCA 창립
	11월	한영제 장로 이천에 기독교박물관 개관
	12월	영락교회 한경직목사 사이버기념관 개관
2002	8월	조용기 목사 나이제리아 집회에 2백만 명 운집
	12월	여의도순복음교회 교인 지성전 포함 88만 명 돌파 한국 개신교 교세 현재: 중요 27 교단의 교회수 46,936, 목사 60,330명, 교인 6,672,000명
2003	10월	연세대학교 구내 언더우드 구 사택에 언더우드박물관 개관
	12월	현재 세계에 흩어진 한국인 선교사 110,614명

참 고 문 헌

1. 한국사와 한국교회사 관계

加藤房藏, 朝鮮騷擾の眞相, 서울: 京城日報社, 1920.
강동진, 일제의 한국침략정책사, 서울: 한길사, 1980.
京畿道教育及宗教要覽, 1926, 1938.
高等警察關係年表, (極秘)(日文), 朝鮮總督府 警務局, 1929, 影印本.
高等警察要史(日文), 民族運動史資料 I, 1967, 影印本.
구한국외교문서, 고려대학교 아세아문제연구소, Vol. X, XI, XII.
김병철, 한국근대번역문학사연구, 서울: 을유문화사, 1975.
金(市川)正明(編), 朝鮮獨立運動 I-III, 明治百年史叢書, 東京: 原書店, 1967.
金正明(編), 日帝外交資料集成, 東京: 巖南堂書店, 1963.
김성식, 일제하 한국학생독립운동사, 서울: 정음사, 1974.
다카하시(高橋濱吉), 朝鮮教育史考, 京城: 帝國地方行政學會 朝鮮支部, 1927.
다호바시(田保橋潔), 朝鮮政治史論考(遺稿), 서울: 成進文化社, 1972.
독립운동사자료집(I-V卷), 서울: 독립운동사편찬위원회, 1977.
문일평, 한미오십년사, (이광린 교주), 서울: 탐구당, 1975.
문정창, 군국일본조선강점삼십육년사, 서울: 백문당, 1966.
박은식, 한국독립운동지혈사, 서울신문사, 1946.
박은식, 한국통사, 하와이: 권업동맹단, 1917.
손인수, 한국근대교육사, 서울: 연세대학교 출판부, 1971.
승정원일기.
아카시(明石博隆), 松浦總三(編), 昭和特高彈壓史, 朝鮮人に對する彈壓, 上, 中, 下(6,

7, 8), 東京: 太平出版社, 1976.
오재식(편), 민족대표삼십삼인전, 서울: 동방문화사, 1959.
유길준전서(1-5권), 유길준전서편찬위원회, 서울: 일조각, 1971.
윤경노, 105인사건과 신민회 연구, 서울: 일지사, 1990.
이광린, 한국개화사연구, 서울: 일조각, 1969.
이광수, 민족개조론, 제17권, 서울: 삼중당, 1962.
일성록.
日本國會圖書館 憲政資料室 資料(朝鮮統治關係).
日韓合邦秘史, 黑龍會 編, 上, 東京: 原書店, 1966.
임종국, 친일문학론, 서울: 평화출판사, 1966.
정 교, 대한계년사, 국사편찬위원회, 1957.
朝鮮高等警察關係年表, 朝鮮總督府 警務局, 1915.
朝鮮王朝實錄, 正祖, 高宗, 純宗.
朝鮮の統治と基督教, 朝鮮總督府, 1921.
朝鮮在留歐美人調査錄(1907-1942), 서울: 영신아카데미, 한국학연구소, 1981.
朝鮮總督府, 近代日朝關係の硏究, 서울(京城): 朝鮮中樞院, 1938.
주요한, 안도산전서, 서울: 三中堂, 1963.
한국독립운동사, 국사편찬위원회, 권 1, 2, 3, 4, 5.
한국독립운동사, 서울애국동지원호회, 1956.
한국문화사대계(Ⅰ, Ⅳ), 고려대학교 민족문화연구소, 1962.
한국사, 현대편, 진단학회 편, 서울: 을유문화사, 1964.
韓國人獨立鬪爭秘史(鮮人, 騷擾觀), 朝鮮總督府 警務局(1920), 서울: 成進文化社(影印本), 1975.
홍상표, 간도독립운동소고, 평택: 한광중고등학교, n.d.,(서문-1966).
홍이섭, 한국정신사서설, 서울: 연세대학교 출판부, 1975.
황 현, 梅泉野錄, 서울: 국사편찬위원회, 1971.

2. 한국기독교회사

강근환, 한국교회의 형성과 그 요인의 역사적 분석, 대한기독교서회, 2004.

강위조, 일본통치하 한국의 정치와 종교, 서울: 대한기독교서회, 1977.
곽안련(편), 장로교회사전휘집, 서울: 조선야소교서회, 1918.
구라타(藏田雅彦), 天皇制と韓國キリスト教, 東京: 新教出版社, 1991.
奇怡富, 그리스도교회사기, 上, 下, np., nd.
기 일, 누터기교긔략, 황셩: 광학셔포, 1908.
길선주목사설교, 약전집, 강대보감, 다니엘 사경안, 서울: 혜문사, 1977.
김경래, 사회악과 사교운동, 서울: 기문사, 1957.
김광수, 한국기독교순교사, 한국교회사연구원, 1979.
김광수, 한국기독교전래사, 서울: 기독교문사, 1976.
김광수, 한국민족기독교백년사, 서울: 기독교문사, 1978.
김광우, 한국감리교회백년, 서울: 전망사, 1990.
김교신신앙저작집, 서울: 김교신저작간행회, 1965, 1966, 1970.
김남식, 한국기독교면려운동사, 서울: 성광문화사, 1979.
김덕한, 한국교회교단형성사, 서울: 청원문화사, 1985.
김득황, 한국사상사, 서울: 남산당, 1958.
김득황, 한국종교사, 서울: 해문사, 1963.
김명구, 월남 이상재의 기독교사회운동과 사상, 서울: 시민문화, 2003.
김성준, 한국기독교순교사, 서울: 한국교회교육연구원, 1981.
김성호, 한국성결교회사, 기독교 대한성결교회, 1992.
김수진, 한인수, 한국기독교회사(호남편), 대한예장회총회 교육부, 1979.
김수진, 한일교회의 역사, 서울: 대한기독교서회, 1989.
김수진, 호남 기독교100년사, 서울: 쿰란출판사, 1998.
김승태, 박해인 엮음, 내한선교사총람 1884-1984, 자료총서 제18집, 한국기독교역사연구소, 1994.
김승태 편역, 일제강점기 종교정책사 자료집, 기독교 편, 1910-1945, 한국기독교역사연구소, 1996
김양선, 한국기독교해방십년사, 서울: 대한예장회총회 종교교육부, 1956.
김양선, 한국기독교사연구, 서울: 기독교문사, 1971.
김영국, 북한 종교 말살의 진상, 서울: 백합출판사, 1979.
김영의, 좌옹 윤치호선생약전, 서울: 기독교조선감리회 총리원, 1934.
김용해, 대한기독교침례회사, 서울: 대한침례회총회, 1964.

김호용 편, 대한성서공회사, 서울: 대한성서고회, I, 1993; II, 1994.
김원모, 알렌의 일기, 구한말 격동기비사, 서울: 단국대학교 출판부, 1991.
김익두목사설교집(1940년 원판)(영인본), 서울: 성광문화사, 1976.
김인서저작전집(1-5권), 서울: 신망애사, 1976.
김인서, 한국교회순교사와 그 설교집, 부산: 신앙생활사, 1962.
김인수 편, 사료 한국신학사상사, 장로회신학대학교 출판부, 2002.
김인수, 한국기독교회사, 서울: 장로교출판사, 1994.
김인수, 한국기독교회의 역사, 장로회신학대학교 출판부, 1997.
김정순, 한국기독교여성운동사, 장로교 전국여전도회 연합회, 1990.
김정현, 한국의 첫 선교사: 존・로스, 대구: 계명대학교 출판부, 1982.
김진형, 수난기 한국감리교회 북한교회사 1910-1950, 기독교 대한감리회 홍보출판국, 1999.
김춘배, 한국교회수난사화, 서울: 성문학사, 1969.
김충남, 순교자 주기철 목사 생애, 서울: 백합출판사, 1971.
김해연, 한국기독교회사, 서울: 성지출판사, 1999
김홍기, 미주한인감리교회백년사, 기독교 대한감리회 홍보출판국, 2003.
김흥수, 해방후 북한 교회사, 서울: 다산글방, 1992.
김흥수 엮음, 일제하 한국기독교와 사회주의, 한국기독교역사연구소, 1992.
대한기독교서회약사, 서울: 대한기독교서회, 1960.
대한예수교장로회총회 창립오십주년약사, 대한예수교장로회, 오십주년기념대회, 1962.
대한황성종로기독교청년회, 1908.
도히(土肥昭夫), 日本プロテスタント・キリスト教史, 東京: 新教出版社, 1980.
로데스, 해리 A. 죠션기독교략사, 경성: 조선야소교서회, 1933.
로해리, 조선긔독교약사, 서울: 조선예수교서회, 1937.
류금주, 이용도목사의 신비주의와 한국교회, 대한기독교서회, 2005.
마포삼열박사전기, 대한예수교장로회 총회교육부, 1973.
미야타(宮田節子), 朝鮮民衆と皇民化政策, 東京: 未來社, 1988.
민경배, 새문안교회 85年史, 서울: 새문안교회, 1973.
閔庚培, 韓國キリスト教史, 東京: 日本基督教團出版局, 1974.
민경배, 한국민족교회형성사론, 서울: 연세대학교 출판부, 1974.
민경배, 한국크리스챤아카데미십년사, 서울: 삼성출판사, 1975.
민경배, 교회와 민족, 서울: 대한기독교출판사, 1981.

閔庚培, 韓國キリスト教會史, 東京: 新教出版社, 1981.
민경배, 대한예수교장로회백년사, 대한예수교장로회총회, 1984.
민경배, 순교자 주기철 목사, 서울: 대한기독교출판사, 1985.
민경배, 한국기독교사회운동사, 서울: 대한기독교출판사, 1987.
閔庚培, 神の榮光のみ, 東京: すぐ書店, 1989.
민경배, 일제하한국기독교 민족・신앙운동사, 서울: 대한기독교출판사, 1991.
민경배, 알렌의 선교와 근대한미외교, 서울: 연세대학교 출판부, 1991.
민경배, 주기철, 서울: 동아일보사, 1992.
민경배, 한국교회찬송가사, 연세대학교 출판부, 1997.
민경배, 역사와 신앙, 연세대학교 출판부, 1998.
민경배, 월드비전 한국50년운동사, 한국 월드비전, 2001.
민경배, 정인과와 그 시대, 한국교회사학연구원, 2002.
민경배, 서울YMCA운동 100년사, 서울YMCA, 2004.
박명수, 초기한국성결교회사, 대한기독교서회, 2001.
박명수, 한국성결교회의 역사와 신학, 서울신학대학교 출판부, 2004.
박용규, 한국교회 인물사, 서울: 신망애사, 1961.
박용규, 평양 대부흥운동 1901-1909, 서울: 생명의 말씀사, 2000.
박용규, 한국기독교회사, I, 서울: 생명의 말씀사, 1904.
박정규, 대구지방교회사, 대한예수교장로회 출판부, 2003.
박종현, 기독교문화유산을 따라서, 서울: 신앙세계, 2004.
박종현, 일제하 한국기독교의 신앙구조, 서울: 한들, 2004.
박형우, 제중원, 서울: 몸과 마음, 2002.
방기중, 배민수의 농촌운동과 기독교사상, 연세대학교 출판부, 1999.
배가례, 성결교회여성사, 기독교성결회 출판부, 1987.
백낙준, 元杜尤박사소전, 서울: 연세대학교, 1959.
백종구, 한국초기 개신교 선교운동과 선교신학, 한국교회사학연구원, 2002.
변종호, 이용도목사의 일기, 서울: 심우원, 1966.
변종호, 이용도목사의 서간집, 서울: 심우원, 1958.
변종호, 이용도목사전, 서울: 심우원, 1958.
변종호, 한국기독교회사(개요), 서울: 심우원, 1959.
베어드, 리챠드, 김인수 옮김, 배위량박사의 한국 선교, 서울: 쿰란출사, 2004.

부두일(W. R. Foote), 깅졍교슈긔, 경성: 조선 야소교서회, 1913.
브라운, 아더 J., 김인수 역, 한중일 선교사, 서울: 쿰란출판사, 2003.
사에키(佐伯好郎), 景教の研究, 東京, 東方文化學院 東京研究所, 1935.
사와(澤正彦), 南北朝鮮キリスト教史論, 東京: 日本基督教團出版局, 1982.
새문안교회100년사, 대한예수교장로회 새문안교회 역사편찬회, 1995.
서명원, 한국교회성장사, 이승익 역, 서울: 기독교서회, 1966.
서정민, 교회와 민족을 사랑한 사람들, 서울: 기독교문사, 1990.
서정민, 한일기독교관계사연구, 대한기독교서회, 2002.
서정민, 제중원과 초기 한국 선교, 연세대학교 출판부, 2003.
서정민 편역, 한국과 언더우드, 서울: 한국기독교역사연구소, 2004.
선교七O주년기념설교논문집, 서울: 기독교서회, 1955.
성결교회 인물전, 제1집, 성결교회 역사와 문학연구회 편, 서울: 일정사, 1990.
송길섭, 한국신학사상사, 서울: 대한기독교출판사, 1987.
송상석, 한국절제교육연구사료집, 서울: 성광문화사, 1979.
송창근(만우)전집, I. II. 만우송창근목사기념사업회, 2000.
순교 여교역자, 순교자 기념사업회, 서울: 기독교서회, 1975.
스왈론, W. L., 교회사기, 서울: C.L.S., 1914.
신광철, 천주교와 개신교-만남과 갈등, 한국기독교역사연구소, 1998.
神社問題とキリスト教(日本近代キリスト教史資料集) I, 戶村政博 編, 東京: 新教出版社, 1976.
アジアにおけるキリスト教比較年表(1792-1945), 東京: 國際基督教大學 アジア文化研究所 編, 創文社, 1983.
언더우드 자료집 I, 이만열, 옥성득 편역, 연세국학총서 48, 연세대학교 출판부, 2005.
언더우드목사의 선교편지, 김인수 옮김, 장로회신학대학교 출판부, 2002.
연세국학연구사, 연세대학교 국학연구원 편, 연세국학총서 50, 연세대학교 출판부, 2005.
안광국, 한국교회선교백년비화, 대한예수교장로회 총회교육부, 1979.
안수훈, 한국성결교회성장사, 기독교 미주 성결교회 출판부, 1983.
안용준, 태양신과 싸운 이들, 서울: 세종문화사. 1972
알렌, 조선견문기(신복룡 역), 서울: 박영사, 1979.
양전백(편), 평양전도회사기, 평북선천: 야소교회당, 1909.
양주삼, 조선남감리회삼십년기념보, 조선남감리교회 전도국, 1926.

양주삼, 총리사저작전집, 한국남감리교사학회, 전오권, 1991.
엄요섭, 한국기독교육사소고, 서울: 대한기독교교육협회, 1959.
여선교회육십년사, 서울: 대한감리회총리원 부녀국, 1966.
오다(織田楢次), チゲツクン, 朝鮮・韓國人傳道の記錄, 東京: 日本基督教團出版局, 1978.
오영필, 성결교회수난기, 서울: 기독교대한성결교 출판부, 1971.
吳允台, 日韓キリスト教 交流史, 東京: 新教出版社, 1973.
오윤태, 한국기독교사(경교사편), 서울: 혜선문화사, 1973.
오윤태, 한국기독교사(개신교전래사), 서울: 혜선문화사, 1983.
王吉志(E. Engel), 更正後史記, 평양: 야소교서원, 1915.
원리해설, 서울: 통일교회, 1962.
유동식, 한국신학의 광맥, 서울: 전망사, 1982.
유동식, 재일본 한국기독교청년회사, 동경: 한국기독교청년회, 1990.
유동식, 하와이의 한인과 교회-그리스도교 연합감리교회 85년사, 하와이, 그리스도교한인연합교회, 1988.
유동식, 한국감리교회의 역사 1884-1992, I. II, 기독교대한감리회, 1994
유영열, 개화기의 윤치호연구, 서울: 한길사, 1985.
윤경노, 한국근대사의 기독교사적 이해, 서울: 역민사, 1992.
윤경로, 105인사건과 신민회연구, 서울: 일지사, 1990.
윤재수, 한국 장로교회 부흥운동사, 부산: 성문출판사, 1981.
윤춘병, 한국기독교 신문・잡지백년사, 서울: 대한기독교출판사, 1984.
윤치호일기 Ⅰ, 한국사료총서 제19, 국사편찬위원회, 서울: 탐구당, 1973, Ⅱ, 1974, Ⅲ, 1974, Ⅳ, Ⅴ, 1975.
이광린, 초대 언더우드 선교사의 생애, 서울: 연세대학교 출판부, 1991.
이능화, 조선기독교급외교사(영인본), 서울: 학문관, 1968(원판 1925).
이덕주, 한국 그리스도인의 개종 이야기, 서울: 전망사, 1990.
이덕주, 한국 감리교 여선교회의 역사, 기독교 대한 감리회 여선교회 전국연합회, 1991.
이덕주, 초기한국 기독교사연구, 서울: 한국기독교역사연구소, 1995.
이덕주, 조이제 엮음, 한국그리스도인들의 신앙고백, 서울: 한들, 1997.
이덕주, 한국토착교회 형성사 연구, 한국기독교역사연구소, 2000.
이만열, 한말 기독교와 민족운동, 서울: 보성, 1981.
이만열(편), 한국기독교와 민족운동, 서울: 보성, 1986.

이만열, 한국기독교문화운동사, 서울: 대한기독교출판사, 1987.

이만열, 한국기독교와 민족의식, 서울: 지식산업사, 1991.

이명직, 조선야소교 동양선교회성결교회약사, 서울, 1929.

이상규, 부산지방 기독교전래사, 부산, 글마당, 2001.

이상재(월남)선생약전, 갈홍기(편), 대한민국: 공보실, 1956.

이성삼, 감리교와 신학대학사, 서울: 한국교육도서출판사, 1977.

이성호(편), 한국신앙저작집, 서울: 혜문사, 권 2, 1969, 권 3, 1970.

이영린, 한국재림교회사, 서울: 시조사, 1965.

이영린, 한국재림교회사연구, 서울: 선명문화사, 1968.

이영헌, 한국기독교사, 서울: 컨콜디아社, 1978.

이우정・이현숙, 여신도회 60년사, 한국기독교 장로회 여신도회 전국연합회, 1989.

이원화, 서울 YWCA 五十년사, 서울: YWCA, 1976.

이이누마(飯沼二郎), 日本帝國主義下の朝鮮傳道, 東京: 日本基督教團 出版局, 1985.

李仁夏(等), 三・一運動と提岩里事件, 東京: 日本基督教團出版局, 1989.

이재원, 대구장로교회사연구, 대구, 도서철판 사람, 1996.

이재정, 대한성공회 백년사(1890-1980), 서울: 대한성공회 출판부, 1990.

이중태, 한국교회음악사(개신교 편), 서울: 예찬사, 1992.

이천영, 성결교회사, 대한성결교회, 1970.

이호운, 한국교회초기사, 서울: 기독교서회, 1970.

日本基督教團史, 東京: 日本基督教團史編纂委員會, 1967.

임영섭, 한국기독교순교자(100인 전기), 서울: 양문, 1991.

장규식, 한국기독교민족주의연구, 서울: 혜안, 2001.

장로회신학대학교100년사, 장로회신학대학교100년사 편집위원회, 2002.

장정심, 조선기독교오십년사화, 서울, 1934.

장희근, 한국장로교회사, 서울: 아성출판사, 1970.

장형일, 한국구세군사, 서울: 구세군 대한본영, 1975.

戰時下抵抗の研究 Ⅰ, Ⅱ, 同志社大學 人文科學研究所篇, 東京: みすず書房, 1968(Ⅰ), 1969(Ⅱ).

전용복, 한국장로교회사, 서울: 성광문화사, 1980.

전택부, 토박이 신앙고백, Ⅰ, 대한기독교출판사, 1977, Ⅱ(1982), Ⅲ(1992).

전택부, 한국 기독교청년회 운동사, 서울: 정음사, 1978.

전택부, 한국 에큐메니칼 운동사, 서울: 한국기독교 교회협의회, 1979.
전택부, 한국교회발전사, 서울: 대한기독교출판사, 1987.
정성구, 한국교회설교사, 서울: 총신대학출판부, 1986.
정인과, 조선야소교장로회사, 서울: 총회사무소, 1940.
조병호, 한국기독교 학생운동 100년사, 서울: 땅에 쓴 글씨, 2005.
조선예수교장로회사기(上), 차재명(편), 서울: 신문로교회당, 1928.
조선예수교장로회사기(下), 한국교회사학회 편, 1968.
조선제종교, 경성: 조선흥문회, 1922.
종교법인단체일람표, 문화공보부, 1974.
종교편람, 문화공보부, 1969.
주선애, 장로교 여성사, 예수교 장로회 여전도회 전국연합회, 1979.
지명관, 한국인과 기독교, 서울: 대한기독교교육협회, 1969.
池明觀, 韓國近代史と教會史, 東京: 新教出版社, 1975.
지명관, 小川圭治, 한일 그리스도교 관계사자료, 김윤옥・손규태 역, 서울: 한국신학연구소, 1990.
채기은, 한국교회사, 서울: 예수교문서선교회, 1980.
채필근(편), 한석진목사와 그 시대, 서울: 기독교서회, 1971.
최봉기, 말콤 C. 펜윅 - 한국기독교 토착화의 거보, 서울: 요단출판사, 1996.
최 훈, 한국교회박해사, 서울: 예수교문서선교회, 1979.
탁명환, 한국의 신흥종교(기독교편 상권), 서울: 성청사, 1972.
탁명환, 기독교이단연구, 서울: 한국종교문제연구소, 1987.
하나님의 성회 교회사, 순복음교육연구소(편), 서울: 서울서적, 1987.
학생신앙운동 20년사, 신앙운동20년사 편집위원회, 전국학생신앙운동, 1971.
한국감리교회사, 서울: 기독교대한감리회 총리원교육국, 1975.
한국감리교회성장백년사, Ⅰ, Ⅱ, 한국감리교회사학회(편), 감리교본부 교육국, 1987.
한국기독교 100년사, 한국기독교장로회 역사편찬위원회, 1992.
한국기독교의 역사, Ⅰ, Ⅱ, 한국기독교사연구회, 서울: 기독교문사, 198, 1991.
한국기독교장로회오십년약사, 한국기독교장로회, 1965.
한국영남교회사, 영남교회사편찬위원회, 1987.
한국 YWCA 반백년, 서울: 대한YWCA연합회, 1976.
한국 YMCA 운동사, 서울: 대한YMCA연맹, 1986.

한국 Y'S맨사, 국제 Y'S맨 한국협의회, 1985.
韓晳曦, 日本の朝鮮支配と宗教政策, 東京: 未來社, 1988.
韓晳曦, 日帝下 朝鮮の神社參拜强要と基督教の抗拒, 大阪: 青丘文庫, 1982.
한석원(편), 종교계제명사강연집, 경성: 활문사, 1921.
한영제, 한국기독교 문서운동 100년, 서울: 기독교문사, 1987.
한영제, 한국기독교 사진 100년, 서울: 기독교문사, 1987.
한영제, 한국기독교 인물 100년, 서울: 기독교문사, 1987.
한영제, 한국기독교 정기간행물 100년, 서울: 기독교문사, 1987.
한영제, 한국 성서, 찬송가 100년, 서울: 기독교문사, 1987.
허긴, 한국침례교회사, 침례회신학대학교 출판부, 1999.
함석헌, 성서적 입장에서 본 한국역사, 서울: 신생사, 1961.
희년기념설교집, 경성: 조선기독교서회, 1940.
홍연호, 한말의 기독청년운동사, 대한예수교장로회 총회교육부, 1976.

3. 한국천주교회사

Catholic Korea, 김창문 · 정재선 편, 서울: 가톨릭 코리아사, 1964.
구스노타(楠田斧三郎), 朝鮮天主教小史, 釜山, 1935.
김구정, 성웅 김대건전, 서울: 경향잡지사, 1961.
김구정, 한국순교사화 Ⅰ, Ⅱ, Ⅲ, Ⅳ, 서울: 가톨릭출판사, 1976.
나가야마(永山時英), 增訂, 切支丹史料集, 長崎: 對外史料寶鑑刊行會, 1927.
달레, 샤를르, 조선교회사서설(정기수 역), 서울: 탐구당, 1966.
로네, 아드리엥(Adrian Launay), 한국칠십구위순교복자전(안응렬 역), 서울: 경향잡지사, 1957.
邪學懲義, 한국교회사연구소(편), 서울: 한함문화사, 1977.
야마구치(山口正之), 朝鮮西教史, 東京: 雄山閣, 1967.
야마구치(山口正之), ロマ法王廳古文書館藏, 黃嗣永帛書の硏究, 東京: 全國書房, 1936.
우라카와(浦川和三郎), 朝鮮殉教史, 大阪: 圖書刊行會, 1973.
유홍렬, 고종치하 서학수난의 연구, 한국문화총서 제10집, 서울: 을유문화사, 1962.
유홍렬, 한국의 천주교, 교양국사 총서 16, 서울: 세종대왕기념사업회, 1976.
유홍렬, 한국천주교회사, 서울: 가톨릭출판사, 1962.

李晩采(編), 闢衛(編)(李基慶 編輯), 서울: 1931.
이원순, 조선서학사연구, 서울: 일지사, 1989
이원순, 한국천주교회사, 서울: 탐구당, 1971.
정하상, 상재상서, 1839.
조선천주공교회약사, 서울: 경성교구 천주회청년회연합회, 1931.
주재용, 선유의 천주사상과 제사문제, 서울: 경향잡지사, 1958.
주재용, 한국가톨릭사의 옹호, 서울: 한국천주교중앙협의회, 1970.
최석우, 병인박해자료연구, 서울: 한국교회사연구소, 1968.
최석우, 한국천주교회의 역사, 서울: 한국교회사연구소 출판부, 1982.
한국천주교년감, 서울: 천주교중앙협의회, 1956.
황해도천주교회사, 서울: 한국교회사연구소, 1984.

4. 기 타

각교단 총회, 총리원, 년회, 노회 등 회록, 기독교학교사, 개교회사, 기독교기관사.

5. 정기간행물

감리회보, 1933-1954, 감리회총리원.
교회와 신학, 장로회신학대학, 1918 -
교회지남, 시조사(우국화), 1927 -
그리스도신문, 1897. 4. 1 - 1905. 6. 24.
그리스도회보, 1911. 1. 31 - 1914.
기독교사상, 1957 -
기독교보, 1936. 1. 21 - 1938. 7. 19.
기독교신문, 1942. 4. 29 - 1942. 12. 30.
기독신문, 1938. 8. 16 - 1941. 2. 27.
기독신보, 1915. 12 - 1937. 7.
대한그리스도인회보, 1899 - 1905. 6. 24.

대한매일신보, 1904. 7 - 1907. 11.
동광, 경성: 동광사, 1927.
동아일보, 1921 - 1938.
동양지광(박희도 편), 1942. 2 - 1942. 10.
부활운동, 경성: 부활사, 1935 - 1937.
사학연구, 한국사학회, 1968 -
신앙생활, 평양, 1931 - 1938, 부산, 1951 - 1956.
신학논단, 연세대학교 신학會, 1954 -
신학사상, 서울: 한국신학연구소, 1973 -
신학세계, 감리회협성신학교, 1916 -
신학연구, 한국신학대학, 1955 -
신학지남, 장로회신학교, 장로회총회신학대학, 1918 -
예수교신보, 1907. 12. 10 - 1910. 2. 21.
예수교회보, 1910. 2. 28 - 1915.
죠션그리스도인회보, 1897. 2. 2 - 1899.
조선일보, 1926 - 1940.
종교시보, 1932 - 1936.
진생, 기독교청년면려회 조선연합회, 1925 - 1929.
청년, 서울: 기독교청년회, 1921 -
한국기독교신문, 1952 - 1953.
한국신학대학보, 한국신학대학, 1957.
현대와 신학, 연세대학교 연합신학대학원, 1964 -
활천, 성결교회, 1922 -

開拓者, 東京, 1906 - 1910.
基督教世界, 東京, 1896 - 1921.
福音と世界, 東京: 新教出版社, 1967 -
福音新報, 東京, 1896 - 1922.
新人, 東京, 1913 - 1915.
護教, 東京, 1904 - 1911.

6. 구미 참고도서

Allen, H. N., *A Chronological Index of Foreign Relations of Korea from the Beginning of Christian Era to the 20th Century*, Seoul: Methodist Publishing House, 1901.

Allen, H. N., *Korea : Fact and Fancy*, Seoul: Methodist Publishing House, 1904.

Allen, H. N., *Things Korean*, New York: Fleming H. Revell, 1908.

Baird, A. L., *A Day-Break in Korea*, New York: Fleming H. Revell, 1909.

Baker, R. T., *Darkness of the Sun*, New York: Abingdon-Cokesbury, 1947.

Beach, M. P., *A Geography and Atlas of the Protestant Mission*, Student Volunteer Movement for Foreign Missions, 1901.

Bernheisel, Ch, F., *The Apostolic Church as Reproduced in Korea*, n.p: 1912.

Bishop, I. B., *Heathen Claims and Christian Duty*, London: Morgan and Scott, n.d.

Bishop, I. B., *Korea and her Neighbours, A Narrative of Travel with the Account of the Recent Vicissitude and the Present Position of the Country*, London: John Murray, 2 Vols., 1898.

Blair, W. N., *Gold in Korea*, Presbyterian Church in the U.S.A., 1957.

Bland, J. O. P., *China, Japan and Korea*, London: Wm. Heinemann, 1921.

Brinkely, F., *A History of the Japanese People*, London: Encyclopaedia Britannica Press, 1905.

Brinkely, F., *China, its History, Arts and Literature*, London: E & E. C. Jack, 1904.

Brown, A. J., *The Foreign Missionary*, New York: Fleming H. Revell, 1907.

Brown, A. J., *The Korean Conspiracy Case*, New York: 1912.

Brown, A. J., *The Mastery of the Far East*, New York: Charles Scribners, 1919.

Brown, A. J., *The Nearer and Farther East*, New York: MacMillan, 1931.

Brown, G. T., *Mission to Korea*, Board of World Mission, Presbyterian Church, U.S., 1962.

Brunner, Ed. S., *Rural Korea, A Preliminary Survey of Economic, Social and Religious Conditions*, New York: International Missionary Council, 1927.

Butterfield, K. L., *The Rural Mission of the Church in Eastern Asia*, New York: International Missionary Council, 1931.

Campbell, T. J., *The Jesuits 1534-1921*, London: Encyclopaedia Britannica Press, 1921.

Carles, W. R., *Life in Corea*, London: MacMillan, 1888.

Chirgwin, A. M., *The Bible in World Evangelism*, London: S. C. M., 1954.

Chisholm, W. H., *Vivid Experiences in Korea*, Chicago: Bible Institute Colportage, 1938.

Choi, Jaikeun, *Early Catholicism in Korea*, Seoul: Handl Publishing House, 2005.

Chung, H., *The Case of Korea*, New York: Fleming H. Revell, 1920.

Churchill, J., *A Collection of Voyages and Travels, some now First Printed from the Oriental Manuscript, others now First Published in English*, 6 Vols, 1732.

Clark. A. D., *Protestant Missionaries in Korea 1893-1983*, Seoul: Christian Literature Society, 1987

Clark, A. D., A *History of the Church in Korea*, Seoul: C.L.S., 1971.

Clark, C. A., *Digest of the Presbyterian Church of Korea*, Seoul: Korean Religious Book & Track Society, 1918.

Clark, C. A., *Extending the Firing Line in Korea*, New York: Board of Foreign Missions of the Presbyterian Church in the U.S.A., 1914.

Clark, C. A., *First Fruits in Korea, A Study of the Church Beginning in the Far East*, New York: Fleming H. Revell, 1921.

Clark, C. A., *Religions of Old Korea*, New York: Fleming H. Revell, 1932.

Clark, C. A., *The Korean Church and the Nevius Methods*, New York: Fleming H. Revell, 1930.

Cooper, S. K., *Evangelism in Korea*, Nashville: Board of Missions, Methodist Episcopal Church South, 1931.

Corfe, C. J., *The Anglican Church in Corea*, London: Livingston, 1906.

Cram, W. G., *Korea, the Miracle of Modern Missions*, Nashville: South Smith, 1922.

Curzon, G. N., *Problems of the Far East, Japan, Korea and China*, Westminster: 1986.

Cynn, H. Heung-Woo, *The Rebirth of Korea*, New York: Abingdon Press, 1920.

Davis, G. T. B., *Korea for Christ*, London: Christian Workers Dept, 1911.

Davis, J. M., *The Economic and Social Environment of the Younger Churches*, Edinburgh: Oliphant Anderson & Ferrior, 1939.

Dennett, T., *Roosvelt and the Russo-Japanese War*, New York: A Ph.D. Dissertation, 1925.

Dennis, J. S., *Christian Missions and Social Progress*, Edinburgh: Oliphant Anderson & Ferrior, 1899.

Dennis, J. S., *Commerce and Mission*, New York: Laymen's Missionary Movement, 1909.

Dennis, J. S., *Foreign Missions after a Century*, New York: Fleming H. Revell, 1893.

Drake, H. B., *Korea of the Japanese*, London: John Lane, Dodd, Mead, 1930.

Ennin's Diary, *The Record of a Pilgrimage to China in Search of the Law*, tr. by E. O. Reischauer, New York: Ronald Press, 1955.

Felton, R. A., *The Rural Church in the Far East*, New York: International Missionary Council, 1938.

Fenwick, M. C., *The Church of Christ in Corea*, New York: Hodder & Stoughton, 1911.

Fisher, J. E., *Democracy and Mission Education in Korea*, New York: Teacher's College, Columbia University, 1928.

Fisher, J. E., *Pioneers of Modern Korea*, Seoul: C.L.S., 1977.

Fulton, C. D., *Now is the Time*, Richmond: John Knox Press, 1946.

Gale, J. S., *A History of the Korean People*, Seoul: C.L.S., 1927.

Gale, J. S., *Korea in Transition*, New York: Laymen's Missionary Movement, 1909.

Gale, J. S., *Korean Sketches*, Edinburgh: Oliphant Anderson & Ferrior, 1898.

Gale, J. S., *The Vanguard, A Tale of Korea*, New York: Fleming H. Revell, 1904.

Gifford, D. L., *Every-Day Life in Korea*, New York: Fleming H. Revell, 1898.

Gilmore, G. W., *Korea from its Capital*, Philadelphia: Presbyterian Board of Publication and Sabbath School Work, 1892.

Gordon, E. A., *Asian Christology and Mahayana*, Tokyo: Maruzen, 1921.

Grajdanev, A., *Modern Korea*, New York: John Day, 1944.

Grierson, R., *Diary of Robert Grierson(1898.8.1-1901.3.25)*, Toronto: Victoria University Archives, n.d.

Griffis, W. E., *A Modern Pioneer in Korea, the Life Story of Henry G. Appenzeller*, New York: Fleming H. Revell, 1912.

Griffis, W. E., *Corea, the Hermit Nation*, New York: Charles Scribners, 1889.

Gulick, S. L., *The Winning of the Far East*, New York: George H. Doran, 1923.

Gutzlaff, K. F. A., *Journal of Three Voyages along the Coast of China, in 1831, 1832 & 1833 with the Notices of Siam, Corea and the Loo-Choo Island*, London: Fredrick Westley & A. H. Davis, 1834.

Hall, R. S., *The Life of Rev. William James Hall, M. D., Medical Missionary of the Slums of New York: Pioneer Missionary to Pyeng Yang, Korea*, New York: Eaton & Mains, 1897.

Hall, R. S., *With Stethoscope in Asia*, Virginia: M. C. L. Association, 1978.

Hamilton, A., *Korea*, London: Wm. Heinemann, 1904.

Harrington, F. H., *God, Mammon and the Japanese, Dr. H. N. Allen and Korea-American Relations 1884-1905*, University of Wisconsin, 1944.

Historical Catalogue of Printed Editions of the Holy Scriptures, the Library of the British and the Foreign Bible Society, com. by T. H. Darlow and H. F. Moule, London: the Bible House, 1903.

Hulbert, H. B., *The History of Korea*, 2 Vols., Seoul: Royal Asiatic Society, 1905.

Hulbert, H. B., *The Passing of Korea*, New York: Double Day Page, 1906.

Hunt, E. N., *Protestant Pioneers in Korea*, New York: Maryknoll, 1980.

Introduction to Courant's 'Bibliographie Coreene', tr. by W. M. Royds, a transaction of the Korean Branch of the Royal Asiatic Society, Vol. XXV, 1936, Seoul.

Jones, G. H., Noble, W. A., *The Korean Revival*, Board of Foreign Missions of the Methodist Episcopal Church, 1910.

Keith, E., *Old Korea*, London: Hutchson, 1946.

Kendall, C. W., *The Truth about Korea*, San Francisco: Korea National Association, 1919.

Kim, Chang Mun, *Catholic Korea, Yesterday and Today*, Seoul: Catholic Korea, 1964.

Kim, C. S. ed. *The Culture of Korea*, Korea-American Cultural Association Inc., 1945.

Kim, K. H., *Rural Education for the Regeneration of Korea*, New York: 1931.

Korea and the Ten Lost Tribes of Israel, with Korean, Japanese and Israelitish Illustrations, Yokohama: 1839.

Korea, the Wander Works, Chicago: Bible Institute Colportage Association, 1917.

Ladd, G. T., *In Korea with Marquis Ito*, New York: Charles Scribners, 1908.

Latourette, K. S., *A History of Christian Mission in China*, New York: MacMillan Co., 1927.

Latourette, K. S., *The Great Century in Northern Africa and Asia, A. D. 1800-1914*, New York: Harper & Brothers, 1944.

Lee, H. K., *Land Utilization and Rural Economy in Korea*, Shanghai: Kelly & Walsh, 1935.

Lee, K. S., *The Christian Confrontation with Shinto Nationalism*, Philadelphia: Presbyterian and Reformed Publishing Co., 1966.

Longford, Joseph H., *The Story of Korea*, London: T. Fisher Unwin, 1915.

Lovett, R., *History of the London Missionary Society*, London: Henry Frowde, 1899.

Lowell, P., *Chosen, the Land of Morning Calm, A Sketch of Korea*, Boston: Ticknor, 1886.

MacCully, E. A., *A Corn of Wheat, or the Life of the Rev. W. J. McKenzie of Korea*, Toronto: Westminster Co., 1903.

MacCully, E. A., Fraser, J. O., Van Buskirk, T. D., *Our Share in Korea*, United Church of Canada by the Committee on Literature, General Publicity & Missionary Education, 1932.

Martin, N., *The Japan's Attempt to Exterminate Korean Christians*, Milford: 1919.

McCune, G. M. and Harrison, J. A., *Korean-American Relations: the Initial Period 1883-1886*, Berkeley: University of California, 1951.

McCune, S., *The Mansei Movement*, Honolulu: University of Hawaii, 1976.

McCune, Shannon, *Korea, Land of Broken Calm*, Princeton: D. Van Nostrand Co.

McKenzie, F. A., *Korea's Fight for Freedom*, New York: Fleming H. Revell, 1920

McKenzie, F. A., *The Tragedy of Korea*, London: Hodder & Stoughton, 1908.

Miller, F. S., *Our Korean Friends*, New York: Fleming H. Revell, 1935.

Min, Kyoung Bae, *A History of the Christian Churches in Korea*, Seoul: Yonsei University Press, 2005.

Minjung Theolgy, People as the Subject of History, CCA, 1981.

Moffet, S. H., *The Christians of Korea*, New York: Friendship Press, 1962.

Moffett, Samuel. H., *A History of Christianity in Asia*, Vol. I, New York: HarperSanFrnacisco, 1992.

Moore, E. C., *West and East*, Dales Lectures, University of Oxford, London: Durkwort, 1920.

Moose, J. R., *Village Life in Korea*, Nashville: Publishing House of the Methodist Episcopal Church, 1911.

Moir, J. S., *Called to Witness, Profiles of Canadian Missionaries*, Committee on History, Presbyterian Church in Canada, 1992.

Mott, J. R., *The Addresses and Papers of*, Vol. I, II, III, IV, New York: Association Press, 1946.

Mott, J. R., *The Evangelization of the World in this Generation*, New York: Student Volunteer Movement, 1905.

Moule, A. C., *Christians in China before 1550*, London: S.P.C.K., 1930.

Moule, A. C., *Nestorians in China*, London: The China Society, 1940.

Murdoch, J., *A History of Japan*, Kobe: 1903.

Nakarai, Kiyoshi, *Relations between the Government and Christianity in Chosen*, Government

General in Chosen, 1921.

Naviatum atque itinerantium bibliotheca, or a Complete Collection of Voyages and Travels consisting of the six hundreds of the most authentic writers, …containing whatever have been observed worthy of notice in Europe, Asia, Africa, and America, by John Harris, London, 1748.

Neill, S. C., *A History of Christian Missions,* A Penguin Books, Baltimore, 1964.

Noble, M. W., *The Journals of, 1892-1934,* 한국기독교역사연구소, 1993.

Noble, M. W., *Victorious Lives of Early Christians in Korea,* Seoul: Christian Literature Society, 1927.

Oh, M. W., *Two Visits of the Rev. R. J. Thomas to Korea,* Transaction of the Royal Asiatic Society, Korea Branch, Vol. XXII, Seoul: 1933.

Oliver, R. T., *The Truth about Korea,* London: Putnam & Co., 1951.

Oppert, E. J., *A Forbidden Land, Voyages to Corea,* London: Sampson Low, Marston, Searle & Rivingston, 1880.

Orr, J. E., *The Light of the Nations,* Grand Rapid: Wm. B. Eerdmans Publishing Co., 1965.

Pacific Area, the Addresses and Conference Papers and Round Table Reports of the North West Session of the Institute of the International Relations, University of Washington, ed. by C. E. Mattin and K. C. Leebrick, 1929.

Paik, L. G., *The History of Protestant Missions in Korea, 1832-1910,* Pyeng Yang: Union Christian College, 1929.

Palmer, S. J., *Korea and Christianity,* Seoul: Hollym Corp., 1967.

Pollard, H. E., *The History of the Missionary Enterprise of the Presbyterian Church U.S.A. in Korea, with Special Emphasis on the Personnel,* M. A. Thesis, Northwestern University, 1927.

Quarto Centennial Papers read before the Korea Mission of the Presbyterian Church in the U.S. A., Pyeng Yang: 1909.

A Register of Missionaries and Deputations from 1796 to 1877, by John O. Whitehouse, London: Yales and Alexanders, 1877.

Rhodes, H. A. and Campbell, A., *History of the Korean Mission Presbyterian Church in the U. S. A.(1884-1934),* Seoul: Chosen Mission Presbyterian Church U.S.A., 1934.

Rhodes, H. A. and Campbell, *History of the Korean Mission Presbyterian Church in the U.S.*

A., Vol. Ⅱ, 1935-1959, New York: Commission on Ecumenical Mission and Relations, The United Presbyterian Church in the U.S.A., 1964.

Robinson, C. H., *History of Christian Missions*, Edinburgh: T. & T. Clark, 1915.

Rockhill, W. W., *China's Intercourse with Korea from the XVth Century to 1895*, London: Luzac Co., 1905.

Ross, J., *History of Korea, Ancient and Modern*, London: Elliot Stock, 1891.

Rubruc, W., *The Journey of Wm. Rubruc to the Eastern Parts of the World, 1253-1255*, tr. by W. W. Rockhill, London: For the Hakluyt Society, 1900.

Rutt, Richard, *A Biography of James Scarth Gale and a New Editions of his History of the Korean People*, Seoul: Royal Asiatic Society, Korea Branch, Taewon Publishing Co., 1972.

Ryang, J. S., *Facts about the Korean Methodist Church*, Seoul: Korea Methodist Headquarter, 1938.

Sansom, G. B., *The Western World and Japan, A Study in the Interaction of European and Asiatic Cultures*, New York: Alfred A. Knapf, 1962.

Sauer, G. A., *Within the Gate*, Seoul: Korea Methodist News Service, 1934.

Savage-London, A. H., *Corea or Chosen, The Land of Morning Calm*, London: MacMillan, 1895.

Scott, W., *Biographical Sketch*, United Church of Canada, Board of Foreign Missions, 1975.

Scott, W., *Conditions in Korea, A Brief Historical Sketches of Canadian Mission Work in Korea*, Toronto: United Church of Canada Archives.

Sheldon, R. L., *Day Break in Korea*, Nashville: Southern Publishing Association, 1965.

Smith, Frank H., *The Other Side of the Korean Question, Fresh Light on Some Important Factors*, Seoul: Seoul Press, 1920.

Soltau, T. S., *Korea the Hermit Nation and Its Response to Christianity*, New York: World Dominion Press, 1932.

Speer, R. E., *Christianity and Nation*, New York: Fleming H. Revell, 1910.

Speer, R. E., *Reports of the Missions in Korea of Presbyterian Board of Foreign Missions*, New York: Board of Foreign Missions of Presbyterian Church in the U.S.A., 1897.

Stewart, J., *Nestorian Missionary Enterprise*, Edinburgh: T. & T. Clark, 1928.

Storry, R., *A History of Modern Japan*, Penguins Book, 1961.

Suh, D. S., *Documents of Korean Communism 1918-1948*, Princeton: Princeton University Press,

1967.

Suh, D. S., *The Korean Communist Movement 1918-1948*, Princeton: Princeton University Press, 1967.

Swinhart, L. H., *Korea Calls, a Story of the Eastern Mission Field*, New York: Fleming H. Revell, 1919.

Swinhart, L. H., *Korea, Handbook of Missions*, Federal Council of Korea, 1920

Thriving Chosen, A Survey of Twenty-five Years Administration, Seoul: Government-General of Chosen, 1935.

Underwood, H. G., *The Call of Korea*, New York: Fleming H. Revell, 1908.

Underwood, H. G., *The Religions of the East Asia*, New York: MacMillan, 1910.

Underwood, H. H., *A Partial Bibliography of Occidental Literature on Korea to 1930*, Transaction of the Korean Branch, Royal Asiatic Society, Vol. XX, 1931.

Underwood, H. H., *Modern Education in Korea*, New York: International Press, 1926.

Underwood, H. H., *Tragedy and Faith in Korea*, New York: Friendship Press, 1951.

Underwood, L. H., *Fifteen Years among the Top-Knots, or Life in Korea*, New York: American Tract Society, 1904.

Underwood, L. H., *Underwood of Korea*, New York: Fleming H. Revell, 1918.

Underwood, L. H., *With Tommy Tompkins in Korea*, New York: Fleming H. Revell, 1905.

Van Buskirk, J. D., *Korea the Land of the Dawn*, Toronto: Missionary Education Movement of the U.S.A. and Canada, 1931.

Wagner, E., *Korea the Old and New*, New York: Fleming H. Revell, 1931.

Wasson, A. W., *Church Growth in Korea*, New York: International Missionary Council, 1934.

Weber, Hans-Ruedi, *Asia and the Ecumenical Movement 1895-1961*, London: S. C. M., 1966.

Williamson, A., *Journeys in North China, Manchuria and Eastern Mongolia, with some account of Corea*, London: Smith Elder & Co., 1870.

With Its Tenant Farmers of Far Chosen, Rural Mission Stories, The Board of Foreign Missions Presbyterian Church in the U.S.A., n.d.

Yoo, Y. S., *Earlier Canadian Missionaries in Korea, A Study in History 1888-1895*, Mississauga: Society for Korean Related Studies, 1987

An Index to English Language Periodical Literatures Published in Korea, 1890-1940, ed. by J. McRee Elrod, Seoul: Korean National Assembly Library, 1965.

The Annual Report on Administration of Chosen, 1933-1934, Government General of Chosen.

The Annual Report of the Alliance of the Reformed Churches holding the Presbyterian System, the 5th Meeting, Toronto: 1892.

The Annual Report of the British and Foreign Bible Society, London: Bible House, 1880-1942.

The Annual Report of the Executive Committee of the Foreign Missions of the Presbyterian Church in the U.S., 1892-1943.

The Annual Report of the Foreign Missions of the Presbyterian Church in the U.S.A., 1909-1942.

The Annual Report of the Korea Mission of the Presbyterian Church in the U.S.A., 1910-1915.

The Annual Report of the National Bible Society of Scotland, Glasgow: 1868-1920.

The Annual Report of the Women's Missionary Society, Presbyterian Church of Canada, 1925-1929.

The Cambridge History of the Bible, Ed. by S. L. Geensdale, 1963.

The Catholic Encyclopaedia, ed. by G. G. Herbermann, London: Caxton Publishing Co., 1908.

The Christian Movement in Japan, Korea and Formosa, Kobe: 1905-1926.

The Congregational Year Book, London: 1856-1869.

The Dictionary of Welsh Biography down to 1940, ed. by Sir L. E. LLoyd and R. J. Jenkins, Blackwell: 1959.

The Edinburgh Review, Edinburgh: Vol. 132, 1872.

The Encyclopaedia of Missions, ed. by H. O. Dwight, H. A. Typper and E. M. Bliss, New York: Funk & Wagnals, 1904.

The Fiftieth Anniversary Celebration of the Korea Missions of the Presbyterian Church in the U.S.A., June 30 - July 2, 1934, Seoul: John D. Wells School.

The Harper's Monthly, New York: 1899.

The International Review of Missions, Edinburgh: 1912-1961.

The Korea Echoes, 1926-1940.

The Korea Magazine, Seoul: 1917-1919.

The Korea Mission Field, Seoul: 1905-1942.

The Korea Magazine Year Book, Seoul: C.L.S., 1932.

The Korean Repository, Seoul: 1892-1896.

The Korea Review, Seoul: 1901-1906.

The Minutes of the Council of the Canadian Presbyterian Missions in Korea, the Annual Meeting of, 1913-1926.

The Minutes of Council, University London New College, July 21 1856 - June 22 1863.

The Minutes of the Federal Council of Protestant Evangelical Missions in Korea, the Annual Meeting, Seoul: 1912.

The Minutes of the General Council of Protestant Evangelical Missions in Korea, Seoul: 1905-1911

The Minutes of Korea Mission Presbyterian Church in the U.S.A., 1910-1956.

The Minutes of the General Assembly of the United Presbyterian Church in the U.S.A., 1885-1968.

The Missionary Herald, 1893-1931.

The Missionary Review of the World, 1888-1931.

The Official Minutes of the Korea Mission, the Methodist Episcopal Church, 1885.

The Report of the World Missionary Conference, Edinburgh: 1910.

The Seoul Press, 1910-1920.

The United Church of Canada Year Book, 1931-1942.

The Westminster Theological Journal, Westminster Theological Seminary, Vol. XXIX-XXX.

찾 아 보 기

사

아

자